Kostenmanagement
in der IT

Markus Elsener

Kostenmanagement
in der IT

Bibliografische Information Der Deutschen Bibliothek
Die Deutsche Bibliothek verzeichnet diese Publikation in
der Deutschen Nationalbibliografie; detaillierte bibliografische
Daten sind im Internet über *http://dnb.ddb.de* abrufbar.

ISBN 3-8266-1388-0
1. Auflage 2005

© Copyright 2005 by mitp-Verlag/Bonn,
ein Geschäftsbereich der verlag moderne industrie Buch AG & Co. KG/Landsberg

Lektorat: Esther Neuendorf
Korrektorat: Petra Heubach-Erdmann
Satz und Layout: mediaService, Siegen
Druck: Media Print, Paderborn

Printed in Germany

Inhaltsverzeichnis

Vorwort

Nach der Jahr-2000-Problematik und dem Hype der E-Economy sind die Boomjahre der IT vorbei. Es geht nicht mehr darum, eine möglichst große Anzahl von Projekten in kürzester Zeit und mit externer Unterstützung zu realisieren, sondern mit einem reduzierten IT-Budget das Optimum an Leistung zu erbringen.

Nachdem die IT-Leiter in der Vergangenheit gefordert waren, für die wachsende Anzahl von Projekten möglichst schnell interne oder externe Mitarbeiter verpflichten zu können, sind sie nun mit der umgekehrten Problematik konfrontiert: Die Kosten sind zu hoch und die erst vor kurzem noch eingestellten Mitarbeiter müssen wieder abgebaut werden.

Doch wie können die Kosten reduziert werden, möglichst ohne Leistung abzubauen? Was dürfen die verschiedenen IT-Services und Applikationen kosten? Was heißt zu teuer und welches Kostenniveau ist gerechtfertigt?

Für einige IT-Leiter sind dies seit langer Zeit bekannte Fragen, für einige IT-Leiter stellen sie sich in dieser Form zum ersten Mal in ihrer Karriere. Selbstverständlich war und ist die kostengünstige Erbringung von IT-Leistungen für alle IT-Verantwortlichen ein bekanntes und vertrautes Thema. Sinkende und reduzierte IT-Budgets kennen jedoch nur die wenigsten und kaum ein IT-Leiter wurde in der Vergangenheit damit konfrontiert, aus Kostengründen die ehemals nur schwierig zu findenden Spezialistinnen und Spezialisten wieder abzubauen und teilweise sogar zu entlassen.

Nun gilt es, die Zusammensetzung der IT-Kosten und die Zusammenhänge der verschiedenen IT-Leistungen zu verstehen, um diese gezielt zu beeinflussen und die Kosten senken zu können. Nur so können auch anspruchsvolle Kostensituationen gemeistert werden, ohne ungewollte und teilweise schmerzhafte Nebeneffekte und Überraschungen in Kauf nehmen zu müssen.

Ohne die notwendigen Zusammenhänge, Methoden und Vorgehensweisen zu verstehen, wird ein Kostensenkungsprojekt in der IT schnell zu einem für alle Beteiligten unangenehmen Vorhaben, das viele Risiken in sich birgt: Die Stabilität und Verfügbarkeit wichtiger Systeme sinkt, wichtige Know-how-Träger verlassen das Unternehmen, notwendige Investitionen werden nicht mehr getätigt und die IT wird zwar kurzfristig günstiger, mittel- und langfristig jedoch teurer und qualitativ schlechter als zuvor.

Mit den entsprechenden Grundlagen und dem nötigen Rüstzeug versehen, ist Kostenmanagement in der IT jedoch eine ebenso kreative und spannende Disziplin wie die Entwicklung einer neuen Geschäftsapplikation oder die Migration sämtlicher PC auf die neueste Betriebssystemversion. Das Analysieren, Verstehen und Beeinflussen der verschiedenen IT-Leistungen und der dazugehörigen Kosten erfordert ebenso viel Können und Erfahrung wie die Entwicklung und der Betrieb von komplexen, integrierten Applikationen.

Dieses Buch ist aus langjähriger Praxiserfahrung in der Leitung von IT-Abteilungen mit einigen wenigen Mitarbeitern bis zur Leitung von IT-Bereichen mit über 200 Mitarbeitern in einem internationalen Unternehmen entstanden. Es enthält die Erfahrungen von verschiedenen Migrationen, Reorganisationen, Fusionen sowie Kostensenkungsprojekten und beschreibt in der Praxis bewährte Modelle und Methoden für ein effizientes Kostenmanagement in der IT.

Das Buch richtet sich an IT-Manager, die unter Kostendruck stehen und verstehen wollen, wie ihre IT-Leistungen mit den dazugehörigen Kosten zusammenhängen. Es zeigt auf, wie sowohl Leistungen als auch Kosten bewusst gesteuert werden können. Finanzverantwortlichen und Controllern will das Buch die betriebswirtschaftlichen Mechanismen und Zusammenhänge einer IT näher bringen sowie einfache und effiziente Mittel für das Kostenmanagement und Controlling von IT-Abteilungen an die Hand geben.

Für das Verständnis der in diesem Buch erläuterten Modelle und Methoden sind keine speziellen Vorkenntnisse nötig. Leserinnen und Leser, die zum ersten Mal mit Themen wie Budgeterstellung, Wirtschaftlichkeitsrechnungen oder Kostenreduktion konfrontiert sind, finden bewährte und erprobte Vorgehensweisen inklusive Tipps und möglichen Stolpersteinen. IT-Manager und Finanz- oder Controllingverantwortliche mit mehrjähriger Erfahrung finden in diesem Buch nicht nur solide Grundlagen für ihre tägliche Arbeit, sondern ebenfalls praxisbewährte Lösungsansätze zur Reduktion ihrer IT-Kosten.

In vielen Kostenbetrachtungen werden leider die Leistungen vergessen. Niedrige Kosten für schlechte Leistungen zu erreichen ist kein Kunststück. Qualitativ hochwertige Leistungen zu transparenten und dann noch niedrigen Kosten zu erbringen ist jedoch eine Kunst, die nur wenige Leute verstehen. Genau hier will *Kostenmanagement in der IT* ansetzen und kreative Wege und Lösungen aufzeigen.

1 Grundlagen des IT-Kostenmanagements

Die Höhe der IT-Kosten ist zu einem zentralen Thema in fast jedem Unternehmen geworden. Die meisten IT-Leiter müssen ihre Kosten rechtfertigen, viele müssen sie reduzieren und teilweise sogar Mitarbeiter abbauen. Haben früher gute IT-Kenntnisse genügt, ist heute eine Führungsposition in der IT ohne das notwendige betriebswirtschaftliche Rüstzeug nicht mehr vorstellbar. Ohne ein genaues Verständnis der IT-Kosten lässt sich heute kaum noch eine IT-Abteilung leiten und kostenbewusst führen.

Deshalb ist es wichtig, zu verstehen, wie sich die IT-Kosten zusammensetzen, wie diese aufgebaut und strukturiert, wie sie budgetiert werden und wie die Wirtschaftlichkeit von IT-Projekten nachgewiesen wird – bevor wir uns dem eigentlichen Thema Kostenmanagement und Kostenreduktion zuwenden können.

Nur allzu häufig wird über IT-Kosten gesprochen, ohne ebenfalls die dazugehörigen Leistungen zu erwähnen. IT-Kosten können nicht isoliert betrachtet werden, sondern müssen immer im Kontext der Leistungen betrachtet werden, die zu erbringen sind. Deshalb werden im folgenden Teil dieses Grundlagen-Kapitels die so genannten IT-Leistungsbänder vorgestellt, die es erlauben, alle IT-Leistungen sowie die dazugehörigen Kosten nach ihren grundlegenden Eigenschaften zu kategorisieren und entsprechend zu behandeln. Die IT-Leistungsbänder stellen die Grundlage für sämtliche später folgenden Kostenüberlegungen dar.

Im zweiten Kapitel wird auf das IT-Budget eingegangen: von der Planung über die Erstellung bis zur Aufteilung des IT-Budgets auf die verschiedenen IT-Leistungsbänder. Es werden die gebräuchlichsten IT-Kostenarten erläutert und die gängigsten Stolpersteine und deren Umgehung bei der Erstellung des Budgets aufgezeigt.

1

Abgeschlossen wird der Grundlagen-Teil mit dem Thema Wirtschaftlichkeits-rechnung in Kapitel 3. Es werden die Möglichkeiten, aber auch Grenzen von Wirtschaftlichkeitsrechnungen aufgezeigt. Gerade in der IT werden Wirt-schaftlichkeitsrechnungen häufig missbraucht oder falsch eingesetzt, um den vermeintlichen wirtschaftlichen Nutzen eines Projektes nachweisen zu wollen oder um Ersatz-Investitionen von Hardware zu rechtfertigen, über die eigentlich gar nicht entschieden werden kann, da sonst die darauf laufende Applikation abgeschaltet werden müsste.

Um die Erläuterung der Grundlagen kompakt zu halten, werden einige Be-griffe, die erfahrenen Leserinnen und Lesern bereits bekannt sind, teilweise nur kurz eingeführt und gestreift. In den folgenden Kapiteln werden jedoch sämtliche verwendeten Begriffe eingehender behandelt und vertieft.

1.1 IT-Leistungsbänder

Um die IT-Kosten genauer analysieren und nachhaltig steuern zu können, ist es wichtig, die verschiedenen IT-Leistungen zu verstehen und voneinander unterscheiden zu können. Um ein gemeinsames Verständnis der IT-Leistun-gen und deren gegenseitiger Beeinflussung zu entwickeln, ist es von zentraler Bedeutung, sich auf ein gemeinsames Modell zu einigen. Deshalb wird im Folgenden das Modell der IT-Leistungsbänder vorgestellt und erläutert. Auf diesem in der Praxis erarbeiteten und bewährten Modell basieren sämtliche Herleitungen und Überlegungen in diesem Buch.

IT-Leistungen können prinzipiell nach verschiedenen Kriterien unterschie-den werden. In diesem Buch werden die Leistungen anhand von so genann-ten Leistungsbändern – wie in Abbildung 1.1 dargestellt – in die folgenden drei grundlegenden Kategorien eingeteilt:

1. **Betriebsleistungen** für den Betrieb sowie Fehlerbehebung der existieren-den Systeme.

2. **Projektleistungen** für die Entwicklung oder Beschaffung neuer Systeme sowie für die Wartung und Weiterentwicklung der bestehenden Systeme.

3. **Beratungsleistungen** für die Erstellung von Konzepten und Pflichten-heften sowie für Leistungen, die nicht einem Projekt zugewiesen werden können und nicht im Zusammenhang mit dem Betrieb eines Systems stehen.

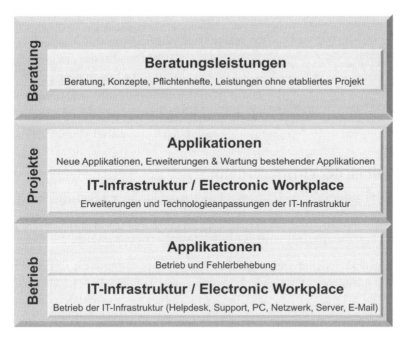

Abbildung 1.1: Die drei Leistungsbänder Betrieb, Projekte und Beratung

Im Folgenden werden die verschiedenen IT-Leistungsbänder näher beschrieben. Auf die dabei verwendeten Begriffe wie Service Level Agreements, Operational Level Agreements, Projektportfolio usw. wird in den folgenden Kapiteln des Buches näher eingegangen und aufgezeigt, wie sie als Instrument für das IT-Kostenmanagement eingesetzt werden.

1.2 Betriebsleistungen

In den Betriebsleistungen findet die eigentliche Wertschöpfung der IT statt. Hier werden alle Systeme betrieben und überwacht sowie Fehler korrigiert und es wird dafür gesorgt, dass die Applikationen den Anwendern mit der benötigten Verfügbarkeit und Performance zur Verfügung stehen.

Wie in Abbildung 1.2 aufgezeigt, wird bei den Betriebsleistungen zwischen der IT-Infrastruktur sowie dem Betrieb der Applikationen unterschieden.

1

Abbildung 1.2: Betriebsleistungen

1.2.1 Betrieb der IT-Infrastruktur

Zur IT-Infrastruktur gehören sämtliche Server wie File-Server, Print-Server, Applikationsserver, Webserver, Domain-Server usw. unabhängig von der verwendeten Hardware und vom eingesetzten Betriebssystem.

Ebenfalls zur IT-Infrastruktur gehört das gesamte Netzwerk, sei dies das LAN (local area network), das die entsprechenden Netzwerkverbindungen innerhalb von einem Standort zur Verfügung stellt oder natürlich auch das WAN (wide area network), das die verschiedenen Standorte sowohl im selben Land als auch international untereinander verbindet.

Der Betrieb des E-Mail-Systems ist ebenfalls eine wichtige Komponente der IT-Infrastruktur. Es sorgt dafür, dass E-Mails sowohl innerhalb der Firma als auch via Firewall vom und zum Internet empfangen und versendet werden können.

Weiter gehören zur IT-Infrastruktur die Support-Einheiten wie Helpdesk und Vorort-Support, der für die Behebung von Störungen verantwortlich ist, die nicht per Telefon oder durch Remote-Zugriff auf das entsprechende Gerät behoben werden können. Nicht immer kann im Gebiet Support eine scharfe Trennung zwischen der IT-Infrastruktur und dem Applikationsbetrieb gezogen werden, da sich Störungen sowohl auf die IT-Infrastruktur als auch auf die Applikationen beziehen können. Der Einfachheit halber ordne ich jedoch in diesem Buch Helpdesk- und Support-Leistungen dem Betrieb der IT-Infrastruktur zu.

Ein weiteres Betriebselement im Gebiet IT-Infrastruktur ist die zur Verfügungstellung und Verteilung von Software, sowohl auf Servern wie auch auf Endgeräten. Die Entwicklung oder Beschaffung von Software ist hingegen ein Bestandteil der Projektleistungen.

1

Als für die Anwender sichtbaren Service sorgt die IT-Infrastruktur für den Betrieb des *Electronic Workplace* (PC-Arbeitsplatz). Der Electronic Workplace stellt sämtliche Komponenten zur Verfügung, die für die Arbeit mit einem Firmen-PC benötigt werden (Helpdesk, Support, Netzwerk, Server, E-Mail usw.) und ist die Basis für den Zugriff auf die Applikationen.

1.2.2 Betrieb der Applikationen

Während mit der IT-Infrastruktur die nötigen Betriebsvoraussetzungen geschaffen werden, sorgt der Applikationsbetrieb darauf aufbauend für den Betrieb und die Überwachung der Applikationen.

Übliche PC-Applikationen wie Textverarbeitung, Tabellenkalkulation oder Grafik erfordern keinen Applikationsbetrieb. Hingegen erfordern Applikationen wie Buchhaltung oder Personalsystem üblicherweise einen Betrieb und die Überwachung der Applikationen wie z.B.:

- Überwachung des Datentransfers mit Stellen außerhalb der Firma (z.B. Zahlungsaufträge, Börsenkurse)
- Import und Export von Daten zwischen verschiedenen Applikationen oder anderen Firmen
- Überwachung der Auslastung von Datenbanken
- Kapazitätsüberwachung des Diskplatzes
- Steuerung und Kontrolle der Batchverarbeitung
- Überprüfung von Logfiles

Je nach Aufgabenteilung zwischen der IT und den Fachabteilungen gehören zum Applikationsbetrieb zudem auch Themen wie:

- Wurde die Monatsabschreibung auf allen Kostenstellen verbucht?
- Sind die Gehaltszahlungen alle korrekt verbucht worden?
- Welche Rechnungen sind noch offen?
- Welche Kunden müssen gemahnt werden?

Zu den Betriebsleistungen gehört nebst der Überwachung und dem Betrieb der Applikationen ebenfalls die Fehlerbehebung sowie das Einspielen von Updates.

1.2.3 Steuerung der Betriebsleistungen

In Abbildung 1.2 der Betriebsleistungen fehlen zwei wichtige Komponenten: die Kunden und die Lieferanten (siehe Abbildung 1.3).

Abbildung 1.3: Beziehung der Betriebsleistungen zu Kunden und Lieferanten

Kunden

Die Kunden (Anwender) beziehen die Betriebsleistungen und bezahlen entsprechend dafür. Je nach Verrechnungssystem werden dabei die IT-Betriebskosten gemäß einem festgelegten Schlüssel auf die entsprechenden Kostenstellen der Kunden umgelegt oder verursachergerecht (z.B. pro Applikation, pro Transaktion etc.) abgerechnet.

Lieferanten

In der Regel kann die IT nicht sämtliche Leistungen selbst erbringen und kauft diese teilweise oder auch vollständig bei Lieferanten ein. Eingekaufte Leistungen sind üblicherweise

▷ Hardware (PC, Server, Netzwerk-Komponenten)

▷ Standard-Software (Windows, Linux, MS Office, SAP, Baan etc.)

▷ Netzwerk-Services (z.B. WAN-Verbindungen)

▷ Know-how und Personalkapazität (externe Mitarbeiter)

▷ Outsourcing der gesamten IT-Infrastruktur oder eines Teils davon

Auch hier werden die erbrachten Leistungen natürlich entsprechend vergütet.

Mittel zur Steuerung der Betriebsleistungen

Sowohl gegenüber den Kunden (Anwender) als auch gegenüber den Lieferanten ist eine Steuerung der Betriebsleistungen ein wichtiges Instrument. Wie in Abbildung 1.4 dargestellt, werden die für die Kunden der IT zu erbringenden Betriebsleistungen in Service Level Agreements (SLA) vereinbart und die von den Lieferanten der IT bezogenen Betriebsleistungen in Operational Level Agreements (OLA) geregelt.

Abbildung 1.4: Steuerung der Betriebsleistungen

Service Level Agreements

Die Leistungen, die gegenüber den Kunden der IT erbracht werden, sind in Service Level Agreements beschrieben und gegenseitig vereinbart. Nebst der Beschreibung der zu erbringenden Leistungen sowie den gegenseitigen »Spielregeln« (Rahmenvertrag) für den Bezug der Leistungen sind in den SLA Leistungs- und Qualitätsparameter wie Verfügbarkeit, Betriebszeiten, Reaktionszeiten usw. enthalten.

Die Service Level Agreements werden üblicherweise jährlich neu verhandelt und vereinbart und bilden damit die Basis für die Erbringung sämtlicher Betriebsleistungen an die Kunden der IT.

Operational Level Agreements

Genauso wie Service Level Agreements die Leistungen gegenüber den Kunden der IT definieren, werden die Leistungen, die die IT von ihren Lieferanten bezieht, in Operational Level Agreements (OLA) festgehalten, verhandelt und vereinbart.

OLA werden einerseits zwischen der IT und ggf. einem Outsourcer abgeschlossen (z.B. für die Installation neuer PC, für die Wartung der Server oder Netzwerk-Komponenten oder auch für den Betrieb der gesamten IT-Infrastruktur) oder in einer größeren IT-Abteilung gegebenenfalls auch zwischen den verschiedenen internen Leistungserbringern wie dem Serverbetrieb, Netzwerküberwachung usw. Kleinere IT-Abteilungen mit weniger als rund 50 Mitarbeitern vereinbaren in der Regel keine OLA untereinander. Hingegen lohnt es sich in jedem Fall, eventuelle von einem Outsourcer bezogene Leistungen klar zu regeln und schriftlich festzuhalten.

1.3 Projektleistungen

Im Rahmen von Projektleistungen werden neue Systeme (Applikationen oder Infrastruktur-Komponenten) entwickelt oder eingekauft sowie bestehende Systeme weiterentwickelt. Wie bei den Betriebsleistungen wird auch bei den Projektleistungen zwischen Applikationen und der IT-Infrastruktur unterschieden (siehe Abbildung 1.5).

Abbildung 1.5: Projektleistungen

1.3.1 Weiterentwicklung der IT-Infrastruktur

Im Rahmen der Betriebsleistungen wird die aktuell bestehende IT-Infrastruktur betrieben. Erweiterungen wie die Anbindung weiterer Standorte, Integration weiterer Firmen oder die Inbetriebnahme zusätzlicher Server finden im Rahmen von Projektleistungen statt. Ebenfalls Bestandteil von Projektleistungen sind Upgrades von Betriebssystemen oder Datenbanken sowie der Rollout eines neuen Betriebssystems auf sämtlichen PC.

Im Gegensatz zu Betriebsleistungen, die in der Regel monatlich oder quartalsweise in Rechnung gestellt werden, werden Projektleistungen üblicherweise offeriert bzw. beantragt und durch ein entsprechendes Gremium (häufig die Geschäftsleitung) freigegeben. Nach Projektabschluss werden die erbrachten Leistungen dem Auftraggeber in Rechnung gestellt. Natürlich können Projektleistungen auch den verschiedenen Kostenstellen mit einem festgelegten Schlüssel belastet werden oder – zusammen mit den übrigen IT-Kosten – auf alle übrigen Kostenstellen verteilt werden. Allerdings besteht bei der letzten Variante keine Lenkungsmöglichkeit für die Kostenstellenleiter, ihre IT-Kosten zu beeinflussen.

1

1.3.2 Neu- und Weiterentwicklung der Applikationen

Während im Rahmen der Betriebsleistungen die Applikationen betrieben und überwacht sowie auftretende Fehler korrigiert werden, erfolgt die Wartung und Weiterentwicklung bestehender Applikationen sowie die Neuentwicklung oder die Beschaffung von neuen Applikationen im Rahmen von Projektleistungen.

Wird eine neue Applikation selbst entwickelt, wird in der Regel der dazu nötige Aufwand abgeschätzt und das Realisierungsprojekt vom Auftraggeber oder – je nach Umfang – von der Geschäftsleitung freigegeben.

Analog wird bei der Beschaffung von Standard-Software bzw. der externen Vergabe zur Realisierung einer neuen Applikation verfahren. Die internen und externen Kosten werden abgeschätzt und das Projekt zur Einführung der neuen Applikation wird nach dessen Freigabe gestartet.

Die Erweiterung und Anpassung von bereits bestehenden Applikationen erfolgt je nach Umfang ebenfalls im Rahmen eines Projektes oder kann bei kleinen Anpassungen (Wartung) ebenfalls nach Aufwand – am besten mit Kostendach – in Rechnung gestellt werden.

1.3.3 Steuerung der Projektleistungen

Der Steuerung der Projektleistung kommt eine große Bedeutung zu. Während sich Betriebsleistungen in der Regel nach einigen Betriebsmonaten stabilisieren und die Betriebsqualität nach einer gewissen Einführungsphase üblicherweise ansteigt, birgt ein neues Projekt immer Risiken bezüglich Kosten, Qualität und Erreichung der Ziele in sich. Deshalb ist es wichtig, dass sowohl mit den Kunden der IT als auch mit den Lieferanten von Systemen bindende Abmachungen bezüglich Leistungen, Kosten und Qualität bestehen (Abbildung 1.6).

Abbildung 1.6: Beziehung der Projektleistungen zu Kunden und Lieferanten

1

Kunden

Es empfiehlt sich, Projektleistungen mit den Kunden der IT mittels Projektverträgen verbindlich zu vereinbaren. Dabei werden einerseits der Umfang der neuen oder zu erweiternden Applikation definiert als auch der dazu nötige Aufwand und die dazugehörigen Kosten. Ebenfalls werden die Mitwirkungspflichten des Kunden wie Mitarbeit bei der Erstellung des Pflichtenhefts, Testen und Einführen der Applikation usw. festgehalten.

Lieferanten

Genauso wie die Kunden der IT müssen ggf. ebenfalls externe Lieferanten in die Projektleistungen eingebunden werden. Wird ein Projektvertrag mit den internen Kunden üblicherweise noch innerhalb der gleichen Rechtseinheit abgeschlossen, kommt der Vereinbarung von Verträgen mit Lieferanten nochmals eine größere Bedeutung zu, da hier eine Abmachung zwischen zwei verschiedenen Rechtseinheiten zustande kommt (Abbildung 1.7).

Mittel zur Steuerung der Projektleistungen

Zur Steuerung der Projektleistungen kommen die folgenden Instrumente zum Einsatz:

▷ Die Projektverträge mit den Kunden der IT, in denen das zu realisierende Projekt sowohl inhaltlich als auch terminlich und finanziell definiert und vereinbart ist.

▷ Das Projektportfolio bestehend aus sämtlichen Projektverträgen zur Steuerung und Überwachung der laufenden Projektarbeiten.

▷ Das Contract Management zur Einbindung und vertraglicher Regelung von externen Leistungen.

Abbildung 1.7: Steuerung der Projektleistungen

Projektportfolio

1

Das Projektportfolio ist das zentrale Instrument zur Steuerung von Projektleistungen. Im Projektportfolio sind sämtliche Projekte aufgeführt und bezüglich ihrer Risiken bewertet (üblicherweise ein Ampelsystem mit grün, gelb, rot für die drei Kategorien Kosten, Zeit und Qualität).

Das Projektportfolio gibt jederzeit Auskunft über die laufenden Projekte, die durch Projekte gebundenen Kosten, die Projektrisiken sowie die Meilensteine und Abschlusstermine.

Bevor ein Projekt gestartet werden kann, wird ein Projektangebot erstellt, das durch die Genehmigung durch den Auftraggeber in einen Projektvertrag umgewandelt wird. Je nach Vereinbarung werden die erbrachten Leistungen periodisch (in der Regel monatlich) oder nach erfolgreichem Projektabschluss in Rechnung gestellt.

Contract Management

Ähnlich wie im Projektportfolio die Verpflichtungen bezüglich der Kunden der IT abgebildet werden, ist das Contract Management für die Zusammenstellung und aktive Führung aller Verträge mit den Lieferanten von Projektleistungen verantwortlich. Dabei wird im Wesentlichen zwischen zwei unterschiedlichen Einbindungen von Lieferanten unterschieden:

1. Es wird Know-how und Kapazität in Form von externen Mitarbeitern im Rahmen eines Projektes eingekauft. Dabei werden die Fähigkeiten sowie der Stunden- oder Tagessatz der externen Mitarbeiter vereinbart. Die Verantwortung für eine erfolgreiche Projektrealisierung liegt in der Regel bei der beauftragenden Firma.

2. Das Projekt wird an eine externe Firma vergeben. Über ein Pflichtenheft werden die Leistungen der zu erstellenden Applikation definiert. Die externe Firma offeriert die dazu notwendigen Kosten. In einem gemeinsamen Vertrag werden die Leistungen, Kosten, Termine und Qualitätsziele vereinbart. Die Verantwortung für die erfolgreiche Projektrealisierung liegt bei der auftragnehmenden Firma.

1

1.4 Beratungsleistungen

Beratungsleistungen kommen üblicherweise dann zum Einsatz, wenn kein oder noch kein formales Projekt etabliert ist: Erstellung von Konzepten und Pflichtenheften, Vorbereitungsarbeiten zur Initialisierung eines Projektes, Leistungen mit Projektcharakter, für die sich wegen des geringen Umfangs der zu erbringenden Leistungen die Initialisierung eines Projektes nicht lohnt usw. Ebenfalls gehören Schulungen zu den Beratungsleistungen (Abbildung 1.8).

Abbildung 1.8: Beratungsleistungen

1.4.1 Steuerung der Beratungsleistungen

Beratungsleistungen werden in der Regel auf Stundenbasis erbracht. Je nach Umfang werden die Leistungen im Rahmen eines Kostendachs oder Fixpreises festgehalten. Bei Beratungen in geringerem Umfang ist es aber auch möglich, die geleisteten Arbeiten nach Aufwand in Rechnung zu stellen (Abbildung 1.9).

Abbildung 1.9: Beziehung der Beratungsleistungen zu Kunden und Lieferanten

Kunden

Beratungsleistungen in geringem Umfang werden häufig nicht explizit zwischen der IT und deren Kunden vereinbart. Häufig werden solche Leistungen auch nicht in Rechnung gestellt. Durch die Verrechnung sämtlicher, noch so geringer Leistungen wird bei den Kunden häufig eine Abwehrhaltung gegenüber der IT geschaffen und die IT als bürokratisch und überadministriert wahrgenommen.

1

Beratungsleistungen mit einem Umfang von mehreren Tagen sowie Schulungen sollen jedoch mindestens per Mail vom Kunden bestätigt und in jedem Fall transparent ausgewiesen werden, auch wenn sie gegebenenfalls nicht weiterverrechnet werden.

Lieferanten

Außer bei den rechtlichen Verbindlichkeiten und der Verrechnung wird kein Unterschied gemacht zwischen Beratungsleistungen, die die interne IT gegenüber ihren Kunden erbringt, oder Beratungsleistungen, die von einem externen Beratungsunternehmen zugekauft werden.

Gegenüber einem externen Beratungsunternehmen fließt in jedem Fall Geld für die erbrachten Leistungen. Leistungen in geringem Umfang können per Monatsrechnung beglichen werden. Für die Erbringung von Beratungsleistungen im Umfang von mehreren Tagen oder sogar Wochen und Monaten empfiehlt es sich hingegen, die Leistungen zu einem Fixpreis oder mit einem Kostendach offerieren zu lassen.

Der Nachweis der geleisteten Aufwände erfolgt mit einem Stundenbericht oder im Fall von Schulungen mit dem Nachweis der besuchten Kurse. Analog zu den Betriebs- und Projektleistungen spielt auch hier bei der Verpflichtung von externen Firmen eine große Rolle, wie Kosten, Termine und Lieferobjekte vereinbart werden (Abbildung 1.10).

Abbildung 1.10: Steuerung der Beratungsleistungen

1.5 Fazit: Die IT-Leistungskarte

Werden die drei IT-Leistungsbänder Betrieb, Projekte und Beratung sowie deren Steuerelemente zusammengefasst, entsteht daraus die IT-Leistungskarte (Abbildung 1.11).

1

Abbildung 1.11: IT-Leistungskarte

Die **Betriebsleistungen** sorgen sowohl im Gebiet der Applikationen als auch im Gebiet IT-Infrastruktur/Electronic Workplace dafür, dass die heute im Einsatz stehenden Systeme in hoher Qualität und zu günstigen Kosten zur Verfügung stehen. Gegenüber den Kunden der IT (Anwender) sind die Betriebsleistungen in Service Level Agreements (SLA) festgehalten und vereinbart. Leistungen, die von anderen Firmen eingekauft werden (Outsourcing), sind in Operational Level Agreements (OLA) beschrieben und vertraglich vereinbart. In einer großen IT mit mehr als 50 IT-Spezialisten werden die Leistungen der verschiedenen Abteilungen ebenfalls mittels OLA beschrieben und innerhalb der IT vereinbart.

Erweiterungen oder die Neuentwicklung bzw. Beschaffung von Applikationen, aber auch der Ausbau oder die Migration der IT-Infrastruktur erfolgt mittels **Projektleistungen**. Dabei werden die Projekte offeriert und nach entsprechender Genehmigung durch den Auftraggeber gemäß abgeschlossenem Projektvertrag umgesetzt. Das Projektportfolio enthält sämtliche Projekte und gibt einen Überblick bezüglich Status, Risiken, Kosten und Terminen für jedes einzelne Projekt. Werden externe Firmen zur Realisierung von Projekten herangezogen, ist das Contract Management dafür verantwortlich, dass die Leistungen, Termine und Kosten der Lieferanten in entsprechenden Verträgen verbindlich vereinbart sind.

1

Last but not least werden mittels **Beratungsleistungen** sämtliche Leistungen erbracht, für die kein oder noch kein formales Projekt definiert ist. Dazu gehören Projektvorbereitungsarbeiten wie die Ausarbeitung von Pflichtenheften oder die Erarbeitung von Projektverträgen. Mittels Stundenbericht werden die geleisteten Aufwände nachgewiesen und abgerechnet. Ebenso gehört die Durchführung von Schulungen und Kursen zu den Beratungsleistungen.

2 IT-Budget

In Zeiten kontinuierlich wachsender IT-Budgets waren die IT-Kosten schnell und einfach erstellt:

▷ Kalkulation der Personalkosten anhand der Anzahl der Mitarbeiter

▷ Bestimmung der Unterstützung durch externe Spezialistinnen und Spezialisten

▷ Zusammenstellung der Kosten für Hardware-Erweiterungen

▷ Kalkulation der Kosten für die Wartung und Erweiterung der Applikationen

▷ Addition der übrigen IT-Kosten

Dies hat sich mit dem zunehmenden Kostendruck grundlegend geändert: IT-Budgets müssen detailliert erstellt und genau begründet werden. In den Budgetverhandlungen wird Position für Position hinterfragt und nach Möglichkeiten gesucht, wie die IT-Kosten reduziert werden können. Viele IT-Budgets stagnieren oder sind sogar rückläufig.

2.1 Budgetplanung

In der Budgetplanung geht es darum, die Entwicklung der IT-Kosten über die kommenden Jahre abzuschätzen, um daraus eine Mehrjahresplanung zu erstellen. Diese reflektiert die in den nächsten Jahren zu realisierenden Projekte und erlaubt der Firma, die IT-Kosten der Folgejahre einzuplanen.

Anhand einiger typischer Fälle und Überlegungen sollen die häufigsten Fehler aufgezeigt werden, die einem Kostenstellenleiter bei der Erstellung eines IT-Budgets zu Beginn unterlaufen.

2

2.1.1 Das Anfänger-Budget

Wer zum ersten Mal IT-Kosten budgetiert, geht in der Regel von der Annahme aus, dass im kommenden Jahr einige neue Hard- und Software beschafft werden muss, danach die IT aber für die kommenden Jahre gerüstet ist:

▷ Die Hälfte aller PC ist bereits seit mehr als drei Jahren im Einsatz und muss ersetzt werden.

▷ Einige Server haben ihre Kapazitätsgrenze erreicht und müssen durch leistungsfähigere Modelle abgelöst werden.

▷ Durch die steigende Anzahl von SAP-Benutzern müssen zusätzliche SAP-Lizenzen beschafft sowie die Hardware ausgebaut werden.

▷ Die Fertigstellung des neuen Verkaufssystems im kommenden Jahr benötigt für dessen Betrieb entsprechende leistungsfähige Hardware. Das heutige Entwicklungssystem erfüllt die Anforderungen für einen produktiven Betrieb nicht und wird zukünftig als Testsystem eingesetzt.

▷ Der Speicherbedarf für E-Mail und die Ablage von Files ist in diesem Jahr um über 30% angestiegen, was einen entsprechenden Ausbau des Speichersystems nötig macht.

Das daraus resultierende Mehrjahresbudget weist in der Regel folgende Charakteristik auf:

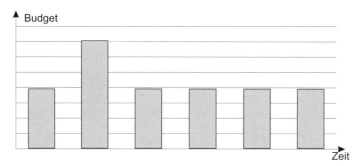

Abbildung 2.1: Das Anfänger-Budget

Die Kostenstellenleiter argumentieren, dass durch die verschiedenen geplanten Vorhaben sowie durch den Ausbau und Ersatz verschiedener Hardware-Komponenten im kommenden Jahr mit Mehrausgaben in der IT zu rechnen ist. Nach der Einführung und dem Ausbau der Systeme könne das Budget jedoch wieder auf das ursprüngliche Niveau reduziert werden.

2

Dass dem nicht so ist, merkt man nach kurzer Überlegung: Die im kommenden Jahr geplanten Beschaffungen erreichen nämlich nach rund drei Jahren wiederum ihre Leistungs- oder Altersgrenze und müssen dann erneut ersetzt werden.

2.1.2 Das Fortgeschrittenen-Budget

Mit dieser Erkenntnis kann das Fortgeschrittenen-Budget erstellt werden:

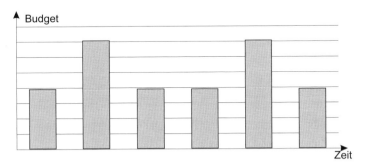

Abbildung 2.2: Das Fortgeschrittenen-Budget

Die im Folgejahr zu tätigenden Investitionen in Hard- und Software müssen nach rund drei Jahren wieder ersetzt werden:

▷ Die neu beschafften PC haben in drei Jahren ihre Leistungsgrenze erreicht und müssen durch aktuelle Modelle abgelöst werden.

▷ Dasselbe gilt für die zu beschaffenden Server: Auch diese müssen aus Leistungs- und Altergründen nach drei Jahren Einsatz wieder erneuert werden.

▷ Ebenso verlangt die weiter angestiegene Nutzung von SAP sowie des neuen Verkaufssystems einen Ausbau der Hardware sowie eine Erweiterung der Lizenzen.

▷ Beim Speicherbedarf verhält es sich nicht anders: Das neu beschaffte Speichersystem hat spätestens nach drei Jahren seine Kapazitätsgrenze erreicht und muss ebenfalls ausgebaut oder sogar ersetzt werden.

Dass auch diese Argumentation nicht korrekt ist, wird spätestens bei der Budgetplanung des darauf folgenden Jahres ersichtlich. Im Folgejahr stellt sich nämlich heraus, dass auch diesmal wieder ein Teil der Hardware ersetzt werden muss, der Speicherplatz bereits wieder angewachsen ist und die Lizenzen ebenfalls erweitert werden müssen.

2

2.1.3 Das Profi-Budget

Das Profi-Budget bezieht den Umstand mit ein, dass die Hardware laufend erneuert werden muss, der Speicherbedarf kontinuierlich anwächst sowie die Lizenzkosten permanent der aktuellen Nutzung angepasst werden müssen. Durch die wachsende Anzahl von Projekten muss zudem ebenfalls der interne wie externe Mitarbeiterbestand ausgebaut werden, was zu einem entsprechenden Anstieg der Personalkosten führt.

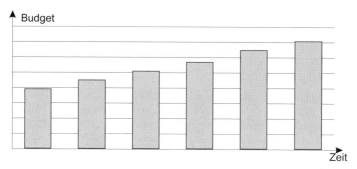

Abbildung 2.3: Das Profi-Budget

Dies ist das Wunsch-Budget jedes IT-Leiters und deckt die kontinuierlich ansteigenden Anforderungen an die IT bestens ab. In der Regel kann sich ein Unternehmen kontinuierlich steigende IT-Kosten jedoch nur leisten, wenn auch der Umsatz und Gewinn entsprechend ansteigen.

Dass das IT-Budget nicht ins Uferlose wächst, dafür sorgt der Finanzchef.

2.1.4 Das Finanzchef-Budget

Der Finanzchef sorgt im Unternehmen dafür, dass die Kosten im Griff gehalten werden. Die Hardware wird laufend günstiger, mit Outsourcing können die Betriebskosten gesenkt werden, dank der Prozessorientierung der IT wird weniger Personal benötigt und durch zurückgehende Telekommunikationskosten wird auch das Netzwerk kostengünstiger. Daher kann das IT-Budget reduziert werden.

Seine Vorgaben an das IT-Budget kollidieren deshalb regelmäßig mit den Vorstellungen des IT-Leiters.

Ein sinkendes IT-Budget mit den steigenden Anforderungen der Benutzer in Einklang zu bringen, ist keine einfache Sache und in der Regel nicht ohne einschneidende Maßnahmen zu bewältigen.

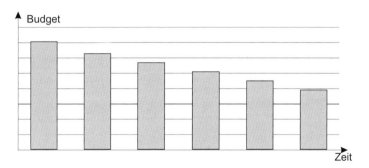

Abbildung 2.4: Das Finanzchef-Budget

Häufig wird jedoch das ansteigende Budget des IT-Leiters mit dem sinkenden IT-Budget des Finanzchefs wie folgt in Einklang gebracht.

2.1.5 Das realistische Budget

Das realistische Budget geht davon aus, dass die IT-Kosten im Verlauf der kommenden Jahre konstant bleiben werden.

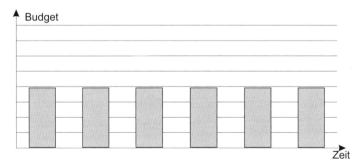

Abbildung 2.5: Das realistische Budget

Die Aufwendungen und die daraus resultierenden Kosten zur Umsetzung neuer Anforderungen werden durch die laufenden Optimierungen sowie den Preisverfall bei der Hardware in etwa kompensiert.

Dass dies nicht immer einfach ist und häufig eine große Herausforderung darstellt, ist jedem erfahrenen IT-Leiter bestens bekannt. Hier setzt das Buch an und will Lösungsmöglichkeiten aufzeigen. Dazu ist es nötig, die Aufstellung des IT-Budgets näher zu betrachten.

2.2 Kostenarten in der IT

Das IT-Budget wird grundsätzlich in Personal- und Sachkosten unterteilt. Bei den meisten Kostenstellen im Unternehmen dominieren üblicherweise die Personalkosten und machen häufig 80 bis 90% des Budgets aus. Damit wird auch die Budgetierung relativ einfach, da sich die Personalkosten im Wesentlichen aus der Anzahl der Mitarbeiter und deren Gehältern bestimmen. Muss das Budget reduziert werden, wirkt sich dies praktisch immer auf die Anzahl der Mitarbeiter aus.

Durch die teilweise hohen Investitionen in Hard- und Software kommt in der IT der Budgetierung der Sachkosten eine große Bedeutung zu. Bestimmen in der internen Applikationsentwicklung die Personalkosten den größten Teil des Budgets, können die Sachkosten im Bereich IT-Infrastruktur genauso hoch oder sogar höher als die dazugehörigen Personalkosten ausfallen. Eine Reduktion des IT-Budgets heißt deshalb nicht automatisch, dass Personal abgebaut werden muss, sondern kann häufig auch über die Reduktion von Sachkosten vorgenommen werden.

Tabelle 2.1 enthält die wichtigsten IT-Kostenarten. Für die jeweiligen Budgetpositionen werden dabei nicht nur die Budgetwerte für das Folgejahr eingefüllt, sondern ebenfalls das Budget des laufenden Jahres sowie die Ist-Werte des Vorjahres eingesetzt. Mit dem Vergleich zum laufenden Jahr lassen sich die prozentualen Abweichungen aufzeigen und begründen. Zusammen mit entsprechenden Bemerkungen zu jeder Kostenart kann damit jeder Budgetwert und dessen Entwicklung nachvollziehbar dargelegt werden.

Ein IT-Budget enthält üblicherweise die in Tabelle 2.1 aufgeführten Kostenarten. Die verschiedenen Kostenarten haben dabei die folgende Bedeutung:

Monatslöhne

Monatslöhne der festangestellten Mitarbeiter für ein ganzes Jahr inkl. 13. Monatslohn.

Häufig werden zwar neue Stellen und geplante Eintritte budgetiert, nur selten wird jedoch berücksichtigt, dass eine Stelle durch einen Austritt auch vorübergehend unbesetzt sein kann und damit das Lohnbudget geringer ausfällt. Ebenfalls tritt eine neue Mitarbeiterin resp. ein neuer Mitarbeiter nicht bereits Anfang des Jahres die Stelle an, sondern stößt erst im Verlauf des Jahres zum Unternehmen und beansprucht damit nur einen Teil des Lohnbudgets.

	Budget Folgejahr	Abwei-chung in %	Budget laufendes Jahr	Ist-Kosten Vorjahr
Personalkosten				
Monatslöhne				
Stundenlöhne				
Überstunden & Bereitschaftsdienst				
Sozialleistungen				
Bonuszahlungen				
Spesen				
Aus- und Weiterbildung				
Total interne Personalkosten				
Externes Personal				
Total externe Personalkosten				
Total Personalkosten				
Sachkosten				
Beschaffung Hardware				
Abschreibung Hardware				
Miete & Leasing Hardware				
Wartung Hardware				
Reparatur Hardware				
Total Hardware				
Beschaffung Software				
Abschreibung Software				
Miete & Leasing Software				
Wartung Software				
Total Software				
Telefon/Telefax				
Mietleitungen/Carrier				
Total Kommunikation				

2

2

	Budget Folgejahr	Abweichung in %	Budget laufendes Jahr	Ist-Kosten Vorjahr
Outsourcing-Leistungen				
Externe Dienstleistungen				
Total externe Services				
Büromaterial				
Zeitschriften, Fachliteratur				
Raumkosten				
Gemeinkosten				
Total übrige Aufwände				
Total Sachkosten				
Total IT-Kosten				

Tabelle 2.1: Kostenarten eines IT-Budgets

Diese beiden Umstände führen dazu, dass die Monatslöhne häufig zu hoch budgetiert sind.

Stundenlöhne

Entlohnung der im Stundenlohn angestellten Mitarbeiter für ein ganzes Jahr inkl. Ferienvergütung.

Überstunden und Bereitschaftsdienst

Entschädigung für Überstunden und Bereitschaftsdienst zur Überwachung der Systeme und Intervention bei Störungen.

Einige Mitarbeiter arbeiten regelmäßig zehn Minuten länger pro Tag, um Ende des Jahres über ein Überstundenguthaben von rund einer Woche zu verfügen. Solche Praktiken müssen vom Vorgesetzten thematisiert werden und haben nichts zu tun mit Überstunden, die z.B. bei einer Systemumstellung geleistet werden, die nur über das Wochenende durchgeführt werden kann. Wenn immer möglich, sollen – sowohl im Sinn des Arbeitnehmers als auch des Arbeitgebers – Überstunden nicht ausbezahlt, sondern kompensiert werden.

2

Sozialleistungen

Die Sozialleistungen sind durch die Gesetzgebung sowie durch den Arbeitsvertrag geregelt und lassen sich als Prozentsatz des Lohnes kalkulieren und budgetieren.

Bonuszahlung

Gegebenenfalls vertraglich vereinbarte Bonuszahlungen sowie Incentives für außergewöhnliche Leistungen.

Da Bonuszahlungen und Incentives in der Regel nicht vorausgesagt werden können, gilt es bei der Budgetierung, einen möglichst realistischen Wert ohne Sicherheitsmargen abzuschätzen. Je nach Firma kann jedoch auch ein fester Betrag zur Verfügung stehen, der unter den Mitarbeitern entsprechend ihrer Leistung und der erreichten Ziele aufgeteilt wird.

Spesen

Spesen für Reisen, Essen, Übernachtungen usw.

Spesen sind in jeder Firma ein beliebter Diskussionspunkt, nicht nur in der Budgetphase. In der IT kommt den Spesen kostenmäßig nur eine geringe Bedeutung zu. Emotional bewegt das Thema Spesen jedoch die Gemüter häufig intensiver. Spesen sollen auf das Notwendigste beschränkt sein und keinesfalls als versteckte Lohnerhöhung missbraucht werden.

Aus- und Weiterbildung

Interne und externe Aus- und Weiterbildung, Besuch von Kursen und Weiterbildungsveranstaltungen.

Ähnlich wie Spesen sind auch die Aus- und Weiterbildungskosten ein Thema, das in der Budgetphase häufig intensiv diskutiert wird. Auch hier besteht die Gefahr, dass Ausbildung als versteckte Lohnerhöhung missbraucht wird. In vielen Fällen wird das vorhandene Ausbildungsbudget nicht ausgeschöpft und es wird bereits über eine Erhöhung dieser Position diskutiert, obwohl im laufenden Jahr erst ein geringer Anteil der geplanten Ausbildungen absolviert werden konnte. Aber im kommenden Jahr wird dies anders werden ...

Total interne Personalkosten

Die Summe der internen Personalkosten sämtlicher Mitarbeiter, die in einem Anstellungsverhältnis mit der Firma stehen und für die sich die Firma an den Sozialkosten beteiligt (im Gegensatz zu den externen Personalkosten).

Externes Personal

Externe Mitarbeiter im Stunden- oder Tagessatz zur Verstärkung der Kapazität oder zur Abdeckung von Know-how, das nicht vorhanden ist oder das sich nicht aufzubauen lohnt. Im Gegensatz zur Kostenart *Stundenlöhne* besteht mit externen Mitarbeitern kein Anstellungsvertrag, bei dem sich das Unternehmen an den Sozialkosten beteiligt. Der Anstellungsvertrag kommt mit der Firma zustande, bei der der externe Mitarbeiter angestellt ist und die auch die Sozialkosten übernimmt.

Die internen Personalkosten werden weitestgehend durch die Anzahl bewilligter Stellen bestimmt. Eine Gefahr besteht, dass immer mehr externe Mitarbeiter für die Übernahme von nicht projektorientierten Aufgaben verpflichtet werden, um somit die Anzahl der bewilligten Stellen über diesen Umweg zu erhöhen. Deshalb ist es wichtig, das Total der Personalkosten zu betrachten sowie die Kosten für interne und externe Mitarbeiter einander gegenüber zu stellen.

Total externe Personalkosten

Identisch mit der Kostenart *Externes Personal.*

Total Personalkosten

Summe der internen und externen Personalkosten.

Beschaffung Hardware

Die Firmenrichtlinien schreiben vor, bis zu welchem Betrag Hardware-Beschaffungen direkt der Kostenstelle belastet und damit als Aufwand verbucht werden und ab welchem Betrag sie aktiviert und abgeschrieben werden. Üblicherweise werden Kleingeräte wie Zubehör, PC-Mäuse, Toner usw. nicht abgeschrieben, sondern als Aufwand verbucht.

Abschreibung Hardware

Größere Anschaffungen wie Server, Netzwerk-Komponenten und häufig auch PC werden während ihrer Nutzungsdauer (in der Regel drei bis fünf Jahre) abgeschrieben und die Abschreibungen der entsprechenden Kostenstelle belastet. Die Kostenart *Abschreibung Hardware* umfasst sowohl Abschreibungen bereits beschaffter und sich im Einsatz befindender Komponenten als auch die Abschreibungen von Geräten, die im laufenden Budgetjahr beschafft werden.

In einigen Firmen wird Hardware, die im Rahmen von Projekten beschafft wird, dem entsprechenden Projekt belastet und auf einer Projektkostenstelle abgeschrieben. Damit fehlen diese Abschreibungen in den operativen Kostenstellen der IT. Bei einer Ersatzbeschaffung der Hardware nach einigen Jahren existiert die entsprechende Projektkostenstelle nicht mehr oder ist für Buchungen gesperrt, da das Projekt abgeschlossen wurde. Durch die Vermischung der Projekt- und Betriebskosten muss bei einer Ersatzbeschaffung oder einem Ausbau entweder ein neues Projekt eröffnet werden oder die Abschreibungen auf den operativen IT-Kostenstellen erhöht werden.

Miete & Leasing Hardware

Mietzinsen und Leasing-Kosten von gemieteter oder geleaster Hardware.

Wartung Hardware

Wartungsverträge für Hardware-Komponenten wie Server, Speichersysteme, Netzwerk oder gegebenenfalls auch PC.

Reparatur Hardware

Reparatur von Hardware-Komponenten, die nicht in einem Wartungsvertrag eingeschlossen sind.

Total Hardware

Alle Hardware-Kosten zusammengenommen.

Beschaffung Software

Analog wie bei der Hardware schreiben die Firmenrichtlinien in der Regel auch bei der Software vor, bis zu welchem Betrag Software direkt der Kostenstelle belastet wird und ab welchem Betrag sie aktiviert und abgeschrieben wird. Dabei wird Software für einzelne PC in der Regel nicht abgeschrieben.

Abschreibung Software

Firmenweit zum Einsatz kommende Software wie SAP, Baan oder andere ERP-Lösungen (Enterprise Ressource Planning) werden je nach Finanzstrategie des Unternehmens auf mehrere Jahre abgeschrieben oder aber auch unter *Beschaffung Software* verbucht.

Miete & Leasing Software

In einigen Fällen wird Software auch gemietet oder geleast. Die entsprechenden Zinsen und Kosten werden unter *Miete & Leasing Software* verbucht. Ebenfalls zu dieser Kostenart gehören Aufwendungen von Software, die von einem ASP (Application Service Provider) bezogen und benutzt wird. Applikationen, die durch einen Outsourcer betrieben werden, gehören hingegen zu den *Outsourcing-Leistungen*.

Wartung Software

Jährliche Wartungskosten der beschafften Software-Lizenzen, die häufig einem festen Prozentsatz des Lizenzpreises entsprechen.

Total Software

Die Summe aller Software-Kosten.

Telefon/Telefax

Kosten für Telefon und Telefax. Je nach Zuordnung sind dabei nur die Telefon/Telefax-Kosten der IT oder – falls die IT ebenfalls für die Telefonie verantwortlich ist – für die Telefonieaufwendungen der gesamten Firma enthalten.

Vielfach wird das interne Telefon auf das Handy umgeleitet, um unter der Büronummer erreichbar zu sein, auch wenn man nicht im Geschäft ist. Dieser für den Anrufer komfortable Service kann sehr teuer werden, da die Mehrkosten durch die Umleitung auf das Handy der Firma belastet werden.

Zudem »vergessen« viele Mitarbeiter, die Umleitung zu löschen, wenn sie wieder im Büro sind, und telefonieren auch innerhalb der Firma häufig mit dem Handy. Damit können die Kosten für Mobiltelefone die Festnetzkosten schnell erreichen oder sogar übertreffen.

Mietleitungen/Carrier

Aufwendungen für die Netzwerk-Verbindungen eines Netzwerk-Carriers unabhängig von der eingesetzten Technologie (Mietleitung, ADSL, Dark Fibre, Frame Relay usw.).

Total Kommunikation

Alle Kommunikationskosten zusammengenommen.

Outsourcing-Leistungen

Outsourcing-Kosten für Betriebsleistungen, die von einem Outsourcer bezogen werden, wie der Betrieb eines Teils oder der gesamten IT-Infrastruktur (Helpdesk, Support, Server, Netzwerk, Rechenzentrum usw.).

Externe Dienstleistungen

Externe Projekt- und Beratungsleistungen auf Fixpreisbasis (im Stunden- oder Tagessatz erbrachte Leistungen gehören zur Kostenart *externes Personal*).

Total externe Services

Die Summe der extern bezogenen Dienstleistungen.

Büromaterial

Büromaterial für die IT-Mitarbeiter. Häufig werden unter dieser Kategorie ebenfalls die anfallenden Kosten für Papier, Toner, Backup-Bänder usw. belastet.

Zeitschriften, Fachliteratur

Zeitschriften und Fachliteratur (Bücher).

Gerne wird in dieser Kostenart vermeintlich Geld gespart, indem wichtige Fachzeitschriften nur einmal für mehrere Dutzend IT-Mitarbeiter beschafft werden und die Zirkulation der Zeitschrift mehrere Wochen oder sogar

2

Monate dauert. Andererseits hat sich in einigen Firmen eingebürgert, verschiedene nicht direkt IT-relevante Publikationen zu abonnieren, die weniger durch die Abonnementskosten als vielmehr durch den Leseaufwand zu Buche schlagen.

Raumkosten

Kosten für die benutzten Büro- und Rechnerräume inkl. Reinigung, Empfang, Telefonie, interne Post usw.

Gemeinkosten

Umlagen der Personalabteilung für deren Leistungen (Betreuungs- und Einstellungsgespräche, Gehaltsbuchhaltung und -abrechnung usw.), Management-Overhead, Anteil an den Gemeinkosten der Firma usw.

Total übrige Aufwände

Alle übrigen Aufwände zusammen.

Total Sachkosten

Alle Sachkosten.

Total IT-Kosten

Die Summe aller IT-Kosten.

2.3 Betriebs-, Projekt- und Beratungsbudget

In Kapitel 1 *Grundlagen des IT-Kostenmanagements* haben Sie gesehen, dass sich sämtliche IT-Leistungen einer der drei Kategorien Betrieb, Projekt und Beratung zuteilen lassen. In den Abschnitten 2.1 *Budgetplanung* und 2.2 *Kostenarten in der IT* habe ich das Budget aus der Mehrjahresperspektive (Entwicklung über die Jahre sowie Vergleich des Budgets für das Folgejahr mit dem Budget des laufenden sowie den Ist-Kosten des vergangenen Jahres) betrachtet.

2

Nun möchte ich das Budget aus der Perspektive der IT-Leistungsbänder beleuchten und entsprechend aufgliedern. Dazu teile ich die Kostenarten aus Abschnitt 2.2 *Kostenarten in der IT* in die bekannten drei Kategorien

▷ Betriebsleistungen

▷ Projektleistungen

▷ Beratungsleistungen

auf. Das Total entspricht dabei dem Budgettotal (Spalte Budget Folgejahr), wie Sie es aus dem vorangehenden Abschnitt kennen.

Tabelle 2.2 zeigt, welche Kostenarten bei welchen Leistungsarten zum Einsatz kommen. Ein grau hinterlegtes Feld bedeutet, dass die entsprechende Kostenart für diese Leistung nicht benutzt werden kann, ein weißes Feld heißt, dass die entsprechende Kostenart budgetiert werden muss. Im Anschluss an die Tabelle befinden sich die entsprechenden Erläuterungen dazu.

	Betriebs-leistungen	Projekt-leistungen	Beratungs-leistungen	Total
Personalkosten				
Monatslöhne				
Stundenlöhne				
Überstunden & Bereitschaftsdienst				
Sozialleistungen				
Bonuszahlungen				
Spesen				
Aus- und Weiterbildung				
Total interne Personalkosten				
Externes Personal				
Total externe Personalkosten				
Total Personalkosten				

2

	Betriebs-leistungen	Projekt-leistungen	Beratungs-leistungen	Total
Sachkosten				
Beschaffung Hardware				
Abschreibung Hardware				
Miete & Leasing Hardware				
Wartung Hardware				
Reparatur Hardware				
Total Hardware				
Beschaffung Software				
Abschreibung Software				
Miete & Leasing Software				
Wartung Software				
Total Software				
Telefon/Telefax				
Mietleitungen/Carrier				
Total Kommunikation				
Outsourcing-Leistungen				
Externe Dienstleistungen				
Total externe Services				
Büromaterial				
Zeitschriften, Fachliteratur				
Raumkosten				
Gemeinkosten				
Total übrige Aufwände				
Total Sachkosten				
Total IT-Kosten				

Tabelle 2.2: Aufteilung der Kostenarten in Betriebs-, Projekt- und Beratungsleistungen

2.3.1 Abhängigkeit der Betriebs- von den Projektkosten

Die Betriebskosten lassen sich nicht isoliert von den Projektkosten und -leistungen betrachten. Jedes Projekt hat einen mehr oder weniger großen Einfluss auf die Betriebskosten, da die im Projekt beschafften oder entwickelten Systeme nach deren Fertigstellung betrieben und weiterentwickelt werden müssen.

Ein Projekt besteht aus den folgenden Kostenelementen:

‣ Interne Personalkosten zur Projektrealisierung

‣ Externe Personalkosten zur Projektrealisierung

‣ Investitionen in Software-Lizenzen, falls die neue Applikation ganz oder teilweise zugekauft wird (Standard-Applikation wie z.B. ERP-Systeme)

‣ Investitionen in Test- und Entwicklungssysteme

‣ Investitionen in das Produktionssystem, auf dem die Applikation betrieben wird inkl. notwendige Ausbauten der Infrastruktur wie Netzwerk, Firewall usw.

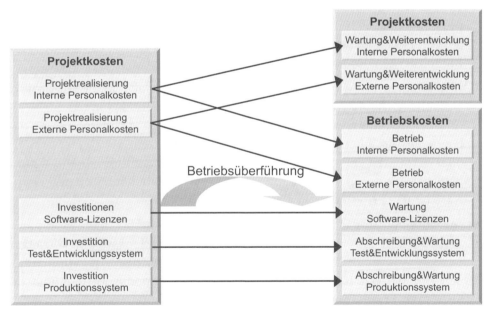

Abbildung 2.6: Abhängigkeiten der Betriebs- von den Projektkosten

Die aufgelisteten Projektkostenelemente haben sowohl einen Einfluss auf die Betriebskosten als auch auf die weiteren Projektkosten (Abbildung 2.6). Die verschiedenen Kostenelemente, die in der Grafik auf der linken Seite dargestellt sind, verhalten sich bei der Betriebsüberführung folgendermaßen:

> **Interne und externe Personalkosten zur Projektrealisierung:** Die internen und externen Personalkosten entfallen nach Abschluss der Projektrealisierung. Vielfach wird jedoch vergessen, dass das fertig gestellte System gewartet und weiterentwickelt (Projektleistungen) als auch betrieben und überwacht werden muss (Betriebsleistungen). Das heißt, dass auch nach Abschluss des Projektes personelle Kapazitäten und Know-how vorhanden sein müssen und damit ein Teil des Projektteams für den Betrieb, die Wartung und Weiterentwicklung der neuen Applikation über das Projektende hinaus zur Verfügung stehen muss. Dies hat sowohl einen Einfluss auf das Betriebsbudget als auch auf das zukünftige Projektbudget (Wartungsprojekte).

> **Investitionen in Software-Lizenzen:** Je nach Abschreibungspraxis wird im Rahmen von Projekten beschaffte Software direkt dem Projekt belastet und einmalig abgeschrieben oder während der Nutzungsdauer kontinuierlich abgeschrieben. Während im ersten Fall keine Betriebskosten entstehen, müssen die Abschreibungen im zweiten Fall als entsprechende Betriebskosten berücksichtigt werden. In jedem Fall entstehen durch das Projekt jedoch Betriebskosten durch die Wartungsgebühren des Software-Herstellers.

> **Investitionen in Test- und Entwicklungssysteme:** Solange die im Projekt eingeführte Applikation in Betrieb ist, müssen auch entsprechende Test- und Entwicklungssysteme zur Verfügung stehen. Je nachdem können dabei bereits bestehende Entwicklungs- und Testsysteme verwendet werden oder es müssen entsprechende Betriebskosten für den Betrieb und Unterhalt zusätzlicher oder für die Erweiterung von bestehender Soft- und Hardware budgetiert werden.

> **Investitionen in das Produktionssystem:** Eine kleinere Applikation kann eventuell auf einem bereits bestehenden Produktionssystem betrieben werden und verursacht dadurch keine oder nur geringe Investitionen für den produktiven Betrieb. Eine umfangreichere Applikation benötigt jedoch eine Erweiterung oder ein zusätzliches Produktionssystem, das im Rahmen des Projektes beschafft und finanziert wird, letztendlich jedoch im Rahmen von Betriebskosten abgeschrieben werden muss. Wichtig ist, dass die zu beschaffende Hard- und Software nicht einer Projektkosten-

2

stelle belastet wird, die nach Abschluss des Projektes geschlossen wird. Mit der Übernahme der Abschreibungen in die Betriebskostenstellen wird gewährleistet, dass die Hardware des Produktionssystems bei Ablauf seiner Lebensdauer im Rahmen der Betriebskosten auch ersetzt werden kann und nicht ein neues Projekt zur Ablösung der Hardware beantragt werden muss, das keine neue Funktionalität zur Verfügung stellt, sondern nur sicherstellt, dass die Applikation auch weiterhin betrieben werden kann.

Wie Sie gesehen haben, ist es von großer Bedeutung, die Zusammenhänge und Abhängigkeiten zwischen den Projekt- und Betriebskosten zu kennen. Die getrennte Behandlung der verschiedenen Leistungs- und Kostentypen bedeutet zwar einiges an Aufwand, lohnt sich jedoch in jedem Fall, da nur so die Auswirkungen von Projekten auf die IT-Kosten aufgezeigt und transparent dargelegt werden können. Obwohl es bei Projektstart teilweise schwierig ist, abzuschätzen, wie hoch die zukünftigen Betriebskosten ausfallen werden, lohnt es sich, bei der Beantragung des Projektes nicht nur die Projekt-, sondern ebenfalls die durch das Projekt entstehenden Betriebskosten auszuweisen.

Die transparente Darlegung nicht nur der Projekt-, sondern ebenfalls der daraus resultierenden Betriebskosten

▷ ist eine wichtige Entscheidungsgrundlage bei der Genehmigung des Projektes und

▷ stellt sicher, dass die für das neue System benötigten Betriebskosten auch tatsächlich zur Verfügung stehen und bei der Einführung des Systems keine finanziellen Überraschungen auftreten.

Zuordnung der Betriebs-, Projekt- und Beratungskosten

Die Zuordnung und Aufteilung der verschiedenen Kostenarten auf die drei Kategorien Betrieb, Projekte und Beratung ist nicht immer ganz einfach. Deshalb beschreibe ich für jede Kostenart kurz, wie sich diese am besten auf die verschiedenen Leistungen aufteilen lässt.

Monatslöhne

Je nach Größe und Organisation der IT ist ein großer Teil der Mitarbeiter einfach dem Betrieb resp. den Projekten und Beratung zuzuweisen. Eine Trennung zwischen Projekten und Beratung ist hingegen in vielen Fällen nicht automatisch gegeben und lässt sich damit nicht einfach aus dem Organigramm ablesen.

Überall, wo nicht aus dem Organigramm der IT ersichtlich ist, zu welcher Kategorie eine Person gehört, empfiehlt es sich, die Aufteilung pro Mitarbeiter anhand seiner resp. ihrer Aufgaben abzuschätzen. Die Aufwände für die verschiedenen Leistungsbänder bewegen sich dabei je nach Unternehmen üblicherweise in folgenden Bereichen:

- Betriebsleistungen: 50–90%
- Projektleistungen: 10–50%
- Beratungsleistungen: 5–10%

Stundenlöhne

Mitarbeiter im Stundenlohn sind meistens klar einer Aufgabe zugewiesen und lassen sich damit auch einfach einer der drei Kategorien zuteilen. Ansonsten kann genauso wie bei den Monatslöhnen verfahren werden.

Überstunden und Bereitschaftsdienst

Bereitschaftsdienst ist in der Regel eine klare Betriebsleistung. Überstunden werden selten in Form von Beratungsleistungen, häufig jedoch für ein Projekt und teilweise ebenfalls für Betriebsleistungen erbracht.

Sozialleistungen, Bonuszahlungen, Spesen, Aus- und Weiterbildung

Die übrigen Personalkosten richten sich in der Regel nach der Aufteilung der Monatslöhne.

Total interne Personalkosten

Das Total der internen Personalkosten ergibt sich aus der Summe der oben genannten Kostenarten.

Externes Personal und Total externe Personalkosten

Analog wie Mitarbeiter im Stundenlohn ist externes Personal meistens klar einer Aufgabe zugewiesen und lässt sich damit auch einfach einer der drei Kategorien zuteilen. Ansonsten kann genauso wie bei den Monatslöhnen verfahren werden.

2

Beschaffung, Abschreibung, Miete & Leasing, Wartung, Reparatur und Total Hardware

Sämtliche Hardware-Kosten für produktive Systeme wie auch die Entwicklungs- und Testsysteme gehören zu den Betriebsleistungen. Damit können Systeme, die das Ende ihres Lebenszyklus erreicht haben und komplett abgeschrieben sind, ersetzt werden, ohne dass die Kosten ansteigen oder die zu ersetzenden Systeme im Rahmen eines Projektes budgetiert und beantragt werden müssten.

Systeme, die wegen der Einführung oder Erweiterung einer neuen Applikation beschafft werden müssen, werden vom Projekt mit dessen Investitionskosten beantragt. Budgetiert werden hingegen die Abschreibungen im Rahmen der Betriebskosten. Damit ist gewährleistet, dass

▷ die Betriebskosten von Anfang an ausgewiesen sind

▷ das System nach Ablauf der Abschreibungsdauer ohne Kostenerhöhung wieder ersetzt werden kann

Für Beratungsleistungen fallen in der Regel keine Hardware-Kosten an. Damit werden Hardware-Kosten ausschließlich als Betriebskosten ausgewiesen und budgetiert.

Beschaffung, Abschreibung, Miete & Leasing, Wartung und Total Software

Bei der Budgetierung der Software-Kosten wird – mit einer Ausnahme – genauso wie bei den Hardware-Kosten verfahren und sämtliche anfallenden Kosten für Abschreibungen, Miete & Leasing sowie Wartung unter Betriebskosten budgetiert.

Wird Software im Rahmen eines Projektes beschafft und gleich vollständig abgeschrieben, werden die entsprechenden Beschaffungskosten als Projektkosten ausgewiesen. In diesem Punkt unterscheidet sich die Beschaffung von Software von Hardware-Beschaffungen: Nach Erreichen der Lebensdauer von Hardware muss diese im Rahmen einer Ersatzinvestition wieder ersetzt werden, um den laufenden Betrieb weiterhin gewährleisten zu können.

Erreicht hingegen Software, die im Rahmen eines Projektes beschafft und vollständig abgeschrieben wurde, das Ende ihres Lebenszyklus, erfolgt keine einfache Ersatzinvestition, sondern es ist ein erneutes Projekt zur Ablösung der bestehenden und Einführung der neuen Software erforderlich. Damit macht es Sinn, Software – im Gegensatz zu Hardware – direkt den Projekt-kosten zu belasten. Abschreibungen sollen jedoch auch bei Software immer auf Betriebskostenstellen und nie auf Projektkostenstellen erfolgen, da diese auch nach Abschluss des Projektes weiter anfallen.

Für Beratungsleistungen fallen in der Regel keine Software-Kosten an.

Telefon/Telefax, Mietleitungen/Carrier, Total Kommunikation

Kommunikationskosten gehören zu den Betriebsleistungen.

Outsourcing-Leistungen

Outsourcing von Betriebsleistungen gehört zu den Betriebskosten.

Externe Dienstleistungen

Externe Projekt- und Beratungsleistungen auf Fixpreisbasis gehören zu den Projektkosten.

Total externe Services

Das Total der externen Services ergibt sich aus der Summe der obigen Kosten-arten.

Büromaterial, Zeitschriften, Fachliteratur

Dies sind häufig kleinere Budgetpositionen und können entweder einfach den Betriebskosten zugeordnet werden oder auf die drei Kategorien Betriebs-, Pro-jekt- und Beratungskosten aufgeteilt werden.

Raum- und Gemeinkosten

Am besten werden diese beiden Kostenarten im Verhältnis der Personalkos-ten auf die drei Kategorien Betriebs-, Projekt- und Beratungskosten aufgeteilt.

Total übrige Aufwände

Die Summe der übrigen Aufwände.

Total Sachkosten

Alle Sachkosten zusammen.

Total IT-Kosten

Das Total der IT-Kosten verhält sich üblicherweise ähnlich wie die Monatslöhne und weist etwa folgende Zuordnung auf:

▷ Betriebsleistungen: 50–90%

▷ Projektleistungen: 10–50%

▷ Beratungsleistungen: 5–10%

2.4   Erstellung des IT-Budgets

Bei der Erstellung des IT-Budgets wird am besten folgendermaßen vorgegangen:

1. Erstellung des Betriebsbudgets
2. Erstellung des Projektbudgets
3. Anpassung des Betriebsbudgets aufgrund der Abhängigkeiten vom Projektbudget
4. Erstellung des Beratungsbudgets

2.4.1   Erstellung des Betriebsbudgets

Bei der Erstellung des Betriebsbudgets orientiert man sich am besten am Vorjahresbudget. Ohne die Realisierung neuer Projekte mit Einfluss auf die Betriebskosten sollten die Betriebskosten leicht sinken:

▷ Ein qualitativ hochwertiger und kostengünstiger Betrieb benötigt Zeit und Erfahrung. Wenn ein System über mehrere Monate und Jahre betrieben wird, kann der Automatisierungsgrad erhöht und die Anzahl der Fehler und Probleme gesenkt werden. Dies ermöglicht ein scheinbares Paradoxum: eine hohe Betriebsqualität mit gleichzeitig niedrigen Kosten. Ein professioneller IT-Betrieb zeichnet sich dadurch aus, dass er beide Kriterien gleichzeitig optimieren kann. Durch die Betriebsoptimierung können die Aufwände und damit die Personalkosten gesenkt werden.

▷ Die Hardware-Preise sinken nach wie vor. Damit ist es in der Regel möglich, ein System am Ende seines Lebenszyklus zu geringeren Kosten und erst noch mit höherer Leistung zu ersetzen.

2

▷ Gelingt es, ein System über die geplante Abschreibungsdauer einzusetzen und zu nutzen, fallen die entsprechenden Abschreibungen nach der geplanten Nutzungsdauer weg. Allerdings darf nicht vergessen werden, dass bei einem Ersatz des Systems die Abschreibungen des neuen Systems wieder anfallen.

▷ Werden Applikationen abgelöst und außer Betrieb genommen, entfallen ebenfalls die entsprechenden Betriebsaufwendungen und die entsprechenden Mitarbeiter werden nicht mehr benötigt oder können für den Betrieb neuer Systeme eingesetzt werden.

Dass die Betriebskosten in der Realität trotzdem häufig ansteigen, ist meistens auf die Erweiterung bestehender sowie die Einführung neuer Applikationen und den damit verbundenen Auswirkungen auf den Betrieb zurückzuführen.

2.4.2 Erstellung des Projektbudgets

Nach dem Betriebsbudget erfolgt die Erstellung des Projektbudgets:

▷ Das Projektportfolio gibt Auskunft über die bereits laufenden Projekte, die auch in der kommenden Budgetperiode noch aktiv sein werden. Ebenfalls aus dem Projektportfolio lassen sich die geplanten Kosten für die im kommenden Jahr weiterhin aktiven Projekte herauslesen.

▷ Das Projektportfolio wird ergänzt um diejenigen Projekte, die im kommenden Jahr neu initiiert werden sollen. Dabei ist darauf zu achten, dass die Planung realistisch erfolgt und nicht jedes Projekt budgetiert wird, das eventuell auch noch realisiert werden könnte. Allzu häufig kommt bei einer Bottom-Up-Planung neuer Projekte ein Projektvolumen heraus, das um einen Faktor zwei über dem zur Verfügung stehenden Budget, aber auch über der verfügbaren personellen Kapazität liegt. Hier ist eine realistische Planung gefragt.

▷ Jedes Projekt, das realisiert werden soll, muss eine Schätzung bezüglich der Kosten abgeben, die das im Projekt zu realisierende System nach dessen Einführung im Betrieb verursacht. Diese Schätzungen sind häufig schwierig zu erstellen. Eine ungefähre Schätzung ist aber allemal besser als gar keine Angaben bezüglich der Betriebsaufwendungen. Zudem werden die geplanten Betriebskosten für die Bewilligung des Projektes durch den Auftraggeber benötigt.

➤ Anhand der im kommenden Jahr noch aktiven Projekte und der Aufnahme der neuen Projekte in das Projektportfolio können die geschätzten Betriebskosten in das Betriebsbudget übernommen werden. Auch hier ist Vorsicht geboten, damit nicht mit einer hohen Sicherheitsmarge versehene Betriebskosten eins zu eins in das Betriebsbudget übernommen werden. Es benötigt viel Erfahrung, um abschätzen zu können, ob die von den Projekten angegebenen Betriebskosten realistisch sind oder eine Schätzung auf der garantiert sicheren Seite darstellen.

➤ Für eine größtmögliche Transparenz, aber auch für die Besprechung und Verabschiedung des Budgets sollen bei den Betriebskosten sowohl die Reduktion durch die Betriebsoptimierungen als auch die Erhöhungen durch den Projekteinfluss ausgewiesen werden.

Im Optimalfall gelingt es, mit konstanten Betriebskosten neu hinzugekommene Applikationen zu betreiben, falls sich die Reduktion durch Betriebsoptimierungen mit den Erhöhungen durch neue Applikationen die Waage halten.

Erhöhen sich die Betriebskosten um mehr als die Betriebseinsparungen, muss entweder das IT-Budget gegenüber dem Vorjahr erhöht werden oder – bei konstantem IT-Budget – das Projektbudget gesenkt werden. Dabei stellt sich natürlich immer die Frage, ob die heutigen Betriebskosten gerechtfertigt sind und ob der Betrieb nicht günstiger erbracht werden könnte. Mehr dazu im Kapitel *Benchmarking*.

2.4.3 Erstellung des Beratungsbudgets

Das Beratungsbudget ist in der Regel einfacher zu erstellen als das Betriebs- oder Projektbudget. Die Abhängigkeiten sind kleiner, die Höhe des Budgets ebenfalls.

➤ Das Beratungsbudget besteht in der Regel nur aus Personalkosten. Hardware-Kosten sind Bestandteil des Betriebsbudgets, Software-Kosten gehören in das Betriebs- oder gegebenenfalls in das Projektbudget.

➤ Das Beratungsbudget weist Abhängigkeiten zum Projektbudget auf: Befindet sich ein Projekt in der Vorbereitungsphase (Erstellung Projektantrag, Erstellung der Wirtschaftlichkeitsrechnung, Abschätzung der Betriebskosten usw.), werden die entsprechenden internen oder externen Aufwände dem Beratungsbudget belastet. Sobald das Projekt bewilligt und gestartet ist, sind die geleisteten Aufwände Bestandteil des Projektbudgets.

▷ Ein Anteil der Beratungsleistungen wird als interne Unternehmensberatung erbracht, indem die verschiedenen Fachbereiche bezüglich ihres IT-Einsatzes beraten und unterstützt werden. Dabei ist zu beachten, dass dies üblicherweise nur einen geringen Teil des gesamten IT-Budgets ausmacht und dass nicht komplette Projekte über Beratungsleistungen abgewickelt werden, nur um das Projekt-Bewilligungsverfahren zu umgehen.

▷ Die Budgetierung der internen und externen Aufwände für Schulungen und Kurse lässt sich in der Regel einfach anhand des Vergleiches mit dem Vorjahr bewerkstelligen. Existieren keine Zahlen aus dem Vorjahr, muss das Budget entsprechend geschätzt werden. Die Erfahrung bei verschiedenen Firmen zeigt, dass Mitarbeiter – außer bei der Einführung eines neuen Systems – pro Jahr höchstens während eines Tages bezüglich der Anwendung der IT-Mittel geschult werden. Bei IT-Mitarbeitern sieht das Bild anders aus. Diese bilden sich üblicherweise während rund drei bis fünf Tagen pro Jahr weiter.

2.5 Top-Down- und Bottom-Up-Planung

Das IT-Budget kann prinzipiell auf zwei Arten erstellt werden:

▷ **Bottom-Up**: Es werden sämtliche Kostenelemente zusammengestellt und summiert. Bei einer größeren IT mit mehreren Kostenstellen und Kostenstellenverantwortlichen wird jede Kostenstelle budgetiert und sämtliche Kostenstellen konsolidiert. Das Gesamt-IT-Budget ergibt sich aus der Summe aller IT-Kostenstellen.

▷ **Top-Down**: Das Gesamt-IT-Budget wird von der Geschäftsleitung oder vom Finanzchef vorgegeben. Die Basis ist entweder das vorjährige IT-Budget (gleichbleibend oder mit entsprechender Erhöhung oder Reduktion) oder ein IT-Budget, das sich aus dem Gesamt-Budget des Unternehmens ableitet (basierend auf einem festen Prozentsatz oder dem aktuellen oder geplanten Geschäftsgang).

Beide Vorgehensweisen haben entsprechende Ausprägungen und damit Vor- und Nachteile.

2.5.1 Bottom-Up-Planung

Das **Betriebsbudget** wird vorzugsweise Bottom-Up erstellt, basierend auf

2

▷ dem aktuellen Betriebsbudget

▷ den möglichen Einsparungen bei gleichbleibender Anzahl der zu betreibenden Systeme und Applikationen

▷ den neu hinzukommenden Betriebsaufwendungen durch zusätzliche Applikationen oder Erweiterungen der bestehenden Systeme

Da sich das Betriebsbudget verhältnismäßig statisch verhält (häufig machen die bestehenden Systeme und Applikationen über 80% aus und die neu hinzukommenden Applikationen liegen unter 20%), erlaubt die Bottom-Up-Planung des Betriebsbudgets basierend auf den aktuellen Budgetwerten eine gute Genauigkeit.

Anders verhält es sich bei der Bottom-Up-Planung des **Projektbudgets**. Je nach Anforderungen stehen mehr oder weniger, umfangreichere oder einfachere Projekte zur Umsetzung an, so dass das Vorjahresbudget nur eine beschränkte Aussagekraft besitzt.

Für die Bottom-Up-Planung des Projektbudgets

▷ werden die für das kommende Jahr zu erwartenden Aufwände der bereits laufenden Projekte zusammengestellt,

▷ werden die neu hinzukommenden Projekte budgetiert,

▷ wird beurteilt, welcher Anteil der Projekte unter realistischer Betrachtung auch tatsächlich realisiert werden kann.

Bei der Bottom-Up-Planung des **Beratungsbudgets** kann man sich wieder verstärkt auf die Werte des aktuellen Budgets stützen und dieses daraus ableiten.

Die Bottom-Up-Planung zeigt häufig die folgenden Auswirkungen:

Die Bottom-Up-Planung des **Betriebsbudgets** überschießt den realistischen Wert normalerweise um ca. 20%. Dies kommt dadurch zustande, dass die meisten Kostenstellenverantwortlichen ein gewisses Sicherheitsdenken innehaben und sämtliche Eventualitäten im Budget zu berücksichtigen versuchen. Ebenfalls werden die Auswirkungen von neuen Applikationen auf das Betriebsbudget häufig überschätzt.

Die Bottom-Up-Planung des **Projektbudgets** überschreitet den realistischen Wert häufig noch stärker als im Betriebsbudget und liegt nicht selten bei 100% oder mehr über dem tatsächlichen Projektbudget. Dies rührt daher, dass häufig sämtliche möglichen Projekte berücksichtigt werden und dabei ebenfalls vergessen wird, dass nicht alle geplanten Projekte gleich zu Beginn des Jahres in Angriff genommen werden können und Ende des Jahres vollständig realisiert sind. Selbst wenn das überhöhte Projektbudget genehmigt würde, stehen häufig die benötigten personellen Ressourcen zur Umsetzung und Koordination der Vorhaben gar nicht zur Verfügung.

Das **Beratungsbudget** liegt wesentlich unter dem Betriebs- und Projektbudget und beeinflusst damit das Gesamt-IT-Budget nur in einem geringen Rahmen. Häufig besteht bei der Bottom-Up-Planung jedoch auch hier die Tendenz zu einem überhöhten Budget.

2.5.2 Top-Down-Planung

Bei der Top-Down-Planung wird das Gesamt-IT-Budget von der Geschäftsleitung oder vom Finanzchef vorgegeben. Daraus werden das Betriebs-, Projekt- und Beratungsbudget abgeleitet und die verschiedenen Kostenarten budgetiert.

Bei der Erstellung des **Betriebsbudgets** wird wie in der Bottom-Up-Planung vom aktuellen Budget ausgegangen. Kommen keine zusätzlichen Applikationen oder größere Erneuerungen und Ausbauten dazu, wird davon ausgegangen, dass die Betriebskosten auf dem aktuellen Niveau gehalten werden oder sogar leicht gesenkt werden können.

Zeichnet sich ab, dass durch die geplanten Projekte zusätzliche Systeme betrieben werden müssen oder dass die Mittel für das Betriebsbudget geringer ausfallen als im laufenden Jahr, müssen die Betriebskosten reduziert werden. Dies geschieht z.B. durch eine Verringerung der Servicezeit oder eine Erhöhung des Ausfallrisikos durch Abbau von redundanten Systemen.

Das **Projektbudget** wird analog der Bottom-Up-Planung erstellt:

▷ Zusammenstellung der für das kommende Jahr zu erwartenden Aufwände der bereits laufenden Projekte

▷ Budgetierung der neu hinzukommenden Projekte

▷ Zusammenstellung und Priorisierung des Projektportfolios

Nun wird aus dem priorisierten Projektportfolio herausgelesen und entschieden, welche der geplanten Projekte im Rahmen des vorgegebenen Projektbudgets realisiert werden können und welche auf das Folgejahr vertagt werden müssen.

Auch hier kommt der Erstellung des **Beratungsbudgets** wegen des geringen Umfanges die kleinste Bedeutung zu und es kann wie im Bottom-Up-Ansatz von den Vorjahreswerten ausgegangen werden.

In der Vergangenheit wiesen viele IT-Budgets von Jahr zu Jahr eine kleine oder teilweise auch große Steigerung auf, so dass die gestiegenen Betriebskosten sowie die Anforderungen bezüglich zu realisierender Projekte abgedeckt werden konnten. In wirtschaftlich schwierigen Zeiten stagnieren viele IT-Budgets oder fallen sogar geringer aus als im laufenden Jahr. Eine Budgetreduktion wirkt sich folgendermaßen aus:

Das **Betriebsbudget** wird ebenfalls entsprechend reduziert mit der Konsequenz, dass die in den SLA vereinbarten Qualitätsparameter und Servicezeiten entsprechend reduziert und mit den Kunden der IT neu verhandelt werden müssen (Reduktion der Kosten = Reduktion der Leistungen). Sollen hingegen keine Abstriche an der Betriebsqualität gemacht und das Betriebsbudget nicht reduziert werden, muss die Budgetreduktion im Projekt- und Betriebsbudget aufgefangen werden.

Das **Projektbudget** bestimmt die Anzahl und den Umfang der realisierbaren Projekte. Bei einer Budgetreduktion wird das Projektbudget ebenfalls im gleichen Rahmen reduziert. Kann oder will das Unternehmen die Betriebskosten nicht ebenfalls entsprechend senken, muss die Budgetreduktion entsprechend im Projekt- und Beratungsbudget aufgefangen werden und das Beratungsbudget muss überproportional reduziert werden. Damit können die Anzahl und der Umfang der zu realisierenden Projekte auf ein sehr niedriges Niveau sinken und die Weiterentwicklung der Firma gefährden.

Das **Beratungsbudget** muss sich am stärksten den Vorgaben des Betriebs- und Projektbudgets anpassen, kann aber durch den geringen Umfang auch nur einen geringen Teil der Budgetreduktion auffangen.

2

2.5.3 Gemischter Ansatz

In der Praxis hat es sich in vielen Fällen bewährt, einen gemischten Ansatz umzusetzen: Falls nicht sowieso Top-Down-Vorgaben von der Firmenleitung gemacht werden, empfiehlt es sich für den IT-Leiter, diese selbst vorzugeben. Damit wird sichergestellt, dass die Bottom-Up-Planung nicht unrealistisch hohe Werte annimmt. Zudem kann die Planungsgenauigkeit durch den Abgleich der Top-Down-Vorgabe mit der Bottom-Up-Planung erhöht werden.

Im Anschluss an die Top-Down-Vorgabe werden in einer Bottom-Up-Planung das Betriebs-, Projekt- und Beratungsbudget erstellt. Die erste Version wird bereinigt, indem vorhandene Sicherheiten und Reserven aus dem Budget gestrichen werden, so dass eine realistische Budgetplanung entsteht.

Mit großer Wahrscheinlichkeit übertrifft die Bottom-Up-Planung die Top-Down-Vorgabe. Nun gilt es, das Betriebs-, Projekt- und Beratungsbudget dem laufenden Budget sowie den bisher aufgelaufenen Ist-Kosten gegenüberzustellen:

- Sind nach wie vor Sicherheitsreserven im Budget enthalten?
- Sind die geplanten Erhöhungen begründ- und rechtfertigbar?
- Kann das Budget ohne Leistungsabbau weiter reduziert werden?

Im letzten Schritt gilt es, die noch verbleibende Lücke zwischen Top-Down-Vorgabe und Bottom-Up-Planung zu verhandeln und zu schließen:

- Bei welchen Betriebskomponenten können Abstriche gemacht werden?
- Welche Systeme können außer Betrieb genommen werden?
- Welche Projekte können nicht oder nur teilweise realisiert werden?
- Welche Beratungsleistungen werden nicht mehr erbracht?
- Kann die Top-Down-Vorgabe erhöht werden?

Der Abgleich der beiden Planungen erhöht die Budgetsicherheit und Genauigkeit wesentlich. Durch die Top-Down-Vorgabe wird verhindert, dass unrealistische Werte in der Bottom-Up-Planung erarbeitet werden. Umgekehrt hilft die Bottom-Up-Planung, dass keine unrealistischen Top-Down-Vorgaben gemacht werden, und zeigt die Konsequenzen auf den Betrieb der Systeme sowie für die zu realisierenden Projekte und Beratungsleistungen auf.

2.6 Fazit: Stolperfallen und Tipps bei der Budgetierung

2

Die beschriebene Aufteilung des IT-Budgets in Betriebs-, Projekt- und Beratungsleistungen, die Wechselwirkung zwischen Projekten und Betrieb sowie die klare Handhabung von Abschreibungen wird nur in wenigen Unternehmen in der dargelegten Reinheit implementiert werden. Das Modell soll jedoch aufzeigen, wie ein klar und sauber strukturiertes IT-Budget aufgebaut ist und welche Probleme sich damit elegant lösen lassen. Bei jedem Konflikt mit dem IT-Budget oder einem Dilemma zwischen den Projekt- und Betriebskosten lohnt es sich, auf das Modell zurückzugreifen und die nächste Stufe des Modells zu implementieren.

Die Unterteilung in die drei Kategorien Betriebs-, Projekt- und Beratungsleistungen resp. -kosten erlauben, die Budgetdiskussionen auf einer anderen Ebene zu führen. Anstatt dem Pauschalvorwurf ausgeliefert zu sein, dass die IT zu teuer ist, können nun die IT-Kosten in Relation zu den Leistungen gebracht werden:

▷ Welche Projekte können im Rahmen des vorgegebenen IT-Budgets realisiert werden? Welches sind die wichtigsten Projekte, wie werden sie priorisiert?

▷ Was sind die finanziellen Konsequenzen auf den Betrieb bei der Erweiterung oder der Einführung einer neuen Applikation? Machen die prognostizierten Einsparungen die zusätzlichen Betriebskosten wett?

▷ Welche Services werden nicht mehr oder in geringerem Umfang erbracht, falls das Betriebsbudget reduziert werden muss?

▷ Wie groß sind die Einsparungen, wenn der bediente Betrieb nur noch bis 17.00 Uhr anstatt bis 20.00 Uhr gewährleistet sein muss?

▷ Was kostet es, die durchschnittliche Wartezeit im Helpdesk von 60 auf 30 Sekunden zu senken?

Damit konzentriert sich die Budgetdiskussion bei den **Projektleistungen** primär auf die Frage, welche Projekte in welchem Umfang im Budgetjahr realisiert werden können.

Bei den **Betriebsleistungen** stellen sich die folgenden Fragen:

▷ In welchem Maß steigen die Betriebskosten durch die Inbetriebnahme neuer Applikationen an?

▷ Wie können die Betriebskosten durch die Reduktion der Systeme oder Anforderungen an Verfügbarkeit und Servicezeiten gesenkt werden?

2

Die **Beratungsleistungen** fallen wegen ihrer geringeren Kostenrelevanz im Vergleich zu den Betriebs- und Projektleistungen weniger ins Gewicht. Hier konzentriert sich die Budgetdiskussion vor allem auf den Umfang des Schulungsangebotes sowie den Umfang der Beratungsunterstützung.

2.6.1 Stolperfallen

Die Erstellung und Verhandlung des IT-Budgets weist jedoch auch einige Stolperfallen auf:

▷ Viele Kostenverantwortliche haben das Bestreben, ein Budget zu erstellen, das nicht mit einer möglichst großen Genauigkeit eingehalten werden kann, sondern das dank entsprechenden Sicherheitsmargen sicherlich nicht überschritten wird.

▷ Um für Pauschalkürzungen nach dem Motto »Reduktion aller Budgets um 10%« gewappnet zu sein, bauen vorsichtige Kostenstellenleiter diese Sicherheitsreserve von Anfang an in ihr Budget ein.

▷ Dies wird in vielen Firmen noch unbewusst gefördert, indem die Unterschreitung des Budgets belohnt und die Überschreitung bestraft wird. Damit konzentrieren sich die Kostenverantwortlichen häufig auf die Aushandlung eines möglichst hohen Budgets anstatt auf eine knappe Kostenkalkulation inkl. deren Einhaltung. Ein gut erstelltes Budget wird möglichst genau erreicht, nicht möglichst tief unterschritten.

▷ Häufig werden nur Abweichungen nach oben budgetiert, aber keine möglichen Abweichungen nach unten. So kalkulieren praktisch alle Kostenverantwortlichen die Anstellung neuer Mitarbeiter in ihrem Budget ein, berücksichtigen jedoch nur selten, dass auch eine Mitarbeiterin oder ein Mitarbeiter das Unternehmen verlassen könnte und damit die entsprechende Stelle evtl. während mehrerer Monate unbesetzt ist.

▷ Ähnlich verhält es sich mit Abschreibungen. Abschreibungen für Neubeschaffungen werden meistens für das ganze Jahr budgetiert. Dabei wird vergessen, dass nicht sämtliche Beschaffungen gleich im ersten Monat des neuen Geschäftsjahres, sondern laufend und unterjährig getätigt werden. Damit fallen auch die dazugehörigen Abschreibungen erst im Verlaufe des Geschäftsjahres an.

2

▷ Allzu gerne wird über kleinere Budgetpositionen wie Spesen, Ausbildung, Büromaterial oder Fachliteratur ausgiebig diskutiert und dabei signifikante Positionen wie externes Personal, Beschaffung und Nutzung von Hard- und Software, Mietleitungs-/Carrierkosten usw. nur kurz oder gar nicht gestreift.

▷ Bei einer Reduktion des IT-Budgets wird häufig das Projektbudget reduziert, ohne jedoch die Anzahl der für die Umsetzung der Projekte verantwortlichen Personen ebenfalls der Budgetsituation anzupassen. Damit werden nur vermeintlich Kosten gespart, da die entsprechenden Stellen und damit auch die Kosten nach wie vor vorhanden sind.

▷ Da im alten Jahr nicht ausgeschöpfte Budgetmittel in der Regel nicht auf das Folgejahr übertragen werden können, wird das noch vorhandene Budget in vielen Fällen für nicht unbedingt benötigte Anschaffungen eingesetzt. Gerne werden auch noch Leistungen im alten Budgetjahr beglichen, die noch gar nicht bezogen resp. geliefert worden sind. Ein erfahrener Verkäufer weiß dies auszunützen. Diese Praktik birgt allerdings einiges an Gefahren, da in praktisch allen Buchungsrichtlinien die Vorausbezahlung noch nicht gelieferter Ware oder Dienstleistungen nicht erlaubt sind. Umso weniger bei transitorischen Abgrenzungen.

2.6.2 Tipps

Neben den größten Stolpersteinen dürfen natürlich die wichtigsten Tipps nicht fehlen:

▷ Das IT-Budget soll in Relation zum Geschäftsbudget betrachtet werden. Wächst die Firma und Umsatz und Gewinn steigen entsprechend, soll dies ebenfalls im IT-Budget berücksichtigt werden. Leidet die Firma unter einem Umsatz- und Gewinnrückgang, muss auch die IT einen entsprechenden Beitrag an die Kostensenkung leisten.

▷ Ein Vergleich des IT-Budgets in Relation zum Umsatz zwischen verschiedenen Firmen – auch aus derselben Branche – macht in vielen Fällen wenig Sinn, da die Abgrenzungen sowie der Durchdringungsgrad der IT von Unternehmen zu Unternehmen sehr unterschiedlich sein kann.

▷ Hingegen macht es sehr viel Sinn, die Entwicklung des IT-Budgets in Relation zum Umsatz der eigenen Firma über die Zeit zu betrachten. Sinken oder steigen die IT-Kosten in Relation zum Umsatz oder Gewinn?

▷ Falls die IT-Kosten in Relation zum Umsatz sinken: Ist die IT effizienter geworden oder wurden IT-Leistungen und damit IT-Kosten in die Fachabteilungen verlagert? Wurden die IT-Kosten gesenkt, weil weniger IT-Projekte realisiert wurden? Reflektieren die IT-Projekte den Innovationsgrad der Firma?

▷ Falls die IT-Kosten in Relation zum Umsatz steigen: Wurde entsprechender Mehrwert geschaffen, der der Firma auch etwas nutzt? Wurden IT-Leistungen und damit IT-Kosten von den Fachabteilungen in die IT verschoben? Sind vor allem die Betriebs- oder die Projektkosten gestiegen?

▷ Falls Projekte über separate Projektkostenstellen abgewickelt werden, sollen keine Abschreibungen auf diesen Kostenstellen vorgenommen werden. Sämtliche Abschreibungen sollen auf Betriebskostenstelle erfolgen, um die entsprechenden IT-Mittel nach Ablauf deren Nutzungsdauer ersetzen zu können, ohne ein neues Projekt initialisieren zu müssen.

▷ Hard- und Software – vor allem von amerikanischen Unternehmen – lässt sich am Ende eines Quartals oder Jahres häufig zu besseren Konditionen beschaffen. Dann nämlich, wenn der Verkäufer sein Quartals- oder Jahresziel bezüglich Umsatz noch nicht erreicht hat.

▷ Jährliche wiederkehrende Positionen wie Lizenz-, Wartungs-, Leasing- oder Outsourcing-Verträge werden am besten auf das Geschäftsjahr abgestimmt, damit die anfallenden Kosten sauber abgegrenzt und verrechnet werden können.

3 Wirtschaftlichkeitsrechnungen

Wem ist es nicht auch schon so ergangen: Ein großes Projekt für mehrere Hunderttausend oder sogar Millionen Euro soll bewilligt werden. Dabei stellen sich viele Fragen:

▷ Sind die beantragten Investitionen gerechtfertigt?

▷ Wie hoch ist der Nutzen des Projektes?

▷ Lohnt sich die Investition?

▷ Nach welcher Zeit überwiegt der Nutzen die Projektkosten?

▷ Hilft das Projekt in der Umsetzung der Geschäftsstrategie?

▷ Sind die Termine und Projektziele realistisch?

Die folgenden Abschnitte sollen helfen, diese Fragen zu klären und zu beantworten.

3.1 Gründe für die Realisierung von IT-Projekten

Für jede Firma ist es wichtig, sich weiterzuentwickeln und sich den ständig ändernden Rahmenbedingungen anzupassen, um längerfristig überleben zu können. Heute werden beinahe sämtliche Prozesse im Unternehmen durch IT-Systeme unterstützt. Damit hat praktisch jede Veränderung der Geschäftsprozesse auch eine Anpassung der IT-Systeme zur Folge.

Aus unternehmerischer Sicht gibt es vier Gründe, IT-Projekte zu realisieren:

1. **Umsetzung der Geschäftsstrategie**: Das Umfeld eines Unternehmens ändert sich beständig und so wird auch die Geschäftsstrategie laufend weiterentwickelt. Die Unternehmensleitung beschließt, neue Produkte zu entwickeln, neue Märkte zu erschließen oder Allianzen mit anderen Unternehmen einzugehen. Dazu werden entsprechende Projekte gestartet, die häufig eine Anpassung oder Erweiterung der IT-Systeme bedingen. Bei der Umsetzung der Strategie geht es um die Zukunftssicherung des Unternehmens und in der Regel nicht um die Senkung der Kosten durch

3

effizienzsteigernde Maßnahmen. Im Optimalfall weist die Geschäftsstrategie einen Gewinnanstieg aus, der den zur Realisierung notwendigen Projektkosten gegenübergestellt werden kann. Häufig kann jedoch die Wirtschaftlichkeit eines zur Strategie-Umsetzung benötigten Projektes nicht direkt ausgewiesen werden. Es kann höchstens probiert werden, den Nutzen der Strategie abzuschätzen und den zur Umsetzung nötigen Projektkosten gegenüberzustellen.

2. **Effizienzsteigerungen**: Bei Projekten zur Effizienzsteigerung geht es nicht darum, neue Produkte zu schaffen, sondern die bestehenden Abläufe und Prozesse effizienter zu gestalten. Genau hier setzt die Wirtschaftlichkeitsrechnung an: Ist der Nutzen größer als die notwendigen Investitionen, wie lange dauert es, bis die Projektkosten durch die damit erreichbaren Kostenreduktionen wieder hereingeholt werden?

3. **Ersatzinvestitionen**: Ersatzinvestitionen von bereits bestehenden Systemen wie z.B. die Ersetzung von Servern oder Endgeräten am Ende ihres Lebenszyklus. Wie in Abschnitt 1.1 *IT-Leistungsbänder* und 1.2 *IT-Budget* dargelegt, werden solche Investitionen vorzugsweise durch den laufenden Betrieb abgedeckt, da über Ersatzinvestitionen in der Regel nicht entschieden werden kann. Die Investition kann höchstens hinausgeschoben werden, eine Nichtrealisierung bedeutet, dass das entsprechende System nicht mehr zur Verfügung steht. Damit lässt sich die Wirtschaftlichkeit einer Ersatzinvestition nicht nachweisen. Es kann höchstens die ursprüngliche Wirtschaftlichkeitsrechnung für die Erstinvestition überprüft und hinterfragt werden oder die Höhe der Ersatzinvestition mit der Erstinvestition verglichen werden.

4. **Erfüllung von Auflagen**: Umsetzung von gesetzlichen oder anderen (z.B. revisionstechnischen) Auflagen wie Maßnahmen und Systeme gegen Geldwäscherei, Revisionstauglichkeit von Finanzsystemen, Nachverfolgbarkeit der Produktion von Medikamenten, Sicherstellung der Vertraulichkeit von Bankdaten usw. Projekte zur Erreichung oder Beibehaltung von gesetzlichen oder anderen Auflagen weisen keine direkte Wirtschaftlichkeit auf, sondern gewährleisten die gesetzeskonforme Ausübung der Geschäftstätigkeit. Der Nutzen solcher Projekte kann in der Regel nicht in Geld ausgedrückt werden, sondern ist Bedingung für die Existenz der Firma. Ebenfalls in diese Kategorie gehören Projekte zur Einführung von allgemein gebräuchlichen Systemen und Technologien wie z.B. E-Mail, Internetzugriff usw.

3

Die Wirtschaftlichkeitsrechnung ist ein wichtiges Instrument zur Beurteilung von Investitionen im Bereich Produktion: In welchem Maße lassen sich die Produktionskosten durch Investitionen in leistungsfähigere Maschinen senken? Wie lange dauert es, bis die neue Maschine amortisiert ist? Sehr viele Überlegungen und Erfahrungen aus diesem Bereich lassen sich jedoch auch auf IT-Vorhaben übertragen und anwenden.

Einzig Projekte zur Effizienzsteigerung können bezüglich ihrer Wirtschaftlichkeit untersucht und beurteilt werden. Die drei anderen Kategorien weisen keinen direkten wirtschaftlichen Nutzen aus, sondern dienen der Aufrechterhaltung der Ausübung der Geschäftätigkeit (Erfüllung von Auflagen sowie Ersatzinvestitionen) oder dem Fortbestehen und Ausbau der Unternehmung (Umsetzung der Geschäftsstrategie).

Projekte, die keiner der obigen vier Kategorien zugeordnet werden können, erbringen keinen unternehmerischen Nutzen. So werden vielfach Applikationen »verschönert«, ohne dass dadurch die Effizienz gesteigert wird oder dass neue Funktionalitäten und damit Nutzen dazukommen. Im Gegenteil: Manchmal wird die Bedienung sogar noch komplizierter und der Bedienungsaufwand der Benutzer steigt an, anstatt zu sinken.

In der Praxis ist es nicht immer einfach, Projekten, die nur »Verschönerungen« bringen, von Projekten mit echtem unternehmerischem Nutzen zu unterscheiden, und es lohnt sich, alle Projekte entsprechend genau nach ihrem Nutzen zu hinterfragen. Häufig sind »Verschönerungsprojekte« nicht als Projekte definiert, sondern werden mit den Mitteln des laufenden Betriebes realisiert, so dass gar nicht explizit über deren Realisierung entschieden wird. Dies macht die Erkennung von unnötigen »Verschönerungen« zusätzlich schwierig.

In den folgenden Ausführungen möchte ich mich auf Projekte zur Effizienzsteigerung konzentrieren. Anhand von Beispielen werden dabei die verschiedenen Problematiken bei der Erstellung von Wirtschaftlichkeitsrechnungen aufgezeigt und illustriert, wie die IT-spezifischen Thematiken optimal umgesetzt werden können.

3.2 Wirtschaftlichkeitsrechnung für Anfänger

Eine Firma mit 200 Mitarbeitern beschließt, ihre PC-Arbeitsplätze auf die aktuellste Version des Client-Betriebssystems zu migrieren, und erstellt dazu die folgende Wirtschaftlichkeitsrechnung.

Kosten

Bei einer großzügigen Kalkulation kommen wir auf die folgenden Aufwände:

▷ Die Firma besitzt keinen Update-Vertrag und muss die Windows-Client-Lizenzen für € 200 pro PC beschaffen.

▷ Die Hälfte aller PC muss ersetzt werden, da sie den Anforderungen des neuesten Windows-Betriebssystems nicht mehr genügen. Pro zu ersetzendem PC wird mit € 1 000 gerechnet.

▷ Pro PC wird von einem Migrationsaufwand von vier Stunden ausgegangen. Die Arbeitsstunde der eigenen Mitarbeiter wird mit € 50 eingesetzt (€ 200 pro zu migrierendem PC).

▷ Externe Unterstützung im Gesamtumfang von € 20 000 für die Konfiguration des neuen Betriebssystems sowie für das Testen alle Applikationen, die auf dem neuen Betriebssystem lauffähig sein müssen.

Damit ergeben sich die folgenden Kosten für das Migrationsprojekt:

Lizenzen (200 PC x € 200)	€ 40 000
Ersetzung von 100 PC (100 PC x € 1 000)	€ 100 000
Migrationsaufwand (200 PC x € 200)	€ 40 000
Externe Unterstützung	€ 20 000
Total	**€ 200 000**

Pro PC entstehen damit Kosten von **€ 1 000** für die Migration auf das aktuelle Windows-Client-Betriebssystem.

Nutzen

Die Kalkulation des Nutzens wird schwieriger. Wir nehmen deshalb einfach an, dass jeder Anwender und jede Anwenderin dank des neuen Client-Betriebssystems pro Tag zehn Minuten seiner bzw. ihrer Arbeitszeit einspart.

Dazu müssen wir wissen, wie viele Arbeitstage ein Jahr hat:

Tage pro Jahr	365 Tage
Wochenendtage	– 110 Tage
Urlaub (fünf Wochen)	– 25 Tage
Feiertage	– 10 Tage
Abwesenheiten (Krankheit, Weiterbildung usw.)	– 5 Tage
Total	**215 Tage**

Bei einer Arbeitsersparnis von zehn Minuten pro Tag ergibt sich damit pro Mitarbeiter die folgende Einsparung:

$$215 \text{ Tage x 10 Minuten} = 2\,150 \text{ Minuten} = \mathbf{35{,}83 \text{ Stunden}}.$$

Wird der gleiche Stundenansatz wie oben (€ 50) eingesetzt, ergeben sich jährlich Einsparungen von 35,83 x € 50 = **€ 1 792** bzw. **€ 358 400** bei 200 Anwendern.

Wirtschaftlichkeit

Damit können wir die Migrationskosten von einmalig **€ 200 000** dem jährlich anfallenden Nutzen von **€ 358 400** gegenüberstellen und erkennen durch einen einfachen Vergleich dieser beiden Zahlen, dass das Projekt hoch rentabel ist und die Projektkosten in weniger als einem Jahr amortisiert werden.

Setzen wir die Projektkosten dem jährlichen Nutzen gegenüber, erhalten wir den

$$\text{Payback} = \frac{\text{Projektkosten}}{\text{Jährlicher Nutzen}} = \frac{\text{€ 200 000}}{\text{€ 358 400}} = 0{,}558 \text{ Jahre} = 6{,}7 \text{ Monate}$$

Das heißt, dass nach knapp sieben Monaten die Projektkosten durch den Nutzen aufgewogen werden.

Fazit

Aufmerksame Leser werden es vermutet haben: Die obige Wirtschaftlichkeitsrechnung ist zu schön, um wahr zu sein. Trotz großzügig kalkulierter Projektkosten wird ein Payback von deutlich unter einem Jahr erreicht, von dem viele Projekte nur träumen können. Doch wo liegt der Fehler?

3

Die Kalkulation des Nutzens enthält zwei Annahmen, die nicht verifiziert sind:

1. Die Einsparung von täglich zehn Minuten pro Anwender ist aus der Luft gegriffen und nicht verifiziert. Mit hoher Wahrscheinlichkeit wird sich eine Studie finden lassen, die »nachweist«, dass dank des neuesten Client-Betriebssystems entsprechende Einsparungen realisiert werden können. Ob es allerdings gelingt, diese Einsparungen in der täglichen Arbeit auch tatsächlich realisieren zu können, muss die Praxis beweisen.

2. Gehen wir davon aus, dass die zehn Minuten pro Tag tatsächlich eingespart werden können. Nun stellt sich die Frage, wie diese zehn Minuten pro Tag genutzt werden. Können diese zusammengelegt werden und damit dieselbe Arbeit mit weniger Mitarbeitern erledigt werden? Bei 200 Mitarbeitern entsprechen zehn Minuten pro Tag immerhin der Arbeitsleistung von rund vier Personen (oder eben den ausgewiesenen € 358 400). Können tatsächlich vier Personen abgebaut werden, um so die prognostizierten Einsparungen zu realisieren?

Unter der Voraussetzung, dass durch den Einsatz eines neuen Client-Betriebssystems pro Anwender zehn Minuten pro Tag eingespart werden können, und unter der Voraussetzung, dass die eingesparte Arbeitszeit durch Personalabbau auch in Geld umgewandelt werden kann, stimmt die obige Wirtschaftlichkeitsrechnung.

Im Fall des aufgezeigten Beispiels dürfte dies jedoch kaum der Fall sein. Vielmehr gehört der Wechsel auf die aktuelle Betriebssystemversion in die Kategorie *Ersatzinvestition*, für die – wie wir soeben gesehen haben – keine Wirtschaftlichkeit nachgewiesen werden kann. Dies bedeutet nicht, dass solche Investitionen bedenkenlos realisiert werden sollen. Zentrale Fragen sind:

▷ Zwingt sich ein Betriebssystemwechsel überhaupt auf?

▷ Zu welchem Zeitpunkt wird der Wechsel vollzogen?

▷ Welche Konsequenzen hat ein Herausschieben der Investition?

▷ Welche Risiken birgt das Projekt?

▷ Entstehen Folgekosten und wie hoch sind sie?

▷ Auf welche Version des Betriebssystems wird gewechselt?

▷ Sind die Projektkosten gerechtfertigt?

Im nächsten Abschnitt möchte ich nun einen Fall betrachten, bei dem die Wirtschaftlichkeit auch nachgewiesen werden kann.

3.3 Wirtschaftlichkeitsrechnung für Anfänger, zweite Iteration

Eine Krankenversicherung will die Effizienz ihres Leistungsabrechnungsprozesses wesentlich steigern. Heute werden 50 Mitarbeiter eingesetzt, um die eingehenden Abrechnungen der Ärzte und Krankenhäuser zu erfassen und im zentralen System der Krankenversicherung einzugeben. Nach Prüfung der Abrechnungen können dann die entsprechenden Leistungen vergütet werden.

Durch automatisches Einscannen von 80% aller eingehenden Abrechnungen sowie der automatischen Erkennung und Zuordnen der in Rechnung gestellten Leistungen soll der Aufwand zur Erfassung der Rechnungen im zentralen System mindestens halbiert werden können. Das heißt, es werden nur noch 25 anstatt 50 Mitarbeiter für diese Aufgaben benötigt.

Kosten

Zur Realisierung der obigen Ziele sind die folgenden Schritte nötig:

▷ Beschaffung einer leistungsfähigen Software für das automatische Einscannen der Dokumente sowie für die automatische Erkennung und Zuordnung der in den Rechnungen aufgeführten Leistungen. Dies bedingt sowohl Sachkosten (Software) als auch externe Unterstützung durch den Software-Hersteller sowie interne Personalaufwände zur Anpassung und Parametrisierung der Lösung.

▷ Beschaffung eines entsprechenden Servers für den Betrieb der Scanning-Software.

▷ Beschaffung von Hochleistungsscannern. Ebenfalls werden leistungsfähigere PC und größere Monitore zur Betrachtung und Verifikation der Dokumente am Arbeitsplatz benötigt.

▷ Integration der Scanning-Lösung in das zentrale System der Krankenversicherung (interne Personalaufwände).

3

Damit ergeben sich die folgenden Kosten für das Scanning-Projekt:

Software-Lizenzen (Scanning und Erkennung)	€ 400 000
Externe Unterstützung zur Anpassung und Parametrisierung der Software	€ 600 000
Interne Aufwände zur Anpassung und Parametrisierung der Software	€ 500 000
Server für den Betrieb der Scanning-Lösung	€ 600 000
Hochleistungsscanner	€ 700 000
Leistungsfähigere PC und größere Monitore	€ 70 000
Interne Aufwände zur Integration der Lösung in das zentrale System	€ 830 000
Total	**€ 3 200 000**

Nutzen

Da das Projekt eine klare Effizienzsteigerung zum Ziel hat und der zu erzielende Nutzen sogar bereits im Projektauftrag quantifiziert worden ist, fällt die Nutzenkalkulation entsprechend einfach aus:

Einsparung von 25 Mitarbeitern = 25 x 215 Arbeitstage x 8 Stunden pro Arbeitstag x € 50 pro Stunde = € 2 150 000

Anstatt mit einem durchschnittlichen Stundenansatz von € 50 zu kalkulieren, werden in der Praxis besser die tatsächlich anfallenden Personalkosten inkl. aller dazugehörenden Nebenkosten wie Sozialleistungen, Ausbildung usw. aus der Betriebsbuchhaltung eingesetzt.

Wirtschaftlichkeit

Einmaligen Projektkosten von € 3 200 000 steht ein jährlich anfallender Nutzen von € 2 150 000 gegenüber. Damit ergibt sich ein Payback von:

$$\text{Payback} = \frac{\text{Projektkosten}}{\text{Jährlicher Nutzen}} = \frac{€\ 3\ 200\ 000}{€\ 2\ 150\ 000} = 1{,}5\ \text{Jahre}$$

Grafisch dargestellt sieht dies folgendermaßen aus:

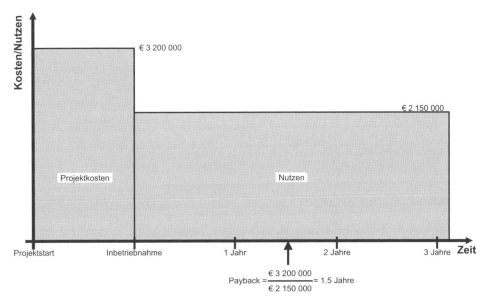

Abbildung 3.1: Kosten-/Nutzenblöcke

Den Projektkosten von € 3 200 000 steht ein Nutzen von € 2 150 000 gegenüber.

Fazit

Ein Payback von 1,5 Jahren ist für ein Projekt dieser Komplexität und Größe ein sehr niedriger und guter Wert. Auch der Nachweis des Nutzens wirkt glaubwürdig – vorausgesetzt, dass es dem Projekt tatsächlich gelingt, eine entsprechend effiziente Lösung zu realisieren. Trotzdem ist die obige Wirtschaftlichkeitsrechnung noch nicht korrekt. Es fehlt nämlich ein wichtiges Element: die Betriebskosten.

3.4 Wirtschaftlichkeitsrechnung für Fortgeschrittene

Bei vielen Wirtschaftlichkeitsrechnungen werden die Betriebskosten übersehen. Im obigen Scanning-Projekt kommen zu den einmaligen Projektkosten die folgenden jährlichen Betriebskosten dazu:

Wartungsgebühren der Software-Lizenzen (15% der Lizenzkosten)	€ 60 000
Externe Unterstützung bei Problemen und Ausfällen	€ 80 000
Support und Betrieb (Benutzerunterstützung, Überwachung, Fehlerbehebung usw.) durch drei zusätzliche Mitarbeiter	€ 258 000
Hardware-Wartung des Scanning-Servers	€ 80 000
Hardware-Wartung der Hochleistungsscanner	€ 50 000
Total	**€ 528 000**

Die jährlichen Betriebskosten (€ 528 000) werden vom jährlichen Nutzen (€ 2 150 000) abgezogen, so dass folgendes Payback entsteht:

$$\frac{\text{Projektkosten}}{\text{Jährlicher Nutzen} - \text{Jährliche Betriebskosten}} = \frac{€\ 3\ 200\ 000}{€\ 1\ 622\ 000} = 2\ \textbf{Jahre}$$

Damit ergibt sich folgendes Bild:

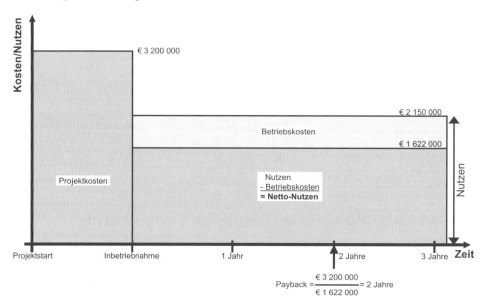

Abbildung 3.2: Kosten-/Nutzenblöcke inkl. Betriebskosten

Vom ursprünglichen Nutzen von € 2 150 000 werden die Betriebskosten von € 528 000 abgezogen, so dass ein Netto-Nutzen von € 1 622 000 entsteht. Daraus resultiert ein Payback von zwei Jahren.

Fazit

Durch die Berücksichtigung der Betriebskosten ist das Payback von 1,5 Jahren auf 2 Jahre gestiegen, was immer noch einen guten Wert darstellt. Die Zusammenstellung der Betriebskosten zeigt, dass das IT-Budget nach der Einführung der Scanning-Lösung um € 528 000 erhöht werden muss oder dass die Betriebskosten von anderen IT-Systemen um diesen Betrag gesenkt werden müssen, um mit gleich bleibendem IT-Betriebsbudget die zusätzliche Lösung betreiben zu können.

Wer Abschnitt 2.2 *Kostenarten in der IT* und 2.3 *Betriebs-, Projekt- und Beratungsbudget* aufmerksam gelesen hat, wird jedoch feststellen, dass die um die Betriebskosten erweiterte Wirtschaftlichkeitsrechnung immer noch nicht korrekt ist.

3.5 Wirtschaftlichkeitsrechnung für Fortgeschrittene, zweite Iteration

Die beschaffte Hardware wie

▷ Server für den Betrieb der Scanning-Lösung

▷ Hochleistungsscanner

▷ leistungsfähigere PC und größere Monitore

muss nach drei bis fünf Jahren wieder ersetzt werden. Da diese Komponenten im obigen Beispiel als Projektkosten ausgewiesen wurden, sind sie im laufenden Betriebsbudget nicht berücksichtigt und nach Ablauf der Nutzungsdauer muss eine Ersatzinvestition für die Erneuerung der obigen Komponenten beantragt werden. Wie früher gesehen, kann für eine Ersatzinvestition jedoch keine Wirtschaftlichkeit nachgewiesen werden.

Um diese Problematik zu umgehen, werden die Kosten für die zu beschaffende Hardware als Abschreibungen in den Betriebskosten ausgewiesen. Damit erhöhen sich die Betriebskosten um die folgenden Positionen (der Einfachheit halber werden alle Komponenten auf drei Jahre abgeschrieben):

3

Abschreibungen Server für den Betrieb der Scanning-Lösung	€ 200 000
Abschreibungen Hochleistungsscanner	€ 66 666
Abschreibungen leistungsfähigere PC und größere Monitore	€ 23 333
Total	**€ 290 000**

Damit ergeben sich zusammen mit den ursprünglichen Betriebskosten von € 528 000 Aufwendungen von insgesamt **€ 818 000** für den laufenden Betrieb. Diese Kosten erlauben nun, den Ersatz der eingesetzten Hardware nach Ablauf der Nutzungsdauer vorzunehmen, ohne dass ein Antrag für eine Ersatzinvestition gestellt werden muss.

Selbstverständlich müssen die Projektkosten um diese Positionen bereinigt werden, da sonst die Hardware-Aufwendungen sowohl in den Projektkosten als Investitionen ausgewiesen werden und nochmals in den Betriebskosten als Abschreibungen.

Damit ergeben sich die folgenden Kosten für das Scanning-Projekt:

Software-Lizenzen (Scanning und Erkennung)	€ 400 000
Externe Unterstützung zur Anpassung und Parametrisierung der Software	€ 600 000
Interne Aufwände zur Anpassung und Parametrisierung der Software	€ 500 000
Interne Aufwände zur Integration der Lösung in das zentrale System	€ 830 000
Total	**€ 2 330 000**

Die Software-Lizenzen bleiben dabei in den Projektkosten enthalten, da die verwendete Software – im Gegensatz zur Hardware – nicht aus Altersgründen ersetzt werden muss. Die Software wird erst bei einer Ablösung der Scanning-Lösung ersetzt. Dies wird jedoch nicht im laufenden Betrieb, sondern in Form eines Ablöseprojektes realisiert, für das wieder ein Projektantrag inkl. Wirtschaftlichkeitsrechnung erstellt werden muss.

Die ursprünglichen Projektkosten von € 3 200 000 stellen trotzdem noch eine wichtige Größe dar: Sie sagen nämlich aus, wie hoch die Investitionen zur Realisierung des Projektes ausfallen.

Damit ergeben sich die folgenden Eckwerte:

Investitionsbedarf	€ 3 200 000
Projektkosten	€ 2 330 000
Nutzen	€ 2 150 000
Betriebskosten	€ 818 000

3

Das Payback errechnet sich folgendermaßen:

$$\frac{\text{Projektkosten}}{\text{Jährlicher Nutzen} - \text{Jährliche Betriebskosten}} = \frac{\text{€ 2 330 000}}{\text{€ 1 332 000}} = 1{,}75 \text{ Jahre}$$

Auf den ersten Blick verwundert es, dass das Payback sinkt, wenn die Hardware-Investitionen nicht mehr als Projektkosten, sondern in Form von Abschreibungen in den Betriebskosten ausgewiesen werden. Dies liegt daran, dass die Abschreibungsdauer mit drei Jahren länger ist als das Payback von ursprünglich zwei Jahren. Nun fallen nicht mehr die gesamten Hardware-Kosten innerhalb der Payback-Periode an, sondern nur noch? davon. Somit sinkt das Payback. Wäre die Abschreibungsdauer kürzer als das Payback, würde das Payback ansteigen, wenn die Hardware-Kosten in Form von Abschreibungen zu den Betriebskosten hinzuaddiert werden.

Grafisch dargestellt sieht die Wirtschaftlichkeitsrechnung nun folgendermaßen aus:

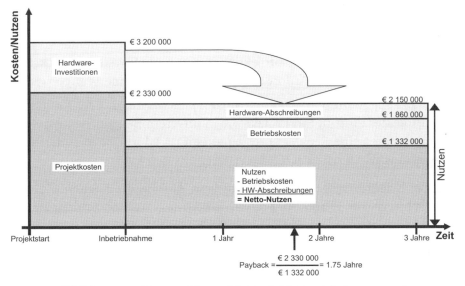

Abbildung 3.3: Kosten-/Nutzenblöcke inkl. Betriebskosten und Hardware-Abschreibungen

3

Die Hardware-Investitionen von € 870 000 werden auf drei Jahre abgeschrieben (€ 290 000 pro Jahr) und vom Nutzen abgezogen. Zusammen mit den Betriebskosten resultiert daraus ein Netto-Nutzen von € 1 332 000. Natürlich werden die Hardware-Investitionen ebenfalls von den Projektkosten abgezogen. Damit sinken die Projektkosten auf € 2 330 000 und es ergibt sich ein Payback von 1,75 Jahren.

Fazit

Durch die Berücksichtigung der Hardware-Abschreibungen im Betriebsbudget müssen beim Ablauf der Hardware-Lebensdauer keine Ersatzinvestitionen getätigt werden und die Kosten für den laufenden Betrieb der Lösung können konstant gehalten werden. Dies vereinfacht aus finanzieller Sicht nicht nur den Betrieb der Lösung, sondern trägt auch zu einer präziseren Payback-Berechnung bei.

Leider ist auch diese Wirtschaftlichkeitsrechnung noch nicht korrekt.

3.6   Wirtschaftlichkeitsrechnung für Profis

Zwei Faktoren habe ich bisher noch nicht berücksichtigt:

1. Ich bin davon ausgegangen, dass die im Projekt erarbeitete Lösung während der gesamten Lebensdauer nicht mehr weiterentwickelt und angepasst werden muss. Üblicherweise werden jedoch bestehende Lösungen im Rahmen von Wartungsprojekten kontinuierlich weiterentwickelt und an die sich ändernden Anforderungen des Unternehmens angepasst.

2. Ich habe angenommen, dass der Nutzen gleichzeitig mit der Realisierung des Projektes eintritt. Ein Projekt wie in unserem Beispiel benötigt jedoch ohne weiteres eine Realisierungsdauer von 1,5 Jahren, so dass der Nutzen frühestens 18 Monate nach Projektstart eintreten kann.

Auf diese beiden Aspekte will ich in diesem Abschnitt eingehen. Zuerst jedoch nochmals zur Erinnerung die Projektkosten aus der zweiten Iteration für Fortgeschrittene sowie der aufgezeigte Nutzen.

Projektkosten

Software-Lizenzen (Scanning und Erkennung)	€ 400 000
Externe Unterstützung zur Anpassung und Parametrisierung der Software	€ 600 000
Interne Aufwände zur Anpassung und Parametrisierung der Software	€ 500 000
Interne Aufwände zur Integration der Lösung in das zentrale System	€ 830 000
Total	**€ 2 330 000**

Nutzen

Einsparung von 25 Mitarbeitern = 25 x 215 Arbeitstage x 8 Stunden pro Arbeitstag x € 50 pro Stunde = € 2 150 000

Wartungsprojekte

Die nicht berücksichtigen Aufwände für die Weiterentwicklung und Anpassung der Lösung im Rahmen von Wartungsprojekten sind rasch eingearbeitet. Gehen wir von zwei weiteren Mitarbeitern für die Weiterentwicklung aus, erhöhen sich die laufenden Kosten um € 172 000 (2 x 215 Tage x 8 Stunden/ Tag x € 50). Damit kommen zu den jährlichen Betriebskosten von € 818 000 weitere € 172 000 dazu und die jährlichen IT-Kosten für den Betrieb und die Weiterentwicklung der Scanning-Lösung betragen € 990 000 pro Jahr:

Jährliche IT-Kosten

Wartungsgebühren der Software-Lizenzen (15% der Lizenzkosten)	€ 60 000
Externe Unterstützung bei Problemen und Ausfällen	€ 80 000
Support und Betrieb (Benutzerunterstützung, Überwachung, Fehlerbehebung usw.) durch drei zusätzliche Mitarbeiter	€ 258 000
Hardware-Wartung des Scanning-Servers	€ 80 000
Hardware-Wartung der Hochleistungsscanner	€ 50 000
Abschreibungen Server für den Betrieb der Scanning-Lösung	€ 200 000

3

Abschreibungen Hochleistungsscanner	€	66 666
Abschreibungen leistungsfähigere PC und größere Monitore	€	23 333
Wartung und Weiterentwicklung (2 x 215 Tage x 8 Stunden/Tag x € 50)	€	172 000
Total	**€**	**990 000**
Jährlicher Nutzen	€	2 150 000
Jährliche IT-Kosten	€ –	990 000
Total	**€**	**1 160 000**

Payback

Das Payback errechnet sich wie folgt:

$$\frac{\text{Projektkosten}}{\text{Jährlicher Nutzen} - \text{Jährliche IT-Kosten}} = \frac{\text{€ 2 330 000}}{\text{€ 1 160 000}} = \textbf{2 Jahre}$$

Die grafische Darstellung präsentiert sich wie in Abbildung 3.4 gezeigt.

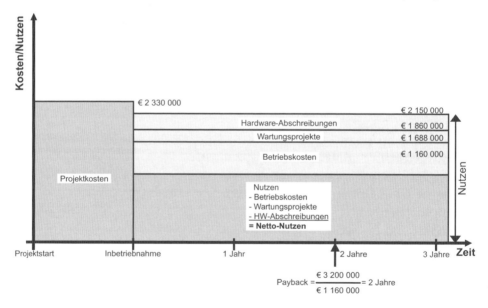

Abbildung 3.4: Kosten-/Nutzenblöcke inkl. Betriebskosten, Wartungsprojekte und Abschreibungen

In der kompletten Darstellung werden vom Nutzen die Betriebskosten, die Wartungsprojekte sowie die Hardware-Abschreibungen abgezogen. Damit entsteht ein Netto-Nutzen von € 1 160 000. Mit den Projektkosten von € 2 330 000 ergibt sich damit ein Payback von zwei Jahren.

Erweiterungsprojekte

Die für die Wartungsprojekte zur Verfügung gestellten zwei Mitarbeiter reichen aus, um die eingeführte Lösung kontinuierlich weiterzuentwickeln und an neue Anforderungen anzupassen. Sind größere, darüber hinausgehende Anpassungen nötig, wird ein Erweiterungsprojekt mit zusätzlicher personeller Kapazität initiiert, das dann wieder eine eigene Wirtschaftlichkeitsrechnung aufweisen muss.

Eintreten des Nutzens

Viele Beispiele für Wirtschaftlichkeitsrechnungen stammen aus dem Bereich der Produktion. Dabei wird untersucht, wie lange es dauert, bis sich eine Maschine zur Erhöhung der Produktivität amortisiert hat. Im Unterschied zu IT-Projekten tritt hier der Nutzen in vielen Fällen nur wenige Wochen nach der Investition in die neue Maschine ein.

Bei einer angenommenen Projektdauer von 18 Monaten zur Erarbeitung und Implementation einer IT-Lösung kann der Nutzen jedoch frühestens bei der Inbetriebnahme nach 18 Monaten anfallen. Wahrscheinlich jedoch noch später, da wohl kaum eine Firma das Risiko eingehen will, die mit der neuen Scanning-Lösung nicht mehr benötigten Mitarbeiter im Voraus freizustellen oder anderweitig einzusetzen, so dass die entsprechenden Lohnkosten gleich mit der Inbetriebnahme der Lösung nicht mehr anfallen.

Im Gegenteil: Es kann sogar sein, dass in der Anfangsphase Mehraufwände entstehen, bis die neue Lösung stabil und effizient läuft. Eventuell wird zur Sicherheit sogar eine Parallelphase eingeschaltet, bei der die eingescannten Dokumente zusätzlich noch manuell überprüft werden, bis die Gewissheit da ist, dass die automatische Erkennung tadellos funktioniert.

Andererseits fallen die Projektkosten über den Implementationszeitraum von 18 Monaten an. Bei geschickter Planung müssen dabei die großen Kostenpositionen wie Software-Lizenzen und Hardware-Beschaffung erst gegen

Ende des Projektes berücksichtigt werden, so dass der größte Kapitalbedarf nahe mit dem Beginn des Nutzens zusammenfällt.

Fazit

Die ein- bis zweijährige Projektrealisierungszeit beeinflusst den Eintritt des Nutzens wesentlich. Durch geschickte zeitliche Planung der Sachmittel lässt sich hingegen ein Teil dieses Effektes wieder kompensieren.

Nicht vergessen werden darf jedoch, dass die meisten Projekte auch nach Projektabschluss nicht nur betrieben, sondern auch weiterentwickelt und an neue Anforderungen angepasst werden müssen. Diese Kosten sollen ebenfalls in der Wirtschaftlichkeitsrechnung berücksichtigt werden.

3.7 Wirtschaftlichkeitsrechnung für Finanzprofis

Auch wenn ich die Wirtschaftlichkeitsrechnung unseres Beispielprojektes immer weiter verfeinert habe, kann sie noch weiter präzisiert werden.

▷ Ich habe das eingesetzte Kapital nicht verzinst. Nimmt die Firma zur Realisierung des Projektes Fremdkapital auf, muss dieses entsprechend verzinst werden. Aber auch bei der Realisierung mit eigenem Kapital muss ein entsprechender Zins einkalkuliert werden. Alternativ zur Projektrealisierung könnte das vorhandene Kapital angelegt werden und würde so Zins abwerfen. Werden verschiedene Projektvarianten einander gegenübergestellt, ist die Kapitalverzinsung allerdings sekundär.

▷ Das im vorhergehenden Abschnitt aufgezeigte Problem, dass der Nutzen erst nach Abschluss des Projektes eintritt und zudem sowohl die Projektkosten als auch der Nutzen nicht gleichmäßig anfallen, wird mit der dynamisierten Payback-Methode berücksichtigt. Dabei werden die anfallenden Projektkosten auf den Zeitpunkt der Inbetriebnahme bezogen und entsprechend aufgezinst. Das Payback gibt nun die Anzahl Jahre wieder, die verstreichen, bis die Investition ihren Kapitaleinsatz inklusive Zins und Zinseszins erwirtschaftet hat.

Die hier vorgestellten Verfeinerungen und Präzisierungen bilden zwar den gesamten Lebenszyklus einer Investition korrekt ab, indem nicht mit Durchschnittswerten, sondern mit den effektiv anfallenden Kosten und Nutzen inklusive Verzinsung gerechnet wird. Allerdings werden die daraus entstehenden Berechnungen immer schwieriger zu verstehen und es besteht die Gefahr, dass nicht mehr über das zu realisierende Projekt diskutiert und entschieden wird, sondern dass sich die Entscheidungsträger in Details der Wirtschaftlichkeitsrechnung verlieren und statt des Projektes den anzuwendenden Zinsfuß besprechen.

Die im vorangegangenen Abschnitt 3.6 *Wirtschaftlichkeitsrechnung für Profis* aufgezeigten Faktoren, die zu berücksichtigen sind, reichen in der Praxis vollständig aus, um ein IT-Projekt bezüglich seiner Wirtschaftlichkeit beurteilen zu können.

3.8 Fazit

Im Nachweis der Wirtschaftlichkeit von Projekten werden gerne immer wieder die folgenden Fehler begangen:

1. Es wird versucht, die Wirtschaftlichkeit von Projekten nachzuweisen, die gar keine Wirtschaftlichkeit aufweisen (siehe unser Beispiel in Abschnitt 3.2 *Wirtschaftlichkeitsrechnung für Anfänger* mit der Betriebssystemmigration). Nur Projekte zur Steigerung der Effizienz können und müssen auch eine Wirtschaftlichkeit auf- und nachweisen. Projekte zur Erfüllung von Auflagen, Ersatzinvestitionen sowie Projekte zur Umsetzung der Geschäftsstrategie weisen keine direkte Wirtschaftlichkeit aus.

2. Die Betriebs- und Wartungskosten, die nach Projektabschluss entstehen, werden ignoriert und nicht in der Wirtschaftlichkeitsrechnung berücksichtigt. Allzu häufig konzentriert man sich bei der Bewilligung und Freigabe des Projektes auf die Projektkosten und vergisst dabei die durch das Projekt entstehenden Betriebs- und Wartungskosten.

Bis anhin haben wir Dinge etwas vereinfacht betrachtet und bei der Berechnung des Paybacks die einmaligen Projektkosten dem jährlich wiederkehrenden Nutzen (abzüglich der Betriebs- und Wartungskosten) gegenübergestellt. Dabei wird der Einfachheit halber angenommen, dass diese als Blöcke anfallen. Die Höhe der Projektkosten wird durch die Höhe des jährlichen Nutzens dividiert, um daraus das Payback zu erhalten.

In der Realität fallen jedoch sowohl die Projektkosten als auch der Nutzen nicht als Rechteck, sondern als Kurven an (Abbildung 3.5).

3

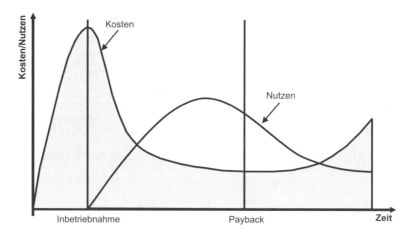

Abbildung 3.5: Kosten-/Nutzenkurve

3.8.1 Kosten

▷ Die Kosten für die Projektrealisierung fallen in der Regel nicht gleichmäßig an, sondern nehmen zum Projektende zu (Termindruck, Beschaffung der Software-Lizenzen für sämtliche Benutzer sowie Kauf der produktiven Hardware in der Projektendphase).

▷ Auch nach Projektabschluss fallen weiterhin Kosten für den Betrieb sowie für die Wartung der im Projekt realisierten Lösung an.

▷ Nach einer gewissen Zeit steigen die Betriebs- und Wartungskosten wieder an, wenn mit der gewählten Lösung Erweiterungen immer aufwändiger werden und die Betriebskosten durch inzwischen veraltete Systeme wieder höher werden.

3.8.2 Nutzen

▷ Die Inbetriebnahme fällt mit dem Projektabschluss zusammen. Damit kann frühestens ab diesem Zeitpunkt der Nutzen anfallen.

▷ Der Nutzen fällt in der Regel nicht schlagartig an, sondern steigt über die Zeit an, da die Anwender zuerst noch ausgebildet werden müssen, um effizient mit der neuen Lösung arbeiten zu können. Teilweise entsteht durch die Einführung einer neuen Lösung zuerst sogar ein Mehraufwand, da das alte System während einer Übergangsphase parallel betrieben werden muss. In vielen Fällen kann zudem durch die neue Lösung nicht mehr benötigtes Personal auch nicht sofort in einem anderen Bereich eingesetzt oder freigestellt werden, so dass die entsprechenden Personalkosten noch während mehrerer Monate anfallen.

▷ Nach einigen Jahren sinkt der Nutzen in der Regel wieder, da sich die Anforderungen an die Lösung weiterentwickelt haben, jedoch nur ein Teil davon auch realisiert werden konnte. Parallel dazu steigen ab einem gewissen Punkt gleichzeitig die Kosten zur Realisierung der zusätzlichen Anforderungen an, so dass geprüft werden muss, wann der richtige Zeitpunkt für die Ablösung und Modernisierung des Systems gekommen ist.

3.8.3   Payback

Das Payback liegt dort, wo die Flächen der Kosten- sowie der Nutzenkurve gleich groß sind. Der Einfachheit halber werden jedoch in der Regel die Projektkosten dem Nutzen abzüglich der laufenden Betriebs- und Wartungskosten gegenübergestellt.

3.8.4   Betriebs- und Wartungskosten

Durch explizites Ausweisen der Betriebs- und Wartungskosten ergibt sich folgendes, verfeinertes Bild:

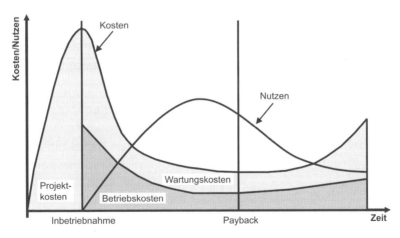

Abbildung 3.6: Kosten-/Nutzenkurve unterteilt in Betriebs- und Wartungskosten

3

▷ Mit der Inbetriebnahme der neuen Lösung fallen die **Betriebskosten** während der gesamten Lebensdauer des neuen Systems an. Durch geschickte Optimierungen können die Betriebskosten im Verlaufe der Zeit kontinuierlich gesenkt werden.

▷ Erreicht das System sein Lebensende, steigen die **Betriebskosten** durch aufwändigere Wartung und Unterstützung von nicht mehr aktuellen Technologien (Datenbanken, Betriebssystem usw.) wieder an.

▷ Ebenfalls mit der Inbetriebnahme fallen die **Wartungskosten** zur Weiterentwicklung der eingeführten Lösung an. Häufig wird irrtümlich davon ausgegangen, dass mit dem Abschluss des Einführungsprojektes sämtliche Anforderungen abgedeckt sind, und es wird vergessen, entsprechende Aufwände zur Anpassung des Systems an aktuelle Anforderungen einzuplanen.

▷ Auch die **Wartungskosten** steigen bei Erreichung des Lebenszyklus wieder an, da es immer aufwändiger wird, das System zu erweitern und das über die Jahre gewachsene System zu überblicken.

3.8.5 Stolperfallen und Tipps

▷ Die Wirtschaftlichkeit kann nur bei Projekten zur Effizienzsteigerung nachgewiesen werden. Ersatzinvestitionen sowie Projekte zur Realisierung von gesetzlichen Anforderungen oder zur Umsetzung der Geschäftsstrategie dienen der Aufrechterhaltung der Ausübung der Geschäftstätigkeit oder dem Fortbestehen und Ausbau der Unternehmung und weisen damit per se keine Wirtschaftlichkeit aus.

▷ Oft werden nur die Projektkosten dem Nutzen gegenübergestellt und so das Payback berechnet. Die Betriebs- und Wartungskosten können – über die Lebensdauer eines Systems betrachtet – die Projektkosten deutlich übertreffen und müssen ebenfalls berücksichtigt werden.

▷ Die Bestimmung der Kosten eines IT-Projektes ist Aufgabe der IT. Der Nutzen und damit die Wirtschaftlichkeit muss durch den auftraggebenden Fachbereich bestimmt und realisiert werden. Allzu häufig fühlt sich die IT ebenfalls für das Aufzeigen des Nutzens und der Wirtschaftlichkeit eines Projektes verantwortlich.

▷ Der Nutzen wird in einer Wirtschaftlichkeitsrechnung fast immer mit Kostenreduktion gleichgesetzt. Anstatt die Kosten zu reduzieren, kann aber auch der Gewinn (nicht der Umsatz) erhöht werden, um dieselbe Wirtschaftlichkeit zu erzielen. Ebenfalls kann die gesteigerte Effizienz dazu genutzt werden, bei Wachstum mit denselben Ressourcen ein erhöhtes Volumen zu bewältigen.

▷ Ein Projekt kann sowohl quantitativen Nutzen (Effizienzsteigerung) als auch qualitativen Nutzen (z.B. Senkung der Durchlaufzeiten) erbringen. Ein qualitativer Nutzen dient letztendlich der Umsetzung der Geschäftsstrategie. Verbesserungen, die sich nicht auf den Geschäftserfolg auswirken (z.B. Senkung der Durchlaufzeit in einem Gebiet, wo keine Kunden davon profitieren) ist letztendlich Augenwischerei und erbringt der Firma keinen Nutzen.

▷ Die Kosten für Hardware werden am besten in Form von Abschreibungen in den Betriebs- und nicht in den Projektkosten berücksichtigt. Nur damit kann erreicht werden, dass nach Ende der Lebensdauer der eingesetzten Hardware keine Ersatzinvestition beantragt werden muss, für die keine eigentliche Wirtschaftlichkeit ausgewiesen werden kann.

▷ Wirtschaftlichkeitsrechnungen in der Form »x Mitarbeiter sparen y Minuten ihrer täglichen Arbeitszeit ein« können nur akzeptiert werden, wenn auch aufgezeigt wird, wie die eingesparte Arbeitszeit in Geld umgewandelt werden kann. Ansonsten werden nur virtuelle Einsparungen gemacht, die durchaus Sinn machen können, sich jedoch nicht mit den Werkzeugen der Wirtschaftlichkeitsrechnung nachweisen lassen.

▷ Der in der Wirtschaftlichkeitsrechnung ausgewiesene Nutzen wird am besten vom Budget der Bereiche abgezogen, in denen der Nutzen entsteht. Damit wird einerseits sichergestellt, dass realistische Nutzenkalkulationen erstellt werden. Andererseits wird erreicht, dass der Nutzen auch tatsächlich realisiert wird.

▷ Genauso wie der Nutzen vom Budget abgezogen wird, soll das IT-Budget um die prognostizierten Betriebs- und Wartungskosten aufgestockt werden. Unter dem Strich bleiben so die durch das Projekt zu realisierenden Einsparungen.

▷ Nur in einem Teil der Firmen werden die Projekte bei Abschluss einer Nachkalkulation unterzogen. Ein noch kleinerer Teil aller Firmen überprüft den prognostizierten Nutzen eines Projektes nach dessen Realisierung.

3

▷ Während die Kosten meistens (aber nicht immer) einfacher zu planen sind, ist die Abschätzung des Nutzens häufig um einiges schwieriger. Dies soll jedoch nicht davon abhalten, mögliche Berechnungen und Schätzungen anzustellen. Sind präzise Zahlen schwierig herzuleiten, lohnt es sich z.B. verschiedene Szenarien zu kalkulieren (optimistisches, pessimistisches und realistisches Szenario) und diese miteinander zu vergleichen: Wie stark ändert sich dabei das Payback? Welche Annahmen müssen mindestens eintreffen und erreicht werden, um noch ein akzeptables Payback zu erzielen?

▷ Wirtschaftlichkeitsrechnungen sind nur *ein* Instrument zur Beurteilung, ob ein Projekt realisiert werden soll oder nicht. Erfahrene Manager haben den Mut, auch Projekte zu realisieren, für die keine direkte Wirtschaftlichkeit nachgewiesen werden kann, und verlassen sich nicht nur auf eine wirtschaftliche Beurteilung eines Projektes. Ebenfalls haben sie das Gespür für Projekte, die zwar wirtschaftlich erscheinen, das Unternehmen jedoch nicht weiterbringen.

4 Die Steuerung der IT

Wenn die IT-Kosten zu hoch sind, wird häufig automatisch angenommen, dass die IT zu wenig effizient arbeitet und zu viel Geld für die Realisierung von neuen Projekten und den Betrieb der bestehenden Lösungen ausgibt. Die IT ist jedoch nicht isoliert in der Firma zu betrachten. Vielmehr hängt sie stark vom übrigen Unternehmen und dem Verhalten seiner Kunden und Auftraggeber ab. Deshalb kommt der Schnittstelle zwischen der IT und ihren Auftraggebern eine zentrale Bedeutung für die IT-Leistungen und IT-Kosten zu.

In diesem Kapitel möchte ich die Steuerung der IT näher betrachten. Nicht die interne, eigene Steuerung der IT, sondern die Steuerung der IT durch deren Kunden, durch das Management der Firma. Dazu konzentriere ich mich auf die Schnittstellen zwischen den Kunden der IT sowie den Betriebs-, Projekt- und Beratungsleistungen. Diese Schnittstelle ist auf der bereits bekannten IT-Leistungskarte links eingezeichnet (siehe Abbildung 4.1).

Abbildung 4.1: Schnittstelle zwischen dem Management (Kunden) und der IT

4

Für eine effektive und effiziente Steuerung der IT genügt es jedoch nicht, die Schnittstellen zwischen dem Management (Kunden) und der IT für die Betriebs-, Projekt- und Beratungsleistungen zu definieren. Zusätzlich ist es wichtig, sich über die übergeordnete Steuerung und Lenkung der IT Gedanken zu machen und diese zu definieren (siehe Abbildung 4.2).

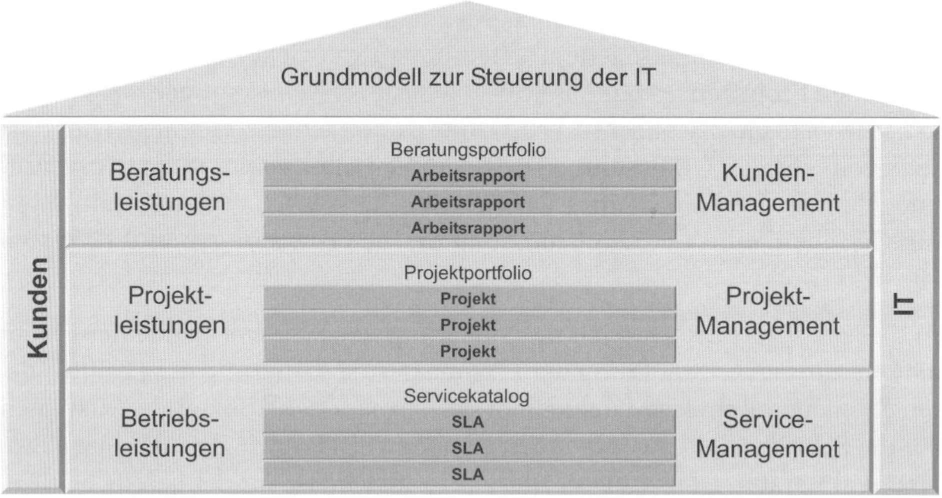

Abbildung 4.2: Steuerelemente der IT

▷ Die **Betriebsleistungen** werden – wie Sie im ersten Kapitel gesehen haben – durch ein oder mehrere SLA definiert und mit den Kunden der IT vereinbart. Die Leistungen der verschiedenen SLA sind in einem Servicekatalog enthalten. Die Erstellung, Vereinbarung, Erbringung, der Nachweis und die Verrechnung der im Servicekatalog definierten Leistungen wird als **Service-Management** bezeichnet.

▷ Die **Projektleistungen** werden im Rahmen der verschiedenen Projekte erbracht, die sämtlich im Projektportfolio enthalten sind. Auch dies haben Sie bereits im ersten Kapitel kennen gelernt. Dies wird als **Projektmanagement** bezeichnet.

▷ Die **Beratungsleistungen** sind im Beratungsportfolio definiert und werden jeweils in einem Arbeitsbericht festgehalten und abgerechnet. Da bei der Beratung die Leistungen häufig nicht so klar und objektiv wie im Service- oder Projektmanagement festgehalten werden können, habe ich in diesem Segment das **Kundenmanagement** angesiedelt.

4

▷ Das »Dach« der verschiedenen IT-Leistungen und deren Steuerung bildet das **Grundmodell zur Steuerung der IT**. Auf dieses will ich mich im nächsten Unterkapitel konzentrieren, bevor ich mich danach in den darauf folgenden Unterkapiteln auch den anderen Steuerelementen zuwende.

4.1 Die beiden Grundmodelle zur Steuerung der IT

Mit der Erstellung des IT-Budgets sowie mit der Beurteilung der Wirtschaftlichkeit von Projekten sind erst die wichtigsten Rahmenbedingungen für eine leistungs- und kostenoptimale Steuerung der IT erfüllt. Wie effektiv die IT-Leistungen und damit die IT-Kosten gesteuert und beeinflusst werden, entscheidet sich im täglichen Leben im Umgang und Verhältnis zwischen der IT und den Anwendern bzw. den Geschäftsbereichen und deren Management.

Häufig können zwei diametral entgegengesetzte Verhaltensweisen festgestellt werden:

▷ **Informatikgruß**: Praktisch jede Anfrage an die IT wird vom IT-Leiter oder seinen Mitarbeitern mit der Antwort abgewehrt, dass dafür entweder keine Zeit, kein Geld oder kein Personal zur Verfügung stehe oder dass dies aus irgendeinem technischen Grund nicht realisierbar sei. Dieses Verhalten wird als Informatikgruß bezeichnet: die Hände weit von sich gestreckt in abwehrender Haltung dem Kunden der IT zugewendet mit dem Ausspruch »Das geht nicht!«

▷ **Wunschkonzert**: Die IT erfüllt alle an sie herangetragenen Anforderungen und Wünsche oder probiert es zumindest. Die unerledigten Aufgaben nehmen überhand und dauernd hat die IT zu wenig Personal und/oder Geld zur Verfügung, um allen Anwendern sowie dem Management gerecht zu werden. Im Unternehmen hat die IT den Ruf, dass ihre Lieferfähigkeit gering sei und dass man immer auf alles lange warten müsse.

Dazwischen sind natürlich sämtliche Schattierungen anzutreffen. Beide Effekte sind ein starker Hinweis darauf, dass keine effektive Steuerung der IT vorhanden ist. Vielfach werden IT-Leistungen nach bestem Wissen und Gewissen nach dem Zuruf-Prinzip erbracht:

▷ »Wir benötigen nächste Woche noch fünf PC.«

▷ »Bitte richtet noch drei zusätzliche Benutzer ein.«

▷ »Können Sie nicht schnell eine größere Harddisk in meinen PC einbauen?«

▷ »Wir benötigen eine neue Applikation in der Verkaufsunterstützung.«

▷ »Wir benötigen noch einige zusätzliche Felder in der Datenbank.«

▷ »Wir benötigen diverse Erweiterungen in unserer Applikation.«

Diese Art der Leistungserbringung nach dem Zuruf-Prinzip ist vielen IT-Managern und IT-Spezialisten als *Hey-Joe-Effekt* bekannt:

▷ »Hey Joe, bitte installiere noch meinen PC.«

▷ »Hey Joe, ich benötige eine größere Harddisk.«

▷ »Hey Joe, wir brauchen eine neue Datenbank.«

▷ »Hey Joe, kannst du noch diese Applikation auf meinem PC installieren?«

▷ »Hey Joe, ...«

Damit kommen IT-Leistungen unkontrolliert und ungesteuert zustande. Ebenso verhält es sich mit den IT-Kosten: Sie lassen sich nicht oder nur sehr beschränkt steuern und lenken und man darf nicht überrascht sein, wenn in einer solchen Umgebung die IT-Kosten von Jahr zu Jahr ansteigen.

Einer der wichtigsten Gründe für zu hohe IT-Kosten liegt damit in der fehlenden oder mangelhaften Steuerung der IT und deren Leistungen durch unstrukturierte Verhältnisse zwischen IT und Benutzer bzw. Management. Dabei gibt es sowohl für Betriebs- als auch für Projektleistungen einige effiziente Mittel zur Steuerung der IT-Leistungen und damit der IT-Kosten.

Zum Verständnis der Steuerung der IT möchte ich im Folgenden zwei diametral entgegengesetzte Modelle zur Steuerung der IT-Leistungen betrachten:

▷ **Budgetgesteuert**: Im budgetgesteuerten Modell wird die IT über ein festes Kostendach geführt. In der Budgetphase werden die IT-Kosten bestimmt, die sich das Unternehmen leisten will bzw. kann. Aus dem vorgegebenen IT-Budget leiten sich danach die Betriebs-, Projekt- und Beratungsleistungen ab. Die Verantwortung über das IT-Budget liegt bei der IT für die Einhaltung bzw. bei der Geschäftsleitung für dessen Genehmigung.

▷ **Leistungsgesteuert**: Beim leistungsgesteuerten Modell wird genau umgekehrt verfahren: Die IT verhält sich wie eine eigene, externe Firma. Die IT-Kosten werden von den jeweiligen Geschäftsbereichen getragen und je-

4

der Geschäftsbereich muss für sich entscheiden, wie viel IT-Leistungen er benötigt und finanzieren kann. Die Verantwortung über das IT-Budget liegt bei den Geschäftsbereichen.

Die beiden Modelle werden bewusst schwarz/weiß dargestellt, um die jeweiligen Eigenheiten klar herauszuheben. In der Praxis ist häufig eine Vermischung der beiden Modelle zu beobachten.

Obwohl es nur in wenigen Fällen möglich sein wird, eines der beiden Modelle in Reinform zu implementieren und alle Entscheidungen danach auszurichten, bringt jede Vermischung der beiden Modelle unweigerlich Konfliktpotenzial mit sich und sorgt für ein Spannungsfeld zwischen IT und Benutzer bzw. IT und Management.

Um die beiden Modelle besser zu verstehen, möchte ich sie nun im Detail betrachten und anschließend einander gegenüberstellen.

4.2 Budgetgesteuert (Kostendach)

Im budgetgesteuerten Modell wird der folgende Grundgedanke verfolgt.

4.2.1 Grundgedanke

»Wir leisten uns IT für einen festen Betrag.«

Dieser Betrag entspricht z.B. einem gewissen Anteil des Umsatzes der Firma, dem letztjährigen IT-Budget (ggf. mit Anpassung nach oben oder unten), einem festen Betrag pro Mitarbeiter oder ähnlichen Firmengrößen.

Nun stellt sich im Wesentlichen die Frage, welche IT-Leistungen im Rahmen des vorgegebenen Budgets realisiert werden können. Dabei spielen die Betriebskosten eine große Rolle, da diese in der Regel nicht kurzfristig signifikant gesenkt werden können und stark durch in der Vergangenheit realisierte Projekte bestimmt sind.

Werden die Betriebskosten vom vorgegebenen IT-Budget abgezogen, erhält man das Budget, das für die Realisierung von Projekten sowie für Beratungsleistungen zur Verfügung steht. Damit wird mit einem vorgegebenen IT-Budget vor allem das realisierbare Projektvolumen bestimmt und damit der Grad der Innovation und Veränderung der Firma beeinflusst, der von IT-Leistungen abhängig ist.

4

Ist das vorgegebene IT-Budget genauso hoch wie die Betriebskosten, können keine Projekte realisiert und keine Beratungsleistungen erbracht werden. Liegt das vorgegebene IT-Budget sogar unter den aktuellen bzw. geplanten Betriebskosten, führt kein Weg daran vorbei, die IT-Betriebsleistungen zu reduzieren und z.B. die Servicezeiten zu verringern, bei gewissen Aufgaben höhere Durchlaufzeiten in Kauf zu nehmen oder Applikationen außer Betrieb zu nehmen.

4.2.2 Organisation

Im budgetgesteuerten Modell wird die IT als Costcenter organisiert bzw. einfach als eine oder mehrere Kostenstellen im Unternehmen geführt. Das Controlling erfolgt auf den Gesamt-IT-Kosten und oberstes Ziel ist die Einhaltung des vorgegebenen IT-Budgets.

Die IT bedient ausschließlich das eigene Unternehmen mit IT-Leistungen und erbringt keine Leistungen für Drittunternehmen. Die IT erzielt keinen eigenen Deckungsbeitrag und die IT-Kosten werden entweder einem zentralen Unternehmensbereich belastet oder anhand eines Verteilschlüssels auf die verschiedenen Kostenstellen umgelegt.

4.2.3 Planung und Budgetierung

Die Planung der IT-Vorhaben sowie die Budgetierung der IT-Kosten erfolgt zentral in der IT und wird von der Geschäftsleitung genehmigt und verabschiedet.

Häufig dient das laufende Budget als Richtwert für das Budget des kommenden Jahres. Je nach Situation wird es nach oben (neue Projekte, Ausbau der Geschäftstätigkeit, Wachstum usw.) oder nach unten (Kostendruck, rückläufige Erträge, Schrumpfung der Firma usw.) angepasst.

In der Budgetplanung wird am besten zuerst das Betriebsbudget basierend auf den aktuellen Werten erstellt:

▷ Welche Systeme kommen neu dazu und wie hoch sind die durch sie verursachten Betriebskosten?

▷ In welchem Ausmaß können die bestehenden Systeme effizienter betrieben werden?

▷ Welche Systeme können abgeschaltet werden und um welchen Betrag fallen dadurch die Betriebskosten?

▷ Welche Betriebsleistungen sind nicht mehr nötig oder können reduziert werden?

up ...

... up ... update

4

Die Planungssicherheit lässt sich erhöhen, indem das Betriebsbudget zuerst Top-Down-basierend auf den obigen Überlegungen erstellt wird und anschließend mit der Bottup-Up-Planung abgeglichen wird.

Die Differenz zwischen der Vorgabe für das gesamte IT-Budget und den benötigten Betriebskosten legen die vorhandenen Mittel für Projekte und Beratung fest. Am besten werden sämtliche Projekte sowie Beratungsvorhaben inkl. der zur Realisierung benötigten Kosten in einem Projektportfolio festgehalten, das anschließend Top-Down priorisiert werden kann. Damit bestimmen das Projekt- und Beratungsbudget, welche Projekte und Beratungsleistungen erbracht werden können.

4.2.4 Steuerung der IT

Im budgetgesteuerten Modell kommt der firmenweiten Lenkung der IT-Mittel eine zentrale Bedeutung zu: Durch die Beschränkung der IT-Mittel kann üblicherweise nur ein Teil der gewünschten Vorhaben umgesetzt werden, was die IT-Abteilung in eine schwierige Situation bringt.

Neben der Aufrechterhaltung des laufenden IT-Betriebes und der Realisierung der verabschiedeten Vorhaben ist die IT immer wieder gezwungen, an sie herangetragene Projekte abzuweisen. In vielen Firmen funktioniert dieser Prozess nur ungenügend und die IT ist deshalb häufig mit einem negativen »Verhinderer-Image« belegt (siehe Informatikergruß).

Es kann nicht die Aufgabe der IT-Abteilung oder des IT-Leiters sein, zu entscheiden, welche Projekte in der Firma realisiert werden und welche nicht. Deshalb empfiehlt es sich, ein Gremium zu schaffen, das über die Realisierung von IT-Projekten im Rahmen des vorgegebenen Budgets entscheidet. Das Gremium besteht am besten aus Vertretern jedes Geschäftsbereichs sowie des IT-Leiters. Bei Firmen, bei denen der IT eine hohe strategische Bedeutung zukommt, wird dieses Gremium häufig durch die Geschäftsleitung selbst wahrgenommen.

Diesem Gremium obliegt es nun, das für Projekt- und Beratungsleistungen vorhandene Budget möglichst optimal einzusetzen. Dies kann entweder in der Jahresplanung oder rollend geschehen:

In der **Jahresplanung** werden im Rahmen des Budgetprozesses ebenfalls die anstehenden Projekte sowie der Beitrag der IT zu dessen Realisierung besprochen und verabschiedet. Dazu werden sämtliche bereits bestehenden sowie

4

neu zu startenden Projekte im Projektportfolio festgehalten und anschlie-ßend priorisiert. Anhand des priorisierten Projektportfolios kann auf einen Blick herausgelesen werden, welche Projekte sowie Beratungsleistungen im Rahmen des vorgegebenen IT-Budgets realisiert werden können und welche auf das Folgejahr verschoben werden müssen.

Bei der **rollenden Planung** wird ebenfalls von einem vorgegebenen Projekt- und Beratungsbudget ausgegangen. Im Gegensatz zur Jahresplanung wird das Budget jedoch nicht den verschiedenen Projekten und Beratungsvorhaben vor dem Beginn des neuen Geschäftsjahres zugewiesen. Das Gremium bzw. die Geschäftsleitung tagt z.B. monatlich oder quartalsweise und bewilligt bei den jeweiligen Sitzungen jeweils aktuelle Projekte bzw. Beratungsvorhaben; selbst-verständlich im Rahmen des vorgegebenen Budgets. Dies ermöglicht, auch im Laufe des Jahres neu hinzugekommene Projekte und Vorhaben zu realisieren und bringt wesentlich mehr Flexibilität als eine feste Jahresplanung. Allerdings bedingt es auch eine hohe Disziplin und ein gutes Controlling, damit nicht in der ersten Jahreshälfte bereits das gesamte Budget vergeben ist.

Mit beiden Planungsmodellen wird sichergestellt, dass

- ▷ die richtigen IT-Projekte realisiert werden,

- ▷ das IT-Projekt- und Beratungsbudget korrekt eingesetzt und eingehalten wird,

- ▷ die IT sich auf die Realisierung von Projekten konzentrieren kann und kei-ne unnötige Kraft in der Diskussion und Abwehr von nicht genehmigten Projekten verliert.

Wird kein Gremium zur Entscheidung über die Realisierung von IT-Projek-ten geschaffen, befindet sich die IT entweder immer in einem unlösbaren Dilemma zwischen Leistungserbringer und Regulator der IT-Leistungen oder entscheidet in eigener Regie, welche Projekte für das Unternehmen die rich-tigen sind. Eine solche IT hat immer zu wenig personelle Ressourcen und wird entweder externe Mitarbeiter einstellen oder versuchen, das interne Stel-lenkontingent zu erhöhen.

Ebenfalls ist die Gefahr groß, dass Projekte nicht nach deren strategischen Be-deutung für das Unternehmen realisiert werden, sondern nach der Machtstel-lung und »Lautstärke« derjenigen Person oder Einheit, die die Realisierung fordert.

4.2.5 Lenkungsauftrag der IT

Die IT wird durch die Geschäftsleitung über das vorgegebene IT-Budget (Kostendach) gesteuert. Umgekehrt hat die IT jedoch neben ihrem **Leistungsauftrag** zur Erbringung der vereinbarten Betriebs-, Projekt- und Beratungsleistungen auch einen **Lenkungsauftrag** über die Geschäftseinheiten: Die IT hat die Aufgabe, Doppelspurigkeiten zu vermeiden, Synergien zu erkennen und umzusetzen, die vereinbarten Standards umzusetzen und dafür zu sorgen, dass keine unsinnigen Vorhaben realisiert werden. So definiert die IT zum Beispiel, welche PC-Modelle und Drucker beschafft werden, und realisiert dies für die gesamte Firma. Die Geschäftseinheiten haben nicht die Freiheit, ein eigenes PC-Modell zu beschaffen, sondern müssen sich nach den firmenweiten Vorgaben richten.

Durch den Lenkungsauftrag der IT wird zwar die Freiheit der Geschäftseinheiten etwas eingeschränkt, umgekehrt jedoch dafür gesorgt, dass firmenweite Standards und Lösungen realisiert werden und die Einzelinteressen der Geschäftseinheiten bezüglich IT-Lösungen keine übertriebenen Ausmaße annehmen.

4.2.6 Kritische Erfolgsfaktoren

Das budgetgesteuerte Modell verlangt für einen erfolgreichen Einsatz folgende Voraussetzungen:

1. Es muss ein gut funktionierendes Controlling mit entsprechend akkuraten Daten sowie eingespielten Mechanismen zur Berichterstattung von Abweichungen implementiert sein. Abweichungen vom vorgegebenen IT-Budget müssen rechtzeitig erkannt und entsprechende Maßnahmen eingeleitet werden können.

2. Die Entscheidung, welche Vorhaben und Projekte realisiert werden können, muss von einem Gremium getroffen werden, das aus Vertretern der verschiedenen Geschäftseinheiten besteht. Wird die IT explizit oder implizit – was häufiger der Fall ist – mit der Priorisierung der Vorhaben und Projekte beauftragt, kommt sie unweigerlich in ein unlösbares Dilemma zwischen Leistungserbringer und Regulator der IT-Leistungen.

4.2.7 Fazit

Die Steuerung der IT über ein fest vorgegebenes Budget ist stark verbreitet und hilft, die IT-Kosten eines Unternehmens unter Kontrolle zu halten. Von zentraler Bedeutung ist ein Gremium, das darüber entscheidet, welche Vorhaben realisiert werden sollen und welche zurückgestellt oder fallen gelassen werden. Ohne eine solche Institution befindet sich die IT beständig in einem Dilemma und wird nach mehr internen oder externen personellen Ressourcen sowie mehr Sachmitteln verlangen.

4.3 Leistungsgesteuert (Marktmodell)

Das leistungsgesteuerte Modell richtet sich nach dem folgenden Grundgedanken.

4.3.1 Grundgedanke

» Wir haben so viel IT, wie wir brauchen.«

Die IT verhält sich wie ein externer Serviceprovider. Das Budget der IT-Abteilung richtet sich nach den Anforderungen der verschiedenen Geschäftseinheiten und ist nicht a priori vorgegeben. Im leistungsgesteuerten Marktmodell verfügen die Geschäftseinheiten über die finanziellen Mittel zur Realisierung neuer IT-Vorhaben sowie zur Übernahme der Kosten für den laufenden IT-Betrieb.

Jetzt bestimmt nicht mehr das IT-Budget, welche IT-Leistungen erbracht werden können, sondern umgekehrt: Die Anforderungen und Wünsche der Geschäftseinheiten bestimmen das IT-Budget. Die IT erstellt eine **Absatzplanung**, als wenn es ein eigenes Unternehmen wäre (oder evtl. auch ist). Damit verhält sich die IT wie ein am Markt agierendes Unternehmen, das es je nach Konstellation auch tatsächlich ist oder das sich innerhalb der eigenen Firma bzw. des Konzerns so positioniert.

Die Geschäftseinheiten als Kunden der IT budgetieren ihre IT-Kosten und planen, welche Projekte und Vorhaben im kommenden Jahr realisiert und finanziert werden sollen und können. Damit verhalten sich auch die Geschäftseinheiten ihrer IT gegenüber, als wenn die IT ein eigenes Unternehmen wäre bzw. je nach Situation auch tatsächlich ist.

4

Während sich die Betriebskosten praktisch genauso wie im budgetgesteuerten Modell verhalten, ist die Handhabung von Projekt- und Beratungsleistungen grundlegend anders. Nun geht es auf IT-Seite nicht mehr darum, die Projekte zu priorisieren und die wichtigsten davon zu realisieren. Vielmehr muss nun der Fokus darauf gerichtet werden, die Ressourcen der IT möglichst gut dem Bedarf der Geschäftseinheiten anzupassen. Dabei darf nicht vergessen werden, dass der Bedarf nicht nur steigen kann, sondern dass der Bedarf nach Projekt- und Beratungsleistungen bei schlechtem Geschäftsgang in Kürze rückläufig sein kann. Damit wird ein flexibles Anpassen des Personalbestandes – intern oder durch Zuziehen von externen Partnern – zu einer Kernkompetenz der IT.

4.3.2 Organisation

Im leistungsgesteuerten Modell wird die IT als Profit- oder Servicecenter organisiert. Dies kann als eigene Einheit innerhalb der Firma geschehen oder die IT kann als eigenes Unternehmen ausgegliedert oder in eine Outsourcing-Firma eingebracht werden. Auf Outsourcing und seine Vor- und Nachteile wird in Kapitel 11 *Outsourcing* näher eingegangen.

Während ein Profitcenter anstrebt, einen Gewinn zu erwirtschaften (Deckungs-beitrag größer als null), geht es bei einem Servicecenter darum, die Kosten zur Erbringung der Leistungen in Balance mit den entsprechenden Einnahmen zu halten (Deckungsbeitrag gleich null). Erbringt die IT nur Leistungen für den eigenen Konzern, macht ein Profitcenter in der Regel keinen Sinn, da es unsinnig ist, dass die IT als Konzerngesellschaft einen Gewinn erwirtschaftet, der dann an den Konzern abgeliefert wird.

Anders präsentiert sich die Situation, falls die IT ebenfalls andere Kunden bedient, die nicht zum Mutterkonzern gehören. Hier ist sie darauf angewiesen, einen angemessenen Gewinn zu erwirtschaften. Teilweise werden die für die Konzerngesellschaften zu erbringenden IT-Leistungen durch Gewinne vergünstigt, die aus Marktleistungen resultieren. Keinesfalls darf es jedoch passieren, dass Leistungen, die für den freien Markt erbracht werden, durch Leistungen für die Muttergesellschaft »subventioniert« werden.

Eine spezielle Beachtung kommt der Mehrwertsteuer zu: Bei der Ausgliede-rung der IT in eine eigene Firma ändert sich bezüglich der Mehrwertsteuer nichts, unter der Voraussetzung, dass die Mutterfirma mehrwertsteuerpflichtig ist.

4

Wird hingegen die IT einer Gesellschaft, die nicht oder nur beschränkt mehrwertsteuerpflichtig ist (z.B. eine Versicherung oder Bank) in eine eigene Firma ausgegliedert, werden die für das Mutterhaus erbrachten Leistungen mehrwertsteuerpflichtig, da IT-Leistungen in der Regel der Mehrwertsteuer unterworfen sind. Da eine Gesellschaft ohne oder mit beschränkter Mehrwertsteuerpflicht keine Vorsteuerabzüge geltend machen kann, steigen die IT-Kosten um den entsprechenden Mehrwertsteuersatz, ohne dass dafür mehr Leistung erbracht wird. Hier gilt es, die steuerliche Situation im Voraus genau zu prüfen, um sich vor ggf. unliebsamen Überraschungen zu schützen.

4.3.3 Planung und Budgetierung

Im Gegensatz zum budgetgesteuerten Modell wird hier zusätzlich eine Absatzplanung erstellt. Dabei wird abgeschätzt, wie sich die Betriebsaufwände für das kommende Jahr verändern werden, wie hoch das Projektvolumen ausfallen wird sowie in welchem Umfang Beratungsleistungen zu erbringen sind. Da die IT zum gleichen Unternehmen oder mindestens zum gleichen Konzern gehört, kann die Planung für das kommende Jahr offen mit den entsprechenden Geschäftseinheiten besprochen werden. Dies kann ein großer Vorteil gegenüber einem Outsourcer sein, dem das Unternehmen evtl. keinen detaillierten Einblick in die kommenden Vorhaben und Projekte sowie in seine Unternehmensstrategie gewähren will.

Basierend auf der Absatzplanung wird nun das IT-Budget analog zum budgetgesteuerten Modell erstellt. Anstatt dass das Budgetdach von der Geschäftleistung vorgegeben wird, wird es im marktgesteuerten Modell durch die Absatzplanung vorgegeben.

Während sich im budgetgesteuerten Modell die Hauptdiskussion um die Aufteilung des Budgets und die im Budgetrahmen realisierbaren Projekte dreht, geht es im Marktmodell darum, die IT-Ressourcen möglichst genau zu planen:

▷ Steigt das Projekt- und Beratungsvolumen an? Sollen weitere interne Spezialistinnen und Spezialisten eingestellt werden?

▷ Ist der Anstieg nur vorübergehend und sollen die Spitzen durch externe Firmen und externe Spezialisten abgedeckt werden?

▷ Ist das Projekt- und Beratungsvolumen rückläufig? Können die externen Spezialistinnen und Spezialisten reduziert werden? Muss internes Personal abgebaut werden?

4

▹ Ist das Volumen nur vorübergehend rückläufig? Werden weniger Aufträge an externe Firmen vergeben?

▹ Ist das richtige Know-how in der IT vorhanden? Müssen Mitarbeiter in anderen Technologien ausgebildet werden oder muss Know-how von außen beigezogen werden?

Während im budgetgesteuerten Modell das Hauptziel ist, das vorgegebene Budget einzuhalten, geht es im Marktmodell vorwiegend darum, die vorhandenen Ressourcen möglichst gut und genau der Nachfrage anzupassen.

Auch hier wird am besten zuerst das Betriebsbudget basierend auf den aktuellen Werten erstellt, um danach die Ressourcenfrage für Projekt- und Beratungsleistungen klären zu können.

4.3.4 Steuerung der IT

Die Steuerung der IT geschieht primär anhand der Feststellung

»Wer Geld hat, befiehlt.«

Verfügt eine Geschäftseinheit über die nötigen Mittel, kann sie die IT wie einen externen Serviceprovider beauftragen. Dabei muss jede Geschäftseinheit wissen, wie viel Geld sie für den Betrieb der IT-Systeme sowie zur Realisierung von neuen Projekten ausgeben kann. Im Gegensatz zum budgetgesteuerten Modell wird damit die Verantwortung über das IT-Budget nicht mehr der IT, sondern den verschiedenen Geschäftseinheiten übertragen. Dabei ist ein wichtiger Faktor die Erstellung und das Controlling eines IT-Budgets auf Geschäftsseite, da sonst die IT-Kosten unkontrolliert anzusteigen drohen.

4.3.5 Lenkungsauftrag der IT

Im leistungsgesteuerten Modell ist der Lenkungsauftrag durch die IT wesentlich schwieriger wahrzunehmen. Gemäß Definition verfügen die Geschäftseinheiten über das jeweilige IT-Budget und haben damit auch das Sagen.

Sollen in einer solchen Konstellation Doppelspurigkeiten vermieden, Synergien genutzt und gemeinsame Standards umgesetzt werden, muss die Geschäftsleitung die IT explizit mit einem Lenkungsauftrag versehen und definieren, in welchen Gebieten sie den erteilten Lenkungsauftrag wahrnehmen muss. So macht es z.B. wenig Sinn, wenn jede Geschäftseinheit ein eigenes

4

PC-Modell verwendet. Hier ist es wichtig, dass die IT die entsprechende Normierungskraft von der Geschäftsleitung erhält.

Im Lenkungsauftrag liegt ein wesentlicher Unterschied zwischen einer internen IT, die über ein Marktmodell geführt wird, und einem Outsourcer, der rein gewinnorientiert ist. Dem Outsourcer lässt sich nur schlecht ein Lenkungsauftrag erteilen, da sich der Outsourcer rein marktorientiert verhält: Solange der Kunde für eine Leistung bezahlt, wird er sie auch erbringen.

4.3.6 Kritische Erfolgsfaktoren

Fünf wichtige Faktoren müssen erfüllt sein, damit das marktorientierte Modell funktionieren kann:

1. Die Geschäftseinheiten sind als Profitcenter organisiert und verfügen über eine eigene Erfolgsrechnung. Werden die IT-Ausgaben nicht in der Erfolgsrechnung geführt und sind damit nicht wirksam für den Gewinn bzw. Verlust des entsprechenden Geschäftsbereiches, werden IT-Leistungen bedenkenlos konsumiert und die IT-Kosten steigen unkontrolliert an.

2. Es muss ebenfalls Geld zur Realisierung von IT-Projekten auf Geschäfts- bzw. Konzernleitungsstufe vorhanden sein. Ansonsten werden sämtliche IT-Vorhaben isoliert durch die verschiedenen Geschäftseinheiten in Auftrag gegeben und es werden mangels firmenweitem Auftraggeber keine bereichsübergreifenden Lösungen realisiert. Diesem Punkt kommt eine große Bedeutung zu, da ansonsten nur die partikulären Interessen der Geschäftsbereiche realisiert werden und nicht verhindert wird, dass z.B. mehrere unabhängige Kunden-, Lager- oder Finanzsysteme implementiert werden. Dasselbe gilt für Infrastrukturprojekte wie z.B. der Wechsel auf ein neues Betriebssystem, falls die entsprechenden Kosten nicht im Rahmen des Betriebsbudgets getragen werden.

3. Es muss klar geregelt und bestimmt sein, welche IT-Leistungen von der internen IT bezogen werden müssen (Pflichtleistungen) und welche Leistungen auch von anderen Anbietern eingekauft werden können (freie Leistungen). Fast immer findet eine Geschäftseinheit einen Anbieter, der eine bestimmte IT-Komponente günstiger betreibt oder ein bestimmtes Projekt zu geringeren Kosten realisiert. In vielen Fällen trägt die IT jedoch gewisse Fixkosten (z.B. Raumkosten oder Umlagen anderer Abteilungen), die bei einer Teilvergabe an einen anderen Anbieter nicht wegfallen, sondern von den übrigen Geschäftseinheiten getragen werden müssen. Aus

4

den vermeintlichen Einsparungen durch eine externe Vergabe werden damit häufig die Gesamtkosten des Unternehmens negativ beeinflusst. Andererseits darf die IT in diesem Modell keine Monopolstellung haben, die nicht angegriffen werden kann. Die IT muss nachweisen können, dass ihre Leistungen zu Marktpreisen und Marktkonditionen erbracht werden (siehe Kapitel 9 *Benchmarking*).

4. Die IT muss sich wie ein eigenes Unternehmen verhalten können, d.h. seine Ressourcen flexibel der Nachfrage anpassen. Wird dies nicht erlaubt, indem die IT z.B. einen vorgeschriebenen Personalbestand oder ein vorgegebenes Budget nicht überschreiten darf, bringt sie dies unweigerlich in ein Dilemma. Sie hat durch solche Restriktionen keine Möglichkeit, von den Geschäftseinheiten in Auftrag gegebene Vorhaben zu realisieren, und muss diese ablehnen, obwohl dies nicht dem vereinbarten Geschäftsmodell entspricht.

5. Die Vereinbarungen zwischen der IT und den Geschäftseinheiten müssen genauso verbindlich sein wie zwischen zwei unterschiedlichen Rechtseinheiten. Es darf nicht passieren, dass die IT auf Grund von Aufträgen der Geschäftseinheiten Ressourcen aufbaut, die bei einem eventuellen Rückzug des Auftrages dann brachliegen und entsprechende Kosten verursachen. Ebenso müssen die Verträge zum Bezug der Betriebsleistungen (SLA) genauso verbindlich gestaltet sein, als wenn sie mit einem Outsourcer abgeschlossen würden. Da jedoch sowohl die Geschäftseinheiten als auch die IT zum selben Konzern gehören, müssen sie nicht denselben Umfang und dieselbe Vollständigkeit wie ein Outsourcing-Vertrag aufweisen.

4.3.7 Fazit

Die Steuerung der IT über ein Marktmodell ist seltener anzutreffen als das budgetgesteuerte Modell, obwohl in der Vergangenheit verschiedene Unternehmen ihre IT in ein eigenes Unternehmen ausgelagert haben. Das Marktmodell ist attraktiv, weil es die Verantwortung über die IT-Leistungen und damit IT-Kosten den Geschäftsbereichen überträgt und die IT aus dem Spannungsfeld von Leistungserbringer und Leistungsregulator nimmt. Allerdings setzt es einige teilweise anspruchsvolle Rahmenbedingungen voraus, wie z.B. die Organisation der Geschäftsbereiche als Profitcenter. Werden diese Voraussetzungen nicht erfüllt, entfällt die Lenkungswirkung weitestgehend und ein Anstieg der IT-Kosten ist die natürliche Konsequenz.

4.4 Vergleich der Modelle

Die Gegenüberstellung der beiden Modelle ergibt folgendes Bild:

Eigenschaft	Budgetgesteuert	Leistungsgesteuert
Grundgedanke	»Wir leisten uns IT für einen festen Betrag.«	»Wir haben so viel IT, wie wir brauchen.«
Organisation	Costcenter (Kostenstelle)	Servicecenter oder Profitcenter
Budgetierung	Zentrale Planung und Budgetierung der IT-Kosten durch die IT	Dezentrale Planung und Budgetierung der IT-Kosten durch die Geschäftsbereiche
Lenkung	Bewilligtes IT-Budget	Budget der Geschäftsbereiche
Entscheidungs-prozesse	Top-Down: Das IT-Budget bestimmt die Kapazitäten und Ressourcen. Daraus werden die Vorhaben und Projekte durch entsprechende Priorisierung abgeleitet.	Bottom-Up: Die Vorhaben und Projekte bestimmen die Kapazitäten und Ressourcen. Daraus leitet sich das IT-Budget der Geschäftsbereiche ab.
Synergien zwischen Geschäftseinheiten	Groß	Gering
Wichtige Erfolgsfaktoren	Einhaltung des Budgets Gremium für Priorisierung der Vorhaben und Projekte	Erfolgsrechnung der Geschäftseinheiten (Profitcenter) Mittel für Realisierung von firmenweiten Projekten »Spielregeln« bezüglich Pflichtleistungen und frei am Markt beziehbaren Leistungen
		Freie Regulierung der Ressourcen Verbindliche Vereinbarungen zwischen der IT und den Geschäftseinheiten
Ressourcen	Die vorhandenen Ressourcen werden optimal genutzt.	Die Ressourcen passen sich der Nachfrage an.
Vorhaben-auswahl	Priorisierung durch IT-Gremium	Bestimmung durch Geschäftsbereiche im Rahmen des eigenen Budgets

Eigenschaft	Budgetgesteuert	Leistungsgesteuert
Gefahren	IT als Verhinderer von Innovation Realisierung von IT-Projekten nach Machtstellung und »Lautstärke« anstatt Prioritäten des Unternehmens	Anstieg der IT-Kosten durch fehlende Auswirkung des IT-Konsums auf die Erfolgsrechnung der Geschäftseinheiten (Die IT-Kosten haben keinen Einfluss auf den Gewinn/Verlust der Geschäftseinheit.) Mehrfachentwicklungen durch Unabhängigkeit der Geschäftseinheiten. Keine Nutzung des vorhandenen Synergiepotenzials.

Tabelle 4.1: Gegenüberstellung der beiden Lenkungsmodelle

Die beiden Modelle erfordern unterschiedliche Organisationsmodelle:

- Kommt ein **budgetgesteuertes Modell** zum Einsatz, wird die IT als **Costcenter** bzw. als eine oder mehrere Kostenstellen geführt.

- Bei einem **leistungsgesteuerten Marktmodell** mit ausschließlich **konzerninternen Kunden** wird die IT als **Servicecenter** ausgestaltet. Sie funktioniert genauso wie ein Profitcenter mit dem Unterschied, dass sie keinen Gewinn bzw. Deckungsbeitrag erzielt.

- Werden ebenfalls **externe Kunden** durch die IT mit Leistungen beliefert, wird die IT als **Profitcenter** ausgestaltet und agiert nach dem **leistungsgesteuerten Marktmodell**. Durch die externen Kunden ist die IT verpflichtet, einen Gewinn zu erwirtschaften und das investierte Eigenkapital angemessen zu verzinsen.

4.5 Fazit

Beide Modelle zur Steuerung der IT funktionieren gut und haben sich in der Praxis bewährt. Voraussetzung ist jedoch immer, dass die entsprechenden Rahmenbedingungen erfüllt sind:

- Ein gut funktionierendes Controlling sowie ein Gremium zur Entscheidung der zu realisierenden Projekte beim **budgetgesteuerten Modell**

> Eine Erfolgsrechnung der Geschäftseinheiten, Mittel für firmenweite Projekte, Definition von Pflichtleistungen, die freie Anpassung der Ressourcen sowie bindende Vereinbarungen beim **leistungsgesteuerten Marktmodell**

4

Ohne die nötigen Voraussetzungen werden beide Modelle scheitern.

Viele Firmen haben die Entscheidung für das eine oder andere Modell nicht bewusst gefällt, sondern haben sich im Verlauf der Jahre dem einen oder anderen Modell angenähert. Dies ist auch gut so, da die Wahl des Modells stark von der Firmenkultur und der Unternehmensführung abhängt. Das budgetgesteuerte Modell wird in einer Organisation, die aus lauter Profitcentern besteht, kaum erfolgreich sein, da es dem Gedanken von Profitcentern und der Ertrags/Verlust-Verantwortung der Profitcenterleiter zuwider läuft. Umgekehrt dürfte das leistungsgesteuerte Marktmodell kaum in einem Unternehmen erfolgreich sein, das zentralistisch geführt wird und bei dem die einzelnen Geschäftsbereiche zwar eine Budgetverantwortung, jedoch keine Ertrags/Verlust-Verantwortung haben.

In vielen Fällen wird es nicht gelingen, ausschließlich das eine oder andere Modell zu implementieren. Dies muss auch nicht immer angestrebt werden. Wichtig ist jedoch zu wissen, dass jede Abweichung vom gewählten Modell Spannungsfelder bei der IT, den Anwendern und dem Management erzeugt: unzählige Anforderungen an die IT wegen fehlender Kostenbelastungen der Auftraggeber oder unzufriedene Kunden der IT durch zu geringe Kapazität und zu lange Projektdurchlaufzeiten. Diese Spannungsfelder müssen kein Nachteil sein, solange man sich dessen bewusst ist. Werden sich die Betroffenen jedoch dieser Spannungsfelder nicht bewusst, entsteht ein Dilemma, das für alle Beteiligten Reibungsverluste und damit vielfach geringere Leistung und/oder höhere Kosten verursacht.

Eine interessante Alternative zur reinen Umsetzung des einen oder anderen Modells ist eine Mischung der beiden Varianten: Die Betriebsleistungen werden in einem budgetgesteuerten Modell geführt. Diese werden vor allem durch die Einführung neuer oder erweiterter Systeme beeinflusst, verhalten sich ansonsten jedoch verhältnismäßig konstant. Somit können sie einfach mit einem festen Budget erbracht werden, das bei neuen Systemen, Veränderung der Anforderungen und zu erbringenden Leistungen sowie bei der Abschaltung von Systemen entsprechend angepasst werden muss.

Im Gegensatz dazu werden die Projektleistungen über das leistungsgesteuerte Marktmodell erbracht und geführt. Dies erlaubt eine flexible Anpassung der zu erbringenden Leistungen je nach Situation und Projektvolumen der Firma. Durch den Einsatz des budgetgesteuerten Modells für die Betriebsleistungen und des leistungsgesteuerten Modells für die Projektleistungen können die Vorteile der beiden Welten bzw. Modelle weitgehend kombiniert werden.

Wichtig in beiden Modellen ist, dass die IT nicht nur über einen Leistungs-auftrag zur Erbringung der vereinbarten Leistungen verfügt, sondern eben-falls einen Lenkungsauftrag von der Geschäftsleitung erhält. Der Lenkungs-auftrag verpflichtet die IT und gibt ihr die nötige Grundlage, um Doppel-spurigkeiten und Unsinnigkeiten im Unternehmen zu verhindern. Ein Outsourcer hat nie einen Lenkungsauftrag und wird sämtliche Aufträge aus-führen, solange der Kunde dafür bezahlt. Im Gegensatz dazu hat die interne IT die Pflicht, Doppelspurigkeiten zu erkennen und zu verhindern sowie un-sinnige Aufträge wie z.B. die Erweiterung von Applikationen um Funktiona-litäten, die bereits in einer anderen Applikation vorhanden sind, abzulehnen. Hier unterscheidet sich eine interne IT stark von einem externen Outsourcer.

5 Steuerung der Betriebsleistungen mit SLA

Wie Sie im Kapitel 1 gesehen haben, werden die IT-Betriebsleistungen in SLA festgehalten und zwischen der IT und deren Kunden vereinbart. In diesem Kapitel werden die wichtigsten Grundlagen bezüglich Service Level Agreements dargelegt und aufgezeigt, wie sie zur Steuerung der IT-Leistungen und der damit verbundenen Kosten eingesetzt werden können. Auch wenn wesentliche Grundlagen sowie praxiserprobte Tipps bezüglich der Einführung und Umsetzung von SLA behandelt werden, erhebt dieses Kapitel nicht den Anspruch, eine komplette Einführung in das Thema Service Level Agreement zu geben. Damit ließe sich ein eigenes Buch füllen.

Auf der bekannten Leistungskarte zur Darstellung der verschiedenen IT-Leistungen konzentriere ich mich in den folgenden Ausführung auf das Segment unten links: die Steuerung der Betriebsleistungen mittels SLA.

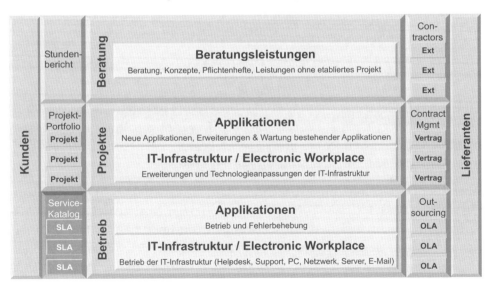

Abbildung 5.1: SLA zur Steuerung der Betriebsleistungen

5.1 Das Dilemma der IT

Praktisch jede IT-Abteilung steckt in einem Dilemma, das die folgenden Darstellungen aufzeigen: Die Erwartung an die IT-Leistungen ist bei den meisten Managern und Anwendern höher als die tatsächlich von der IT erbrachten Leistungen. Dieses Phänomen ist praktisch in jedem Unternehmen und weitestgehend unabhängig von den tatsächlich erbrachten Leistungen zu beobachten.

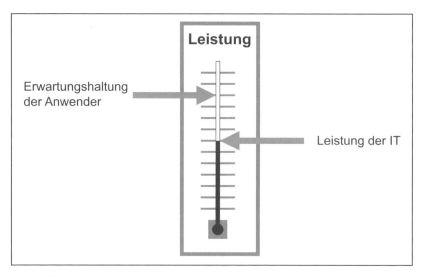

Abbildung 5.2: Beurteilung der IT-Leistungen und Erwartungshaltung der Anwender

Eine ganz ähnliche Erscheinung lässt sich bei den IT-Kosten – jedoch mit umgekehrtem Vorzeichen – beobachten. Die Erwartungshaltung des Managements und der Anwender an die IT-Kosten liegt meistens auf einem deutlich niedrigerem Kostenniveau als die effektiven IT-Kosten.

Auch hier lässt sich häufig beobachten, dass dieser Effekt beinahe unabhängig von den tatsächlichen IT-Kosten auftritt. Bei der Analyse der Kostenstrukturen und Benchmarking der IT-Leistungen von über zwei Dutzend Unternehmen wurde sogar festgestellt, dass die IT-Kosten gerade bei denjenigen Unternehmen häufig als zu hoch empfunden wurden, die in Tat und Wahrheit die niedrigsten IT-Kosten ausgewiesen und im Benchmarking am besten abgeschnitten hatten.

5

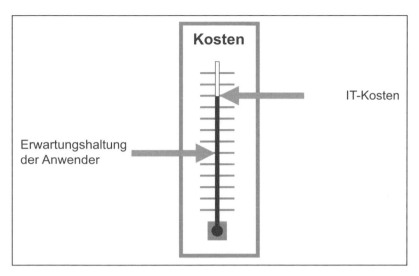

Abbildung 5.3: Beurteilung der IT-Kosten und Erwartungshaltung der Anwender

Um die Lücken in der Erwartungshaltung der Anwender sowie des Managements bezüglich der Leistungserbringung sowie des Kostenniveaus der IT zu schließen, sind Service Level Agreements ein gut geeignetes Mittel.

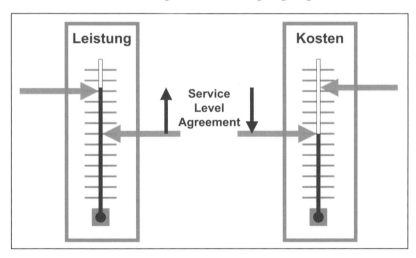

Abbildung 5.4: Schließung der Lücke durch SLA

Wieso werden die IT-Leistungen häufig als ungenügend und die IT-Kosten als zu hoch wahrgenommen und beurteilt? Ein wichtiger Grund liegt darin, dass die Leistungen vielfach nicht definiert sind und keine SLA resp. Servicebeschreibungen existieren. Damit kann auch nicht objektiv festgestellt und

5

gemessen werden, ob die Leistungen korrekt erbracht und die gemeinsame Vereinbarung eingehalten wurden. Ohne SLA kommt der Vorwurf, dass die IT-Leistungen ungenügend seien, sehr häufig.

Ähnlich verhält es sich bei den Kosten. Solange die IT-Kosten nicht transparent ausgewiesen und mit anderen Firmen oder Outsourcern verglichen resp. gebenchmarkt werden, ist es gar nicht möglich, Aussagen bezüglich der IT-Kosten zu machen. Häufig wird dadurch einfach behauptet, die IT-Kosten seien zu hoch. Aussagen von Anwendern oder dem Management, dass die IT-Kosten gerechtfertigt oder sogar niedrig seien, sind sehr selten. Solange jedoch keine Leistungen definiert sind, können auch keine objektiven Aussagen zu den Kosten gemacht werden. Worauf sollen sich denn die Kosten beziehen, wenn die dazugehörige Leistungsumschreibung fehlt?

Häufig heißt zu teuer jedoch nicht »zu teuer«, sondern »zu schlecht«. Wenn z.B. ein Auto als »zu teuer« bezeichnet wird, heißt dies in der Regel nicht, dass sein Preis zu hoch ist, sondern dass es die Erwartungen bezüglich Ausstattung, Komfort, Leistung, Sicherheit etc. nicht erfüllt hat. Beim Vorwurf »zu teuer« lohnt es sich immer, darüber nachzudenken, ob die Leistungen wohl ungenügend waren und der Kunde oder die Kundin darum nicht zufrieden mit dem Produkt oder Service ist.

5.2   Was sind SLA?

Bevor wir uns weiter in das Thema SLA vertiefen, möchte ich mich zuerst dem Begriff Service Level Agreement (SLA) und seiner Bedeutung zuwenden. Anstatt eine formal korrekte Definition des Begriffs »Service Level Agreement« (Dienstleistungsvereinbarung) zu geben, will ich die einzelnen Teile des Begriffs näher betrachten:

▷ **Service:** Für die Kundenwahrnehmung zeigt der Begriff »Service« die wohl wichtigste Änderung auf, ob mit oder ohne SLA gearbeitet wird. Kommen ohne SLA IT-Leistungen mehr oder weniger ad hoc und unstrukturiert zustande, sind mit SLA die von der IT zu erbringenden Dienstleistungen oder eben Services klar zwischen IT und ihren Kunden vereinbart. Die Kunden wissen, was sie von der IT erwarten können, und die IT weiß, wozu sie sich ihren Kunden gegenüber verpflichtet hat. Im Begriff »Service« steckt aber noch etwas ganz anderes: die Haltung, sämtliche Tätigkeiten aus dem Blickwinkel des Kunden zu betrachten und sich bei allen Leistungen Gedanken zu machen, in welcher Form sie Kundennutzen erzeugen. Um dies aktiv zu leben und den Kunden spürbar werden zu lassen, ist ein teilweiser radikaler Kulturwechsel nötig: Weg vom Informatikgruß hin zu einer serviceorientierten IT!

▷ **Level**: Dieser Teil des Begriffs wird nur allzu häufig vergessen. Die Ausprägung und damit die Kosten der zu erbringenden Leistungen können gemeinsam zwischen der IT und deren Kunden bestimmt werden. Welche Servicezeiten sind nötig, wie hoch muss die Verfügbarkeit sein, wie kurz müssen Reaktionszeiten sein, wie lange darf die Erledigung eines Auftrages dauern? Alle diese – und viele weitere – Parameter haben einen mehr oder weniger starken Einfluss auf die Betriebskosten. Das Service Level Agreement ist ein gutes Mittel, um die leistungs- und kostenrelevanten Parameter zu diskutieren und gegenseitig abzustimmen. Damit hat die IT ein Mittel zur Hand, um den von den Geschäftseinheiten geforderten Leistungen die dazugehörigen Kosten gegenüberzustellen und so den optimalen Kompromiss zwischen Leistung und Kosten zu finden.

▷ **Agreement**: Mit »Agreement« wird zum Ausdruck gebracht, dass ein SLA eine gegenseitige Vereinbarung zwischen IT und deren Kunden ist. Das SLA wird zwischen der IT und Kundenvertretern ausgehandelt (Einstellung des »Levels« und der dazugehörigen Kosten) und anschließend zwischen diesen vereinbart und unterzeichnet. Mit diesem Term wird zum Ausdruck gebracht, dass ein SLA weder eine einseitige Verordnung der IT noch ein Diktat der Anwender sein soll.

Damit sind SLA nicht einfach eine formale Definition und Vereinbarung der Leistungen, die die IT für ihre Kunden erbringt, sondern auch eine Arbeitshaltung und Philosophie.

Einerseits geht es um die **Servicehaltung** und **Kundenorientierung** der IT. Die Kunden der IT sollen so behandelt werden, wie die Kunden des Unternehmens behandelt werden. Die Kunden der IT sind keine Bitt- oder Antragsteller, sondern diejenigen Personen, die dafür sorgen, dass das Unternehmen Kunden gewinnen und halten kann, die Gewinn erwirtschaften und damit für das Fortbestehen des Unternehmens verantwortlich sind.

Anderseits geht es darum, dass **(Mehr-)Leistungen** auch **(Mehr-)Kosten** bedeuten. Die Erhöhung der Verfügbarkeit oder die Verlängerung der Servicezeiten bedeuten auch höhere Kosten, die vom Unternehmen und letztendlich

5

dessen Kunden getragen werden müssen. Umgekehrt natürlich ebenfalls: Eine Verkürzung der Servicezeiten muss sich auch in einer Reduktion der Kosten niederschlagen. Damit sind SLA ein effektives Mittel, um mit den Kunden der IT über IT-Leistungen und die dazugehörigen Kosten zu verhandeln und sie zu vereinbaren.

5.3 Servicekontinuität

Viele IT-Leiter betonen immer wieder, dass sie sehr gute Mitarbeiter hätten und deshalb auch sehr gute Qualität in ihren IT-Services erreichten. Dabei vergessen sie häufig, dass gute Mitarbeiter kein Garant für hohe Qualität sind und sich eine hohe Qualität häufig auch mit durchschnittlichen Mitarbeitern erreichen lässt.

Wichtig für die Erreichung einer hohen Qualität sind klar definierte und vor allem gelebte Prozesse. Damit wird die Erbringung von IT-Leistungen weniger personenabhängig und es lässt sich eine definierte Qualität erreichen und halten.

Abbildung 5.5 soll dies aufzeigen.

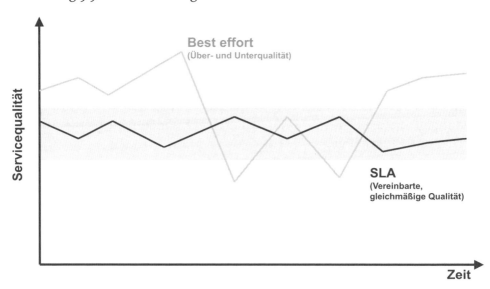

Abbildung 5.5: Servicekontinuität

Auf der einen Seite (helle Kurve) wird durch gute Mitarbeiter eine hohe Servicequalität erreicht, zumindest meistens. Wie die Kurve zeigt, kann die Qualität vorübergehend auch auf ein niedriges Niveau sinken. Dann nämlich, wenn der entsprechende Mitarbeiter oder die entsprechende Mitarbeiterin gerade im Urlaub weilt, weil für eine Aufgabe mehrere Mitarbeiter benötigt wurden und die Zusammenarbeit (Prozesse) nicht genau geregelt ist oder weil das Know-how der verschiedenen Mitarbeiter unterschiedlich und nicht durchgehend auf dem gleichen Stand ist.

Wir bezeichnen diese Art der Leistungserbringung als **Best Effort** (nach bestem Wissen und Gewissen). In der Automobilbranche lassen sich gute Analogien dazu bei Luxusautos finden, die größtenteils in Handarbeit produziert werden resp. wurden (auch in diesem Segment nimmt die Automatisierung immer stärker zu). Qualität wird hier vor allem durch die hoch qualifizierten Mitarbeiter erreicht, die ihre Arbeit bereits seit mehreren Jahren verrichten und damit über eine große Erfahrung verfügen. Schwieriger wird es, die hohe Qualität zu erreichen, wenn neue Mitarbeiter zum Unternehmen stoßen oder wenn im eingespielten Team nicht alle Mitglieder dieselben Handgriffe wie üblich ausführen. Dann kann die Qualität vorübergehend auf ein gefährlich niedriges Niveau sinken.

Im Gegensatz dazu steht die **vereinbarte, gleichmäßige Qualität**, wie sie dank SLA erreicht werden soll. Im SLA werden Lieferzeiten, Durchlaufzeiten, Reaktionszeiten, Verfügbarkeiten usw. definiert, die es gilt, möglichst genau einzuhalten. Wird abgemacht, dass ein neuer PC innerhalb von fünf Arbeitstagen nach Bestellung betriebsbereit auf dem entsprechenden Arbeitsplatz steht, diese Zeit jedoch praktisch nie eingehalten wird, so entspricht dies nicht der vereinbarten Qualität.

Ebenso wenig entspricht es der vereinbarten Qualität, wenn neue PC regelmäßig bereits zwei Tage nach Bestellung betriebsbereit ausgeliefert sind. Vielleicht freuen sich die Kunden über die rasche Auslieferung, vielleicht ist die kurze Lieferzeit aber auch unnötig oder sogar störend. Dann nämlich, wenn die neue Mitarbeiterin oder der neue Mitarbeiter erst in fünf Tagen ihre resp. seine Stelle antritt. In jedem Fall ist die kurze Lieferfrist jedoch ein unnötiger Kostenfaktor in der IT, da für eine Auslieferung innerhalb von zwei Tagen in der Regel mehr Ressourcen bereitgehalten werden müssen als für eine Lieferzeit von fünf Tagen.

In diesem Beispiel geht es nicht darum, eine möglichst *hohe* Qualität (resp. möglichst kurze Lieferzeit), sondern eine möglichst *konstante* Qualität (resp. Lieferzeit) zu erreichen. Eine möglichst konstante und berechenbare Lieferzeit nützt den Kunden in der Regel mehr für ihre Planung als eine Lieferzeit, die häufig kürzer als der abgemachte Wert ist, dafür in einigen Fällen den vereinbarten Wert wiederum überschreitet.

Auch hier lassen sich gute Analogien in der Automobilindustrie finden. Diesmal nicht bei den Herstellern von Luxusautos, sondern mit der Serienproduktion von qualitativ hochwertigen Automobilen:

- Bei der Zulieferung von Komponenten kommt es nicht auf eine möglichst rasche, sondern auf eine möglichst präzise Anlieferung an (Just-in-time-Produktion). Es nützt nichts, wenn die Teile einen Tag vor ihrem Einbau bereits irgendwo gelagert werden müssen, anstatt sie genau dann angeliefert zu bekommen, wenn sie gerade gebraucht und eingebaut werden.

- Mit der hochautomatisierten und durchdachten Serienproduktion lässt sich eine Qualität erzielen, die in vielen Fällen der Handfertigung überlegen ist. Die Serienfertigung erfordert klare Fertigungsprozesse und bedingt, dass sich alle Mitarbeiter strikt danach ausrichten. Hier sind nicht – wie bei der Handarbeit – die allerbesten Fachkräfte gefragt, sondern Mitarbeiter mit einer sauberen Arbeitsweise und einem guten Verständnis für die Fertigungsprozesse.

Durch SLA lässt sich eine vereinbarte und gleichmäßige Qualität erreichen, die weniger Qualitätsschwankungen aufweist und besser vorhersagbar ist. Sehr erfahrene IT-Organisationen können das Qualitätsniveau bewusst steuern. Bei besonders kritischen Anwendungen und Systemen (z.B. Wertpapierhandel bei Banken oder Lagerverwaltung bei Handelsunternehmen) erreichen sie eine hohe Qualität, während sie bei Systemen, die zwar wichtig für das Unternehmen, aber weniger kritisch bezüglich der Verfügbarkeit sind (wie z.B. Aktienregister oder Personalsystem), ein bewusst niedrigeres Qualitäts- und damit Kostenniveau anstreben.

Zur Erreichung einer hohen und durchgehenden Qualität sind SLA nicht aus-reichend. SLA sind eine wichtige Voraussetzung für die Qualitätserreichung, indem die angestrebte Qualität in Form von Verfügbarkeiten, Reaktionszeiten usw. definiert wird. Zur Erreichung der definierten Qualität sind vor allem durchgängige und optimierte Prozesse sowie die Messung der verschiedenen Prozess- und Qualitätsparameter notwendig. Nur durch das Zusammenspiel von SLA (Qualitätsdefinition), Prozessen (Qualitätserzielung) und einem Reporting (Qualitätsmessung) kann die gewünschte Qualität erzielt und über-prüft werden.

5.4   SLA, Servicekatalog und Servicebeschreibungen

Bisher habe ich immer von Service Level Agreements gesprochen. An dieser Stelle möchte ich den Begriff weiter differenzieren und die beiden Bezeich-nungen *Servicekatalog* sowie *Servicebeschreibung* einführen.

Unter **Service Level Agreement** sind im weiteren Sinne sämtliche Dokumen-te, die im Zusammenhang mit Servicevereinbarungen stehen, gemeint. Im engeren Sinn rede ich in diesem Buch von SLA, wenn ich die vertragliche Ver-einbarung bezüglich der Service-Erbringung meine; also eine Art Rahmen-vertrag (siehe Abbildung 5.6). Im SLA sind Dinge geregelt wie Inkrafttreten, Dauer und Beendigung, Rechte und Pflichten der IT und deren Kunden, Gewährleistung, Haftung, Geheimhaltung, Datenschutz etc.

Im **Servicekatalog** sind sämtliche von der IT angebotenen Services aufgeführt und mit Preisen versehen. Gedanklich lehnt sich der Servicekatalog an einem Versandhauskatalog an, bei dem alle bestellbaren Artikel abgebildet, beschrie-ben und mit Preisen versehen sind. Der Servicekatalog enthält sämtliche Betriebsleistungen, die die IT zur Verfügung stellt.

Die **Servicebeschreibungen** enthalten für jeden Service aus dem Servicekata-log eine Beschreibung in einer für die Kunden der IT verständlichen Sprache. Darin wird der Service inkl. seiner Parameter wie Servicezeiten, Reaktionszei-ten, Verfügbarkeiten usw. definiert.

Abbildung 5.6 veranschaulicht die Zusammenhänge von Service Level Agree-ment, Servicekatalog und Servicebeschreibungen.

5

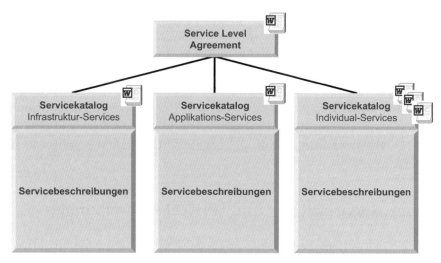

Abbildung 5.6: Dokumentenstruktur

In der Praxis hat es sich bewährt, drei verschiedene Typen von Servicekatalogen zu unterscheiden:

▷ **Infrastruktur-Services**: In diesem Servicekatalog sind Leistungen für den Betrieb und Support der PC-Umgebung und anderen Infrastrukturelementen enthalten. Das Leistungsspektrum umfasst Gebiete wie z.B. Helpdesk, Support, Netzwerk, Ablage von Dokumenten auf Fileservern, E-Mail und Kalender, Internetzugang, Wartung der Hardware, Installation/Umzug/Entsorgung von PC, Betrieb von Druckern usw. Siehe Abbildung 5.7 für ein Beispiel eines Infrastruktur-Servicekataloges.

▷ **Applikations-Services**: Hier ist der Betrieb sämtlicher geschäftsrelevanter Applikationen definiert. Die dazugehörigen Servicebeschreibungen enthalten eine kurze Beschreibung der Applikationen sowie Ansprechpartner, Servicezeiten, Verfügbarkeiten usw. Siehe Abbildung 5.9 für ein Beispiel eines Applikations-Servicekataloges.

▷ **Individual-Services**: Die Infrastruktur- und Applikations-Services werden gehandhabt wie Artikel aus einem Versandhauskatalog. Sie können im Katalog ausgewählt und bestellt werden und werden in der Regel pro Benutzer in Rechnung gestellt. Im Servicekatalog Individual-Services sind sämtliche Leistungen enthalten, die sich nicht in einem Versandhauskatalog darstellen lassen, sondern individuell maßgeschneidert sind. Beispiele dafür sind spezifische Testsysteme, Webserver für bestimmte Abteilungen, zusätzliche Supportvereinbarungen usw. Siehe Abbildung 5.11 für ein Beispiel eines Individual-Servicekataloges.

5.4.1 Infrastruktur-Services

Abbildung 5.7 zeigt ein Beispiel eines Infrastruktur-Servicekataloges. Obwohl er nicht die optische Gestaltung eines Versandhauskataloges erreicht, enthält er doch die wesentlichen Elemente wie Servicenummer (Artikelnummer), Bezeichnung, Preis und einen Verweis auf eine Seite, wo die Leistungen näher spezifiziert sind.

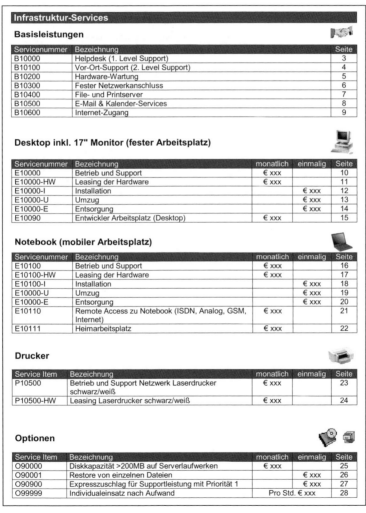

Abbildung 5.7: Servicekatalog Infrastruktur-Services

Bei den Preisen wird unterschieden zwischen einmaligen Preisen (wie z.B. die Installation eines PC) sowie monatlichen Preisen (wie z.b. für den Betrieb inkl. Helpdesk, Support usw. eines PC).

Abbildung 5.8 zeigt am Beispiel Helpdesk, wie eine Servicebeschreibung aussehen kann:

Helpdesk (1. Level Support)	
Beschreibung	Erste Anlaufstelle (SpoC, Single Point of Contact) bei IT-Problemen. Entgegennahme der Störung durch das Helpdesk. Lösung des Problems wenn möglich am Telefon, sonst Weitergabe an die richtige Supportstelle. Störungen können in drei Prioritäten gemeldet werden: • Priorität 1: Reaktionszeit 1 Arbeitsstunde, Express-Zuschlag • Priorität 2: Reaktionszeit 4 Arbeitsstunden, Standard-Priorität • Priorität 3: Reaktionszeit 1 Arbeitstag Die Reaktionszeit ist definiert als Zeitspanne zwischen der Störungs-Meldung am Helpdesk durch den Kunden und der Aufnahme der Arbeiten an der Problemlösung durch die entsprechende Supportstelle. Die Reaktionszeit gilt während der folgenden Servicezeiten:
Servicezeiten	• Montag bis Freitag 07.00 Uhr bis 20.00 Uhr • Samstag 09.00 Uhr bis 18.00 Uhr • Sonn- und Feiertage Kein Betrieb Erweiterte Servicezeiten sind auf Anfrage möglich. Probleme, die einen Techniker vor Ort erfordern, werden gemäß Servicezeiten im Service Vor-Ort-Support (2. Level Support) bearbeitet.
Sprachen	Es werden die folgenden Sprachen unterstützt: • Deutsch • Französisch • Italienisch • Englisch
Qualitätsgröße Anrufannahme	• 95 % aller eingehenden Anrufe beantwortet, verlorene Anrufe < 5% • 70 % aller eingehenden Anrufe in max. 30 Sekunden entgegengenommen
Qualitätsgröße Problemlösung	• 70 % aller gemeldeten Probleme werden innerhalb von 2 Arbeitstagen gelöst
Qualitätsgröße Kundenzufriedenheit	Die Messgröße der Kundenzufriedenheit bezüglich Helpdesk erfolgt mit Rückrufen bei 2% der AnruferInnen • 80 % der befragten Kunden beurteilen die Leistungen mit der Note gut oder sehr gut
Preise	Die Kosten für die Prioritäten 2 und 3 sind im Standardservice Electronic Workplace enthalten, Priorität 1 Probleme werden mit einem Express-Zuschlag verrechnet.

Abbildung 5.8: Servicebeschreibung Helpdesk

5.4.2 Applikations-Services

Applikations-Services

Unmanaged Applications

Service	Bezeichnung	Version	Systemowner	monatlich	einmalig	Seite
U001	MS Project	2002	Hans Huber	€ xxx	€ xxx	3
U002	ABC Flow Charter	2003	Fritz Müller	€ xxx	€ xxx	3
U003	Visio	2002	Christian Meier	€ xxx	€ xxx	3
U004	MS Frontpage	2000	Christian Meier	€ xxx	€ xxx	4
U005	Crystal Reports	9.0	Hans Huber	€ xxx	€ xxx	4

Managed Applications

Vertrieb

Service	Bezeichnung	monatlich	einmalig	Seite
A001	Applikation A	€ xxx	€ xxx	5
A002	Applikation B	€ xxx	€ xxx	6
A003	Applikation C	€ xxx	€ xxx	7
A004	Applikation D	€ xxx	€ xxx	8

Produktion

Service	Bezeichnung	monatlich	einmalig	Seite
A010	Applikation E	€ xxx	€ xxx	9
A011	Applikation F	€ xxx	€ xxx	10
A012	Applikation G	€ xxx	€ xxx	11
A013	Applikation H	€ xxx	€ xxx	12

Entwicklung

Service	Bezeichnung	monatlich	einmalig	Seite
A020	Applikation I	€ xxx	€ xxx	13
A021	Applikation J	€ xxx	€ xxx	14
A022	Applikation K	€ xxx	€ xxx	15
A023	Applikation L	€ xxx	€ xxx	16

Finanzen

Service	Bezeichnung	monatlich	einmalig	Seite
A030	Finanz-&Betriebsbuchhaltung/Controlling	€ xxx	€ xxx	17
A031	Anlagebuchhaltung	€ xxx	€ xxx	18
A032	Aktienregister	€ xxx	€ xxx	19
A033	Liegenschaftenverwaltung	€ xxx	€ xxx	20

Personaldienst

Service	Bezeichnung	monatlich	einmalig	Seite
A040	Personalsystem	€ xxx	€ xxx	21
A041	Raumbewirtschaftung	€ xxx	€ xxx	22

Abbildung 5.9: Servicekatalog Applikations-Services

Analog zu den Infrastruktur-Services zeigt die Abbildung 5.9 ein Beispiel für einen Servicekatalog für Applikationen. Dabei wird unterschieden zwischen *Unmanaged Applications* (Applikationen, die keinen Betrieb und keine Über-wachung benötigen und einfach auf dem PC installiert werden) und Managed

Applications (Applikationen, die einen Betrieb, Tagesendverarbeitung, Über-wachung, Batchläufe usw. benötigen und typischerweise auf Host-Systemen, Unix- oder Windows-Servern betrieben werden).

Auch in Abbildung 5.10 findet sich ein Beispiel für die Serviceschreibung einer Applikation.

A001	Applikation A	
Leistungen und Verantwortlichkeiten		
Leistungsbeschreibung	Betrieb, Fehlerbehebung, Anpassung und Weiterentwicklung der Applikation A. Die Applikation A steht firmenweit allen Benutzern zur Verfügung, die am Verkaufsprozess von der Akquisition bis zur Rechnungsstellung beteiligt sind. Mit der Applikation A werden sämtliche kundenrelevanten Daten wie Kundenstamm, Artikelstamm, Lagerbestand, Umsatz und Deckungsbeitrag bewirtschaftet.	
Enthalten sind	• Monatlicher Versand der Kundenrechnungen • Monatliche Standardauswertungen bezüglich gewonnener und verlorener Aufträge, Umsatz, Deckungsbeitrag und Lagerbestand • Tägliche Datensicherung	
Nicht enthalten sind	• Über die Standardauswertungen hinausgehende Auswertungen, diese werden nach Aufwand via Servicepool in Rechnung gestellt • Schulung der Benutzer	
Verantwortlich IT	Hans Muster (Service Manager), Leiter Applikationsentwicklung, Telefon xx-xxx xx xx	
Verantwortlich Kunde	Fritz Huber (Systemowner), Leiter Stab Geschäftsbereich A, Telefon xx-xxx xx xx	
Betrieb und Fehlerbehebung		
Servicezeiten Mo-Fr Sa So	07.00 bis 18.00 Uhr 09.00 bis 17.00 Uhr kein Service	
Störungsmeldung an	Helpdesk, Telefon xx-xxx xx xx	
Betriebszeiten Mo-Fr Sa So	00.00 bis 24.00 Uhr, zwischen 18.00 und 06.00 Uhr unbedienter Betrieb 00.00 bis 18.00 Uhr, ab 18.00 Uhr Backup und Wochenverarbeitung 00.00 bis 24.00 Uhr, unbedienter Betrieb	
Verfügbarkeit	Ausfall pro Monat: max. 7 Stunden (99,0%) Ausfalldauer: max. 4 Stunden pro Ausfall	
Gesamtpreis Preis pro Benutzer Preis pro Kunde	€ 600 000 pro Jahr € 200 pro Monat Planmenge: 200 Benutzer € 2 pro Monat Planmenge: 5 000 Kunden	
Anpassungen (Servicepool) und Weiterentwicklung (Projekte)		
Servicepool	Geschäftseinheit A: 100 h à € 50.--/h = € 5 000 pro Jahr Geschäftseinheit B: 200 h à € 50.--/h = € 10 000 pro Jahr Geschäftseinheit C: 250 h à € 50.--/h = € 12 500 pro Jahr	
Projekte	Verrechnung gemäß Angebot	
Beratung		
Beratungsleistungen	Verrechnung gemäß Aufwand zu € 50.--/h	

Abbildung 5.10: Servicebeschreibung für eine Applikation

Die meisten Elemente sind selbsterklärend. Auf die Elemente *Preis* und *Service-pool* will ich jedoch kurz eingehen:

Preis: Während Infrastruktur-Services sehr gut pro Benutzer verrechnet werden können, ist die Verrechnungseinheit bei Applikations-Services differenzierter zu betrachten. Selbstverständlich können die Applikationskosten ebenfalls pro Benutzer berechnet und in Rechnung gestellt werden. Die Anzahl Benutzer ist bei einer Applikation jedoch häufig für die Kosten erst in zweiter Linie ausschlaggebend. Deshalb gilt es – je nach Applikation –, den entsprechenden Kostentreiber ausfindig zu machen. Dies können z.B. die Anzahl mit der Applikation verwalteter Kunden, die Anzahl bewirtschafteter Artikel, die Anzahl Verträge oder beliebige andere Größen sein. Aus diesem Grund wurden in der obigen Servicebeschreibung sowohl die Gesamtkosten der Applikation als auch eine Aufteilung pro Benutzer und Kunde ausgewiesen und in Rechnung gestellt.

Servicepool: Der monatlich verrechnete Preis deckt ausschließlich die Betriebskosten der Applikation ab. Anpassungen und Erweiterungen der Applikation werden im Rahmen von separat offerierten Projekten abgewickelt. Dazwischen gibt es meistens jedoch auch kleinere Anpassungen, die mit einem Aufwand von einem oder zwei Tagen realisiert werden können. Damit für solche Kleinaufträge nicht jedes Mal der Aufwand zur Erstellung und Genehmigung eines Angebotes erbracht werden muss, werden diese im Rahmen des so genannten Servicepools realisiert. Mit jeder Geschäftseinheit, die die Applikation benutzt, wird abgemacht, wie groß der jährliche Servicepool ausfällt, damit die IT eine Ressourcenplanung vornehmen kann. Daraufhin können die Geschäftseinheiten ohne administrativen Aufwand Leistungen im Rahmen des Servicepools abrufen und beziehen.

5.4.3 Individual-Services

Im Servicekatalog Individual-Services werden »maßgeschneiderte« Lösungen aufgeführt. Die hier enthaltenen Services werden in der Regel von einer Geschäftseinheit in Auftrag gegeben und verrechnet und werden nicht einem einzelnen Benutzer belastet. Während die Infrastruktur- und Applikations-Services gewissermaßen industriell »am Fließband« produziert werden, entsprechen die Individual-Services dem Prototypenbau, wo es darum geht, ein spezifisches Bedürfnis einer Geschäftseinheit möglichst optimal abzudecken.

Ein mögliches Beispiel eines solchen Servicekataloges zeigt Abbildung 5.11.

Individual-Services

Applikationsserver Microsoft Windows

Service	Bezeichnung	monatlich	einmalig	Seite
S10000	Applikationsserver Gold (7x24h)	€ xxx		3
S10010	Applikationsserver Silber (5x11h)	€ xxx		4
S100XX-I	Installation		€ xxx	5
S100XX-HW	Leasing der Serverhardware	€ xxx		6

Storage Services

Service	Bezeichnung	monatlich	einmalig	Seite
S70000	Zentraler Diskstorage für Web- und Applikationsserver	€ xxx		7
S70100	Datensicherung mit Jahresarchiv für Web- & Applikationsserver	€ xxx		8
S70200	Restore von Backupdaten auf Web- und Applikationsserver		€ xxx	9
S70300	Erstellen einer CD-ROM von Benutzerdaten		€ xxx	10

Webservices

Service	Bezeichnung	monatlich	einmalig	Seite
W30000	Webserver Gold (7x24h)	€ xxx		11
W30010	Webserver Silber (5x11h)	€ xxx		12
W300XX-I	Installation Webserver		€ xxx	13
W30100	Dedizierter Webserver Gold (7x24h)	€ xxx		14
W30110	Dedizierter Webserver Silber (5x11h)	€ xxx		15
W301XX-I	Installation dedizierter Webserver		€ xxx	16
W30200	ftp-Server	€ xxx		17
W30200-I	Installation ftp-Server		€ xxx	18
W30300	Webstatistik	€ xxx		19
W30500	Webapplikationsumgebung (Tomcat)	€ xxx		20
W30600	Web-Redaktionssystem	€ xxx		21

Abbildung 5.11: Servicekatalog Individual-Services

Bei genauem Studium des Servicekataloges Individual-Services kann zu Recht eingewendet werden, dass dies auch Infrastruktur-Services sind. Können die obigen Services mehrfach identisch eingesetzt werden, trifft dies zu und sie sind den Infrastruktur-Services zuzuordnen. Sind jedoch die Services jeweils individuell ausgestaltet, werden sie unter Individual-Services geführt. Individual-Services werden häufig aus angepassten und abgewandelten Infrastruktur-Services zusammengesetzt und »maßgeschneidert«.

Das Unterscheidungsmerkmal ist, ob sie von der Stange mehrfach identisch eingesetzt werden können (Infrastruktur-Services) oder angepasst und individuell maßgeschneidert sind (Individual-Services).

Abbildung 5.12 zeigt die Servicebeschreibung des Services *Applikationsserver Gold*. Für einen Individual-Service ist die Servicebeschreibung eher kurz gehalten und kann bei anderen Services durchaus mehrere Seiten umfassen.

5

Applikationsserver Microsoft Windows	
S10000	**Applikationsserver Gold (7x24h)**
Beschreibung	Betrieb eines individuellen Applikationsservers der Supportpriorität 1 (Gold). Die File-, Print und Mailserver fallen nicht in diese Kategorie und sind bereits Bestandteil der Basisleistungen.
Enthalten sind	• Backup und Restore der Daten bis 30 GB pro Server, größere Kapazitäten über die Storage-Optionen S70000 und S70100. • Hardware-Wartung
Nicht enthalten sind	• Telefonische Supportstelle während des unbedienten Betriebs • Anwendungsspezifische Unterstützung für Fachapplikationen • Installation eines Applikationsservers, dazu dient S100XX-I • Hardware-Leasing oder -Miete, dazu dient S100XX-HW
Bedienter Betrieb	• Montag bis Freitag 07:00 bis 18:00 Uhr, übrige Zeit Bereitschaftsdienst • Samstag Bereitschaftsdienst • Sonn- und Feiertage Bereitschaftsdienst Der Server steht grundsätzlich 7*24h Stunden zur Verfügung, ausgenommen davon sind die geplanten Wartungsfenster und Unterberechungen (Verarbeitungsläufe etc.), die abhängig von der Fachapplikation notwenig sind. Ausfälle oder Störungen werden außerhalb des bedienten Betriebs über einen Bereitschaftsdienst mit einer Reaktionszeit von einer Stunde behoben. Automatische Aufbietung über das Systems Management System.

Qualitätsgrößen	• Überwachung und Support 7 Tage x 24 Stunden
	• Reaktionszeiten bei der Bearbeitung von Störungen
	    • Bedienter Betrieb: 15 Minuten
	    • Unbedienter Betrieb: 60 Minuten
	• Verfügbarkeit pro Monat 99,5 % (maximaler Ausfall von 3,5 Stunden)

Preis	€ x xxx pro Monat (abhängig von der Komplexität der Applikation, Support und Betriebsaufwand, Diskkapazität usw.)

Abbildung 5.12: Servicebeschreibung Applikationsserver

5.4.4 Service Level Agreements

Unter **Service Level Agreement** wird die Gesamtheit von Servicekatalogen, Servicebeschreibungen und des dazugehörigen Rahmenvertrages verstanden. Hier möchte ich mich vor allem auf den Rahmenvertrag konzentrieren und den Begriff Service Level Agreement in diesem Sinn interpretieren.

In einem SLA werden üblicherweise die folgenden Punkte definiert und vereinbart:

▷ Inkrafttreten, Dauer und Beendigung

▷ Rechte und Pflichten der IT und deren Kunden

▷ Gewährleistung und Haftung

▷ Geheimhaltung, Datenschutz etc.

Beispiele dazu sind im Abschnitt 5.9 *Muster-SLA* auf den Seiten 2 (Abbildung 5.22) und 8 (Abbildung 5.28) des Muster-SLA zu finden.

5.5 Reporting der erbrachten Leistungen

Dem Reporting der erbrachten Leistungen kommt eine große Bedeutung zu. Alle Werte, die in den Service Level Agreements vereinbart wurden, müssen auch gemessen, berichtet und auf ihre Einhaltung überprüft werden. Ein einfacher Weg besteht darin, alle Werte in einem Excel-Arbeitsblatt aufzuführen und für jeden Monat zu überprüfen, ob die Werte eingehalten werden konnten und wo Abweichungen entstanden sind.

Betriebsstatus per 31. Dezember

Krieterium	Ziel	Durchschnitt	Jan	Feb	März	April	Mai	Juni	Juli	Aug	Sep	Okt	Nov	Dez
Applikationen														
Verfügbarkeit Applikation A	99,50%	99,9%	100%	99,7%	99,8%	99,7%	100%	100%	99,7%	99,7%	100%	100%	99,9%	99,7%
Verfügbarkeit Applikation B	99,50%	99,6%	99,0%	99,7%	99,8%	99,1%	99,7%	100%	99,0%	99,7%	100%	99,3%	99,9%	100%
Verfügbarkeit Applikation C	99,50%	99,7%	100%	99,0%	99,8%	99,7%	99,0%	100%	99,0%	99,7%	100%	100%	99,9%	99,7%
Verfügbarkeit Applikation D	99,00%	99,7%	100%	99,7%	99,8%	99,7%	100%	100%	98,0%	99,7%	100%	100%	99,9%	99,7%
Verfügbarkeit Applikation E	99,80%	99,8%	100%	99,6%	99,8%	99,8%	100%	100%	99,0%	99,7%	100%	100%	99,9%	99,8%
Infrastruktur														
Verfügbarkeit Netzwerk ZH	99,90%	99,8%	100%	99,7%	99,7%	99,7%	100%	100%	99,7%	99,7%	100%	100%	99,9%	99,7%
Verfügbarkeit Netzwerk CH	99,50%	99,7%	99,0%	99,7%	99,8%	99,8%	99,7%	100%	99,0%	99,7%	100%	99,8%	99,9%	100%
Verfügbarkeit Mail	99,50%	99,7%	100%	99,0%	99,8%	99,7%	99,0%	100%	100%	99,7%	100%	100%	99,9%	99,7%
Verfügbarkeit File/Prin-Server	99,50%	99,9%	100%	99,7%	99,8%	99,7%	100%	100%	100%	99,7%	100%	100%	99,9%	99,7%
Verfügbarkeit Internet-Server	99,90%	99,9%	100%	99,6%	99,9%	99,9%	100%	100%	100%	99,7%	100%	100%	99,9%	99,9%
Verfügbarkeit Intranet-Server	99,00%	99,9%	100%	99,7%	99,8%	99,7%	100%	100%	99,7%	99,7%	100%	100%	99,9%	99,7%
PC														
Lieferzeit PC	10 Tage	9,6	8	7	12	6	9	15	8	9	11	9	8	13
Reparaturzeit PC	8 Stunden	7,4	8	7	9	6	9	6	5	6	8	6	13	6
Helpdesk														
Entgegengenommene Calls	95%	95,3%	96%	93,0%	98%	92,0%	95%	96%	94,0%	95%	96%	97%	96%	96%
Calls in 30 sec	70%	72,5%	70%	71%	70%	75%	72%	70%	77%	71%	79%	70%	72%	73%
Calls in 45 sec	85%	87,2%	85%	86%	89%	85%	86%	87%	90%	91%	87%	86%	85%	89%
Kunden														
Kundenzufriedenheit	80%	82,8%	86%	81%	75%	82%	86%	79%	90%	91%	78%	83%	82%	80%

Abbildung 5.13: Betriebsscorecard

Nebst der verschiedenen SLA-Parameter, die es einzuhalten gilt, werden am besten gleich dazu die Zielwerte notiert sowie der Durchschnittswert über das gesamte Jahr. Ein grünes (helles) Feld bedeutet, dass der entsprechende Wert eingehalten werden konnte, ein rotes (dunkles) Feld bedeutet, dass er nicht eingehalten werden konnte.

Die in Abbildung 5.13 gezeigte Betriebsscorecard ist ein ideales und einfaches Mittel, um einerseits den Kunden der IT mitzuteilen, in welchen Bereichen das SLA eingehalten werden konnte und wo nicht. Andererseits ist es auch für die IT ein ausgezeichnetes internes Mittel, um die erbrachte Qualität laufend zu überprüfen und festzustellen, in welchen Bereichen Probleme bestehen und welche Maßnahmen dagegen eingeleitet werden müssen.

Es wird kaum möglich sein, immer sämtliche Vorgaben zu erreichen und sich nur im grünen Bereich zu bewegen. Wichtig ist es, Trends zu erkennen und geeignete Maßnahmen einzuleiten, wenn die vereinbarte Qualität mehr als einmal hintereinander nicht eingehalten werden konnte. Dies Maßnahmen (und nicht nur die dazugehörigen Probleme) werden den Kunden der IT mitgeteilt, damit diese wissen, dass die Probleme erkannt und entsprechende Schritte eingeleitet sind.

Für die IT sind jedoch nicht nur die Erreichung der vereinbarten Qualität, sondern ebenfalls die Kosten zur Erbringung der Services sowie die daraus resultierenden Einnahmen relevant. Die Parameter Kosten, Einnahmen und Qualität werden am besten in einer Servicescorecard festgehalten und berichtet.

Servicestatus per 31. Dezember

		Jan	Feb	März	April	Mai	Juni	Juli	Aug	Sep	Okt	Nov	Dez
Service 1	Kosten	grün	grün	grün	grün	grün	gelb	gelb	gelb	grün	grün	grün	grün
	Einnahmen	grün	grün	grün	grün	grün	rot	rot	gelb	gelb	grün	grün	grün
	Qualität	grün	grün	grün	grün	grün	grün	grün	grün	grün	rot	rot	rot
Service 2	Kosten	grün	grün	grün	grün	grün	grün	grün	grün	grün	grün	grün	grün
	Einnahmen	grün	grün	grün	grün	grün	grün	grün	grün	grün	grün	grün	grün
	Qualität	grün	grün	grün	grün	grün	grün	grün	grün	grün	grün	grün	grün
Service 3	Kosten	rot	gelb	grün	grün	grün	grün	grün	grün	rot	rot	rot	rot
	Einnahmen	grün	grün	grün	grün	grün	grün	grün	gelb	rot	rot	rot	grün
	Qualität	grün	grün	grün	grün	grün	grün	grün	grün	grün	grün	grün	grün
Service 4	Kosten	grün	grün	grün	grün	grün	grün	grün	gelb	gelb	grün	grün	grün
	Einnahmen	grün	grün	grün	grün	grün	grün	grün	grün	grün	grün	grün	grün
	Qualität	grün	grün	grün	grün	grün	grün	grün	grün	grün	grün	grün	grün
Service 5	Kosten	grün	grün	grün	grün	grün	grün	grün	grün	grün	grün	grün	grün
	Einnahmen	grün	grün	grün	grün	grün	grün	grün	grün	grün	grün	grün	grün
	Qualität	grün	grün	grün	grün	grün	grün	grün	grün	grün	grün	grün	grün
Service 6	Kosten	grün	grün	grün	grün	grün	gelb	grün	gelb	rot	rot	rot	rot
	Einnahmen	grün	grün	grün	grün	grün	grün	grün	grün	grün	grün	grün	grün
	Qualität	grün	grün	grün	grün	grün	grün	grün	grün	grün	grün	grün	grün

Abbildung 5.14: Servicescorecard

5

Für die wichtigsten von der IT erbrachten Services werden die obigen Parameter monatlich gemessen und in der Servicescorecard festgehalten. Die Bewertung der Qualität kann einfach aus der Betriebsscorecard übernommen werden. Damit steht dem IT-Management ein ideales Controlling-Werkzeug nicht nur für die Kosten, sondern ebenfalls für die Einnahmen sowie die Qualität zur Verfügung.

Die Aufwände für den Bericht über die entsprechenden Leistungen liegen nicht im Einsatz eines möglichst ausgefeilten Tools. Ein einfaches Excel-Arbeitsblatt reicht dazu in der Regel völlig aus. Vielmehr verursacht die Messung, Interpretation und Zusammentragung der verschiedenen Messgrößen einen Aufwand, der in der Einführung nicht zu unterschätzen ist. Sind die Messgrößen und Messmethoden jedoch erst einmal definiert und auch implementiert, erfordert die Pflege der Betriebs- und Servicescorecard nur noch wenig Aufwand. Nach wenigen Monaten ist das Reporting in Fleisch und Blut der entsprechenden Organisationen für die Service-Erbringung übergegangen.

5.6 Kundenzufriedenheit

Trotz Erreichung sämtlicher SLA-Werte kann es sein, dass die Kundenzufriedenheit ungenügend ist. Wie kann dies kommen, wenn doch alle Vorgaben erfüllt werden? Sehen Sie sich dazu das Modell in Abbildung 5.15 an.

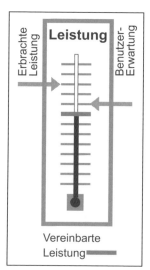

Abbildung 5.15: Erwartungshaltung der Benutzer

Auf dem Thermometer ist in der Mitte die im SLA vereinbarte Leistung mit einem dickeren Strich angezeichnet. Der linke Pfeil bezeichnet das Niveau der erbrachten Leistung (in diesem Fall deutlich über der vereinbarten Leistung), der rechte Pfeil zeigt auf, wo die Benutzererwartung liegt (hier leicht über der vereinbarten Leistung).

5.6.1 Unzufriedene Benutzer

Auf diesem einfachen Modell basierend lässt sich nun aufzeigen, wie zufriedene und unzufriedene Benutzer entstehen. Lassen Sie uns mit den unzufriedenen Benutzern beginnen (siehe Abbildung 5.16).

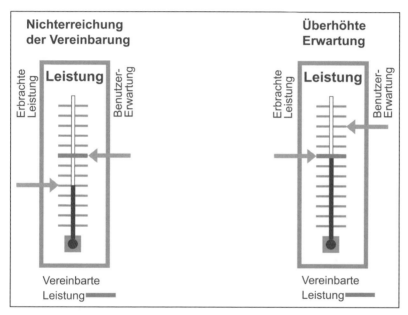

Abbildung 5.16: Unzufriedene Benutzer

Unzufriedene Benutzer können entweder durch Nichterreichung der Vereinbarung oder durch eine überhöhte Erwartung entstehen.

Betrachten wir zuerst den Fall der **Nichterreichung der Vereinbarung** (linkes Thermometer). Die Benutzererwartung deckt sich mit der vereinbarten Leistung, aber die Vereinbarung wird nicht erreicht. Hier ist offensichtlich, dass die Benutzer nicht zufrieden mit der gelieferten Qualität sind, da sie nicht der Abmachung entspricht.

5

Etwas perfider ist der rechte Fall der **überhöhten Benutzererwartung**. Die vereinbarte Leistung wird zwar erreicht, aber die Benutzer haben mehr erwartet oder wurden gar nicht über die vereinbarte Leistung informiert. Wie kann dies geschehen? Ein Service Level Agreement kann nicht mit Hunderten oder sogar Tausenden von Benutzern besprochen werden, sondern wird vielmehr mit einem oder mehreren Benutzervertretern verhandelt und vereinbart. Durch verschiedene Umstände (die Benutzervertreter kennen die Bedürfnisse der Benutzer zu wenig oder die Benutzervertreter sind gezwungen, die IT-Kosten zu reduzieren und damit niedrigere SLA-Leistungen zu vereinbaren) kann es geschehen, dass das verhandelte und vereinbarte SLA nicht der Benutzererwartung entspricht. Diese Situation ist umso schwieriger für einen Outsourcer, da er – trotz Erreichung der vereinbarten Leistungen – permanent Reklamationen ausgesetzt ist und so einen Kunden verlieren kann.

5.6.2 Zufriedene Benutzer

Nun möchte ich mich den zufriedenen Benutzern zuwenden (siehe Abbildung 5.17).

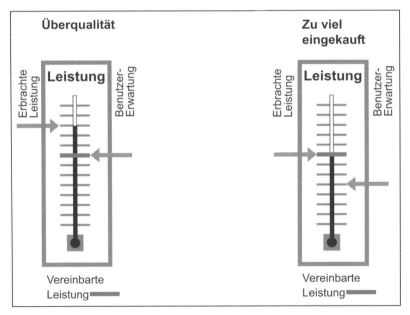

Abbildung 5.17: Zufriedene Benutzer

Zufriedene Benutzer entstehen durch Überqualität oder durch zu viel eingekaufte Leistung.

Bei der **Überqualität** liefert die IT mehr Leistung und mehr Qualität, als
vereinbart ist und als die Benutzer erwarten. Hier wird eine Qualität produziert, die von niemandem verlangt ist und die wahrscheinlich auch von nur
wenigen Benutzern geschätzt wird. Dies ist ein deutlicher Hinweis auf ein
verborgenes Kostenpotenzial.

Im Fall der **zu viel eingekauften Leistung** erreicht die IT die vereinbarten Qua-
litäts- und Leistungsvorgaben, allerdings liegt die Erwartungshaltung der
Benutzer niedriger. Im Sinne der Benutzererwartung wird Überqualität geliefert, im Sinne der Vereinbarung wird das Qualitätsniveau genau erreicht. Dies
ist ein Hinweis darauf, dass in der Aushandlung der Leistungen ein zu hohes
Qualitätsniveau angestrebt wurde. Nachdem dieser Umstand erkannt ist,
können die Leistungen auf einem niedrigeren Qualitäts- und damit auch Kostenniveau vereinbart werden.

5.6.3 Schlussfolgerung

Die obigen Beispiele haben gezeigt, dass die Benutzer auch bei Erreichung
der vereinbarten Leistungen unzufrieden sein können oder dass im umgekehrten Fall die Benutzerzufriedenheit hoch sein kann, obwohl die Leistungen nicht erreicht wurden.

Das Optimum liegt natürlich vor, wenn die vereinbarte Leistung mit der erbrachten und erwarteten Leistung übereinstimmt. Dies dürfte wohl eher ein
theoretisches Optimum sein, da sich alle drei Parameter in der Regel im Verlaufe der Zeit verändern.

Es wäre jedoch zu einfach, die Benutzerzufriedenheit auf die Erreichung der
vereinbarten Leistung zu reduzieren. Vielmehr spielen die Kundenorientierung, Serviceverhalten und Kommunikation der IT eine mindestens ebenso
wichtige, wenn nicht sogar wichtigere Rolle.

Deshalb lohnt es sich, nicht nur die objektive Erreichung der Leistungserbringung zu messen, sondern ebenfalls die subjektive Wahrnehmung der Zufriedenheit der Kunden mit dem Service der IT regelmäßig zu erheben und gegebenenfalls zu verbessern.

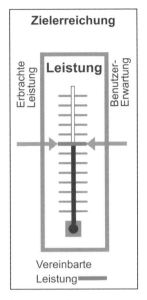

Abbildung 5.18: Zielerreichung

5.7 Verrechnung der IT-Betriebskosten

Die Verrechnung der IT-Betriebskosten spielt eine wichtige Rolle, denn ohne Kostenverrechnung lässt sich kaum eine Lenkungswirkung erzielen. Die IT kostet für die jeweiligen Kostenstellenleiter »nichts«, solange ihm nicht der entsprechende Anteil der IT-Kosten belastet wird.

Bei der Verrechnung der IT-Kosten spielen drei wichtige Faktoren eine Rolle

1. **Verursachergerechte Verrechnung:** Die IT-Kosten müssen möglichst verursachergerecht auf jede Kostenstelle belastet werden und der Konsum der IT-Leistungen der Abteilung muss möglichst gut in der Kostenbelastung abgebildet werden. Gelingt es nicht, die IT-Kosten verursachergerecht zu verrechnen, haben die Kostenstellenleiter den Eindruck, nicht nur für die eigenen IT-Leistungen, sondern ebenfalls für IT-Leistungen der anderen Abteilungen belastet zu werden, und werden keine Anstrengungen unternehmen, ihren IT-Konsum und damit die IT-Kosten zu senken. Im Gegenteil: Es kann sogar geschehen, dass einzelne Abteilungen ihren IT-Konsum erhöhen, um ein möglichst großes Stück vom IT-Kuchen abzubekommen, ohne dafür belastet zu werden.

2. **Möglichkeit zur Beeinflussung der IT-Kosten**: Die IT-Kosten müssen durch die Kostenstellenleiter beeinflusst werden können. Ohne Beeinflussungsmöglichkeiten macht die Verrechnung der IT-Kosten keinen Sinn, da damit keine Lenkungswirkung erzielt werden kann. Werden z.B. CPU-Sekunden anstatt Applikationskosten verrechnet, ist für einen Kostenstellenleiter nicht oder nur schwer erkennbar, wir er seinen IT-Konsum steuern und gegebenenfalls senken kann. Womit wir bereits beim dritten Punkt sind.

3. **Geschäftsrelevante Kostenparameter**: Um die IT-Kosten beeinflussen zu können, ist es Voraussetzung, dass diese in Form von geschäftsrelevanten Größen wie Anzahl der Benutzer, Kunden, Verträge, Lagerartikel, verwaltete Vermögen, Umsatz usw. ausgewiesen werden. Technische Größen wie CPU-Sekunden, I/O, Netzwerkbandbreite oder übertragenes Datenvolumen sind zwar in der Regel einfach zu messen, werden von den Geschäftseinheiten jedoch nur selten verstanden und können damit auch keinen Beitrag zur Lenkung und Senkung der IT-Kosten leisten.

Abbildung 5.19 zeigt die Entwicklung zur Verrechnung der IT-Kosten schematisch auf. Von links nach rechts sind die verschiedenen Möglichkeiten zur Verrechnung der IT-Kosten dargestellt. In dieser Richtung findet üblicherweise auch die Entwicklung des Verrechnungsmodells in einer Firma statt: Beginnend mit einer einfachen Schlüsselung der IT-Kosten entwickelt sich die Firma über Gebühren/Tarife für IT-Leistungen bis zu verhandelte Service Level Agreements oder sogar zu einem eigenständigen IT-Serviceprovider.

Von oben nach unten sind die folgenden Elemente aufgeführt:

▷ **Verrechnungsmodell**: Schlüsselung der IT-Kosten, vorgegebene Gebühren, verhandelte Tarife, kostenbasierte Preise, marktorientierte Preise sowie eigenständiger IT-Serviceprovider

▷ **Verrechnungsmechanismus**: Verteilschlüssel, Gebührenkatalog, verhandelter Tarifkatalog, Service Level Agreements, verhandelte Service Level Agreements, verhandelte Serviceverträge

▷ **Verrechnungsgrößen**: Rest-Overhead, technische Größen, Business-Funktionen

▷ **Verrechnungsinstrument**: Rest-Overhead, Kontenplan, Kostenträger für Services, Unternehmensrechnung

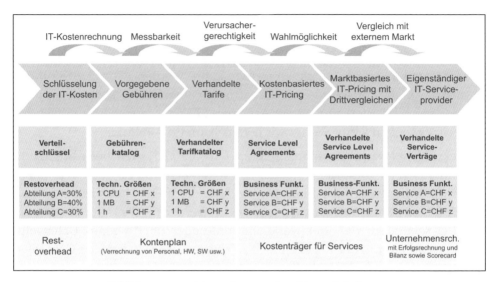

Abbildung 5.19: Verrechnung der IT-Betriebskosten

Die folgenden Ausführungen beschreiben die verschiedenen Möglichkeiten zur Verrechnung der IT-Kosten.

5.7.1 Keine Verrechnung der IT-Kosten

Die einfachste Variante fehlt in Abbildung 5.19 nämlich die IT-Kosten gar nicht zu verrechnen. Sie werden einer zentralen Kostenstelle belastet und nicht weiter auf die übrigen Kostenstellen aufgeteilt. Da in diesem Fall die Kostenstellenleiter ihre IT-Kosten nicht kennen, kann auch keine Lenkungswirkung stattfinden. Die einzige Lenkung findet durch den Finanzchef oder in kleineren Unternehmen eventuell durch den Firmenchef selbst statt.

Diese Variante ist interessant für kleine Unternehmen bis ca. 100 Mitarbeitern, da sie keinen Aufwand verursacht und die IT-Kosten in einer kleinen Firma überschaubar sind.

5.7.2 Schlüsselung der IT-Kosten

Die IT-Kosten werden nach einem festen Verteilschlüssel (z.B. anhand der Anzahl der Mitarbeiter oder anhand des Umsatzes der jeweiligen Abteilung) auf die verschiedenen Abteilungen umgelegt. Der Aufwand dazu ist sehr gering, allerdings konzentrieren sich die meisten Diskussionen um den Verteilschlüssel. Jede Abteilung ist bestrebt, einen für sie möglichst günstigen Verteilschlüssel zu erwirken, anstatt sich auf die Senkung der IT-Kosten zu konzentrieren. Der Anreiz, Kosten zu sparen, ist minimal, da sie durch den starren Verteilschlüssel nur unwesentlich beeinflusst werden können.

Diese Art, die IT-Kosten zu verrechnen, ist vorteilhaft für Unternehmen, die die IT-Kosten für eine Vollkostenrechnung auf die einzelnen Abteilungen umlegen wollen, aber keinen Aufwand für die IT-Kostenverrechnung betreiben wollen.

5.7.3 Vorgegebene Gebühren

In diesem Modell werden die IT-Kosten über technische Größen wie CPU-Sekunden, I/O, Netzwerkbandbreite oder übertragenes Datenvolumen den einzelnen Abteilungen oder Geschäftsbereichen in Rechnung gestellt. Die verschiedenen Größen lassen sich zwar in der Regel einfach und präzise messen, erlauben den Geschäftseinheiten aber praktisch keine Aussagen und Rückschlüsse auf ihren IT-Konsum und die dadurch verursachten Kosten. Durch die hohe Präzision der technischen Größen wird der Eindruck vermittelt, es handle sich hier um eine präzise und gerechte Verteilung, was natürlich überhaupt nicht zutrifft.

Dieses Modell ist gut geeignet für Rechenzentrumsleistungen an andere IT-Abteilungen, in der Regel jedoch nicht zur Verrechnung von IT-Kosten an die entsprechenden Geschäftseinheiten.

5.7.4 Verhandelte Tarife

Hier findet die Verrechnung analog wie im obigen Modell der vorgegebenen Gebühren statt. Als einziger Unterschied sind dabei die Preiseinheiten für die technischen Größen nicht vorgegeben, sondern werden mit den Kunden ausgehandelt.

Diese Verrechnungsart findet bevorzugt Verwendung bei der Verrechnung von Rechenzentrumsleistungen an verschiedene rechtlich unabhängige Firmen, bei denen das Rechenzentrum in einem Wettbewerbsverhältnis mit anderen Anbietern steht.

5.7.5 Kostenbasierte Preise

Hier wird zum ersten Mal von Services und Service Level Agreements für die Geschäftseinheiten gesprochen. Alle IT-Betriebsleistungen sind in Servicekatalogen aufgeführt und in Servicebeschreibungen definiert. Die Preise beziehen sich auf geschäftsrelevante Größen wie Anzahl der Benutzer, Kunden, Verträge, Lagerartikel, verwaltete Vermögen, Umsatz usw. und erlauben den Kunden eine entsprechende Steuerung der IT und deren Kosten.

Im Vergleich zur Schlüsselung der IT-Kosten liegt der Aufwand zur verursachergerechten Verteilung der IT-Kosten hier zwar höher, dafür lässt sich eine Lenkungswirkung durch die Kostenstellenleiter erzielen. Damit ist dieses Modell prädestiniert für mittlere und größere Unternehmen ab ca. 200 Mitarbeitern und mehreren Kostenstellen.

5.7.6 Marktorientierte Preise

Dieses Modell funktioniert beinahe genauso wie das obige Modell der kostenbasierten Preise, weist jedoch einen relevanten Unterschied auf: Während im obigen Modell die Preise identisch sind mit den zur Erbringung des Services notwendigen Kosten, werden nun von den Kosten entkoppelte Preise kalkuliert und verrechnet; genau wie dies eine Firma mit ihren Marktprodukten ebenfalls tut. Das heißt nicht, dass die Services nicht auf einer sauberen Kostenbasis kalkuliert werden. In diesem Modell ist es jedoch möglich, gewisse Services mit einem geringeren und andere Services mit einem höheren Deckungsbeitrag zu versehen. Damit die IT keine Willkür betreiben kann, müssen die wichtigsten Services einem Marktvergleich (z.B. durch Benchmarking oder durch den Vergleich mit einem Outsourcer) standhalten.

Dieses Modell ist prädestiniert für eine Profitcenter-Organisation, die gewohnt ist, Leistungen einzukaufen und die IT-Kosten in ihre Deckungsbeitragsrechnung einfließen zu lassen.

5.7.7 Eigenständiger IT-Serviceprovider

Die Steigerung des Modells der marktorientierten Preise ist ein eigenständiger IT-Serviceprovider. Nun ist die IT in eine eigene Firma ausgelagert oder an einen Outsourcer übergeben worden. Der IT-Serviceprovider muss sich auf dem freien Markt bewähren und seine Leistungen und Preise in Konkurrenz mit anderen Anbietern unter Beweis stellen. Der Aufwand für diesen Schritt darf nicht unterschätzt werden, muss doch eine eigene Firma mit Eigenkapital sowie Bilanz und Erfolgsrechnung gegründet und geführt werden.

In einem Konzern mit vielen rechtlich eigenständigen Firmen kann es sinnvoll sein, die IT ebenfalls in eine eigene Firma auszulagern, die für die Erbringung der IT-Leistungen für alle anderen Firmen verantwortlich ist. In einer einfacheren Konstellation dürfte sich der Aufwand für die Gründung und Führung einer eigenen IT-Firma jedoch kaum lohnen.

5.7.8 Musterrechnung

Egal, ob vorgegebene Gebühren, verhandelte Tarife, kostenbasierte oder marktorientierte Preise zum Einsatz kommen oder die IT sogar als eigenständiger IT-Serviceprovider auftritt, müssen die IT-Kosten transparent ausgewiesen und verrechnet werden.

Die Verrechnung erfolgt in der Regel über eine direkte Belastung der entsprechenden Kostenstellen im Rechnungswesen der Firma. Für die Lenkungswirkung normalerweise wesentlich relevanter sind jedoch die transparente Ausweisung und Darstellung der IT-Kosten. Dabei werden die im Servicekatalog enthaltenen Leistungen, die von der jeweiligen Kostenstelle bezogen wurden, aufgelistet und dem Kostenstellenleiter präsentiert.

Abbildung 5.20 zeigt anhand einer Musterrechnung, wie die bezogenen Leistungen dargestellt und verrechnet werden können. Dabei kann die Rechnung den Kostenstellenleitern auf Papier zugestellt, per E-Mail als PDF-Dokument verschickt oder auf dem Intranet zur Verfügung gestellt werden.

5

Muster AG

Muster AG

Sales & Marketing
Felix Muster
Hauptstrasse 45
8000 Zürich

Bereich Informatik
Hauptstrasse 40
8000 Zürich
Telefon: 01 333 33 33
Telefax: 01 333 33 99
E-Mail: it-billing@muster.ch

Zürich, 05. Februar 2003

Informatikkosten Kostenstelle 803100 - Sales & Marketing

Rechnungsnummer: 4711

Informatikleistungen vom 1.1.2003 - 31.1.2003

Nummer	Bezeichnung	Preis CHF	Anzahl	Total CHF
E10000	Standard Desktop Arbeitsplatz	310.-	8	2'480.-
E10100	Standard Notebook Arbeitsplatz	380.-	12	4'560.-
P10500	Netzwerklaserdrucker A4 s/w	140.-	8	1'120.-
P10510	Netzwerkdrucker A3 color	185.-	1	185.-
P10550	Einzelplatzdrucker	40.-	2	80.-
P10900	Betrieb CD-Brenner	15.-	2	30.-
O90000	Zusatzkapazität H-Drive	1.-	340	340.-
		Total Kosten		**8'795.-**

Die Belastung erfolgt auf die Kostenstelle 803100 - Sales & Marketing

Abbildung 5.20: Musterrechnung

5.7.9 Schlussfolgerung

Bei der Wahl des richtigen Verrechnungsmodells geht es nicht darum, das ausgeklügeltste oder modernste System zu implementieren, sondern dasjenige Modell zu wählen, das am besten zu der Struktur der Firma passt und deren Anforderungen am besten erfüllt:

▷ **Keine Verrechnung der IT-Kosten** macht nur in kleinen Unternehmen Sinn. Der Aufwand für die Verrechung entfällt, ebenso entfällt jedoch auch die Lenkungswirkung.

▷ Die **Schlüsselung der IT-Kosten** ist vorteilhaft für Unternehmen, die die IT-Kosten für eine Vollkostenrechnung auf die einzelnen Abteilungen umlegen wollen, aber keinen Aufwand für die IT-Kostenverrechnung betreiben wollen. Die Lenkungswirkung ist allerdings gering.

▷ Mit **vorgegebenen Gebühren** können Rechenzentrumsleistungen effizient anderen IT-Abteilungen in Rechnung gestellt werden. Diese Methode ist jedoch schlecht zur Verrechnung von IT-Kosten an Geschäftseinheiten geeignet.

▷ **Verhandelte Tarife** decken sich in der Anwendung mit den vorgegebenen Gebühren und sind auf die Verrechnung in einem Wettbewerbsumfeld von Rechenzentrumsleistungen prädestiniert.

▷ Mit **kostenbasierten Preisen** kommen zum ersten Mal kundenorientierte Servicebeschreibungen zum Einsatz. Der Aufwand zur Verrechnung der IT-Leistungen ist höher, dafür aber auch die damit erzielbare Lenkungswirkung.

▷ Mit **marktorientierten Preisen** sind die Preise von den Kosten entkoppelt und die Preise mit anderen Marktteilnehmern vergleichbar. Dieses Modell ist prädestiniert für Profitcenter-Organisationen.

▷ Als **eigenständiger IT-Serviceprovider** ist die IT in eine eigene Firma ausgegliedert und muss sich am Markt behaupten. Dies kann sinnvoll in einem Konzern mit verschiedenen rechtlich unabhängigen Firmen sein, der dazu nötige Aufwand darf jedoch nicht vernachlässigt werden.

Die Lenkungswirkung erfolgt primär über die transparente Darstellung der bezogenen Leistungen und erst in zweiter Linie durch die Belastung auf die entsprechenden Kostenstellen. Optimalerweise wird beides umgesetzt.

5.8 Tipps und Tricks bei der Erstellung von SLA

Die folgenden Tipps und Tricks haben sich in der Praxis bewährt und sollen helfen, qualitativ hochwertige und trotzdem einfache Service Level Agreements zu erstellen und mit den Kunden der IT zu vereinbaren. Viele Tipps mögen auf den ersten Blick trivial erscheinen. Deren Umsetzung bedeutet jedoch häufig ein hohes Kundenverständnis und gutes Know-how bezüglich Service-Management.

1. **Erstellen Sie Servicebeschreibungen aus Kundensicht und nicht aus Techniksicht.**

    Dies mag selbstverständlich erscheinen. Viele Servicebeschreibungen definieren jedoch nicht einen nutzbaren Service in der Sprache des Kunden, sondern enthalten technische Spezifikationen, Fachbegriffe und Details, die nur IT-Spezialisten verstehen und interpretieren können. Am besten werden Servicebeschreibungen von Personen erstellt, die sowohl die Sprache des Kunden sprechen als auch ein vertieftes Verständnis der IT haben. Servicebeschreibungen, die durch Techniker erstellt worden sind, sind nur selten in einer verständlichen und kundengerechten Sprache verfasst.

    Als Beispiel für eine durch Techniker erstellt Servicebeschreibung dient der folgende Auszug: »Die einzelnen Netze werden auf Layer-3-Ebene geroutet. Das Netz der Abteilung X wird durch Access-Listen auf Layer-3-Ebene von den restlichen Netzen getrennt.« Technisch zwar weniger präzise, dafür verständlicher für den Kunden ist folgende Servicebeschreibung: »Die IT stellt durch entsprechende technische Maßnahmen sicher, dass das Netzwerk der Abteilung X vom restlichen Netzwerk abgetrennt ist und keine unbefugten Zugriffe auf das Netzwerk der Abteilung X erfolgen können.«

2. **Beschreiben Sie nicht, was der Kunde nicht darf, sondern wie er etwas machen soll.**

    Häufig enthalten Servicebeschreibungen und SLA endlose Passagen über die Pflichten der Kunden und was die Kunden zu tun und zu lassen haben. Hier ein Auszug aus einem SLA zum Thema Helpdesk: »Die IT ist nicht verpflichtet, Anfragen des Kunden zu beantworten, die offensichtlich darauf beruhen, dass auf Seite des Kunden keine ausreichende Schulung vorhanden ist.« Diese Passage zeugt von wenig Kundenfreundlichkeit und erinnert eher an eine Hausordnung. Die beabsichtigte Wirkung, dass die Kunden gut ausgebildet sind, wird sie kaum erreichen.

5

Die folgende Formulierung ist nicht nur kundenfreundlicher, sondern wird zudem eher eine Wirkung erreichen können: »Stellt das Helpdesk Lücken in der Ausbildung der Anwender fest, macht es die Kunden in den regelmäßig stattfindenden Kundenmeetings darauf aufmerksam.« Im Gegensatz zur ersten Formulierung wird hier ein echter Mehrwert für die Kunden geboten und das Helpdesk kann effektiver dafür sorgen, dass keine Ausbildung über Anrufe an das Helpdesk betrieben wird.

3. **Erstellen Sie Servicebeschreibungen auf maximal zwei Seiten.**

In der Kürze liegt die Würze. Mehr als zwei Seiten pro Servicebeschreibung werden selten vollständig gelesen und verstanden. Häufig gelingt es sogar, mit einer Seite pro Servicebeschreibung auszukommen.

4. **Verpflichten Sie externe Serviceprovider vertraglich zur Erfüllung der SLA-Anforderungen.**

Werden gewisse Leistungen wie z.B. Hardware-Wartung von Servern oder Endgeräten, Wartung von Netzwerk-Komponenten, Installation von PC usw. von externen Firmen (Serviceprovidern) bezogen, müssen die in den Servicebeschreibungen versprochenen Werte bezüglich Reaktionszeit, Installationszeit, Verfügbarkeit usw. ebenfalls vertraglich mit den zur Leistungserbringung benötigten Serviceprovidern vereinbart werden. Eigentlich eine Selbstverständlichkeit, die aber gerade deswegen gerne übersehen wird.

5. **Schließen Sie OLA (Operational Level Agreements) innerhalb der IT ab, wenn Leistungen mehrerer IT-Abteilungen für die Erbringung eines Services benötigt werden.**

Für eine kleinere IT trifft dieser Punkt nicht zu. Eine größere IT mit mehreren Dutzend oder sogar mehreren Hundert Mitarbeitern benötigt für die Erbringung eines bestimmten Service in der Regel mehrere Abteilungen. In solchen Fällen lohnt es sich, die Leistungen der Abteilung intern mittels OLA (Operational Level Agreement) zu vereinbaren. Ein OLA entspricht im Wesentlichen einem SLA, mit dem Unterschied, dass es nicht zwischen der IT und deren Kunden, sondern zwischen zwei IT-Abteilungen abgeschlossen wird. Ein Kunde der IT muss nichts von OLAs wissen und bekommt diese auch nie zu Gesicht. Im Gegensatz zu einem SLA wird ein OLA wesentlich technischer abgefasst, da dies eine Vereinbarung zwischen zwei IT-Einheiten ist.

5

6. **Halten Sie ein, was Sie Ihren Kunden versprochen haben.**

   Selbstverständlich wollen Sie Ihre Versprechen einhalten. Je nach Verhandlungsdruck werden Sie jedoch zu Zugeständnissen gezwungen, die Sie später nicht einhalten können. Damit gewinnen Sie zwar etwas Aufschub (nämlich von der Verhandlung bis zu dem Zeitpunkt, an dem klar wird, dass das Versprechen nicht eingehalten werden kann), verschieben das Problem letztendlich aber nur auf später.

7. **Messen Sie sämtliche abgemachten SLA-Werte, erfassen Sie diese in einer Scorecard und berichten Sie die Werte regelmäßig an Ihre Kunden.**

   Es wird nicht lange dauern, bis die Kunden nach den im SLA versprochenen Qualitätsgrößen wie Lieferzeiten, Reaktionszeiten, Verfügbarkeiten usw. fragen. Sämtliche im SLA enthaltenen Qualitätsgrößen müssen regelmäßig gemessen und berichtet werden (am besten im Intranet sowie in den regelmäßig stattfindenden Kundenmeetings).

8. **Machen Sie keine Versprechungen zu Punkten, die Sie nicht messen können.**

   Wenn Sie bereits in der SLA-Erstellung oder -Verhandlung wissen, dass gewisse Parameter (noch) nicht gemessen werden können, braucht es vielleicht etwas Mut, diese noch nicht im SLA aufzunehmen. Werden diese Parameter trotzdem im SLA aufgenommen, wird analog wie bei Punkt 6 das Problem nur von der Verhandlung auf später verschoben, jedoch nicht gelöst.

9. **Überarbeiten und verbessern Sie die SLA regelmäßig auf Jahresbasis.**

   Nach einem Jahr Laufzeit lohnt es sich, das SLA nochmals zu überprüfen, ob es sich in der Praxis bewährt hat. Am besten geschieht dies gleich zusammen mit den Kunden. In der Regel fallen die Anpassungen gering aus und der Verhandlungs- und Vereinbarungsprozess mit den Kunden beträgt nur noch ein Bruchteil der erstmaligen Aushandlung der Vereinbarung.

5.9 Muster-SLA

Zur Illustration eines Service Level Agreements wird auf den folgenden Seiten ein Muster-SLA wiedergegeben.

Die Bestimmungen auf den Seiten 2 und 8 sind dabei für ein internes SLA relativ ausführlich gehalten, in der Meinung, dass diese einfach bei einem praktischen Einsatz gekürzt werden können. Würde das SLA zwischen einem Outsourcer und einem Outsourcing-Kunden abgeschlossen, würde dieser Teil mehrere Dutzend Seiten umfassen und sehr umfangreich ausfallen. Bei einem SLA als Vertrag zwischen zwei verschiedenen Rechtseinheiten werden die Bestimmungen und Vertragskonditionen in der Regel sehr genau und entsprechend umfangreich festgehalten. Bei einer internen Vereinbarung soll dieser Teil bewusst knapp gehalten werden, da firmeninterne Uneinigkeiten ja nicht vor einem Gericht ausgetragen und geklärt werden.

Die Servicebeschreibungen sind eher knapp, für die allermeisten Fälle jedoch ausreichend gehalten. Anhand der beschriebenen Services auf den Seiten 3–7 können mit wenig Aufwand weitere Servicebeschreibungen abgeleitet und erstellt werden.

5

5

Muster
Service Level
Agreement
Electronic Workplace

IT-Abteilung der
Beispiel GmbH

Abbildung 5.21: Muster-SLA Seite 1, Titelblatt

Ausgangslage

Die IT der Beispiel GmbH ist als *Leistungserbringer* für sämtliche IT-Leistungen innerhalb der Firma gegenüber den *Leistungsempfängern* verantwortlich. Dieses Service Level Agreement (SLA) definiert die Dienstleistungen, die die IT im Bereich Electronic Workplace (Zurverfügungstellung elektronischer Arbeitsplatz inkl. Benutzerunterstützung) erbringt.

Abgrenzung

Das vorliegende Service Level Agreement beschreibt die Leistungen der IT bezüglich der nachfolgend beschriebenen Services. Der Betrieb der Applikationen ist Bestandteil von einem separaten SLA.

Von der IT zu erbringende Projektleistungen wie Entwicklung, Beschaffung und Einführung neuer Systeme und Applikationen, Erarbeitung von Studien, umfangreichere Umstellungen und Umzüge, Ausrüstung und Bezug von neuen Gebäuden usw. sind nicht Bestandteil dieser Vereinbarung und werden im Rahmen von Projekten gemäß Anfrage separat offeriert und in Rechnung gestellt.

Kosten

- Die Kosten werden anhand der installierten PC und der weiteren erbrachten Dienstleistungen monatlich verrechnet. Die Preise verstehen sich in Euro exkl. Mehrwertsteuer. Die Preise werden jährlich überprüft und den ggf. veränderten Umständen angepasst. Neue Produkte und Dienstleistungen können auch während des Jahres in das SLA aufgenommen werden.
- Sollten sich während der Vertragslaufzeit substanzielle IT-Fortschritte ergeben, die die Art der Leistungen oder ihre Erbringung durch den Leistungserbringer verändern, werden die Parteien die daraus entstehenden Kostenfolgen verhandeln und die Vereinbarung entsprechend anpassen.
- Die Verrechnung und der Liefertermin für die jeweiligen Leistungen werden neu vereinbart, wenn sich die Angaben des Leistungsbeziehers nachträglich als unvollständig oder fehlerhaft erweisen sollten oder geändert oder ergänzt werden.

Gewährleistung

- Der Leistungserbringer erbringt die vertraglich vereinbarten Leistungen fachmännisch und ordnungsgemäß. Soweit eine vom Leistungserbringer erbrachte Leistung mit Fehlern behaftet ist, wird der Leistungserbringer diese so rasch wie möglich unentgeltlich beheben. Ist eine Fehlerbehebung nicht oder nur mit unverhältnismässigem Aufwand möglich, wird der Leistungserbringer, soweit wirtschaftlich vertretbar, eine vergleichbare Alternative anbieten.
- Für Programme, Geräte, Systeme und Installationen des Leistungsbeziehers, die der Leistungserbringer übernommen hat oder die dem Leistungserbringer zur Erbringung der vertraglichen Leistungen zur Verfügung gestellt werden, übernimmt der Leistungserbringer keine Gewährleistung. Der Leistungsbezieher wird jedoch über festgestellte Fehler oder Fehlfunktionen informiert.
- Die Installation von Zusatzsoftware durch den Leistungsbezieher ist grundsätzlich erlaubt und untersteht keinen Haftungsbeschränkungen seitens des Leistungserbringers. Im Falle von Problemen mit der installierten Zusatzsoftware hat der Leistungserbringer die Pflicht, die Standardkonfiguration gegen Verrechnung der geleisteten Aufwände wiederherzustellen.
- Es besteht kein Gewährleistungsanspruch seitens des Leistungsbeziehers, wenn Fehler oder Fehlfunktionen durch Hard- und/oder Software oder Leistungen verursacht werden, die nicht vom Leistungserbringer geliefert oder ausgeführt wurden.

Abbildung 5.22: Muster-SLA Seite 2, Einleitung

5

Electronic Workplace

Beschreibung

Mit dem *Electronic Workplace* erhält der Leistungsbezieher alle notwendigen Dienstleistungen für einen reibungslosen Betrieb eines fest installierten Arbeitsplatz-PC mit Monitor.

Enthalten sind

- Helpdesk (1. Level Support)
- Vor-Ort-Support (2. Level Support)
- Netzwerk-Festanschluss
- File- & Printservices
- Leasing der PC-Hardware inkl. Monitor und Drucker

Die Folgeseiten enthalten die detaillierten Leistungsbeschreibungen der obigen Elemente.

Basissoftware

- Windows-Client-Betriebssystem
- Microsoft Internet Explorer
- Microsoft Office
- Mail-Client
- Acrobat Reader
- WinZIP
- Virenschutzprogramm

Preis

€ _____ pro Endgerät und Monat inkl. Hardware-Leasing

Abbildung 5.23: Muster-SLA Seite 3, Electronic Workplace

Helpdesk (1. Level Support)

Beschreibung	Erste Anlaufstelle (SpoC, Single Point of Contact) bei Informatikproblemen. Entgegennahme der Störung durch das Helpdesk. Lösung des Problems wenn möglich am Telefon, sonst Weitergabe an die richtige Supportstelle.

Störungen können in drei Prioritäten gemeldet werden:

- Priorität 1: Reaktionszeit 1 Arbeitsstunde, Express-Zuschlag
- Priorität 2: Reaktionszeit 4 Arbeitsstunden, Standard-Priorität
- Priorität 3: Reaktionszeit 1 Arbeitstag

Die Reaktionszeit ist definiert als Zeitspanne zwischen der Störungsmeldung am Helpdesk durch den Kunden und der Aufnahme der Arbeiten an der Problemlösung durch die entsprechende Supportstelle. Die Reaktionszeit gilt während den folgenden Servicezeiten:

Servicezeiten		
	Montag bis Freitag	08.00 Uhr bis 18.00 Uhr
	Samstag	08.00 Uhr bis 12.00 Uhr
	Sonn- und Feiertage	Kein Service

Sprachen	Es werden die folgenden Sprachen unterstützt:

☑ Deutsch

☑ Englisch

Qualitätsgrößen Anrufannahme	95 % aller eingehenden Anrufe werden beantwortet, verlorene Anrufe < 5%.
Qualitätsgrößen Problemlösung	80 % aller gemeldeten Probleme werden innerhalb von 4 Stunden gelöst.
Qualitätsgrößen Kundenzufriedenheit	Die Kundenzufriedenheit wird laufend durch Rückrufe bei 2% aller Anrufenden erhoben. 80 % der befragten Kunden beurteilen die Leistungen mit der Note gut oder sehr gut.
Preis	Die Kosten für die Prioritäten 2 und 3 sind im Services *Electronic Workplace* enthalten, Priorität-1-Probleme werden mit einem Express-Zuschlag verrechnet.

5

Abbildung 5.24: Muster-SLA Seite 4, Helpdesk

5

Vor-Ort-Support (2. Level Support)

Beschreibung

Der Vor-Ort-Support bearbeitet die Probleme, die durch das Helpdesk am Telefon nicht behoben werden können, sowie Aufträge, die einen Einsatz vor Ort nötig machen. Abhängig von der Größe einer Niederlassung sind Techniker vor Ort stationiert oder werden vom nächsten größeren Standort aufgeboten. Störungen und Aufträge an den Vor-Ort-Support werden ausschließlich durch das Helpdesk erteilt, dazu wird vom Helpdesk ein Ticket im Trouble Ticket System eröffnet und an den entsprechenden Vor-Ort-Support geschickt.

Störungen können analog dem Helpdesk in drei Prioritäten gemeldet werden:

- Priorität 1: Reaktionszeit 1 Arbeitsstunde, Express-Zuschlag
- Priorität 2: Reaktionszeit 4 Arbeitsstunden, Standard-Priorität
- Priorität 3: Reaktionszeit 1 Arbeitstag

Die Reaktionszeit ist definiert als Zeitspanne zwischen der Störungsmeldung am Helpdesk durch den Kunden und der Aufnahme der Arbeiten an der Problemlösung durch die entsprechende Supportstelle. Die Reaktionszeit gilt während den folgenden Servicezeiten:

Servicezeiten

Montag bis Freitag	08.00 Uhr bis 18.00 Uhr
Samstag	Kein Service
Sonn- und Feiertage	Kein Service

Qualitätsgrößen Problemlösung

80 % aller gemeldeten Probleme werden innerhalb von 4 Stunden gelöst.

Qualitätsgrößen Kundenzufriedenheit

Die Kundenzufriedenheit wird laufend durch Rückrufe bei 2% aller Supporteinsätze erhoben. 80 % der befragten Kunden beurteilen die Leistungen mit der Note gut oder sehr gut.

Preis

Die Kosten für die Prioritäten 2 und 3 sind im Services *Electronic Workplace* enthalten, Priorität-1-Probleme werden mit einem Express-Zuschlag verrechnet.

Abbildung 5.25: Muster-SLA Seite 5, Support vor Ort

Netzwerk-Festanschluss

Beschreibung	Anschluss eines Endgerätes (Desktop, Notebook, Drucker) an das interne Netzwerk mit Zugang zu allen Systemen, insbesondere den zentralen Servern im Rechenzentrum, zum internationalen Firmennetz sowie zum Internet via Firewall-System von allen festen Arbeitsplätzen. Im Preis inbegriffen ist der Betrieb, Unterhalt und die Finanzierung der aktiven Netzwerkkomponenten (Routers, Hubs, Switches) sowie sämtlicher Leitungskosten für den Anschluss von Endgeräten.

5

Nicht enthalten sind	Die Investitionen und Montage/Demontage der passiven Netzwerkkomponenten (Hausverkabelung, Etagenverteiler) gehören zur jeweiligen Liegenschaft.

Servicezeit	Montag bis Freitag	08.00 Uhr bis 18.00 Uhr
	Samstag	Kein Service
	Sonn- und Feiertage	Kein Service

Ausfälle oder Störungen werden außerhalb des bedienten Betriebs über den Bereitschaftsdienst mit einer Reaktionszeit von einer Stunde behoben. Automatische Aufbietung über das Systems Management System.

Planbare Wartungsarbeiten, die Unterbrechungen oder Ausfälle nach sich ziehen, werden in den definierten Wartungsfenstern durchgeführt.

Garantierte Betriebszeit	Montag bis Freitag	00.00 Uhr bis 24.00 Uhr
	Samstag	00.00 Uhr bis 24.00 Uhr
	Sonn- und Feiertage	00.00 Uhr bis 24.00 Uhr

Qualitätsgröße	• Max. zwei Stunden Ausfall pro Monat (99,7% Verfügbarkeit) • Max. ein vierstündiger Ausfall pro Jahr

Unterbrechungen durch Wartungsarbeiten während der definierten Wartungsfenstern werden nicht in die Verfügbarkeitsstatistik eingerechnet.

Preis	Im Service *Electronic Workplace* enthalten.

00.00	08.00		18.00	24.00
Bereitschaftsdienst		Servicezeit (bedienter Betrieb)		Bereitschaftsdienst
		Garantierter Betrieb		

Abbildung 5.26: Muster-SLA Seite 6, Netzwerk-Festanschluss

5

File- & Printservices

Beschreibung	Benutzung der Fileserver für die Ablage von Dokumenten auf den Netzwerklaufwerken.
	Die Daten auf den Serverlaufwerken werden täglich gesichert, im Bedarfsfalle können einzelne Dateien angefordert werden.
	Benützung der Printservices für die Steuerung der Netzwerkdrucker.

Servicezeit	Montag bis Freitag	08.00 Uhr bis 18.00 Uhr
	Samstag	Kein Service
	Sonn- und Feiertage	Kein Service

Ausfälle oder Störungen werden außerhalb des bedienten Betriebs über den Bereitschaftsdienst mit einer Reaktionszeit von einer Stunde behoben. Automatische Aufbietung über das Systems Management System.

Planbare Wartungsarbeiten, die Unterbrechungen oder Ausfälle nach sich ziehen, werden in den definierten Wartungsfenstern durchgeführt.

Garantierte Betriebszeit	Montag bis Freitag	00.00 Uhr bis 24.00 Uhr
	Samstag	00.00 Uhr bis 24.00 Uhr
	Sonn- und Feiertage	00.00 Uhr bis 24.00 Uhr

Qualitätsgröße
- Max. vier Stunden Ausfall pro Monat (99,5% Verfügbarkeit)
- Max. ein sechsstündiger Ausfall pro Jahr

Unterbrechungen durch Wartungsarbeiten während der definierten Wartungsfenstern werden nicht in die Verfügbarkeitsstatistik eingerechnet.

Preis	Im Service *Electronic Workplace* enthalten.

00.00	08.00	18.00	24.00
Bereitschaftsdienst	Servicezeit (bedienter Betrieb)	Bereitschaftsdienst	
Garantierter Betrieb			

Abbildung 5.27: Muster-SLA Seite 7, File- & Printservices

Rechte und Pflichten des Leistungserbringers

- Das Evaluieren, Testen und die Homologisierung der Endgeräte und der dazugehörigen Komponenten wie Server, Netzwerk usw. sind Aufgaben und Pflichten des Leistungserbringers.

- Der Leistungserbringer wird den Leistungsbezieher regelmäßig über Möglichkeiten der technologischen Anpassung, zusätzlicher Funktionen sowie neuer Geräte und Programme informieren (Intranet und Kundenmeetings).

- Falls der Leistungsbezieher eine Leistungsänderung wünscht, wird der Leistungserbringer die Erweiterungen offerieren. Nimmt der Leistungsbezieher dieses Angebot an, schließen die Parteien darüber einen neuen SLA oder einen entsprechenden Zusatz zur bestehenden Vereinbarung ab.

- Der Leistungserbringer kann die Durchführung von vertraglich vereinbarten Leistungen ganz oder teilweise an Dritte vergeben. Der Leistungserbringer wird den Leistungsbezieher darüber informieren.

Rechte und Pflichten des Leistungsbeziehers

- Der Leistungsbezieher stellt alle erforderlichen Leistungen, Lieferungen, Informationen, Testdaten, Sachmittel, Rechte etc. zur Verfügung, zu deren Bereitstellung oder Mitwirkung sich der Leistungsbezieher verpflichtet bzw. die für die Vertragserfüllung durch den Leistungserbringer aus der Natur der Sache erforderlich sind.

- Zu diesen Mitwirkungspflichten gehört insbesondere, dass der Leistungsbezieher dem Leistungserbringer den für die jeweilige Vertragserfüllung notwendigen Zutritt zu Räumen gewährt. Dabei wird der Leistungserbringer die vom Leistungsbezieher praktizierten Kontrollvorschriften und Sicherheitsvorkehrungen beachten.

- Der Leistungsbezieher stellt den benötigten Büroraum, inkl. Lager für Kleinteile, den Mitarbeitern des Vor-Ort-Supports unentgeltlich zur Verfügung.

Haftungsbeschränkung

Jede Haftung, einschließlich derjenigen für Folgeschäden, entgangenen Gewinn oder nicht realisierte Einsparungen gegenüber dem Leistungsbezieher und Dritten ist ausgeschlossen. Dies gilt ebenfalls für die Haftung der Mitarbeiter des Leistungserbringers.

Höhere Gewalt

Ereignisse höherer Gewalt, die einer der Parteien die Vertragserfüllung wesentlich erschweren oder vorübergehend unmöglich machen, berechtigen diese Partei, die Erfüllung der betroffenen Verpflichtungen um die Dauer der Behinderung und zusätzlich um eine angemessene Anlaufzeit hinauszuschieben. Der höheren Gewalt stehen Streiks, Aussperrungen, Naturkatastrophen oder ähnliche Umstände gleich, von denen die jeweilige leistungspflichtige Partei unmittelbar oder mittelbar betroffen ist.

Geheimhaltung

- Die Parteien verpflichten sich und die im Zusammenhang mit dieser Vereinbarung eingesetzten Mitarbeiter, während der Laufzeit der Vereinbarung alle Dokumente, Informationen und Daten, die ihnen aufgrund der Zusammenarbeit zugänglich gemacht wurden oder zur Kenntnis gelangt sind (nachstehend "Informationen"), wie die eigenen, als vertraulich bezeichnete Informationen zu behandeln.

- Die Weitergabe als vertraulich bezeichneter Informationen an Dritte bedarf der vorherigen schriftlichen Zustimmung der anderen Partei. Die Parteien übertragen die von ihnen eingegangenen Verpflichtungen zur Geheimhaltung auch auf alle Personen oder Gesellschaften, die mit Informationen oder Leistungen aus dieser Vereinbarung betraut werden.

- Die Verpflichtung zur vertraulichen Behandlung gilt nicht für Ideen, Konzepte und anderes Know-how, das den Parteien bereits vor Abschluss dieser Vereinbarung bekannt war oder den Parteien außerhalb der vertraglichen Zusammenarbeit bekannt wird. Vertrauliche Informationen dürfen nur für die Zwecke dieser Vereinbarung verwendet werden.

Die Dienstleistungsvereinbarungen werden jährlich, vor der Erstellung des Voranschlages, neu ausgehandelt.

Ort, Datum

....
Leistungserbringer   Leistungsbezieher

Abbildung 5.28: Muster-SLA Seite 8, Schlussbestimmungen

5.10 Fazit

Service-Management – die Summe aus Service Level Agreements, Service-katalogen und Serviceschreibungen inklusive der Prozesse zur Erstellung, Vereinbarung, Erbringung, zum Nachweis und zur Verrechnung der definierten Leistungen – sind ein sehr gutes Mittel für die Diskussion der Leistungen und Kosten zwischen der IT und ihren Kunden. Anstatt pauschalen Vorwürfen ausgesetzt zu sein, die IT sei zu teuer oder die Leistungen zu schlecht, helfen SLA, die benötigten Leistungen zu definieren und die dazugehörigen Kosten zu besprechen und zu vereinbaren. Die IT hat ein Instrument zur Hand, um ihre Leistungen und deren Wert aufzuzeigen, und die Kunden der IT erhalten eine verbindliche Zusage der IT zu Leistungen und Kosten.

Aber auch innerhalb der IT stiften SLA einen großen Nutzen. Die Erarbeitung der SLA erfordert eine detaillierte Auseinandersetzung, welche Leistungen angeboten werden können und sollen und wie diese zu erbringen sind. Die Teilleistungen der verschiedenen Abteilungen werden aufeinander abgestimmt und die Prozesse zur Erbringung der Leistungen definiert und abgeglichen. Letztendlich unterstützen SLA die industrielle Erbringung von IT-Services und führen weg vom noch vielfach anzutreffenden »Prototypenbau«.

Der Messung der in den Servicebeschreibungen vereinbarten Kenngrößen kommt eine zentrale Bedeutung zu. Einerseits als Nachweis der erbrachten Leistungen gegenüber den Kunden der IT, andererseits als internes Steuerinstrument zur Überwachung und Verbesserung der verschiedenen Services. Nur was gemessen wird, kann auch verbessert werden.

SLA sind ein gutes Mittel, um die zu erbringenden Leistungen zu vereinbaren und zu messen. Für eine effiziente und strukturierte Erbringung der IT-Leistungen sind jedoch ebenfalls definierte und gelebte Prozesse notwendig. Ebenso erlauben SLA zwar, die IT-Kosten zu steuern, sind aber kein Garant für niedrige IT-Kosten. Die Kostentreiber im IT-Betrieb sowie die Kostenreduktion im IT-Betrieb werden in Kapitel 12 respektive 13 behandelt.

Nicht zuletzt sind SLA auch die Basis für die Erhöhung der Kundenzufriedenheit. Wird unter Service-Management nicht nur das Definieren, Erbringen und Nachweisen von IT-Leistungen verstanden, sondern ebenfalls echte Kundenorientierung gelebt, kann die Beziehung zwischen IT und ihren Kunden auf eine völlig neue Basis gestellt werden. Dies bedingt häufig einen Kulturwandel in der IT und erfordert, im Sinne der Kunden zu denken und in deren

Sprache zu sprechen. Es bedingt eine Haltung weg vom Informatikergruß hin zu echter Serviceorientierung.

Last but not least sind SLA ein ausgezeichnetes Mittel in der Diskussion um die IT-Betriebskosten (der Steuerung der Projektkosten wende ich mich gleich im nächsten Kapitel zu). Mit SLA können Kostendiskussionen weg von »Die IT ist zu teuer.« hin zu »Welche Services werden reduziert oder gestrichen?« geführt werden. Damit teilen sich die IT sowie die auftraggebenden Geschäftsbereiche die Verantwortung über die Höhe der IT-Kosten.

5

Eines bleibt jedoch immer bestehen: Schlechte Leistungen sind immer zu teuer!

6 Steuerung der Projektleistungen mittels Projektportfolio

Wie Sie in Kapitel 1 gesehen haben, sind sämtliche Projektleistungen im Projektportfolio festgehalten. Das Projektportfolio gibt sowohl einen Überblick über die laufenden Projekte inkl. deren Status und Kosten als auch über noch nicht freigegebene Projekte und der zu erzielenden Projektresultate sowie der damit verbundenen Kosten.

Bei den Projektleistungen sind die Parameter zur Steuerung und Beeinflussung der IT-Kosten ganz anderer Natur als bei den Betriebsleistungen. Bei den Projektleistungen sind Fragestellungen relevant wie

▶ Werden überhaupt die richtigen Projekte realisiert?

▶ Wer entscheidet über die Realisierung neuer Projekte?

▶ Werden die Projekte richtig realisiert?

▶ Werden die vereinbarten Projektkosten eingehalten?

▶ Erbringt das Projekt die geforderte Funktionalität?

▶ Kann der vereinbarte Zeitplan (Meilensteine) eingehalten werden?

▶ Welche Risiken können das Projekt gefährden und wie können sie vermieden werden?

Die Beantwortung dieser Fragen entscheidet darüber, ob die IT-Kosten im vereinbarten Rahmen gehalten werden können oder ob sie immer weiter ansteigen und trotzdem nur wenig Nutzen für die Firma entsteht.

In diesem Kapitel soll nicht eine weitere Methode zur Führung von Projekten vorgestellt werden. Vielmehr liegt der Fokus auf der Vorstellung und Behandlung der Instrumente zur Steuerung der Projekte und damit der durch die Projekte verursachten Kosten. Damit konzentriere ich mich im Folgenden auf das Projektportfolio als Schnittstelle zwischen der IT und den Geschäftsbereichen zur Steuerung der Projektleistungen.

6

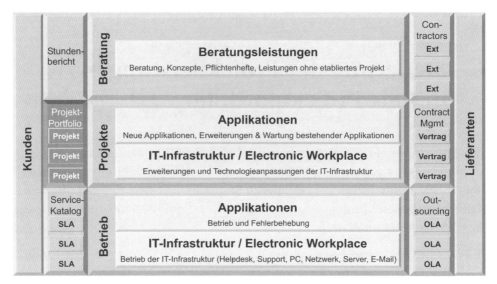

Abbildung 6.1: Projektportfolio zur Steuerung der Projektleistungen

Um Projekte erfolgreich und kostengünstig abzuwickeln, sind nebst der Schnittstelle zwischen der IT und deren Kunden ebenfalls die Projektmanagement-Fähigkeiten der IT entscheidend. In einigen Unternehmen wird Projektmanagement immer noch mit Heldentum gleichgesetzt: Nur dank des unermüdlichen Einsatzes an unzähligen Abenden und Wochenenden konnte das Projekt zwar mit viel Schweiß, aber erfolgreich und termingerecht abgeschlossen werden. Vielmehr geht es in diesem Kapitel darum, aufzuzeigen, wie Projekte auch ohne Schweiß durch saubere Planung, gutes Risikomanagement und effektives Controlling die vereinbarten Projektresultate erzielen können.

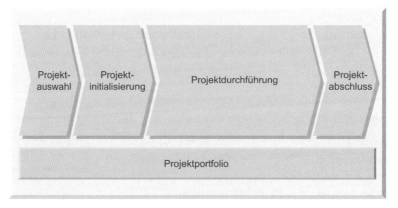

Abbildung 6.2: Projektphasen

Bei der Realisierung von Projekten werden die folgenden vier Phasen unterschieden:

▷ **Projektauswahl**: In dieser Phase wird über die Durchführung eines Projektes entschieden. Anhand des erstellten Projektangebotes wird das Projekt bezüglich seines Nutzens für das Unternehmen beurteilt und entweder freigegeben, zurückgestellt oder abgelehnt.

▷ **Projektinitialisierung**: Wird ein Projekt freigegeben, erfolgt als nächster Schritt die Projektinitialisierung. In dieser Phase werden unter anderem der Projektvertrag und der Projektplan erstellt sowie das Projektteam gebildet.

▷ **Projektdurchführung**: Hier findet die eigentliche Projektarbeit statt. Die Projektresultate werden erarbeitet und vom PSA (Projektsteuerungsausschuss) abgenommen. Mittels Risikomanagement werden mögliche Probleme frühzeitig erkannt und gemindert bzw. abgewendet.

▷ **Projektabschluss**: Mit dem Projektabschluss werden die vom Projektteam erarbeiteten Resultate abgenommen und das Projekt formal beendet. Das System ist an den Betrieb übergeben und nach dem Projektabschluss anfallende Aufwände für Betrieb, Fehlerkorrekturen sowie Weiterentwicklung werden unter Betriebsleistungen verbucht.

Ebenfalls ist das **Projektportfolio** in der Darstellung der Projektphasen enthalten. Das Projektportfolio spiegelt den Status sämtlicher Projekte wider. Es enthält sowohl die für die Realisierung vorgeschlagenen, aber noch nicht bewilligten Projekte, als auch den Status der laufenden sowie die abgeschlossenen Projekte.

6.1 Gremien und Rollen

Die erfolgreiche Planung und Realisierung von Projekten bedingt die folgenden Rollen:

6

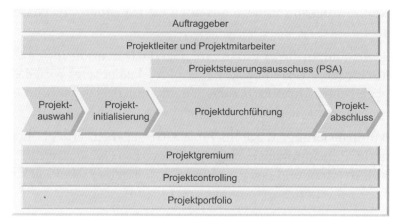

Abbildung 6.3: Gremien und Rollen

Diese Gremien beeinflussen die IT-Kosten wesentlich:

▷ Sie verfügen über die für die Realisierung der Projekte benötigten Geldmittel.

▷ Sie entscheiden, welche Projekte realisiert werden.

▷ Sie sind für die erfolgreiche Projektrealisierung verantwortlich.

▷ Sie sorgen dafür, dass die Projekte laufend verfolgt werden und Abweichungen gegenüber dem Budget, Terminplan und Projektumfang besprochen und korrigiert werden.

▷ Sie sorgen dafür, dass die richtigen Projektresultate erarbeitet werden.

▷ Sie sind für das Risiko- und Qualitätsmanagement verantwortlich.

▷ Sie nehmen die Projektresultate inkl. der Projektkosten am Schluss des Projektes ab.

Die verschiedenen Gremien haben die folgenden Verantwortungen:

▷ **Auftraggeber**: Der Auftraggeber ist der Nutznießer der Projektresultate. Er ist sowohl für die Finanzierung des Projektes als auch für die Realisierung des durch das Projekt entstandenen Nutzens verantwortlich. Der Auftraggeber beauftragt den Projektleiter mit der Realisierung der im Rahmen des Projektes zu erarbeitenden Resultate und nimmt im Rahmen der Projektausschuss-Sitzungen die erarbeiteten Projektresultate ab.

6

▷ **Projektleiter**: Der Projekteiter ist verantwortlich für die Planung und Durchführung des Projektes. Er berichtet an den Auftraggeber im Rahmen der Projektausschuss-Sitzungen. Je nach Größe und Komplexität des Projektes erarbeitet der Projektleiter ebenfalls selbst Projektresultate oder beschränkt sich ausschließlich auf die Planung, Steuerung, Führung und Kontrolle des Projektes sowie auf das Risiko- und Qualitätsmanagement.

▷ **Projektmitarbeiter**: Die Projektmitarbeiter erarbeiten die eigentlichen Projektresultate und berichten bezüglich der Projektarbeiten an den Projektleiter.

▷ **Projektsteuerungsausschuss (PSA)**: Im Projektausschuss berichtet der Projektleiter über den Stand der laufenden Arbeiten und legt offene Punkte zur Entscheidung vor. Der Projektsteuerungsausschuss nimmt die Projektresultate ab und ist das Kontrollorgan des Projektleiters.

▷ **Projektgremium**: Dem Projektgremium werden neu zu realisierende Projekte zur Entscheidung vorgelegt. Es entscheidet anhand der Firmenstrategie sowie der verfügbaren Mittel, welche Projekte realisiert werden sollen, und erteilt die Projektfreigabe. Das Projektgremium wird vom Projektcontrolling mittels Projektportfolio regelmäßig über den Stand der laufenden und abgeschlossenen Projekte informiert.

▷ **Projektcontrolling**: Das Projektcontrolling ist verantwortlich für den reibungslosen Ablauf des Projektmanagement-Prozesses. Es führt das Projektportfolio und fordert die Projektleiter zur Einreichung der notwendigen Dokumente auf. Ebenfalls ist das Projektcontrolling für die Erarbeitung, Weiterentwicklung und Schulung der Projektmanagement-Methodik verantwortlich und unterstützt die Projektleiter bei Fragen und Problemen.

Wie bereits früher erwähnt, ist das **Projektportfolio** das zentrale Mittel, in dem sämtliche Projekte mit ihrem Status enthalten sind.

In den folgenden Abschnitten möchte ich nun die verschiedenen Projektphasen näher beleuchten.

6.2 Projektauswahl

Eine Projektidee entsteht in einem Geschäftsbereich anhand einer Geschäftsanforderung, einem neuen Produkt, einer Kundenanforderung, einer Prozessoptimierung usw. Ebenso ist es aber auch möglich, dass die IT einen

6

Geschäftsbereich auf neue technologische Möglichkeiten z.B. im Bereich Internet aufmerksam macht und daraus ein Projekt entsteht. Die IT ist in der Regel ebenfalls Initiator von firmenweiten Projekten wie z.B. die Migration auf die neueste Betriebssystem-Version sämtlicher PC oder die Einführung eines neuen Office-Releases.

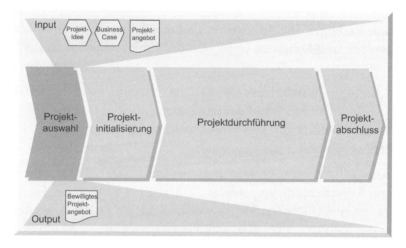

Abbildung 6.4: Projektauswahl

Die Projektidee wird in einem Business Case festgehalten und in einem Projektangebot konkretisiert. Dieses wird dem Gremium, das über neue Projekte entscheidet, vorgelegt. Als Resultat liegt – im positiven Fall – ein bewilligtes Projektangebot vor.

6.2.1 Business Case

Die Projektidee wird in einem Business Case festgehalten und bezüglich Kosten und Nutzen quantifiziert. Wie Sie in Kapitel 3 *Wirtschaftlichkeitsrechnungen* gesehen haben, gibt es vier Gründe, um ein Projekt zu realisieren:

1. Umsetzung der Geschäftsstrategie

2. Effizienzsteigerungen

3. Ersatzinvestitionen

4. Erfüllung von Auflagen

Der Grund für die Projektrealisierung soll im Business Case deutlich herauskommen. Wie Sie bei den Wirtschaftlichkeitsrechnungen gesehen haben, dient nur ein Teil der Projekte der Steigerung der Effizienz und weist damit ein positives Payback aus. Deshalb kann ein Business Case nicht nur anhand seiner Wirtschaftlichkeit beurteilt werden, sondern ebenfalls anhand seines Nutzens bezüglich der Umsetzung der Geschäftsstrategie und der Erfüllung von Auflagen sowie zur Realisierung von Ersatzinvestitionen. Dies soll sich auch im Business Case widerspiegeln.

Der Business Case wird durch den Auftraggeber im Fachbereich erstellt und nicht etwa durch die IT.

6.2.2 Projektangebot

Anhand des Business Case erstellt die IT ein Projektangebot. Dabei wird der im Business Case aufgezeigte Nutzen in das Projektangebot übernommen und die Kosten für die Erstellung der geforderten Lösung geschätzt und im Projektangebot festgehalten. Die Aufwände zur Erstellung des Projektangebots selbst werden entweder in die allgemeinen IT-Kosten eingerechnet (wie das in der Regel eine externe IT-Firma macht) oder aber werden – vor allem bei umfangreicheren Projektangeboten – als Beratungsleistungen ausgewiesen und in Rechnung gestellt.

Falls dem potenziellen Projekt bereits ein Projektleiter zugewiesen werden kann, erstellt dieser am besten gleich auch das Projektangebot. Je nach Situation der IT kann es aber auch sein, dass der Projektleiter erst bei der Freigabe des Projektes bestimmt wird.

Häufig ist es schwierig, im frühen Stadium eines Projektangebotes bereits genaue Kostenschätzungen für die Projektrealisierung, aber auch für den späteren Betrieb zu erstellen. Dies wird zusätzlich noch verschärft, wenn noch keine genaue Spezifikation der zu erstellenden Lösung vorliegt. In solchen Fällen empfiehlt es sich, vorerst nur die Erarbeitung der genauen Anforderungen und evtl. die Realisierung eines Prototyps zu offerieren. Nach Abschluss dieser Phase liegen dann sämtliche benötigten Informationen für die Erstellung des gesamten Projektangebotes vor.

In Abbildung 6.5 möchte ich das Beispiel mit der Scanning-Lösung für den Leistungserbringungsprozess einer Krankenversicherung von Abschnitt 3.6 *Wirtschaftlichkeitsrechnung für Profis* nochmals aufgreifen und in einem Projektangebot darstellen.

6

Projektangebot

Scanning-Lösung für Leistungserbringungsprozess

Projektantrag Nummer	27	Projektantrag Version	1.0

Kurzbeschreibung

Heute werden 50 Mitarbeiter eingesetzt, um die eingehenden Abrechnungen der Ärzte und Krankenhäuser zu erfassen und im zentralen System der Krankenversicherung einzugeben.

Durch automatisches Einscannen von 80% aller eingehenden Abrechnungen sowie der automatischen Erkennung und Zuordnung der in Rechnung gestellten Leistungen soll der Aufwand zur Erfassung der Rechnungen im zentralen System mindestens halbiert werden können. Das heißt, es werden nur noch 25 anstatt 50 Mitarbeiter für diese Aufgaben benötigt.

Realisierungsgrund für das Projekt

Das Projekt "Scanning-Lösung für Leistungserbringungsprozess" soll die Aufwände für die Erfassung und Bearbeitung der Abrechnungen der Ärzte und Krankenhäuser siginifikant reduzieren. In erster Linie sollen die entsprechenden Kosten gesenkt werden, in zweiter Priorität soll gleichzeitig der Prozess zur Leistungsabrechnung beschleunigt werden sowie die Fehlerrate bei der Erfassung der Abrechnungen gesenkt werden.

Einmalige Projektkosten		**Jährliche Betriebskosten**	
Interne Personalkosten	1'330'000 €	Interne Personalkosten	430'000 €
Externe Personalkosten	600'000 €	Externe Personalkosten	80'000 €
Software-Lizenzen	400'000 €	Software-Wartung	60'000 €
Hardware	0 €	Hardware-Wartung	130'000 €
		Hardware-Abschreibungen	290'000 €
Total Projektkosten	2'330'000 €	**Total Betriebskosten**	990'000 €

Jährlicher finanzieller Nutzen		**Nicht finanzieller Nutzen**	
Einsparung von 25 MA	2'150'000 €	Beschleunigung der Leistungsabrechnung	
Betriebskosten	-990'000 €	Reduktion der Fehlerrate durch Scanning-Lösung	
Total finanzieller Nutzen	1'160'000 €		

Payback in Jahren	2.0

Folgen bei Nichtrealisierung

Die heutigen Kosten im Bereich Leistungserbringung können nicht weiter reduziert werden. Ohne die vorgeschlagene IT-Lösung kann die aufgezeigte Kosteneinsparung von € 1 160 000 nicht realisiert werden.

Der Kundennutzen in Form von kürzeren Durchlaufzeiten und Verringerung der Fehlerrate kann nicht realisiert werden.

Projektbeginn	1. Januar 2004	Projektende	1. März 2005
Auftraggeber Geschäftsbereich	Hans Muster	IT-Projektleiter	Thomas Moser
Unterschrift	_____	Unterschrift	_____
Datum	4. November 2003		

Abbildung 6.5: Projektangebot

6.2.3 Projektfreigabe

Das Projektangebot ist die Basis für die Beurteilung und Freigabe eines IT-Projektes. In der Phase Projektfreigabe geht es nun darum, das entsprechende Projektangebot zu beurteilen. Dabei können die folgenden drei Resultate herauskommen:

1. **Abgelehnt**: Das Projekt wurde abgelehnt, da es dem Unternehmen keinen erkennbaren Nutzen bringt, strategisch nicht relevant ist, nicht finanzierbar ist usw.

2. **Zurückgestellt**: Das Projekt kann aus finanziellen, personellen, strategischen oder auch anderen Gründen zum jetzigen Zeitpunkt nicht realisiert werden. Es soll zu einem späteren Zeitpunkt – bei geänderten Rahmenbedingungen – nochmals überprüft und gegebenenfalls dann freigegeben werden. Dies ist z.B. der Fall, wenn die vorhandenen Mittel nicht für die Realisierung sämtlicher beantragter Projekte ausreichen. In diesem Fall erfolgt eine Priorisierung der Projekte und die weniger prioritären Projekte werden zurückgestellt. Wird ein Projekt mehrmals oder über eine längere Zeit immer wieder zurückgestellt, kann dies ein Zeichen dafür sein, dass das Projekt keine echte Berechtigung hat und daher besser aus dem Projektportfolio gelöscht wird.

3. **Freigegeben**: Die benötigten Mittel werden genehmigt und das Projekt wird zur Realisierung freigegeben. Das Projekt tritt in die nächste Phase ein: die Projektinitialisierung. Bei knappen Mitteln kann das Projekt auch in Etappen eingeteilt werden und es wird vorerst nur die erste Etappe freigegeben.

Wie Sie in Abschnitt 4.1 *Die beiden Grundmodelle zur Steuerung der IT* gesehen haben, lässt sich die IT über zwei unterschiedliche Modelle steuern. Je nach Modell kommen unterschiedliche Mechanismen zur Freigabe von Projekten zum Einsatz:

Projektfreigabe im budgetgesteuerten Modell

Im budgetgesteuerten Modell steht der IT ein vorgegebenes Budget zur Verfügung, das am besten – wie in Abschnitt 4.2 *Budgetgesteuert (Kostendach)* beschrieben – in ein Betriebs-, Projekt- und Beratungsbudget aufgeteilt wird. Damit stehen die für Projekte einzusetzenden IT-Mittel fest. Nun gilt es, diese zwischen den verschiedenen Geschäftsbereichen möglichst gerecht einzusetzen, so dass für die Firma das Maximum aus den vorhandenen Mitteln herausgeholt werden kann.

Üblicherweise wird ein Gremium aus Vertretern der verschiedenen Geschäftsbereiche sowie der IT eingesetzt, um über die eingereichten Projektangebote zu befinden. Je nach Firma und Gewichtung der IT sind dies die entsprechenden Vorstandsmitglieder oder durch diese delegierte Personen.

Die zu realisierenden Projekte können entweder während der Budgetphase oder laufend unterjährig (rollendes Projektbudget) freigegeben werden. Eine Freigabe während der Budgetphase ist zwar naheliegend und gewährleistet, dass die vorhandenen Mittel korrekt den verschiedenen Projekten zugewiesen werden können, ist jedoch für viele Unternehmen ein zu statisches Verfahren. Kommen unterjährig neue Anforderungen dazu, deren Umsetzung ein entsprechendes IT-Projekt bedingt, kann dieses mangels Geld nicht umgesetzt werden und muss bis zum nächsten Budgetjahr warten. Alternativ kann der Vorstand natürlich auch beschließen, das IT-Budget unterjährig für ein wichtiges Projekt zu erhöhen oder ein anderes Projekt zurückzustellen oder gar zu stoppen.

Um diese Nachteile zu verhindern, werden IT-Projekte quartalsweise oder in einigen Fällen sogar monatlich beurteilt und freigegeben. Damit können neue Anforderungen auch im laufenden Jahr berücksichtigt werden und müssen nicht bis zur nächsten Budgetierung warten. Dieses Vorgehen bedingt jedoch, dass das Budget für IT-Projekte entsprechend über das Jahr verteilt wird, so dass nicht nach wenigen Monaten bereits sämtliche Mittel vergeben sind. Dies erfordert eine genaue Planung und eine hohe Disziplin bei der Vergabe der Mittel.

In der Gestaltung des Freigabeprozesses empfiehlt es sich, die IT wie einen externen Anbieter zu betrachten. Jedes Projekt benötigt damit auf der Seite der Geschäftsbereiche einen Auftraggeber, der das entsprechende Projekt begründet und dessen Nutzen nachweist. Die IT erstellt dabei wie ein externer Anbieter ein Angebot und steuert damit entsprechende Projektkosten bei. Die Vertretung des Projektes im Projektgremium soll dabei durch den Auftraggeber und nicht durch die IT erfolgen, da der Nutzen auf der Seite der entsprechenden Geschäftsbereiche anfällt und nicht auf der Seite der IT. Anders verhält es sich bei Infrastrukturprojekten wie z.B. die Migration auf ein neues PC-Betriebssystem: Hier tritt in der Regel die IT als Auftraggeber auf und vertritt das Projekt entsprechend im Projektgremium.

Projektfreigabe im leistungsgesteuerten Marktmodell

Im leistungsgesteuerten Marktmodell erfolgt die Projektfreigabe durch die entsprechenden Geschäftseinheiten. Diese verfügen über die nötigen Mittel und können damit die für sie relevanten Projekte freigeben. Damit ist für solche Projekte kein übergreifendes Steuergremium nötig.

Bei einer größeren Geschäftseinheit mit verschiedenen Abteilungen und damit auch unterschiedlichen Interessen kann es jedoch trotzdem nötig werden, ein Gremium für die Projektrealisierung des entsprechenden Geschäftsbereiches einzusetzen. Für dieses Gremium gelten dieselben Grundsätze wie im budgetgesteuerten Modell. Wird jedoch der Gedanke des leistungsgesteuerten Marktmodells weitergesponnen, verfügen auch die einzelnen Abteilungen über ein eigenes Budget zur Realisierung von Projekten und das Problem zur korrekten Zuteilung des Projektbudgets entfällt bzw. ist nach wirtschaftlichen Kriterien an die verschiedenen Abteilungen delegiert.

Wie Sie bereits früher gesehen haben, ist eine Gefahr im leistungsgesteuerten Marktmodell, dass nur die Partikulärinteressen der verschiedenen Geschäftsbereiche, jedoch nicht die Gesamtinteressen der Firma verfolgt werden. Deshalb sind auch in diesem Modell ein übergeordnetes Projektgremium sowie entsprechende Mittel für firmenweite Projekte notwendig. Diese werden – analog dem budgetgesteuerten Modell – durch das firmenweite Gremium den entsprechenden Projekten zugesprochen.

Bevor ich mich dem Thema Projektinitialisierung und Planung zuwende, möchte ich einen Blick auf das Projektportfolio werfen.

6.3 Projektportfolio

Das Projektportfolio ist – vergleichbar mit dem Servicekatalog bei den Betriebsleistungen – das zentrale Element für sämtliche Projektleistungen. Hier sind sämtliche geplante sowie noch laufende und auch abgeschlossene Projekte aufgeführt.

6

Beantragte Projekte					
Projektbezeichnung	Projektbeschreibung	Projektkosten	Starttermin	Endtermin	Bemerkungen
Scanninglösung	Scanninglösung zur Reduktion der Aufwände für die Erfassung und Bearbeitung der Abrechnungen der Ärzte und Krankenhäuser.	2'330'000 €	01.01.2004	01.03.2005	
Projekt 2		460'000 €			
Projekt 3		340'000 €			
Total		**3'130'000 €**			

Laufende Projekte						
Projektbezeichnung		Ist	Budget	Erwartung	Status	Bemerkungen
Projekt 4 Kosten Termine Lieferobjekte	Projektbeschreibung	240'000 €	320'000 €	305'000 €	Gesamtstatus Gelb Grün Gelb Grün	
Projekt 5 Kosten Termine Lieferobjekte	Projektbeschreibung	780'000 €	880'000 €	880'000 €	Gesamtstatus Grün Grün Grün Grün	
Projekt 6 Kosten Termine Lieferobjekte	Projektbeschreibung	80'000 €	120'000 €	120'000 €	Gesamtstatus Grün Grün Grün Grün	
Projekt 7 Kosten Termine Lieferobjekte	Projektbeschreibung	60'000 €	420'000 €	420'000 €	Gesamtstatus Grün Grün Grün Gelb	
Projekt 8 Kosten Termine Lieferobjekte	Projektbeschreibung	470'000 €	550'000 €	600'000 €	Gesamtstatus Gelb Gelb Grün Grün	
Projekt 9 Kosten Termine Lieferobjekte	Projektbeschreibung	210'000 €	280'000 €	270'000 €	Gesamtstatus Grün Grün Grün Grün	
Projekt 10 Kosten Termine Lieferobjekte	Projektbeschreibung	330'000 €	660'000 €	660'000 €	Gesamtstatus Rot Grün Rot Rot	
Total		**2'170'000 €**	**3'230'000 €**	**3'255'000 €**		

Abgeschlossene Projekte				
Projektbezeichnung		Budget	Abschluss	Bemerkungen
Projekt 11	Projektbeschreibung	250'000 €	270'000 €	
Projekt 12	Projektbeschreibung	120'000 €	115'000 €	
Projekt 13	Projektbeschreibung	360'000 €	350'000 €	
Total		**730'000 €**	**735'000 €**	

Abbildung 6.6: Projektportfolio

Je nach Projektphase kommt dem Projektportfolio eine andere Bedeutung zu:

▶ **Projektauswahl**: In dieser Phase werden sämtliche beantragten Projekte im Projektportfolio eingetragen und priorisiert, d.h. in der Reihenfolge ihrer Wichtigkeit sortiert. Die Projekte mit der höchsten Priorität werden zuerst im Projektportfolio aufgeführt. Nun können anhand des vorhandenen Projektbudgets diejenigen Projekte bestimmt werden, die zur Realisierung freigegeben werden sollen. Damit ist das Projektportfolio zusammen mit den Projektangeboten in dieser Phase ein wichtiges Entscheidungsinstrument für die Freigabe von Projekten.

▶ **Projektinitialisierung**: Mit der Projektinitialisierung werden die freigegebenen Projekte von der Kategorie *Beantragte Projekte* in die Kategorie *Laufende Projekte* verschoben und damit aktiv. Damit sind die Voraussetzungen für das IT-Projektcontrolling geschaffen.

▶ **Projektdurchführung**: In der Phase der Projektdurchführung wird im Projektportfolio der Projektfortschritt festgehalten, indem die Kategorien *Kosten*, *Termine* und *Lieferobjekte* regelmäßig (üblicherweise monatlich) berichtet und bewertet werden. Aus der Bewertung dieser Faktoren ergibt sich die Risikobeurteilung, die in den verschiedenen Status (grün, gelb, rot) dokumentiert wird. Damit ist es möglich, sich auf einen Blick eine Übersicht über den Zustand sämtlicher IT-Projekte zu verschaffen, und dem Projektportfolio kommt eine wichtige Bedeutung für das Controlling und Risikomanagement der Projekte zu.

▶ **Projektabschluss**: Im Rahmen des Projektabschlusses erfolgt sowohl die Nachkalkulation der Projektaufwände als auch des prognostizierten Nutzens. Die aufgelaufenen Projektkosten werden dem ursprünglichen Projektbudget gegenübergestellt und Abweichungen analysiert und kommentiert. Ebenfalls wird der im Projektangebot prognostizierte Nutzen mit dem nach der Projektrealisierung tatsächlich eingetretenem Nutzen verglichen. Dazu muss die neue Lösung in der Regel jedoch bereits einige Monate in Betrieb sein, da der Nutzen nur selten gleich vollständig mit der Projektrealisierung eintritt. Beim Projektabschluss geht es nicht darum, im Nachhinein Schuldige, sondern Erkenntnisse für zukünftige Projekte zu finden.

6

Mit dem bewährten Ampelsystem (grün, gelb, rot) kann der Zustand der Projekte einfach und so dargestellt werden, dass er mit einem Blick erfasst werden kann. Eine große Bedeutung kommt dem Umgang mit rot markierten Projekten zu: Ist es Firmenkultur, dass der Projektleiter in solchen Fällen vor den Auftraggeber oder vor den Vorstand zur Erklärung der Projektabweichungen zitiert wird, wird sich jeder Projektleiter hüten, einen Projektstatus auf rot zu setzen. Bedeutet rot jedoch, dass der Projektleiter zusätzliche Unterstützung benötigt, und wird dies in der Firma auch tatsächlich so gehandhabt, ist das Ampelsystem auch für den Projektleiter eine hilfreiche Einrichtung und das Management kann sich darauf verlassen, dass die Statusmeldungen der Projekte nicht beschönigt sind.

Es empfiehlt sich, den verschiedenen Farben die folgende Bedeutung zuzuweisen:

▷ **Grün**: Das Projekt befindet sich auf Kurs und es kann davon ausgegangen werden, dass die Projektziele sowohl in finanzieller, terminlicher sowie umfangmäßiger Hinsicht erreicht werden.

▷ **Gelb**: Es sind Abweichungen im Projektplan bezüglich der Kosten oder bezüglich der Lieferobjekte vorhanden, die aber vom Projektleiter bzw. vom Projektteam selbstständig korrigiert werden können.

▷ **Rot**: Es sind Terminverzögerungen, Kostenüberschreitungen oder Probleme bei den abzuliefernden Projektresultaten vorhanden, die der Projektleiter oder das Projektteam nicht mehr aus eigener Kraft bewältigen können. Der Projektleiter ersucht um zusätzliche Unterstützung und Hilfestellung zur Bereinigung der Situation.

6.4 Projektinitialisierung und Planung

Mit der Freigabe des Projektangebotes beginnt die nächste Projektphase: die Projektinitialisierung und Planung.

Bei der Projektinitialisierung wird das Projektangebot in den Projektvertrag umgewandelt. Ebenfalls wird die Projektplanung, der QS-Plan sowie der Risikoplan in dieser Phase erstellt. Diese Dokumente möchte ich im Folgenden näher betrachten.

6

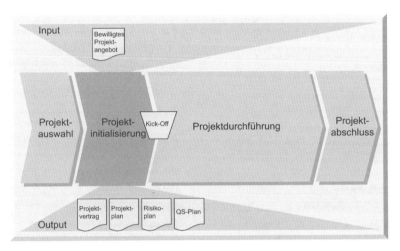

Abbildung 6.7: Projektinitialisierung

6.4.1 Projektvertrag

Der Projektvertrag unterscheidet sich nur unwesentlich vom Projektangebot:

▷ Durch die Freigabe des Projektangebotes wird dieses in einen Projektvertrag umgewandelt.

▷ Anstelle des Feldes *Folgen bei Nichtrealisierung* werden die wichtigsten Meilensteine festgehalten.

▷ Damit sieht der Projektvertrag so aus wie in Abbildung 6.8 dargestellt.

6

Projektvertrag

Scanning-Lösung für Leistungserbringungsprozess

| Projektantrag Nummer | 27 | Projektantrag Version | 1.0 |

Kurzbeschreibung

Heute werden 50 Mitarbeiter eingesetzt, um die eingehenden Abrechnungen der Ärzte und Krankenhäuser zu erfassen und im zentralen System der Krankenversicherung einzugeben.

Durch automatisches Einscannen von 80% aller eingehenden Abrechnungen sowie der automatischen Erkennung und Zuordnung der in Rechnung gestellten Leistungen soll der Aufwand zur Erfassung der Rechnungen im zentralen System mindestens halbiert werden können. Das heißt, es werden nur noch 25 anstatt 50 Mitarbeiter für diese Aufgaben benötigt.

Realisierungsgrund für das Projekt

Das Projekt "Scanning-Lösung für Leistungserbringungsprozess" soll die Aufwände für die Erfassung und Bearbeitung der Abrechnungen der Ärzte und Krankenhäuser siginifikant reduzieren. In erster Linie sollen die entsprechenden Kosten gesenkt werden, in zweiter Priorität soll gleichzeitig der Prozess zur Leistungsabrechnung beschleunigt werden sowie die Fehlerrate bei der Erfassung der Abrechnungen gesenkt werden.

Einmalige Projektkosten		Jährliche Betriebskosten	
Interne Personalkosten	1'330'000 €	Interne Personalkosten	430'000 €
Externe Personalkosten	600'000 €	Externe Personalkosten	80'000 €
Software-Lizenzen	400'000 €	Software-Wartung	60'000 €
Hardware	0 €	Hardware-Wartung	130'000 €
		Hardware-Abschreibungen	290'000 €
Total Projektkosten	**2'330'000 €**	**Total Betriebskosten**	**990'000 €**

Jährlicher finanzieller Nutzen		Nicht finanzieller Nutzen
Einsparung von 25 MA	2'150'000 €	Beschleunigung der Leistungsabrechnung
Betriebskosten	-990'000 €	Reduktion der Fehlerrate durch Scanning-Lösung
Total finanzieller Nutzen	**1'160'000 €**	

| Payback in Jahren | 2.0 |

Meilensteine

Meilenstein	Datum
Detailkonzept erstellt	1. März 2004
Anforderungen an Hardware definiert	1. März 2004
Software beschafft	1. April 2004
Hardware beschafft	1. April 2004
Scanning-Lösung angepasst und parametrisiert	1. September 2004
Integration in Krankensystem abgeschlossen	31. Dezember 2004
Systemtest abgeschlossen	1. Januar 2005
Benutzertest abgeschlossen	1. Februar 2005
Pilotphase abgeschlossen	1. März 2005
Projekt abgeschlossen und in Betrieb überführt	1. März 2005

Projektbeginn	1. Januar 2004	Projektende	1. März 2005
Auftraggeber Geschäftsbereich	Hans Muster	IT-Projektleiter	Thomas Moser
Unterschrift	_____	Unterschrift	_____
Datum	4. November 2003		

Abbildung 6.8: Projektvertrag

6.4.2 Projektplan

Bei einfachen Projekten kann der Projektplan mit Papier und Bleistift bzw. Word oder Excel erstellt werden, indem die wichtigsten Meilensteine geplant und festgehalten werden. Eventuell reichen sogar die Angaben auf dem Projektvertrag für die Projektplanung vollständig aus.

Bei komplexeren Projekten, die verschiedene Abhängigkeiten in sich oder sogar zu anderen Projekten aufweisen, empfiehlt es sich, einen detaillierten Projektplan mit einem Werkzeug wie z.B. MS Project zu erstellen. Je umfangreicher der Projektplan, desto unwahrscheinlicher ist es allerdings, dass außer dem Projektleiter noch jemand anderes den Plan und die Projektabhängigkeiten kennt und versteht. Häufig lohnt es sich deshalb, das Projekt in überschaubare Teilprojekte zu gliedern und damit die Komplexität zu reduzieren.

Zur Projektplanung gehören jedoch nicht nur die Erstellung des Projektplanes, sondern ebenfalls die Erarbeitung der Projektorganisation, des Ressourcenplanes, des Kommunikationsplanes sowie der Projektdokumentation.

6.4.3 QS-Plan

Qualität entsteht nicht erst bei der Endkontrolle bzw. in der Test- und Abnahmephase, sondern ist ein integraler Bestandteil eines Projektes. Deshalb soll in einem Qualitätssicherungsplan (QS-Plan) festgehalten werden, mit welchen Maßnahmen die angestrebte Qualität erreicht werden soll und wer jeweils dafür verantwortlich zeichnet. Ein Beispiel für einen solchen QS-Plan sieht aus, wie es in Abbildung 6.9 gezeigt wird.

QS-Maßnahmen			Projekt:		Datum:				
			Projektleiter:		Autor:				
			Projektbegleiter:						
Teilprojekt		Prüfobjekt		QS-Maßnahmen	Durchführung			Ergebnis	
TP	Vorgang	Beschreibung	Verantwortlichkeit		Wer	Geplant am	Durchgeführt am	Befund	Dokumentation
	Spezifikation	Review Detailspezifikation Scanning-Lösung	Horst Müller	Review	Winfried Huber	03.05.2004	06.05.2004	OK	Review_Scan.DOC

Abbildung 6.9: QS-Plan

Die QS-Maßnahmen fließen als Lieferobjekte in den Projektplan ein und werden damit auf Projektebene verfolgt.

6.4.4 Risikoplan

Die größten Kosten werden durch gescheiterte Projekte verursacht. Nebst dem finanziellen Schaden hat das Projekt in der Regel ebenfalls große personelle Ressourcen beansprucht und hinterlässt durch sein Scheitern häufig entsprechend frustrierte Mitarbeiter.

Deshalb kommt dem Risikomanagement bereits in der Initialisierungsphase eine große Bedeutung zu. Risikomanagement soll helfen, mögliche Probleme und Gefahren rechtzeitig zu erkennen und dank der raschen Einleitung entsprechender Maßnahmen die Risiken abzuwenden oder mindestens zu mindern.

Bereits bei Projektstart vorhandene Risiken sollen in den unten stehenden Risikokatalog eingetragen und regelmäßig überprüft werden.

Projektrisiken						Projekt:		Datum:	
						Projektleiter:		Autor:	
						Projektbegleiter:		Seite:	
Nr	Teilprojekt	Beschreibung	Ursache	EW	TW	Präventivmaßnahmen	Frühwarnsystem	Maßnahmen	Verantwortlichkeit
	Scanning	Mangelnde Userakzeptanz	User-Interface	Mittel	Mittel	Pilottest	Rückmeldungen der Pilotuser	Schulung	Roman Meister
	EW: TW:	Eintrittswahrscheinlichkeit Tragweite							

Abbildung 6.10: Risikokatalog

Die Präventivmaßnahmen fließen in die Projektplanung ein und werden durch die Projektleitung überwacht. Die identifizierten und im Risikokatalog festgehaltenen Risiken werden in die Risikomatrix übertragen. Die Darstellung in der Risikomatrix erlaubt die Erkennung und Beurteilung aller Risiken auf einen Blick.

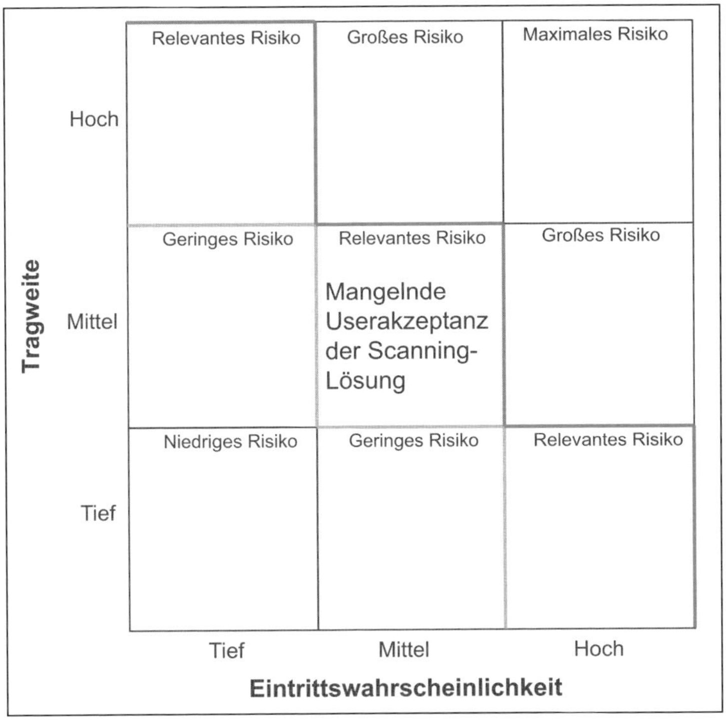

Hoch	Relevantes Risiko	Großes Risiko	Maximales Risiko
Mittel	Geringes Risiko	Relevantes Risiko Mangelnde Userakzeptanz der Scanning-Lösung	Großes Risiko
Tief	Niedriges Risiko	Geringes Risiko	Relevantes Risiko
	Tief	Mittel	Hoch

Tragweite (vertikale Achse)

Eintrittswahrscheinlichkeit

Abbildung 6.11: Risikomatrix

Vielfach wird versucht, die Höhe der Risiken in Geld auszudrücken. Dies ist jedoch für verschiedene Risiken nur schwierig zu realisieren. Allzu gern lenkt dies zudem von den eigentlichen Risiken ab, indem über den Geldwert des Risikos diskutiert wird anstatt über das Risiko selbst und dessen Vermeidung.

Die Wichtigkeit eines gut und offen geführten Risikomanagements nimmt in der Durchführungsphase noch zu. Deshalb werde ich dieses Thema in Abschnitt 6.5 Projektdurchführung weiter vertiefen.

6.4.5 Kick-Off

Sind alle Vorbereitungsarbeiten abgeschlossen, wird das eigentliche Projekt mit einem Kick-Off gestartet. Dazu werden sämtliche am Projekt beteiligten Personen eingeladen. Eine mögliche Agenda sieht folgendermaßen aus:

1. Einleitung (Begrüßung, Besprechungspunkte, Ziele)
2. Vorstellung der Projektbeteiligten

6

3. Projektorganisation

4. Projektvorstellung

   ▷ Projektinhalt / Ablauf Gesamtprojekt

   ▷ Projektinhalt / Ablauf Teilprojekte

   ▷ in scope / out of scope

5. Projektziele

6. Nächste Schritte

7. Offene Punkte

Das Kick-Off ist gleichzeitig Abschluss der Projektinitialisierungsphase und Start der Projektdurchführungsphase.

6.5 Projektdurchführung

Ging es in der Phase der Projektauswahl vor allem darum, die vorhandenen Geldmittel für die richtigen Projekte einzusetzen (Effektivität), geht es nun darum, die genehmigten Mittel richtig einzusetzen (Effizienz).

In dieser Phase werden die eigentlichen Projektresultate erarbeitet. Die in der vorangegangenen Phase erarbeiteten Dokumente wie Projektvertrag, Projektplan, Risikoplan und QS-Plan dienen als Grundlage für die Durchführungsphase.

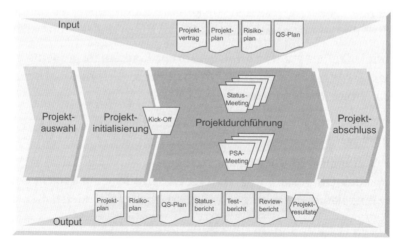

Abbildung 6.12: Projektdurchführung

Auf die Dokumente Projektplan, Risikoplan sowie QS-Plan bin ich bereits in der Initialisierungsphase eingegangen. Diese Dokumente werden in der Projektdurchführung weitergeführt und laufend an die aktuellen Gegebenheiten angepasst.

Da dem Thema Risikomanagement in der Projektdurchführung eine große Bedeutung zukommt, möchte ich auf dieses Thema an dieser Stelle nochmals gezielt eingehen. Im Anschluss daran werde ich dann die übrigen Dokumente der Projektdurchführungsphase vorstellen sowie die relevanten Meetings erläutern.

6

6.5.1 Risikomanagement

Die im Abschnitt 6.4 *Projektinitialisierung und Planung* vorgestellten Projektinstrumente Risikokatalog und Risikomatrix kommen nun in der Projektdurchführung voll zum Zug.

Am besten wird die Risikomatrix monatlich oder bei sehr dynamischen Projekten sogar vierzehntäglich im Projektteam besprochen. Einerseits wird die Beurteilung der bestehenden Risiken überprüft und gegebenenfalls neu beurteilt. Andererseits wird geprüft, ob neue Risiken seit der letzten Besprechung dazugekommen sind oder ob bestehende Risiken nicht mehr relevant sind und damit entfallen können.

Zu jedem Risiko gehören sowohl Indikatoren, die das Eintreten des Risikos ankünden (Frühwarnsystem), als auch Präventivmaßnahmen, um mögliche Risiken möglichst vor ihrem Eintreten abzuwenden, sowie Maßnahmen zur Abwendung oder Verminderung von bereits vorhandenen und eingetretenen Risiken. Für jedes Risiko übernimmt eine Person aus dem Projektteam die Verantwortung, dass die definierten Maßnahmen umgesetzt werden. Die Besprechung sämtlicher definierter Maßnahmen ist ein fester Bestandteil der Risikobehandlung im Projektteam.

Es empfiehlt sich zudem, die Maßnahmen zur Abwendung von Risiken ebenfalls im Projektplan aufzuführen. Dabei ist darauf zu achten, dass nur die relevanten Risiken aufgeführt und verfolgt werden. Ein Risikokatalog mit über einem Dutzend Risiken lenkt vom Wesentlichen ab und wird damit selbst zu einem Risiko.

6

Risikomanagement beginnt bei der Projektinitialisierung, indem die beim Start des Projektes bekannten Risiken in den Risikokatalog und die Risikomatrix eingetragen werden. Während der Projektdurchführung sind diese beiden Instrumente dann die Basis für ein erfolgreiches Risikomanagement. Bei Projektabschluss werden die im Projekt mit den angetroffenen Risiken und deren Umgang gemachten Erfahrungen im Projektabschlussbericht festgehalten und in das Risikomanagement der nachfolgenden Projekte eingebracht.

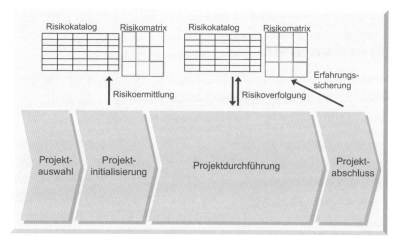

Abbildung 6.13: Risikoverfolgung

Damit ist Risikomanagement ein sehr gutes Mittel für den Projektleiter und das Projektteam zur Führung des Projektes. Mögliche Abweichungen können rechtzeitig erkannt werden und es kann darauf reagiert werden. Gleichzeitig ist Risikomanagement aber auch ein exzellentes Führungsinstrument gegenüber dem Auftraggeber des Projektes. Der Auftraggeber ist laufend über mögliche Risiken informiert und kann gegebenenfalls bei deren Verhinderung oder Verminderung beigezogen werden.

6.5.2 Projektschaukel

Zum Risikomanagement gehört es auch, sich der Abhängigkeiten zwischen Kosten, Zeit/Terminen, Qualität und Umfang bewusst zu sein und keine unmöglichen Konstellationen zu schaffen bzw. zuzulassen. Dies soll anhand der »Projektschaukel« illustriert werden.

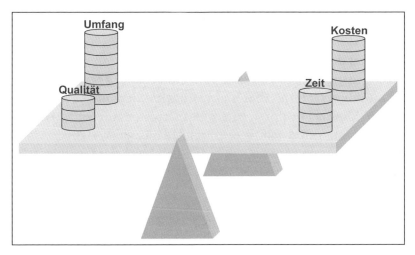

Abbildung 6.14: Projektschaukel

Die Schaukel wird durch die vier auf der Schaukel stehenden Säulen in der Balance gehalten und veranschaulicht, was passiert, wenn ein Parameter verändert wird.

▷ **Fall 1, Ausdehnung des Projektumfangs**: Wird der Projektumfang durch zusätzliche Anforderungen erhöht und eine zusätzliche Scheibe auf die Säule Umfang gelegt, muss die Balance wiederhergestellt werden, indem ebenfalls die Zeit und/oder die Kosten erhöht werden. Das heißt, dass die Projektkosten ansteigen und/oder der Endtermin verschoben werden muss. Wird diese Tatsache ignoriert und weder Projektbudget noch Terminplan angepasst, gerät die Projektschaukel aus der Balance. Dies äußert sich so, dass die Kosten oder Termine aus dem Ruder laufen oder aber, dass bei der Qualität (meist unbewusst und unkontrolliert) Abstriche gemacht werden.

▷ **Fall 2, Vorverlegung des Endtermins**: Wird der Endtermin des Projektes vorverlegt (z.B. weil ein Konkurrent mit einem ähnlichen Produkt in den Markt einzudringen droht oder für die Erfüllung neuer gesetzlicher Auflagen), kann dies am einfachsten durch eine Reduktion des Projektumfanges kompensiert werden. Wenn weniger Arbeit geleistet werden muss, kann diese auch in kürzerer Zeit bewältigt werden. Alternativ kann die Verkürzung der Projektdauer auch durch zusätzliche Geldmittel kompensiert werden. Dies hat jedoch Grenzen und es ist nicht möglich, die Projektdauer beliebig durch entsprechende finanzielle Mittel zu verkürzen. Als letzter Aus-

6

weg zur Beibehaltung der Balance bleibt wieder die (auch hier meist unbewusste und unkontrollierte) Reduktion der Qualität.

▷ **Fall 3, Reduktion des Projektbudgets:** Eine Reduktion des Projektbudgets lässt sich – genauso wie im Fall 2 – am einfachsten über die Reduktion des Projektumfanges kompensieren. In einigen Fällen hilft es ebenfalls, teurere externe Mitarbeiter durch interne Mitarbeiter zu ersetzen oder gar auf sie zu verzichten und damit die Projektdauer zu verlängern. Auch hier bleibt wieder nur der Ausweg über die Reduktion der Qualität, falls weder der Umfang noch die Projektdauer entsprechend der Kostensituation angepasst werden können.

Selbstverständlich verhält sich die Projektschaukel nicht linear (und wenn, dann nur in einem engem Gebiet) und es wird selten möglich sein, die Projektdauer zu halbieren, indem dafür die Projektkosten verdoppelt werden. Sie zeigt jedoch sehr illustrativ die Abhängigkeiten der wichtigsten Projektparameter auf und führt vor Augen, welche Effekte bei der Veränderung eines Parameters eintreten werden. In einigen Unternehmen wird versucht, diese Effekte einfach zu ignorieren, und probiert, einen Parameter zu verändern, ohne die übrigen Parameter auf die neue Situation anzupassen. Dies funktioniert jedoch höchst selten und die Schaukel bringt sich teilweise durch sehr schmerzliche Effekte von alleine selbst wieder in die Balance.

In einem Fall allerdings lässt sich ein einzelner Parameter verändern, ohne dass dies Auswirkung auf die übrigen Parameter hat. Dann nämlich, wenn der Projektleiter bei einem oder mehreren Parametern Reserven eingebaut hat wie ein zu großzügig bemessenes Projektbudget, zu lockerer Zeitplan, zu großer Funktionsumfang oder unrealistisch hohe Qualitätsansprüche. Hier werden bei der Anpassung eines Wertes einfach die Reserven freigegeben, damit die Projektschaukel wieder im Gleichgewicht steht. Eine solche auf Sicherheit bedachte Planung ist jedoch in den wenigsten Fällen machbar und auch nicht anzustreben. Die Planung soll möglichst realistisch und ohne Reserven erfolgen.

Vor einem verbreiteten Irrtum soll hier noch explizit gewarnt werden: Mehr Projektmitarbeiter heißt nicht unbedingt, dass die Projektrealisierungszeit damit verkürzt werden kann. Die Einarbeitung der neuen Projektmitarbeiter sowie der erhöhte Koordinations- und Abstimmungsaufwand kann kontraproduktiv wirken. Vor allem wenn die zusätzlichen Mitarbeiter erst in einer späten Projektphase eingebracht werden, ist das Risiko hoch, dass damit die Projektzeit verlängert anstatt verkürzt wird. Einige Projekte leiden nicht daran, dass zu wenig, sondern zu viele Personen mitarbeiten.

6.5.3 Statusbericht

Der Statusbericht wird üblicherweise monatlich vom Projektleiter erstellt und ist die Basis für die Berichterstattung im Projektportfolio. Der Statusbericht ist aus dem Projektvertrag abgeleitet und gibt Auskunft über die folgenden Punkte:

- **Gesamtstatus**: Im ersten Ampelfeld wird der Gesamtstatus des Projektes wiedergegeben, indem die Status bezüglich Kosten, Terminen und Lieferobjekten zusammengefasst und gesamthaft beurteilt werden.

- **Kosten**: Die aufgelaufenen Kosten (Ist) werden den budgetierten sowie den erwarteten Kosten gegenübergestellt. Je nach Kostensituation wird der Status mit grün, gelb oder rot markiert. Abweichungen werden unter *Bemerkungen* kommentiert.

- **Termine**: Die Terminsituation ergibt sich aus den erreichten Meilensteinen und den erwarteten Terminen (siehe unten). Je nach Terminsituation wird der Status mit grün, gelb oder rot markiert und Abweichungen werden kommentiert.

- **Lieferobjekte**: Unter *Lieferobjekte* wird der Stand der erreichten Projektarbeiten festgehalten und ebenfalls im Ampelsystem berichtet.

- **Meilensteine**: Die im Projektvertrag festgehaltenen Meilensteine sind im Statusbericht ebenfalls wieder enthalten. Neben den Planwerten werden für die abgeschlossenen Projektschritte ebenfalls die Ist-Werte angegeben und die Abweichungen unter *Termine* beurteilt.

- **Probleme und Maßnahmen**: In diesem Feld werden aufgetretene oder noch vorhandene Probleme sowie die Maßnahmen zu deren Lösung aufgeführt.

Der Statusbericht für unser Musterprojekt *Scanning-Lösung für Leistungserbringungsprozess* sieht so aus, wie in Abbildung 6.15 gezeigt wird.

6

Statusbericht

Scanning-Lösung für Leistungserbringungsprozess

Projekt Nummer	27	Projektvertrag Version	1.0

Kurzbeschreibung

Heute werden 50 Mitarbeiter eingesetzt, um die eingehenden Abrechnungen der Ärzte und Krankenhäuser zu erfassen und im zentralen System der Krankenversicherung einzugeben.

Durch automatisches Einscannen von 80% aller eingehenden Abrechnungen sowie der automatischen Erkennung und Zuordnung der in Rechnung gestellten Leistungen soll der Aufwand zur Erfassung der Rechnungen im zentralen System mindestens halbiert werden können. Das heißt, es werden nur noch 25 anstatt 50 Mitarbeiter für diese Aufgaben benötigt.

Realisierungsgrund für das Projekt

Das Projekt "Scanning-Lösung für Leistungserbringungsprozess" soll die Aufwände für die Erfassung und Bearbeitung der Abrechnungen der Ärzte und Krankenhäuser siginifikant reduzieren. In erster Linie sollen die entsprechenden Kosten gesenkt werden, in zweiter Priorität soll gleichzeitig der Prozess zur Leistungsabrechnung beschleunigt werden sowie die Fehlerrate bei der Erfassung der Abrechnungen gesenkt werden.

Projektstatus

	Ist	Budget	Erwartung	Status	Bemerkungen
Gesamtstatus				Grün	
Kosten	890'000 €	2'330'000 €	2'330'000 €	Grün	
Termine				Grün	
Lieferobjekte				Grün	.

Meilensteine

Meilenstein	Plan	Ist (✓) resp. erwartet (☐)
Detailkonzept erstellt	1. März 2004	✓ 25. Februar 2004
Anforderungen an Hardware definiert	1. März 2004	✓ 26. Februar 2004
Software beschafft	1. April 2004	✓ 6. April 2004
Hardware beschafft	1. April 2004	✓ 12. April 2004
Scanning-Lösung angepasst und parametrisiert	1. September 2004	☐ 1. September 2004
Integration in Krankensystem abgeschlossen	31. Dezember 2004	☐ 31. Dezember 2004
Systemtest abgeschlossen	1. Januar 2005	☐ 1. Januar 2005
Benutzertest abgeschlossen	1. Februar 2005	☐ 1. Februar 2005
Pilotphase abgeschlossen	1. März 2005	☐ 1. März 2005
Projekt abgeschlossen und in Betrieb überführt	1. März 2005	☐ 1. März 2005

Risiken

Tragweite	Relevantes Risiko	Großes Risiko	Maximales Risiko
Hoch			
Mittel	Geringes Risiko	Relevantes Risiko / Mangelnde Akzeptanz Scanning-	Großes Risiko
Tief	Niedriges Risiko	Geringes Risiko	Relevantes Risiko
	Tief	Mittel	Hoch

Eintretenswahrscheinlichkeit

Probleme und Maßnahmen

Wegen verpäteter Bestellung wurde die Software mit geringer Verzögerung geliefert.
Die Hardware ist wegen Lieferproblemen des Herstellers mit knapp vierzehn Tagen Verspätung eingetroffen.
Beide Verzögerungen haben keinen Einfluss auf das Gesamtprojekt, da die übrigen Projektarbeiten unabhängig davon weitergeführt werden konnten und sich innerhalb des Terminplanes befinden.

Projektbeginn	1. Januar 2004	Projektende	1. März 2005
Auftraggeber Geschäftsbereich	Hans Muster	IT-Projektleiter	Thomas Moser
Datum	30. Juli 2004		

Abbildung 6.15: Projektstatusbericht

6.5.4 Testbericht

Im Testbericht werden die Resultate und Empfehlungen von durchgeführten Tests festgehalten. Der Testbericht enthält die folgenden Elemente:

▷ **Testzusammenfassung**: Die Testzusammenfassung identifiziert präzise den Prüfling, die Testhilfsmittel, die Testvorschrift und die Testteilnehmer. Sie enthält Empfehlungen des Testteams mit Begründung und ist von allen Teilnehmern unterschrieben.

▷ **Testprotokoll**: Aus dem Testprotokoll ist ersichtlich, ob die Ist-Resultate den Soll-Resultaten entsprechen. Jeder Testfall ist zusammen mit dem jeweiligen Resultat im Testprotokoll aufgeführt.

▷ **Liste der Problemmeldungen**: Zu jedem gefundenen Fehler wird eine Problemmeldung erstellt. Diese werden in einer Aufgabenliste geführt, die dem Bericht beizulegen ist.

▷ **Liste der getesteten Einheiten**: Die Liste aller dem Test unterworfenen Einheiten mit eindeutiger Bezeichnung. Dies ermöglicht die Wiederholung des Testfalls am gleichen Objekt im Falle von Fehlern und zu einem späteren Zeitpunkt beim Test von neuen Releases.

6.5.5 Reviewbericht

Bei Projekten ab einer bestimmten Größe oder Komplexität lohnt es sich, diese von einer Stelle außerhalb des Projektteams einmalig oder auch regelmäßig zu durchleuchten. Dabei geht es nicht darum, Schuldige oder Fehler zu finden, sondern vielmehr auf mögliche Schwachstellen und Risiken aufmerksam zu machen. Der Projekt-Review soll eine Unterstützung für den Projektleiter sein und kein Sanktionierungs- oder Drohmittel.

Ein Projekt-Review ist angebracht:

▷ Wenn der Projektleiter wechselt

▷ Bei umfangreichen Projekten bei Phasenabschluss

▷ Zur Standortbestimmung

▷ Wenn Kosten, Termine, Qualität oder Lieferumfang außer Kontrolle geraten sind

▷ Wenn Auftragnehmer oder Auftraggeber am Projekterfolg zweifeln

6

▷ Wenn die Zielerreichung des Projektes gefährdet ist

▷ Wenn der Projektleiter eine externe Sicht über seine Arbeit zur Verbesserung und Absicherung wünscht

Der aus dem Review resultierende Reviewbericht besteht aus den folgenden Elementen:

▷ **Beschreibung des Reviewobjektes (Lieferobjekt)**: Welches Objekt wurde einem Review unterzogen: das Gesamtprojekt oder nur einzelne Aspekte daraus?

▷ **Prüfergebnis**: Das Ergebnis des Reviews als Gegenüberstellung von Soll und Ist.

▷ **Beurteilung**: Die Beurteilung der angetroffenen Situation.

▷ **Empfehlungen**: Empfehlungen zur Behebung der festgestellten Abweichungen zwischen Soll und Ist.

Natürlich kann ein Review nicht nur für ein gesamtes Projekt, sondern auch für Teile davon durchgeführt werden. So kann z.B. eine Spezifikation reviewt werden oder ein Teilprojekt oder auch ein einzelnes Lieferobjekt.

6.5.6 Status-Meeting

Das Status-Meeting hat das Ziel, alle Teilprojektleiter und/oder Projektmitarbeiter auf demselben Projektstand zu halten sowie den Fortschritt der Projektarbeiten zu berichten und zu überprüfen. Ebenfalls werden im Status-Meeting die Projektrisiken sowie die Qualitätsmaßnahmen verfolgt und entsprechende Maßnahmen eingeleitet und überprüft.

Das Status-Meeting wird vom Projektleiter geleitet. Teilnehmer sind bei größeren Projekten die Teilprojektleiter, bei kleineren Projekten die Projektmitarbeiter.

Die Agenda für das Status-Meeting kann folgendermaßen aussehen:

1. Projektinformationen
2. Informationen aus anderen Projekten
3. Status Projekt / Teilprojekte (Kosten, Termine, Fortschritt)
4. Schnittstellen / Abhängigkeiten

5. Probleme und Lösungen

6. Stand Risiken

7. Stand QS-Maßnahmen

8. Zu erledigende Aufgaben

9. Diverses

6.5.7 PSA-Meeting

Im Projektsteuerungsausschuss-Meeting geht es darum, den Auftraggeber über den aktuellen Stand des Projektes zu informieren, abgeschlossene Meilensteine abzunehmen sowie Anträge der Projektleitung zu behandeln.

Eine mögliche Agenda für ein PSA-Meeting sieht folgendermaßen aus:

1. Aus dem Cockpit (Leitstand)
   - Stand der Arbeiten
   - Projektstatus: Kosten, Termine, Fortschritt
   - Stand Risiken
   - Stand QS-Maßnahmen
2. Abnahme von Projektresultaten
3. Anträge
4. Nächste Schritte
5. Diverses

Das PSA-Meeting wird üblicherweise vom Auftraggeber und damit Vorsitzender des PSA geleitet und inhaltlich vorwiegend durch den Projektleiter bestritten.

6.6 Projektabschluss

Sind sämtliche Lieferobjekte erstellt, die Projektresultate vom Auftraggeber abgenommen und das neue System dem Betrieb übergeben, kann das Projekt abgeschlossen werden. Beim Abschluss des Projektes wird das Projektbudget abgeschlossen und das Projekt nachkalkuliert. Von nun an können keine Leistungen mehr zu Lasten des Projektes erbracht und in Rechnung gestellt werden, sondern müssen dem laufenden Betrieb zugerechnet werden.

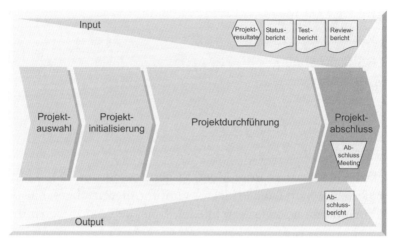

Abbildung 6.16: Projektabschluss

6.6.1 Abschluss-Meeting

Im Abschluss-Meeting erfolgt der formale Abschluss des Projektes. Der Projektleiter berichtet über die ersten Erfahrungen bezüglich des Betriebs des Systems und der Auftraggeber rekapituliert das Projekt aus seiner Sicht. Ebenfalls findet im Abschluss-Meeting die Entlastung des Projektleiter, der Teilprojektleiter sowie der Projektmitarbeiter statt.

Eine mögliche Agenda des Abschluss-Meetings sieht wie folgt aus:

1. Rückblick
2. Erste Erfahrungen des Betriebes
3. Sicht des Auftraggebers
4. Entlastung Projektleiter / Teilprojektleiter / Projektmitarbeiter
5. Aussicht
6. Schlusswort Projektleiter

6.6.2 Abschlussbericht

Im Abschlussbericht wird der Abschluss des Projektes dokumentiert. Er enthält eine Nachkalkulation sowohl der Kosten als auch des im Projektangebot aufgezeigten Nutzens und überprüft die prognostizierte Wirtschaftlichkeit. Die Nachkalkulation des Nutzens ist zur Zeit des Projektabschlusses häufig erst bedingt möglich, da der Nutzen meistens erst nach einigen Monaten vollständig eintritt.

Nebst dieser Vergangenheitsbetrachtung gilt es aber auch, Lehren für zukünftige Projekte aus dem realisierten Projekt zu ziehen. Durch eine konsequente Auswertung der abgeschlossenen Projekte kann die IT sich laufend weiterentwickeln und immer präzisere und vorhersagbarere Resultate erzielen.

6

Der Abschlussbericht enthält die folgenden Kapitel:

1. Kurze Projektbeschreibung (Auftrag und Ziele)
2. Getroffene Entscheidungen
3. Einhaltung der Kosten
4. Einhaltung der Termine
5. Bereitstellung der Lieferobjekte
6. Realisierung des Nutzens
7. Lehren für zukünftige Projekte
8. Fazit

6.7 IT-Projektcontrolling

Eine wichtige Funktion habe ich bis jetzt noch nicht erwähnt: das IT-Projektcontrolling. Das IT-Projektcontrolling oder auch Project-Office ist verantwortlich für den gesamten Projektmanagement-Prozess von der Projektauswahl über die Initialisierung und Durchführung bis zum Projektabschluss. Es erstellt und pflegt die verschiedenen Vorlagen wie Projektangebot, Projektvertrag, Statusbericht, Risikoplan, Abschlussbericht usw. und schult die Projektleiter in der Anwendung der verschiedenen Hilfsmittel.

Abbildung 6.17 zeigt den Dokumentenfluss zwischen dem Projektleiter eines Projektes und dem Projektcontrolling auf.

6

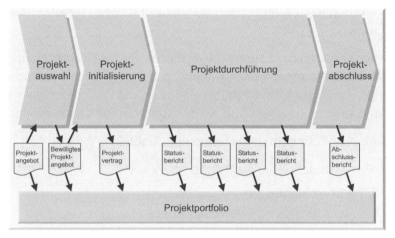

Abbildung 6.17: IT-Projektcontrolling

Das IT-Projektcontrolling ist aber nicht nur verantwortlich für die verschiedenen Vorlagen, sondern unterstützt die Projektleiter bei sämtlichen Projektbelangen und fordert regelmäßig die entsprechenden Dokumente wie Projektvertrag, Statusbericht, Abschlussbericht usw. ein.

Die Aufgaben des IT-Projektcontrollings umfassen in den verschiedenen Phasen die folgenden Aspekte:

6.7.1 Projektauswahl

Bereits in der Phase der Projektauswahl nimmt das IT-Projektcontrolling eine wichtige Rolle ein. Es unterstützt die IT bei der Erstellung des Projektangebotes und prüft dieses bezüglich Wirtschaftlichkeit, Machbarkeit, Risiken und Unterstützung der Geschäftsstrategie. Damit leistet das IT-Projektcontrolling einen wesentlichen Beitrag zur Qualitätssicherung der Projektangebote.

Ist ein Projektangebot fertig gestellt, wird es vom IT-Projektcontrolling in das Projektportfolio in der Rubrik *beantragte Projekte* aufgenommen. Nun kann über die Realisierung dieses Projektes entschieden werden.

6.7.2 Projektinitialisierung

Wurde ein Projekt zur Realisierung freigegeben, wird es vom IT-Projektcontrolling im Projektportfolio von der Rubrik *beantragte Projekte* in die Kategorie *laufende Projekte* verschoben und das IT-Projektcontrolling fordert vom Projektleiter den unterschriebenen Projektvertrag ein.

Bei Bedarf unterstützt das IT-Projektcontrolling den Projektleiter bei der Erstellung des Projektvertrages, des Projektplanes, des Risikoplanes sowie des QS-Planes.

6.7.3 Projektdurchführung

Während der Projektdurchführung ist das IT-Projektcontrolling für die Fortschritts-, Kosten- und Risikokontrolle der laufenden Projekte verantwortlich. Es fordert die Projektleiter sämtlicher laufender Projekte regelmäßig (in der Regel monatlich) auf, den aktualisierten Statusbericht einzureichen. Sämtliche Statusberichte werden durch das IT-Projektcontrolling im Projektportfolio abgebildet, so dass das Projektportfolio jederzeit einen aktuellen Überblick über den Zustand sämtlicher Projekte gibt.

Das Projektportfolio wird regelmäßig (in der Regel ebenfalls monatlich) durch das Gremium, das für die Freigabe von Projekten zuständig ist, besprochen. Kritische Projekte werden näher betrachtet und dem Projektleiter bei Bedarf Unterstützung angeboten.

In dieser Phase kommt dem Risikomanagement eine große Bedeutung zu und das IT-Projektcontrolling eskaliert kritische Situationen an das Projektgremium.

6.7.4 Projektabschluss

Wurde ein Projekt abgeschlossen, fordert das IT-Projektcontrolling vom Projektleiter den Abschlussbericht ein, verschiebt das Projekt von der Kategorie *laufende Projekte* zu den *abgeschlossenen Projekten* und schließt das Projektbudget, so dass keine weiteren Kostenbelastungen auf die Projektkostenstelle erfolgen können.

Im Rahmen des Abschlussberichtes fordert das IT-Projektcontrolling ebenfalls die Nachkalkulation der Kosten beim Projektleiter ein sowie die Nachkalkulation des prognostizierten Nutzens beim Auftraggeber des Projektes.

6.7.5 Übergreifende Aufgaben des IT-Projektcontrollings

Das IT-Projektcontrolling ist verantwortlich für den reibungslosen Ablauf des gesamten Projektmanagement-Prozesses von der Projektauswahl über die Initialisierung und Durchführung bis zum Projektabschluss. Es führt im Projektportfolio sämtliche geplanten, laufenden und abgeschlossenen Projekte und sorgt dafür, dass die für jede Phase relevanten Dokumente erstellt und eingereicht werden.

Ebenfalls in das Aufgabengebiet des IT-Projektcontrollings gehört die Erstellung von Projektmanagementvorgaben und Musterdokumenten (Templates), die im Projektmanagement-Handbuch festgehalten sind. Das IT-Projektcontrolling erstellt und pflegt das Projektmanagement-Handbuch und sorgt für eine entsprechende Ausbildung der Projektleiter bezüglich der in der Firma angewandten Projektmethoden.

6.7.6 Organisatorische Eingliederung des IT-Projektcontrollings

In einer kleineren oder mittleren Firma mit einer kleineren oder mittleren IT ist das IT-Projektcontrolling je nach Größe der IT nicht organisatorisch separat ausgebildet und im Organigramm ausgewiesen. Je nach Konstellation wird die Funktion des IT-Projektcontrollings vom IT-Leiter selbst oder von einem von ihm beauftragten Mitarbeiter wahrgenommen. In jedem Fall besteht jedoch eine enge Verbindung mit dem Firmen-Controlling.

In einer größeren Firma mit einer entsprechend ausgeprägten IT wird das IT-Projektcontrolling in der Regel als eigene organisatorische Einheit geführt, die normalerweise an den IT-Leiter berichtet.

In jedem Fall empfiehlt es sich jedoch, das IT-Projektcontrolling in der IT anzusiedeln. Auf Firmenstufe existiert nebst dem eigentlichen Finanzcontrolling je nach Ausprägung zusätzlich ein Projektcontrolling für firmenweite Projekte. Damit obliegt dem firmenweiten Projektcontrolling die Verantwortung über das Controlling sämtlicher in der Firma realisierten Projekte. Das IT-Controlling sorgt dafür, dass die IT-Projekte korrekt ablaufen, und unterstützt das firmenweite Projektcontrolling bei der Erstellung des Gesamt-Projektportfolios.

Während das IT-Projektcontrolling in der Regel organisatorisch dem IT-Leiter unterstellt ist, berichtet das Projektcontrolling für Firmenprojekte in der Regel an die Geschäftsleitung.

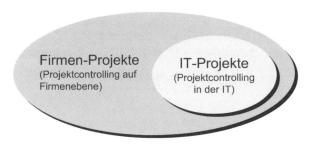

Abbildung 6.18: Eingliederung des IT-Projektcontrollings

6.8 Fazit

Wie Sie in Kapitel 3 *Wirtschaftlichkeitsrechnungen* gesehen haben, gibt es vier Gründe, um ein Projekt zu realisieren:

1. Umsetzung der Geschäftsstrategie
2. Effizienzsteigerungen
3. Ersatzinvestitionen
4. Erfüllung von Auflagen

Nur die zweite Kategorie – Effizienzsteigerungen – weist eine Wirtschaftlichkeit aus. Für die übrigen Kategorien kann keine direkte Wirtschaftlichkeit ausgewiesen werden, obwohl die Realisierungsgründe ebenfalls sehr wichtig sein können.

In einigen Firmen wird Projektmanagement noch mit Heldentum gleichgesetzt. Nur dank dem unermüdlichen Einsatz einiger weniger Spezialisten können die wichtigen Projekte mit größten Anstrengungen jeweils knapp vor oder teilweise auch nach dem vereinbarten Termin fertig gestellt werden.

Mit dieser »Methode« von Projektmanagement ist es jedoch nicht möglich, eine effektive Steuerung der Projektleistungen vorzunehmen. Meist sind die Kostenschätzungen bereits sehr vage und eine Berichterstattung der aufgelaufenen Kosten, vorhandenen Risiken, erreichten Meilensteine und Einhaltung der Termine erfolgt nur in den seltensten Fällen. Damit sind nicht nur die Projektresultate, sondern ebenfalls die Kostensituation mehr oder weniger dem Zufall überlassen.

Damit der Projekterfolg mit guter Wahrscheinlichkeit vorausgesagt werden kann, ist ein eingespieltes Projektmanagement nötig. Zur Rekapitulation sind in Abbildung 6.19 nochmals die entsprechenden Projektphasen inkl. sämtlicher relevanter Dokumente dargestellt.

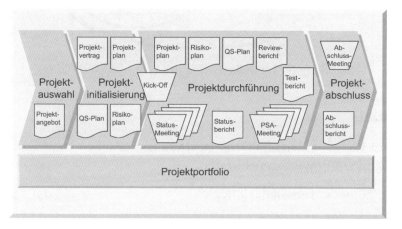

Abbildung 6.19: Projektphasen inkl. den dazugehörigen Dokumenten

Während es in der Phase der Projektauswahl darum geht, die »richtigen« Projekte zu selektieren und zur Realisierung freizugeben, liegt der Fokus in der Projektinitialisierung und vor allem in der Projektdurchführung auf der »richtigen« Realisierung der Projekte. Schlussendlich geht es beim Projektabschluss darum, zu beurteilen, ob die Projekte »richtig« realisiert wurden, und Lehren für zukünftige Projekte zu ziehen.

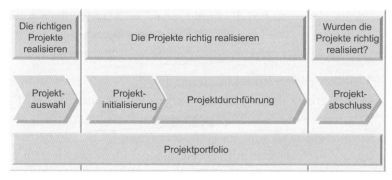

Abbildung 6.20: Fragestellungen während des Projektzyklus

7 Steuerung der Beratungsleistungen

Die Steuerung der Beratungsleistungen fällt wesentlich einfacher aus als diejenige der Betriebs- und Projektleistungen. Einerseits ist ihr Umfang wesentlich geringer, andererseits ist die Struktur von Beratungsleistungen einfacher.

Zur Orientierung: Auf der Leistungskarte in Abbildung 7.1 befinden wir uns im dunkler eingefärbten Segment oben links.

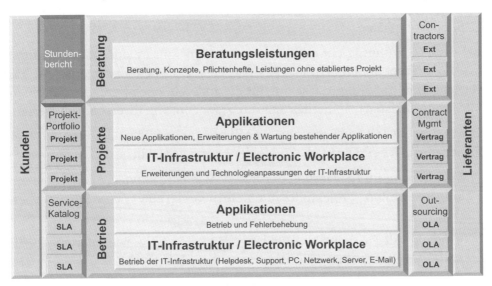

Abbildung 7.1: Steuerung der Beratungsleistungen

Beratungsleistungen machen in der Regel zwischen 5 und 10% der gesamten IT-Leistungen aus. Dadurch ist auch das Potenzial zur Steuerung der IT-Kosten auf diesen Bereich beschränkt.

Viel wichtiger zu wissen ist jedoch, dass in diesem Bereich das Kundenmanagement angesiedelt ist. Hier werden die Kunden der IT beraten, wie sie die IT-Mittel optimal einsetzen können, oder Arbeiten zur Vorbereitung eines Projektes geleistet. Ebenfalls gehört das Thema Schulung in dieses Segment.

Obwohl der kostenmäßige Anteil der Beratungsleistungen gering ist, ist die Wirkung, die sich damit erzielen lässt, wesentlich größer und kann sich bedeutend auf die Betriebs- und Projektkosten auswirken. In den folgenden Sektionen möchte ich diese Effekte näher betrachten.

7.1   Schulung

7

Der guten und richtigen Ausbildung und Schulung der Mitarbeiter bezüglich des Einsatzes der vorhandenen IT-Mittel kommt eine große Bedeutung zu. Durch einen ineffizienten Einsatz der IT-Mittel entstehen nicht nur auf der Seite der Anwender unnötig hohe Aufwendungen, sondern ebenfalls auf der Seite der IT durch vermehrte Anfragen an das Helpdesk sowie durch unnötige Support-Einsätze.

Bei der IT-Schulung geht es einerseits um den Einsatz der Standard-Mittel wie Word, Excel, E-Mail, PowerPoint usw. Viele Mitarbeiter bringen in diesem Gebiet bereits gute Kenntnisse mit, für die anderen, noch weniger erfahrenen Mitarbeiter, existiert ein breites Schulungsangebot von diversen Anbietern.

Der wichtigere Teil, die Schulung der Mitarbeiter bezüglich des Einsatzes der firmenspezifischen IT-Mittel, wird leider häufig vernachlässigt:

▶ **Speicherung und Sicherung der Daten**: Wie wird umgegangen mit abteilungsrelevanten, projektrelevanten, firmenrelevanten und persönlichen Daten?

▶ **Umgang mit Passwörtern**: Wie lange sind sie gültig, wie müssen sie zusammengesetzt sein, wie werden sie aufbewahrt usw.?

▶ **Bedienung der firmenspezifischen Applikationen**: Wie werden neue Kunden angelegt, wie werden Angebote erstellt oder kopiert, wie werden Rechnungen erstellt, wie werden Lagereingänge verbucht usw.?

▶ **Umgang mit gemeinsamen IT-Mitteln**: Welche Termine müssen in der firmenweiten Agenda eingetragen werden, wie und wozu wird die Agenda eingesetzt, Spielregeln im Umgang mit Mails innerhalb der Firma und zu Kunden?

▶ **Firmeninformationen**: Wo können aktuelle Informationen eingesehen werden, wo stehen firmenweite Vorlagen für Briefe, Präsentationen usw. zur Verfügung, wie können Formulare heruntergeladen werden, wo befinden sich Weisungen und Regelungen usw.?

▶ **Einsatz von Notebooks**: Einsatz von Notebooks für Präsentationen, auf Reisen, Datenübertragung und Mails herunterladen und senden über analoge oder digitale (ISDN) Telefonverbindungen, Datensicherheit bei mobilen Geräten usw.

▶ **Umgang mit IT-Problemen**: Wo werden IT-Störungen gemeldet, wie wird bei Virenverdacht vorgegangen usw.?

7

Dies sind nur einige Beispiele für den Einsatz der firmenspezifischen IT-Mittel. Für die Ausbildung der Mitarbeiter bezüglich des Einsatzes dieser Mittel können keine Standard-Kurse von externen Anbietern besucht werden. Hingegen kann es sich lohnen, einen externen Anbieter zu verpflichten, der die Mitarbeiter maßgeschneidert in diesen Themen ausbildet.

Gut ausgebildete Mitarbeiter erledigen nicht nur ihre Arbeit effizienter, sondern belasten auch das Helpdesk weniger mit Fragen, wie ein Problem gelöst werden kann, und belasten damit die IT-Kosten weniger. Nur schon mit ein bis zwei Tagen IT-Ausbildung pro Mitarbeiter im Jahr lässt sich ein gutes und hohes Niveau erreichen resp. halten.

Bei der Steuerung der Schulungsleistungen leistet das Helpdesk wertvolle Hilfe, indem es anhand der Anfragen auswertet, in welchen Bereichen Schulungsbedarf besteht, und die Geschäftsbereiche darauf aufmerksam macht. Dabei darf es nie darum gehen, einzelne Mitarbeiter bezüglich ihres Ausbildungsniveaus zu beurteilen, sondern den Ausbildungsstand und Tendenzen eines ganzen Geschäftsbereiches aufzuzeigen.

Ein weiteres wichtiges Kriterium für Schulungsleistungen sind die Einführung neuer Applikationen oder Infrastrukturkomponenten wie E-Mail, Client-Betriebssystem, Office-Applikationen usw. Bei einer geringen Änderungsrate bei den Applikationen sowie der Infrastruktur reicht auch weniger Schulung. Eine hohe Änderungsrate bedingt eine entsprechende Schulung der Mitarbeiter.

Last but not least bestimmt auch die Anzahl der neu eintretenden Mitarbeiter den Schulungsaufwand. Jede neue Mitarbeiterin und jeder neue Mitarbeiter muss in die Anwendung und den Gebrauch der firmenspezifischen Applikationen eingewiesen und ausgebildet werden. Sei dies durch ein entsprechendes Kursangebot oder durch eine entsprechende Einführung durch die Kollegen am Arbeitsplatz.

Übrigens: Die Schulung findet in jedem Fall statt. Falls nicht strukturiert durch entsprechende Kurse, so durch Fragen an das Helpdesk und an die Bürokolleginnen und -kollegen. Die Frage ist nur, welche Methode effizienter und letztendlich kostengünstiger ist.

7.2 Kundenmanagement

7

Beratungsleistungen kommen ebenfalls im Bereich des Kundenmanagements zum Einsatz:

▷ Unterstützung und Beratung der Kunden der IT bei der **Wahl der richtigen IT-Mittel**. Nicht immer ist es nötig, für neue Anforderungen bestehende Applikationen zu erweitern oder neue Applikationen zu implementieren. Teilweise können neue Anforderungen auch durch den geschickten Einsatz der bereits bestehenden Applikationen oder durch modifizierte Arbeitsabläufe abgedeckt werden.

▷ Unterstützung und Beratung der Kunden der IT bei der **Erstellung oder Auswahl einer neuen Applikation**. Erstellung von Konzepten und Pflichtenheften, Vorbereitungsarbeiten zur Initialisierung eines Projektes usw. Mit dem Start des Projektes werden die Beratungsleistungen abgeschlossen und gehen in Projektleistungen über.

▷ **Allgemeine Beratung:** Die IT soll für die Geschäftsbereiche ein kompetenter und zuverlässiger Partner für die Diskussion und Beantwortung von verschiedensten IT-relevanten Fragen sein. Hier wird die IT-Strategie mit der Geschäftsstrategie abgeglichen oder die zukünftigen Geschäftsmodelle erarbeitet. Kleinere Aufwände werden in der Regel nicht in Rechnung gestellt, größere Arbeiten im Bereich von mehr als einem Tag werden in der Regel verrechnet.

▷ **Pflege der Kundenbeziehung**. Der Pflege der Beziehung zu den Kunden der IT kommt ein ähnlicher Stellenwert zu wie der Pflege der Marktkunden der Firma. Es lohnt sich, die aktuelle Betriebssituation mit eventuell auftretenden Problemen und Störungen, den Stand der Projekte sowie Rückmeldungen und neue Anforderungen der Kunden regelmäßig zu besprechen und entsprechend darauf zu reagieren. Ebenfalls gehört zur Pflege der Kundenbeziehung die Unterstützung bei der Planung und Budgetierung der IT-Leistungen. Keinesfalls sollen solche Aufwände den Kunden der IT in Rechnung gestellt werden.

Die Steuerung der Leistungen im Bereich Kundenmanagement werden am besten durch einen vereinbarten Beratungspool realisiert. Zu Beginn des Jahres wird zusammen mit den Kunden der IT abgemacht, wie viele Stunden im Rahmen der obigen Beratungsleistungen (exklusiv der Pflege der Kundenbeziehung) erbracht werden sollen. Damit können die Kosten in diesem Bereich einfach und effizient vereinbart und gesteuert werden. Die erbrachten Leistungen werden mit Arbeitsberichten gegenüber den Kunden ausgewiesen und verrechnet.

7

7.3 Servicepool

Wie Sie in Kapitel 5 *Steuerung der Betriebsleistungen mittels SLA* gesehen haben, macht es Sinn, einen Servicepool für kleinere Anpassungen und Erweiterungen der Applikationen bereitzuhalten. Für kleinere Aufwände von wenigen Tagen lohnt sich der Aufwand zur Erstellung und Genehmigung eines Projektangebotes nicht. Deshalb werden solche Arbeiten im Rahmen des Servicepools erbracht.

Mit jeder Geschäftseinheit wird in der Planungsphase für jede Applikation die Größe des Servicepools in Anzahl Stunden vereinbart. Damit kann die IT planen und eine entsprechende Ressourcenallokation vornehmen. Auf Kundenseite herrscht mit dem Servicepool Klarheit über den Umfang der zu beziehenden Leistungen sowie der dazugehörigen IT-Kosten.

Die Steuerung der Beratungsleistungen im Bereich Servicepool erfolgt durch die Vereinbarung des Umfangs von Leistungen, die in diesem Bereich erbracht werden sollen. Dabei muss darauf geachtet werden, dass der Servicepool nicht als Ersatz von Projektleistungen missbraucht wird. Der Servicepool sollte deshalb normalerweise nicht mehr als 10% der Projektleistungen ausmachen.

7.4 Fazit

Beratungsleistungen machen zwar nur 5 bis 10% der IT-Kosten aus, können jedoch durch geschickten Einsatz eine Hebelwirkung auf die Betriebs- und Projektleistungen und -kosten haben.

Die Beratungsleistungen werden aufgeteilt in Kundenmanagement, Schulung und Servicepool:

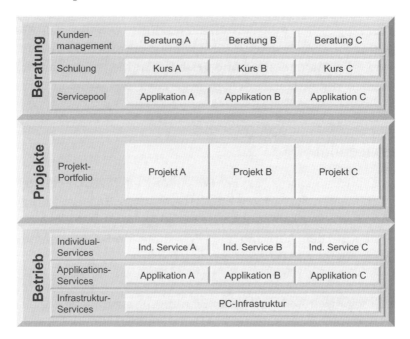

Abbildung 7.2: Leistungskarte mit Betriebs-, Projekt- und Beratungsleistungen

Die Beratungsleistungen werden im Bereich der Schulung gesteuert, indem das Schulungsangebot sowie dessen Umfang (Anzahl der Schulungstage pro Jahr) sowie die Schulungskosten mit den Kunden der IT vereinbart werden. Sie sind abhängig von der Mitarbeiterfluktuation sowie der Änderungsrate der Applikationen und der Infrastruktur.

Im Bereich Kundenmanagement werden die Leistungen am besten durch einen vereinbarten Beratungspool gesteuert. Mit jeder Geschäftseinheit wird der Umfang der Beratungsstunden abgemacht und während der Erbringung überwacht und berichtet.

Dasselbe gilt für den Servicepool. Für jede Applikation wird mit den Geschäftseinheiten die Höhe des Servicepools abgemacht und die erbrachten Leistungen mittels Stundenbericht nachgewiesen und verrechnet.

Damit stehen effiziente und einfache Mittel zur Steuerung der Beratungsleistungen zur Verfügung. Die Beratungskosten können relativ einfach über die Höhe der jeweiligen Pools (Schulung, Beratung, Service/Wartung) beeinflusst werden. Bei zu hohen Beratungsleistungen besteht die Gefahr, dass Projekte nicht mehr strukturiert und zu fest vereinbarten Preisen realisiert werden, sondern schleichend als Beratung umgesetzt werden. Umgekehrt verhindern zu niedrige Beratungsleistungen, dass die IT ihre Rolle zur Schulung und Unterstützung der Mitarbeiter sowie der Geschäftsbereiche wahrnehmen kann, und sorgen so dafür, dass zwar die IT-Kosten sinken, die Gesamtkosten der Firma jedoch ansteigen.

7

8 Total Cost of Ownership (TCO)

In den meisten Kosten- und Budgetdiskussionen werden ausschließlich die direkten Kosten der IT betrachtet. Der Nutzen und die Kosteneinsparungen auf Fachabteilungsseite, die sich mit IT-Investitionen realisieren lassen, werden dabei meistens außer Acht gelassen. Gartner Group hat deshalb bereits vor längerer Zeit den Begriff der »indirekten Kosten« eingeführt. Damit sind diejenigen Kosten gemeint, die auf der Seite der Benutzer entstehen für die Entwicklung eigener Lösungen, Kollegensupport, Schulung und Nachschlagen in Handbüchern, Ausfallzeiten sowie die Organisation und Sicherung der eigenen Dateien.

Da die bei den Benutzern anfallenden indirekten Kosten wesentlich durch die in der IT verursachten direkten Kosten beeinflusst werden, hat Gartner angeregt, die Kosten gesamtheitlich unter dem Begriff Total Cost of Ownership (TCO) zu betrachten. Es ist einfach, die IT-Kosten zu senken, indem die Mitarbeiter für Support und Helpdesk reduziert werden. Da die IT damit jedoch nicht mehr alle anfallenden Benutzerprobleme lösen kann, sind die Benutzer gezwungen, selbst Supportleistungen für sich und die Kolleginnen und Kollegen zu erbringen. Damit findet eine Verschiebung der Supportaufwände von den direkten Kosten der IT zu den indirekten Kosten der Benutzer statt.

Ähnlich verhält es sich mit den Applikationen. Stehen wichtige Applikationen oder Funktionalitäten nicht zur Verfügung, sind die Benutzer gezwungen, sich selbst zu behelfen. Entweder beschaffen sich die Benutzer die Applikationen selbst oder – was wahrscheinlich häufiger der Fall sein dürfte – entwickeln sich eigene kleine Hilfsmittel auf der Basis von Excel oder Access.

Um solche Effekte der Kostenverlagerung von der IT zu den Benutzern hin verfolgen und beurteilen zu können, ist es wichtig, immer eine Betrachtung der Gesamtkosten, der Total Cost of Ownership, zu machen. Allerdings sind die Fragestellungen schwieriger, als sie vielleicht auf den ersten Blick erscheinen mögen. Die IT-Kosten sind nämlich allesamt im IT-Budget festgehalten, während die indirekten in keinem eigenen Budget enthalten sind, sondern über die gesamte Firma verteilt sind.

Jeder Mitarbeiter der Firma trägt mehr oder weniger zu den indirekten Kosten bei, indem er einen Teil seiner Arbeitszeit für IT-Aufgaben aufwendet. Dabei werden diese Aufwände in der Regel weder budgetiert noch berichtet. Sie fallen in der Regel einfach über die ganze Firma verteilt an und werden nicht ausgewiesen. So stellt sich auch immer die Frage, ob diese Aufwände überhaupt nötig sind. Während sie im einen Fall eine große Arbeitserleichterung und einen großen Nutzen für die Firma darstellen können, sind sie im anderen Fall für die Firma völlig nutzlos und dienen vorwiegend der persönlichen Neigung und Befriedigung einiger Mitarbeiter. Nichts ist einfacher als sich mit verschiedenen IT-Mitteln von der eigentlichen Arbeit abzuhalten.

Die Unterscheidung zwischen Firmennutzen und persönlicher Verwirklichung ist aber häufig schwierig zu treffen und meist nicht offensichtlich. Dies möchte ich in diesem Kapitel näher untersuchen und herausstellen. Damit dies möglich ist, will ich jedoch zuerst das TCO-Modell mit den direkten und indirekten Kosten genauer erläutern.

8.1 TCO-Modell

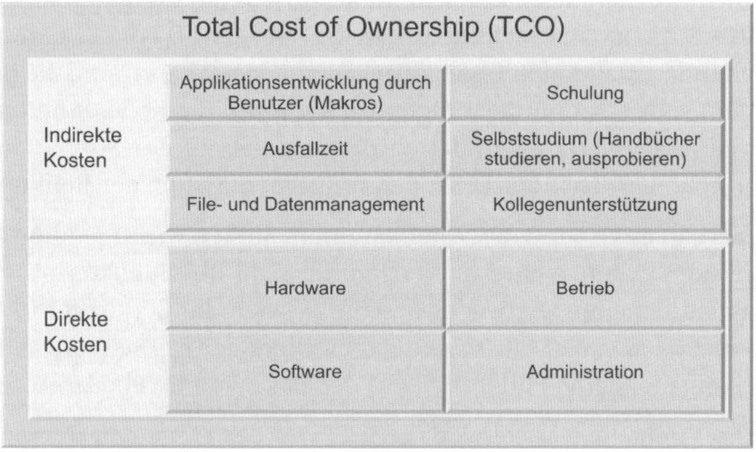

Abbildung 8.1: Total Cost of Ownership (Gesamtkosten)

Wie Sie gesehen haben, gehören zu den Total Cost of Ownership sowohl die direkten als auch die indirekten Kosten. Häufig wird die Anwenderzufriedenheit ebenfalls im Kontext der TCO betrachtet, da damit Aussagen über die Zufriedenheit der von der IT erbrachten Leistungen gemacht werden können. Durch einen professionellen IT-Support sollte es nicht nur gelingen, die indirekten Kosten zu senken, sondern ebenfalls die Anwenderzufriedenheit zu steigern. Damit lässt sich der Nutzen der entsprechenden IT-Kosten in einem gewissen Maß nachweisen und belegen.

Abbildung 8.1 zeigt die Elemente der direkten und indirekten Kosten auf.

8.1.1 Direkte Kosten

Die direkten Kosten entsprechen in der Regel dem IT-Budget. Häufig kommen jedoch noch weitere Kosten dazu, die nicht Bestandteil des IT-Budgets sind und damit auch nicht unter der Verantwortung und Kontrolle der IT stehen. Dazu gehören zum Beispiel PC, die von den verschiedenen Abteilungen selbst beschafft wurden oder die zumindest auf Abteilungskostenstellen verbucht und geführt werden. Ebenfalls sind in verschiedenen Firmen nicht alle IT-Systeme in der IT angesiedelt. So werden zum Beispiel teilweise die Kosten für das Finanzsystem von der Finanzabteilung oder das Personalsystem durch die Personalabteilung getragen. Weiter betreiben Außenstellen in einigen Firmen ihre eigene IT und verantworten damit auch direkte IT-Kosten.

Bei der Erhebung der direkten Kosten ist diesem Umstand Rechnung zu tragen und es reicht daher häufig nicht, nur die Kostenstellen der IT zu betrachten. In Kapitel 9 *Benchmarking* werde ich detailliert auf die Erhebung und Positionierung der direkten IT-Kosten eingehen.

Zu den direkten Kosten gehören die folgenden Elemente:

Hardware

In diese Kategorie gehört sämtliche Hardware für Server, Netzwerk, PC und Peripheriegeräte wie Drucker, Scanner, Bildschirme usw. Üblicherweise werden die jährlichen Abschreibungen oder Leasingraten erfasst. Dabei ist es wichtig, dass die Abschreibungs- oder Leasingdauern entsprechend berücksichtigt werden, damit die Hardware-Kosten vergleichbar sind. Zur Hardware gehören sowohl die Geräte der Anwender als auch diejenigen der IT selbst. Ebenfalls gehören Ersatzgeräte und Ersatzteile dazu.

Software

Hier ist sämtliche Software wie z.B. Betriebssystemlizenzen für Server und Clients, aber auch Lizenzen und Software-Wartung für das ERP-System sowie andere Standardsoftware oder auch MS Office und E-Mail enthalten. Eben-

8

falls dazu gehören Datenbanken sowie Systems Management Tools und andere Hilfsmittel für die IT wie z.B. das Werkzeug für Incident-, Problem- und Change-Management. Nicht dazu gehören die Aufwendungen für selbst entwickelte Software. Nebst den Software-Lizenzen werden ebenfalls die jährlichen Wartungsgebühren berücksichtigt.

Betrieb

Hier sind sämtliche Aufwendungen für den Betrieb der Systeme wie Server, Netzwerk und Endgeräte enthalten. Dazu gehört nicht nur die Konfiguration und Installation der Systeme, sondern ebenfalls deren Überwachung, Betrieb, Fehlerbehebung sowie Backup und Archivierung. Ebenso ist der Benutzersupport sowie die Administration und das Management von Datenbanken eine Betriebskomponente. Üblicherweise besteht diese Kategorie primär aus Personalkosten.

Administration

Zur Administration gehören die finanzielle Planung und das Controlling der IT-Kosten sowie die Inventarisierung und Beschaffung inklusive Lieferantenmanagement. Ein weiterer wichtiger Bestandteil ist die Schulung der IT-Mitarbeiter und der Anwender.

Ebenfalls ist in dieser Kategorie das Management der IT enthalten. Dazu zählen einerseits Führungskräfte inkl. deren Sekretariate, die nicht direkt dem Betrieb zugeordnet werden können, als auch die Stabsfunktionen der IT. Auch diese Kosten bestehen primär aus Personalkosten.

Nicht enthaltene direkte Kosten

Nicht in den direkten Kosten berücksichtigt sind die Aufwände und Kosten für selbst entwickelte Software sowie Kommunikationskosten:

▷ **Selbst entwickelte Software**: Die Weiterentwicklung der IT-Infrastruktur wird im TCO-Modell von Gartner zu den Betriebskosten gezählt. Nicht enthalten hingegen sind sämtliche Kosten für die Entwicklung und den Unterhalt von Geschäftsapplikationen. Das TCO-Modell hat einen klaren Fokus auf der IT-Infrastruktur und schließt die Kosten für selbst entwickelte Software wegen der schwierigen Vergleichbarkeit aus oder betrachtet sie in einem separaten Kontext.

▷ **Kommunikationskosten**: Ähnlich verhält es sich mit den Kommunikationskosten. Während einige Unternehmen durch die Konzentration an einem oder an einigen wenigen Standorten praktisch keine Kommunikationskosten aufweisen, andere Unternehmen jedoch über das ganze Land oder sogar über die ganze Welt verschiedene Niederlassungen betreiben, sind die Kommunikationskosten praktisch nicht vergleichbar und fließen deshalb nicht in die TCO ein.

Die Ausklammerung dieser Kosten aus dem TCO-Modell bedeutet nicht, dass diese nicht relevant wären. Im Gegenteil: Sie machen häufig einen signifikanten Anteil an den IT-Kosten aus. Durch ihre zwischen verschiedenen Unternehmen sehr unterschiedliche Ausprägung macht es jedoch wenig Sinn, diese ebenfalls in das Modell einzubeziehen, da dadurch die übrigen TCO-Elemente stark verwässert und damit das Gesamtbild verfälscht würde.

8

8.1.2 Indirekte Kosten

Im Gegensatz zu den direkten Kosten werden die indirekten Kosten nicht explizit budgetiert, sondern sind ein Bestandteil der gesamten Personalkosten der Firma. Damit können diese nicht aus den verschiedenen Budgets zusammengetragen werden, sondern müssen bei allen Anwendern mit einem Fragebogen erhoben werden. Üblicherweise findet dies in einer Intranet-Befragung statt, bei der die Benutzer sowohl bezüglich der Aufwände für Schulung, Selbststudium, Kollegenunterstützung usw. als auch bezüglich ihrer Zufriedenheit mit den IT-Leistungen befragt werden.

Die Befragung bezüglich der indirekten Kosten kann wie in Abbildung 8.2 dargestellt aussehen.

Damit kann der Durchschnitt der für die jeweilige Tätigkeit aufgewendeten Zeit pro Benutzer ausgerechnet werden. Die indirekten Kosten erhält man, indem man die durchschnittliche Zeit pro Benutzer mit der Anzahl der Benutzer und dem internen Kostenansatz pro Stunde multipliziert.

Häufig erreichen die indirekten Kosten ein gleich hohes oder sogar höheres Niveau als die direkten Kosten und sind damit kein zu vernachlässigender Faktor.

8

Zeitaufwand

Wie viele Stunden verbringen Sie jeden Monat ...

	keine	1 Stunde	2 Stunden	3 Stunden	4 Stunden	5 Stunden	6 Stunden	7 Stunden	8 Stunden	Mehr Zeit
... mit dem Erstellen oder Anpassen von Programmen, Makros oder Scripts?	○	○	○	○	○	○	○	○	○	
... mit Wartezeit wegen einem PC- oder Systemausfall?	○	○	○	○	○	○	○	○	○	
... mit dem Erstellen von Sicherungskopien, dem Installieren von Software und dem Organisieren von Verzeichnissen?	○	○	○	○	○	○	○	○	○	
... mit dem Besuch von IT-Kursen und IT-Schulungen?	○	○	○	○	○	○	○	○	○	
... mit dem Lesen von Handbüchern und Onlinehilfen?	○	○	○	○	○	○	○	○	○	
..., um Kollegen bei Fragen und Problemen mit dem PC/Mac zu helfen?	○	○	○	○	○	○	○	○	○	

Abbildung 8.2: Erhebung der indirekten Kosten

Die indirekten Kosten setzen sich aus den folgenden sechs Kategorien zusammen:

Applikationsentwicklung durch Benutzer (Makros)

Hier werden die Aufwände der Benutzer für die Entwicklung von Access-Datenbanken oder eigenen Auswertungen, Makros und Scripts erfasst. Ein hoher Anteil in dieser Kategorie kann Hinweise auf mangelnde Funktionalitäten der Geschäftsapplikationen oder gänzlich fehlende Geschäftsapplikationen geben. Ebenso können hohe Benutzeraufwände für Applikationsentwicklung jedoch auch ein Zeichen für eine gewisse Technikverliebtheit und Individualität der Mitarbeiter sein.

Ausfallzeit

Unter Ausfallzeit wird diejenige Zeit verstanden, während derer die Benutzer nicht arbeiten können, weil ihr PC oder ein zentrales System (Applikationen, Host, Server, Netzwerk, Internetzugang usw.) nicht zur Verfügung steht. Dabei geht es nicht um die reine Ausfallzeit der Systeme, sondern um die Zeit, in der die Benutzer in ihrer Arbeit blockiert sind und keine anderen Arbeiten mehr ausführen können. Die Ausfallzeit gibt einen direkten Hinweis auf die Stabilität der Systeme, wie sie durch die Benutzer wahrgenommen wird.

File- und Datenmanagement

Zeitaufwände der Benutzer für die Erstellung von eigenen Sicherungskopien, dem Organisieren von Dateien und Verzeichnissen oder dem Installieren von Software. Hohe Aufwände in dieser Kategorie sind ein Hinweis, dass Dateien in eigenen, anstatt von der IT vorgegebenen Verzeichnissen abgelegt werden und dass die PC verstärkt für private Anwendungen eingesetzt werden. Ebenfalls kann dies ein Zeichen dafür sein, dass die von der IT zu Verfügung gestellten Ablage- und Backupmöglichkeiten ungenügend sind oder dass die Benutzer sie nicht kennen (fehlende Schulung).

Schulung

Zeitaufwand für den Besuch von IT-Kursen und IT-Schulungen. Bei einem zu niedrigen Wert besteht die Gefahr, dass die IT-Mittel ineffizient eingesetzt werden und viele Fragen an das Helpdesk keine Störungs- und Problemmeldungen, sondern Ausbildungsfragen sind. Ebenso kann dies ein Hinweis auf eine hohe Eigenlernquote sein.

Selbststudium (Handbücher studieren, ausprobieren)

In dieser Kategorie werden die Aufwände für das Selbststudium wie das Konsultieren von Handbüchern sowie Ausprobieren der IT-Mittel erfasst. Ein hoher Wert ist ein Hinweis auf ein Schulungsdefizit.

Kollegenunterstützung

Die Benutzer fragen einen Kollegen, der sich besser mit IT-Fragen auskennt. Ein hoher Wert deutet auf ein ungenügendes Helpdesk hin. Während ein gutes Helpdesk in der Regel die meisten Fragen und Probleme bezüglich der IT-Infrastruktur (PC-Arbeitsplatz) lösen kann, ist die Lösungsrate des Helpdesks für Applikationen normalerweise deutlich niedriger. Hier verfügen die Arbeitskollegen meistens über mehr Wissen und Erfahrung als die Helpdeskmitarbeiter. Deshalb kann die Kollegenunterstützung bei den Geschäftsapplikationen durchaus Sinn machen.

8.1.3 Anwenderzufriedenheit

Nebst den direkten und indirekten Kosten stellt die Anwenderzufriedenheit eine wichtige Komponente in der Beurteilung der IT-Leistungen und Kosten dar. Die Anwenderzufriedenheit erlaubt einerseits Rückschlüsse auf die Qualität der von der IT erbrachten Leistungen. Andererseits erlaubt sie eine Positionierung der direkten und indirekten Kosten. So können z.B. die direkten Kosten durch sehr geringe Supportleistungen niedrig gehalten werden, dafür steigen die indirekten Kosten an und die Anwenderzufriedenheit sinkt. Deshalb ist es wichtig, die drei Komponenten direkte Kosten, indirekte Kosten sowie die Anwenderzufriedenheit als Ganzes zu betrachten und die einzelnen Komponenten im Zusammenhang zu sehen.

Die Anwenderzufriedenheit wird am besten zusammen mit den indirekten Kosten mit einer Webumfrage erhoben, die für das Gebiet Helpdesk so aussehen kann, wie es in Abbildung 8.3 gezeigt wird.

Beurteilung der Qualität der telefonischen Supportstelle (Helpdesk)							
Wie häufig nehmen Sie das Helpdesk der IT für Probleme und Fragen in Anspruch ?	Mind. einmal pro Woche	Mind. einmal pro Monat	Mind. einmal pro Quartal	Mind. einmal pro Halbjahr	Seltener	Nie	Weiß nicht
	○	○	○	○	○	○	○
Wie beurteilen Sie das Helpdesk bezüglich der...	Sehr schlecht	Schlecht	Eher schlecht	Eher gut	Gut	Sehr gut	Weiß nicht
... Erreichbarkeit (während den Bürozeiten)	○	○	○	○	○	○	○
... Freundlichkeit	○	○	○	○	○	○	○
... Fachkompetenz	○	○	○	○	○	○	○
... Effizienz	○	○	○	○	○	○	○
Wie beurteilen Sie alles in allem die vom Helpdesk erbrachten Leistungen?	○	○	○	○	○	○	○

Abbildung 8.3: Beispiel aus der Benutzerumfrage

Die daraus resultierende Auswertung sieht dann aus, wie in Abbildung 8.4 gezeigt.

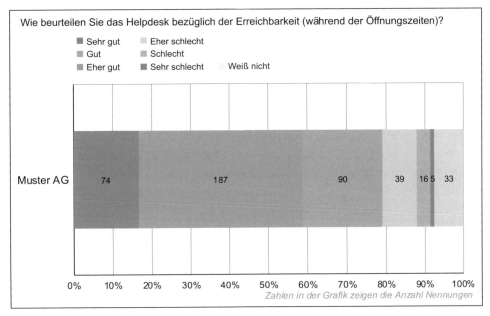

Wie beurteilen Sie das Helpdesk bezüglich der Erreichbarkeit (während der Öffnungszeiten)?

■ Sehr gut   ■ Eher schlecht
■ Gut   ■ Schlecht
■ Eher gut   ■ Sehr schlecht   ■ Weiß nicht

Zahlen in der Grafik zeigen die Anzahl Nennungen

Abbildung 8.4: Beispielauswertung der Benutzerumfrage

8.2 Zusammenhänge zwischen den direkten und indirekten Kosten

Es ist offensichtlich, dass sich die direkten und indirekten IT-Kosten gegenseitig beeinflussen. So steigen die indirekten Kosten an, wenn die Supportleistungen der IT reduziert werden und die Benutzer PC-Störungen selbst oder durch Kollegen beheben müssen. Ebenso sorgen redundante und damit entsprechend teure Systeme dafür, dass die Ausfallzeiten der Benutzer möglichst gering ausfallen. Auf der Applikationsseite sorgen funktional umfangreiche Systeme dafür, dass die Applikationsentwicklung durch die Benutzer auf einem Minimum gehalten werden kann.

Wie bei vielen Optimierungsfragen geht es auch bei den direkten und indirekten Kosten nicht darum, die eine oder andere Seite möglichst niedrig zu halten, sondern das Gesamtoptimum zu finden. Um dies zu erreichen, will ich Ihnen zuerst zwei Extremszenarien zeigen:

1. Szenario: Möglichst niedrige direkte Kosten
2. Szenario: Möglichst niedrige indirekte Kosten

8.2.1 Szenario 1: Möglichst niedrige direkte Kosten

In diesem Szenario werde ich – ohne Rücksicht auf Verluste – die direkten Kosten möglichst niedrig halten. Ich will dies bewusst in einem Extremszenario durchführen. In der Realität macht ein solches Vorgehen sicherlich keinen Sinn, es soll Ihnen jedoch helfen, zu verstehen, wie sich die direkten und indirekten Kosten in einem solchen Szenario verhalten. Auch wenn sich der einen oder anderen IT-Leiterin und dem einen oder anderen IT-Leiter die Haare sträuben werden, möchte ich dieses Experiment angehen und betrachten, was mit den verschiedenen Komponenten sowohl der direkten als auch der indirekten Kosten geschieht:

Hardware

Als Applikationsserver und Fileserver kommen möglichst günstige Modelle mit wenig Leistung zum Einsatz. Damit steigen zwar die Antwortzeiten an, dafür sinken die Kosten. Es kommen weder redundante Server noch Server mit redundanten Komponenten (Netzteil, Disks usw.) zum Einsatz.

Dasselbe Vorgehen wird beim Netzwerk gewählt: Einfache und günstige Netzwerk-Komponenten ohne Redundanz. Dies hat einen Einfluss sowohl auf die Verfügbarkeit als auch auf den Netzwerkdurchsatz und damit auf die Leistungsfähigkeit und die Antwortzeiten der Applikationen.

Last but not least werden nur die günstigsten und einfachsten PC-Modelle eingesetzt. Diese werden zudem während mindestens fünf Jahren genutzt, so dass die jährlichen Abschreibungen resp. Leasingraten möglichst gering ausfallen.

Software

Um die Software-Kosten möglichst niedrig zu halten, wird sie möglichst lange eingesetzt. So erfolgt ein Betriebssystemwechsel höchstens alle fünf Jahre und auch das E-Mail-System sowie MS Office werden für fünf oder noch mehr Jahre eingesetzt.

Die eingesetzte Software wird möglichst unverändert betrieben, so dass keine Software-Wartungsverträge nötig sind. Ebenfalls wird auf ein Systems Management System sowie ein Trouble-Ticket-System verzichtet. Dies hat sicherlich einen Einfluss auf die Verfügbarkeit und die Problemlösungsgeschwindigkeit und -qualität, hilft aber ebenfalls Kosten zu sparen.

Betrieb

Der IT-Betrieb wird auf ein absolutes Minimum reduziert. Durch die lange Lebensdauer der Systeme müssen kaum Anpassungen vorgenommen werden. Somit lassen sich die Betriebsaufwände – abgesehen von Problemen mit veralteten Systemen – reduzieren. Ein Benutzersupport wird weder in Form eines Helpdesks noch in Form eines Supports, der Störungen vor Ort behebt, angeboten. Ein Backup der Daten wird nicht durchgeführt und der Diskplatz ist auf das Minimum beschränkt.

8

Administration

Auch die Administrationsfunktionen sind in dem Extremszenario weitgehend überflüssig. Das IT-Management wird auf das Minimum beschränkt und Stabsstellen abgeschafft. Es wird weder eine Schulung der IT-Mitarbeiter noch der Anwender angeboten. Die finanzielle Planung und das Controlling der IT-Kosten sowie die Inventarisierung werden gestrichen.

Resultat

Die radikale Reduktion der direkten Kosten hat natürlich spürbare Auswirkungen auf die indirekten Kosten, die in den folgenden Gebieten ansteigen:

- **Applikationsentwicklung**: Falls die Geschäftsapplikationen ebenfalls nur noch mit minimalen Kosten weiterentwickelt werden, steigen die Aufwände für eigene Applikationsentwicklungen durch die Anwender an, ansonsten bleiben diese Aufwände unverändert.

- **Ausfallzeit**: Die Ausfallzeiten werden zunehmen. Einerseits ist kein System redundant ausgelegt und andererseits verursacht die veraltete Hardware mit der Zeit immer mehr Ausfälle.

- **File- und Datenmanagement**: Durch das fehlende Backup der Daten durch die IT sind die Benutzer gezwungen, selbst ihre Daten zu sichern oder bei Datenverlust die durch nicht gesicherte Daten verloren gegangenen Arbeiten nochmals auszuführen.

- **Schulung**: Die Schulungskosten werden kaum ansteigen, sondern eher sinken. Einerseits benötigt die konservative Software-Politik der IT durch die längere Nutzungsdauer der Applikationen weniger Schulung der Benutzer und andererseits wird ja durch die IT aus Kostengründen gar keine Schulung mehr angeboten.

▷ **Selbststudium:** Da keine Schulungen mehr angeboten werden, sind die Benutzer gezwungen, vermehrt Handbücher zu lesen und noch unbekannte Funktionen selbst auszuprobieren. Die konservative Software-Politik hilft jedoch auch hier, dass diese Aufwände nicht allzu stark ansteigen werden.

▷ **Kollegenunterstützung:** Dieser Teil nimmt signifikant zu, da die IT wegen fehlendem Helpdesk und nicht existierendem Support vor Ort keine Benutzerunterstützung anbietet. Damit sind die Benutzer vollständig auf sich selbst angewiesen.

8

Fazit

Vor allem die Aufwände für Kollegensupport und für File- und Datenmanagement sowie die Aufwände bedingt durch Ausfälle werden signifikant ansteigen. Der Aufwand für das Selbststudium wird wegen der mangelnden Schulung leicht ansteigen, während die Schulung mangels Angebot zurückgehen wird. Falls die Geschäftsapplikationen auch nur noch mit minimalem Aufwand weiterentwickelt werden, steigen auch die Aufwände für die Eigenentwicklungen nach einiger Zeit signifikant an.

Da die indirekten Kosten gleich hoch oder in einigen Fällen sogar höher als die direkten Kosten sein können, wird die Total Cost of Ownership in diesem Extremszenario mit größter Wahrscheinlichkeit signifikant ansteigen. Die direkten IT-Kosten und damit das IT-Budget können in dieser Variante zwar spürbar gesenkt werden. Durch die Verlagerung aller Aufwände zu den Benutzern hin wird jedoch nicht nur die Servicequalität absinken, sondern die indirekten Kosten werden ebenfalls stark ansteigen, so dass das Resultat etwa so wie in Abbildung 8.5 aussehen dürfte.

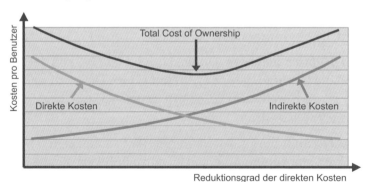

Abbildung 8.5: Entwicklung der indirekten Kosten in Abhängigkeit der direkten Kosten

Mit sinkenden direkten Kosten steigen die indirekten Kosten immer mehr an, bis sie das Niveau der direkten Kosten übersteigen. Die Total Cost of Ownership als Summe dieser beiden Kosten sinkt zuerst kontinuierlich bis zu ihrem Minimum und steigt dann wieder deutlich an.

8.2.2 Szenario 2: Möglichst niedrige indirekte Kosten

In diesem Szenario will ich die Denkweise um 180 Grad drehen und mit allen Mitteln versuchen, die indirekten Kosten auf das Minimum, am besten sogar auf null zu senken. Auch dieses Extremszenario macht natürlich mit seiner radikalen Ausprägung kaum Sinn, soll Ihnen aber helfen zu verstehen, wie sich die direkten Kosten in einem solchen Szenario verhalten.

Die Minimierung der indirekten Kosten geschieht in den sechs Gebieten der indirekten Kosten auf die folgende Art und Weise:

Applikationsentwicklung durch Benutzer

Um diese Komponente zu eliminieren, müssen entweder die Geschäftsapplikationen so ausgebaut werden, dass sämtliche Anforderungen der Benutzer erfüllt werden oder die Benutzung der PC muss so eingeschränkt werden, dass keine Applikationsentwicklung durch die Benutzer mehr möglich ist. Dies geschieht, indem weder Excel noch Access oder andere Applikationen und Tools zur Verfügung gestellt werden, mit denen sich Makros, Scripts oder sogar ganze Applikationen erstellen lassen.

Ausfallzeit

Um Ausfallzeiten zu vermeiden, müssen sämtliche Komponenten redundant ausgelegt werden sowie durch gut ausgebaute Systems-Management-Instrumente laufend überwacht werden.

File- und Datenmanagement

Damit sich die Benutzer nicht selbst um File- und Datenmanagement kümmern müssen, muss die IT die Sicherung sämtlicher Benutzerdaten – unabhängig von ihrem Speicherort – gewährleisten können. Durch ein ausgeklügeltes Dokumenten-Management-System wird zudem verhindert, dass sich die Benutzer darum kümmern müssen, wo ihre Daten abgelegt werden. Ebenfalls werden sämtliche Dokumente über das Dokumenten-Management-System referenziert, so dass das Suchen auf den verschiedenen Laufwerken entfällt.

Schulung

Die Schulungsaufwände lassen sich am einfachsten reduzieren, indem einfach keine Schulung mehr angeboten wird (weder intern noch extern). Damit wenden sich die Benutzer nicht nur mit Störungs- und Problemmeldungen an das Helpdesk, sondern ebenfalls mit Fragen bezüglich des Einsatzes und Gebrauches der Applikationen und des PC.

Dieses Vorgehen hat jedoch auch einen negativen Einfluss auf das Selbststudium und die Kollegenunterstützung, da sich die Benutzer bei einem Teil der Fragen an ihre Kolleginnen und Kollegen wenden oder probieren, die Probleme selbst zu lösen.

Selbststudium

Hier sind wir im selben Spannungsfeld wie bei der Schulung. Ein gutes Schulungsangebot senkt die Aufwände für das Selbststudium, erhöht jedoch damit die indirekten Kosten im Schulungsbereich. Durch ein attraktives und kompetentes Helpdesk lassen sich jedoch beide Faktoren signifikant senken.

Kollegenunterstützung

Auch für die Reduktion der Kollegenunterstützung ist ein attraktives und kompetentes Helpdesk Voraussetzung.

Resultat

Die Auswirkungen auf die direkten Kosten sind einfach erklärbar:

- **Hardware**: Die (mindestens theoretische) Verfügbarkeit von 100% bedingt eine vollständige Redundanz aller Systeme und damit entsprechende Hardware-Kosten. Dies kann im Bereich Server und Netzwerk zu einer Verdoppelung oder einem noch stärkeren Anstieg der Hardware-Kosten führen. Ebenfalls müssen – vor allem bei den Endgeräten – mehr Reserve- und Ersatzgeräte vorrätig gehalten werden, um bei einer Störung oder einem Ausfall die Hardware möglichst schnell wechseln zu können.

- **Software**: In der Kategorie Software werden vor allem die Lizenz- und Wartungskosten für die Systems Management Tools signifikant ansteigen, um die Systeme lückenlos überwachen zu können.

▷ **Betrieb**: Die Betriebsaufwendungen steigen einerseits durch die aufwändigere Überwachung der Systeme und kürzeren Interventionszeiten im Fehlerfall an. Andererseits muss das Helpdesk und der Support stark ausgebaut werden, um die fehlende Schulung und Kollegenunterstützung sowie das Selbststudium kompensieren zu können. Die redundante Auslegung aller Systeme erfordert auch deutlich mehr Aufwände bei der Planung und der Konfiguration sowie Installation der Systeme. Das lückenlose Backup erhöht die Betriebskosten ebenfalls.

▷ **Administration**: Die Administrationskosten werden nur marginal tangiert. Durch die besseren Supportleistungen und die höheren Verfügbarkeiten steigt auch der Führungsaufwand leicht an. Dies wird jedoch in etwa durch die nicht mehr angebotene Schulung kompensiert, so dass sich die Kosten für die Administration insgesamt nicht oder nur geringfügig verändern.

Fazit

Wie erwartet steigen in diesem Szenario die direkten Kosten signifikant an. Einerseits durch höhere Hardware- und Betriebskosten durch die redundante Auslegung aller Systeme. Andererseits durch den Ausbau des Helpdesks und des Supports, um die Benutzeraufwände für Schulung, Selbststudium und Kollegensupport kompensieren zu können.

Analog zum ersten Szenario entsteht eine ähnliche TCO-Entwicklung, jedoch mit vertauschten Kurven für die direkten und indirekten Kosten (siehe Abbildung 8.6).

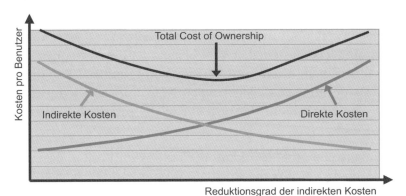

Abbildung 8.6: Entwicklung der direkten Kosten in Abhängigkeit der indirekten Kosten

Das Bild bleibt das gleiche wie bei der Reduktion der direkten Kosten im Szenario 1. Einzig die Kurven für die direkten und indirekten Kosten sind nun vertauscht.

8.2.3 Fazit

Die beiden Extremszenarien haben keine unerwarteten Resultate ergeben, sondern bereits vorhandene Vermutungen bestätigt. Wie in den meisten Gebieten geht es nicht darum, die eine oder andere Extremposition einzunehmen, sondern das Optimum zwischen direkten und indirekten Kosten, das die Rahmenbedingungen der Firma möglichst gut erfüllt, zu finden und zu realisieren.

Dabei bleibt jedoch eine wichtige Frage ungeklärt. Eine Reduktion der direkten Kosten wirkt sich direkt auf die Kostenstruktur der IT und damit der Firma aus und leistet so einen Beitrag zu ihrem Ertrag. Was jedoch geschieht bei einer Reduktion der indirekten Kosten? Nur durch eine Reduktion der indirekten Kosten sinken die Ausgaben der Firma in der Regel nicht. Damit ist die Auswirkung der indirekten Kosten auf den Ertrag der Firma in der Regel nicht spür-, geschweige denn nachweisbar, solange keine Arbeitsplätze abgebaut werden.

Dieser Frage will ich mich im folgenden Abschnitt zuwenden.

8.3 Ertragsrelevanz der indirekten Kosten

Ein Anstieg der indirekten Kosten heißt, dass die Aufwände der Benutzer für Applikationsentwicklung, Ausfallzeit, Selbststudium, Kollegensupport usw. angestiegen sind. Damit steht den Mitarbeitern der Firma weniger Zeit für die Ausübung ihrer eigentlichen Aufgaben zur Verfügung, da sie nun mehr Zeit für das Selbststudium, den Kollegensupport usw. aufwenden müssen. Es wird aber kaum eine Firma mehr Personal einstellen, um diesen Effizienzverlust zu kompensieren.

Umgekehrt bedeutet eine Reduktion der indirekten Kosten, dass den Mitarbeitern nun mehr Zeit für die Erledigung ihrer eigentlichen Aufgaben zur Verfügung steht. Es wird aber kaum eine Firma wegen der Reduktion der indirekten Kosten Mitarbeiter entlassen und damit Kosten einsparen. Dies wäre – abgesehen von den Auflagen der Gesetze, des Betriebsrates und der Gewerkschaften – auch sehr schwierig durchzuführen. Es ist ja nicht so, dass nun plötzlich gewisse Personen nicht mehr benötigt werden. Vielmehr betrifft die Effizienzsteigerung die ganze Firma, indem jedem Mitarbeiter mit einer Reduktion der indirekten Kosten etwas mehr Zeit zur Verfügung steht.

Das bedeutet jedoch, dass die indirekten Kosten keinen Einfluss auf den Ertrag der Firma haben. Bei einer Effizienzverschlechterung durch einen Anstieg der indirekten Kosten verschlechtert sich der Ertrag nicht, da keine weiteren Mitarbeiter angestellt werden. Umgekehrt verbessert sich die Ertragslage des Unternehmens bei einer Effizienzsteigerung durch Senkung der indirekten Kosten auch nicht, da dadurch keine Arbeitsplätze abgebaut werden. Diesen Effekt haben Sie schon in Kapitel 3 *Wirtschaftlichkeitsrechnungen* kennen gelernt. Ein Projekt, bei dem alle (oder ein Teil der) Mitarbeiter der Firma zehn Minuten ihrer Arbeitszeit pro Tag einsparen können, weist so lange keine Wirtschaftlichkeit auf, wie nicht ein Teil der Mitarbeiter abgebaut werden kann.

Mit dieser Betrachtung wären die indirekten Kosten völlig irrelevant, da sie – im Gegensatz zu den direkten Kosten – keine Auswirkung auf die Ertragslage des Unternehmens haben. Unser Gefühl sagt uns jedoch, dass dies in dieser Form nicht stimmt und die indirekten Kosten sehr wohl einen Einfluss auf das Unternehmen haben müssen.

8.3.1 Auswirkung von Effizienzsteigerungen

Der Volksmund weiß es schon lange: »Zeit ist Geld.«

Dieses Sprichwort hat sich auch stark in unseren Köpfen festgesetzt, ohne dass wir gemerkt hätten, dass es nur in einem Teil der Fälle stimmt.

Hohe Auswirkung von Effizienzsteigerungen

Wenn es uns gelingt, Güter schneller von A nach B zu transportieren, sparen wir Zeit und damit Geld, da wir nun in derselben Zeit mehr Transportaufträge ausführen können. Natürlich unter der Voraussetzung, dass weitere Transportaufträge vorhanden sind. Ebenfalls sparen wir Zeit und Geld, wenn es uns gelingt, einen Produktionsschritt in der Fabrikation zu verbessern, so dass er nur noch halb so viel Zeit für seine Durchführung benötigt. Damit kann ein Produktionsmitarbeiter in der gleichen Zeit doppelt so viel produzieren. Wieder unter der Voraussetzung, dass auch mehr Produktionsaufträge vorhanden sind.

8

Eine wichtige Bedingung für eine echte Effizienzsteigerung haben Sie jeweils im Nachsatz gesehen. Die Erhöhung der Produktivität bringt nur etwas, wenn auch mehr Aufträge vorhanden sind. Sind keine zusätzlichen Aufträge da, entstehen Leerlaufzeiten und die Kosten pro Auftrag sinken nicht. Können jedoch mehr Aufträge mit dem gleichen Mitarbeiterbestand erbracht werden oder kann das gleiche Auftragsvolumen mit weniger Mitarbeitern bewältigt werden, können die Effizienzsteigerungen tatsächlich umgesetzt und auch genutzt werden.

Geringe Auswirkung von Effizienzsteigerungen

Es gibt jedoch auch Aufgaben und Tätigkeiten, die weniger sensibel auf Effizienzsteigerungen reagieren. Hier stimmt die Gleichung »Zeit ist Geld« nicht oder nur bedingt.

Dies trifft zum Beispiel auf einen Entwicklungsingenieur zu, der ein neues Fernsehgerät entwickelt. Natürlich spielt hier Zeit ebenfalls eine wichtige Rolle. Sogar eine sehr wichtige, wenn es darum geht, ein neues Produkt in möglichst kurzer Zeit zu entwickeln und auf den Markt zu bringen. Steht jedoch einem Entwicklungsingenieur durch entsprechende Effizienzsteigerungen eine zusätzliche Stunde pro Tag zur Verfügung, heißt das nicht automatisch, dass dadurch die Entwicklungszeit verkürzt wird. Vielmehr wird diese Zeit in der Regel dazu verwendet, weitere Funktionen zu implementieren oder ausgiebigere Tests durchzuführen. Umgekehrt muss eine Verschlechterung der Effizienz nicht unbedingt eine Verlängerung der Entwicklungszeit bedeuten. Häufig wird in solchen Fällen die Funktionalität reduziert oder die Testphase verkürzt. Selbstverständlich hat dies ebenfalls Auswirkungen auf die Kosten und letztendlich auf den Ertrag des Unternehmens. Der Zusammenhang zwischen Effizienzsteigerung und der Auswirkung auf die Kosten ist jedoch nicht mehr so direkt wie in dem Beispiel vom Transportunternehmen oder von der Fabrikation.

Ein weiteres Beispiel von indirekter Auswirkung von Effizienzsteigerung auf die Kosten resp. den Ertrag des Unternehmens ist Software-Entwicklung. Hier liegen die Effizienzsteigerungen weniger darin, dass es gelingt, pro Tag einige Minuten oder sogar Stunden einzusparen. Vielmehr geht es darum, die Anforderungen genau zu kennen und zu dokumentieren sowie ein sauberes Software-Design zu erstellen und zu implementieren. Natürlich spielt Zeit auch hier eine große Rolle. Allerdings nicht mehr in Form von Einsparungen durch Effizienzsteigerungen, sondern durch die präzise Einhaltung des Projektplanes, um die geforderte Software termingerecht im vereinbarten Budget und hoher Qualität in den Betrieb überführen zu können. Wie verschiedene Untersuchungen zeigen, liegen die Unterschiede bezüglich der Design- und Implementationsgeschwindigkeit zwischen verschiedenen Personen bei mehr als einem Faktor zehn. Dies liegt in der Erfahrung und Arbeitsweise der unterschiedlichen Spezialisten und nicht in der Effizienzsteigerung von Minuten oder Stunden pro Tag begründet.

Zusammenfassung

Mit den Beispielen aus dem Transportwesen und der Produktion habe ich zwei Gebiete aufgezeigt, in denen Effizienzsteigerungen der Abläufe einen direkten Einfluss auf die Kosten haben. Entweder können mit den gleichen Ressourcen und damit den gleichen Kosten mehr Aufträge erledigt werden oder die gleiche Anzahl von Aufträgen kann mit weniger Ressourcen resp. Geld bewältigt werden.

Mit der Entwicklung von Hard- oder Software habe ich jedoch auch zwei Gebiete identifiziert, die nicht sehr sensibel auf Effizienzsteigerungen in Form von eingesparter Zeit reagieren. Hier gilt es vielmehr, mit einem sauberen Entwicklungsprozess und der Erfahrung der Spezialisten in möglichst kurzer Zeit Produkte mit hoher Funktionalität und hoher Qualität zu entwickeln und zu implementieren.

8.4 Fazit

Die Auswirkung der indirekten Kosten ist je nach Unternehmen resp. je nach Tätigkeit sehr unterschiedlich. Im einen Fall hat sie einen direkten Einfluss auf die Kosten und damit den Ertrag. Dies ist zum Beispiel so bei einem Transportunternehmen oder bei einer Fabrikation. Bedingung für die Ausnutzung der Effizienzsteigerungen in Form von reduzierten indirekten Kosten ist jedoch immer eine hohe Auslastung. Nur bei hoher Auslastung entstehen entsprechende Ertragssteigerungen, indem mit denselben Ressourcen mehr produziert oder mit weniger Ressourcen das gleiche Produktionsvolumen erbracht werden kann. Ist die Kapazität jedoch nicht praktisch vollständig ausgelastet, haben höhere Benutzeraufwände keinen oder nur einen geringen Einfluss auf den Ertrag, da sie ein Bestandteil der bereits vorhandenen Leerlaufzeiten sind.

8

Ein Beratungsunternehmen, das vollständig ausgelastet ist und sämtliche er-brachten Stunden der Berater mit seinen Kunden verrechnen kann, wird durch alle Faktoren, die eine Erbringung von verrechenbaren Leistungen be-einträchtigen, eine Ertragsminderung erfahren. Es wird deshalb anstreben, seine indirekten Kosten auf einem absoluten Minimum zu halten, und kann sich höhere direkte Kosten leisten, solange die Berater vollständig ausgelastet und verrechenbar sind.

Umgekehrt sieht der Fall im selben Beratungsunternehmen mit geringer Auslastung aus. Kann nur ein Teil der möglichen Stunden den Kunden in Rechnung gestellt werden, haben die Berater Leerlaufzeiten respektive üben Tätigkeiten aus, die dem Beratungsunternehmen keine direkten Einnahmen bringen. Hier haben höhere indirekte Kosten keinen oder nur einen sehr geringen Einfluss auf den Ertrag des Unternehmens. Dafür muss die Bera-tungsfirma möglichst niedrige direkte Kosten anstreben, da diese wiederum ertragswirksam sind.

Abbildung 8.7 verdeutlicht diese beiden Zustände.

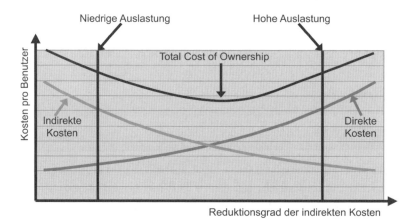

Abbildung 8.7: Anzustrebende TCO in Abhängigkeit der Auslastung

Bei einer niedrigen Auslastung (linke Markierung) sollten möglichst geringe direkte Kosten angestrebt werden. Die dadurch ansteigenden indirekten Kosten sind durch die niedrige Auslastung nicht ertragsrelevant. Mit dieser Strategie kann ein Unternehmen bei gleichbleibender TCO seine effektiven Kosten senken.

Umgekehrt sieht die Situation bei hoher Auslastung aus (rechte Markierung). Hier muss alles unternommen werden, um die hohe Auslastung nicht durch Effizienzverminderungen einbrechen zu lassen. Daher lohnt es sich in der Regel, die direkten zu Gunsten der indirekten Kosten zu erhöhen.

So weit die Theorie. In der Praxis ist es leider nicht so einfach, kurzfristig seine direkten oder indirekten IT-Kosten zu senken. Häufig dauert dieser Prozess mehrere Monate oder sogar Jahre, so dass dadurch nicht auf kurzfristige Auslastungsschwankungen reagiert werden kann. Wichtig ist es jedoch, sich der Zusammenhänge zwischen den direkten und indirekten Kosten bewusst zu sein.

8

Bei vielen Dienstleistungsunternehmen wie Banken und Versicherungen, aber auch bei Entwicklungsabteilungen aller Art ist die Auswirkung von Effizienzsteigerungen auf den Ertrag des Unternehmens nur schwer oder sogar gar nicht nachweisbar. Hier kann ein höheres Niveau der indirekten Kosten in Kauf genommen werden.

Produzierende Unternehmen oder Unternehmen mit hoher verrechenbarer Auslastung spüren jedoch die Auswirkungen der indirekten Kosten wesentlich stärker in Form von Effizienzsteigerungen resp. Effizienzverlusten. Hier kann es sich lohnen, die direkten zu Gunsten der indirekten Kosten zu erhöhen.

Bei all diesen Überlegungen darf jedoch eine hohe Auslastung nicht mit einer hohen Arbeitslast (Überstunden) gleichgesetzt werden. Es kann durchaus sein, dass die Mitarbeiter viel Zeit für ihre Arbeit aufwenden müssen und trotzdem nur eine geringe verrechenbare Auslastung erzielen. In Beratungsunternehmen mit der direkten Verrechenbarkeit der erbrachten Stunden ist dieser Zusammenhang offensichtlich und sehr einfach herzustellen. In allen anderen Gebieten, in denen die Arbeitsleistung eines einzelnen Mitarbeiters nicht direkt mit dem Umsatz resp. Ertrag des Unternehmens in Verbindung gebracht werden kann, ist die verrechenbare Auslastung eines Mitarbeiters sehr schwierig oder gar nicht nachweisbar.

In jedem Fall ist jedoch eine hohe Auslastung der Mitarbeiter bei niedrigem Ertrag ein Alarmzeichen, dem man große Beachtung schenken sollte.

9 Benchmarking

Benchmarking wurde Anfang der achtziger Jahre populär, nachdem Canon 1979 einen Kopierer auf den Markt gebracht hatte, der deutlich günstiger als die Modelle von Xerox war. Nachdem Xerox zuerst geglaubt hatte, dass die Geräte von Canon unter dem Herstellungspreis verkauft wurden, um Marktanteile zu gewinnen, mussten sie nach entsprechenden Untersuchungen und Analysen feststellen, dass es Canon tatsächlich gelungen war, Kopierer so günstig zu produzieren. Als Reaktion darauf hat Xerox die verschiedenen Fertigungs- und Lagerprozesse bei unterschiedlichen Firmen auf der ganzen Welt untersucht und gebenchmarkt und durch entsprechende Maßnahmen ihre Kosten letztendlich auf das niedrigee Niveau von Canon gebracht.

Die Suche nach Best Practices zur Steigerung der Leistungen und Senkung der Kosten ist heute noch der Kerngedanke von Benchmarking. In der IT wird damit untersucht, ob die Kosten und Leistungen sich auf einem konkurrenzfähigen Niveau befinden und wie anhand der Erfahrungen anderer Firmen die Leistungen gesteigert und die Kosten weiter gesenkt werden können.

Obwohl sich mit Benchmarking auch die indirekten Kosten vergleichen lassen, wird Benchmarking meist auf den Vergleich der direkten Kosten angewendet.

Total Cost of Ownership (TCO)		
Indirekte Kosten	Applikationsentwicklung durch Benutzer (Makros)	Schulung
	Ausfallzeit	Selbststudium (Handbücher studieren, ausprobieren)
	File- und Datenmanagement	Kollegenunterstützung
Direkte Kosten	Hardware	Betrieb
	Software	Administration

Abbildung 9.1: Total Cost of Ownership

Die folgenden Ausführungen beziehen sich deshalb auf das Gebiet der direkten Kosten, können jedoch in den meisten Fällen unverändert ebenfalls auf die indirekten Kosten angewendet werden.

Um bei IT-Projekten beurteilen zu können, ob die Projektkosten gerechtfertigt sind, kann den Kosten einfach der durch das Projekt realisierbare Nutzen gegenübergestellt werden. So wird schnell ersichtlich, ob sich die Realisierung des Projektes lohnt und ob die Projektkosten gerechtfertigt sind (siehe auch Kapitel 3 *Wirtschaftlichkeitsrechnungen*). Nicht beantwortet werden kann damit allerdings, ob das Projekt effizient abgewickelt wird und ob die Projektkosten nicht – trotz positiver Wirtschaftlichkeitsrechnung – noch niedriger gehalten werden könnten. Diese Frage kann durch ein Projektreview geklärt werden.

Bei den IT-Betriebskosten ist es wesentlich schwieriger zu beurteilen, ob diese gerechtfertigt sind oder ob sich der IT-Betrieb nicht doch kostengünstiger realisieren ließe. Die IT-Betriebskosten stehen immer latent unter dem Vorwurf »Muss denn das so teuer sein? Geht das nicht auch günstiger?« Kaum eine IT steht nicht unter Kostendruck oder gar dem Vorwurf, zu teuer zu sein, und vielfach hat das Management und die Anwender den Eindruck, dass die IT-Leistungen doch eigentlich auch günstiger zu erbringen sein müssten.

Um diese Frage zu beurteilen, hilft Benchmarking. Benchmarking erlaubt, die IT-Betriebsleistungen mit anderen Firmen sowie mit Referenzwerten zu vergleichen, um festzustellen, dass die Betriebskosten sich bereits auf einem sehr niedrigen Niveau befinden bzw. dass noch entsprechendes Kostenpotenzial in den Betriebskosten steckt und wie dieses realisiert werden kann.

Natürlich lassen sich auch IT-Projekte benchmarken. Hier wird jedoch in der Regel verglichen, wie viele Zeilen Code oder Function Points pro Zeiteinheit erstellt werden oder wie viele Fehler pro Tausend Zeilen Code in der Testphase oder im produktiven Betrieb gefunden werden. Die Kosten eines Projektes werden jedoch nur selten gebenchmarkt, da jedes Projekt unterschiedliche Anforderungen zu erfüllen hat und teilweise nur sehr schwierig mit anderen Projekten verglichen werden kann.

Was jedoch bei den Projektkosten immer verglichen werden kann, ist der Vergleich von verschiedenen Anbietern zur Realisierung der geforderten Funktionalität. Die Spezifikation der zu realisierenden Funktionalität wird verschiedenen Anbietern inklusive der internen IT für die Erstellung eines

Angebotes zugestellt. Die von den Anbietern erstellten Angebote lassen sich sodann miteinander vergleichen, um das Projekt dem besten Anbieter zur Realisierung zu übergeben oder um zu überprüfen, ob die von der IT offerierten Kosten marktgerecht sind.

Im vorliegenden Kapitel möchte ich mich jedoch weniger auf das Benchmarking von IT-Projekten, sondern vor allem auf das Benchmarking der Betriebsleistungen konzentrieren.

Zuerst möchte ich mich den Benchmarking-Grundlagen, verschiedenen Benchmarking-Szenarien sowie den verschiedenen Benchmarking-Möglichkeiten zuwenden, um dann zum Abschluss dieses Kapitels konkrete Benchmarking-Kennzahlen aus dem Gebiet PC-Arbeitsplatz vorzustellen und zu erläutern.

Beginnen wir mit den Grundlagen und damit zuallererst mit der Motivation für Benchmarking.

9

9.1 Motivation für Benchmarking

Die Erfahrungen aus über zwei Dutzend Benchmarking-Projekten zeigen, dass es zwei verschiedene Grund-Motivationen für ein Benchmarking gibt:

1. **Standortbestimmung**: Bei einer Standortbestimmung durch Benchmarking geht es vor allem darum, festzustellen, ob sich die Leistungen und Kosten im Vergleich mit anderen Firmen auf vergleichbarem Niveau befinden. Häufig geht es weniger darum, vorhandenes Potenzial zu finden und umzusetzen. Vielmehr wird eine Bestätigung des eigenen Kostenniveaus gesucht.

2. **Leistungssteigerung**: Wird Benchmarking als Leistungssteigerung eingesetzt, wird vor allem der Vergleich zu den Besten gesucht. Es geht nicht darum, das aktuelle Kostenniveau zu begründen. Vielmehr werden unermüdlich weitere Maßnahmen und Best Practices gesucht, um die Leistung weiter steigern und die Kosten noch mehr senken zu können. Firmen, die Benchmarking zur Leistungssteigerung betreiben, weisen einen gesunden Sportsgeist auf und wollen Spitzenleistungen erreichen.

Die folgende Übersicht stellt die beiden wichtigsten Beweggründe für die Durchführung eines Benchmarkings einander gegenüber:

	Standortbestimmung	Leistungssteigerung
Motivation	Rechtfertigung der Kosten	Streben nach besten Leistungen und niedrigsten Kosten
Fragestellung	Sind wir zu teuer?	Wie können wir noch besser und kostengünstiger werden?
Anspruch	Besser als der Durchschnitt zu sein	Zu den Besten zu gehören
Ziel	Suche nach der Differenz zur Vergleichsgruppe bzw. zum Durchschnitt Schaffung von Transparenz Erhöhung der Steuerbarkeit	Suche nach Bestwerten und Best Practices Weitere Leistungssteigerung und Kostensenkung Orientierung an den Besten
Vergleichsgruppe	Durchschnitt	Spitzenwerte (Benchmark)
Vergleichswerte	Vergleichswerte aus derselben Branche	Spitzenwerte unabhängig von der Branche
Geografischer Vergleich	Gleiche geografische Region	Spitzenwerte unabhängig von der geografischen Region

Tabelle 9.1: Gegenüberstellung der Beweggründe für ein Benchmarking

Es geht nicht darum, den einen Beweggrund besser als den anderen zu positionieren. Vielmehr ist es wichtig, dass sich sämtliche am Benchmarking beteiligten Personen einig über die Zielsetzung sind. Je nach Beweggrund unterscheiden sich die Diskussionen bei der Entscheidung für die Durchführung eines Benchmarkings.

Bei der **Standortbestimmung** finden in der Regel ausgiebige Diskussionen über die Vergleichbarkeit der anderen Benchmarking-Teilnehmer und der daraus resultierenden Durchschnittswerte statt. Die Frage nach der Branchenzugehörigkeit der anderen Teilnehmer sowie nach der gleichen geografischen Region spielt in der Regel eine große Rolle. Häufig wird auch dem Ansehen und dem Bekanntheitsgrad des Beratungsunternehmen, das das Benchmarking durchführt, eine große Bedeutung zugemessen, da dadurch die erhaltenen Benchmarking-Resultate auch entsprechend nach außen kommuniziert und belegt werden können.

Ganz anders gestalten sich die Diskussionen bei Unternehmen, die Benchmarking zur **Leistungssteigerung** einsetzen. Hier konzentrieren sich die Gespräche in der Regel vor allem darauf, welche Unternehmen – teilweise aus völlig anderen Branchen – wohl Spitzenleistungen erzielen und wie man an deren Vergleichswerte herankommen und von deren Erfahrungen profitieren kann.

9.2 Schwierigkeiten beim Benchmarking

Nachdem wir uns über die Motivation für ein Benchmarking klar geworden sind, möchte ich die Schwierigkeiten, die beim Benchmarking auftreten können, näher betrachten. Benchmarking-Projekte scheitern häufig an drei Faktoren:

1. Fehlendes Benchmarking-Modell
2. Mangelnde Vergleichsgruppe
3. Keine Umsetzung der Maßnahmen

Diesen drei kritischen Erfolgsfaktoren möchte ich mich im Folgenden näher zuwenden.

9.2.1 Benchmarking-Modell

Ein Benchmarking-Modell ist Voraussetzung, um überhaupt ein Benchmarking durchführen zu können. Ohne ein solches Modell werden im wahrsten Sinne des Wortes Äpfel mit Birnen verglichen.

Im Gebiet PC-Arbeitsplatz können viele Benchmarking-Effekte einfach und illustrativ dargestellt werden. Aus diesem Grund und wegen der ausgiebigen Benchmarking-Erfahrungen im Bereich PC-Arbeitsplatz stammen die folgenden Beispiele und Ausführungen vorwiegend aus diesem Gebiet.

Wer kennt die Frage nicht »Wie viel kostet ein PC in eurer Firma?« Dabei ist in der Regel nicht der Beschaffungspreis, sondern der Verrechnungspreis eines PC inkl. Helpdesk, Support, E-Mail usw. gemeint. Leider führt die obige Frage praktisch nie zu vergleichbaren Resultaten, da nicht definiert ist, was unter »PC« verstanden wird. Unter anderem sind die unten stehenden Elemente je nach Firma enthalten oder nicht im Verrechnungspreis eines PC inbegriffen:

- Netzwerkkosten
- Software-Lizenzen (für welche Software?)
- PC-Hardware
- PC-Ausbildung
- Support durch Power-User
- E-Mail
- Internetzugang
- usw.

Anhand dieser Fragen wird schnell ersichtlich, dass ein Vergleich verschiedener PC-Preise nur dann zulässig ist, wenn vorweg definiert wurde, was unter einem »PC« verstanden wird, und dann die jeweiligen Kosten entsprechend zusammengestellt werden.

Genau dieses Problem löst das Benchmarking-Modell:

- Es definiert die Gebiete wie z.B. Netzwerk, E-Mail, Fileserver usw., die in dem Beispiel zu einem PC-Arbeitsplatz gehören und grenzt diese voneinander ab.

- Es gibt vor, welche Kostenblöcke (Personalkosten, Sachkosten, Abschreibungen usw.) in welcher Art zu berücksichtigen sind.

- Es definiert, welche Nebenkosten (z.B. Raumkosten, Management-Overhead usw.) ebenfalls zu berücksichtigen sind.

- Es regelt, für welche Periode die entsprechenden Kosten zu erheben sind.

Das Benchmarking-Modell ist in der Regel ein Fragebogen mit den obigen Definitionen (siehe Abbildung 9.3 und Abbildung 9.4), der von allen am Benchmarking teilnehmenden Unternehmen ausgefüllt wird.

Abbildung 9.2 veranschaulicht die Zusammenhänge.

Auf der obersten Ebene befindet sich das eigentliche Benchmarking-Modell, das die verschiedenen Gebiete definiert und voneinander abgrenzt.

Die mittlere Ebene enthält die Kosten- und Leistungsdefinitionen. Mit den Leistungsdefinitionen werden die Anforderungen bezüglich Servicezeiten, Mehrsprachigkeit, Verfügbarkeit usw. erkannt und festgehalten.

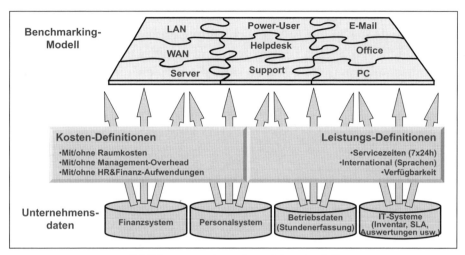

Abbildung 9.2: Benchmarking-Modell

Die Kostendefinitionen legen fest, welche Kosten in welcher Art im Benchmarking berücksichtigt werden:

▷ Werden Raumkosten ebenfalls berücksichtigt oder werden die Kostenblöcke ohne Raumkosten erhoben, um keine Verfälschung durch Gebiete zu erhalten, die nur indirekt mit dem Benchmarking verknüpft sind?

▷ Wird der Management-Overhead ebenfalls berücksichtigt (Vollkostenrechnung) oder geht es auch hier darum, nur die direkten Kosten im Benchmarking-Gebiet ohne Verzerrungen durch andere Einflüsse zu erfassen?

▷ Werden Umlagen von anderen Abteilungen (Personaldienst, Finanzen) ebenfalls im Benchmarking berücksichtigt oder werden auch hier nur die im direkten Blickfeld des Benchmarkings liegenden Kosten eingerechnet?

Auf der untersten Ebene schlussendlich sind die Unternehmensdaten wie das Finanzsystem (Betriebsbuchhaltung, Anlagebuchhaltung usw.), Personalsystem (Anzahl Mitarbeiter, Organisation, Gehälter usw.), Betriebsdaten (Stundenerfassung) sowie IT-Systemdaten wie Inventar, Verfügbarkeiten, SLA usw. dargestellt.

Da nicht davon ausgegangen werden kann, dass alle Unternehmen denselben Kontenplan einsetzen, und sie zudem nach unterschiedlichen Richtlinien und Grundsätzen Abschreibungen vornehmen, können die Finanzdaten nur selten direkt aus den Finanzsystemen entnommen werden. Gerade in diesem Gebiet sind übergreifende Definitionen im Rahmen des Benchmarking-Modells von großer Wichtigkeit, da sonst Abschreibungsrichtlinien gebenchmarkt werden statt der effektiven Werte.

9

Um die Vergleichbarkeit unter den verschiedenen Firmen sicherzustellen, werden anstelle der in der Anlagebuchhaltung enthaltenen Abschreibungen die ursprünglichen Beschaffungskosten und die effektive Nutzungsdauer in den Vergleich übernommen. Nur so kann die Vergleichbarkeit zwischen den Firmen gewährleistet werden.

Ein Fragebogen für die Erhebung der Benchmarking-Werte im Gebiet Helpdesk sieht folgendermaßen aus:

Helpdesk

Single Point of Contact (SPOC) für sämtliche Fragen und Probleme der Benutzer. Das Helpdesk löst so viele Probleme wie möglich am Telefon oder über Fernzugriff auf den PC des Benutzers. Probleme, die das Helpdesk nicht lösen kann, werden via Trouble Ticket System an den Field/OnSite-Support oder weitere Stellen (Server-Manager, LAN-Betreuer, E-Mail-Spezialisten, Client-Engineering, SW-Distribution oder Hersteller) weiter geleitet.

No	Frage	Antwort
H0	Firma	....
	Bereich, Abteilung	....
	Ansprechperson	....
	Erfassungsdatum	....
H1	Anzahl Benutzer	....
	Anzahl Mitarbeiter mit Zugriff auf das PC-Netzwerk (Eintrag im Active Directory resp. NDS). Einträge für Schulungs-PC (wie Schulung1, 2 ...) und technische Einträge (wie z.B. Test-Accounts), die nicht direkt einem Benutzer zugeordnet werden können, werden nicht berücksichtigt.	
H2	Unterstützte Sprachen	❏ D ❏ F ❏ I ❏ E ❏ ....
	Unterstützte Sprachen, mit denen sich die Benutzer an das Helpdesk wenden können.	
H3	Servicezeiten	Mo..Fr ....
	Servicezeiten, in denen das Helpdesk den Benutzern telefonisch zur Verfügung steht. In Randzeiten können Anrufe an das Helpdesk auch zu einem Mitarbeiter nach Hause weitergeleitet werden, so lange der übliche Service weiterhin gewährleistet werden kann (kein Anrufbeantworter, kein Bereitschaftsdienst mittels E-Mail, SMS oder Pager)	Sa ....
		So ....
		Total Servicestunden pro Woche: ....
H4	Calls pro Jahr	....
	Gesamtzahl aller Anrufe an das Helpdesk pro Jahr. Dazu zählen ebenfalls Anrufe an das Helpdesk, die bei einer Störung eines IT-Systems von einem Band automatisch beantwortet werden. Bei den Anfragen wird nicht unterschieden, ob sie sich auf die IT-Infrastruktur oder auf Applikationen beziehen.	
H5	*Anzahl Calls pro Benutzer und Jahr*	....
	Anzahl der Anrufe pro Jahr, mit denen sich ein Benutzer an das Helpdesk wendet (H4/H1).	
H6	Anzahl Agenten (FTE = Full Time Equivalents)	.... Interne FTE
	Anzahl Agenten im Helpdesk in Vollzeitstellen ausgedrückt. Interne FTE = festangestellte MA und im Stundenlohn/temporär angestellte MA Externe FTE = Mitarbeiter von Drittfirmen (Personalverleih))	.... Externe FTE
		.... **Total FTE**
H7	*Calls pro Agent und Jahr*	....
	Anzahl der Anrufe (ohne der Anrufe, die bei einer Störung ab Band beantwortet werden), die ein Helpdesk-Agent im Jahr beantwortet ((H4 - Antworten ab Band)/H6).	
H8	Verlorene Calls (lost rate)	.... %
	Verhältnis der Anrufe, die von einem Agenten oder vom Band beantwortet wurden, zur Gesamtanzahl aller Anrufe an das Helpdesk.	

Abbildung 9.3: Fragebogen zum Gebiet Helpdesk (Teil 1)

H9	Gelöste Probleme im Helpdesk (First fixed rate)	.... %
	Verhältnis der Anrufe, die im Helpdesk direkt gelöst werden können (inkl. Passwortrücksetzungen), zur Gesamtanzahl aller Anrufe an das Helpdesk. Die Differenz wird mittels Trouble Tickets an weitere Supportstellen (2nd/3rd-Level Support) weiter gegeben.	
H10	Durchschnittliche Wartezeit am Telefon	.... Sekunden
	Die Wartezeit ist definiert als Zeit zwischen der erster Möglichkeit für das Helpdesk, das Telefon abzunehmen, bis zur effektiven Abnahme des Telefons. Bandansagen, die nicht unterbrochen werden können, zählen nicht als Wartezeit.	
H11	Durchschnittliche Gesprächsdauer	.... Minuten
	Durchschnittliche Dauer für einen Anruf an das Helpdesk ("Gebührenzähler")	
H12	Call Pattern	..........% Passwort zurücksetzen
	Verteilung der Anfragekategorien an das Helpdesk ohne Einrichten/Mutieren/Löschen von Benutzern.	..........% HW-Störungen
		..........% Office/Mail/Calendar
		..........% Business-Applikationen
		..........% ....
		100 % Total
H13	Kostenstruktur	€ .... Interne Personalkosten
	Interne Personalkosten **inkl**. Löhne, Sonderzahlungen, Spesen, Sozialabgaben, Pensionskasse, Ausbildung, Überstunden usw. **ohne** Raumkosten und Overhead anderer Abteilungen (Finanzen, Personaldienst, Management usw.)	€ .... Externe Personalkosten
		€ .... Telefonieanlage
	Externe Personalkosten = Externe Contractors	€ .... Trouble Ticket System
	Sachkosten: Jährliche **Abschreibungen** der aktuellen HW oder SW (keine Investitionen). Dabei gilt nicht die Abschreibedauer gemäß Buchhaltung, sondern die effektive Nutzungsdauer (linear auf die Nutzungsjahre verteilt).	€ .... eigene PC, Drucker usw.
		€ .... Services im Outsourcing
	Sachkosten exklusive der gesetzlichen Mehrwertsteuer.	€ .... Diverses
		€ .... **Total**
H14	*Kosten pro Anruf*	€ ....
	Durchschnittliche Kosten pro Anruf an das Helpdesk (H13/H4)	
H15	*Kosten pro Benutzer und Monat*	€ ....
	Durchschnittliche Kosten pro Benutzer im Monat (H13/H1/12)	
H16	Reporting an Kunden	❑ Anzahl Anrufe
	Regelmäßige Reports an die Kunden in schriftlicher Form, per E-Mail, Intranet usw.	❑ Verlorene Calls (lost rate)
		❑ Wartezeit bis zur Anrufentgegennahme
		❑ First fixed rate
		❑ Kundenzufriedenheit
		❑ ....
		❑ ....
		❑ ....
		❑ kein Reporting

Abbildung 9.4: Fragebogen zum Gebiet Helpdesk (Teil 2)

9.2.2 Vergleichsgruppe

Der zweite wichtige Erfolgsfaktor bei einem Benchmarking ist die Vergleichs-gruppe. Mit wem sollen die eigenen Werte verglichen werden? Mit anderen Unternehmen aus derselben Branche oder mit den besten Unternehmen in der jeweiligen Disziplin? Wie Sie in Abschnitt 9.1 Motivation für Benchmarking gesehen haben, existieren zwei hauptsächliche Beweggründe für ein Benchmarking: Standortbestimmung oder Leistungssteigerung.

Ich möchte mich zuerst diesen beiden Aspekten zuwenden. Später, in Abschnitt 9.6 Möglichkeiten zum Benchmarking wird dann vorgestellt, wie man zu Vergleichsdaten kommt.

Standortbestimmung

Bei einer Standortbestimmung ist es wichtig, dass die Vergleichgruppe aus der gleichen oder mindestens einer ähnlichen Branche stammt. Hier will man sich ja mit mehr oder weniger direkten Konkurrenten vergleichen, um festzustellen, ob man gegenüber diesen konkurrenzfähig ist oder über entsprechendes Optimierungspotenzial verfügt.

Selbst beim Benchmarking von IT-Infrastrukturen (Windows-, Unix- und Host-Server, Electronic Workplace usw.), wo man in vielen Fällen davon ausgehen könnte, dass die entsprechenden Leistungen und Kosten über viele Branchen hin vergleichbar sind, spielt die Vergleichsgruppe eine große Rolle. Benchmarks im Gebiet Electronic Workplace bei über zwei Dutzend Unternehmen aus unterschiedlichsten Branchen haben gezeigt, dass das Kostenniveau für dieselben Leistungen je nach Branche sehr unterschiedlich ausfallen kann. Unterschiede von über 50% je nach Branche sind keine Seltenheit.

Ein weiterer Komplexitätsfaktor kommt dazu, wenn die Benchmarking-Werte nicht nur mit Unternehmen aus demselben Land, sondern international verglichen werden sollen. Hier ergeben sich bei einer Standortbestimmung sofort Diskussionen, ob denn die Werte von einem Unternehmen in einem anderen Land mit einem unterschiedlichen Lohnniveau mit den eigenen Werten verglichen werden können.

Wird eine zu schwache Vergleichsgruppe ausgewählt, entstehen ebenfalls Verzerrungen, die die Benchmarking-Resultate in einem fragwürdigen Licht erscheinen lassen. Wurden die guten Resultate dank guter Leistungen oder nur dank einer schwachen Vergleichsgruppe erreicht? Nicht umsonst existiert das Sprichwort »Der Einäugige ist der König unter den Blinden.«

Somit sind die folgenden Punkte bei einer Standortbestimmung zu beachten:

▷ **Branche**: Die Vergleichsgruppe soll aus der gleichen oder einer verwandten Branche stammen, um zu vergleichbaren Resultaten zu kommen.

▷ **Geografie**: Die Vergleichsunternehmen sollen aus geografischen Regionen mit vergleichbaren Arbeitsverhältnissen (Gehaltsniveau, Sozialleistungen usw.) stammen; in der Regel aus demselben Land.

Leistungssteigerung

Anders verhält es sich bei einem Benchmarking-Projekt, wenn die Steigerung der eigenen Leistungen im Vordergrund steht. Hier interessiert der Branchendurchschnitt oder andere Mittelwerte nur am Rande. Beim Ziel der Leistungssteigerung werden die besten Unternehmen unabhängig von ihrer Branche und geografischen Region gesucht. Einerseits werden die besten Werte gesucht, um herauszufinden, was möglich ist. Andererseits interessiert natürlich vor allem, wie denn diese Unternehmen ihre Spitzenleistungen erreichen, auch wenn vielleicht die eigenen Rahmenbedingungen solche Extremwerte nicht zulassen.

Damit kristallisieren sich bei der Leistungssteigerung die folgenden drei Hauptkriterien heraus:

▷ **Spitzenwerte**: Es werden keine Durchschnittswerte, sondern Unternehmen mit Bestwerten (Benchmark) gesucht.

▷ **Best Practices**: Sind die Unternehmen mit den besten Leistungen gefunden, geht es darum, von ihren Erfahrungen und Best Practices zu profitieren.

▷ **Keine Anonymität**: Der Austausch von Erfahrungen bedingt natürlich, dass mit den jeweiligen Unternehmen Kontakt aufgenommen werden kann, was bei einer anonymen Durchschnittsgruppe nicht möglich ist.

Damit wird offensichtlich, dass die Wahl der Vergleichgruppe stark von den zu verfolgenden Zielen abhängt: Durchschnittswerte aus der eigenen Branche im einen Fall oder Spitzenwerte und Erfahrungsaustausch im anderen Fall.

9.2.3 Maßnahmen

Als dritter Erfolgsfaktor beim Benchmarking steht die Erarbeitung und Umsetzung von Verbesserungsmaßnahmen. Jede der bis dahin untersuchten IT-Abteilungen hatte noch Verbesserungspotenzial, auch wenn sie den Benchmark in einer bestimmten Disziplin oder sogar insgesamt gesetzt hat.

9

Während es noch relativ einfach ist, aufzuzeigen, welche Maßnahmen zur Verbesserung der Leistungswerte und Kosten nötig sind, ist deren Umsetzung wesentlich schwieriger. Viele Manager geben sich mit den Benchmarking-Resultaten zufrieden und legen den Vergleich wieder zu ihren Akten. Dies ist vor allem häufig dann der Fall, wenn das Ziel des Benchmarkings eine Positionsbestimmung war. Falls der Vergleichsdurchschnitt erreicht oder sogar unterboten werden konnte, fühlt sich die Firma bestätigt, dass die erbrachten Leistungen konkurrenzfähig sind, und leitet nur selten Verbesserungsmaßnahmen ein.

War hingegen eine Leistungssteigerung das Ziel des Benchmarkings, werden meist auch entsprechende Maßnahmen erarbeitet und umgesetzt. Dabei ist es wichtig, diese Maßnahmen zu verfolgen und einem Controlling zu unterziehen. Am besten wird das Benchmarking nach zwölf oder spätestens 18 Monaten nochmals wiederholt, um nachzuweisen, dass die Maßnahmen erfolgreich umgesetzt werden konnten. Beim erneuten Benchmarking kann sich allerdings zeigen, dass die anderen Unternehmen mittlerweile ebenfalls weitere Fortschritte gemacht haben und die Latte in der Zwischenzeit nochmals höher hängt. Sportlich orientierte IT-Leiter wird dies jedoch zusätzlich anspornen und nicht etwa abschrecken.

Eine sehr gute Variante zur Verfolgung der Benchmarking-Werte ist die Aufnahme der wichtigsten Werte in einer Scorecard. Eine weit entwickelte IT misst diese monatlich und leitet aus den Tendenzen der verschiedenen Werte Maßnahmen zur ständigen Optimierung (Continous Improvement) ab.

Häufig ist das Kostenniveau der IT jedoch von deren Rahmenbedingungen – sprich der Firma und deren Kultur und Gegebenheiten – abhängig. Solche Rahmenbedingungen sind häufig sehr schwierig zu beeinflussen. So verfügt zum Beispiel eine der untersuchten Firma mit rund 1 000 Benutzern über ein so stabiles Software-Umfeld, dass im Monat nicht mehr als zwei Tage eines Mitarbeiters für die Packetierung und Verteilung von Software aufgewendet werden muss, während eine andere Firma mit 7 000 Benutzern ein ganzes Team mit knapp zehn Mitarbeitern beschäftigt, um den ständigen Anforderungen nach der Verteilung neuer oder geänderter Software nachzukommen.

9.3 Benchmarking der gesamten IT-Kosten

In vielen Firmen steht die etwas pauschale Frage im Raum, ob die Gesamt-IT-Kosten denn gerechtfertigt seien und wie diese im Vergleich zu anderen Firmen abschneiden.

Obwohl die Antwort auf diese Frage sehr interessant wäre, lässt sich die Frage in der oben gestellten Form– trotz der Behauptung vieler Beratungsunternehmen – leider nicht beantworten. Wieso dies so ist, wird im Folgenden aufgezeigt. Natürlich werde ich trotz der Unlösbarkeit der Aufgabenstellung auch Wege aufzeigen, wie mindestens ein Teil der Fragestellung beantwortet werden kann.

9.3.1 Was sind IT-Kosten?

Das Dilemma der Vergleichbarkeit der IT-Kosten beginnt bei der Definition, was denn eigentlich IT-Kosten sind. Jede Firma definiert ihre IT-Kosten wieder anders und unterscheidet sich z.B. in den folgenden Punkten:

▷ Bei der einen Firma zählen die Kosten für den von der IT beanspruchten Raum zu den IT-Kosten, bei einer anderen Firma werden sie nicht direkt der IT belastet.

▷ Die eine Firma hat ein gut ausgebautes Rechenzentrum und belastet die entsprechenden Kosten für Raum, Energie, Klimatisierung und Sicherheit auch der IT, bei der anderen Firma werden die Rechner in einem einfachen abgeschlossenen Raum ohne weitere Sicherheitsvorkehrungen betrieben.

▷ Die Telefonie-Infrastruktur (Teilnehmervermittlungsanlage, Endgeräte und Gesprächsgebühren) wird im einen Fall zur IT gezählt und auch von der IT betrieben, im anderen Fall ist sie eine Funktion der Logistik-Abteilung.

▷ Das Finanzsystem (Betriebsbuchhaltung, Anlagebuchhaltung, Finanzbuchhaltung usw.) wird im einen Fall von der IT betrieben und den neuen Anforderungen angepasst, im anderen Fall ist dies die Domäne der Finanzabteilung und die entsprechenden IT-Kosten werden auch auf deren Kostenstelle verbucht. Es kann auch sein, dass die IT zwar den Betrieb der Systeme sicherstellt und die entsprechenden IT-Betriebskosten trägt, während die Finanzabteilung die Anpassung der Systeme durch externe Spezialisten finanziert.

▷ Die Endgeräte (PC, Drucker, Scanner usw.) werden im einen Fall auf den Kostenstellen der Benutzer geführt, im anderen Fall werden diese zentral in der IT budgetiert und auch kostenmäßig belastet.

▷ Die eine Firma realisiert viele Projekte zur Effizienzsteigerung und Strategieumsetzung, die andere Firma investiert nur wenig in die IT, da sie einen geringeren Automatisierungsgrad aufweist und eine weniger innovative Strategie verfolgt.

▷ In der einen Firma wenden sich sämtliche Anwender an ein zentrales Helpdesk, in einer anderen kommen Power- oder Super-User zum Einsatz, die als erste Anlaufstelle für die Benutzer fungieren. Damit fallen die Kosten für die Benutzerunterstützung entweder in der IT an (Helpdesk) oder in den verschiedenen Geschäftsbereichen (Power- bzw. Super-User).

Bei der Betrachtung dieser Punkte wird ersichtlich, wieso sich die IT-Kosten der einen Firma nicht einfach mit den IT-Kosten einer anderen Firma vergleichen lassen.

Die Schwierigkeiten werden jedoch noch größer: Eine beliebte Vergleichsgröße für IT-Kosten ist ihr prozentualer Anteil am Umsatz oder – in selteneren Fällen – am Gewinn. Ebenso werden gerne die IT-Kosten pro Benutzer zwischen verschiedenen Firmen verglichen. Damit sind – vermeintlich – einfache Kenngrößen gefunden, die aber, statt die eingangs gestellte Frage zu beantworten, nur wieder neue Fragen aufwerfen:

▷ Eine Firma mit einem hohen Umsatz pro Mitarbeiter (z.B. ein Handelsunternehmen) weist prozentual niedrigere IT-Kosten aus als ein Unternehmen mit einem geringen Umsatz pro Mitarbeiter (z.B. ein Fertigungsbetrieb mit einer hohen Wertschöpfung).

▷ Eine Firma mit einer großen Benutzerdichte (z.B. eine Versicherung) weist prozentual höhere IT-Kosten aus als ein Unternehmen mit einer geringen Benutzerdichte (z.B. ein Detailhandelsunternehmen, bei dem viele Mitarbeiter über keinen PC verfügen).

Damit wird klar, dass sich die IT-Kosten in Relation zum Umsatz oder Gewinn bzw. die IT-Kosten pro Benutzer oder Mitarbeiter sicherlich nicht zwischen verschiedenen Branchen vergleichen lassen. Deshalb bieten verschiedene Beratungsunternehmen Kenngrößen je nach Branche an. Aber auch innerhalb der gleichen Branche sind die Vergleiche der obigen Werte häufig nur beschränkt zulässig:

▷ Die Definition und Abgrenzung der IT-Kosten zwischen verschiedenen Unternehmen wird nur in den seltensten Fällen identisch oder zumindest ähnlich sein (siehe Abschnitt 9.2.1 Benchmarking-Modell).

▷ Während das eine Unternehmen viel in die IT zur Automatisierung ihrer Geschäftsprozesse investiert, werden bei anderen Unternehmen die Geschäftsprozesse nur rudimentär oder gar nicht durch IT-Mittel unterstützt.

▷ Das eine Unternehmen weist eine geringe Wertschöpfung auf, indem es viele Aufgaben zu anderen Firmen (Zulieferer, verlängerte Werkbank, Outsourcing usw.) ausgelagert hat. Ein anderes Unternehmen verfolgt eine andere Strategie und strebt eine hohe Wertschöpfung an, indem es möglichst alle Aufgaben im eigenen Unternehmen ausführt. Damit lassen sich sowohl die prozentualen IT-Kosten am Umsatz als auch die IT-Kosten pro Benutzer nicht mehr miteinander vergleichen.

▷ Das eine Unternehmen setzt viele Teilzeitangestellte ein und erreicht eine höhere Anzahl Benutzer und damit geringere IT-Kosten pro Benutzer als ein gleich großes Unternehmen, das vorwiegend Vollzeitstellen anbietet.

Die aufgeführten Punkte lassen sich weiter ergänzen. Doch nur schon die genannten Unterschiede zeigen, wie schwierig und häufig irreführend es ist, oberflächliche Kenngrößen zwischen verschiedenen Unternehmen zu vergleichen.

So viel zur Erklärung, wieso sich die Werte verschiedener Unternehmen nicht einfach miteinander vergleichen lassen. Nun aber zu zwei Lösungsansätzen:

1. Benchmarking mit sich selbst
2. Benchmarking mit anderen Firmen

9.4 Benchmarking mit sich selbst

Praktisch alle vorhin aufgezeigten Unschärfen und Probleme beim Vergleich der IT-Kosten lassen sich vermeiden, wenn man sich nicht mit anderen Firmen, sondern mit sich selbst vergleicht. Beim Vergleich der eigenen Werte über die Jahre spielt die Definition der IT-Kosten nur noch eine untergeordnete Rolle, solange sie über die Zeit keinen oder nur geringen Änderungen unterworfen ist.

9.4.1 IT-Kosten im Vergleich zum Umsatz

Im Vergleich mit sich selbst lassen sich in der Grafik in Abbildung 9.6 dem Umsatz der Firma die IT-Kosten gegenüberstellen und den prozentualen Anteil der IT-Kosten am Umsatz über mehrere Jahre verfolgen.

9

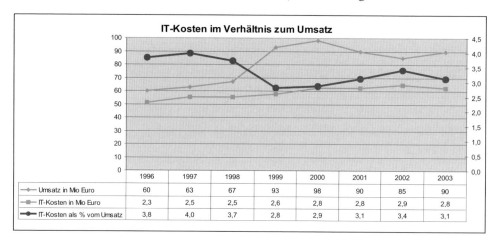

IT-Kosten im Verhältnis zum Umsatz

	1996	1997	1998	1999	2000	2001	2002	2003
Umsatz in Mio Euro	60	63	67	93	98	90	85	90
IT-Kosten in Mio Euro	2,3	2,5	2,5	2,6	2,8	2,8	2,9	2,8
IT-Kosten als % vom Umsatz	3,8	4,0	3,7	2,8	2,9	3,1	3,4	3,1

Abbildung 9.5: IT-Kosten im Verhältnis zum Umsatz

Auf der linken Skala ist der Umsatz der Firma in Millionen Euro aufgetragen. Die rechte Skala enthält sowohl das Verhältnis der IT-Kosten zum Umsatz in Prozent als auch die IT-Kosten in Millionen.

Der Umsatz der in der Grafik dargestellten Firma konnte bis ins Jahr 2000 kontinuierlich gesteigert werden. In den Jahren 2001 und 2002 hat sich dieser dann etwas rückläufig entwickelt, um im Jahr 2003 wieder eine Steigerung zu erfahren.

Wenn Sie die IT-Kosten verfolgen (unterste Kurve), so sehen Sie, dass diese bis ins Jahr 2002 kontinuierlich angestiegen sind, um dann im Jahr 2003 wieder leicht zu sinken.

Im Vergleich zum Umsatz sind die IT-Kosten jedoch bis ins Jahr 1999 weniger stark angestiegen, so dass der prozentuale Anteil der IT-Kosten am Umsatz bis ins Jahr 1999 von maximal 4% im Jahr 1997 auf 2,8% im Jahr 1999 gesunken ist. Mit dem Umsatzrückgang im Jahr 2001 sind die IT-Kosten allerdings weiter angestiegen, so dass sich das prozentuale Verhältnis in den Folgejahren wieder kontinuierlich verschlechtert hat (allerdings nicht mehr auf den hohen Wert von 1997).

Erst im Jahr 2003 ist es gelungen, die IT-Kosten wieder leicht zu senken, so dass bei gleichzeitig steigendem Umsatz wieder ein gutes Verhältnis zwischen Umsatz und IT-Kosten hergestellt werden konnte.

Der Vergleich der IT-Kosten mit dem Umsatz erlaubt wichtige Rückschlüsse und Fragestellungen:

▷ Wächst das Unternehmen? Kann die IT dem Wachstum des Unternehmens folgen oder wird die IT irgendwann das Wachstum der Firma limitieren?

▷ Kämpft die Firma mit einer rückläufigen Marktentwicklung? Trägt die IT ebenfalls ihren Anteil zur Senkung der Unternehmenskosten bei oder verharrt sie auf dem alten Kostenniveau oder wird sie sogar teurer?

Das obige Beispiel zeigt auch die vielfach vorhandenen zeitlichen Verzögerungen zwischen dem Umsatz und den IT-Kosten: In der Wachstumsphase des Unternehmens wurde nur zögerlich in die IT investiert, so dass sich das Verhältnis zwischen Umsatz und IT-Kosten ohne Zutun der IT automatisch verbessert hat. In der Phase des Umsatzrückganges hat es noch einige Zeit gedauert, bis auch die IT-Kosten der neuen Situation angepasst wurden. Während einer gewissen Zeit hat sich das Verhältnis sogar noch verschlechtert.

Einige Unternehmen steuern die IT-Kosten direkt über einen festgelegten Anteil am Umsatz und haben damit ein einfaches und effizientes Mittel für die Festsetzung der Gesamt-IT-Kosten in der Hand (siehe auch Kapitel 2 *IT-Budget*). Allerdings werden damit keine Aussagen zur Leistung der IT, sondern nur bezüglich deren Kosten gemacht.

9.4.2 IT-Kosten pro Mitarbeiter

Eine andere interessante Größe sind die IT-Kosten pro Mitarbeiter. Damit wird ersichtlich, welchen Anteil die IT an den Arbeitsplatzkosten ausmacht und ob die IT-Kosten in einem gesunden Verhältnis zu den Mitarbeiterkosten stehen.

Die Anzahl der Mitarbeiter hat sich in der Musterfirma weitestgehend parallel zur Umsatzentwicklung verhalten: Mit steigendem Umsatz wurde auch der Mitarbeiterbestand erhöht, um dann bei sinkenden Zahlen wieder entsprechend angepasst zu werden.

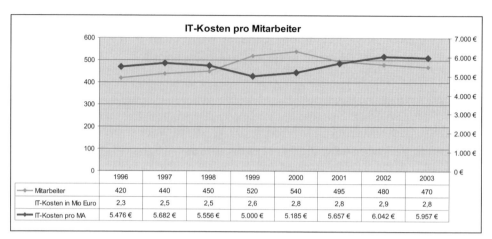

IT-Kosten pro Mitarbeiter

	1996	1997	1998	1999	2000	2001	2002	2003
Mitarbeiter	420	440	450	520	540	495	480	470
IT-Kosten in Mio Euro	2,3	2,5	2,5	2,6	2,8	2,8	2,9	2,8
IT-Kosten pro MA	5.476 €	5.682 €	5.556 €	5.000 €	5.185 €	5.657 €	6.042 €	5.957 €

Abbildung 9.6: IT-Kosten pro Mitarbeiter

In Kombination mit den IT-Kosten (aus Übersichtlichkeitsgründen nur noch in der Datentabelle und nicht mehr in der Grafik dargestellt) ergeben sich – ähnlich wie im Vergleich mit dem Umsatz – zuerst niedrigere IT-Kosten pro Mitarbeiter, die dann ab dem Jahr 2000 bis 2002 kontinuierlich ansteigen. Im Jahr 2003 sinken die Kosten pro Mitarbeiter durch die Kostenreduktion in der IT wieder leicht. Insgesamt liegen die IT-Kosten pro Mitarbeiter im Jahr 2003 jedoch leicht höher als im Jahr 1996.

Hier stellt sich die Frage, ob durch den intensiveren Einsatz der IT-Mittel die Produktivität der Mitarbeiter gesteigert werden konnte oder ob die IT-Kosten ohne entsprechende Effizienzsteigerungen auf Seiten der Anwender angestiegen sind und damit ein entsprechendes Kosteneinsparpotenzial darstellen.

9.4.3 Fazit

Der Vergleich mit sich selbst lässt durch die Verfolgung der IT-Kosten im Laufe der Zeit bereits wertvolle Rückschlüsse zu und stellt ein wichtiges Instrument zur Steuerung der IT-Kosten dar. Mit dieser Methode lässt sich die Frage, ob die Gesamt-IT-Kosten gerechtfertig sind, durch den Mehrjahresvergleich bereits relativ gut beantworten und die unternommenen Anstrengungen bezüglich Kostenmanagement in der IT lassen sich gut dokumentieren. Dazu kommt, dass ein solcher Vergleich mit sich selbst mit wenig Aufwand und ohne externe Unterstützung durchgeführt werden kann. Die einzige Voraussetzung ist eine gewisse Konstanz der Erhebungsregeln während des Betrachtungszeitraums.

Es lohnt sich zudem, nicht nur die IT-Kosten, sondern auch Leistungswerte (Key Performance Indicators) wie z.B. Anzahl Benutzer, Anzahl Server, Verfügbarkeiten, Reaktionszeiten, Lieferzeiten, Anzahl Benutzer pro Drucker usw. zu erheben und über die Zeit zu vergleichen.

Was allerdings fehlt, ist der Bezug nach außen, zu anderen Firmen, um beurteilen zu können, ob das absolute Kostenniveau konkurrenzfähig ist. Dies möchte ich nun im Benchmarking mit anderen Firmen betrachten.

9.5   Benchmarking mit anderen Firmen

Wie Sie gesehen haben, ist ein Benchmarking der Gesamt-IT-Kosten mit anderen Firmen nicht möglich bzw. führt zu keinen vergleichbaren und aussagekräftigen Resultaten.

Der einzige Ausweg aus diesem Dilemma ist das Benchmarking von einzelnen Gebieten der IT. Damit lassen sich für ein einzelnes Gebiet wie z.B. den Betrieb der Unix-Server oder für das Gebiet PC-Arbeitsplatz die IT-Kosten mit anderen Firmen erheben und es lässt sich beurteilen, ob das Kostenniveau konkurrenzfähig ist oder ob noch entsprechendes Potenzial besteht. Anhand des Benchmarkings der verschiedenen Gebiete lassen sich sodann Rückschlüsse auf die gesamten IT-Kosten ziehen.

Im Folgenden möchte ich verschiedene Benchmarking-Gebiete aufzeigen, um dann in den darauf folgenden Abschnitten auf die verschiedenen Benchmarking-Methoden und -Resultate einzugehen.

9.5.1   Gesamtübersicht

Die verschiedenen Gebiete der IT können so aufgeteilt und dargestellt werden, wie es Abbildung 9.7 zeigt.

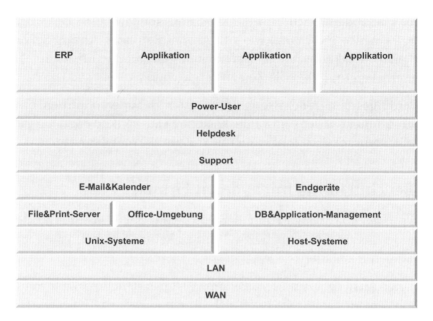

Abbildung 9.7: Gesamtübersicht

Von unten nach oben sind die folgenden Elemente enthalten:

WAN

Wide Area Network zur Anbindung verschiedener Niederlassungen der Firma im In- und Ausland inkl. Router, Carrierkosten, Netzwerk-Management & -Überwachung usw.

LAN

Local Area Network für die Netzwerkanbindung der Arbeitsplatzgeräte wie PC und Drucker innerhalb der Gebäude inkl. Switches, Hubs, Netzwerk-Management & -Überwachung usw.

Unix-Systeme

Bereitstellung (Engineering) und Betrieb der Unix-Systeme.

Host-Systeme

Bereitstellung (Engineering) und Betrieb der Host-Systeme wie Z/OS, AS/400, Unisys usw.

E-Mail & Kalender

E-Mail- & Kalender-Services sowohl innerhalb der Firma als auch vom und zum Internet inkl. benötigter Server-Hardware und Lizenzen auf Server und Clients. Engineering, Betrieb und Administration des E-Mail-Systems inkl. Einrichten, Ändern und Löschen von E-Mail-/Kalender-Benutzern.

File- & Print-Server

Hardware, Lizenzen, Engineering, Operation, Überwachung, Backup, Restore, Administration usw. von File- & Print-Servern inkl. Einrichten, Ändern und Löschen von Benutzern.

9

DB- & Application-Management

Engineering, Konfiguration, Überwachung und Betrieb von Datenbanken sowie von Middleware-Komponenten wie z.B. Object Request Brokern usw.

Endgeräte

Sämtliche Endgeräte wie Desktops, Notebooks, Drucker, Scanner, CD-Brenner usw.

Office-Umgebung

Standard-Office-Umgebung (nicht zu verwechseln mit und nicht beschränkt auf MS Office). Engineering und Weiterentwicklung des Standard-Clients inkl. Basisapplikationen wie MS Office, Browser, Acrobat Reader, Virenscanner usw. und deren Verteilung auf alle Clients.

ERP

Enterprise-Ressource-Planning-Systeme wie SAP, Baan usw. als Standardapplikation für die Gebiete Finanzen, Personal, Produktionsplanung und Steuerung, Materialwirtschaft, Verkauf usw.

Support

Support-Aufgaben an Endgeräten (PC inkl. Peripherie sowie PC-Drucker), die einen Einsatz vor Ort nötig machen: Installation, Umzug oder Entsorgung von Endgeräten; Behebung von Hardware-Störungen oder Austausch von Geräten;

Lösen von Software-Problemen, die nicht durch das Helpdesk gelöst werden können; Neuaufsetzen oder Neukonfiguration von Endgeräten; Installation von Individual-Software, die nicht per Software-Distribution verteilt wird.

Helpdesk

Single Point of Contact (SPOC) für sämtliche Fragen und Probleme der Benutzer. Das Helpdesk löst so viele Probleme wie möglich am Telefon oder über Fernzugriff auf den PC des Benutzers. Probleme, die das Helpdesk nicht lösen kann, werden via Trouble-Ticket-System an den Support oder weitere Stellen (Server-Manager, LAN-Betreuer, E-Mail-Spezialisten, Client-Engineering, Software-Distribution oder Hersteller) weitergeleitet.

Power-User

Unterstützung der Benutzer bei Fragen, Problemen, Bestellungen, Abklärungen usw. Je nach umgesetztem Modell ist das Helpdesk erste Anlaufstelle (Single Point of Contact) oder Power-User, die in der Regel nicht der IT, sondern den Fachabteilungen unterstellt sind.

Applikationen

Sämtliche selbst entwickelten oder eingekauften Applikationen wie Verkaufssystem, Policenverwaltung, Kontenführung usw., die nicht bereits im Gebiet ERP abgedeckt sind.

Die IT lässt sich sicherlich in noch mehr Gebiete unterteilen. Die obige Darstellung erlaubt jedoch einen guten Überblick über mögliche Gebiete für Benchmarking.

Im Folgenden sollen verschiedene Benchmarking-Szenarien näher betrachtet werden.

9.5.2 Benchmarking-Szenario Applikationen

Das Benchmarking von Applikationen ist eines der schwierigsten Gebiete, da die verschiedenen Firmen selten identische Applikationen auf vergleichbaren Plattformen einsetzen. Der Funktionsumfang und das Einsatzgebiet der Applikationen ist häufig sehr unterschiedlich und eine direkte Vergleichbarkeit der Applikationen daher nur schlecht möglich.

Applikationen werden deshalb am besten über deren Prozesskosten gebenchmarkt: Was kostet eine Police, ein Kunde, ein Konto, eine Mio. Assets under Management, ein Auftrag, ein Angebot, ein Lagerplatz usw. Über die Prozesskosten können selbst die unterschiedlichsten Systeme miteinander verglichen werden.

Um zu vergleichbaren Resultaten zu kommen, muss eine möglichst genaue Abgrenzung der zu vergleichenden Applikation durchgeführt werden:

▷ Welche Module und Funktionalitäten gehören ins Vergleichsgebiet, welche werden ausgeklammert?

▷ Wie fließen die Projektkosten in die Kostenbetrachtung der Applikation ein?

▷ Wie wird mit den unterschiedlichen Nutzungsdauern der verwendeten Hard- und Software verfahren?

▷ Welche Kostenblöcke werden betrachtet?

▷ Wie fließen die laufenden Betriebskosten und die Support-Aufwände in den Benchmark ein?

▷ Welche Aufwände gehören zur Wartung und Fehlerbehebung der Applikation, welche zur Weiterentwicklung?

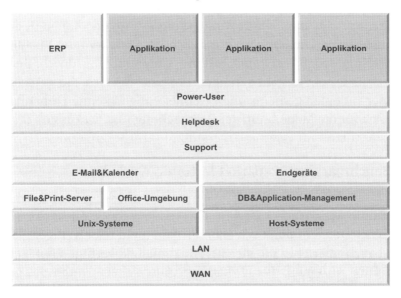

Abbildung 9.8: Benchmarking-Szenario Applikationen

9

Zum Benchmarking von Applikationen gehört nicht nur die Applikation selbst, sondern ebenfalls der dazu gehörige Betrieb sowie die verwendete Plattform (Unix, Host, Windows usw.) inkl. Personalaufwendungen und je nachdem Raum-, Energie- und Klimatisierungskosten des entsprechenden Rechenzentrums (anteilmäßig) dazu.

Da sich die verschiedenen Applikationen in der Regel stark voneinander unterscheiden, existieren keine allgemeinen Benchmarking-Modelle in diesem Gebiet (außer bei ERP-Systemen). Damit gestaltet sich das Benchmarking von Applikationen verhältnismäßig aufwändig:

▷ Es müssen etwa drei bis zehn Firmen aus der gleichen Branche gefunden werden, die an einem Benchmarking der entsprechenden Applikation ebenfalls Interesse haben. Je nach Einsatzgebiet der Applikation kommt dabei der Vertraulichkeit eine große Bedeutung zu, da damit teilweise sensible Geschäftsdaten verarbeitet werden.

▷ Es muss ein Benchmarking-Modell für die zu untersuchende Applikation erstellt werden, das beschreibt, welche Module und Funktionen untersucht werden sollen, wie diese abgegrenzt werden und wie die Kostenerhebung zu erfolgen hat.

▷ Die Daten müssen in jeder Firma erhoben und anschließend untereinander verglichen werden.

Die Erfahrung zeigt, dass ein Benchmarking von Applikationen in der Regel nicht ohne externe Unterstützung möglich ist. Vor allem die Erstellung des Benchmarking-Modells ist ohne externe Unterstützung durch Benchmarking-Spezialisten ein zeitaufwändiger Prozess, bis sich die verschiedenen Teilnehmer auf einen gemeinsamen Nenner einigen können. Ebenfalls empfiehlt es sich für die Moderation der Besprechung und Diskussion der Benchmarking-Resultate, auf externe Unterstützung zurückzugreifen.

9.5.3 Benchmarking-Szenario Electronic Workplace

Anders präsentiert sich die Situation beim Benchmarking der PC-Arbeitsplätze (Electronic Workplace). Da ein PC-Arbeitsplatz – mit Ausnahme der Fachapplikationen – in praktisch allen Firmen mehr oder weniger gleich aussieht und auch über etwa die gleiche Funktionalität verfügt, lässt sich dieses Gebiet relativ gut einem Benchmarking unterziehen. Durch die gute Vergleichbarkeit im Bereich Electronic Workplace bieten verschiedene Firmen bewährte Benchmarking-Modell und Vergleichswerte an.

Dabei werden die Kosten pro Benutzer im Monat oder Jahr ausgewiesen. So können verschieden große Firmen einfach miteinander verglichen werden.

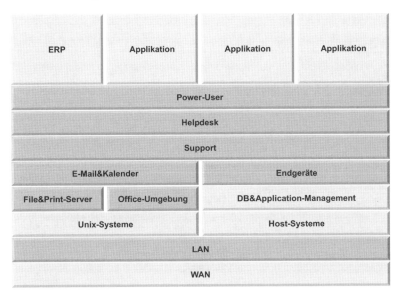

Abbildung 9.9: Benchmarking-Szenario Electronic Workplace

Üblicherweise gehören die dunkel markierten Gebiete zum Benchmarking-Szenario Electronic Workplace. Wichtig dabei sind die Power-User, um die gesamten Support-Aufwendungen zu erfassen. Ohne die Erfassung der Power-User entstehen bei Firmen Verzerrungen, die statt eines zentrales Helpdesks dezentrale Power-User einsetzen. In der Regel nicht im Szenario Electronic Workplace enthalten ist das Gebiet WAN, da hier große Unterschiede zwischen Firmen mit nur einem Standort und Firmen mit mehreren Dutzend oder sogar Hundert Standorten auftreten.

Auf das Benchmarking-Szenario Electronic Workplace möchte ich später in diesem Kapitel noch vertieft eingehen und die wichtigsten Vergleichswerte vorstellen und kommentieren.

9.5.4 Benchmarking-Szenario ERP

Auch für das Szenario ERP (Enterprise Ressource Planning) existieren bewährte Benchmarking-Modelle von verschiedenen Benchmarking-Firmen. Bei einem ERP-Benchmarking werden die ERP-Systeme einerseits bezüglich ihrer Leistungsfähigkeit (Antwortzeiten, Transaktionsvolumen) vermessen und andererseits werden die zum ERP-System gehörenden Kosten erhoben. Dadurch kann die Leistungsfähigkeit beurteilt und mit anderen ERP-Systemen verglichen werden.

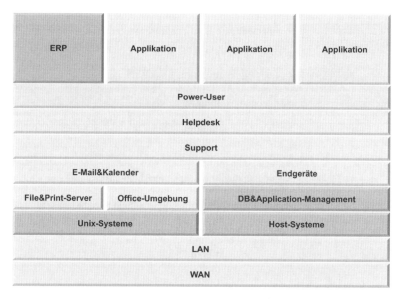

Abbildung 9.10: Benchmarking-Szenario ERP

Ähnlich wie bei den Applikationen werden beim Benchmarking der ERP-Systeme ebenfalls die Plattformen (Unix-, Host- oder Windows-Systeme), auf denen das System betrieben wird, sowie die dazugehörige Datenbank in die Messung einbezogen. Das Benchmarking von ERP-Systemen soll unter anderem die folgenden Fragen beantworten:

▷ Welche laufenden Kosten verursacht die ERP-Installation?

▷ Wo ergeben sich Einsparmöglichkeiten?

▷ Wie vergleicht sich die Installation mit anderen ERP-Systemen?

▷ Wie hoch sind die Kosten für eine einzelne Transaktion?

▷ Wie hoch sind die Kosten pro Benutzer, spezifiziert nach Modul?

▷ Welche Module verursachen welche Systemlast?

▷ Welche Qualität haben die Antwortzeiten?

▷ Wie redundant sind die Systeme ausgelegt (Cluster, Backup-Systeme usw.)?

9.5.5 Benchmarking-Szenario Host- und Unix-Systeme

Ein weiteres mögliches Benchmarking-Szenario sind Host- und Unix-Systeme. Hier findet der Vergleich auf einer vorwiegend technischen Ebene statt, indem die Leistung (bei Host-Systemen üblicherweise in MIPS) den Kosten für Engineering, Betrieb, Hardware, Software usw. gegenübergestellt wird.

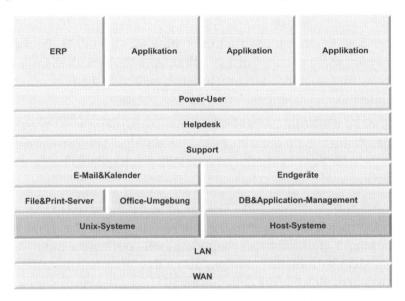

Abbildung 9.11: Benchmarking-Szenario Host- und Unix-Systeme

Durch das Benchmarking verschiedener Gebiete lässt sich ein Gesamtbild der Kostensituation der IT erstellen und so beurteilen, ob die IT-Kosten gerechtfertigt sind und wo Optimierungspotenzial besteht.

9.6 Möglichkeiten zum Benchmarking

Im vorangegangenen Kapitel haben Sie die verschiedenen Benchmarking-Gebiete kennen gelernt. Nun geht es darum, aufzuzeigen, mit welchen Methoden ein Benchmarking realisiert werden kann. Es gibt verschiedene Möglichkeiten, ein Benchmarking durchzuführen. Je nach Gebiet, das verglichen werden soll, und anhand der Ziele, die erreicht werden sollen, kommt die eine oder andere Methode zum Einsatz. Einige der Benchmarking-Möglichkeiten inklusive deren Eigenheiten sowie Vor- und Nachteilen sollen im Folgenden aufgezeigt werden.

9.6.1 Unternehmens- bzw. IT-Beratung

Einige Unternehmens- bzw. IT-Beratungsfirmen bieten Benchmarks für verschiedene Gebiete an. In solchen Fällen sind vor allem drei Fragen von Bedeutung:

▷ Verfügt das Beratungsunternehmen über ein bewährtes Benchmarking-Modell?

▷ Verfügt das Beratungsunternehmen über genügend breit abgestützte Kennzahlen von anderen Firmen? Ohne eine Vergleichbasis mit mindestens etwa fünf weiteren Unternehmen lassen sich die eigenen Resultate nur schlecht vergleichen.

▷ Wie groß ist die Kompetenz des Beratungsunternehmens im zu untersuchenden Gebiet? Benchmarking setzt voraus, dass alle Partner das Benchmarking-Gebiet gut kennen und über entsprechende fachliche Erfahrungen verfügen.

Ein Beratungsunternehmen, das sich nicht auf Benchmarking spezialisiert hat, wird kaum über eine genügend breite Datenbasis von vergleichbaren Benchmarking-Werten anderer Unternehmen verfügen. Dem lässt sich abhelfen, indem verschiedene Firmen durch das Beratungsunternehmen zusammengebracht werden, die gemeinsam an einem Benchmarking Interesse haben. Auf diesen Fall möchte ich noch im Abschnitt *Benchmarking Circle* eingehen.

Vorteile

▷ **Außensicht**: Das Beratungsunternehmen bringt eine Außensicht in die Firma bzw. IT hinein. Nur schon dadurch wird es verschiedene verbesserungswürdige Punkte herausfinden und aufbringen.

▷ **Situationsanalyse**: Um sich ein Bild der IT verschaffen zu können, wird in der Regel in der einen oder anderen Form eine Situationsanalyse durchgeführt und der angetroffene Zustand der IT dokumentiert. Dies kann eine wertvolle Basis für weitere Überlegungen und Maßnahmen sein.

▷ **Verbesserungsvorschläge**: Anhand der Situationsanalyse werden Verbesserungsvorschläge und Maßnahmen erarbeitet. Dies hat zwar nicht viel mit Benchmarking zu tun, kann aber wertvolle Impulse liefern.

Nachteile

▶ **Keine Benchmarking-Erfahrung**: Eine allgemeine Unternehmens- bzw. IT-Beratung verfügt in der Regel nicht über die nötige Benchmarking-Erfahrung und bringt damit wenig Unterstützung in dieser Hinsicht.

▶ **Keine Referenzwerte**: Das Beratungsunternehmen kann zwar interessante Erkenntnisse und Vorschläge liefern, verfügt aber über kein Benchmarking-Modell und über keine eigentlichen Benchmarking-Werte und kann damit das eigentliche Ziel eines Benchmarkings nicht abdecken.

▶ **Kein direkter Vergleich mit anderen Firmen**: Solange das Beratungsunternehmen nicht über Vergleichsfirmen verfügt, die ihre Daten offen legen, ist eine Positionierung mit anderen Firmen und damit ein eigentliches Benchmarking nicht möglich.

Fazit: Ein nicht auf Benchmarking spezialisiertes Beratungsunternehmen ist gut geeignet zur Erstellung eine Situationsanalyse und Erarbeitung von Vorschlägen für Maßnahmen, kann aber auf Grund der fehlenden Benchmarking-Erfahrungen und Vergleichswerte kein eigentliches Benchmarking durchführen.

9.6.2 Outsourcer

Wie soeben aufgezeigt, bringt der Ansatz mit einer allgemeinen Unternehmens- bzw. IT-Beratung kaum befriedigende Benchmarking-Resultate. Wieso also nicht gleich ein Outsourcing-Unternehmen für einen Benchmark beziehen? Ein Outsourcer verfügt zwangsweise über viele Referenzwerte und ist ohne diese nicht in der Lage, ein konkurrenzfähiges Angebot zu erstellen.

Beim Benchmarking durch einen Outsourcer sind zwei Varianten möglich:

1. **Outsourcing-Angebot**: Einholen eines Angebots von einem oder mehreren Outsourcern zu den von der IT erbrachten Leistungen.

2. **Offen gelegtes Benchmarking**: Offenlegung, dass der Outsourcer ein Benchmarking durchführen soll mit Vergütung der entsprechenden Aufwände.

Beide Variante haben ihr Vor- und Nachteile. Ich möchte diese für beide Varianten betrachten:

1. Outsourcing-Angebot

In der ersten Variante wird ein Outsourcing-Angebot für die zu benchmarkenden Gebiete eingeholt. Dabei wird gegenüber den Anbietern verschwiegen, dass das Unternehmen nicht vorhat, seine IT outzusourcen, sondern nur einen Kostenvergleich sucht.

Vorteile

▸ **Kosten:** Die Angebotserstellung durch den Outsourcer erfolgt in der Regel kostenlos.

▸ **Kostenvergleich:** Die eigenen IT-Kosten können mit den Outsourcing-Preisen vergleichen werden. Damit ist eine Beurteilung möglich, ob die IT-Leistungen zu marktkonformen Preisen erbracht werden. Häufig sind jedoch die eigenen Kosten für die verschiedenen Benchmarking-Gebiete nicht bekannt und müssen zuerst erarbeitet und in dieselbe Form wie diejenige des Outsourcers gebracht werden.

▸ **Bewährtes Kostenraster:** Durch die große Anzahl an bereits erstellten Outsourcing-Angeboten verfügt der Outsourcer über ein entsprechendes in der Praxis bewährtes Kostenraster und Preismodell zur Kalkulation seiner Angebote.

▸ **Praxisorientiert:** Der Vergleich der Kosten ist sehr praxisorientiert und stützt sich auf reelle Marktwerte.

Nachteile

▸ **Image:** Die Erstellung eines Outsourcing-Angebotes erforderte einen großen Aufwand des Outsourcers. Wird das Angebot (möglichst noch bei verschiedenen Anbietern) nur eingeholt, um die eigenen Kosten überprüfen zu können, ist dies gegenüber den Anbietern sehr unfair. Solche Praktiken sprechen sich in der Regel schnell in der Branche herum und schaden dem Image des Unternehmens.

▸ **Zeitaufwand:** Nicht nur der Outsourcer hat einen entsprechenden Zeitaufwand für die Erstellung seines Angebotes, sondern auch die anfragende IT. Für die Erstellung eines Pflichtenheftes sowie für die Beantwortung der Fragen des Outsourcers ist auch bei oberflächlicher Behandlung mit mehreren Tagen Aufwand zu rechnen.

▶ **Unsicherheit bei den Mitarbeitern**: Durch die Untersuchungen und Fragen des Outsourcers werden verschiedene IT-Mitarbeiter in das Outsourcing-Projekt involviert und es entsteht eine entsprechende Unsicherheit bei den Mitarbeitern. Dies ist nicht zu unterschätzen.

2. Offen gelegtes Benchmarking

Beim offen gelegten Benchmarking werden eine oder mehrere Outsourcing-Firmen beauftragt, die eigenen IT-Kosten mit denjenigen des Outsourcers zu vergleichen. Der Outsourcer kalkuliert dazu seine Preise für die Erbringung der verlangten IT-Leistungen und hält diese in einem Angebot fest. Da die Preiskalkulation und Angebotserstellung mit einem hohen Aufwand verbunden ist, wird dieser von der anfragenden Firma dem Outsourcer vergütet.

Im Vergleich zur ersten Variante des Outsourcing-Angebotes entfällt der erste Vorteil (kostenloses Angebot). Dafür entfällt auch der erste Nachteil (Imageverlust und unfaires Verhalten). Damit ergeben sich die folgenden Vor- und Nachteile, die aus der ersten Variante übernommen wurden:

Vorteile

▶ **Kostenvergleich**: Die eigenen IT-Kosten können mit den Outsourcing-Preisen verglichen werden. Damit ist eine Beurteilung möglich, ob die IT-Leistungen zu marktkonformen Preisen erbracht werden. Häufig sind jedoch die eigenen Kosten für die verschiedenen Benchmarking-Gebiete nicht bekannt und müssen zuerst erarbeitet und in dieselbe Form wie diejenige des Outsourcers gebracht werden.

▶ **Bewährtes Kostenraster**: Durch die große Anzahl an bereits erstellten Outsourcing-Angeboten verfügt der Outsourcer über ein entsprechendes in der Praxis bewährtes Kostenraster und Preismodell zur Kalkulation seiner Angebote.

▶ **Praxisorientiert**: Der Vergleich der Kosten ist sehr praxisorientiert und stützt sich auf reelle Marktwerte.

Nachteile

▶ **Zeitaufwand**: Nicht nur der Outsourcer hat einen entsprechenden Zeitaufwand für die Erstellung seines Angebotes, sondern auch die anfragende IT. Für die Erstellung eines Pflichtenheftes sowie für die Beantwortung der Fragen des Outsourcers ist auch bei oberflächlicher Behandlung mit mehreren Tagen Aufwand zu rechnen.

9

▶ **Unsicherheit bei den Mitarbeitern**: Durch die Untersuchung und Fragen des Outsourcers werden verschiedene IT-Mitarbeiter in das Outsourcing-Projekt involviert und es entsteht eine entsprechende Unsicherheit bei den Mitarbeitern. Dies ist nicht zu unterschätzen.

▶ **Bezahlte Akquisition**: Ein Outsourcer sucht in der Regel keine Beratungs-mandate, sondern Outsourcing-Aufträge. Damit gehört sein primäres Interesse nicht dem Benchmarking, sondern der Akquisition eines Outsourcing-Auftrages. Da ihn der Kunde noch für das Benchmarking ent-schädigt, kommt dies bezahlter Akquisition gleich.

Fazit: Obwohl Outsourcing-Unternehmen in der Regel über in der Praxis be-währte Kosten- und Preismodelle sowie über relevante Vergleichswerte verfü-gen, kommen sie für ein Benchmarking kaum in Frage. Bei einem versteck-ten Benchmarking durch eine Outsourcing-Anfrage entsteht nicht nur eine große Verunsicherung bei den Mitarbeitern in der IT, sondern das Image der Firma wird ebenfalls in Mitleidenschaft gezogen, falls sich herausstellt, dass die Angebotsanfrage nur für ein Benchmarking gestellt wurde. Bei einem be-zahlten Benchmarking durch einen Outsourcer fehlt die Neutralität, da es dem Outsourcer primär darum geht, einen Outsourcing-Auftrag zu gewin-nen, und nicht darum, Beratungsleistungen zu verkaufen.

9.6.3 Benchmarking-Unternehmen

Nachdem zwei Varianten aufgezeigt wurden, die kaum befriedigende Bench-marking-Resultate erbringen, möchte ich mich nun den erfolgsversprechen-den Methoden zuwenden.

Je nach Gebiet (SAP, Host, Unix, Electronic Workplace usw.) haben sich verschiedene Firmen am Markt etabliert, die in den jeweiligen Gebieten über eine entsprechende Benchmarking-Kompetenz sowie über eine breit abge-stützte Zahlenbasis verfügen.

Vorteile

▶ **Benchmarking-Modell**: Jedes Benchmarking-Unternehmen verfügt über ein eigenes Benchmarking-Modell. Damit wird sichergestellt, dass nicht Äpfel mit Birnen verglichen werden, sondern vergleichbare Leistungen einander gegenübergestellt werden. Die Benchmarking-Modelle der ver-schiedenen Unternehmen sind nur beschränkt vergleichbar, so dass sich die Aussagen des einen Benchmarking-Unternehmens nur mit Vorsicht auf ein anderes Modell übertragen und damit vergleichen lassen.

▷ **Auswertungen**: Als Resultat des Benchmarkings werden entsprechend umfangreiche Auswertungen und Vergleiche mit anderen Firmen in einem Bericht zur Verfügung gestellt.

▷ **Referenzwerte**: Die Benchmarking-Unternehmen verfügen in der Regel über Vergleichswerte von mehreren Dutzend, teilweise sogar Hunderten oder Tausenden von Unternehmen und lassen so einen Vergleich mit unterschiedlichen Firmen anhand verschiedener Kriterien zu.

▷ **Anerkannt**: Große Benchmarking-Unternehmen haben einen bekannten Namen, der häufig auch Geschäftsleitungsmitgliedern außerhalb der IT bekannt ist. Durch den bekannten Firmennamen erhalten die Benchmarking-Resultate entsprechende Glaubwürdigkeit und Gewicht in ihrer Aussagekraft.

Nachteile

▷ **Kosten**: Ein externes Benchmarking ist in der Regel nicht billig und kostet in der Größenordnung von € 20 000 bis € 30 000. Dies ist der Preis für ein erprobtes Benchmarking-Modell samt Referenzwerten sowie für den ausführlichen Bericht.

▷ **Aufwand**: Der Aufwand für jedes Benchmarking ist nicht unerheblich. Bei einem pragmatischen Benchmarking-Modell liegt der Aufwand zur Erhebung der Benchmarking-Werte firmenintern bei einigen wenigen Tagen, bei einem umfassenden Benchmarking-Modell kann dieser durchaus im Bereich von Wochen oder sogar Monaten liegen.

▷ **Anonyme Vergleichsgruppe**: Die Vergleichsgruppe ist in der Regel anonym. Damit ist es nicht möglich, ein Unternehmen mit speziell guten Werten zu kontaktieren und gemeinsame Erfahrungen auszutauschen.

Fazit: Die auf die verschiedenen Benchmarking-Gebiete spezialisierten Unternehmen bringen erprobte Benchmarking-Modelle mit und stellen die Resultate in einem ausführlichen Bericht dar. Der Vergleich findet in der Regel mit einer anonymen Vergleichsgruppe statt, so dass keine Erfahrungen zwischen den am Benchmarking teilnehmenden Firmen ausgetauscht werden können.

Diese Art des Benchmarkings eignet sich besondern für Infrastruktur-Komponenten wie Host, Unix, Electronic Workplace, aber auch für standardisierte Applikationen wie z.B. SAP. Für den Vergleich von spezifischen Applikationen ist diese Methode wegen der schwierigen Vergleichbarkeit nicht geeignet.

9

9.6.4 Benchmarking Circle

Im Benchmarking Circle wird der bis dahin fehlende Erfahrungsaustausch ermöglicht. Verschiedene Unternehmen (normalerweise fünf bis zehn) schließen sich zu einem Benchmarking Circle zusammen. Sie erarbeiten ein gemeinsames Benchmarking-Modell und erheben die Werte. Diese werden gegenseitig offen gelegt und in mehreren Treffen besprochen und miteinander verglichen. In den Treffen werden Erfahrungen und Best Practices weitergegeben. Damit stellt ein Benchmarking Circle eine gute Plattform für einen gegenseitigen Austausch dar.

Vorteile

▷ **Branchen-Vergleichswerte**: In der Regel nehmen Firmen aus gleichen oder verwandten Branchen am Benchmarking Circle teil. Damit lassen sich die Werte üblicherweise sehr gut miteinander vergleichen.

▷ **Erfahrungsaustausch**: Durch den Vergleich und die Besprechung der Werte findet automatisch auch ein Erfahrungsaustausch statt. Häufig liegt bei den ersten Besprechungen der Schwerpunkt bei den Benchmarking-Werten und verlagert sich dann nach und nach in einen Austausch von Best Practices.

▷ **Praxisorientierte Resultate**: Die Resultate entstammen nicht einem theoretischen Modell, sondern weisen durch die Teilnehmer einen hohen Praxisbezug auf.

▷ **Kostengünstig**: Ohne externe Unterstützung fallen keine direkten Kosten, sondern nur der Zeitaufwand der verschiedenen Teilnehmer an. Kosten für externe Unterstützung lassen sich unter allen Teilnehmer aufteilen und damit entsprechend niedrig halten.

Nachteile

▷ **Erarbeitung Benchmarking-Modell**: Das größte Problem bei einem Benchmarking Circle stellt das Benchmarking-Modell dar. Muss das Modell durch die Teilnehmer selbst erarbeitet werden, finden meist endlose Diskussionen statt und die Gefahr, dass kein pragmatisches und durchführbares Modell erarbeitet wird, ist groß. Hier lohnt es sich – ebenso wie für die Moderation der Treffen – eine externe Firma beizuziehen, die bereits über entsprechende Benchmarking-Erfahrung verfügt; am besten ein Benchmarking-Unternehmen.

▷ **Organisation gemeinsamer Treffen**: Ein zentrales Element bei einem Benchmarking Circle ist eine Organisation oder Person, die die Führung übernimmt und gemeinsame Treffen organisiert und moderiert. Ohne einen solchen »Motor« werden die Treffen in kurzer Zeit zu unstrukturierten Diskussionen und entsprechend unbefriedigenden Resultaten führen.

▷ **Fehlender Referenzcharakter**: Die eigenen Resultate sind nicht von einem anerkannten Benchmarking-Unternehmen erhoben und beurteilt worden. Damit fehlt ein gewisser Referenzcharakter, der allerdings durch die Vergleichswerte und Firmennamen der übrigen Unternehmen wett gemacht wird.

9

Fazit: Der Benchmarking Circle benötigt für die Erarbeitung des Benchmarking-Modells und evtl. für die Moderation der gemeinsamen Treffen externe Unterstützung. Er erlaubt nicht nur eine Positionierung der eigenen Werte, sondern einen intensiven Erfahrungsaustausch mit den anderen Teilnehmern.

Da an einem Benchmarking Circle in der Regel Firmen aus der gleichen Branche teilnehmen, ist damit ein Benchmarking von Applikationen – ein entsprechendes Benchmarking-Modell vorausgesetzt – möglich.

9.6.5 Zusammenfassung

Abbildung 9.12 fasst die soeben behandelten Möglichkeiten zusammen und stellt die verschiedenen Varianten einander tabellarisch gegenüber.

9

	Unternehmens- resp. IT-Beratung	Outsourcer	Benchmarking-Unternehmen	Benchmarking Circle
Vorgehen	Analyse der IT-Leistungen und IT-Kosten	Erstellung einer Outsourcing-Offerte zum Vergleich der eigenen IT-Kosten mit den Preisen eines Outsourcers	Vergleich durch ein auf Benchmarking spezialisiertes Unternehmen, das über die entsprechende Methodik und Datenbasis verfügt	Vergleich der Benchmarking-Werte und Erfahrungsaustausch mit anderen Unternehmen
Vorteile	• Außensicht • Situationsanalyse • Verbesserungsvorschläge	• Kosten- und Marktvergleich • Bewährtes Kostenraster • Praxisorientiert	• Benchmarking-Modell • Auswertungen • Referenzwerte • Anerkannt	• Branchen-Vergleichswerte • Erfahrungsaustausch • Praxisorientierte Resultate • Kostengünstig
Nachteile	• Keine Benchmarking-Erfahrung • Keine Referenzwerte • Kein direkter Vergleich mit anderen Firmen	• Unsicherheit bei den Mitarbeitern • Zeitaufwand • Imageverlust resp. bezahlte Akquisition	• Kosten • Aufwand • Anonyme Vergleichsgruppe	• Erarbeitung Benchmarking-Modell • Organisation gemeinsamer Treffen • Fehlender Referenzcharakter
Beurteilung	Wegen der fehlenden Benchmarking-Erfahrung und den nicht vorhandenen Vergleichswerten schlecht geeignet für ein Benchmarking	Mittlere Eignung. Ein Outsourcer verfügt zwar über Vergleichswerte, will jedoch keine Beratungsleistungen erbringen, sondern sucht ein Outsourcing	Gut geeignet für Infrastruktur-Komponenten wie Host, Unix, Electronic Workplace usw.	Gut geeignet sowohl für den Vergleich von Infrastruktur-Komponenten als auch von Applikationen, sofern ein professionelles Benchmarking-Modell vorhanden ist.

Abbildung 9.12: Gegenüberstellung der Benchmarking-Möglichkeiten

9.7 Benchmarking-Kennzahlen

Bis hierhin habe ich mich vorwiegend theoretisch dem Thema Benchmarking gewidmet und das Vorgehen beim Benchmarking erläutert. In diesem Teil möchte ich nun konkrete Benchmarking-Kennzahlen vorstellen, die mit verhältnismäßig wenig Aufwand mit den eigenen Werten verglichen werden können. Diese Art von Benchmarking kann kein echtes Benchmarking-Projekt ersetzen, erlaubt jedoch mit einfachen Mitteln eine erste Positionsbestimmung.

Im Folgenden werden dazu die wichtigsten Kennzahlen und Vergleichswerte aus dem Benchmarking-Szenario Electronic Workplace vorgestellt, erläutert und positioniert.

9

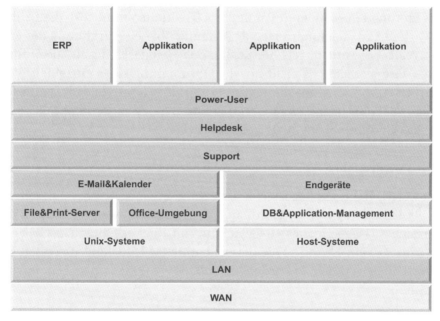

Abbildung 9.13: Benchmarking Szenario Electronic Workplace

Die Vergleichswerte stammen aus Benchmarks von 30 IT-Abteilungen mit insgesamt rund 70 000 PC. In den folgenden Darstellungen werden die Werte in jeweils drei Gruppen eingeteilt:

▶ **Verbesserungspotenzial**: Der Wert liegt deutlich unter dem Durchschnitt der 30 untersuchten IT-Abteilungen und verfügt über entsprechendes Verbesserungspotenzial.

▶ **Gut**: Der Wert liegt im Bereich des Durchschnitts der untersuchten IT-Abteilungen oder leicht darüber. Er kann noch verbessert werden, stellt jedoch keine eigentliche Schwachstelle dar.

▶ **Ausgezeichnet**: Werte in diesem Gebiet gehören zu den besten, was aber nicht heißt, dass auch solche Werte nicht noch gesteigert werden können. Gerade diejenigen Unternehmen, die Benchmarks setzen, übertreffen teilweise auch die ausgezeichneten Werte nochmals deutlich.

Es ist in der Regel nicht möglich, sämtliche Werte auf das Benchmark-Niveau zu bringen, da die Optimierung des einen Parameters teilweise eine Verschlechterung eines anderen Parameters bewirkt (so muss z.B. die Senkung der Wartezeit am Telefon im Helpdesk häufig über eine Erhöhung der Mitarbeiter realisiert werden, was die Kosten des Helpdesks negativ beeinflusst). Daraus wird klar, dass es nicht um die Optimierung eines einzelnen Wertes gehen kann, sondern um die Optimierung des Gesamtbildes. Damit kann durchaus der eine oder andere Wert nicht im Bereich *Ausgezeichnet* liegen, solange das Gesamtbild ein gutes Resultat ergibt.

9.7.1 Power-User

Da Power-User in der Regel nicht als eigene organisatorische Einheit, sondern als Funktion zusammen mit anderen Aufgaben wahrgenommen wird, lassen sich Aussagen in diesem Gebiet nur mit einer erhöhten Unschärfe machen. Aus diesem Grund sowie der sehr unterschiedlichen Ausprägung bei den verschiedenen Firmen werden hier keine Werte wiedergegeben und kommentiert.

9.7.2 Helpdesk

Im Helpdesk sind die Kennzahlen aus Abbildung 9.14 relevant.

	Verbesserungspotenzial	Gut	Ausgezeichnet
Wartezeit am Telefon	>30 Sekunden	15..30 Sekunden	<15 Sekunden
Verlorene Anrufe (lost rate)	>10%	5..10%	<5%
Gelöste Probleme im Helpdesk (First fixed rate)	<50%	50..75%	>75%
Gesprächsdauer in Minuten	>5	3..5	<3
Anrufe pro Agent im Jahr	<3 000	3 000..6 000	>6 000
Anrufe pro Benutzer im Jahr	>12	9..12	<9
Anzahl Benutzer pro Agent	<400	400..600	>600
Kosten pro Benutzer	> € 20 / Monat	€ 15..20 / Monat	< € 15 / Monat

Abbildung 9.14: Kennzahlen im Helpdesk

Wartezeit am Telefon

Die Wartezeit ist definiert als Zeit zwischen der erster Möglichkeit für das Helpdesk, das Telefon abzunehmen, bis zur effektiven Abnahme des Telefons. Bandansagen, die nicht unterbrochen werden können, zählen nicht als Wartezeit.

Werte zwischen 15 und 20 Sekunden werden von den Benutzern in der Regel als gut taxiert und lassen sich mit vertretbarem Aufwand realisieren. Werte über 30 Sekunden führen in der Regel zu Reklamationen oder dazu, dass der Anrufer wieder auflegt und es später noch einmal probiert. Werte unter 15 Sekunden sind zwar sehr kundenfreundlich, bedingen jedoch eine entsprechende Personalkapazität, die negative Auswirkungen auf die Kosten hat und die Kundenzufriedenheit nur noch unwesentlich beeinflusst.

Verlorene Anrufe

Verhältnis der Anrufe, die von einem Agenten oder vom Band beantwortet wurden, zur Gesamtanzahl aller Anrufe an das Helpdesk.

Die Anzahl der verlorenen Anrufe hängt in der Regel direkt mit der Wartezeit am Telefon zusammen: Lange Wartezeiten führen rasch zu einer großen Zahl von verlorenen Anrufen. Gute Werte liegen zwischen fünf und zehn Prozent. Über zehn Prozent sinkt in der Regel die Kundenzufriedenheit spürbar. Werte unter fünf Prozent lassen sich nur mit entsprechend hohem Personaleinsatz und ebensolchen Kosten erreichen.

Bei zu vielen verlorenen Anrufen muss der Personalbestand des Helpdesks erhöht werden. Falls jedoch die Anrufe pro Benutzer zu hohe Werte erreichen (siehe unten) wird besser der Ursache für die vielen Anrufe nachgegangen, statt den Personalbestand im Helpdesk zu erhöhen.

Gelöste Probleme im Helpdesk

Verhältnis der Anrufe, die im Helpdesk direkt gelöst werden können (inkl. Passwortrücksetzungen) zur Gesamtanzahl aller Anrufe an das Helpdesk. Die Differenz wird mittels Trouble Tickets an weitere Supportstellen (2nd/3rd-Level Support) weitergegeben.

Die meisten Helpdesks sind als Service-Center ausgelegt und haben das Ziel, möglichst viele Anfragen direkt im Helpdesk zu lösen. Einige wenige Helpdesks sind hingegen als Callcenter ausgelegt mit dem Ziel, Anfragen so schnell wie möglich an die richtige Supportstelle weiterzuleiten. Callcenter erreichen normalerweise nur sehr niedrige Lösungsraten (teilweise unter 10% bis ca. 30%), dafür sehr hohe Anrufvolumen mit verhältnismäßig wenigen Helpdesk-Mitarbeitern.

Als Service-Center ausgelegte Helpdesks erreichen üblicherweise Lösungsraten von über 50%, sehr gute Helpdesks sogar über 75%. Dies bedingt jedoch einen entsprechend hohen Ausbildungsstand der Helpdesk-Mitarbeiter. Werte über 80% lassen sich in der Regel nur noch über entsprechend lange Gesprächszeiten und damit mit einem höheren Personalbestand erreichen.

Gesprächsdauer in Minuten

Durchschnittliche Dauer für einen Anruf an das Helpdesk.

Mit guter Ausbildung bezüglich Gesprächsführung und Problemlösung lassen sich auch bei Lösungsraten über 50% Gesprächsdauern zwischen drei und fünf Minuten erzielen. Gesprächsdauern über fünf Minuten sind in der Regel ein Hinweis auf ein Ausbildungsmanko der Helpdesk-Agenten. Gesprächsdauern unter drei Minuten sind typisch für niedrige Lösungsraten bzw. für ein als Callcenter ausgelegtes Helpdesk.

Anrufe pro Agent im Jahr

Anzahl der Anrufe (ohne diejenigen Anrufe, die bei einer Störung über Band beantwortet werden), die ein Helpdesk-Mitarbeiter im Jahr beantwortet.

Dieser Wert ist abhängig von der Lösungsrate und erreicht bei als Callcenter ausgelegtem Helpdesk Werte, die deutlich über 6 000 (in einigen Fällen sogar über 10 000) Anrufe pro Agent liegen. Gut ausgebildete und geschulte Agenten erreichen jedoch auch Werte von mehr als 6 000 in einem als Service-Center ausgelegtem Helpdesk bei Lösungsraten von deutlich über 50%. Werte von unter 3 000 Anrufen pro Agent sollen in jedem Fall hinterfragt werden.

9

Anrufe pro Benutzer im Jahr

Anzahl der Anrufe pro Jahr, mit denen sich ein Benutzer an das Helpdesk wendet.

Eine hohe Zahl (> zwölf Anrufe pro Benutzer im Jahr) deutet auf eine instabile IT-Infrastruktur, einen Ausbildungsbedarf der Benutzer oder auf ein sehr gutes Helpdesk (das man gerne anruft) hin. Werte unter etwa sechs Anrufe pro Benutzer im Jahr können ein Hinweis sein auf ungenügende Helpdeskleistungen, können jedoch ebenfalls auf eine sehr stabile IT-Infrastruktur mit nur wenigen Änderungen zurückzuführen sein.

Eine hohe Anzahl von Anrufen pro Benutzer im Jahr ergibt eine hohe Auslastung des Helpdesks und damit höhere Kosten. In dieser Konstellation ist es wichtig, nicht das Helpdesk selbst weiter zu optimieren, sondern die Gründe für die hohe Anrufrate herauszufinden und den Hebel dort anzusetzen.

Anzahl Benutzer pro Agent

Verhältnis zwischen der Anzahl der Benutzer, die das Helpdesk anrufen, und der Anzahl der Agenten, die die Anrufe beantworten.

400 bis 600 Benutzer pro Helpdesk-Agent sind gute Werte. Als Callcenter ausgelegte Helpdesks erreichen teilweise deutlich höhere Werte, Helpdesks mit einem hohen Anrufvolumen pro Benutzer oder mit einer hohen Lösungsrate erreichen normalerweise ein niedrigeres Verhältnis.

Kosten pro Benutzer im Monat

Kosten des Helpdesks auf Benutzer pro Monat umgerechnet, damit diese mit anderen Firmen vergleichbar werden. Zu den Kosten gehören Personalkosten inkl. Spesen, Sonderzahlungen, Ausbildung, Sozialkosten usw. sowohl von internen als auch von externen Mitarbeitern. Ebenfalls zählen die Kosten für das eingesetzte Trouble-Ticket-System sowie – falls vorhanden – die Telefonanlage für das Helpdesk dazu.

Kosten von weniger als € 15 pro Benutzer und Monat befinden sich auf einem guten Niveau, Kosten über € 20 beinhalten entsprechendes Potenzial. Die Kosten im Helpdesk bestehen (bis auf das Trouble-Ticket-System sowie – falls vorhanden – einer speziellen Telefonanlage) fast ausschließlich aus Personalkosten.

9.7.3 Support

Im Gebiet Support sind die Kennzahlen aus Abbildung 9.15 von Bedeutung.

	Verbesserungspotenzial	Gut	Ausgezeichnet
Anzahl Benutzer pro Supporter	<200	200..300	>300
Supporteinsätze pro Benutzer im Jahr	>3,0	1,5..3,0	<1,5
Supporteinsätze pro Supporter im Jahr	<500	500-1 000	>1 000
Kosten pro Benutzer	> € 40 / Monat	€ 30..40 / Monat	< € 30 / Monat

Abbildung 9.15: Kennzahlen im Support

Anzahl Benutzer pro Supporter

Anzahl der Benutzer, die von einem Supporter unterstützt werden.

Werte zwischen 200 und 300 können als gut betrachtet werden. Niedrige Werte werden häufig nicht in Firmen mit vielen Außenstellen (Agenturen, Niederlassungen, Filialen), sondern in großen Unternehmen am Hauptsitz erreicht. Dies mag unlogisch erscheinen, da Support-Fälle bei den Außenstellen immer mit entsprechenden Wegzeiten verbunden sind, während Support-

Einsätze am Hauptsitz nur gerade einige Bürotüren oder Stockwerte entfernt erbracht werden können. Genau hier liegt aber ein wichtiger Grund für den Unterschied.

Analysen bei verschiedenen Firmen mit vielen (mehreren Hundert) Außenstellen haben gezeigt, dass die Support-Aufwendungen bei Außenstellen – trotz entsprechender Fahrzeiten – in der Regel geringer sind als bei zentralen Hauptsitzstandorten. Dies ist auf die folgenden Faktoren zurückzuführen:

▶ Wegen der nötigen Fahrzeit unternehmen Support-Organisationen mit vielen Außenstellen alle Anstrengungen, Störungen telefonisch zu beheben, während Supporter am Firmenhauptsitz viel schneller dazu tendieren, die Störung beim Benutzer vor Ort zu beheben.

▶ Das Anspruchsverhalten am Firmenhauptsitz ist in der Regel wesentlich größer als bei den Außenstellen. Die Außenstellen sind sich in der Regel bewusst, dass der Supporter zuerst einen längeren Anfahrtsweg auf sich nehmen muss, während ein Benutzer am Firmenhauptsitz eine wesentlich kürzere Reaktionszeit erwartet. Zudem werden in den Außenstellen im Gegensatz zum Hauptsitz teilweise Störungen gesammelt, die dann zusammen behoben werden können.

▶ Die Software-Vielfalt ist am Firmenhauptsitz durch die vielen unterschiedlichen Funktionen deutlich höher als bei den Außenstellen, die in der Regel mit einem verhältnismäßig kleinen Set von standardisierten Applikationen ihre Arbeiten erledigen können.

Support-Einsätze pro Benutzer im Jahr

Support-Einsätze pro Benutzer im Jahr (vom Helpdesk zugewiesene Trouble Tickets).

Wird davon ausgegangen, dass pro Benutzer im Jahr acht Anfragen an das Helpdesk gestellt werden und dass das Helpdesk 75% dieser Anfragen lösen kann, so entstehen zwei Support-Fälle pro Benutzer im Jahr, die entweder durch den Support vor Ort oder durch eine andere Supportstelle (Server-, Netzwerk- oder E-Mail-Spezialisten) gelöst werden müssen.

Gute Werte liegen damit zwischen 1,5 und 3 Support-Einsätzen pro Benutzer und Jahr. Schlechtere Werte lassen auf eine instabile IT-Infrastruktur oder auf eine zu geringe Lösungsrate im Helpdesk schließen.

Support-Einsätze pro Supporter im Jahr

Support-Einsätze pro Supporter im Jahr (vom Helpdesk zugewiesene Trouble Tickets).

Eine gute Support-Organisation erreicht zwischen 500 und 1 000 Support-Einsätze pro Supporter im Jahr. Bei rund 200 Arbeitstagen pro Jahr ergibt dies zwischen 2,5 und 5 Support-Fälle pro Supporter am Tag.

Kosten pro Benutzer

9

Kosten des Supports auf Benutzer pro Monat umgerechnet, damit diese mit anderen Firmen vergleichbar werden. Zu den Kosten gehören Personalkosten inkl. Spesen, Sonderzahlungen, Ausbildung, Sozialkosten usw. sowohl von internen als auch von externen Mitarbeitern.

Im Bereich zwischen € 30 und € 40 können die Kosten als gut betrachtet werden. Einige wenige Support-Organisationen erreichen sogar Werte von weniger als € 20. Im Gebiet Support bestehen die Kosten praktisch ausschließlich aus Personalkosten.

9.7.4 Gemeinsames Helpdesk und Support

In einigen IT-Abteilungen – vor allem in kleineren Organisationen – sind Helpdesk und Support in einer einzigen Einheit zusammengefasst und die Aufgaben können nicht scharf zwischen Helpdesk und Support vor Ort differenziert werden. In solchen gemischten Umgebungen sind die beiden Parameter relevant, die in Abbildung 9.16 gezeigt werden.

	Verbesserungspotenzial	Gut	Ausgezeichnet
Anzahl Benutzer pro Support-Mitarbeiter	<150	150..200	>200
Kosten pro Benutzer	> € 60 / Monat	€ 45..60 / Monat	< € 45 / Monat

Abbildung 9.16: Kennzahlen für Helpdesk und Support zusammen

Anzahl Benutzer pro Support-Mitarbeiter

Anzahl der Benutzer, die von einem Support-Mitarbeiter unterstützt werden.

In einer Umgebung, in der ein Support-Mitarbeiter sowohl telefonische Unterstützung als auch Unterstützung vor Ort leistet, liegen ausgezeichnete Werte bei über 200 betreuten Benutzern pro Support-Mitarbeiter. Werte unter 150 Benutzer pro Support-Mitarbeiter weisen Potenzial auf.

9.7.5 Endgeräte

Das Gebiet Endgeräte wird ausschließlich durch die Kosten der Desktops, Notebooks, Drucker, Scanner usw. bestimmt.

	Verbesserungspotenzial	Gut	Ausgezeichnet
Anzahl PC pro Benutzer	>1,1	1,0..1,1	1,0
Anzahl Benutzer pro Drucker	<3	3..5	>5
Anzahl PC-Hersteller	>2	2	<2
Jährliche Kosten pro Desktop (ohne Monitor)	> € 300	€ 200..300	< € 200
Jährliche Kosten pro Notebook	> € 700	€ 500 .. 700	< € 500
Kosten pro Benutzer für alle Endgeräte	> € 60 / Monat	€ 40..60 / Monat	< € 40 / Monat

Abbildung 9.17: Kennzahlen für Endgeräte

Anzahl PC pro Benutzer

Ein wesentlicher Faktor bei den Kosten der Endgeräte liegt in der PC-Dichte. Da die Kosten nicht pro PC, sondern pro Benutzer ausgewiesen werden, schlägt ein hohes Verhältnis von PC pro Benutzer direkt auf die Kosten durch.

Zu den guten Werten gehören maximal 10% mehr PC als Benutzer. Unternehmen mit vielen Teilzeitmitarbeitern, die sich jeweils einen PC teilen, erreichen sogar Verhältnisse von unter 1,0. Höhere Werte als 1,1 weisen auf ein

9

deutliches Potenzial hin, das jedoch erst nach einiger Zeit realisiert werden kann, da die bestehenden PC nach wie vor in den Büchern stehen und weiterhin abgeschrieben oder geleast werden müssen.

Anzahl Benutzer pro Drucker

Nur die wenigsten Firmen weisen in dieser Disziplin ein hohes Verhältnis auf. Der beste Wert der gebenchmarkten Firmen liegt bei knapp vier Benutzern pro Drucker, schlechte Werte können bei weniger als zwei liegen. Anzustreben ist ein Verhältnis von mindestens drei bis fünf Benutzern pro Drucker.

Anzahl PC-Hersteller

Durch eine unterschiedliche Einkaufspolitik haben einige Firmen in der Vergangenheit mehrfach den PC-Lieferanten gewechselt und so Endgeräte von mehreren Herstellern im Einsatz. Dies hat negative Auswirkungen sowohl auf die Ersatzteilhaltung als auch auf das Engineering und die Konfiguration der PC durch die jeweils unterschiedlichen Treibervarianten.

Je nach Philosophie wird ausschließlich mit einem PC-Hersteller zusammengearbeitet oder, falls eine Dual-Vendor-Strategie verfolgt werden soll, mit zwei Lieferanten (ein Lieferant für Desktops und ein zweiter Lieferant für Notebooks).

Jährliche Kosten pro Desktop (ohne Monitor)

Die jährlichen Kosten pro Desktop hängen einerseits vom Beschaffungspreis und andererseits noch stärker von der Nutzungsdauer ab. Hier unterscheiden sich viele Firmen. Während die einen Unternehmen PC bereits nach drei oder weniger Jahren ersetzen, kommen die Desktops bei anderen Unternehmen vier oder sogar fünf Jahre zum Einsatz. Damit lassen sich in der zweiten Variante die jährlichen Kosten gegenüber einer Einsatzdauer von drei oder weniger Jahren beinahe halbieren. Damit kommt der Nutzungsdauer eine wesentlich größere Bedeutung zu als dem Einkaufspreis, obwohl natürlich auch dieser nicht vernachlässigt werden darf.

Gute Werte liegen zwischen € 200 und € 300 pro Jahr und lassen sich bei einer kostengünstigen Beschaffung sowie einer langen Nutzungsdauer auf unter € 150 bringen.

Jährliche Kosten pro Notebook

Genauso wie bei den Desktops werden auch bei den Notebooks die jährlichen Kosten durch den Beschaffungspreis sowie durch die Nutzungsdauer bestimmt. Fünf Jahre Nutzungsdauer lassen sich mit Notebooks üblicherweise nicht erreichen, drei bis vier Jahre sind bei einer entsprechenden Modellwahl jedoch durchaus möglich.

In der Regel lohnt es sich, nicht das günstigste Gerät mit der Minimalausstattung zu wählen, sondern ein vernünftig ausgestattetes Gerät zu einem leicht höheren Preis und dafür längerer Nutzungsdauer zu beschaffen. Vor allem der interne Speicher (RAM) muss ausreichend großzügig dimensioniert sein, damit das Gerät auch nach drei oder vier Jahren den Anforderungen noch genügt.

Kosten pro Benutzer für alle Endgeräte pro Monat

Werden sämtliche jährlichen Kosten für Endgeräte addiert und durch die Anzahl der Benutzer sowie durch zwölf Monate dividiert, kommen Werte zwischen € 40 und € 60 pro Benutzer im Monat heraus. Höhere Werte bergen Potenzial, während durchaus auch Werte unter € 40 erreichbar sind, wie das folgende Beispiel zeigt:

In einer fiktiven Firma mit 1 000 Benutzern arbeiten 750 Mitarbeiter mit einem Desktop und 250 mit einem Notebook. Es wird von einem optimalen Verhältnis von einem PC pro Benutzer sowie von vier Benutzern pro Drucker ausgegangen.

Der Einfachheit halber werden alle Geräte vier Jahre lang genutzt, obwohl Drucker und Monitore eher länger und Notebooks teilweise eher kürzer genutzt werden können. Bei den unten angenommenen Beschaffungspreisen ergeben sich damit folgende jährlichen Kosten:

750 Desktops (Beschaffungspreis € 800, Nutzung 4 Jahre)	€ 150 000
750 TFT-Monitore (Beschaffungspreis € 400, Nutzung 4 Jahre)	€ 75 000
250 Notebooks (Beschaffungspreis € 1 600, Nutzung 4 Jahre)	€ 100 000
250 Drucker (Beschaffungspreis € 400, Nutzung 4 Jahre)	€ 25 000
Jährliche Kosten Total	**€ 350 000**

Dies ergibt monatliche Kosten pro Benutzer von gut € 29. In der obigen Rechnung wurden bewusst keine knapp kalkulierten Beschaffungspreise eingesetzt. Mit entsprechenden Verhandlungen lassen sich diese nochmals deutlich senken.

Allerdings muss beim obigen Beispiel eingestanden werden, dass diese Rechnung selten den tatsächlichen Gegebenheiten einer Firma entspricht. Häufig befinden sich Endgeräte im Einsatz, die vor drei oder vier Jahren zu wesentlich höheren Preisen beschafft wurden. Damit belasten dieses »Altlasten« die Rechnung. Die teureren Geräte »wachsen« erst mit der Zeit aus dem Bestand heraus und belasten damit die Abschreibungen oder Leasingraten erst nach einiger Zeit nicht mehr.

Bei den Endgeräten sind vielfach die folgenden Verhaltensweisen zu beobachten, die die Kosten unnötig erhöhen:

▸ **Zu kurze Nutzungsdauer**: Häufig werden die Endgeräte buchhalterisch auf drei Jahre abgeschrieben. Dadurch entsteht bei vielen Mitarbeitern und Vorgesetzten der Eindruck, dass die Geräte nach Ablauf der finanziellen Abschreibungsdauer wieder zu ersetzen sind, obwohl die Geräte häufig noch länger eingesetzt werden könnten. Umgekehrt werden teilweise zu wenig leistungsfähige Geräte beschafft, die nach wenigen Jahren den Anforderungen nicht mehr genügen und wegen mangelnder Speicherkapazität wieder ersetzt werden müssen.

▸ **Zu frühe Beschaffung**: Neue Gerätetypen wie TFT-Monitore oder PDA kosten in der Anfangsphase wesentlich mehr, um dann über die Jahre ebenfalls ein verhältnismäßig niedriges Preisniveau zu erreichen. Werden solche Geräte (zu) früh beschafft, wird die Einführungsphase mit entsprechenden Kostenfolgen durch die IT mitfinanziert.

▸ **Prestige oder Motivation**: In vielen Firmen ist ein leistungsfähiger PC oder ein schlankes Notebook ein Prestigeobjekt für Vorgesetzte oder ein Motivationsfaktor für Mitarbeiter. Wer fehlende oder nur gering ausgefallene Gehaltserhöhungen mit entsprechenden Endgeräten kompensiert oder Notebooks und Bildschirme als Prestigeobjekte betrachtet, darf sich nicht über zu hohe IT-Kosten wundern.

Die Kosten für die Endgeräte bestehen logischerweise ausschließlich aus Sachkosten.

9.7.6 File- & Print-Server

Auf den Fileservern können die Benutzer sowohl ihre persönlichen Dateien als auch Daten, die sie mit anderen Personen (aus der gleichen Organisationseinheit oder aus gemeinsamen Projekts) teilen, ablegen. Die IT ist für das Backup sämtlicher auf den Fileservern abgelegten Daten verantwortlich.

Die Printserver werden benötigt, damit sich mehrere Benutzer einen oder mehrere gemeinsame Drucker teilen können.

Bei den File- & Print-Server sehen die relevanten Kenngrößen wie in Abbildung 9.18 gezeigt aus.

9

	Verbesserungspotenzial	Gut	Ausgezeichnet
Anzahl Benutzer pro Fileserver	< 300	300 .. 500	> 500
Anzahl Benutzer pro Serverbetreuer	< 300	300 .. 500	> 500
Kosten pro Benutzer	> € 50 / Monat	€ 40..50 / Monat	< € 40 / Monat

Abbildung 9.18: Kennzahlen File- & Print-Server

Anzahl Benutzer pro Fileserver

Nach der starken Dezentralisierung in der Vergangenheit haben viele Firmen ihre Server wieder zentralisiert. Werte zwischen 300 und 500 Benutzer pro Fileserver lassen sich gut erreichen, einige Firmen schaffen sogar Werte von deutlich über 1 000 Benutzern pro Fileserver.

Anzahl Benutzer pro Serverbetreuer

Auf einen Serverbetreuer kommen in der Regel 300 bis 500 Benutzer. In sehr stark standardisierten IT-Infrastrukturen lassen sich auch hier Werte von über 1 000 Benutzern erreichen.

Kosten pro Benutzer

Die Kosten für die Konfiguration, den Betrieb und die Überwachung der File- & Print-Server belaufen sich inkl. Personalkosten, Hardware-Abschreibungen und Serverlizenzen zwischen € 40 und € 50 pro Benutzer im Monat. Einige

Unternehmen erreichen Werte von sogar unter € 25. In der Regel halten sich die Sachkosten und die Personalkosten in etwa die Waage.

9.7.7 LAN

Im Gebiet LAN konzentrieren sich die Kennzahlen auf die in Abbildung 9.19 dargestellten Parameter.

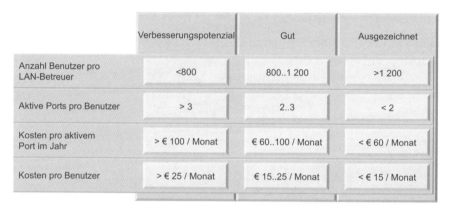

	Verbesserungspotenzial	Gut	Ausgezeichnet
Anzahl Benutzer pro LAN-Betreuer	<800	800..1 200	>1 200
Aktive Ports pro Benutzer	> 3	2..3	< 2
Kosten pro aktivem Port im Jahr	> € 100 / Monat	€ 60..100 / Monat	< € 60 / Monat
Kosten pro Benutzer	> € 25 / Monat	€ 15..25 / Monat	< € 15 / Monat

Abbildung 9.19: Kennzahlen für das LAN

Anzahl Benutzer pro LAN-Betreuer

LAN ist ein Gebiet mit hohem Skalenpotenzial. Ein genügend großes LAN vorausgesetzt, lassen sich Werte von über 1 000 Benutzern pro LAN-Betreuer erreichen. In kleineren IT-Infrastrukturen lassen sich solch hohe Werte in der Regel nicht erreichen. Hier erfolgt die LAN-Betreuung in effizienter Weise, indem der LAN-Support durch eine Person wahrgenommen wird, die noch für weitere Aufgaben verantwortlich ist.

Aktive Ports pro Benutzer

Anzahl der aktiven Ports für den Anschluss von Endgeräten wie PC und Drucker.

Mehr als zwei Ports pro Benutzer treiben die Kosten für Switches und Hubs unnötigerweise in die Höhe und sind in den seltensten Fällen (z.B. bei Voice over IP mit direktem Anschluss der Telefone an das Firmennetzwerk) gerechtfertigt. Eine Ausnahme bildet die Erschließung von kleineren Niederlassungen, bei denen in der Regel Standard-Switches mit 12 oder 24 Ports zum Einsatz kommen. Arbeiten nur drei oder vier Mitarbeiter in dieser Einheit, werden natürlich sehr hohe Portdichten erreicht, die durch die hohe Standardisierung der eingesetzten Switches in der Regel jedoch zu keinem Kostennachteil werden.

Kosten pro aktivem Port im Jahr

Werden die gesamten LAN-Kosten für die Konfiguration, den Betrieb und die Überwachung inkl. Hardware-Abschreibungen auf die Anzahl der vorhandenen Ports umgelegt, entstehen üblicherweise Kosten zwischen € 60 und € 100 pro Port im Jahr. Niedrige Portkosten lassen sich dabei entweder durch effektiv niedrige Netzwerkkosten bei geringer Portdichte oder durch eine hohe Anzahl Ports erreichen. Deshalb ist es wichtig, diese Kenngröße im Zusammenhang mit der Größe *Aktive Ports pro Benutzer* zu betrachten.

Kosten pro Benutzer

Die wichtigste Kenngröße im Gebiet LAN sind sicherlich die monatlichen Kosten pro Benutzer (Personalkosten für die Konfiguration, den Betrieb und die Überwachung des LAN sowie Hardware-Abschreibungen).

Ähnlich wie beim Support werden auch beim LAN die niedrigsten Kosten in der Regel bei den Außenstellen erreicht. Auf den ersten Blick mag dies erstaunlich erscheinen, bei näherer Betrachtung werden die niedrigen Kosten jedoch schnell klar: Während an größeren Standorten das LAN wegen der hohen Anzahl der Benutzer in der Regel redundant und mit entsprechend leistungsfähigen und damit teuren Switches ausgerüstet werden, erfolgt die Erschließung von kleineren Einheiten in der Regel ohne Redundanz im LAN durch einfache Switches oder Hubs. Damit wird zwar nicht die hohe Ausfallsicherheit der zentralen Standorte, dafür jedoch auch nicht deren Kostenniveau erreicht.

Da nur die LAN-Kosten in dieser Disziplin betrachtet werden, fallen die für die Anbindung der Außenstellen benötigten Router- und Carrierkosten aus dem Betrachtungswinkel. Inklusive dieser Kosten kommt die netzwerkmäßige Anbindung einer Außenstelle in der Regel wieder teurer zu stehen als ein Netzwerkanschluss am Hauptsitz.

Für das Gebiet LAN liegt ein gutes Kostenniveau zwischen € 15 und € 25 pro Benutzer im Monat. Üblicherweise machen dabei die Sachkosten rund zwei Drittel und die Personalkosten ein Drittel der LAN-Kosten aus.

9.7.8 E-Mail

Das Bild der Kenngrößen für E-Mail präsentiert sich wie in Abbildung 9.20 gezeigt.

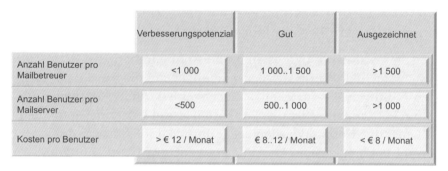

	Verbesserungspotenzial	Gut	Ausgezeichnet
Anzahl Benutzer pro Mailbetreuer	<1 000	1 000..1 500	>1 500
Anzahl Benutzer pro Mailserver	<500	500..1 000	>1 000
Kosten pro Benutzer	> € 12 / Monat	€ 8..12 / Monat	< € 8 / Monat

Abbildung 9.20: Kennzahlen für E-Mail

Anzahl Benutzer pro Mailbetreuer

Ähnlich wie LAN ist auch E-Mail ein Gebiet mit relativ großem Skalenpotenzial, so dass ein Mailbetreuer durchaus 1 000 bis 1 500 Benutzer betreuen kann. Einige Firmen erreichen sogar Werte über 1 500 Benutzer pro Mailbetreuer.

Anzahl Benutzer pro Mailserver

Viele Firmen betreiben ihr E-Mail-System mittlerweile (aus Redundanzgründen) auf zwei zentralen Servern und erreichen dadurch hohe Benutzerzahlen pro Server. Werte zwischen 500 und 1 000 Benutzern sind keine Seltenheit. Unternehmen mit mehreren Tausend Benutzern verwenden in der Regel mehrere identische Mailserver, so dass ein Server zwischen 1 000 und 2 000 Benutzer bedient.

Kosten pro Benutzer

Die Kosten für die Konfiguration, den Betrieb und die Überwachung der E-Mail-Server belaufen sich inkl. Hardware-Abschreibungen und E-Mail-Lizenzen auf € 8 bis € 12 pro Benutzer im Monat. In der Regel überwiegen die Sachkosten die Personalkosten oder halten sich in etwa die Waage.

Vorsicht ist geboten bei Firmen, die Lotus Notes einsetzen. Hier gilt es, zwischen dem Anteil E-Mail und Kalender sowie Notes als Applikationsplattform zu unterscheiden.

9.7.9 Office-Umgebung

Die Office-Umgebung präsentiert sich wie in Abbildung 9.21 gezeigt.

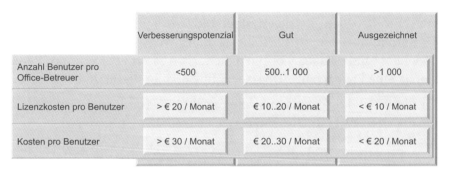

	Verbesserungspotenzial	Gut	Ausgezeichnet
Anzahl Benutzer pro Office-Betreuer	<500	500..1 000	>1 000
Lizenzkosten pro Benutzer	> € 20 / Monat	€ 10..20 / Monat	< € 10 / Monat
Kosten pro Benutzer	> € 30 / Monat	€ 20..30 / Monat	< € 20 / Monat

Abbildung 9.21: Kennzahlen für die Office-Umgebung

Anzahl Benutzer pro Office-Betreuer

Mit *Office-Betreuer* sind diejenigen IT-Mitarbeiter gemeint, die für das Engineering und die Grundkonfiguration des Clients sowie für die Packetierung und Verteilung der zu installierenden Software verantwortlich sind. Gute Werte liegen bei einem Verhältnis zwischen 500 und 1 000 Benutzern pro Office-Betreuer.

Lizenzkosten pro Benutzer

Die Lizenzkosten umfassen die Lizenzen für das Client-Betriebssystem, MS Office oder ein vergleichbares Office-Paket sowie den Virenscanner. Unternehmen, die die Lizenzkosten pro Client auf monatlich € 10 oder darunter senken können, setzen häufig das mit dem Kauf eines PC mitgelieferte Betriebssystem ein und beschaffen keine weiteren Client-Lizenzen oder Upgrade-Protection. So wird in der Regel eine Betriebssystem-Generation ausgelassen.

Ähnlich verfahren sie beim Office-Paket: Einmal beschaffte MS-Office-Lizenzen werden fünf und mehr Jahre ohne Upgrade-Protection eingesetzt und erst danach werden neue Lizenzen für den Wechsel auf das aktuelle Office-Release beschafft. Durch diese konservative Politik kann mindestens ein, häufig auch zwei Office-Releases übersprungen werden.

Kosten pro Benutzer

Die Kosten für das Engineering und die Konfiguration des Clients sowie für die Packetierung und Verteilung der Software belaufen sich inkl. der Software-Lizenzen für das Client-Betriebssystem, MS Office und Virenscanner auf € 20 bis € 30 pro Benutzer im Monat. Ein häufiger Wechsel von Betriebssystemen und/oder des Office-Paketes bringen die Kosten rasch über € 30 pro Benutzer im Monat, eine konservative Upgradepolitik erlaubt Werte unter € 20.

Durch die Lizenzkosten machen die Sachkosten rund zwei Drittel und die Personalkosten etwa ein Drittel dieses Gebietes aus.

9.8 Fazit

Benchmarking ist ein sehr gutes Instrument zur Bestimmung der eigenen Position im Vergleich zu anderen Firmen sowie zur Leistungssteigerung und zum Kennenlernen von anderen Unternehmen und deren Erfahrungen und Best Practices.

Dabei kommt einem soliden Benchmarking-Modell eine große Bedeutung zu. Benchmarking ohne ein bewährtes Modell ist von vornherein zum Scheitern verurteilt, da Äpfel mit Birnen verglichen werden und so ständig Diskussionen unter den Teilnehmern geführt werden, ob denn alle Unternehmen dasselbe unter dem jeweiligen Parameter verstehen und wieso sich die Unternehmen darin unterscheiden. Die Erfahrung zeigt, dass das Benchmarking-Modell nur in den seltensten Fällen selbst entwickelt werden kann. Weniger wegen des Know-hows, sondern vielmehr wegen der Akzeptanz bei allen Teilnehmern. Hier lohnt sich externe Unterstützung.

Fragestellungen

Bei einem Benchmarking geht es um die folgenden Fragestellungen:

- Welches sind die Kennzahlen in der Informatik?
- Wie werden sie definiert und gemessen?
- Wo liegen die Referenzwerte?
- Wo steht das eigene Unternehmen?
- Wo besteht Handlungsbedarf?
- Wie können die eigenen Werte verbessert werden?

Erfolgsfaktoren

Drei Erfolgsfaktoren sind wesentlich beim Benchmarking:

1. Benchmarking-Modell
2. Vergleichsgruppe
3. Umsetzung der Maßnahmen

Möglichkeiten und Grenzen

▷ Benchmarking von Infrastruktur-Elementen (Netzwerk, Server, PC, Help-desk usw.) und allgemeinen Applikationen wie z.B. SAP ist mit vernünf-tigem Aufwand möglich.

▷ Das Benchmarking von Geschäftsapplikationen ist schwierig und auf-wändig.

▷ Vergleiche bei Applikationen erfolgen am besten über Prozesskosten: Was kostet eine Police, ein Kunde, ein Konto, eine Mio. Assets under Manage-ment, ein Auftrag, ein Angebot usw.

▷ Die Umsetzung der Verbesserungsmaßnahmen kann nicht outgesourct werden.

Falls Benchmarking tatsächlich ernsthaft in der IT betrieben werden soll, wer-den die Benchmarking-Parameter regelmäßig erhoben und im Jahresturnus mit anderen Firmen verglichen. Weit entwickelte IT-Abteilungen erheben die wichtigsten Benchmarking-Werte sogar monatlich und reagieren damit unmittelbar auf feststellbare Tendenzen. Dabei messen sie nicht nur Kosten-elemente, sondern ebenfalls verschiedene Leistungsparameter wie Verfüg-barkeiten, Reaktionszeiten usw.

Maßnahmen

Unabhängig davon, ob man sich mit sich selbst oder mit anderen Firmen benchmarkt, kommt der Erarbeitung und Umsetzung von aus den Bench-marking-Resultaten abgeleiteten Maßnahmen eine wesentliche Bedeutung zu. Allzu viele Benchmarking-Projekte werden nach dem Benchmarking ab-geschlossen, ohne entsprechende Maßnahmen zu erarbeiten, geschweige denn umzusetzen. Vor allem wenn die Motivation eine Standortbestimmung und keine Leistungssteigerung war, werden nur selten Maßnahmen zur Stei-gerung der Leistung und Senkung der Kosten umgesetzt.

Ein vollständiger Benchmarking-Zyklus ist in Abbildung 9.22 dargestellt.

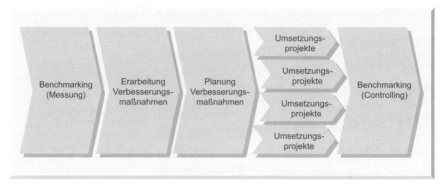

Abbildung 9.22: Maßnahmenerarbeitung und Umsetzungsprojekte

Im Anschluss an das Benchmarking werden anhand der Benchmarking-Resultate Verbesserungsmaßnahmen erarbeitet und geplant (zeitliche Umsetzung, personelle Ressourcen, finanzielle Mittel usw.). Diese werden dann in verschiedenen Umsetzungsprojekten realisiert und nach deren Abschluss (für gewöhnlich nach zwölf bis 18 Monaten) durch ein erneutes Benchmarking nachgewiesen.

Beim Nachweis (Controlling) mit einem erneuten Benchmarking werden die eigenen Werte einerseits mit den letztmalig vor zwölf bis 18 Monaten erhobenen Werten verglichen, um die Leistungssteigerung und Kostensenkung nachweisen zu können. Andererseits werden die aktuellen Werte erneut mit den Vergleichsfirmen verglichen, um die Entwicklung der IT im Vergleich mit den anderen Unternehmen beurteilen zu können.

10 Skaleneffekte

Wer kennt die Skaleneffekte nicht? Je größer die Stückzahl, desto niedriger der Preis. Dies kennen wir aus vielen Gebieten in Form von Mengenrabatten und aus den sinkenden Stückpreisen für 10er, 100er oder 1000er Mengen. Was bei industriell hergestellten Produkten der Fall ist, gilt auch in vielen Gebieten der IT. Je mehr Benutzer eine Applikation nutzen, desto niedriger werden die Kosten pro Benutzer. Oder je mehr PC die IT betreut, desto geringer werden die Kosten pro betreutem PC.

Auch beim Outsourcing spielen Skaleneffekte immer wieder eine große Rolle: Durch die Auslagerung der IT oder Teile davon zu einem Outsourcer kann vom Skalenpotenzial des Outsourcers profitiert und damit die Kosten gesenkt werden.

Dabei stellt sich die Frage, ob die Skaleneffekte für alle Gebiete der IT zutreffen und ab welchen Mengen das Skalenpotenzial ausgeschöpft ist und sich die Stückkosten nicht mehr weiter senken lassen. Diesen Fragestellungen will ich mich im Folgenden zuwenden.

10.1 Economy of Scale

Je mehr man von einem Gut produziert, desto niedriger fallen die Produktionskosten und damit der Preis aus. Die Fixkosten für Entwicklung, Konstruktion und Infrastruktur können auf immer mehr Teile umgelegt werden, bis die Kosten praktisch nur noch aus variablen Kosten bestehen.

Wenn wir von Fixkosten von insgesamt € 100 000 für die Entwicklung und Konstruktion eines Produktes ausgehen und annehmen, dass jedes Stück, das produziert wird, variable Kosten von € 10 bedingt, so ergeben sich folgende Stückpreise:

Menge	Stückpreis	
1	€ 100 010	(€ 10 + € 100 000)
10	€ 10 010	(€ 10 + € 100 000/10)
100	€ 1 010	(€ 10 + € 100 000/100)
1 000	€ 110	(€ 10 + € 100 000/1 000)
10 000	€ 20	(€ 10 + € 100 000/10 000)
100 000	€ 11	(€ 10 + € 100 000/100 000)
1 000 000	€ 10,10	(€ 10 + € 100 000/1 000 000)

Tabelle 10.1: Sinkender Stückpreis bei steigender Menge

Grafisch dargestellt sieht dies aus wie in Abbildung 10.1.

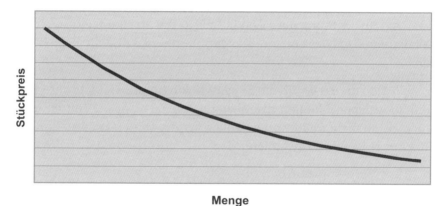

Menge

Abbildung 10.1: Economy of Scale

Der Stückpreis sinkt mit zunehmender Menge, bis die Fixkosen durch die hohe Menge praktisch nicht mehr ins Gewicht fallen und die Herstellungskosten praktisch nur noch aus variablen Kosten bestehen. Damit entsprechen die minimal möglichen Stückkosten den variablen Herstellungskosten, da die Fixkosten auf praktisch unendlich viele Stücke verteilt werden können und damit verschwinden.

Jeder Hersteller träumt davon, seine Produkte nur mit variablen und ohne feste Kosten herstellen zu können. In der Praxis lassen sich jedoch kaum solch große Stückzahlen erreichen, dass die Fixkosten vernachlässigt werden könnten.

Dazu kommt eine weitere Problematik. Die obige Kurve mit sinkendem Stückpreis bei steigender Menge gilt sicherlich für einfache Produkte, die industriell hergestellt werden können. Wie aber verhalten sich die Kosten bei komplexen Produkten wie IT-Dienstleistungen?

10.2 Explosion of Complexity

Auf den ersten Blick scheint es einleuchtend, dass eine Applikation, die von 1 000 Benutzern eingesetzt wird, nur noch die Hälfte pro Benutzer kostet, wenn es gelingt, diese für 2 000 Benutzer zur Verfügung zu stellen.

10

Auf den zweiten Blick merken wir schnell, dass dies mit der bestehenden Hardware nur in den seltensten Fällen möglich sein wird. Ziemlich sicher muss die Hardware für die 1 000 weiteren Benutzer ausgebaut werden. Wenn wir Glück haben, reicht es, die Server zu verdoppeln, um die zusätzliche Last zu verkraften. Wenn wir Pech haben, erreicht nun aber das Disk- oder Datenbanksystem seine Leistungsgrenze und ein Ausbau der Applikation und eine Erhöhung der Anzahl der Benutzer bedingt eine Reorganisation der Datenbank und/oder des Disksystems.

Stellen wir uns vor, dass wir die Anzahl der Benutzer nicht nur verdoppeln, sondern sogar verzehnfachen, wird das vorhandene Applikationssystem mit großer Wahrscheinlichkeit nicht mehr in der Lage sein – auch mit einem entsprechenden Hardware-Ausbau –, die zusätzliche Last zu verkraften. Ohne ein entsprechend aufwändiges Redesign der Applikation werden sich die zusätzlichen Benutzer kaum verkraften lassen.

Dieser Effekt nennt sich *Explosion of Complexity*: Bei leicht steigender Anzahl der Benutzer lassen sich die Fixkosten auf mehrere Benutzer aufteilen, so dass die Kosten pro Benutzer sinken. Irgendwann wird jedoch die Grenze erreicht, bei der das System nicht mehr linear ausgebaut werden kann, und die dadurch entstandene Komplexität sorgt dafür, dass die Kosten pro Benutzer wieder ansteigen.

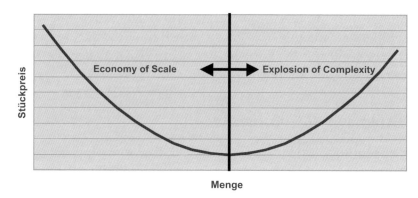

Abbildung 10.2: Explosion of Complexity

Während es zuerst gelingt, die Stückkosten bei steigender Menge laufend zu senken, wird irgendwann der Punkt erreicht, bei dem sich größere Mengen (z.B. an Benutzern) nur noch mit zusätzlichem Aufwand erreichen lassen. Die Komplexität und damit die Kosten steigen wieder an.

Bisher habe ich nur die Betriebskosten der Applikation betrachtet. Mit großer Wahrscheinlichkeit werden jedoch auch die Projektkosten mit wachsender Anzahl der Benutzer ansteigen. Solange die zusätzlichen Benutzer genau die gleichen Arbeiten verrichten und keine zusätzlichen Anforderungen an die Applikation haben, werden die Projektkosten nicht oder höchstens marginal ansteigen. Wurden aber zum Beispiel zwei Firmen so fusioniert, dass nun alle Mitarbeiter mit der gleichen Applikation arbeiten, werden durch die unterschiedlichen Produkte und Arbeitsweisen der beiden Firmen auch die Anforderung an die gemeinsame Applikation ansteigen.

Dabei muss man nicht nur davon ausgehen, dass die Applikation im Rahmen der Fusion auf die erweiterten Bedürfnisse und Anforderungen angepasst werden muss, sondern auch damit rechnen, dass die späteren Aufwendungen für den Unterhalt und die Weiterentwicklung der Applikation höher als zuvor ausfallen. Im Extremfall ergeben sich sogar negative Skaleneffekte und die Kosten pro Benutzer steigen bei der Fusion an.

Aber auch bei Infrastruktur-Komponenten können die Kosten bei steigender Menge ansteigen, statt zu sinken. Betrachten wir wieder das Beispiel der Fusion zweier Firmen. Bei der Zusammenlegung werden auch die Server der beiden Firmen zusammengelegt. Auf den ersten Blick könnte man vermuten, dass dadurch auch die Kosten in diesem Gebiet reduziert werden können und dass nun weniger Spezialisten für die Betreuung der Server nötig sind.

Entsprechende Skaleneffekte können jedoch nur bei absolut identischen Komponenten eintreten. Das heißt, dass die Aufwände zur Betreuung der Server nur dann gesenkt werden können, wenn dieselben Servertypen vom selben Serverlieferanten eingesetzt werden und zudem die Server identisch aufgesetzt sind und mit den gleichen Tools überwacht werden. Dies wird kaum per Zufall alles erfüllt sein, so dass zuerst ein Projekt zur Homogenisierung der Serverinfrastruktur umgesetzt werden muss, bevor die Kosten in diesem Gebiet gesenkt werden können.

10.3 Komplexitätskosten

10

Im vorangegangenen Teil haben Sie gesehen, dass die Kosten bei einer Erhöhung der Menge anstatt – wie meistens erwartet – zu sinken auch ansteigen können. Dies nennt sich *Komplexitätskosten*. Fügen wir die Skaleneffekte (Economy of Scale) und die Komplexitätskosten zu den Gesamtkosten zusammen, ergibt sich ein Bild wie in Abbildung 10.3.

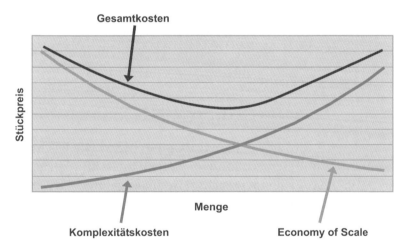

Abbildung 10.3: Komplexitätskosten

Sie sehen, dass die Gesamtkosten dank der Economy of Scale zuerst mit steigender Menge sinken, um dann ab einem gewissen Punkt wegen der Komplexitätskosten wieder anzusteigen. Damit gilt es nicht mehr, eine möglichst große Menge zu erreichen, sondern das Minimum der Gesamtkosten zu finden sowie die Komplexitätskosten möglichst niedrig zu halten.

10

Während Komplexitätskosten bei einfachen und industriell herzustellenden Produkten üblicherweise nicht oder nur in sehr geringem Ausmaß anfallen, spielen sie bei komplexen Produkten wie Dienstleistungen in der Regel sehr schnell eine wesentliche Rolle. Wäre dem nicht so, würde eine sehr große Firma konkurrenzlos niedrige IT-Kosten erreichen, was in der Praxis jedoch nur selten zu beobachten ist.

Der Unterschied zwischen den effektiven Gesamtkosten und dem möglichen Skaleneffekt wird als *Skalenpotenzial* bezeichnet (siehe Abbildung 10.4).

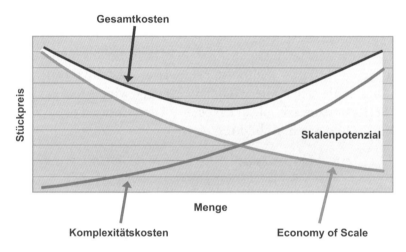

Abbildung 10.4: Skalenpotenzial

Das Skalenpotenzial wird in Abbildung 10.4 durch die helle Fläche zwischen den Gesamtkosten und der Economy of Scale dargestellt. Es zeigt auf, wie groß das Kosten- resp. Skalenpotenzial ist, wenn es gelingt, die Komplexitätskosten zu vermeiden. Zur Erreichung des Skalenpotenzials muss man sich deshalb darauf konzentrieren, die Komplexitätskosten zu verhindern.

Einige Beispiele, bei denen mit der Erhöhung der Menge die Komplexitätskosten ansteigen und so das Entstehen von Skaleneffekten verhindern:

▷ **Konsolidierung von Applikationen**: Wie Sie gesehen haben, steigen die Kosten für die Applikation schnell an, falls sie nicht die gemeinsamen Anforderungen abdecken kann oder falls die Anforderungen nicht reduziert werden können.

▷ **Konsolidierung von IT-Infrastrukturen**: IT-Infrastrukturen können nur auf einem niedrigeren Kostenniveau betrieben werden, falls sie absolut identisch sind. Dazu muss zur Konsolidierung ein Transitionsprojekt gestartet werden, genau so wie dies ein Outsourcer auch tut, um die Skaleneffekte zu erreichen.

▷ **Konsolidierung von IT-Organisationen**: Werden zwei IT-Organisationen zusammengelegt, sinken die Kosten dadurch nicht automatisch. Vielmehr werden die Prozesse und Abläufe zuerst einmal komplexer und unübersichtlicher. Durch die Größe steigt zudem eventuell auch der Bedarf nach Stabs- und Koordinationsstellen an. Die Vorteile einer größeren Organisation lassen sich erst nach einem entsprechenden Reorganisationsprojekt der Prozesse und der Organisation nutzen.

▷ **Wachstum der Firma**: Wächst die Firma, entstehen fast von alleine Skaleneffekte. Voraussetzung dazu ist allerdings, dass die Komplexität der Firma nicht ebenfalls ansteigt. Wächst die Firma, indem sie in neue Märkte mit neuen Produkten einsteigt, erhöht dies in praktisch allen Fällen auch die Komplexität und damit die Kosten der IT. Wächst die Firma jedoch in ihrem angestammten Segment, ohne dass die IT-Systeme ausgebaut und erweitert werden müssen, entstehen signifikante Skaleneffekte.

▷ **Reduktion des Personalbestandes**: Beim umgekehrten Fall – dem Schrumpfen und damit bei der Reduktion des Personalbestandes – sinken zwar die Stückzahlen, nicht jedoch die Komplexität. Dies kann die IT-Kosten in Relation zum Umsatz stark erhöhen. Die Skaleneffekte, die beim homogenen Wachstum ausgenutzt werden konnten, werden nun wieder rückgängig gemacht. Damit steigen die IT-Kosten verglichen mit dem Umsatz einerseits durch den Umsatzrückgang und andererseits durch die Vernichtung von Skaleneffekten an.

Die Erfahrungen aus der industriellen Fertigung lehren uns, dass mit steigender Menge die Stückkosten sinken. Bei der IT ist dieser Zusammenhang jedoch wesentlich differenzierter zu betrachten: Solange mit dem Wachstum eines IT-Systems oder einer IT-Organisation kein Wachstum der Komplexität einhergeht, lassen sich die Skaleneffekte nutzen und die Stückkosten senken. Eine Erhöhung der Komplexität kann jedoch die Skaleneffekte ausgleichen oder im Extremfall sogar übertreffen. Dies möchte ich am Beispiel von ermittelten Praxiswerten näher betrachten.

10

10.4 Skalenpotenzial in der Praxis

Wegen der großen Unterschiede von Applikationen lassen sich Aussagen bezüglich ihres Skalenpotenzials und ihrer Komplexitätskosten leider nur sehr beschränkt und nicht generell machen. In jedem Fall muss die spezifische Applikation genau analysiert werden, um mögliche Skaleneffekte zu beurteilen.

Im wesentlich generischeren Gebiet des PC-Arbeitsplatzes lassen sich jedoch anhand der Erfahrungen im Benchmarking von über 30 Unternehmen wesentlich einfacher und besser Aussagen bezüglich Skalenpotenzial herleiten.

10

In Kapitel 9 *Benchmarking* habe ich Referenzwerte für die verschiedenen Gebiete wie Helpdesk, Support, E-Mail usw. angegeben. Nun möchte ich an dieser Stelle das Benchmarking-Szenario Electronic Workplace bezüglich seines Skalenpotenzials untersuchen.

10.4.1 Gesamtkosten Electronic Workplace

Im Benchmarking-Szenario Electronic Workplace sind die folgenden Elemente zusammengefasst: Helpdesk, Support, Endgeräte, E-Mail & Kalender, File- & Print-Server, Office-Umgebung und LAN.

Um Skaleneffekte nachweisen zu können, sind in Abbildung 10.5 die Kosten pro Benutzer gegenüber der Anzahl der Benutzer aufgetragen. Die mittlere Linie gibt dabei den **Trend** der Kosten in Abhängigkeit der Anzahl der Benutzer als Polynom vierter Ordnung an. (Ein Polynom vierter Ordnung wird durch die Gleichung $y = ax^4 + bx^3 + cx^2 + dx + e$ dargestellt. Dabei werden die Koeffizienten a, b, c, d und e so gewählt, dass die Kurve möglichst genau den Kostenwerten entspricht.) Die beiden anderen Linien zeigen das obere (**Höchstwerte**) resp. untere Kostenniveau (**Tiefstwerte**) der untersuchten Firmen.

Die Auswertung der Kosten pro Benutzer in Abhängigkeit von der Anzahl der Benutzer ergibt ein interessantes Bild: Bis rund 1 000 Benutzer sinken die Kosten sehr deutlich (bei den Tiefstwerten um beinahe den Faktor zwei) und es gelingt keinem der untersuchten Unternehmen mit weniger als 1 000 Benutzern, das niedrige Kostenniveau der großen Unternehmen zu erreichen. Der Unterschied zwischen den niedrigsten Kosten mit über 1 000 Benutzern und den höchsten Kosten mit rund 200 Benutzern beträgt mehr als einen Faktor 2,5.

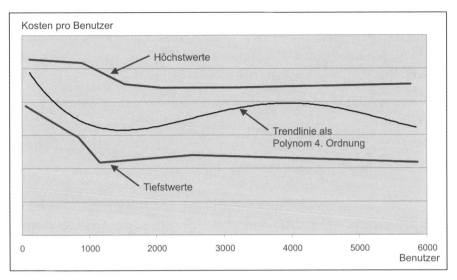

Abbildung 10.5: Gesamtkosten Electronic Workplace

Ab 1 000 Benutzern sinken die Kosten pro Benutzer allerdings nicht mehr weiter. Sowohl die obere Linie, die die jeweiligen Kostenmaxima darstellt, als auch die untere Linie mit den Kostenminima sinkt ab 1 000 Benutzern nicht mehr, sondern steigt sogar leicht an. Dies dürfte jedoch eher der Streuung der Werte zuzuschreiben sein als einem tatsächlichen Kostenanstieg. Auch der Anstieg (und wieder Abfall) der mittleren Kurve geht auf die Darstellung der Werte durch ein Polynom vierter Ordnung und nicht auf einen Anstieg der Messwerte zurück.

Die obige Darstellung der Gesamtkosten des Gebietes Electronic Workplace zeigt bis 1 000 Benutzern klare Skaleneffekte auf. Sie zeigt aber auch, dass ab 1 000 Benutzern keine weiteren Skaleneffekte mehr auszumachen sind. Damit werden bei einer Fusion zweier Firmen mit insgesamt mehr als 1 000 Benutzern die Kosten im Gebiet PC-Arbeitspatz kaum sinken. Vielmehr muss darauf geachtet werden, dass sie durch die höhere Komplexität nicht sogar ansteigen.

Ebenfalls auffallend ist die relativ große Streuung der Kosten auch bei über 1 000 Benutzern. So liegt zwischen der unteren und der oberen Linie rund ein Faktor zwei. Alle diese Aussagen gelten ausschließlich für das Gebiet Electronic Workplace. Wie eingangs erwähnt, lassen sich generelle Aussagen zu Applikationen praktisch nicht machen. Daher wäre es falsch, anhand der Erkenntnisse im Gebiet PC-Arbeitsplatz auf das Verhalten von Applikationen Rückschlüsse zu ziehen. Die Kurvenformen können sich zwar durchaus ähnlich sehen, der Knickpunkt mit den niedrigsten Kosten kann aber sowohl stark nach links als auch nach rechts verschoben sein.

Die verschiedenen Gebiete des Benchmarking-Szenarios Electronic Workplace verhalten sich nicht in allen, aber in vielen Fällen sehr ähnlich wie die Gesamtkosten. Dies will ich in den folgenden Unterkapiteln näher betrachten und erläutern.

10.4.2 Helpdesk

Um keine Verwirrung bei den verwendeten Begriffen wie Helpdesk, Hotline, Callcenter und Servicecenter zu schaffen, will ich diese hier kurz definieren und erläutern

- **Helpdesk** wird in diesem Buch als Oberbegriff für sämtliche Formen der Ansprechstelle der IT für die Benutzer benutzt.

- Unter **Hotline** wird die Entgegennahme der Benutzermeldungen durch eine einfache Telefonielösung (in der Regel ein Funktelefon) durch die IT verstanden. In der Regel wird kein Ticket-System eingesetzt, da die eingegangenen Problem- und Störungsmeldungen direkt durch die Supportmitarbeiter erledigt werden können.

- Mit einem **Callcenter** ist ein Helpdesk gemeint, das die gemeldeten Probleme und Störungen in einem Ticket-System erfasst und der entsprechenden Stelle zur Lösung zukommen lässt. Im Callcenter selbst werden üblicherweise nur wenige Probleme gelöst.

- Ein **Servicecenter** verfügt genau wie ein Callcenter über ein professionelles Ticket-System zur Erfassung und Weiterleitung der gemeldeten Probleme und Störungen. Im Gegensatz zum Callcenter strebt es jedoch danach, einen möglichst hohen Anteil der Probleme selbst zu lösen, und leitet nur solche Fälle weiter, für die es selbst keine Lösungsmöglichkeiten besitzt.

Die Kostenkurve verläuft im Gebiet Helpdesk etwas differenzierter als bei den Gesamtkosten für den Electronic Workplace.

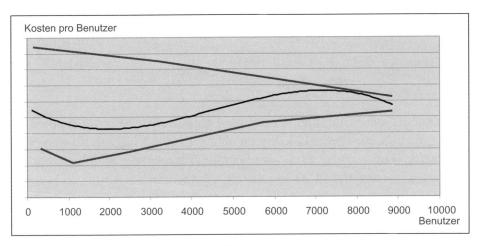

Abbildung 10.6: Korrelation zwischen der Anzahl der Benutzer und der Kosten pro Benutzer beim Helpdesk

Die **Trendlinie** zeigt zuerst eine sinkende Tendenz bis rund 2 000 Benutzer, um danach bis 7 000 Benutzer anzusteigen. Der Abfall nach 7 000 Benutzern geht auf die gewählte Kurvenform (Polynom) und die wenigen Messwerte in diesem Bereich zurück. Betrachten wir nun die Tiefst- und die Höchstwerte:

Bei den Tiefstwerten ist ein ähnliches Bild mit sinkenden Kosten bis 1 000 Benutzern zu beobachten. Darüber steigen die Tiefstwerte interessanterweise wieder an. Anders verhalten sich die Höchstwerte, die mit steigender Anzahl der Benutzer praktisch kontinuierlich sinken. Um diese beiden Kurvenverläufe besser verstehen zu können, müssen wir einen Blick auf die Funktionsweise von Helpdesks werfen:

Die Helpdesks organisieren sich je nach Größe unterschiedlich.

▷ **Kleinere Unternehmen** mit einigen Hundert Benutzern bilden in der Regel kein dediziertes Helpdesk. Vielmehr wird die Helpdesk-Funktion vom Support wahrgenommen, und es existiert eine Hotline (Funktelefon), die abwechslungsweise von einem anderen Supportmitarbeiter bedient wird.

▷ **Mittelgroße Unternehmen** mit einigen Tausend Mitarbeitern besitzen meist ein dediziertes Helpdesk mit festen Agenten, die sich um die Störungsmeldungen der Benutzer kümmern.

▷ **Sehr große Unternehmen** weisen üblicherweise ein großes Service- oder Callcenter zur Lösung und Weiterleitung der Benutzerprobleme auf.

10

Je nach Größe ist die eine oder andere Lösung optimal. Kleine Unternehmen mit einer einfachen Telefon-Hotline erreichen eine gute Auslastung der Hotline-Mitarbeiter, da diese in ruhigeren Zeiten mit den üblichen Support-Fällen oder mit anderen Tätigkeiten ausgelastet sind. Dies ist der Grund, wieso diese Unternehmen niedrige Kosten im Helpdesk erreichen können.

Große Service- oder Callcenter können zwar die Anrufe teilweise effizienter und damit günstiger beantworten, kämpfen aber mit Auslastungsproblemen: Während in den Hauptanrufzeiten (in der Regel am Morgen) der Mitarbeiterbestand eher zu knapp ausgelegt ist, ist er in den Randzeiten für das Anrufvolumen eher zu großzügig dimensioniert und die Auslastung der Helpdesk-Mitarbeiter sinkt.

Muss das Helpdesk jedoch einen 7x24h-Service abdecken, ist Größe gefragt. Für nur wenige Benutzer lässt sich ein professioneller Service rund um die Uhr kaum finanzieren. Ein großes Unternehmen kann die Kosten jedoch auch auf entsprechend viele Benutzer aufteilen.

Damit lassen sich die beiden Kurven erklären: Die **Tiefstwerte** werden im Anfangsbereich durch kleinere Unternehmen geprägt, die kein dediziertes Helpdesk betreiben, sondern eine einfache Hotline eingerichtet haben und so die Mitarbeiter optimal auslasten können. Mit steigender Anzahl der Benutzer funktioniert jedoch das Hotline-Konzept nicht mehr, da nun mehrere Mitarbeiter für die Entgegennahme von Störungsmeldungen benötigt werden. Jetzt drängt sich ein richtig ausgeprägtes Helpdesk und damit höhere Kosten auf.

Die **Höchstwerte** stammen für gewöhnlich von Unternehmen, die ein professionelles Helpdesk einsetzen. Hier zeigt die Kurve gut auf, wie die Kosten für das Helpdesk mit steigender Anzahl der Benutzer sinken.

Die Werte im Bereich Helpdesk zeigen, wie auch kleinere Unternehmen mit entsprechend pragmatischen und einfachen Lösungen (Hotline) ein niedriges Kostenniveau erreichen können. Erst beim Einsatz eines professionellen Helpdesks spielen Skaleneffekte eine Rolle.

10.4.3 Support

Auch die Kostenkurve für das Gebiet Support weist eine ähnliche Form auf (siehe Abbildung 10.7).

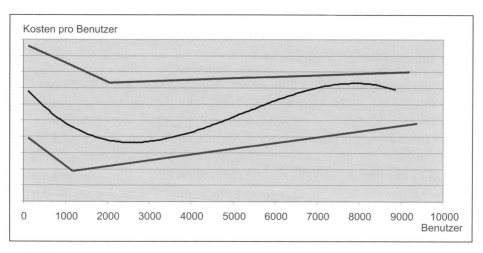

Kosten pro Benutzer

0   1000   2000   3000   4000   5000   6000   7000   8000   9000   10000
Benutzer

10

Abbildung 10.7: Korrelation zwischen der Anzahl der Benutzer und den Kosten pro Benutzer beim Support

Die **Trendlinie** sinkt analog wie im Helpdesk bis gut 2 000 Benutzer, um danach wieder anzusteigen. Auch hier ist das Absinken bei 8 000 Benutzern auf die gewählte Kurvenform sowie die wenigen Werte in diesem Bereich zurückzuführen.

Die **Tiefstwerte** sinken auch hier bis rund 1 000 Benutzer, um danach wieder mit größerer Anzahl der Benutzer anzusteigen. Dies dürfte weniger mit Skaleneffekten, sondern vielmehr mit der Art, wie Supportleistungen erbracht werden, zusammenhängen: Kleinere IT-Abteilungen installieren Software auf den PC meist von Hand. Dies lässt sich – mit entsprechendem Aufwand – für wenige Hundert PC noch bewerkstelligen. Mit ca. 300 bis 500 PC zwingt sich aber eine automatische Software-Verteilung auf, so dass die Supportkosten sinken. Dies dürfte der Grund sein, wieso mit rund 1 000 Benutzern die niedrigsten Kosten erreicht werden.

Danach steigen die Kosten wieder an, da üblicherweise die Komplexität durch die größere Software-Vielfalt mit einer wachsenden Anzahl von Benutzern zunimmt. Damit steigen auch die Supportaufwände. Ein weiterer Grund für den Kostenanstieg dürfte auch in der Erwartungshaltung der Benutzer liegen, die in großen Unternehmen häufig höher ist als in kleineren Unternehmen. Dies wirkt sich natürlich ebenfalls auf die Supportkosten aus.

Die **Höchstwerte** weisen einen ähnlichen Verlauf wie die Tiefstwerte auf, allerdings liegt der Knick bei rund 2 000 Benutzern. Auffallend ist der große

Unterschied zwischen den Höchst- und den Tiefstwerten, der zwischen einem Faktor zwei und vier liegt. Die großen Unterschiede sind im Wesentlichen auf zwei Faktoren zurückzuführen:

▸ **Standardisierung**: Durch eine große Standardisierung der eingesetzten Hard- und vor allem Software lassen sich die Supportaufwendungen klar reduzieren. Umgekehrt kann eine stark heterogene Umgebung den Support entsprechend aufwändig und damit kostenintensiv werden lassen. Durch die große Heterogenität steigen nicht nur die Kosten, gleichzeitig sinkt in der Regel parallel dazu die Qualität, da die hohe Individualität die Erbringung von qualitativ hochwertigen Supportleistungen verhindert.

▸ **Anspruchsverhalten**: In einigen Unternehmen werden die PC (Personal Computer) einfach als Arbeitsinstrumente betrachtet, während sie in anderen Firmen die persönlichen Bedürfnisse der Mitarbeiter stärker abdecken müssen. Im ersten Fall wird vor allem das »C« von PC betont, während im zweiten Fall das »P« in den Vordergrund gerückt wird. Entsprechend fallen damit natürlich auch die Supportaufwendungen und nicht zuletzt die Standardisierung aus.

10.4.4 Endgeräte

Dass die Kurve auch bei den Endgeräten wiederum sehr ähnlich aussieht, mag erstaunen. Wird hier doch angenommen, dass deutliche Skaleneffekte sichtbar werden und die Kosten mit steigender Anzahl Benutzer resp. Endgeräte deutlich sinken.

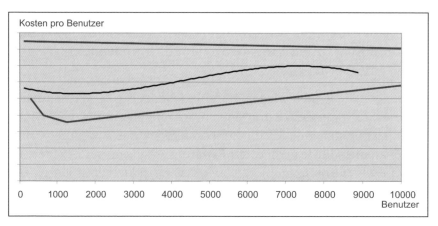

Abbildung 10.8: Korrelation zwischen der Anzahl der Benutzer und den Kosten pro Benutzer bei den Endgeräten

Die Kurve der **Höchstwerte** sinkt mit steigender Anzahl der Benutzer nur leicht, während die **Trendlinie** und die **Tiefstwerte** zuerst leicht sinken, um dann kontinuierlich bis gut 7 000 Benutzer anzusteigen.

Betrachten wir die Kostentreiber bei den Endgeräten näher: Die Kosten der Endgeräte (jährliche Abschreibungen pro Benutzer) sind von den folgenden vier Faktoren abhängig:

▷ **Beschaffungskonditionen**: In den Beschaffungskonditionen finden sich der ausgehandelte Rabatt und der Preisnachlass für größere Abnahmemengen. Hier können große Unternehmen durch entsprechende Bezugsmengen und Verhandlungen ihre Stärken ausspielen. Durch die geringere Menge wird es kleineren Unternehmen kaum gelingen, zu gleichen Konditionen wie Großunternehmen einzukaufen.

▷ **Modellwahl**: Ein gut ausgestatteter PC mit viel Speicher, schnellem Prozessor, leistungsfähiger Grafikkarte usw. kostet deutlich mehr als ein einfaches Gerät, das die Geschäftsanforderungen gerade erfüllt. Durch die Wahl des »richtigen« Modells werden die Beschaffungskosten deshalb mindestens so stark beeinflusst wie durch die Beschaffungskonditionen. Häufig tendieren große Unternehmen zur Beschaffung von leistungsfähigeren und damit teureren Geräten als kleinere Unternehmen. Dadurch wird der Kostenvorteil, den sich große Unternehmen durch ihre besseren Beschaffungskonditionen gesichert haben, wieder vernichtet oder sogar überkompensiert.

▷ **Nutzungsdauer**: Der wohl größte Faktor auf die Endgerätekosten liegt jedoch in der Nutzungsdauer. In der Zwischenzeit setzen viele Firmen ihre PC für fünf Jahre ein, während die Endgeräte früher häufig bereits nach drei Jahren wieder abgelöst wurden. Dadurch werden die jährlichen Kosten für die Endgeräte beinahe halbiert. Natürlich steht die Nutzungsdauer im Widerspruch zur Modellwahl: Ein weniger gut ausgestattetes und damit günstigeres Modell erreicht eine kürzere Nutzungsdauer und umgekehrt. Deshalb gilt es bei der Modellwahl, vor allem diejenigen Faktoren wie Speichergröße und Festplattenkapazität zu berücksichtigen, die eine lange Nutzungsdauer verhindern könnten.

▷ **Anzahl der PC pro Benutzer**: In einigen Unternehmen kommen deutlich mehr als ein PC pro Benutzer zum Einsatz, da einige Benutzer mit zwei oder noch mehr PC arbeiten (z.B. Software-Entwickler) oder bei einem Personalabbau die entsprechenden PC nach wie vor vorhanden sind. In Extremfällen können über das gesamte Unternehmen betrachtet 1,5 bis sogar knapp 2 PC

10

10

pro Benutzer zum Einsatz kommen. Dies treibt natürlich die Kosten der Endgeräte pro Benutzer (nicht pro Endgerät) spürbar in die Höhe. Nicht zu vernachlässigen sind dabei auch die Geräte, die auf Lager gehalten werden. Häufig beeinflussen die Lagergeräte die Anzahl der PC pro Benutzer signifikant.

Während bei den Endgeräten primär an die Beschaffungskonditionen gedacht wird, spielen die anderen Faktoren wie Modellwahl, Nutzungsdauer und Anzahl der PC pro Benutzer eine ebenso große resp. größere Rolle.

Von Skaleneffekten können jedoch nur die Beschaffungskonditionen profitieren. Die beiden anderen Größen sind unabhängig von der Anzahl zu beschaffender Geräte. Dies ist der Grund, wieso es auch kleineren Unternehmen gelingen kann, niedrige Endgerätekosten zu erzielen und wieso Großunternehmen teilweise höhere Kosten erreichen.

10.4.5 E-Mail & Kalender

Im Gebiet E-Mail erleben wir bei den **Tiefstwerten** ein Novum: Die Kurve weist für Infrastrukturen mit weniger als 1 000 Benutzern keine Skaleneffekte auf, sondern beginnt mit niedrigen Kosten, die sich dann langsam mit steigender Anzahl Benutzer erhöhen. Dies lässt sich dadurch erklären, dass kleinere Unternehmen meist eine sehr einfache E-Mail-Infrastruktur aufbauen und betreiben. Eine redundante Auslegung der Server ist nur selten anzutreffen und die Überwachung der Mailserver erfolgt in der Regel sehr pragmatisch. Ebenfalls erfolgt die Administration der E-Mail-Konten in kleineren Firmen »nebenbei«, während in größeren Unternehmen ein eigenes Mailteam mit entsprechender Ressourcierung vorhanden ist.

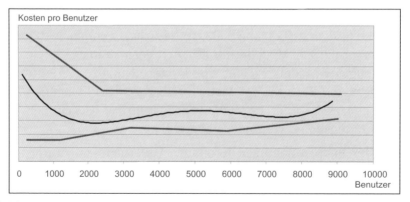

Abbildung 10.9: Korrelation zwischen der Anzahl der Benutzer und den Kosten pro Benutzer bei E-Mail

Die **Trendkurve** sinkt bis 2 000 Benutzer stark ab (Faktor zwei) und bleibt dann mehr oder weniger auf konstantem Niveau. Der Anstieg bei 9 000 Benutzern liegt auch hier wieder in der Kurvenform sowie den wenigen Werten in diesem Bereich begründet.

Bei den **Höchstwerten** präsentiert sich hingegen wieder das bekannte Bild: Skaleneffekte bis gut 2 000 Benutzern und danach Stagnation des Kostenniveaus. Dies gilt vor allem für die aufwändigeren, redundanten Umgebungen. Eine Mail-Infrastruktur mit mehreren Tausend Benutzern wird beinahe zwingend redundant aufgebaut und betrieben und erzwingt durch die große Anzahl der Benutzer in praktisch allen Fällen eine Überwachung mit professionellen Systems-Management-Lösungen. Damit können das Risiko und die Ausfallkosten zwar gesenkt werden, gleichzeitig steigen die Kosten für den Betrieb der E-Mail-Infrastruktur jedoch zwangsweise an.

Kleinere Unternehmen, die ebenfalls eine redundante und überwachte E-Mail-Lösung betreiben, bewegen sich damit auf der oberen Kostenkurve und können bis zu einer Größe von gut 2 000 Benutzern von Skaleneffekten profitieren. Unternehmen mit weniger als 1 000 Benutzern können sich jedoch in einigen Fällen auch erlauben, auf Redundanzen und die Überwachung des Mail-Systems zu verzichten und damit durch die geringeren Anforderungen ein niedrigeres Kostenniveau erreichen. Große Unternehmen können es sich jedoch nur in den seltensten Fällen erlauben, ein E-Mail-System ohne redundante Auslegung und Überwachung zu betreiben.

10.4.6 File- & Print-Server

Bei den File- & Print-Servern präsentiert sich bei den **Tiefstwerten** bis 1 000 Benutzern wieder das vertraute Bild mit sinkenden Kosten. Zwischen 1 000 und 6 000 Benutzern steigen die Kosten nur minimal an, um dann verhältnismäßig stark anzusteigen. Dies dürfte auf die redundante Auslegung und eine aufwändigere Überwachung der Server zurückzuführen sein, ähnlich wie im Gebiet E-Mail. Zusätzlich spielt die Verteilung von großen Unternehmen auf verschiedene Standorte ebenfalls eine spürbare Rolle für die Kosten der File- & Print-Server. Allerdings wurden auch Unternehmen mit mehreren Hundert Standorten untersucht, die ein sehr niedriges Kostenniveau erreichen.

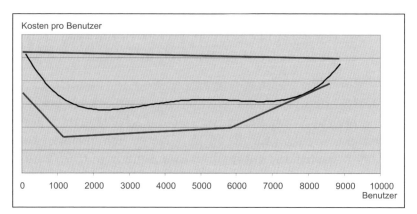

Abbildung 10.10: Korrelation zwischen der Anzahl der Benutzer und den Kosten pro Benutzer bei den Fileservern

Die **Trendkurve** weist dieselbe Form wie die Kurve im Gebiet E-Mail auf.

Die **Höchstwerte** sinken bei den File- & Print-Servern mit steigender Anzahl der Benutzer nur geringfügig. Auch hier fallen die großen Unterschiede zwischen den Tiefst- und den Höchstwerten auf: Sie liegen zwischen einem Faktor zwei bis drei, je nach eingesetzter Lösung bezüglich Redundanz, Servergröße und -anzahl sowie Überwachung und eingesetzter Systems-Management-Tools.

10.4.7 Office-Umgebung

Auch im Gebiet Office präsentiert sich ein vertrautes Bild (siehe Abbildung 10.11).

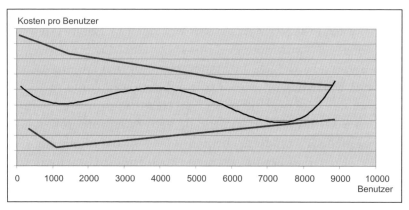

Abbildung 10.11: Korrelation zwischen der Anzahl der Benutzer und den Kosten pro Benutzer beim Gebiet Office

Die **Tiefstwerte** erreichen wie gewohnt ihr Minimum bei rund 1 000 Benutzern, um dann durch die ansteigende Komplexität und Vielfalt der eingesetzten Software wieder anzusteigen. Die Kurve zeigt im unteren Bereich auch auf, dass eine Office-Umgebung für 500 Benutzer rund doppelt so teuer zu stehen kommt wie für 1 000 Benutzer. Hier machen sich die Skaleneffekte gut bemerkbar, drehen sich dann jedoch ab 1 000 Benutzer ins Gegenteil.

Dank Software-Verteilung lässt sich die Installation von Software automatisieren und damit die entsprechenden Aufwände und Kosten senken. Dies zeigt die relativ stark abfallende Kurve der **Höchstwerte** gut auf. Die Höchst- und Tiefstwerte schneiden sich bei gut 10 000 Benutzern.

10

10.4.8 LAN

Ein leicht neues Bild präsentiert sich beim LAN (siehe Abbildung 10.12).

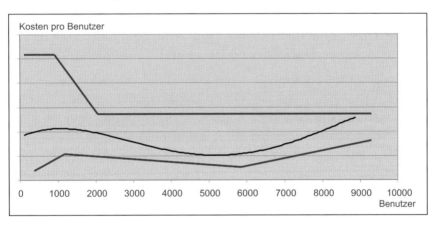

Abbildung 10.12: Korrelation zwischen der Anzahl der Benutzer und den Kosten pro Benutzer beim LAN

Die **Tiefstwerte** steigen ähnlich wie im Gebiet E-Mail bis 1 .000 Benutzer an, anstatt – wie in den meisten Gebieten – abzufallen. Dies ist auf Firmen mit sehr einfacher LAN-Infrastruktur zurückzuführen. Kleinere Firmen können ihr LAN mit einfachen Switches oder Hubs aufbauen, ohne teure und aufwändig zu konfigurierende LAN-Komponenten einsetzen zu müssen. Damit können nicht nur günstige LAN-Komponenten beschafft werden, sondern auch deren Konfiguration und Betrieb ist mit wenig Aufwand möglich. Interessanterweise bleibt die Kurve bis rund 6 000 Benutzer auf sehr niedrigem Niveau, um dann anzusteigen. Die niedrigen Werte sind vor allem auf Firmen mit vielen Außenstandorten (Filialen, Agenturen) zurückzuführen. Diese können sich – trotz der großen Anzahl der Benutzer – eine sehr einfache LAN-Infrastruktur erlauben, da pro Außenstandort normalerweise nur zehn bis zwanzig Mitarbeiter an das Netzwerk angeschlossen werden müssen. Damit kann jeder Standort wie eine kleine Firma mit einfachen LAN-Mitteln und ohne Redundanz und Überwachung erschlossen werden.

Der umgekehrte Fall ist bei den **Höchstwerten** zu beobachten. Große Standorte erfordern eine entsprechend aufwändige LAN-Lösung. Der Gebäudebackbone wird redundant ausgelegt und mit Systems Management Tools überwacht. Die LAN-Konfiguration muss genau geplant werden und sowohl die dazu nötigen LAN-Komponenten als auch deren Konfiguration und Betrieb gestalten sich deutlich aufwändiger als ein LAN für mehrere Dutzend Benutzer mit einfachen Switches und Hubs. Solche Konfigurationen bieten Skalenpotenzial bis rund 2 000 Benutzer und verharren danach auf praktisch identischem Kostenniveau. Bei einer sehr großen Anzahl von Benutzern lassen sich die LAN-Infrastrukturen nur noch redundant und überwacht betreiben, so dass sich hier die Tiefst- und Höchstwerte einander annähern.

10.4.9 Fazit

Wahrscheinlich ist die eine oder andere Leserin und der eine oder andere Leser darüber erstaunt, dass die niedrigsten Kosten nicht erst bei einigen Tausend PC, sondern bereits viel früher bei rund Tausend Benutzern resp. PC erreicht werden. Dies erstaunt umso mehr, da die ganze Welt immer von Skaleneffekten bei großen und sehr großen Firmen spricht.

Kleinere Unternehmen mit kleineren IT-Infrastrukturen können nicht oder nur in geringem Umfang von Skaleneffekten profitieren. Dafür weisen sie in einigen Gebieten wie E-Mail und LAN geringere Anforderungen auf, die den Aufbau und Betrieb einer einfacheren Infrastruktur erlauben. So legen kleinere Unternehmen ihre IT-Infrastruktur nur selten redundant aus und verfügen auch nur in wenigen Fällen über eine integrierte Systems-Management-Lösung, die sämtliche Komponenten überwacht, aber auch entsprechende Kosten verursacht.

Bei den kleineren Unternehmen ist Fantasie gefragt. Wer es schafft, die einfacheren Anforderungen gut umzusetzen, kann trotz fehlender Skaleneffekte, sondern nur durch eine geringe Komplexität niedrige Kosten erreichen. Um allerdings das niedrigste Kostenniveau zu erreichen, sind etwa 1 .000 Benutzer nötig. Hier können die Skaleneffekte ausgespielt werden, ohne dass die durch höhere Anforderungen gestiegene Komplexität zusätzliche Kosten verursacht.

Größere Unternehmen profitieren zwar von Skaleneffekten und besseren Einkaufskonditionen, müssen in der Regel jedoch auch höhere Anforderungen bezüglich Redundanz, Überwachung und Servicequalität erfüllen. Kaum eine IT kann es sich erlauben, ein Gebäude mit 500, 1 000 oder sogar noch mehr Benutzern ohne redundante LAN-, Server- oder E-Mail-Infrastruktur zu betreiben. Alle Komponenten werden durch eine Systems-Management-Lösung überwacht, um eine hohe Verfügbarkeit zu gewährleisten. Damit kann eine hohe Servicequalität gewährleistet werden, allerdings hat dies auch seinen Preis. Wird der Ausfall einiger weniger PC-Arbeitsplätze in kleineren Unternehmen noch akzeptiert, muss ein größeres Unternehmen die Verfügbarkeit der mehreren Hundert oder Tausend PC-Arbeitsplätze gewährleisten können.

10

Damit werden durch Skaleneffekte mögliche Einsparungen rasch wieder durch die zusätzlichen Aufwendungen für Verfügbarkeit und Sicherheit kompensiert oder sogar übertroffen.

Ich bin aber auch auf eine Firma mit mehreren Tausend Mitarbeitern gestoßen, die trotz ihrer Größe über sehr niedrige Kosten im Bereich Electronic Workplace verfügt. Die Firma ist an mehreren Hundert Standorten mit jeweils rund einem Dutzend Mitarbeiter präsent. Damit ist die Redundanz der Firma praktisch von Haus aus durch die vielen Standorte gegeben. Fällt ein Standort aus, ist nur ein kleiner Teil der Firma betroffen. Damit müssen die Systeme nicht redundant ausgelegt werden und auch die Überwachung kann mit einem Minimum an Aufwand durchgeführt werden. Es gibt nur ganz wenige zentrale Elemente, die für einen Ausfall der ganzen Firma sorgen könnten.

Betrieben werden sämtliche Standorte durch eine zentrale IT, die dafür sorgt, dass die IT-Infrastruktur an jedem Standort identisch ist. Hier setzen die Skaleneffekte an, indem die IT mehrere Hundert absolut identische Server und mehrere Tausend absolut identische Clients betreibt. Jeder IT-Mitarbeiter ist sich bewusst, dass jede Abweichung vom Standard die Kosten sofort signifikant ansteigen lässt. Die zentrale IT ist ein wesentliches Erfolgselement für das niedrige Kostenniveau dieser Firma. Würden die vielen Standorte durch verschiedene lokale IT-Abteilungen betrieben, ließe sich kein gemeinsamer Standard durchsetzen und die Skaleneffekte gingen sofort wieder verloren.

10

Dank der vielen Standorte hat es diese IT geschafft, jeden Standort industriell zu betreiben und damit von den Skaleneffekten zu profitieren, ohne eine höhere Komplexität in Kauf nehmen zu müssen.

Die Unterschiede zwischen den Tiefst- und den Höchstwerten zeigen, dass auch bei identischer Anzahl Benutzer häufig ein Faktor zwei in den IT-Kosten bestehen kann. Es lohnt sich also in jedem Fall, die IT-Kosten zu hinterfragen und zu prüfen, ob und wie diese weiter gesenkt werden können.

Auf einen wesentlichen Umstand will ich an dieser Stelle nochmals hinweisen: Das aufgezeigte Skalenpotenzial und die entsprechenden Kostenkurven gelten ausschließlich für das Gebiet Electronic Workplace. In anderen Gebieten – insbesondere den Applikationen – werden die Kostenkurven völlig anders aussehen und die Skaleneffekte treten ab einer anderen Anzahl Benutzer ein. Dies ist wichtig, im Hinterkopf zu behalten, um nicht in anderen Gebieten anhand der hier gemachten Erfahrungen falsche Rückschlüsse zu ziehen.

10.5   Die drei Typen von IT-Abteilungen

Die mit den Skaleneffekten gemachten Erfahrungen führen uns zu drei Grundtypen von IT-Abteilungen, die ich in diesem Kapitel näher betrachten will. Sie werden als *unstrukturiert*, *strukturiert* und *verwaltet* bezeichnet:

▶ **Unstrukturiert**: Eine unstrukturierte IT ist häufig bei kleinen Unternehmen anzutreffen, bei denen die IT nur aus einigen wenigen Personen besteht. Vieles funktioniert auf Zuruf und die Personenabhängigkeit ist groß. Nur die wenigsten Dinge sind dokumentiert, stattdessen sind sie vor allem in den wenigen Köpfen der IT-Mitarbeiter enthalten. Die eingesetzten IT-Lösungen sind in der Regel einfach und pragmatisch, erfüllen aber die Anforderungen der Firma meist recht gut.

▶ **Strukturiert**: Mit steigender Anzahl der Benutzer und steigender Anzahl der IT-Mitarbeiter ist mehr Struktur in der IT nötig. Die wichtigsten Prozesse wie Incident- & Problem-Management (Problemlösung) und Change-Management (Betriebsüberführung einer neuen oder angepassten Applikation oder Infrastrukturkomponente) werden definiert und dokumentiert. Neue Anforderungen können nicht mehr einfach per Zuruf an die IT weitergegeben werden, sondern benötigen das Ausfüllen eines Formulars. Mit steigender Struktur steigt häufig jedoch auch die Komplexität an.

▷ **Verwaltet**: Die höchste Komplexität weist die verwaltete IT auf. Durch ihre Größe – bedingt durch die hohen Anforderungen der Firma sowie die große Anzahl zu betreuender Benutzer – ist diese IT sehr stark strukturiert und überorganisiert. Durch die große Anzahl von IT-Mitarbeitern und die komplexen Systeme und Prozesse sind viele Koordinationsmeetings nötig. Häufig verbringen die Führungspersonen mehr Zeit in Koordinationsmeetings als für die eigentliche personelle und fachliche Führung ihrer Abteilung. Es gibt kaum noch eine Person, die den gesamten Überblick über die IT hat, und meist kennt auch der IT-Leiter die Systeme nur noch aus der Vogelperspektive.

In der Übersicht präsentieren sich die drei IT-Abteilungen wie in Abbildung 10.13 gezeigt.

	Unstrukturiert	Strukturiert	Verwaltet
Typische Anzahl Benutzer	1 – 200	200 – 2 000	> 2 000
Komplexität	gering	mittel	hoch
First Level Support	Hotline	Helpdesk	Service Desk
Prozesse	nicht vorhanden	pragmatisch	ausgeprägt
Change-Management	nicht vorhanden	informal	formal
Koordinations-meetings	keine (informell)	wenige	viele
Request-Management	Zuruf	Formular (teilw. elektronisch)	administriert

Abbildung 10.13: Die drei Typen von IT-Abteilungen

Zur besseren Illustration möchte ich auf die verschiedenen Punkte kurz eingehen:

10.5.1 Typische Anzahl Benutzer

Eine kleine IT mit wenigen Benutzern und wenigen IT-Mitarbeitern ist meist **unstrukturiert** organisiert. Die Abstimmung zwischen den wenigen IT-Spezialisten ist kein Problem und geschieht entweder durch ein gemeinsames Büro oder häufig auch in der Kaffeepause.

Üblicherweise hat eine Firma mit weniger als 200 Benutzern eine unstrukturierte IT. Der Umkehrschluss, dass eine unstrukturierte IT nur in Firmen mit weniger als 200 Benutzern vorkommt, ist jedoch nicht immer gültig. Es gibt durchaus auch Firmen mit über 1 000 Benutzern, die über eine unstrukturierte IT verfügen. Nur die Anzahl der Benutzer für die Kategorisierung der IT herbeizuziehen, ist zu irreführend. Vielmehr muss die Funktionsweise der IT betrachtet werden.

Eine IT mittlerer Größe mit rund 200 bis 2 000 Benutzern ist in der Regel **strukturiert** organisiert. Aber auch hier gilt, dass die Anzahl der Benutzer nicht den alleinigen Ausschlag für die Strukturierung der IT gibt. Es gibt Firmen mit 1 000 Benutzern, die überstrukturiert und damit verwaltet sind, wie auch große Firmen, deren IT unstrukturiert ist.

Ab etwa 2 000 Benutzer ist eine **verwaltete** IT häufiger anzutreffen. Durch die daraus resultierende Größe der IT drängt sich ein höherer Formalisierungsgrad auf und ergibt sich in einigen Großunternehmen beinahe automatisch.

10.5.2 Komplexität

Parallel mit der Größe der Firma sowie der IT steigt in der Regel auch die Komplexität an. Während es in einer **unstrukturierten** IT noch einer einzigen Person gelingt, sämtliche relevanten Zusammenhänge zu verstehen und im Kopf zu haben, ist dies in einer **strukturierten** IT nur noch dank der dokumentierten Systeme und Prozesse möglich. In einer **verwalteten** IT gelingt es kaum mehr einer Einzelperson, sämtliche Zusammenhänge und Systeme zu überblicken.

Mit zunehmender Größe und Komplexität werden jedoch auch die Entscheidungen schwieriger und aufwändiger. Einerseits müssen Entscheidungen wesentlich besser vorbereitet werden, um ein Gesamtbild sowie die aus der Entscheidung resultierenden Konsequenzen erfassen zu können. Andererseits müssen in einer strukturierten und noch vielmehr in einer verwalteten IT immer mehr Personen in den Entscheidungsprozess einbezogen werden. Dadurch sinkt häufig sowohl die Entscheidungsfreudigkeit als auch die Entscheidungsgeschwindigkeit.

10.5.3 First Level Support

Ein weiteres Merkmal ist die Ausgestaltung des First Level Supports. Bei einer **unstrukturierten** IT ist dies in der Regel durch eine Hotline realisiert. Einer der IT-Mitarbeiter verfügt über ein Funktelefon und beantwortet so die Anfragen und Problemmeldungen der Benutzer. Leerlaufzeiten entstehen nicht, da zwischen den Anrufen ein neuer PC installiert und ausgeliefert wird oder an einer Applikation weiterentwickelt wird. Vielmehr fühlen sich die IT-Spezialisten durch die Telefonanrufe in ihrer eigentlichen Arbeit gestört und empfinden den Hotlinesupport als notwendiges Übel. Ein Trouble-Ticket-System ist nicht nötig, da die Störungen direkt durch den IT-Mitarbeiter an der Hotline behoben werden.

10

Eine **strukturierte** IT weist in der Regel ein mehr oder weniger stark ausgeprägtes Helpdesk auf. Dedizierte Mitarbeiter sind für den Helpdesk-Support verantwortlich und sehen die Lösung der von den Benutzern gemeldeten Probleme als ihre eigentliche Aufgabe an. Nun wird ein Anruf eines Benutzers in der Regel nicht mehr als Störung empfunden, sondern als eigentliche Aufgabe. Gleichzeitig entstehen jedoch auch Leerlaufzeiten in denjenigen Phasen, in denen nur wenige oder keine Benutzer anrufen. Zur Erfassung und Weiterleitung der gemeldeten Störungen und Probleme wird ein Trouble-Ticket-System eingesetzt.

Eine große und **verwaltete** IT kommt nicht mehr um ein Helpdesk herum. Ich bezeichne es als Service Desk, da hier der eigentliche Benutzerservice stattfindet. Die Helpdesk-Mitarbeiter sind sowohl technisch als auch in der Gesprächsführung geschult und nehmen die Anliegen der Benutzer ernst. Sämtliche Störungs- und Problemmeldungen werden in einem Ticket-System erfasst und an die entsprechende Supportstelle weitergeleitet. Verschiedene Parameter wie Wartezeit am Telefon, Lösungsrate im Helpdesk, Kundenzufriedenheit usw. werden gemessen und notiert.

10.5.4 Prozesse

Während das Wort *Prozesse* in einer **unstrukturierten** IT kaum vorkommt und wegen ihrer Einfachheit auch kaum vonnöten ist, hat die **strukturierte** IT erkannt, dass sie die wichtigsten Prozesse wie Incident-, Problem- und Change-Management beherrschen muss. Diese werden in der Regel recht pragmatisch definiert und umgesetzt und orientieren sich stark an der Praxis. Es existieren kaum aufwändige und umfangreiche Prozessdokumentationen. Vielmehr sind die Prozesse höchstens knapp dokumentiert oder existieren sogar nur in den Köpfen aller am Prozess beteiligter Personen.

Eine **verwaltete** IT ist wegen ihrer Größe und Komplexität auf gut strukturierte und dokumentierte Prozesse angewiesen. Meist existieren umfangreiche Prozessdokumentationen, die jedoch nur von den wenigsten Mitarbeitern vollständig gelesen oder gelebt werden. Wichtige Prozesse wie z.B. Change-Management verfügen jedoch über klare Spielregeln, die auch eingehalten werden, da in einer komplexen Umgebung sonst schnell Instabilitäten auftreten. Die Komplexität der Systeme sowie auch der Organisation bedingen gut ausgeprägte und funktionierende Prozesse, bedeuten aber auch einen gewissen Overhead. Die Prozesse sind das Bindemittel für die durch die Größe der IT-Organisation entstandene Arbeitsteilung.

10.5.5 Change-Management

Auf einen wichtigen Prozess möchte ich an dieser Stelle gezielt eingehen: den Change-Management-Prozess.

Eine **unstrukturierte** IT weist keinen Change-Management-Prozess auf und weiß vielleicht nicht einmal, wozu dieser Prozess da ist. Vielmehr werden neue oder angepasste Applikationen oder Infrastrukturkomponenten ohne spezielle Testsysteme einfach in Betrieb genommen. Dies ist in der Regel auch kein Problem, da die Koordination zwischen den wenigen IT-Spezialisten einfach ist und die geringere Komplexität der Systeme erlaubt, die Risiken und Folgen einer Änderung an der IT-Infrastruktur oder den Applikationen abzuschätzen. Einzig ein Fallback-Szenario für einen misslungenen Change fehlt meistens in einer unstrukturierten IT.

Eine **strukturierte** IT hat den Nutzen eines Change-Management-Prozesses erkannt und ihn auch in einfacher Art und Weise eingeführt. In der Regel findet eine einfach Absprache zwischen allen Beteiligten statt, um danach den Change durchzuführen. Die Changes werden an Testsystemen ausprobiert, bevor sie in den produktiven Systemen implementiert werden. Definierte Wartungsfenster, in denen Changes durchgeführt werden können, existieren in einigen Fällen. Häufig werden die Changes aber auch während einer Zeit durchgeführt, in der nur wenige Benutzer mit den Systemen arbeiten. Ein Fallback-Szenario wird nur teilweise in Betracht gezogen.

Eine **verwaltete** IT ist auf ein gut funktionierendes Change-Management angewiesen. Durch die Größe der IT und der daraus entstehenden Arbeitsteilung kann ein Change Auswirkungen auf die verschiedensten IT-Abteilungen haben. Deshalb finden regelmäßig formale Change-Meetings statt, an denen sämtliche anstehenden betriebsrelevanten Veränderungen an den Applikationen sowie der IT-Infrastruktur besprochen und beschlossen werden. Ein Fallback-Szenario ist in der Regel Bedingung für die Durchführung eines Changes. Ebenfalls werden Changes vor ihrer Durchführung ausgiebig an dedizierten Testsystemen vor ihrer Einführung getestet.

10.5.6 Koordinationsmeetings

10

Neben der formalen Koordination im Rahmen des Change-Management-Prozesses steigt der allgemeine Koordinationsaufwand innerhalb der IT mit wachsender Größe stark an.

Wegen der geringen Anzahl von IT-Spezialisten in einer **unstrukturierten** IT sind kaum Koordinationsmeetings nötig. Häufig arbeiten alle IT-Spezialisten in einem Büro, so dass die Kommunikation nur schon durch die örtlichen Gegebenheiten einfach und effizient ist. Was nicht im gemeinsamen Büro besprochen wird, ist meistens Thema in der Kaffeepause.

Bei einer **strukturierten** IT nimmt der Bedarf nach Koordinationsmeetings zu, erreicht aber durch die Überschaubarkeit ein durchaus vertretbares Maß. Häufig findet wöchentlich oder teilweise auch nur monatlich ein Abteilungsmeeting innerhalb der IT statt, an dem anstehende Themen besprochen und geklärt werden. Die verschiedenen Teams haben ihren Arbeitsplatz in der Regel im selben oder angrenzenden Büro, so dass die Koordination innerhalb des Teams meistens – wie in einer unstrukturierten IT – automatisch gegeben ist.

Anders sieht die Situation in einer **verwalteten** IT aus. Durch die Größe und die daraus resultierende Arbeitsteilung ist ein hoher Koordinationsaufwand nötig. Die Führungskräfte verbringen den größten Teil ihrer Arbeitszeit in Meetings und können nur einen geringen Teil ihrer Arbeitszeit für die personelle und fachliche Führung ihrer Mitarbeiter verwenden. Wegen der Größe und Komplexität der IT ist es schwierig, eine durchgehende Architektur zu definieren und durchzusetzen.

10.5.7 Request-Management

Ein weiteres Gebiet, in dem sich die verschiedenen Typen von IT-Abteilungen unterscheiden können, ist das Request-Management. Unter Request-Management werden diejenigen Prozesse und Abläufe verstanden, mit denen neue Anforderungen von den Benutzern an die IT herangetragen werden.

Ähnlich wie im Change-Management existiert in einer **unstrukturierten** IT auch kein Request-Management. Neue oder zusätzliche Anforderungen erfolgen häufig in mündlicher Form und auf Zuruf. Da die IT-Spezialisten häufig sowohl die Benutzer als auch deren Geschäftsprozesse kennen, funktioniert diese Methode vielfach mehr oder weniger gut. Allerdings erfolgt kaum eine systematische Erfassung aller Anforderungen und es kann durchaus passieren, dass die eine oder andere Bestellung eines PC länger dauert oder sogar verloren geht.

In einer **strukturierten** IT ist dieses Problem gelöst und PC-Bestellungen wie auch neue oder zusätzliche Anforderungen an die Applikationen erfolgen schriftlich per Formular. Teilweise werden die Formulare durch ein Workflow-System unterstützt, so dass ihr Status und die Durchlaufzeit jederzeit eingesehen und verfolgt werden können. Die Prozesse, wie z.B. ein neuer PC bestellt wird, sind definiert und bekannt und Bestellungen erfolgen nur in den seltensten Fällen auf Zuruf.

Eine **verwaltete** IT setzt ebenfalls Formulare ein, größtenteils jedoch auf elektronischer Basis und zu einem Großteil von einem Workflow-System unterstützt. Dank einer guten Toolunterstützung können die Durchlaufzeiten verkürzt und die Benutzerfreundlichkeit erhöht werden. Die Gefahr ist jedoch groß, dass die Formulare immer aufwändiger und komplizierter werden und dass für die Bestellung eines einfachen PC einiges an Kenntnissen benötigt wird. Eine PC-Bestellung durchläuft mehrere Stellen bis zur Auslieferung und dauert häufig entsprechend lange. Anpassungen und Erweiterungen an Applikationen werden durch ein Gremium beurteilt und verabschiedet.

10.5.8 Fazit

Die Liste der Unterscheidungsmerkmale der verschiedenen Grundtypen von IT-Abteilungen ließe sich beinahe beliebig weiterführen. Bereits an den wenigen aufgezeigten Gebieten ist jedoch ersichtlich, dass die drei Grundtypen von IT-Abteilungen grundlegend unterschiedlich funktionieren. Jeder Typ hat seine Stärken, aber auch seine Schwächen. Dabei geht es nicht darum, den einen Typ besser als den anderen zu bewerten. Viel wichtiger ist es, sich im Klaren zu sein, welcher Typ IT zur eigenen Firma passt.

Eine große Firma mit mehreren Tausend Benutzern wird an einer unstrukturierten IT zu Grunde gehen, da in einer großen IT ohne funktionierende Prozesse keine stabilen IT-Systeme betrieben werden können. Andererseits erzeugt eine große und verwaltete IT einen gewissen Overhead, der die Skaleneffekte, die durch die Größe erst entstehen, wieder zunichte macht oder sogar überkompensiert. Hier liegt der Grund, wieso große Unternehmen nicht zwangsweise günstigere IT-Kosten aufweisen als kleinere Unternehmen.

Umgekehrt macht es keinen Sinn, dass eine kleine Firma vollständig durchstrukturierte IT-Prozesse erarbeitet und umsetzt. Die Koordination der wenigen IT-Spezialisten funktioniert auch ohne eingespielte Prozesse genügend gut. Gelingt es einer kleinen Firma, die im Vergleich zu größeren Firmen üblicherweise geringeren Anforderungen entsprechend pragmatisch und einfach umzusetzen, kann sie trotz fehlender Skaleneffekte ebenfalls ein niedriges Kostenniveau erreichen. Die Erfahrungen aus dem Benchmarking zeigen jedoch, dass das niedrige Kostenniveau von Unternehmen mit rund 1 000 Benutzern von wesentlich kleineren Unternehmen in der Regel nicht erreicht werden kann.

Damit liegt die Vermutung nahe, dass die in Abschnitt 10.2 *Explosion of Complexity* hergeleitete Kurve auch für die drei Typen von IT-Abteilungen anwendbar ist (siehe Abbildung 10.14).

	Unstrukturiert	Strukturiert	Verwaltet
Typische Anzahl Benutzer	1 – 200	200 – 2 000	> 2 000
Komplexität	gering	mittel	hoch
First Level Support	Hotline	Helpdesk	Service Desk
Prozesse	nicht vorhanden	pragmatisch	ausgeprägt
Change-Management	nicht vorhanden	informal	formal
Koordinations-meetings	keine (informell)	wenige	viele
Request-Management	Zuruf	Formular (teilw. elektronisch)	administriert

Abbildung 10.14: Die drei Typen von IT-Abteilungen mit Skalenpotenzial und Komplexität

10

Die kleinen unstrukturierten IT-Abteilungen können wegen der fehlenden Skaleneffekte nicht das niedrige Kostenniveau der strukturierten mittleren IT-Organisationen erreichen. Die großen verwalteten IT-Abteilungen erreichen zwar größere Skaleneffekte, machen diese jedoch durch die gestiegene Komplexität wieder zunichte und erreichen dadurch ein eher höheres Kostenniveau.

Ob eine IT unstrukturiert, strukturiert oder verwaltet ist, ist nicht nur eine Frage ihrer Größe. Einige große IT-Abteilungen arbeiten trotz ihrer Größe strukturiert und nicht verwaltet, einige sogar unstrukturiert. Umgekehrt gibt es kleine IT-Abteilungen, die vollständig durchstrukturiert sind und die Gefahr laufen, sich zu stark in Richtung verwaltet zu entwickeln.

Schwierig wird die Situation bei einem starken Wachstum der Firma und damit der IT oder bei einer Fusion von zwei oder mehreren Firmen. Wegen der stark angestiegenen Größe gelten nun plötzlich andere Spielregeln. Konnte die kleine IT noch ohne oder nur mit rudimentären Prozessen erfolgreich operieren, sind mit der neuen Größe nun plötzlich gut strukturierte und funktionierende Prozesse ein Muss. Umgekehrt muss eine IT bei einer Schrumpfung durch Personalabbau oder Verkäufe von Firmenteilen auch fähig sein, mit einfacheren Mitteln und weniger stark vorhandenen Strukturen und Arbeitsteilungen wieder qualitativ hochwertige und kostengünstige IT-Leistungen zu erbringen.

Solche starken Veränderungen der Firmengröße und damit auch der Größe der IT stellen hohe Anforderungen an das IT-Management. Letztendlich geht es darum, sich im Klaren zu sein, in welcher Größenordnung sich die IT befindet und die entsprechenden Strukturen und Prozesse entsprechend der Situation erfolgreich zu gestalten und zu implementieren.

10.6 Fazit

Durch größere IT-Systeme mit steigender Benutzerzahl entstehen nicht nur Skaleneffekte, die die Stückkosten senken, sondern ab einer bestimmten Größe ebenfalls Komplexitätskosten, die dafür sorgen, dass die Kosten wieder ansteigen. Im Benchmarking von 30 Unternehmen konnte aufgezeigt werden, dass es Unternehmen mit rund 1 000 Benutzern im Gebiet Electronic Workplace gelungen ist, alle Skaleneffekte auszunutzen und ein gleich niedriges resp. häufig sogar niedrigeres Kostenniveau als wesentlich größere Unternehmen zu erreichen.

Viele der untersuchten großen Unternehmen erzielten ein zum Teil deutlich höheres Kostenniveau als die Unternehmen mit rund 1 .000 Benutzern. Dieser Effekt entsteht, wenn es nicht gelingt, die mit der Größe ansteigenden Komplexitätskosten in den Griff zu bekommen, und die Anforderungen an die IT stärker ansteigen als die Skaleneffekte erlauben, die Kosten zu senken. Diese Aussagen gelten allerdings ausschließlich für das Gebiet Electronic Workplace. Das Verhalten einzelner Applikationen bezüglich Skaleneffekte und Komplexitätskosten muss im Einzelfall untersucht und analysiert werden.

Wichtig ist in jedem Fall, dass Skaleneffekte nur bei absolut identischen Systemen eintreten können. So nutzt es zum Beispiel nicht, alle Server unter dem gleichen Betriebssystem zu betreiben. Damit Skaleneffekte eintreten können, müssen die Server weitgehend identisch konfiguriert sein (vom selben Master-Setup), vom gleichen Hersteller stammen und vom gleichen Betriebsteam überwacht und betrieben werden. Erst wenn sich die Systeme nur noch minimal – anhand ihres Verwendungszwecks – unterscheiden, können entsprechende Skaleneffekte ausgenutzt werden.

Vor allem in größeren Unternehmen mit verschiedenen Geschäftsbereichen entstehen häufig Diskussionen um Skaleneffekte, jedoch auch um geschäftsbereichspezifische IT-Systeme. Ist die Firma zusätzlich noch international tätig, verkompliziert sich die Diskussion noch mehr. Ich möchte deshalb ein einfaches Modell zur Führung solcher Diskussionen vorstellen (siehe Abbildung 10.15).

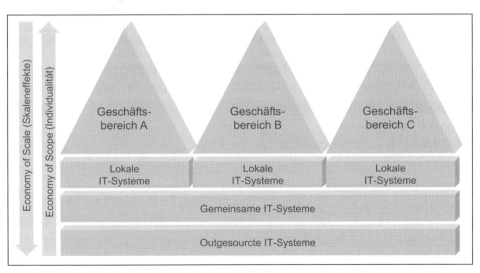

Abbildung 10.15: Shared Infrastructure

Das Modell weist zwei Dimensionen auf: Economy of Scale und Economy of Scope.

> **Economy of Scale (Skaleneffekte)**: Auf diese Dimension bin ich bereits ausgiebig eingegangen. Hier geht es darum, möglichst identische Systeme von einem gemeinsamen Team zu entwickeln und zu betreiben, um Skaleneffekte und damit niedrigere Kosten zu erzielen. Neben der Funktionalität des Systems sind praktisch nur zwei Faktoren relevant: Kosten und Qualität.

> **Economy of Scope (Individualität)**: Diese Dimension habe ich bisher nicht erwähnt. In dieser Dimension geht es darum, herauszufinden, wo und wie ein einzelner Geschäftsbereich oder sogar nur eine einzelne Abteilung möglichst optimal mit IT-Mitteln unterstützt werden kann, um einen höheren Ertrag zu erzielen. Ein gutes Beispiel sind die Handelsplätze in einer Bank. Hier geht es darum, die Händler sowohl mit einer leistungsfähigen Infrastruktur als auch mit möglichst optimalen analytischen Hilfsmitteln auszustatten, damit diese einen möglichst hohen Ertrag aus dem Handelsgeschäft herausholen können.

In allen Diskussionen um Skaleneffekte hilft es, sich immer wieder klar zu machen, in welcher der beiden Dimensionen man sich gerade befindet. Geht es um möglichst identische Systeme, um Kostenvorteile zu erzielen, oder um ganz spezifische Systeme zur Unterstützung eines Geschäftsbereiches, um möglichst hohe Erträge zu erzielen? Vielfach werden die beiden Dimensionen jedoch vermischt und man versucht, Skaleneffekte in Systemen zu finden, die spezifisch nur einer Geschäftseinheit dienen, oder man erklärt, dass allgemeine Infrastruktur-Komponenten, die eine Geschäftseinheit spezifisch für sich beanspruchen will, einen Beitrag zum Geschäftserfolg dieser Einheiten leisten sollen.

Die folgenden Elemente des Modells der gemeinsamen Infrastruktur (Shared Infrastructure) sollen helfen, diese und ähnliche Fragen im Unternehmen zu diskutieren und zu klären:

> **Geschäftsbereich A, B, C**: Jeder Geschäftsbereich betrachtet die IT nicht aus der Sicht der Gesamtfirma, sondern aus seiner eigenen Sicht und anhand der eigenen Bedürfnisse des Geschäftsbereichs. Er nimmt damit vorwiegend die Sicht Economy of Scope ein. Economy of Scale sind aus dieser Perspektive nur schwer zu erkennen und auch schwierig zu realisieren.

▷ **Lokale IT-Systeme**: Die Sicht der einzelnen Geschäftsbereiche wird in lokalen IT-Systemen abgebildet. Diese dienen nur der Unterstützung eines einzelnen Geschäftsbereichs wie zum Beispiel die Infrastruktur der Handelsarbeitsplätze sowie der dazugehörigen Handelsapplikationen einer Bank. Die lokalen IT-Systeme haben ihren Fokus erst in zweiter Linie auf Skaleneffekten ausgerichtet. Primär dienen sie der Steigerung des Ertrags eines einzelnen Geschäftsbereiches. Hier entsteht jedoch auch eine häufige Schwierigkeit: Unter dem Vorwand der Ertragssteigerung und Individualität werden lokale IT-Systeme eingeführt, die eigentlich zu den gemeinsamen IT-Systemen gehören, da sie firmen- resp. konzernweite Tragweite und Verbreitung erreichen. Dass lokale IT-Systeme firmenweit eingesetzt werden, ohne je dafür entwickelt und gebaut worden zu sein, ist eines der größten Risiken von lokalen Systemen. Ein zweites Risiko ist die redundante Haltung von Unternehmensinformationen wie Kundendaten oder Finanzdaten.

10

▷ **Gemeinsame IT-Systeme**: Zu den gemeinsamen IT-Systemen zählt zum Beispiel das firmenweite ERP-System (Enterprise Ressource Planning System) oder das firmenweite Netzwerk oder E-Mail-System. Diese Systeme haben den Fokus nicht auf der möglichst guten Abdeckung aller Bedürfnisse der verschiedenen Geschäftseinheiten, sondern müssen die Gesamtfirma durchgehend unterstützen und hohe Skaleneffekte erzielen. In der Regel geht es bei diesen Systemen nicht darum, einen möglichst hohen Ertrag zu erzielen, sondern die Kosten möglichst niedrig zu halten. Hier besteht die Gefahr umgekehrt zu den lokalen IT-Systemen, indem versucht wird, nur gemeinsame IT-Systeme zu entwickeln und zu betreiben. Damit können weder die unterschiedlichen Bedürfnisse der verschiedenen Geschäftsbereiche befriedigend abgedeckt werden noch lässt sich durch die entstehenden Komplexitätskosten ein günstiges Kostenniveau erreichen.

▷ **Outgesourcte IT-Systeme**: Die nächste Steigerung der gemeinsamen IT-Systeme ist das Outsourcing. Während das Outsourcing von lokalen IT-Systemen wegen der hohen Individualität und der fehlenden Skaleneffekte nur in den seltensten Fällen Sinn macht, sieht die Situation bei den gemeinsamen IT-Systemen anders aus. Gelingt es einem Outsourcer, zusätzliche Skaleneffekte einzubringen, kann ein Outsourcing solcher IT-Systeme viel Sinn machen. Dabei bieten sich vor allem Infrastruktur-Komponenten wie das firmenweite (internationale oder nationale) Netzwerk, der Rechenzentrumsbetrieb oder der Betrieb des ERP-Systems an.

Die meisten Outsourcer werden behaupten, Skaleneffekte und damit Kostenvorteile zu erzielen. Es lohnt sich jedoch in jedem Fall, diese genau zu prüfen und einen genauen Kostenvergleich zwischen den eigenen Kosten und denjenigen des Outsourcing-Angebotes zu machen. Wie Sie im Gebiet Electronic Workplace gesehen haben, erreichen die Skaleneffekte teilweise früher ihre Grenzen als gemeinhin angenommen. Kostenreduktion ist aber bei weitem nicht der einzige Grund für Outsourcing. Mehr zu diesem Thema in Kapitel 11 *Outsourcing*.

10

Dieses einfache Modell soll helfen, die anspruchsvollen Diskussionen über die IT-Systeme in größeren Unternehmen zu führen. Häufig hilft es, sich gemeinsam klar zu werden, ob ein IT-System lokal zu einem einzelnen Geschäftsbereich gehört und nur diesen möglichst optimal in der Erreichung seiner Ertragsziele unterstützen muss oder ob es ein firmenweit eingesetztes System ist, bei dem die Erzielung von Skaleneffekten und niedrigen Kosten im Vordergrund steht.

Tendenziell folgen die in der Abbildung 10.15 dargestellten IT-Systeme der Schwerkraft und »wandern« von oben nach unten. Systeme, die heute noch zu den lokalen Systemen gerechnet werden, werden mit der Zeit Allgemeingut und gehören damit zu den gemeinsamen IT-Systemen. Ebenso erreichen immer mehr gemeinsame Systeme einen höheren Standardisierungsgrad, so dass diese immer besser einem Outsourcer übergeben werden können.

11 Outsourcing

Outsourcing ist ein Kunstwort und besteht aus den Begriffen **OUT**side re**SOURC**e us**ING**. Damit ist gemeint, dass gewisse Ressourcen (Dienstleistungen, Personen usw.), die für die Leistungserbringung des Unternehmens nötig sind, nicht durch das Unternehmen selbst erbracht werden, sondern von einem externen Anbieter bezogen werden.

Die Automobilhersteller haben uns den Prozess des Outsourcings in aller Deutlichkeit vor Augen geführt, indem sie immer mehr Teile nicht mehr selber produzieren, sondern von darauf spezialisierten Unternehmen zukaufen und in die eigene Fertigung integrieren. Damit haben sich die Automobilhersteller auf die Gebiete Entwicklung, Marketing, Verkauf und Montage konzentriert und dabei die Herstellung der verschiedenen Komponenten immer mehr außer Haus gegeben.

Beim Outsourcing dreht sich alles um die Frage »Make or Buy?« Soll die Firma gewisse Leistungen selbst erbringen (Make) oder sie von einem darauf spezialisierten Unternehmen kaufen (Buy)?

In vielen Gebieten ist es selbstverständlich, Leistungen zu kaufen, und es käme niemandem in den Sinn, diese Leistungen selbst produzieren zu wollen. So gibt es kaum ein Unternehmen, das seinen Strom selbst produziert oder eine eigene Quelle für seinen Wasserbedarf betreibt. Auch viele Güter wie Lebensmittel, Autos, Häuser usw. werden nur in seltenen Fällen selbst produziert, sondern von auf diese Gebiete spezialisierten Unternehmen eingekauft. Damit bezieht praktisch jedes Unternehmen Leistungen von einem Outsourcing-Unternehmen und sei es auch nur vom Elektrizitäts- oder Wasserwerk.

Umgekehrt gibt es Leistungen und Funktionen in einem Unternehmen, die typischerweise als Kernkompetenz betrachtet werden und daher auch selbst erbracht und nicht etwa eingekauft werden. Dazu gehören zum Beispiel die Produktentwicklung, das Marketing, der Verkauf oder natürlich auch die Geschäftsführung der Firma. Natürlich existieren auch hier Ausnahmen. So gibt es Firmen, die die Entwicklung ihrer Produkte einkaufen (zum Beispiel durch die Übernahme einer anderen Firma oder durch einen gezielten Entwicklungsauftrag an eine darauf spezialisierte Firma). Ebenso gibt es Firmen, die ihren Verkauf ausgegliedert haben, indem sie ihre Produkte in einem Lizenz- oder Franchisenmodell anbieten. Der Großteil der oben erwähnten Leistungen wird jedoch üblicherweise durch die Firma selbst erbracht.

Aber nicht nur Firmen beziehen Leistungen von einem Outsourcer, auch Privatpersonen geben einen Teil ihrer sonst selbst zu erbringenden Leistungen außer Haus zur Erledigung. Dazu gehört zum Beispiel die Reinigung der Wohnung oder des Hauses durch eine Putzfrau, das Essen vom Pizzakurier oder das Bügeln der Hemden durch einen Bügelservice.

Was veranlasst uns im Privaten, gewisse Aufgaben outzusourcen? Häufig mangelndes Interessen oder mangelnde Zeit. In einem Unternehmen würde man davon sprechen, dass solche Tätigkeiten nicht zum Kerngeschäft gehören und damit entweder nicht gut oder nicht gerne (oder beides zusammen) erbracht werden.

In einer Firma spielen diese beiden Aspekte häufig ebenfalls eine wichtige Rolle, es kommen aber noch einige weitere Gründe für ein Outsourcing dazu.

11.1 Gründe für ein Outsourcing

Während ich bisher den Begriff *Outsourcing* ganz allgemein angewendet habe, möchte ich nun den Fokus verengen und mich im Folgenden auf das Outsourcing von IT-Leistungen konzentrieren.

Ein Outsourcing von IT-Leistungen wird in der Regel aus einem oder mehreren der folgenden Gründe realisiert:

1. **Kostenreduktion**: Bei den meisten Outsourcing-Überlegungen spielen die Kosten eine große Rolle. Viele Unternehmen setzen Outsourcing mit Kostenreduktion gleich. Dies kann auch in vielen Fällen zutreffen, muss aber nicht immer der Fall sein. Eine Kostenreduktion bei einem Outsourcing kann nur dann realisiert werden, wenn es dem Outsourcer gelingt, Skaleneffekte und dadurch ein niedrigeres Kostenniveau zu erzielen, oder wenn es der internen IT nicht gelingt, vorhandenes Kostenoptimierungspotenzial zu realisieren. Nur die wenigsten Unternehmen werden jedoch bereit sein, höhere Kosten durch ein Outsourcing in Kauf zu nehmen, um einen der nachfolgenden Vorteile realisieren zu können. In der Regel

muss ein Outsourcing mindestens kostenneutral sein, meistens aber kostengünstiger als die Erbringung der IT-Leistungen durch die interne IT-Abteilung.

2. **Kostenkontrolle**: Vielfach fühlt sich die Geschäftsleitung eines Unternehmens den Budgetforderungen der IT hilflos ausgesetzt, und es ist für den Vorstand schwierig zu beurteilen, ob eine IT-Investition für die Firma zwingend notwendig ist oder ob die gleichen Resultate auch ohne ständige Investitionen in die IT-Systeme erreicht werden können. Dies kann die Motivation sein, die IT an einen Outsourcer zu übergeben, um damit eine bessere Kostenkontrolle und dadurch wiederum eine Kostenreduktion zu erreichen. Dies bedingt jedoch gute Kenntnisse der eigenen IT-Systeme und eine enge Führung des Outsourcers, da sonst schnell der gegenteilige Effekt eintreten kann. Die Vorhersagbarkeit und Konstanz der IT-Kosten ist ein gewichtiges Argument und kann in einigen Fällen sogar die Kostenreduktion mindestens zu einem Teil kompensieren.

11

3. **Konzentration auf das Kerngeschäft**: Neben der Kostenreduktion dürfte die Konzentration auf das Kerngeschäft das häufigste Argument für ein Outsourcing sein. Die Firmen wollen sich nicht (mehr) um die laufenden Anpassungen und Erweiterungen der IT-Systeme kümmern müssen und übergeben deshalb die ganze IT oder einen Teil davon an eine Outsourcing-Firma. Dies trifft vor allem auf kleinere Unternehmen bis zu einigen Hundert Mitarbeitern zu, da es in einem kleineren Umfeld schwieriger ist, gut ausgebildete IT-Spezialistinnen und -Spezialisten zu finden und zu halten. Ebenfalls können gewisse IT-Systeme erst ab einer bestimmten Größe professionell und kostengünstig entwickelt und betrieben werden, so dass sich ein Outsourcing lohnt. In keinem Fall darf jedoch vergessen werden, dass mit einem Outsourcing nicht automatisch sämtliche IT-Probleme gelöst sind. Die strategische Gestaltung der IT und die Führung des Outsourcers sind wichtige und anspruchsvolle Aufgaben, die immer im Unternehmen bleiben müssen.

4. **Zugang zu Best Practices**: Eine Outsourcing-Firma macht nichts anderes als IT und erreicht dadurch typischerweise eine höhere Kompetenz in diesem Gebiet als eine interne IT. Durch ein Outsourcing erreicht eine Firma damit Zugang zu Best Practices, die sie aus eigener Kraft oder Größe vielleicht gar nie erreichen könnte. Auch dies trifft vor allem auf kleinere Unternehmen zu, die sich weder entsprechende IT-Spezialistinnen und -Spezialisten noch entsprechende IT-Infrastrukturen leisten können. Ebenfalls interessant

11

kann ein Outsourcing aus diesem Grund für Firmen sein, die über eine veraltete IT-Infrastruktur und -Applikationslandschaft verfügen und mit einem Outsourcing eine lange benötigte Modernisierung der IT anstreben.

5. **Fehlende interne Ressourcen**: Vor allem in den Boomjahren von E-Business und dem Jahr-2000-Problem waren gut ausgebildete IT-Spezialisten Mangelware. Dies kann eine Motivation sein, um dieses Problem durch Outsourcing zu lösen. Grundsätzlich hat die Outsourcing-Firma dasselbe Problem wie eine interne IT. Der Outsourcer kommt als reine IT-Firma jedoch besser an gut ausgebildete IT-Fachkräfte heran (attraktivere Arbeitsplätze durch größere Entwicklungsmöglichkeiten) und kann seine Ressourcen zudem für verschiedene Kunden einsetzen und damit besser nutzen.

6. **Interne Ressourcen freimachen**: Vielfach realisieren Firmen einen Technologiesprung auf eine neue IT-Architektur (zum Beispiel die Ablösung von hostbasierten Applikationen auf eine Client/Server-Umgebung) durch externe Firmen. Die gestandenen IT-Mitarbeiter betreiben und warten die alten Systeme weiter, während externe Firmen die neue Applikationsarchitektur realisieren. Damit wird es für die internen Mitarbeiter schwierig, neues Know-how aufzubauen, da sie durch die bestehenden Systeme vollständig absorbiert sind. Der umgekehrte Weg besteht darin, die alten Systeme outzusourcen, damit die internen Mitarbeiter sich um den Aufbau der neuen IT-Architektur kümmern können. Mit der Ablösung der alten auf die neuen Systeme wird auch der Outsourcing-Vertrag aufgelöst oder der Outsourcer mit dem Betrieb des neuen Systems beauftragt.

7. **Risikominimierung**: Die Ablösung der Geschäftsapplikationen auf ein neues System ist häufig nicht nur mit hohen Kosten, sondern ebenfalls mit entsprechenden Risiken verbunden. Ein Outsourcing alleine löst diese Probleme in der Regel nicht. Gelingt es jedoch, auf eine bereits bestehende Plattform (zum Beispiel eine bei verschiedenen Kunden eingesetzte Bankenlösung) eines Outsourcers zu migrieren, können nicht nur die Risiken, sondern ebenfalls die Kosten niedrig gehalten werden.

8. **Kapitalbedarf reduzieren**: Ist der Outsourcer ebenfalls für die Beschaffung und Finanzierung der Hardware-Komponenten wie Server, Netzwerk, PC und Drucker verantwortlich, lässt sich der Kapitalbedarf des Unternehmens reduzieren. Die Investitionen werden durch den Outsourcer getätigt und dem Unternehmen als konstante Servicekosten weiterverrechnet. Bei von Haus aus finanzstarken Unternehmen wie Banken und Versicherun-

gen ist dieser Punkt in der Regel nicht relevant, da diese Unternehmen Kapital günstiger zur Verfügung stellen können als ein Outsourcer. Für ein Unternehmen mit geringer Kapitaldecke oder mit hohem Kapitalbedarf kann dies jedoch ein interessanter Weg sein, da weniger Kapital durch die IT gebunden wird.

9. **Zufuhr von liquiden Mitteln**: Eine weitere – aus Kapitalsicht interessante – Variante ist die Übertragung der IT-Anlagen (Server, Netzwerk, PC, Drucker) an den Outsourcer. Die Firma erhält damit durch den Verkauf der IT-Anlagen kurzfristig liquide Mittel und kann diese anderweitig (zum Beispiel anstelle eines Bankkredites) einsetzen. Der Outsourcer kalkuliert die Abschreibungen der übernommenen Sachmittel in die Servicekosten ein und verrechnet sie damit dem Kunden über die laufenden Monate und Jahre wieder zurück.

10. **Ungenügende IT-Leistungen**: Last but not least dürfte ein häufiger Grund für ein Outsourcing die Unzufriedenheit mit den von der IT erbrachten Leistungen sein. Die Firma verspricht sich vom Outsourcer zu gleichen oder sogar höheren Kosten bessere IT-Leistungen. Dieser Grund für ein Outsourcing ist zwar gut nachvollziehbar, birgt aber eine große Gefahr mit sich. Das Outsourcing einer außer Kontrolle geratenen oder ungeführten IT ist eine schwierige Situation und bedingt als Erstes eine Sanierung durch den Outsourcer. Falls offen kommuniziert wird, dass die IT zuerst saniert werden muss und dem Outsourcer die entsprechende Zeit und das Geld zur Verfügung gestellt wird, kann dieser Ansatz durchaus erfolgreich sein. Erwartet die Firma jedoch, dass mit dem Outsourcing automatisch die IT-Leistungen in kurzer Zeit und ohne entsprechende finanzielle Mittel signifikant besser werden, kann kaum eine erfolgreiche Outsourcing-Beziehung zustande kommen.

11.2   Outsourcing-Prozess

Nachdem Sie mögliche Gründe für ein Outsourcing kennen gelernt haben, möchte ich mich in diesem Kapitel dem eigentlichen Outsourcing-Prozess zuwenden. Dabei will ich den gesamten Prozess von der Analyse über die Ausschreibung und Angebotseinholung bis zum Transitionsprojekt und dem operativen Betrieb durch den Outsourcer betrachten.

Da Outsourcing im amerikanischen und englischen Sprachraum eine lange Tradition hat, stammen viele Begriffe aus dem Amerikanischen bzw. Englischen. Ich habe diese Begriffe bewusst nicht ins Deutsche übersetzt, da sie in der Literatur und im täglichen Umgang meistens in der englischsprachigen Version verwendet werden.

Der Outsourcing-Prozess verläuft wie in Abbildung 11.1 gezeigt.

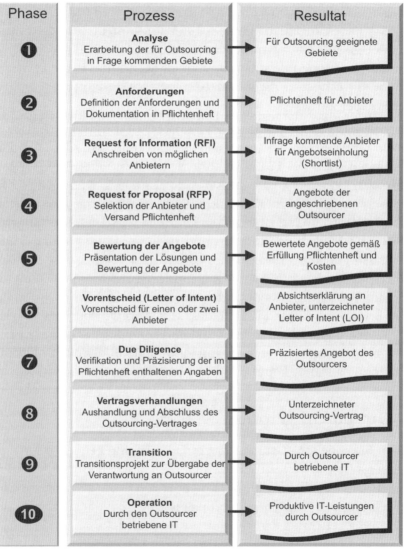

Abbildung 11.1: Outsourcing-Prozess

In einem Phasenplan dargestellt ergibt sich das Bild aus Abbildung 11.2.

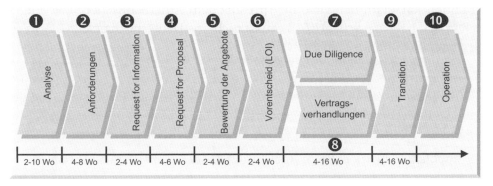

Abbildung 11.2: Phasenplan

Die unter jeder Phase dargestellten Durchlaufzeiten sind Richtwerte und können je nach Projekt und Firma stark variieren.

Im Folgenden möchte ich die verschiedenen Phasen näher betrachten und erläutern.

11.2.1 Analyse

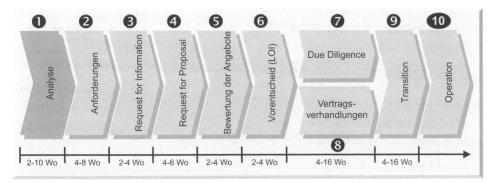

Abbildung 11.3: Analyse

Ganz zu Beginn jedes Outsourcing-Projektes steht die Frage, was outgesourct werden soll und wieso. Ich konzentriere mich dabei auf die IT und nicht auf sämtliche für ein Unternehmen mögliche Outsourcing-Optionen.

Für ein Outsourcing typische Gebiete sind unter anderem:

11

- **Plattformbetrieb**: Der Outsourcer betreibt die Hardware- und Betriebssystemplattformen. Diese Art von Outsourcing wird häufig in Rechenzentren eingesetzt, indem die Host-, Unix- und Windows-Systeme einem Outsourcer zum Betrieb übergeben werden. Für den Betrieb der auf den verschiedenen Plattformen laufenden Applikationen ist nach wie vor die interne IT verantwortlich. Eine ähnliche Form ist häufig im SAP-Outsourcing anzutreffen, wo der Outsourcer die Verantwortung für den Betrieb der Plattform sowie der SAP-Basiskomponenten übernimmt und die interne IT für die Anpassung und den Betrieb der verschiedenen Module verantwortlich zeichnet.

- **Applikationsbetrieb**: Beim Applikationsbetrieb werden nicht nur die Hardware- und Betriebssystemplattformen einem Outsourcing-Partner übergeben, sondern ebenfalls die darauf laufenden Applikationen. Damit übernimmt der Outsourcer die volle Betriebsverantwortung. Die Weiterentwicklung und Anpassung der Applikationen bleibt jedoch nach wie vor in der Verantwortung der internen IT.

- **Datenbankbetrieb**: Anstatt nur den Plattformbetrieb oder gleich den gesamten Applikationsbetrieb einem Outsourcer zu übergeben, übertragen einige Firmen auch nur den Betrieb ihrer Datenbanken an eine darauf spezialisierte Firma.

- **Applikationsentwicklung**: Der Auslagerung der gesamten Applikationsentwicklung oder eines spezifischen Teils der Applikationsentwicklung kommt eine immer größere Bedeutung zu. Vor allem die Auslagerung nach Indien oder andere Billiglohnländer (Offshore) wird immer häufiger von Unternehmen praktiziert. Dabei kommt der präzisen Spezifikation der Applikation eine große Bedeutung zu. Ebenfalls muss auf die Kommunikation und die Führung der externen Applikationsentwickler ein großes Augenmerk gerichtet werden.

- **Applikationswartung**: Anstatt die Entwicklung einer neuen Applikation outzusourcen, kann auch die Wartung von bestehenden Applikationen an einen Outsourcing-Partner übertragen werden. Damit kann interne Kapazität für die eigene Entwicklung von Applikationen geschaffen werden. Damit gelingt es, aktuelles Know-how in der Firma zu halten, anstatt außerhalb der eigenen Firma bei einem Outsourcing-Partner vorzuhalten.

- **Netzwerkmanagement**: In dieser Variante übernimmt der Outsourcing-Partner die Verantwortung für die Überwachung und den Betrieb und – in einigen Fällen – auch für den Ausbau und die Erneuerung der Netzwerkinfrastruktur.

- **Voice Network**: Ähnlich wie im Netzwerkmanagement das Datennetz durch den Outsourcer betrieben wird, wird in diesem Fall der Betrieb des Sprachnetzwerks (Telefonie) durch einen Outsourcer gewährleistet.

- **Electronic Workplace**: Unter Electronic Workplace (oder häufig auch Desktop Services) werden alle Leistungen rund um den PC verstanden: Helpdesk, Support, E-Mail, Fileservices, Software-Verteilung usw.

- **Intranet und Internet**: Hier wird ein Teil oder sämtliche Intranet- und Internet-Lösungen zum Betrieb an einen Outsourcer übergeben. Dieser stellt die entsprechenden Webserver zur Verfügung und sorgt für eine leistungsstarke Anbindung an das Internet.

- **Hardware-Wartung und Reparatur**: Bei diesem Gebiet wird die Verantwortung über die Hardware-Wartung und Reparatur an einen externen Partner vergeben. Dies kann interessant sein in einer stark dezentralen Umgebung mit vielen verteilten Außenstellen.

- **Schulung**: Die Schulung und Ausbildung der Anwender ist ein Gebiet, das häufig an eine oder mehrere externe Firmen vergeben wird. Vor allem allgemeine Kurse zu den Office-Produkten lassen sich gut von einem externen Anbieter erbringen. Aber auch bei firmenspezifischen Kursen kann sich der Einsatz einer darauf spezialisierten Firma lohnen.

Bei der Wahl, welche IT-Systeme sich für ein Outsourcing eignen, greife ich auf die Darstellung der Shared Infrastructure aus Kapitel 10 *Skaleneffekte* zurück (siehe Abbildung 11.4).

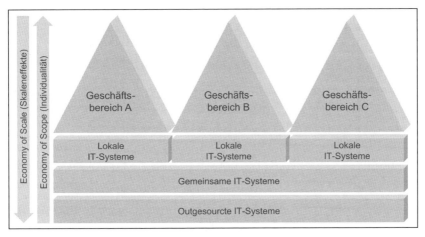

Abbildung 11.4: Shared Infrastructure

11

Am Ende von Kapitel 10 *Skaleneffekte* haben Sie gesehen, dass sich bei lokalen IT-Systemen, die die Unterstützung eines spezifischen Geschäftsbereiches zum Ziel haben, keine Skaleneffekte erzielen lassen. In diesen Fällen wird ein Outsourcing aus Kostenüberlegungen kaum etwas bringen. Alle anderen Gründe aus Abschnitt 11.1 *Gründe für ein Outsourcing* können aber trotzdem zur Anwendung gelangen. Anders sieht es in den horizontal verlaufenden Balken *Gemeinsame IT-Systeme* und *Outgesourcte IT-Systeme* aus. Hier können durch entsprechende Skaleneffekte die Kosten durch Outsourcing gesenkt werden. Allerdings ist in jedem Fall genau zu prüfen, ob weitere Skaleneffekte überhaupt noch möglich sind oder ob das vorhandene Skalenpotenzial bereits vollständig ausgeschöpft ist und ein Outsourcing keine weiteren Kostensenkungen mehr bringen kann.

In der Analysephase geht es nun darum, herauszufinden, welche Gebiete unternehmensspezifisch sind (obere Dreiecke in Abbildung 11.4) und in welchen Gebieten sich Kostenvorteile durch ein Outsourcing erzielen lassen (horizontale Balken in Abbildung 11.4).

Am besten wird dazu jedes Gebiet anhand der beiden Kriterien *Strategisch/ Firmenspezifisch* und *Commodity/Skaleneffekte* (allgemeine Gebiete mit Skalenpotenzial) in der Landkarte positioniert, die in Abbildung 11.5 zu sehen ist.

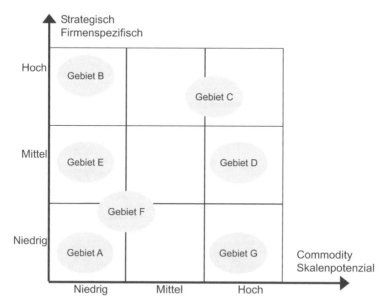

Abbildung 11.5: Klassifizierung der Gebiete

Dabei weisen üblicherweise Gebiete wie Plattformbetrieb, Datenbankbetrieb, Netzwerkmanagement, Voice Network, Desktopservices, Intranet und Internet, Hardware-Wartung, Reparatur und Schulung nur geringe firmenspezifische Charakteristiken und in der Regel mittlere bis hohe Skaleneffekte auf.

Umgekehrt können die Gebiete Applikationsbetrieb, Applikationsentwicklung und Applikationswartung hohe firmenspezifische Komponenten mit nur geringem Skalenpotenzial aufweisen.

Anhand der Klassifizierung der Gebiete ergeben sich die Handlungsoptionen, wie in Abbildung 11.6 gezeigt.

11

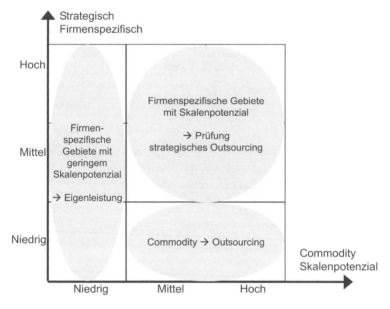

Abbildung 11.6: Handlungsoptionen

▷ **Firmenspezifische Gebiete mit geringem Skalenpotenzial**: Auf der linken Seite befinden sich die Gebiete mit geringem Skalenpotenzial und niedriger bis hoher Firmenabhängigkeit sowie strategischer Relevanz. Diese Gebiete enthalten in der Regel viel Geschäfts-Know-how. Damit lassen sich mit einem Outsourcing kaum Kostenvorteile erzielen. Diese Leistungen werden am besten von der IT selbst erbracht. Natürlich kann aus anderen als Kostengründen auch hier ein Outsourcing angestrebt werden. So zum Beispiel, wenn der Zugang zu Best Practices gesucht wird oder anstehende Investitionen von einem Outsourcer übernommen und der Firma in Form

11

von Servicekosten zurückverrechnet werden sollen. Kosteneinsparungen lassen sich wegen der mangelnden Skaleneffekte in dieser Kategorie jedoch nicht erzielen.

▷ **Firmenspezifische Gebiete mit Skalenpotenzial**: Dieses Gebiet ist in der Regel dünn besiedelt, da nur wenige firmenspezifische und strategische Gebiete auch Skalenpotenzial aufweisen (sonst wären sie ja nicht firmenspezifisch). In diesem Gebiet kann ein Zusammenschluss der IT-Abteilungen mit anderen Firmen aus der gleichen Branche Sinn machen. Da dieser Prozess nicht immer einfach ist, wird in einigen Fällen auch ein Outsourcer beigezogen: Alle Firmen übergeben ihre IT oder den entsprechenden Teil ihrer IT an den Outsourcer, der die entsprechenden Gebiete für sämtliche Firmen zur Verfügung stellt und betreibt.

▷ **Commodity**: Gebiete im unteren mittleren und rechten Teil weisen mittleres bis hohes Skalenpotenzial bei geringer Firmenabhängigkeit auf und sind daher prädestiniert für Outsourcing.

Resultat

Das Resultat der Phase *Analyse* ist eine Matrix, die die verschiedenen Gebiete in der IT bezüglich ihres Skalenpotenzials sowie ihrer strategischen Relevanz und Firmenabhängigkeit beurteilt. Daraus können die für ein Outsourcing sinnvollen Gebiete abgeleitet werden. Diese sind die Grundlage für die nächste Phase: die Erarbeitung und Definition der Anforderungen.

11.2.2 Anforderungen

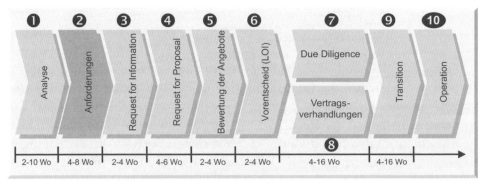

Abbildung 11.7: Anforderungen

Die Gebiete, die outgesourct werden sollen, müssen spezifiziert werden:

▷ Welche Leistungen soll der Outsourcing-Partner erbringen?

▷ Welche Leistungen erbringt die interne IT nach wie vor?

▷ Wie erfolgt die Abgrenzung zwischen dem Outsourcer und der internen IT?

▷ Wie werden die Verantwortlichkeiten geregelt?

▷ Welche Software muss unterstützt werden?

▷ Werden die Software-Lizenzen durch den Outsourcer zur Verfügung gestellt oder müssen sie durch den Kunden beschafft werden?

▷ Welche Hardware muss übernommen und betrieben werden?

▷ Welche Verfügbarkeiten der Systeme müssen gewährleistet werden?

▷ Wie lange dauern die Servicezeiten?

▷ Wie lang bzw. kurz sind die Reaktionszeiten?

▷ Wie ist mit Eskalationen zu verfahren?

▷ Was geschieht, wenn die Leistungsziele (Reaktionszeiten, Verfügbarkeiten) nicht eingehalten werden?

▷ usw.

Alle diese Anforderungen müssen in einem Pflichtenheft festgehalten werden. Für ein Helpdesk könnte ein solches Pflichtenheft so aussehen, wie in Abbildung 11.8 gezeigt.

Falls bereits SLA existieren, können diese in das Pflichtenheft übernommen werden. Im anderen Fall müssen die Anforderungen zuerst mit den verschiedenen Kundenvertretern und der IT erarbeitet und dokumentiert werden. Dabei gilt es, immer im Auge zu behalten, dass keine unnötig hohen Anforderungen gestellt werden, da diese das Outsourcing verteuern. Während von der internen IT häufig Mehrleistungen zu den gleichen Kosten verlangt werden, verteuert jede zusätzliche Anforderung das Angebot der Outsourcing-Anbieter.

11

1.1 Helpdesk

Serviceumfang	Das Helpdesk löst so viele Probleme wie möglich am Telefon oder über Fernzugriff auf den PC des Benutzers (Incident Management). Probleme, die das Helpdesk nicht lösen kann, werden via Trouble Ticket System an den Field/OnSite-Support oder weitere Stellen (Server-Manager, LAN-Betreuer, E-Mail-Spezialisten, Client-Engineering, SW-Distribution, Hersteller etc.) weitergeleitet. Das Helpdesk ist ebenfalls für die Annahme von Aufträgen für PC-Umzüge, PC-Beschaffungen usw. verantwortlich.
Servicezeiten Mo..Fr	07.00-18.00 0 1 2 3 4 5 6 7 8 9 10 11 12 13 14 15 16 17 18 19 20 21 22 23
Servicezeiten Sa/So	Kein Service 0 1 2 3 4 5 6 7 8 9 10 11 12 13 14 15 16 17 18 19 20 21 22 23
Bereitschaftsdienst	Zusätzliche Servicezeiten bei Bedarf nach Voranmeldung und zusätzlicher Verrechnung
Sprachen	• Deutsch
Problemannahme	• Telefonisch • Intranet • E-Mail
Anzahl Anrufe pro Monat	Ca. 1 pro Benutzer
Verlorene Anrufe	Max. 5%
Durchschnittliche Wartezeit	<20 sec
Gelöste Probleme im Helpdesk (first fixed rate)	>50% aller Anrufe
Zu unterstützende Standard-Software	Windows XP, MS Office, Internet Explorer, Lotus Notes, Adobe Acrobat Reader, WinZIP, AntiVirus-SW, Remote Access, 3270 Terminal-Emulation
Zu unterstützende firmenspezifische Software	Keine
Reporting	☑ Anzahl Anrufe ☑ Verlorene Anrufe (lost rate) ☑ Wartezeit bis zur Anrufentgegennahme ☑ First fixed rate ☑ Kundenzufriedenheit

Verantwortung		Muss ESP*	Option ESP*	XXX AG
	Erste Ansprechstelle für Benutzer	☑		
	Zurücksetzen von Passwörtern	☑		
	Betrieb Helpdesk	☑		
	Zusätzliche Servicezeiten		☑	
	Eskalation von Störungen	☑		

*External Serviceprovider

Abbildung 11.8: Pflichtenheft Helpdesk

Resultat

Das Resultat der Phase *Anforderungen* ist ein Pflichtenheft, das die Gebiete, die outgesourct werden sollen, genügend genau beschreibt, so dass Outsourcing-Firmen ein entsprechendes Angebot erstellen können. Das Pflichtenheft ist Bestandteil des Request for Proposal (siehe Abschnitt 11.2.4 *Request for Proposal (RFP)*).

11.2.3 Request for Information (RFI)

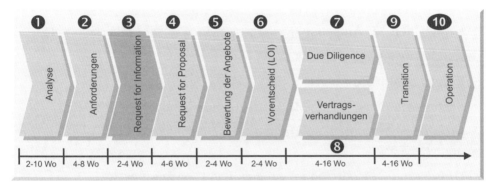

11

Abbildung 11.9: Request for Information

Die Erstellung eines Angebotes durch einen Outsourcer ist ein aufwändiger Prozess, der je nach Umfang mehrere Personenmonate umfassen kann. Bei größeren Angeboten arbeitet häufig ein Team von über einem Dutzend Personen am Angebot unter einem großen Zeitdruck, da in der Regel nur vier bis sechs Wochen für die Angebotserstellung zur Verfügung stehen.

Auf der anderen Seite ist die Auswertung und der Vergleich der eingegangenen Angebote ebenfalls ein aufwändiger Prozess. Ein Angebot umfasst je nach Umfang des Pflichtenheftes einen ganzen Ordner, dessen Studium mehrere Stunden Aufwand bedeutet. Die Bewertung und der Vergleich der verschiedenen Angebote bedeutet ebenfalls nochmals einen signifikanten Aufwand.

Um sowohl den Aufwand auf der Seite der Anbieter als auch den eigenen Aufwand in einem überschaubaren Rahmen zu halten, werden häufig nur etwa vier Anbieter angeschrieben. So müssen nur noch vier Anbieter den Aufwand für die Angebotserstellung betreiben und auch das Studium und die Auswertung der Angebote kann mit vertretbarem Aufwand durchgeführt werden.

Welches aber sind die richtigen vier Anbieter? Dazu wird ein so genannter Request for Information (RFI) an alle in Frage kommenden Anbieter (dies können durchaus zehn oder mehr sein) verschickt. Im Request for Information werden die Gebiete, die outgesourct werden sollen, kurz beschrieben (ohne detaillierte Angaben und Anforderungen), damit sich die angeschriebenen Outsourcer ein Bild über das zu erstellende Angebot machen können.

Umgekehrt geht es darum, sich ein Bild über die verschiedenen Anbieter machen zu können. Diese werden deshalb mit dem RFI gebeten, die interessierenden Angaben zu erstellen. Dies können zum Beispiel folgende sein:

▷ Kennzahlen des Anbieters (Umsatz, Gewinn, Anzahl Mitarbeiter etc.)

▷ Kundenstruktur

▷ Besitzverhältnisse

▷ Stellung im Outsourcing-Markt im eigenen Land sowie weltweit

▷ Anzahl im Outsourcing betreute PC und Applikationen im eigenen Land und weltweit

▷ Umsatz mit Outsourcing im eigenen Land sowie weltweit

▷ Anzahl der Mitarbeiter, die im Outsourcing tätig sind im eigenen Land sowie weltweit

▷ Outsourcing-Referenzen im eigenen Land

▷ Support-Standorte im eigenen Land

▷ Strategische Ausrichtung der Unternehmung

Anhand der eingeforderten Informationen soll es möglich sein, sich ein erstes Bild über die in Frage kommenden Outsourcing-Unternehmen machen zu können. Anhand vorher festgelegter Kriterien werden die Outsourcer nun bewertet.

Über die Bewertung der Outsourcing-Unternehmen anhand der obigen Fragen wird die so genannte *Shortlist* erstellt. Die Shortlist enthält sämtliche Unternehmen, die für die Angebotserstellung eingeladen werden sollen. Die Shortlist heißt nicht ohne Grund Shortlist. In der Regel sollen etwa vier Angebote eingeholt werden. Über fünf Angebote machen wenig Sinn und zeugen von einem zu wenig klar und konsequent geführten RFI-Prozess.

11

Resultat

Nach der Phase *Request for Information* ist die Liste der möglichen Anbieter von üblicherweise etwa zehn auf drei bis maximal fünf reduziert. Diejenigen Unternehmen, die für die Erstellung eines Angebotes eingeladen werden sollen, werden in der Shortlist festgehalten. Den übrigen Anbietern wird eine begründete Absage zugestellt.

11.2.4 Request for Proposal (RFP)

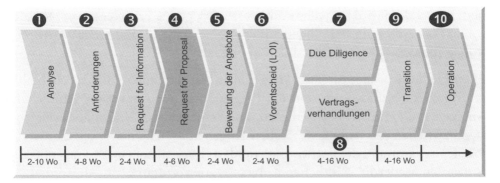

11

Abbildung 11.10: Request for Proposal

Die Anbieter der Shortlist werden mit einem Request for Proposal (RFP) zur Angebotserstellung eingeladen. Konkret geschieht dies, indem das Pflichtenheft zusammen mit den Rahmenbedingungen für den Angebotsprozess (Angebotsstruktur, einzureichende Unterlagen, Abgabedatum usw.) den Anbietern zugestellt wird, die es auf die Shortlist geschafft haben. Dabei ist es wichtig, dass sämtliche Anbieter identisch behandelt werden und dass keiner der Outsourcer gegenüber seinen Konkurrenten bevorzugt behandelt wird.

Ebenfalls werden in dieser Phase die Kriterien inklusive Gewichtung für die spätere Beurteilung der eingegangenen Angebote erstellt. Es ist wichtig, dass die Kriterien vollständig definiert sind, bevor die ersten Angebote eingehen, um nicht eine bewusste oder unbewusste Beeinflussung zu erzeugen.

Abschnitt 11.4 *Muster-RFP* zeigt einen Muster-RFP für das Gebiet Electronic Workplace (PC-Arbeitsplatz-Infrastruktur).

Je präziser der RFP ist, desto besser und einfacher können später die erhaltenen Angebote untereinander verglichen werden. Der Request for Proposal kann jedoch in der Regel nie alle Fragen beantworten. Deshalb wird den Anbietern in einer Frage&Antwort-Runde die Gelegenheit gegeben, Unklarheiten aufzubringen und zu beseitigen.

Frage&Antwort-Runde

Üblicherweise wird den Anbietern vier bis sechs Wochen Zeit gegeben für die Erstellung der Angebote. Wegen der Komplexität von Outsourcing ist es kaum möglich, einen absolut vollständigen RFP zu verfassen, der keine Fragen aufwirft. Deshalb empfiehlt es sich, zwischen der Einladung zur Angebotserstellung und der Angebotsabgabe eine Frage&Antwort-Runde einzuplanen. Je nachdem wird für jeden Anbieter eine separate Frage&Antwort-Runde von ein bis zwei Stunden eingeplant oder eine gemeinsame Frage&Antwort-Runde für sämtliche Anbieter zusammen.

Es empfiehlt sich, alle gestellten Fragen nicht nur mündlich, sondern ebenfalls schriftlich zu beantworten und die Fragen inklusive Antworten sämtlichen Anbietern zukommen zu lassen. Damit herrscht jederzeit Informationsgleichstand zwischen den Anbietern. Sollten Fragen außerhalb der Frage&Antwort-Runde aufkommen, die beantwortet werden müssen, sollen die Fragen samt Antworten wiederum sämtlichen Anbietern zur Verfügung gestellt werden.

Angebotsabgabe

Alle Angebote müssen spätestens am vereinbarten Termin schriftlich abgegeben werden. Zusätzlich kann es sinnvoll sein, die Angebote ebenfalls in elektronischer Form auf CD einzufordern. Da üblicherweise verschiedene Personen und Stellen die Angebote studieren und beurteilen müssen, ist es hilfreich, wenn die Angebote in elektronischer Form vorliegen und einfach verteilt werden können.

Die Angebote enthalten in der Regel vertrauliche Angaben der Anbieter (nicht zuletzt die Preise) und dürfen deshalb nicht außerhalb der Firma verwendet werden. Diesem Umstand ist bei Angeboten in elektronischer Form besondere Beachtung zu schenken.

Präsentation

So wie es schwierig ist, einen lückenlosen RFP zu erstellen, ist es ebenfalls nicht einfach, ein Outsourcing-Angebot zu erstellen, das keine Fragen mehr offen lässt. Deshalb empfiehlt es sich, die Anbieter für eine Präsentation ihres Angebotes einzuladen. Die Präsentation soll jedoch erst nach dem Studium des Angebotes erfolgen, um sich optimal auf die Präsentation vorbereiten zu können und Fragen an den entsprechenden Anbieter zu formulieren.

Die eigentliche Präsentation des Angebotes soll maximal die Hälfte der zur Verfügung stehenden Zeit einnehmen. Die andere Hälfte dient zur Beantwortung von Fragen sowie zur Diskussion der vorgeschlagenen Lösung.

Der Präsentation des Angebotes kommt eine große Bedeutung zu, da dies ein wichtiger Anlass ist, um die Outsourcing-Anbieter persönlich kennen zu lernen und sich einen Eindruck davon zu verschaffen, ob man sich eine Zusammenarbeit vorstellen kann.

Sowohl im Angebot als auch in der Präsentation ist es wichtig, dass die Anbieter definieren und offen legen, welche Annahmen sie wegen fehlender Angaben treffen mussten. Ist aus der Liste aller zu betreuenden Server z.B. nicht ersichtlich, welchen Applikationen die einzelnen Server zugeordnet werden müssen, treffen die Outsourcer Annahmen und dokumentieren diese. Die angebotenen Leistungen und Preise gelten damit unter der Voraussetzung, dass die Annahmen korrekt sind und zutreffen.

Resultat

Das Resultat der Phase *Request for Proposal* sind konkrete Angebote der angeschriebenen Outsourcing-Anbieter, die nun bewertet werden können.

11.2.5 Bewertung der Angebote

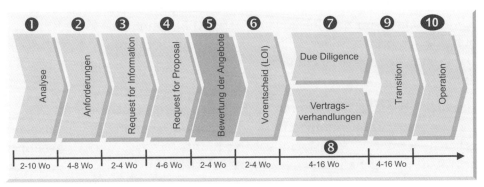

Abbildung 11.11: Bewertung der Angebote

Die Grundlage zur Bewertung der eingegangenen Angebote sind einerseits die Angebote selbst sowie die zuvor erstellten Bewertungskriterien.

Eines der wichtigsten Kriterien ist sicherlich der Preis. Solange die Kosten bei einem Outsourcing nicht reduziert werden können, wird kaum eine Firma einen entsprechenden Vertrag unterschreiben. Ein sehr niedriger Preis hingegen bewirkt in der Regel eine gewisse Skepsis: Ist der Anbieter wirklich in der Lage, den Preis zu halten, oder wird er über verschiedene im Angebot nicht enthaltene, aber benötigte Leistungen die effektiven Kosten wieder in die Höhe treiben? Kann der Anbieter mit dem niedrigsten Preis die geforderte Qualität tatsächlich erbringen?

Outsourcing ist letztlich ein Vertrauensgeschäft. Deshalb fällt die Entscheidung für einen Anbieter nur in den seltensten Fällen ausschließlich anhand des Preises oder anderer vorwiegend objektiver Beurteilungskriterien. Es gilt vor allem herauszufinden, ob der Outsourcing-Anbieter zur eigenen Kultur passt und ob eine konstruktive und partnerschaftliche Zusammenarbeit über einen längeren Zeitraum vorstellbar ist.

Damit gibt es zwei hauptsächliche Entscheidungskriterien:

1. Den Preis
2. Die Zusammenarbeit und Partnerschaft

Diese beiden Punkte möchte ich etwas näher betrachten.

Preis

Um die Preise der verschiedenen Angebote untereinander vergleichen zu können, ist ein klare Vorgabe im Request for Proposal nötig (siehe Abschnitt 6.2 auf Seite 18 im nachfolgenden Muster-RFP). Ohne eine klare Beschreibung der zu erbringenden Leistungen und eine verbindliche Struktur zur Darstellung der Preise ist ein Vergleich der verschiedenen Angebote beinahe unmöglich.

Um die eigenen Leistungen und Kosten mit den eingegangenen Angeboten vergleichen zu können, müssen natürlich auch diese in die gleiche Struktur gebracht werden. Dies ist ein wichtiger und teilweise auch schwieriger Schritt, da die eigenen Kosten häufig nicht in der im RFP geforderten Struktur vorliegen.

Die Gegenüberstellung der eigenen IT-Kosten mit den Outsourcing-Angeboten sieht so aus, wie in Abbildung 11.12 gezeigt.

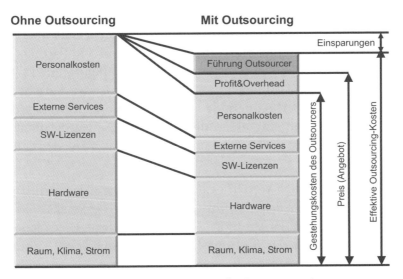

Abbildung 11.12: Kostenvergleich Outsourcing

Um die bisher intern erbrachten IT-Leistungen kostengünstiger durch einen Outsourcer zu erbringen, sind in der Regel rigorose Kostensenkungsmaßnahmen seitens des Outsourcers nötig. Zusätzlich zur Erbringung der gleichen Servicequalität muss dieser nämlich noch einen Gewinn erwirtschaften und die eigenen Overhead-Kosten einkalkulieren, die der Kunde, der seine IT outsourct, nur selten mitberücksichtigt.

Last but not least fallen auf Kundenseite nicht sämtliche Aufwände durch ein Outsourcing weg. Je nach Umfang des Outsourcings sind eine oder mehrere Personen für die Führung des Outsourcing-Partners nötig, die auf Kundenseite verbleiben müssen. Ohne eine klare Lenkung des Outsourcing-Partners (Überwachung der vereinbarten Leistungen, Eskalationen bei Problemen, Beauftragung für zusätzliche Leistungen usw.) werden die IT-Kosten schnell wieder unliebsame Größenordnungen annehmen.

Ich möchte deshalb die verschiedenen Kosten-Elemente kurz erläutern:

▷ **Raum, Klima, Strom**: Werden die Systeme in den Räumen beim Kunden betrieben, ändert sich an den Raum-, Klima- und Stromkosten kaum etwas. Je nach Situation bleibt dieser Kostenblock auch beim Kunden bestehen und wird nicht in die Outsourcing-Leistungen übernommen. Betreibt der Outsourcing-Partner die Systeme jedoch in eigenen Rechnerräumen, werden sich auch die dazugehörigen Kosten der neuen Situation anpassen.

11

▷ **Hardware:** Um ein günstigeres Kostenniveau erreichen zu können, müssen die Hardware-Kosten signifikant gesenkt werden. Dies wird einerseits durch bessere Einkaufskonditionen des Outsourcing-Partners erreicht und andererseits durch eine kostengünstigere Konfiguration der Systeme, falls dies die Anforderungen zulassen. Einige Outsourcer streben an, keine Hardware zu übernehmen, da sie die dazu nötigen Investitionen verzinsen müssen, und empfehlen dem Kunden, die Hardware auf eigene Rechnung, jedoch unter Vorgabe und mit Unterstützung des Outsourcers zu beschaffen.

▷ **SW-Lizenzen:** Ähnlich verhält es sich mit Software-Lizenzen. In einigen Fällen ist es möglich, dass der Kunde von besseren Lizenzkonditionen des Outsourcers profitieren kann, in einigen Fällen bringt dies jedoch keine Kostenvorteile oder der Software-Lieferant erlaubt keine Unterlizensierung durch den Outsourcer.

▷ **Externe Services:** Der Outsourcer wird versuchen Leistungen, die heute extern eingekauft werden, selbst zu erbringen, wo dies nötig und sinnvoll ist, um das Kostenniveau senken zu können.

▷ **Personalkosten:** Um die Kosten auch in diesem Gebiet senken zu können, wird der Outsourcer die übernommenen Mitarbeiter bei anderen Kunden einsetzen, gar nicht erst übernehmen oder – falls dies die Vertragssituation gestattet – einen Teil der Mitarbeiter abbauen.

▷ **Profit&Overhead:** Im Gegensatz zur internen IT muss der Outsourcer einen Gewinn erzielen und zudem ebenfalls seine Overhead-Kosten für Management, Verkaufsabteilung usw. in sein Angebot einkalkulieren.

▷ **Führung Outsourcer:** Auch bei einem Outsourcing der gesamten IT muss auf Kundenseite mindestens eine Person für die Führung des Outsourcing-Partners vorhanden sein. Diese Aufwände müssen ebenfalls in den Kostenvergleich bei einem Outsourcing eingerechnet werden.

▷ **Einsparungen:** Die Differenz zwischen den eigenen IT-Kosten und dem Preis des Outsourcers zuzüglich der Aufwände für die Führung des Outsourcers ergeben die Einsparungen, die sich durch das Outsourcing erreichen lassen.

Abbildung 11.12 zeigt, dass für eine effektive Einsparung der IT-Kosten von 10% die Gestehungskosten des Outsourcers mindestens 15 bis 20% unter den bisherigen IT-Kosten liegen müssen. Damit wird die Aufgabe des Outsourcers, die Kosten zu senken, in der Regel sehr anspruchsvoll.

Je nach Steuersituation kann zudem noch eine weitere Schwierigkeit dazukommen. Bei Unternehmen ohne Mehrwertsteuerpflicht oder mit einem reduzierten Mehrwertsteuersatz kann es passieren, dass zu den Preisen des Outsourcers die Mehrwertsteuer dazukommt, diese jedoch nicht oder nicht vollständig als Vorsteuer abgezogen werden kann. Hier lohnt es sich, die Situation genau abzuklären, um sicher zu sein, dass nicht höhere Kosten durch die Steuersituation entstehen.

Zusammenarbeit und Partnerschaft

Nebst der rein subjektiven Beurteilung der möglichen Zusammenarbeit mit dem Outsourcing-Partner sollen vor allem die folgenden Kriterien beurteilt werden:

11

- ▷ **Branchen-Kenntnisse**: Verfügt der potenzielle Outsourcing-Partner über entsprechende Branchenkenntnisse? Betreut er andere Kunden aus der gleichen oder einer vergleichbaren Branche?

- ▷ **Finanzielle Stabilität**: Ist die finanzielle Stabilität genügend hoch, so dass davon ausgegangen werden kann, dass der potenzielle Partner auch noch in einigen Jahren zu den führenden Outsourcing-Anbietern zählen wird? Kann davon ausgegangen werden, dass der Anbieter nicht in absehbarer Zukunft von einer anderen Firma übernommen wird?

- ▷ **Größe**: Passt die eigene Firmengröße zur Strategie des Outsourcers? Es gibt Outsourcer, die sich vor allem auf kleinere und mittlere Unternehmen spezialisiert haben, und andere Provider, die ihre Stärken bei großen, internationalen Unternehmen voll ausspielen können.

- ▷ **Servicehaltung**: Verfügt der mögliche Outsourcing-Partner über eine ausgeprägte und zum eigenen Unternehmen passende Servicehaltung?

- ▷ **Prozessorientierung**: Weist der Outsourcer eine hohe Prozessorientierung auf und beherrscht er die wichtigsten Prozesse wie Incident-, Problem- und Change-Management-Prozesse nicht nur auf dem Papier, sondern auch in der Praxis im täglichen Leben?

- ▷ **Know-how**: Ist das Know-how überdurchschnittlich, so dass der Outsourcer auch in dieser Hinsicht einen Nutzen stiften kann?

- ▷ **Ressourcen**: Verfügt der potenzielle Partner über genügend Ressourcen, um auch Spitzen abdecken zu können, oder können Kapazitätsengpässe auftreten?

▶ **Klarheit der Verträge:** Ist das Angebot einfach und klar strukturiert? Deutet das Angebot auf eine hohe Kunden-, Service- und Lösungsorientierung hin oder grenzt sich der zukünftige Geschäftspartner vor allem ab und beschreibt ausgiebiger die nicht enthaltenen Leistungen anstatt die enthaltenen Services?

▶ **Partnerschaft:** Geht aus dem Angebot hervor, dass ein partnerschaftliches Verhältnis angestrebt wird, oder ist zu vermuten, dass sich der Partner eher abgrenzt und wenig gemeinsame Lösungen anstrebt?

Diese Kriterien – und eventuell weitere – können entweder rein subjektiv beurteilt werden oder anhand einer Nutzwert-Analyse bewertet werden:

Nutzwert-Analyse		Anbieter 1		Anbieter 2		Anbieter 3	
Kriterium	Gewicht	z	Nutzwert	z	Nutzwert	z	Nutzwert
Branchen-Kenntnisse	20	3	60	4	80	2	40
Finanzielle Stabilität	20	2	40	2	40	4	80
Größe	20	3	60	2	40	4	80
Servicehaltung	10	2	20	4	40	2	20
Prozessorientierung	10	2	20	2	20	3	30
Know-how	5	4	20	4	20	1	5
Ressourcen	5	4	20	4	20	1	5
Klarheit der Verträge	5	1	5	3	15	4	20
Partnerschaft	5	2	10	3	15	3	15
Total Nutzwert	**100**		**255**		**290**		**295**

Abbildung 11.13: Nutzwert-Analyse

Sämtliche Kriterien werden in eine Tabelle eingetragen und mit einer Gewichtung versehen (in dem Beispiel zwischen 5 und 20%, so dass die Summe 100 Prozent ergibt). Danach wird jedes Kriterium für jeden Anbieter (in dem Beispiel die Anbieter 1 bis 3) mit einem Wert z beurteilt. Dabei gilt die folgende Skala:

0 = Nicht erfüllt

1 = Schwach

2 = Ausreichend

3 = Gut

4 = Sehr gut

Anhand der Gewichtung und der erreichten Resultate erzielt jeder Anbieter einen Nutzwert. Anbieter 1 erreicht 255 Punkte, Anbieter 2 290 und der dritte Anbieter 295 Punkte.

Wichtig bei der Wahl der Kriterien ist, dass keine finanziellen Beurteilungen verwendet werden. Denn nun werden die Nutzwerte den entsprechenden Kosten gegenübergestellt:

Kosten Anbieter 1 = € 850 000

Kosten Anbieter 2 = € 890 000

Kosten Anbieter 3 = € 965 000

Damit können die Kosten pro Nutzwert berechnet werden, indem die Kosten durch den jeweiligen Nutzwert geteilt werden.

Kosten/Nutzwert-Analyse	Anbieter 1	Anbieter 2	Anbieter 3
Kosten	850'000	890'000	965'000
Nutzwert	255	290	295
Kosten pro Nutzwert	**3'333**	**3'069**	**3'271**

11

Abbildung 11.14: Kosten/Nutzwert-Analyse

Aus der Kosten/Nutzwert-Analyse geht hervor, dass Anbieter 2 die niedrigsten Kosten pro Nutzwert und damit das beste Preis-Leistungs-Verhältnis aufweist.

Grafisch lässt sich dies so wie in Abbildung 11.15 darstellen.

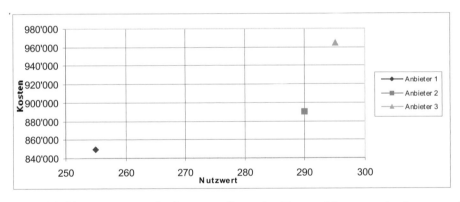

Abbildung 11.15: Grafische Darstellung der Kosten/Nutzwert-Analyse

Auf der Y-Achse werden die Kosten und auf der X-Achse der Nutzwert aufgetragen. Anbieter 1 weist zwar die niedrigsten Kosten, aber auch den niedrigsten Nutzwert auf. Anbieter 3 weist den besten Nutzwert, aber leider auch die höchsten Kosten auf. Das beste Verhältnis erreicht Anbieter 2, der einen recht hohen Nutzwert zu vergleichsweise niedrigen Kosten aufweist.

11

Die Kosten/Nutzwert-Analyse ist ein einfaches Instrument zur objektiven Beurteilung von verschiedenen Varianten bzw. Anbietern. Dabei darf jedoch nicht vergessen werden, dass bei einem Outsourcing-Entscheid vielfach auch subjektive Kriterien eine große Rolle spielen. Daher kann der Entscheid für den bestgeeigneten Outsourcing-Partner auch ohne Nutzwert-Analyse nur auf subjektiver Basis zustande kommen.

Durch die Beurteilung der Angebote bezüglich Preis sowie möglicher Partnerschaft und Zusammenarbeit kristallisieren sich ein oder zwei potenzielle Partner heraus. In jeweils einem oder zwei Referenzbesuchen soll der Eindruck überprüft werden, den die Anbieter hinterlassen haben, die durch ihre Angebote und die Präsentation in die engere Wahl gekommen sind.

Resultat

Durch den Vergleich der Angebote, die Präsentationen der Anbieter sowie die durchgeführten Referenzbesuche kristallisieren sich ein, vielleicht auch zwei Anbieter heraus.

11.2.6 Vorentscheid (Letter of Intent)

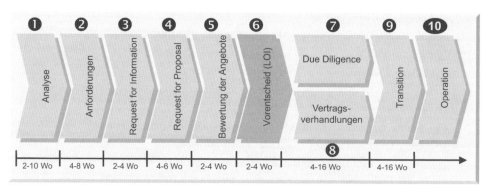

Abbildung 11.16: Vorentscheid (Letter of Intent)

Wenn sich bereits ein klarer Favorit aus dem Auswahlverfahren hervorgetan hat, wird diesem nun ein so genannter *Letter of Intent* als Absichtserklärung zugestellt. Darin wird dem Anbieter bestätigt, dass man sich für ihn entschieden hat und mit ihm zusammen in die Vertragsverhandlungen einsteigen will.

Der Letter of Intent ist für den Anbieter wichtig, da er für die folgenden Phasen *Due Diligence* und *Vertragsverhandlung* einiges an Ressourcen aufbieten muss. Andererseits muss aus dem Letter of Intent jedoch auch klar hervorgehen, dass er eine Absichtserklärung ist und ein Auftragsverhältnis erst mit dem unterschriebenen noch auszuhandelnden Vertrag zustande kommt.

Gleichzeitig mit der Zusage an den ausgewählten Anbieter erfolgt die begründete Absage an die übrigen Anbieter. Dies erfolgt einerseits in schriftlicher Form, andererseits ist es angesichts der hohen Aufwände für die Angebotserstellung nichts als fair, die Gründe, die zur Absage geführt haben, den Anbietern auch in einem persönlichen Gespräch mitzuteilen und zu erläutern.

Geht kein einzelner Anbieter als klarer Sieger aus der Bewertung der Angebote hervor, können die folgenden Schritte Due Diligence und Vertragsverhandlungen auch mit zwei Anbietern durchgeführt werden. Dies hält den Druck auf die beiden Anbieter für einen attraktiven Vertrag aufrecht, ist jedoch ein sehr aufwändiges Prozedere, da sowohl sämtliche Abklärungen (Due Diligence) als auch die Vertragsverhandlungen mit zwei Partnern durchgeführt werden müssen.

Resultat

Provisorische Zusage an den ausgewählten Anbieter mit einem Letter of Intent sowie begründete Absage an die übrigen Anbieter.

11.2.7 Due Diligence

Die Phasen Due Diligence und Vertragsverhandlungen werden üblicherweise gleichzeitig geführt.

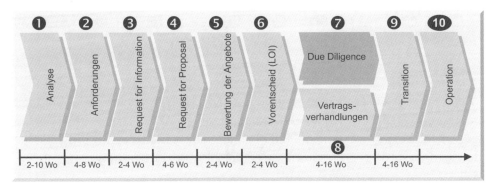

Abbildung 11.17: Due Diligence

Due Diligence kann mit »gebührende Sorgfalt« oder »Verkaufsprüfung« übersetzt werden. Ähnlich wie zum Beispiel bei einer Firmenübernahme geht es in dieser Phase darum, die zu übernehmenden Ressourcen genau zu prüfen und zu bewerten.

Mit der Zusage an den ausgewählten Anbieter folgt eine intensive Abklärungsphase durch den künftigen Outsourcing-Partner. In der Regel will dieser nun alle im RFP gemachten Angaben vor Ort verifizieren und verfeinern können. Dazu führt dieser ein Review der betroffenen IT-Systeme durch, um herauszufinden, ob in Tat und Wahrheit noch weitere, im RFP nicht beschriebene Systeme betreut werden müssen, ob der Zustand der zu übernehmenden Systeme den Erwartungen entspricht, und um zu verstehen, wie zum heutigen Zeitpunkt die zu übernehmenden IT-Leistungen erbracht werden.

Ebenfalls will der Outsourcing-Partner in dieser Phase die Gehälter sowie Arbeitsverträge der zu übernehmenden Mitarbeiter kennen.

Je nach Umfang, Größe und Komplexität der durch den Outsourcing-Partner zukünftig zu erbringenden Leistungen dauert die Phase der Due Diligence zwischen einigen Wochen und wenigen Monaten.

Resultat

Durch die Due Diligence bekommt der Outsourcing-Partner die für die Vertragsverhandlung notwendigen Detailangaben über die zu übernehmenden IT-Systeme sowie die zu transferierenden Personen.

11.2.8   Vertragsverhandlungen

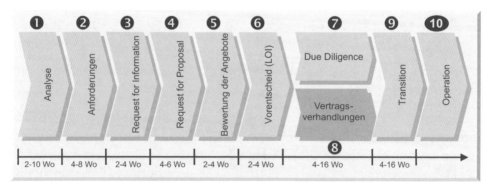

Abbildung 11.18: Vertragsverhandlungen

Gleichzeitig mit der Due-Diligence-Phase werden die Vertragsverhandlungen aufgenommen. Dabei geht es einerseits darum, die durch den Outsourcer zu erbringenden Leistungen genauer als im RFP zu spezifizieren und die Verantwortlichkeiten zwischen Outsourcing-Partner und Kunde zu regeln.

Ebenfalls werden natürlich auch alle rechtlichen Aspekte wie Vertragslaufzeit, Kündigung, Rechte und Pflichten der beiden Parteien, Beizug von Dritten, Datensicherheit, Geheimhaltung, Gewährleistung, Haftung, Eskalationen, Vertragsstrafen, Zahlungskonditionen, Übernahme von Mitarbeitern und Sachwerten usw. geregelt.

Der Outsourcing-Partner bringt üblicherweise seinen Standard-Vertrag mit, der dann gemeinsam an die Anforderungen des Kunden angepasst wird. Ist dies nicht gewünscht, lohnt es sich, ein auf die Begleitung von Outsourcing-Projekten spezialisiertes Beratungsunternehmen hinzuzuziehen, das einen entsprechenden Standard-Vertrag zur Verfügung stellen kann. In jedem Fall lohnt es sich jedoch, ein kompetentes Beratungsunternehmen für die Vertragsverhandlungen hinzuzuziehen, das bei kritischen Fragen auch die Rolle eines Mediators übernehmen kann.

11

Da ein Outsourcing-Vertrag ein sehr umfangreiches Werk werden kann und zudem einen hohen Anteil von technischen Abmachungen enthält, lohnt es sich in der Regel, die Rechtsanwälte erst in der Schlussphase hinzuzuziehen, um eventuelle Lücken und Unstimmigkeiten herauszufinden und klären zu können.

Falls die Phasen Due Diligence und Vertragsverhandlung mit zwei Anbietern durchgeführt wurde, wird spätestens an dieser Stelle – vor der Vertragsunterzeichnung – entschieden, welcher Partner den definitiven Zuschlag erhält.

Resultat

Das Resultat der Phase Vertragsverhandlung ist ein unterschriebener Outsourcing-Vertrag.

Im Rahmen der Vertragsverhandlung wird der Zeitpunkt festgelegt, ab dem der Outsourcing-Partner die Verantwortung über die Erbringung der vereinbarten Leistungen übernimmt. Dabei übernimmt der Outsourcer zu Beginn die IT-Systeme genau so, wie sie bis dahin von der internen IT zur Verfügung gestellt und betrieben wurden (Present Mode of Operation).

11.2.9 Transition

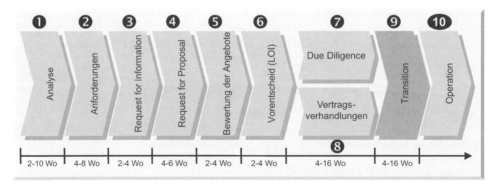

Abbildung 11.19: Transition

Dadurch lassen sich noch keine niedrigeren Kosten erzielen. Deshalb startet der Outsourcing-Partner ein Transitionsprojekt, in dem er die vorhandenen Systeme in die eigene Infrastruktur einbaut und die für die Kostenreduktion notwendigen Maßnahmen realisiert. Nach Abschluss des Transitionsprojektes werden die übernommenen IT-Systeme anhand der Standards und Richtlinien des Outsourcers betrieben (Future Mode of Operation). Damit können die vorhandenen Skaleneffekte genutzt werden und die umgesetzten Maßnahmen zur Kostensenkung können zum Tragen kommen.

Erst mit dem Abschluss des Transitionsprojektes kann der Outsourcer seine Kosten senken. In der Regel wird jedoch bereits ab Betriebsübernahme durch den Outsourcer ein niedrigeres Kostenniveau vereinbart, so dass der externe Serviceprovider umso größere Kosteneinsparungen realisieren muss, um den teureren Betrieb der Systeme während des Transitionsprojektes finanzieren zu können.

Kosten des Transitionsprojektes

Üblicherweise wird das Transitionsprojekt dem Kunden in Rechnung gestellt. Die Kosten dafür sind nicht unerheblich und müssen im Vergleich der Preise der Outsourcing-Anbieter mit den eigenen IT-Kosten berücksichtigt werden. Bei einer vereinbarten Vertragsdauer von drei oder fünf Jahren können die Transitionskosten auf die Dauer des Vertrages abgeschrieben werden, so dass zu den jährlichen Servicekosten noch ein Drittel bis ein Fünftel der Transitionskosten dazugerechnet werden muss.

Damit präsentiert sich der Vergleich mit den internen IT-Kosten wie in Abbildung 11.20 gezeigt.

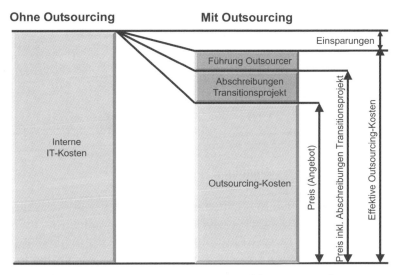

Abbildung 11.20: Outsourcing-Kosten inkl. Transitionskosten

Zu den eigentlichen Kosten des Outsourcing-Angebotes kommen damit die jährlichen Abschreibungen des Transitionsprojektes sowie die Aufwände für die Führung des Outsourcers hinzu. Die Summe dieser Kosten kann nun mit den internen IT-Kosten verglichen werden, um zu beurteilen, ob ein Outsourcing günstiger zu stehen kommt.

Natürlich kann mit dem Outsourcing-Partner auch vereinbart werden, dass das Transitionsprojekt nicht separat in Rechnung gestellt wird, sondern in den periodischen Servicekosten enthalten sein soll.

Resultat

Mit dem Abschluss der Transitionsphase sind die IT-Systeme vollständig in die Betriebsumgebung des Outsourcers überführt und können von diesem mit seinen standardisierten Instrumenten betrieben und überwacht werden.

Damit gelangen wir in die letzte Phase des Outsourcing-Prozesses, die Operation bzw. den Betrieb der an den Outsourcer übergebenen IT-Systeme.

11.2.10 Operation

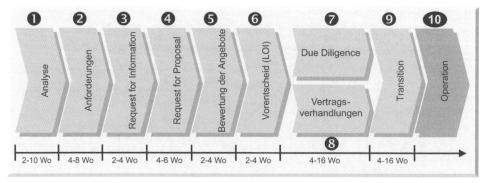

Abbildung 11.21: Operation

Die Betriebsübergabe an einen Outsourcer geht in den seltensten Fällen völlig reibungslos über die Bühne. Um eine hohe Betriebsqualität und Stabilität der Systeme zu erreichen, ist jahrelange Erfahrung nötig. Durch das Transitionsprojekt werden jedoch die bisherigen IT-Systeme umstrukturiert und nach den Standards des Outsourcers betrieben. Jede Änderung an den produktiven IT-Systemen gefährdet die Betriebsqualität, so auch das Transitionsprojekt.

Deshalb sinkt die Betriebsqualität und Stabilität der durch den Outsourcer übernommenen Systeme in der Regel während der Transitionsphase sowie zu Beginn der Phase Operation. Dies ist ein natürlicher, aber schmerzlicher Übergang und bedingt von beiden Parteien große Anstrengungen, um die instabile Phase baldmöglichst überwinden zu können. Üblicherweise gelingt es jedoch nach wenigen Monaten, die gewohnt hohe Betriebsqualität wieder zu erreichen und die Systeme zur Zufriedenheit aller stabil zu betreiben.

Führung des Outsourcers

Spätestens in der Phase Operation kommt der Führung des Outsourcing-Partners eine wichtige Rolle zu. Die vereinbarte Servicequalität muss vom Outsourcer berichtet und von Kundenseite beurteilt werden. Abweichungen müssen in regelmäßigen Meetings besprochen, korrigiert und nötigenfalls an eine höhere Stelle weitergeleitet werden.

Ebenfalls kommt der Beauftragung des Outsourcing-Partners eine große Bedeutung zu. Erweiterungen oder Anpassungen an den vom Outsourcing-Partner übernommenen Systemen müssen vom Kundenverantwortlichen beauftragt und deren Ausführung abgenommen werden. Ohne eine klare

Beauftragung des Outsourcers werden die IT-Kosten durch die Flut von Anforderungen in kurzer Zeit wieder ansteigen.

Die Führung und Steuerung des Outsourcers muss immer durch das Unternehmen selbst wahrgenommen werden und kann in keinem Fall outgesourct werden.

Resultat

Das Resultat der Phase *Operation* ist ein stabiler Betrieb der IT-Systeme.

11.2.11 Fazit

Der gesamte Outsourcing-Prozess von der Analyse und Definition der Gebiete, die outgesourct werden sollen, über die Einholung und Beurteilung verschiedener Angebote bis zur Transition und der Aufnahme des operativen Betriebs ist ein weiter und nicht immer einfacher Weg. Da viele Unternehmen ein Outsourcing zum ersten Mal – oder mindestens in dieser Größenordnung zum ersten Mal – durchführen, empfiehlt es sich, ein auf die Begleitung von Outsourcing-Projekten spezialisiertes Beratungsunternehmen hinzuzuziehen.

Solche spezialisierte Beratungsunternehmen verfügen nicht nur über die notwendige Erfahrung in der Leitung und Begleitung des Outsourcing-Prozesses, sondern können ebenfalls Musterdokumente wie einen RFI oder RFP zur Verfügung stellen. Damit kann nicht nur die Zeit zur Erarbeitung dieser Dokumente verkürzt, sondern auch die Qualität erhöht werden. Ebenfalls leisten solche spezialisierten Beratungsunternehmen einen wichtigen Beitrag in den Vertragsverhandlungen, indem sie sicherstellen, dass keine für den Kunden nachteiligen Klauseln enthalten sind.

11.3 Gefahren beim Outsourcing

Nachdem Sie im Abschnitt 11.1 *Gründe für ein Outsourcing* gesehen haben, wieso sich ein Outsourcing lohnen kann, möchte ich es nicht unterlassen, auch die Gefahren von Outsourcing zu erwähnen. Da ein Outsourcing-Prozess häufig zum ersten Mal durchgeführt wird, sind im Unternehmen meistens nur wenig Outsourcing-Erfahrungen vorhanden und damit ist die Gefahr groß, den einen oder anderen Fehler im Outsourcing-Prozess zu begehen.

11

Deshalb möchte ich an dieser Stelle auf die verschiedenen Gefahren beim Outsourcing eingehen:

11.3.1 Keine Berücksichtigung der Transitionskosten

Ein beliebter Fehler ist es, nur die offerierten Servicekosten zwischen den Anbietern und mit den eigenen Kosten zu vergleichen. Häufig werden die Kosten für das Transitionsprojekt (siehe 11.2.9 *Transition*) dabei außer Acht gelassen. Ein vollständiger Kostenvergleich betrachtet einen Zeitraum von drei bis fünf Jahren. Dabei werden die prognostizierten internen IT-Kosten für die kommenden Jahre den Angeboten der Outsourcing-Anbieter für denselben Zeitraum – inklusive Transitionsprojekt – gegenübergestellt.

11.3.2 Kostenanstieg durch zu wenig genaue Definition der outgesourcten Gebiete

In einigen Fällen stellt sich das vermeintlich günstigste Angebot im Nachhinein als das teuerste heraus. Wird nicht genau vereinbart, was zu den outgesourcten Gebieten gehört und was nicht, wird sich der Outsourcer jeweils abgrenzen und sich auf den Standpunkt stellen, dass die nun noch geforderte Leistung nicht im Vertrag enthalten sei und daher separat in Rechnung gestellt werden muss. Während von der internen IT erwartet wird, dass sie zusätzliche Leistungen zu den gleichen Kosten erbringen kann, muss sich der Outsourcing-Partner gegenüber solchen Forderungen absichern und diese zusätzlich verrechnen können.

Teilweise gehört dieses Verhalten jedoch auch zur Strategie gewisser Outsourcer, indem sie ein günstiges Angebot erstellen, um die Ausschreibung zu gewinnen, und anschließend die vertraglich vereinbarten Leistungen so eng fassen, dass der Kunde gezwungen ist, verschiedene Leistungen über zusätzliche Verrechnung zu beziehen. Beispielsweise werden nur eine geringe Anzahl von Umzügen im Vertrag vereinbart oder es wird nur eine geringe Menge an Diskplatz zur Verfügung gestellt, so dass der Kunde häufig gezwungen ist, zusätzliche Leistungen zu bezahlen. Ebenfalls werden Kleinprojekte, die vor dem Outsourcing selbstredend von der IT realisiert wurden, nun separat nach Aufwand in Rechnung gestellt. In unglücklichen Fällen kann dies dazu führen, dass damit das Outsourcing insgesamt teurer kommt als die vorherige Leistungserbringung durch die interne IT.

Um dieser Kostenfalle zu entgehen, sind drei Faktoren wichtig:

1. Eine gesunde Skepsis gegenüber unrealistisch niedrigen Angeboten

2. Eine genaue Definition der vom Outsourcer zu erbringenden Leistungen im Vertrag und den Servicebeschreibungen

3. Eine klare Beauftragung und Verhandlung von zusätzlichen Leistungen, die über den im Vertrag abgemachten Umfang hinausgehen

11.3.3 Kostenanstieg durch vermehrte Anforderungen nach Zusatzleistungen

Auch mit einer klaren Vereinbarung der vom Outsourcer zu erbringenden Leistungen kann ein Kostenanstieg stattfinden, indem der Outsourcing-Partner unkoordiniert mit zusätzlichen Anforderungen beauftragt wird.

Damit dies nicht geschehen kann, darf nur eine interne Stelle gegenüber dem Outsourcing-Partner berechtigt werden, Aufträge zu erteilen. Damit müssen sich alle anderen Organisationseinheiten mit ihren Anforderungen an diese interne Koordinationsstelle wenden. Diese kann beurteilen, ob die zusätzlichen Leistungen Sinn machen und ob dafür auch die nötigen finanziellen Mittel zur Verfügung stehen.

Da der Outsourcer in der Regel nur Betriebsleistungen zum fest vereinbarten Preis erbringt und Projektleistungen üblicherweise nicht im Servicepreis enthalten sind, liegt hier eine beliebte Stolperfalle: Was von der internen IT noch so nebenbei erledigt worden ist, muss jetzt in einem Projekt formuliert, beauftragt und bezahlt werden.

11.3.4 Nichteintreffen der erwarteten Kostensenkungen

Üblicherweise werden die Outsourcing-Kosten für die nächsten drei bis fünf Jahre vereinbart. Dabei wird häufig von sinkenden Kosten während der Vertragsdauer ausgegangen. Wird der Outsourcing-Partner nicht vertraglich zu den versprochenen Kostensenkungen verpflichtet, kann es passieren, dass die Kosten auf demselben Niveau verharren oder sogar ansteigen.

Deshalb enthalten Outsourcing-Verträge jeweils eine Klausel bezüglich der Kostenreduktion während der Vertragslaufzeit oder die jeweiligen Kosten pro Vertragsjahr werden explizit festgehalten. Dies kann entweder durch einen festen Prozentsatz geschehen, um den die Kosten jährlich reduziert werden

11

(in der Regel in der Größenordnung von drei bis fünf Prozent) oder durch eine Vertragsbestimmung, dass die Outsourcing-Kosten regelmäßig einem Benchmarking unterzogen und gegebenenfalls angepasst werden.

11.3.5 Unerwartete Preiserhöhungen

Sind im Vertrag die Preise nicht über die gesamte Vertragslaufzeit verbindlich definiert und spürt der Outsourcer, dass der Kunde allzu stark abhängig von ihm ist, kann es passieren, dass er probiert, eine Preiserhöhung durchzusetzen.

Sind tatsächlich Umstände eingetreten, die eine Preiserhöhung rechtfertigen würden (was dank der Due Diligence eigentlich nicht der Fall sein dürfte), so gehört es zu einem partnerschaftlichen Verhältnis, diese zu analysieren und zu besprechen, wie damit verfahren werden soll. Ist jedoch spürbar, dass es dem Outsourcer nur darum geht, den Preis und damit den Gewinn zu erhöhen, ist es selbstverständlich, dass auf solche Forderungen nicht eingegangen wird. Im Gegenteil kann je nach Vertragssituation das Gebiet neu ausgeschrieben werden.

11.3.6 Absinken der Servicequalität

Mit einem Absinken der Servicequalität während der Transitionsphase und zu Beginn der Operationsphase ist zu rechnen. Danach muss die vereinbarte Servicequalität jedoch in der Regel erbracht werden können. Die Servicequalität (Verfügbarkeiten, Reaktionszeiten, Antwortzeiten usw.) werden im Vertrag bzw. in den Servicebeschreibungen als Vertragsbestandteil festgehalten.

Ebenfalls muss festgehalten werden, was bei einer Nichterreichung der vereinbarten Servicequalität passiert. Üblicherweise wird ein Malus vereinbart, der den Outsourcer bei Nichterreichen finanziell bestraft. Der Kunde selbst will in der Regel jedoch kein Geld zurück, sondern die vereinbarte Servicequalität. Deshalb ist der Malus häufig nur ein Druckmittel des Kunden, um die vereinbarten Leistungen zu erhalten.

Sollte es dem Outsourcing-Partner über einen längeren Zeitraum nicht gelingen, die geforderten Leistungen und Qualitätsparameter zu erbringen, muss ein Ausstieg aus dem Outsourcing-Vertrag möglich sein.

11.3.7 Verlust von Schlüsselpersonen

Mit der Übernahme der IT-Spezialisten durch den Outsourcer gehen vielfach Ängste und Befürchtungen bei den Mitarbeitern einher. Wird dieser Prozess nicht durch den Outsourcer und auch durch die Firma, die die Mitarbeiter übergibt, gut geführt, kann es passieren, dass wichtige Schlüsselpersonen das Unternehmen verlassen. Dies ist sowohl für die outsourcende Firma als auch für den Outsourcer selbst ein Problem, da damit wichtiges Know-how nicht mehr zur Verfügung steht.

Um dem Verlust von Schlüsselpersonen entgegenzuwirken, ist es wichtig, dass jederzeit offen kommuniziert wird, dass der Outsourcer an der Übernahme der Mitarbeiter interessiert ist und dass er die heutigen Anstellungskonditionen weiterhin gewährleisten kann.

Häufig sind die Befürchtungen der Mitarbeiter unbegründet, da ein Outsourcing-Unternehmen IT als Kerngeschäft betreibt und damit den IT-Spezialisten oft interessantere Zukunftsperspektiven aufzeigen kann als eine Firma, bei der Informatik nicht zum Kerngeschäft gehört.

11.3.8 Keine Führung des Outsourcers

Ich habe bereits mehrfach erwähnt, dass es nicht nur eines klaren Ansprechpartners auf der Seite des Outsourcers, sondern ebenfalls auf der Seite dessen Kunden bedarf. Der Manager der Outsourcing-Beziehung koordiniert sämtliche Anforderungen des Unternehmens und beauftragt den Outsourcer damit. Ebenfalls stellt er sicher, dass die Leistungen wie vereinbart erbracht werden, sorgt dafür, dass diese getestet und abgenommen worden sind, und kontrolliert die Rechnungen des Outsourcers.

Ohne eine Führung des Outsourcers wird nicht nur die Leistungserbringung für den Outsourcer selbst erschwert, sondern es explodieren die Kosten dadurch, dass verschiedene Stellen in der Firma dem Outsourcer Aufträge erteilen.

11.3.9 Problemlösung durch Outsourcing

Nur allzu häufig wird gemeint, dass mit dem Outsourcing der IT auch sämtliche IT-Probleme behoben sind. Dies ist leider nur selten der Fall. Wenn nur unklare Anforderungen vorliegen, die Fachseite keine Abnahmetests durchführen will oder kann oder klare Management-Entscheidungen über den Einsatz der IT-Mittel fehlen, hilft auch ein Outsourcing wenig.

11

Da ein Outsourcing-Verhältnis einen größeren Formalisierungsgrad aufweisen muss als das Verhältnis zwischen der internen IT und deren Benutzer, kann ein Outsourcing helfen, die unklaren Beziehungen zu klären. Es kann jedoch ebenso genau an diesem Punkt scheitern.

Häufig muss die interne IT sowie das Verhältnis zwischen der IT und den Benutzern zuerst auf einen guten Stand gebracht werden, bevor ein Teil oder sogar die gesamte IT outgesourct werden kann.

11.4 Muster-RFP

Die folgenden Seiten zeigen einen Muster-RFP für das Gebiet Electronic Workplace, der alle wesentlichen Aspekte eines Request for Proposals enthält.

Für ein gut standardisiertes Gebiet wie den Electronic Workplace (PC-Arbeitsplatz) reichen üblicherweise 20 bis 30 Seiten aus. Für ein komplexeres Gebiet oder gar das Outsourcing der gesamten IT ist ein wesentlich umfangreicherer RFP vonnöten. Je präziser ein RFP die outzusourcenden IT-Komponenten beschreibt, desto verlässlicher können die Anbieter ihre Angebote erstellen.

11

Request for Proposal

Outsourcing
Electronic Workplace

XXX AG

Version 1.0 vom <Datum>

VERTRAULICH

Abbildung 11.22: Request for Proposal, Seite 1

11

Inhaltsverzeichnis

Abbildung 11.23: Request for Proposal, Seite 2

1 Einleitung

Die XXX AG ist eines der führenden Unternehmen im Gebiet XXX. <Kurz-Beschreibung des Unternehmens>

Die XXX AG sucht einen starken Partner, der ihr in der Entwicklung und Strategie der IT eine solide Beratung bietet und den Betrieb ihrer IT-Infrastruktur für XXX Benutzer an XXX Standorten übernimmt.

Die XXX AG hat sich entschieden, das bestehende Verhältnis zum heutigen IT-Serviceprovider zu überprüfen und die bezogenen Services neu auszuschreiben.

Im Rahmen des Projektauftrages und der Analyse des heutigen Systems wurden folgende Ziele gesetzt:

- Beibehaltung der heutigen Servicequalität und Serviceorientierung

- Attraktiver Marktpreis für die Dienstleistungen

- Transparente Kosten und Struktur im Service Level Agreement

- Stakeholder-orientiertes Reporting / Kommunikation

- Partnerschaftliche und zukunftsorientierte Zusammenarbeit mit Outsourcer

Es ist uns wichtig, im Evaluationsprozess des zukünftigen externen Serviceproviders (ESP) allen Anbietern die gleichen Chancen zu bieten. Wir sind uns bewusst, dass die Erstellung der Angebote ein aufwändiger Prozess ist. Deshalb wollen wir Ihren Aufwand zur Erstellung der Angebote mit einem klar strukturierten Pflichtenheft minimieren.

Bei der Auswahl eines neuen Serviceproviders spielt das gegenseitige Vertrauen eine große Rolle. Deshalb ist es uns wichtig, dass jeder Anbieter sein Angebot persönlich präsentiert. Um den zukünftigen Partner besser kennen zu lernen, wollen wir zudem die Anbieter der engeren Wahl sowie repräsentative Referenzinstallationen besuchen.

2 Unternehmen

2.1 XXX AG

<Beschreibung des Unternehmens>

2.2 Produkte und Dienstleistungen

<Beschreibung der Produkte und Dienstleistungen des Unternehmens>

2.3 Organisation der XXX AG

<Organigramm und/oder Beschreibung der Organisation des Unternehmens>

2.4 Organisation der Informatik

<Organigramm und/oder Beschreibung der Organisation der Informatik>

2.5 Standorte

<Standorte des Unternehmens>

Abbildung 11.24: Request for Proposal, Seite 3

11

3 Projekt Outsourcing Electronic Workplace

3.1 Projektorganisation

Funktion	Name
Steering Committee	Geschäftsleitung XXX AG
Auftraggeber	Herr XXX, Chief Operating Officer
Projektleiterin	Frau XXX, Leiterin Informatik
Projekt-Begleitung	Herr XXX, Beratung XXX

3.2 Projektziele

Im Rahmen des Projektauftrages und der Analyse des heutigen Systems wurden folgende Ziele gesetzt:

- Beibehaltung der heutigen Servicequalität und Serviceorientierung
- Attraktiver Marktpreis für die Dienstleistungen
- Transparente Kosten und Struktur im Service Level Agreement
- Stakeholder-orientiertes Reporting / Kommunikation
- Partnerschaftliche und zukunftsorientierte Zusammenarbeit mit Outsourcer

3.3 Projektabgrenzung

In Scope
Sämtliche Services im Gebiet Electronic Workplace (EWP), insbesondere
▪ Helpdesk
▪ Field/Onsite-Support
▪ LAN und WAN
▪ File/Print-Server
▪ E-Mail
▪ SW-Verteilung
▪ Internetzugang für E-Mail und Browsing

Out of Scope
▪ Applikationsentwicklung
▪ Applikationsserver (außer E-Mail)
▪ Host-Umgebung
▪ Fax und Telefonie
▪ PDA-Support
▪ Intranet- und Internetserver

Abbildung 11.25: Request for Proposal, Seite 4

3.4 Rahmenbedingungen

Da das Gebiet Electronic Workplace (EWP) bereits heute outgesourced ist, müssen/können keine Mitarbeiter übernommen werden.

Die Server sowie LAN- und WAN-Komponenten werden vom bisherigen Outsourcing-Partner gestellt. Der zukünftige ESP (External Serviceprovider) soll diese Komponenten ebenfalls zur Verfügung stellen und über die Servicepreise verrechnen.

3.5 Vorgehen

Die nachfolgende Darstellung zeigt das geplante Vorgehen für den Evaluations-Prozess zur Wahl eines neuen Outsourcing-Partners für das Gebiet Electronic Workplace. Die Angebotsabgabe ist im Abschnitt 7.4 *Angebotsabgabe* definiert.

11

No	Phase	Termin	Tasks
1	Pflichtenheft	xxx	▪ Erstellung des Pflichtenhefts und Versand an mögliche Anbieter
2	Angebote	xxx	▪ Erstellung der Angebote durch die Anbieter ▪ Rückfragen per E-Mail ▪ Question&Answer-Session mit allen Anbietern ▪ Abgabe der Angebote
3	Präsentation	xxx	▪ Präsentation der Angebote durch die Anbieter ▪ Vorselektion der Anbieter anhand der abgegebenen Angebote und der Präsentationen
4	Referenzbesuche	xxx	▪ Besuche bei den Anbietern der engeren Auswahl ▪ Referenzbesuche
5	Entscheid LOI		▪ Entscheid für Anbieter ▪ Unterzeichnung Letter of Intent
6	Due Diligence	xxx	▪ Due Diligence ▪ Unterzeichnung Vertrag
7	Transitionsprojekt	xxx	▪ Transitionsprojekt abgeschlossen
8	Operation	xxx	▪ Operativer Betrieb

Abbildung 11.26: Request for Proposal, Seite 5

4. Serviceanforderungen

4.1 Helpdesk

Serviceumfang	Das Helpdesk löst so viele Probleme wie möglich am Telefon oder über Fernzugriff auf den PC des Benutzers (Incident Management). Probleme, die das Helpdesk nicht lösen kann, werden via Trouble Ticket System an den Field/OnSite-Support oder weitere Stellen (Server-Manager, LAN-Betreuer, E-Mail-Spezialisten, Client-Engineering, SW-Distribution, Hersteller etc.) weitergeleitet. Das Helpdesk ist ebenfalls für die Annahme von Aufträgen für PC-Umzüge, PC-Beschaffungen usw. verantwortlich.

Servicezeiten Mo..Fr	07.00-18.00	0	1	2	3	4	5	6	7	8	9	10	11	12	13	14	15	16	17	18	19	20	21	22	23
Servicezeiten Sa/So	Kein Service	0	1	2	3	4	5	6	7	8	9	10	11	12	13	14	15	16	17	18	19	20	21	22	23

Bereitschaftsdienst	Zusätzliche Servicezeiten bei Bedarf nach Voranmeldung und zusätzlicher Verrechnung
Sprachen	▪ Deutsch
Problemannahme	▪ Telefonisch ▪ Intranet ▪ E-Mail
Anzahl Anrufe pro Monat	Ca. 1 pro Benutzer
Verlorene Anrufe	Max. 5%
Durchschnittliche Wartezeit	<20 sec
Gelöste Probleme im Helpdesk (first fixed rate)	>50% aller Anrufe
Zu unterstützende Standard-Software	Windows XP, MS Office, Internet Explorer, Lotus Notes, Adobe Acrobat Reader, WinZIP, AntiVirus-SW, Remote Access, 3270 Terminal-Emulation
Zu unterstützende firmenspezifische Software	Keine
Reporting	☑ Anzahl Anrufe ☑ Verlorene Anrufe (lost rate) ☑ Wartezeit bis zur Anrufentgegennahme ☑ First fixed rate ☑ Kundenzufriedenheit

Verantwortung		Muss ESP*	Option ESP*	XXX AG
	Erste Ansprechstelle für Benutzer	☑		
	Zurücksetzen von Passwörtern	☑		
	Betrieb Helpdesk	☑		
	Zusätzliche Servicezeiten		☑	
	Eskalation von Störungen	☑		

*External Serviceprovider

Abbildung 11.27: Request for Proposal, Seite 6

4.2   Field- und Onsite-Support

Serviceumfang	Supportaufgaben an Endgeräten (PC inkl. Peripherie sowie PC-Drucker), die einen Einsatz vor Ort nötig machen: Installation, Umzug oder Entsorgung von Endgeräten, Behebung von HW-Störungen oder Austausch von Geräten, Lösen von SW-Problemen, die nicht durch das Helpdesk gelöst werden können, Neuaufsetzen oder Neukonfiguration von Endgeräten, Installation von Individual-SW, die nicht per SW-Distribution verteilt wird.
Servicezeiten Mo..Fr	07.00-18.00 0 1 2 3 4 5 6 **7 8 9 10 11 12 13 14 15 16 17** 18 19 20 21 22 23
Servicezeiten Sa/So	Kein Service 0 1 2 3 4 5 6 7 8 9 10 11 12 13 14 15 16 17 18 19 20 21 22 23
Bereitschaftsdienst	Zusätzliche Servicezeiten bei Bedarf nach Voranmeldung und zusätzlicher Verrechnung
Sprachen	▪ Deutsch
Problemannahme	▪ Via Helpdesk
Reaktionszeit zwischen Störungsmeldung und Kontaktaufnahme mit User	60 Minuten
Zeit für Austausch/ Reparatur defekter Hardware	1 Arbeitstag am Hauptsitz, übrige Standorte 2 Arbeitstage
Zu unterstützende Standard-Software	Windows XP, MS Office, Internet Explorer, Lotus Notes, Adobe Acrobat Reader, WinZIP, AntiVirus-SW, Citrix Client, Remote Access, 3270 Terminal-Emulation
Zu unterstützende firmenspezifische Software	Keine
Reporting	☑ Anzahl offene Störungen ☑ Anzahl abgeschlossene Störungen ☑ Reaktionszeit ☑ Kundenzufriedenheit
Zu beachten	

Verantwortung		Muss ESP	Option ESP	XXX AG
	Field- und Onsite-Support	☑		
	Zusätzliche Servicezeiten		☑	

11

Abbildung 11.28: Request for Proposal, Seite 7

11

4.3 Client&Peripherie-Management

Serviceumfang	Beschaffung, Betrieb, Wartung und Verwaltung von Endgeräten wie Desktops, Notebooks, PC-Drucker, Monitore und andere PC-Peripheriegeräte
Anzahl Desktops	XXX (detaillierte Aufstellung siehe Abschnitt 5.3 *Desktops*), davon XXX Reserve
Anzahl Notebooks	XXX (detaillierte Aufstellung siehe Abschnitt 5.2 *Laptops*), davon XXX Reserve
Anzahl Monitore	XXX (detaillierte Aufstellung siehe Abschnitt 5.4 *Monitore*)
Anzahl Drucker	XXX (detaillierte Aufstellung siehe Abschnitt 5.5 *Printer*)
IMAC (Install, Move, Add, Change)	• Bis 5 Benutzer innerhalb 5 Arbeitstagen • Mehr als 5 Benutzer innerhalb 10 Arbeitstagen
Reporting	☑ Inventar
Zu beachten	• Die Endgeräte befinden sich in den Büchern der XXX AG • Alle Endgeräte sind Windows-XP-fähig

Verantwortung		Muss ESP	Option ESP	XXX AG
	Standards für Endgeräte	☑		☑
	Lifecycle Management	☑		
	Betrieb, Wartung und Reparatur der Endgeräte	☑		
	Beschaffung von Endgeräten		☑	
	Leasing von Endgeräten		☑	
	Versorgung mit Verbrauchsmaterial (Papier, Toner)		☑	
	Führung des Inventars	☑		

Abbildung 11.29: Request for Proposal, Seite 8

4.4 Software-Management

Serviceumfang	Paketierung und Verteilung von Standard- sowie firmenspezifischer Software
Zu unterstützende Standard-Software	<ul><li>Windows XP</li><li>MS Office</li><li>Internet Explorer</li><li>Lotus Notes</li><li>Adobe Acrobat Reader</li><li>WinZIP</li><li>AntiVirus-SW</li><li>Remote Access</li><li>3270 Terminal-Emulation</li></ul>
Zu unterstützende firmenspezifische Software	<ul><li>Keine</li></ul>
Eingesetzte Software	Siehe Abschnitt 5.8 *Software* für eine Liste sämtlicher im Einsatz stehender Software
Reporting	☑ SW-Inventar (installierte SW)
Zu beachten	

Verantwortung		Muss ESP	Option ESP	XXX AG
	Client-Engineering (Windows XP) inkl. Service-packs	☑		
	Paketierung & Software-Verteilung Standard-SW	☑		
	Packetierung & Software-Verteilung firmenspezifische SW	☑		
	Virenschutz auf allen PC	☑		
	Führung SW-Inventar	☑		
	Lizenzmanagement (Beschaffung & Verwaltung)		☑	
	Lizenzen MS Office		☑	

Abbildung 11.30: Request for Proposal, Seite 9

4.5 Server-Management

Serviceumfang	Engineering, Operation, Überwachung, Backup, Restore, Administration usw. von Office-Servern inkl. Einrichten/Ändern/Löschen von Benutzern inkl. der benötigten HW und SW-Lizenzen (Betriebssystem):
	• File/Print-Server: Ablage von persönlichen oder gemeinsam benutzten Daten, Abruf von SW (zum direkten Gebrauch ab Server oder für Installation ab Server), Server für Zugriff auf Drucker (Print-Server)
	• E-Mail/Calendar-Server: Server für E-Mail und Kalender (Lotus Notes) sowohl innerhalb der Firma als auch vom/zum Internet
	• Kommunikationsserver: Server für DHCP, DNS, RAS (Remote Access), Directory (MS AD, Novell NDS, ...) Timeserver usw.

Servicezeiten Mo..Fr — 07.00-18.00 — 0 1 2 3 4 5 6 **7 8 9 10 11 12 13 14 15 16 17** 18 19 20 21 22 23

Servicezeiten Sa/So — Kein Service — 0 1 2 3 4 5 6 7 8 9 10 11 12 13 14 15 16 17 18 19 20 21 22 23

Überwachung Mo..Fr — 07.00-18.00 — 0 1 2 3 4 5 6 **7 8 9 10 11 12 13 14 15 16 17** 18 19 20 21 22 23

Überwachung Sa/So — Keine Überw. — 0 1 2 3 4 5 6 7 8 9 10 11 12 13 14 15 16 17 18 19 20 21 22 23

Reaktionszeiten innerhalb Servicezeit	15 Minuten
Reaktionszeiten außerhalb Servicezeit	Störungsbehebung am nächsten Arbeitstag
Verfügbarkeit während der definierten Servicezeiten	99,0% pro Quartal $(1 - \dfrac{Ausfallzeit\_während\_Servicezeit}{Servicezeit}) * 100\%$
Diskplatz	• 200 MB pro User, größere Kapazitäten als Option • 50 GB für Projekt- und Abteilungslaufwerke, größere Kapazitäten als Option
Wartungsfenster	Außerhalb der Servicezeiten
Reporting	☑ Verfügbarkeit ☑ MTBF (meantime between failure) ☑ MTTR (meantime to repair) ☑ Belegter Diskplatz
Zu beachten	• Rechnerraum der XXX AG in XXX (Klimatisierung, Zutrittsschutz, USV) kann benutzt werden • Hardware und SW-Lizenzen (Server-Betriebssystem) werden durch ESP gestellt

Verantwortung		Muss ESP	Option ESP	XXX AG
	Betrieb der Server inkl. Design, Engineering, Testing, Operation, Monitoring, Performance-Management, Backup, Restore, Administration usw.	☑		
	Benutzeradministration	☑		
	Beschaffung und Finanzierung der Server	☑		
	SW-Lizenzen für Betriebssystem	☑		
	Virenschutz auf allen Servern	☑		

Abbildung 11.31: Request for Proposal, Seite 10

4.6 Network-Management

Serviceumfang	Engineering, Konfiguration, Operation, Überwachung, Administration usw. des LAN (Local Area Network, Switches, Hubs usw.) und Wide Area Network (WAN, Router) inkl. WAN-Verbindungen.

Servicezeiten Mo..Fr	07.00-18.00	0	1	2	3	4	5	6	7	8	9	10	11	12	13	14	15	16	17	18	19	20	21	22	23
Servicezeiten Sa/So	Kein Service	0	1	2	3	4	5	6	7	8	9	10	11	12	13	14	15	16	17	18	19	20	21	22	23
Überwachung Mo..Fr	07.00-18.00	0	1	2	3	4	5	6	7	8	9	10	11	12	13	14	15	16	17	18	19	20	21	22	23
Überwachung Sa/So	Keine Überw.	0	1	2	3	4	5	6	7	8	9	10	11	12	13	14	15	16	17	18	19	20	21	22	23

Reaktionszeiten innerhalb Servicezeit	15 Minuten
Reaktionszeiten außerhalb Servicezeit	Störungsbehebung am nächsten Arbeitstag
Verfügbarkeit während der definierten Servicezeiten	99,0% pro Quartal $\quad (1 - \dfrac{Ausfallzeit\_während\_Servicezeit}{Servicezeit}) * 100\%$
Internetzugang	Für E-Mail und Browsing über Firewall
Remoteaccess	XX Benutzer (über ISDN und Analog)
Home Office	XX Benutzer, die von zu Hause aus arbeiten
Wartungsfenster	Außerhalb der Servicezeiten
Reporting	☑ Verfügbarkeit ☑ MTBF (meantime between failure) ☑ MTTR (meantime to repair) ☑ Belegter Diskplatz
Zu beachten	• LAN- und WAN-Komponenten inkl. WAN-Verbindungen werden durch ESP gestellt • Carrierkosten im Servicepreis inbegriffen • Für die Anbindung der Außenstellen wird von einer Bandbreite von 1 Mbit/sec ausgegangen

Verantwortung		Muss ESP	Option ESP	XXX AG
	Betrieb LAN&WAN inkl. Engineering, Operation, Überwachung, Performance-Management, Administration usw.	☑		
	Beschaffung und Finanzierung der LAN- und WAN-Komponenten	☑		
	WAN-Verbindungen	☑		
	Beschaffung, Finanzierung und Installation der passiven Gebäudeverkabelung			☑
	Patchen der Gebäudeverkabelung	☑		

11

Abbildung 11.32: Request for Proposal, Seite 11

4.7 E-Mail-Management

Serviceumfang	E-Mail&Calendar-Services basierend auf Lotus Notes sowohl innerhalb der Firma als auch vom und zum Internet inkl. Engineering, Betrieb und Administration des E-Mail-Systems inkl. Einrichten/Ändern/Löschen von E-Mail/Calendar-Benutzern.

Servicezeiten Mo..Fr	07.00-18.00	0	1	2	3	4	5	6	7	8	9	10	11	12	13	14	15	16	17	18	19	20	21	22	23
Servicezeiten Sa/So	Kein Service	0	1	2	3	4	5	6	7	8	9	10	11	12	13	14	15	16	17	18	19	20	21	22	23
Überwachung Mo..Fr	07.00-18.00	0	1	2	3	4	5	6	7	8	9	10	11	12	13	14	15	16	17	18	19	20	21	22	23
Überwachung Sa/So	Keine Überw.	0	1	2	3	4	5	6	7	8	9	10	11	12	13	14	15	16	17	18	19	20	21	22	23

Reaktionszeiten innerhalb Servicezeit	15 Minuten
Reaktionszeiten außerhalb Servicezeit	Störungsbehebung am nächsten Arbeitstag
Verfügbarkeit während der definierten Servicezeiten	99,0% pro Quartal $(1 - \dfrac{Ausfallzeit\_während\_Servicezeit}{Servicezeit}) * 100\%$
Diskplatz	200 MB pro User, größere Kapazitäten als Option
Wartungsfenster	Außerhalb der Servicezeiten
Reporting	☑ Verfügbarkeit ☑ MTBF (meantime between failure) ☑ MTTR (meantime to repair) ☑ Belegter Diskplatz
Zu beachten	• Hardware und Software-Lizenzen für das Server-Betriebssystem werden durch den ESP gestellt und sind Bestandteil des Server-Managements

Verantwortung		Muss ESP	Option ESP	XXX AG
	Betrieb E-Mail inkl. Engineering, Operation, Überwachung, Performance-Management, Backup, Restore, Administration usw.	☑		
	Benutzeradministration	☑		
	SW-Lizenzen für Server-Betriebssystem	☑		
	Virenschutz auf allen Servern	☑		
	Lizenzen Lotus Notes		☑	

Abbildung 11.33: Request for Proposal, Seite 12

4.8   Account-Management

Serviceumfang	Das Account-Management ist verantwortlich für die Leistungserbringung innerhalb der vereinbarten Service-Level. Das Account-Management wird durch einen Account-Manager wahrgenommen, der als Ansprechpartner für den Leiter Informatik sowie die Geschäftsleitung der XXX AG fungiert.
Zu beachten	Die Aufwendungen für das Account-Management sollen nicht separat ausgewiesen werden, sondern sind integrierter Bestandteil der angebotenen Lösung.

Verantwortung		Muss ESP	Option ESP	XXX AG
	Ansprechperson für CIO. Beratung bezüglich strategischer Ausrichtung	☑		
	Monatliches Reporting der erbrachten Leistungen, Ausweis von Abweichungen gegenüber SLA	☑		
	Einleiten und Überwachen von Maßnahmen, falls die Service-Levels nicht eingehalten werden können	☑		
	Jährlich Überprüfung der Verträge und SLA auf deren Zweckmäßigkeit	☑		
	Fakturierung der Leistungen, Ansprechperson für Rückfragen bezüglich Rechnungen	☑		
	Mindestens jährliche Erhebung der Kundenzufriedenheit	☑		
	Planung und Offerierung von neuen Projekten	☑		

11

Abbildung 11.34: Request for Proposal, Seite 13

11

5 Systeme

5.1 Benutzer

Ort	Anzahl Benutzer
XXX	XXX
XXX	XXX
XXX	XXX
XXX	XXX
Total	**XXX**

5.2 Laptops

Anz.	Bezeichnung	Beschaffungszeitraum
XXX	Typ XXX XXX MHz XXX MB RAM	XXXX-XXXX
XXX	Typ XXX XXX MHz XXX MB RAM	XXXX-XXXX
XXX	Total	

5.3 Desktops

Anz.	Bezeichnung	Beschaffungszeitraum
XXX	Typ XXX XXX MHz XXX MB RAM	XXXX-XXXX
XXX	Typ XXX XXX MHz XXX MB RAM	XXXX-XXXX
XXX	Typ XXX XXX MHz XXX MB RAM	XXXX-XXXX
XXX	Total	

5.4 Monitore

Anz.	Bezeichnung	Beschaffungszeitraum
XXX	15" XXX	XXXX-XXXX
XXX	15" XXX	XXXX-XXXX
XXX	17" XXX	XXXX-XXXX
XXX	17" XXX	XXXX-XXXX
XXX	17" XXX	XXXX-XXXX
XXX	18" XXX	XXXX-XXXX
XXX	Total	

Abbildung 11.35: Request for Proposal, Seite 14

5.5 Printer

Typ	Anzahl	Bezeichnung	Beschaffungszeitraum
Arbeitsplatz Tintenstrahldrucker	XXX	XXX	XXXX-XXXX
	XXX	XXX	XXXX-XXXX
	XXX	XXX	XXXX-XXXX
	XXX	XXX	XXXX-XXXX
	XXX	XXX	XXXX-XXXX
Arbeitsplatz Laserdrucker	XXX	XXX	XXXX-XXXX
	XXX	XXX	XXXX-XXXX
	XXX	XXX	XXXX-XXXX
Netzwerk Laserdrucker	XXX	XXX	XXXX-XXXX
	XXX	XXX	XXXX-XXXX
Netzwerk Farblaserdrucker	XXX	XXX	XXXX-XXXX
	XXX	XXX	XXXX-XXXX
Total	XXX		

5.6 Server

Es sind keine Server zu übernehmen. Die Server werden vom heutigen Provider gestellt und sollen vom zukünftigen Serviceprovider ebenfalls wieder zur Verfügung gestellt und über den Service-Preis verrechnet werden.

5.7 Netzwerk-Komponenten

Es sind keine Netzwerk-Komponenten zu übernehmen. Die LAN- und WAN-Komponenten werden vom heutigen Provider gestellt und sollen vom zukünftigen Serviceprovider ebenfalls wieder zur Verfügung gestellt und über den Service-Preis verrechnet werden.

5.8 Software

XXX AG hat zum heutigen Zeitpunkt ein genaues Inventar von den auf den Clients installierten Programmen. Die Klasse Kategorie A (Standard-Software) ist nachfolgend aktuell aufgelistet und muss vom Outsourcing-Partner unterstützt werden:

Kategorie	Name	Version	Beschreibung
A	Lotus Notes	XXX	
A	MS Internet Explorer	XXX	
A	MS Office	XXX	
A	Windows NT	XXX	
A	AntiVirus	XXX	
A	RAS Access	XXX	
A	Host-Zugriff	XXX	

Abbildung 11.36: Request for Proposal, Seite 15

11

6 Angebot

Um die Angebote transparent und vergleichbar zu machen, ist die untenstehende Struktur zu verwenden. Alle aufgeführten Punkte sind abzudecken. Weitere Punkte können zur Erläuterung des Angebots beigefügt werden. Ebenfalls können weitergehende Angaben in Anhängen festgehalten werden.

Das Angebot muss mindestens bis <Datum> gültig sein.

Die Anbieter werden gebeten, ihre Angebote so kurz und präzise wie möglich zu halten.

6.1 Angebotsstruktur

1. Management Summary

   - Zusammenfassung des Angebots auf maximal zwei Seiten inkl. Preisübersicht

2. Vorstellung des Anbieters

   - Vorstellung des Anbieters
   - Kennzahlen des Anbieters (Umsatz, Gewinn, Anzahl der Mitarbeiter etc.)
   - Kundenstruktur
   - Besitzverhältnisse
   - Stellung im Outsourcing-Markt im eigenen Land sowie weltweit
   - Anzahl der im Outsourcing betreute PC und Applikationen im eigenen Land und weltweit
   - Umsatz mit Outsourcing im eigenen Land sowie weltweit
   - Anzahl der Mitarbeiter, die im Outsourcing tätig sind im eigenen Land sowie weltweit
   - Outsourcing-Referenzen im eigenen Land im Gebiet Electronic Workplace
   - Support-Standorte im eigenen Land
   - Strategische Ausrichtung der Unternehmung

3. Offerierte Lösung

   - Beschreibung der offerierten Lösung inkl.
     - Konzept zur Anbindung und Support der Außenstellen
     - Konzept für Remote Access User und Home Office User
     - Beschreibung des Eskalationsprozesses
     - Anforderungen an die XXX AG bezüglich der Infrastruktur (Rechnerraum, Arbeitsplätze, Parkplätze etc.)
   - Bestätigung, welche der im Pflichtenheft definierten Anforderungen erfüllt werden können
   - Im Pflichtenheft gestellte Anforderungen, die nicht erfüllt werden können
   - Im Pflichtenheft gestellte Anforderungen, die für eine optimale und kostengünstige Leistungserbringung angepasst werden sollten
   - Getroffene Annahmen wegen fehlenden Angaben
   - Drittfirmen, die der Anbieter zur Leistungserbringung beizieht
   - Grobprojektplan des Transitionsprojektes
   - Mehrwert und Differenzierung der offerierten Lösung

Abbildung 11.37: Request for Proposal, Seite 16

4. Preis

- Jährliche Betriebskosten gemäss im Pflichtenheft enthaltener Anforderungen im nachfolgendem Raster (siehe Abschnitt 6.2 Preisstruktur)
- Separat ausgewiesener Preis für das Transitionsprojekt
- Konditionen für Abweichungen der gemachten Mengenangaben nach oben und unten
- Stundensätze pro Mitarbeiterkategorie für im Rahmen von Zusatzleistungen zu erbringende Projekte
- Spesen-Konditionen
- alle Preise in € exkl. MWSt.

5. Unterlagen

- Standard-Service-Level-Beschreibungen oder Muster-SLA
- Muster einer Service-Abrechnung
- Konzept zur Messung der Kundenzufriedenheit
- Muster-Reports für Helpdesk, Server, Netzwerk, Kundenzufriedenheit etc.

6. Vertragsbestimmungen

- Konditionen
- Vertragsdauer
- Konditionen und Kosten für Ausstieg während Transitionsprojekt und Ausstieg während laufendem Betrieb
- Zahlungskonditionen

7. Anhänge

- Anhänge (fakultativ) wie Berichte über Referenzen usw.

11

Abbildung 11.38: Request for Proposal, Seite 17

6.2 Preisstruktur

Die folgende Preisstruktur ist zwingend einzuhalten. Optionen wie Lizenzen für MS Office und Lotus Notes müssen nicht zwingend offeriert werden. Unter *weitere Optionen* können zusätzliche als sinnvoll erachtete Optionen offeriert werden. Die Kosten für das Account Management sollen nicht separat ausgewiesen werden, sondern sind Bestandteil der zu erbringenden Leistungen. Alle Preise in € exkl. MWSt.

	Basisservice	Optionen	Einheit	Bemerk.
Helpdesk				
Basisservice wie in 4.1 *Helpdesk* beschrieben	€ xxx		Pro Benutzer im Monat	
Erweiterte Servicezeiten		€ xxx	Pro Stunde	
Weitere Optionen		€ xxx		
Field/Onsite-Support inkl. Client&Peripherie-Management				
Basisservice wie in 4.2 *Field- und Onsite-Support* und 4.3 *Client&Peripherie Management* beschrieben	€ xxx		Pro Benutzer im Monat	
Erweiterte Servicezeiten		€ xxx	Pro Stunde	
Weitere Optionen		€ xxx		
Software-Management				
Basisservice wie in 4.4 *Software-Management* beschrieben	€ xxx		Pro Benutzer im Monat	
Paketierung & Verteilung von SW zus. zum Standard-Paket		€ xxx	Stundenansatz, nach Aufwand	
Lizenzmanagement (Verwaltung)		€ xxx	Pro Benutzer im Monat	
Lizenzen MS Office		€ xxx	Pro Benutzer im Monat	
Weitere Optionen		€ xxx		
Server-Management				
Basisservice wie in 4.5 *Server-Management* beschrieben	€ xxx		Pro Benutzer im Monat	
Diskplatz > 200 MB pro User		€ xxx	Pro MB im Monat	
Weitere Optionen		€ xxx		
Network-Management				
LAN-Basisservice inkl. Switches & Hubs wie in 4.6 *Network-Management* beschrieben	€ xxx		Pro Benutzer im Monat	
WAN-Basisservice inkl. Router und Carrierkosten wie in 4.6 *Network-Management* beschrieben	€ xxx		Pro Benutzer im Monat	
Remote Access		€ xxx	Pro Benutzer im Monat	
Weitere Optionen		€ xxx		
E-Mail-Management				
Basisservice wie in 4.7 *E-Mail-Management* beschrieben	€ xxx		Pro Benutzer im Monat	
Lizenzen Lotus Notes		€ xxx	Pro Benutzer im Monat	
Weitere Optionen		€ xxx		
Total	**€ xxx**		**Pro Benutzer im Monat**	
Transitionsprojekt	**€ xxx**		**Einmalkosten Transitionsprojekt**	

Abbildung 11.39: Request for Proposal, Seite 18

11

7 Angebotsprozess

7.1 Vertraulichkeit

Dieses Pflichtenheft ist vertraulich und darf Personen außerhalb der Firma der angeschriebenen Angebotssteller nicht zugänglich gemacht werden.

Die eingereichten Angebote werden mit derselben Vertraulichkeit gehandhabt.

Das Copyright des Pflichtenhefts liegt bei der XXX AG.

7.2 Fragen zum Pflichtenheft

Für Fragen zum Pflichtenheft bestehen zwei Möglichkeiten:

1. per Mail an XXX
   Die Antwort erfolgt per Mail an sämtliche an der Ausschreibung teilnehmenden Firmen.

2. Question&Answer-Session am <Datum> in <Ort> von <Start> Uhr bis <Ende> Uhr
   Zur besseren Vorbereitung des Meetings werden die Teilnehmer gebeten, ihre Fragen bis <Datum> per Mail an XXX mitzuteilen.

7.3 Bewertungsschwerpunkte

Voraussetzung für die Teilnahme an der Evaluation ist ein vollständiges, den Anforderungen entsprechendes und termingerechtes Einreichen des Angebots sowie die Einhaltung der vorgegebenen Angebots- und Preisstruktur. Angebote, die nach dem Abgabetermin vom <Datum> eintreffen, werden nicht berücksichtigt.

In der Bewertung der Angebote spielen unter anderem die folgenden Faktoren eine wichtige Rolle

- Dienstleistungsqualität und serviceorientierte Haltung: Wir sind ein Dienstleistungsunternehmen und wollen unseren Kunden Spitzenleistungen erbringen. Dasselbe erwarten wir von unseren Lieferanten und Partnern.

- Beherrschung der Prozesse: Wir gehen davon aus, dass ein professioneller Anbieter von Outsourcing-Lösungen eine hohe Prozessorientierung aufweist und zentrale Prozesse wie Incident-, Problem- und Change-Management (gemäß ILIT) nicht nur vollständig dokumentiert hat, sondern diese ebenfalls lebt.

- Preis: Der Preis spielt eine wichtige, aber nicht die einzige Rolle. Wir suchen das optimale Preis-Leistungs-Verhältnis und nicht den niedrigsten Preis. Wir streben klar strukturierte und nachvollziehbare Preisstrukturen an. Wir wollen eine hohe Voraussagbarkeit unserer Kosten und keine versteckte Preiserhöhungen über verdeckte Optionen.

- Einfach und klar strukturierte Service Level Agreements und Verträge: Wir streben möglichst einfache und verständliche Lösungen und Abmachungen an. Die klare Strukturierung von Dokumenten sowie deren Kürze und Einfachheit fließen ebenfalls in die Beurteilung ein.

- Stabilität: Wir suchen ein langfristiges Vertragsverhältnis und damit einen sowohl finanziell als auch organisatorisch stabilen Partner.

Abbildung 11.40: Request for Proposal, Seite 19

7.4 Angebotsabgabe

Abgabe des vollständigen Angebots inkl. rechtsgültiger Preise und Unterschriften schriftlich sowie als PDF-Datei auf CD bis spätestens

<Datum> um <Zeit> Uhr

an:

<Adresse>

Die im Angebot enthaltenen Preise werden im späteren Outsourcing-Vertrag rechtsgültig übernommen.

Angebote, die nach dem Abgabetermin vom <Datum> eintreffen, werden nicht berücksichtigt.

7.5 Weiteres Vorgehen

Sämtliche Anbieter, die ein Angebot bis zum Abgabetermin eingereicht haben, erhalten die Möglichkeit, ihr Angebot zu präsentieren.

Die Entscheidung für die engere Auswahl erfolgt auf Grund der eingereichten Angebote sowie der Präsentation.

Alle Angebotssteller werden nach Abschluss der Evaluation schriftlich benachrichtigt.

Abbildung 11.41: Request for Proposal, Seite 20

11.5 Fazit

Outsourcing ist kein einfacher Prozess, er benötigt einiges an Erfahrung. Dies beginnt bei der Definition der Gebiete, die für ein Outsourcing geeignet sind, geht über die Ausschreibung und das Finden des richtigen Outsourcing-Partners bis zur Übernahme und zum Betrieb der IT-Systeme durch den Outsourcer.

Häufig bestehen unrealistische Meinungen bezüglich der Kosten, die sich durch ein Outsourcing einsparen lassen. Durch den Overhead und Gewinn des Outsourcers sowie durch dessen Führung müssen für eine Kostensenkung von 10% die eigentlichen Erstellungskosten um mindestens 15 bis 20% gesenkt werden können. Dies lässt sich durch die große Erfahrung des Outsourcers sowie durch die Erzielung von Skaleneffekten in einigen Fällen erreichen, in anderen ist die IT jedoch bereits so schlank, dass sich keine wesentlichen Kostensenkungen mehr erzielen lassen. Da jedoch die meisten IT-Leiter behaupten, dass ihre Abteilung bereits alles Sparpotenzial ausgeschöpft hat und keine weiteren Kostensenkungen mehr möglich seien, lohnt es sich, solche Aussagen zum Beispiel durch ein Benchmarking genau zu hinterfragen.

11

Auf der anderen Seite sind die Ängste der Mitarbeiter vor einem Outsourcing häufig unnötig groß. Der Outsourcer hat ein großes Interesse, gut qualifizierte Mitarbeiter zu übernehmen, da er sonst die vertraglich vereinbarte Leistung nicht erbringen kann. In verschiedenen Fällen hat sich die anfängliche Skepsis der Mitarbeiter bald in Zustimmung gewandelt, nachdem sie erkannt haben, dass sie nun für eine Firma arbeiten, die IT als Kerngeschäft betreibt.

Mit einem Outsourcing kommen immer zwei Kulturen (diejenige der outsourcenden Firma und diejenigen des Outsourcers) zusammen. Liegen diese nicht allzu weit auseinander, bestehen gute Chancen für eine baldige Integration der Mitarbeiter. Weisen diese jedoch grundsätzliche Differenzen auf, wird eine Integration der IT-Mitarbeiter schwierig bis unmöglich, so dass auch das Verhältnis zwischen dem Outsourcer und seinem neu gewonnenen Kunden belastet werden kann.

Um alle die bestehenden Klippen zu umschiffen, ist es wichtig, den Outsourcing-Prozess sauber zu führen und bei fehlender eigener Erfahrung ein Beratungsunternehmen hinzuzuziehen. Es lohnt sich, Outsourcing objektiv und neutral zu betrachten und vorgefasste Meinungen, Befürchtungen, aber auch leere Versprechungen möglichst nicht zu beachten.

12 Kostentreiber im IT-Betrieb

Die Betriebsleistungen machen je nach Unternehmen 50–90% der gesamten IT-Kosten aus. Damit ist der IT-Betrieb das dominierende Kostenelement, das sich die benötigten Ressourcen bewusst oder unbewusst einfach nimmt:

▷ Wird eine Applikation eingeführt, die nicht vollständig getestet wurde, wird ein Teil der Projektkosten zu den Betriebskosten verlagert, indem entsprechend viele Fehler und Probleme im laufenden Betrieb korrigiert und behoben werden müssen. Hat der Betrieb nicht genügend Ressourcen zur Korrektur dieser Fehler zur Verfügung und können keine Projektmitarbeiter hinzugezogen werden, sinken Verfügbarkeit und Antwortzeiten und die Kosten werden zu den Anwendern verlagert.

▷ Steht dem Betrieb zu wenig Personal zur Verfügung, findet eine Verlagerung statt und er muss entweder externe Firmen hinzuziehen oder er bindet immer mehr Projektmitarbeiter für Betriebsaufgaben. Damit können zwar die IT-Kosten gehalten werden, allerdings steht immer weniger Kapazität für die Realisierung von Projekten zur Verfügung. Bildlich gesprochen: Der Architekt, der das Haus gebaut hat, muss auch noch die Hausmeisterarbeiten übernehmen und kann damit immer weniger Häuser bauen (außerdem verfügt er in der Regel über weniger Erfahrung bezüglich Hausverwaltung und kostet üblicherweise mehr als ein Hausmeister).

▷ Jedes IT-Projekt entwickelt oder beschafft eine oder mehrere Applikationen, die nach deren Fertigstellung und Einführung überwacht und betrieben werden müssen. Damit hängen die Betriebskosten zu einem großen Teil von der Einführung neuer IT-Systeme ab und können vom Betrieb selbst nur zu einem geringen Teil beeinflusst werden.

Durch den hohen Anteil an wiederkehrenden Tätigkeiten hat der IT-Betrieb das natürliche Bestreben, sich wiederholende Tätigkeiten zu automatisieren und sich laufend zu optimieren. Häufige Reorganisationen sowie die kurz aufeinander folgende Einführung neuer Systeme können diese Optimierungen jedoch verhindern oder mindern.

Während bei Projektleistungen die Innovation, nämlich die Einführung oder Erweiterung von Applikationen und Systemen im Vordergrund steht, werden die eingespielten Betriebsabläufe mit jedem Projekt gestört. Dies ist der Grund, wieso sich eine Betriebsabteilung wesentlich konservativer als eine Projektabteilung verhält. So verwundert es auch nicht, dass gerade bei der Betriebsübergabe einer neuen Applikation vom Projektteam an den IT-Betrieb häufig große Differenzen und Meinungsverschiedenheiten entstehen: Das Projektteam hat den Auftrag, ein neues System einzuführen, während das Betriebsteam erfolgreich ist, wenn es eine möglichst stabile und performante Infrastruktur zur Verfügung stellen kann.

12.1 Betriebskostentreppe

Die Betriebskostentreppe ist einer der wichtigsten Faktoren für die Höhe der IT-Betriebskosten und einer der größten Kostentreiber in jeder IT.

Die Betriebskostentreppe sieht aus, wie es in Abbildung 12.1 dargestellt ist.

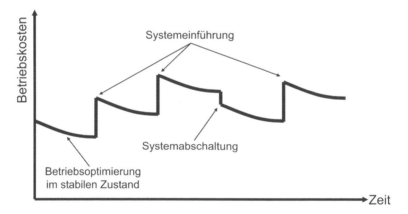

Abbildung 12.1: Betriebskostentreppe

Auf der X-Achse ist die Zeit aufgetragen, auf der Y-Achse die Höhe der IT-Betriebskosten. Analysieren wir die Betriebskostenkurve von links nach rechts:

▷ **Betriebsoptimierung im stabilen Zustand**: Im stabilen Zustand – das heißt ohne die Einführung neuer Systeme oder die Abschaltung alter Systeme – sinken die Betriebskosten durch die laufenden Optimierungen des Betriebs nach und nach. Praktisch jeder IT-Betrieb reduziert seine Betriebsaufwendungen laufend, indem er Routinearbeiten, die von Menschen ausgeführt werden, durch die Rechner mit entsprechender Software automatisiert. Zudem lassen sich mit langjähriger Erfahrung die Abläufe immer mehr optimieren und gleichzeitig die Betriebsqualität steigern. Neben diesem Aspekt hilft natürlich der Preisverfall der Hardware sowie der Carrierkosten, die Betriebskosten laufend zu senken.

➤ **Systemeinführung**: Mit dem Projektabschluss bei der Entwicklung einer eigenen Lösung oder bei der Beschaffung und Anpassung einer Standardlösung wird die neue oder erweiterte Applikation in den Betrieb überführt. Damit steigen die Betriebskosten mit jeder Systemeinführung zwangsläufig an. Sei dies durch Hard- und Software, die für den Betrieb der Lösung benötigt wird oder sei es durch die laufenden Aufwände für die Überwachung und den Betrieb sowie für die Fehlerkorrektur und Anpassungen der neuen Applikation. Die Betriebsaufwände müssen nicht zwangsweise ausschließlich durch die IT-Betriebsabteilung erbracht werden, sondern fallen – vor allem für Fehlerkorrekturen und Anpassungen an der neuen Applikation – auch im Bereich der Applikationsentwicklung und -wartung an.

➤ **Systemabschaltung**: Wird ein System außer Betrieb genommen oder durch ein anderes ersetzt, entfallen natürlich auch die entsprechenden Betriebsaufwände und die Betriebskosten sinken entsprechend. Da eine Systemabschaltung in den allermeisten Unternehmen jedoch wesentlich seltener vorkommt als eine Systemeinführung, sinken auch die Betriebskosten nur selten dank einer Systemabschaltung.

Fassen wir zusammen: Der Betrieb hat die Tendenz, sich im stabilen Zustand von selbst zu optimieren. Sei dies durch die weiter fortschreitende Automatisierung der Überwachungs- oder Verarbeitungsaufgaben oder durch den Preisverfall der Hardware sowie der Carrierkosten. Ebenfalls helfen Systemabschaltungen, die Betriebskosten zu senken. In der Regel werden jedoch beide Effekte durch die Einführung neuer Systeme und der damit verbundenen Betriebs- und Wartungsaufwände wieder mehr als kompensiert, so dass die Betriebskosten insgesamt über die Zeit ansteigen.

Viele Unternehmen wollen dies nicht wahrhaben und bestimmen, dass in der IT mindestens die Hälfte aller Mitarbeiter für die Entwicklung von neuen Applikationen zur Verfügung stehen soll und dass der Betrieb inkl. Fehlerbehebung und Anpassungen an den bestehenden Applikationen maximal 50% der vorhandenen Personenkapazität in der IT binden darf. Diese Forderung möchte ich im Folgenden näher untersuchen.

12

12.1.1 Abhängigkeiten zwischen Projekt- und Betriebskosten

Wenn die obigen Erkenntnisse bezüglich der Betriebkostentreppe mathematisch dargestellt werden, sieht dies folgendermaßen aus. Um die Zusammenhänge einfacher und klarer darzustellen, konzentriere ich mich dabei nur auf die Anzahl der Personen für die Entwicklung (Projekte) und den Betrieb in der IT und nicht auf die entsprechenden Kostenblöcke:

$$BMA\ [x+1] = BMA\ [x] * (1 - Optimierung) + EMA * (1 + Betrieb)$$

Dabei steht *BMA* für Betriebsmitarbeiter. *[x+1]* bedeutet die Anzahl der Betriebsmitarbeiter im nächsten Jahr, während mit *[x]* die Anzahl der Betriebsmitarbeiter im aktuellen Jahr gemeint ist.

Mit *Optimierung* ist die Betriebsoptimierung in Prozent pro Jahr inkl. der Systemabschaltungen gemeint.

Unter *Betrieb* wird der Anteil in Prozent der Entwicklungsmitarbeiter (EMA) verstanden, die pro Jahr durch die fertig gestellten und in den Betrieb überführten Applikationen Betriebsaufgaben übernehmen.

Damit besagt die obige Formel Folgendes:

Die Betriebsmitarbeiter vom Folgejahr ergeben sich aus den heute vorhandenen Betriebsmitarbeitern minus der Betriebsoptimierungen plus der Betriebsaufwände für die neuen Systeme.

Wenn wir davon ausgehen, dass der Personalbestand in der IT konstant gehalten werden soll, so ergibt sich für die Entwicklungsmitarbeiter *EMA*

$$EMA\ [x+1] = EMA\ [x] + BMA\ [x] - BMA\ [x+1]$$

Respektive $EMA\ [x+1] = Const - BMA\ [x+1]$

wobei *Const* die gesamte Anzahl der IT-Mitarbeiter darstellt.

Das Ganze sieht komplizierter aus, als es ist. Am besten erläutere ich die obigen Formeln anhand einiger Beispiele:

Ich starte mit einem Verhältnis von 50:50 bezüglich der IT-Mitarbeiter für Neuentwicklungen und für den Betrieb, Fehlerbehebung und Anpassungen der bestehenden Systeme.

Szenario 1

Die Problematik besteht in der Abschätzung der beiden Größen *Optimierung* und *Betrieb*. In einer ersten Schätzung nehme ich an, dass sich der IT-Betrieb jedes Jahr um 5% optimiert, das heißt mit 5% weniger Mitarbeitern auskommt. Diese Zahl ist mehr oder weniger willkürlich gewählt und mag auf den ersten Blick niedrig erscheinen. Kurzfristig kann sie durchaus auch wesentlich höher sein. Eine Kosteneinsparung von 5% über mehrere Jahre zu realisieren ist jedoch eine recht anspruchsvolle Aufgabe. Im Szenario 2 werde ich die Optimierung probehalber auch auf 10% setzen, um zu prüfen, wie sich das Bild mit höheren Einsparungen verändert.

Ebenfalls nehme ich an, dass pro Jahr 20% der Mitarbeiter, die neue Lösungen realisieren, für deren Überwachung, Betrieb, Fehlerkorrektur und Anpassungen benötigt werden. Auch dies ist eine erste Annahme, die ich in den folgenden Beispielen ebenfalls variieren will.

Damit ergibt sich ein Bild wie in Abbildung 12.2.

12

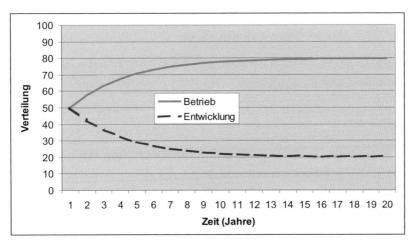

Abbildung 12.2: Mitarbeiterentwicklung bei 5% Optimierung und 20% Betrieb

Durch die verhältnismäßig große Anzahl an Entwicklern werden viele Applikationen entwickelt. Dadurch entstehen jedoch entsprechende Aufwendungen für den Betrieb dieser Applikationen, so dass der Betrieb laufend ausgebaut werden muss. Da die Gesamtzahl der IT-Mitarbeiter konstant gehalten werden soll, nehmen die Entwickler laufend ab, bis sich das Verhältnis zwischen IT-Mitarbeiter im Betrieb und in der Entwicklung bei 80:20 einpendelt.

Von der ursprünglichen Zielsetzung, mindestens die Hälfte aller IT-Mitarbeiter für die Entwicklung neuer Applikationen einzusetzen, sind wir bereits nach kurzer Zeit abgekommen.

Szenario 2

Betrachten Sie die Scanning-Lösung aus Kapitel 3 *Wirtschaftlichkeitsrechnungen*. Für die Entwicklung der Scanning-Lösung und die Integration in das zentrale System bin ich von internen Personalkosten von insgesamt € 1 330 000 ausgegangen. Mit der Kalkulation von 215 Arbeitstagen pro Jahr und € 50 pro Stunde ergibt dies:

> € 1 330 000 / (215 Arbeitstage x 8h pro Arbeitstag x € 50 pro Stunde) = 15,5 Personenjahre

Im Beispiel der Scanning-Lösung bin ich von einer Realisierungsdauer von 1 Jahren ausgegangen. Damit sind rund 10 Personen für die Erbringung der 15,5 Personenjahre notwendig.

Zusätzlich bin ich von € 600 000 für externe Unterstützung ausgegangen. Wenn ich die externen Mitarbeiter mit € 100 pro Stunde einsetze, ergibt dies:

> € 600 000 / (215 Arbeitstage x 8h pro Arbeitstag x € 100 pro Stunde) = 3,5 Personenjahre resp. 2,3 Personen bei einer Realisierungsdauer von 1 Jahren.

Insgesamt werden demzufolge 12,3 Personen für die Realisierung der Lösung eingesetzt.

Für den Betrieb der Scanning-Lösung habe ich in dem Beispiel drei interne Mitarbeiter sowie € 80 000 resp. knapp 0,5 externe Mitarbeiter eingesetzt. Dazu kommen 2 Mitarbeiter für die Weiterentwicklung und Anpassung der Lösung im Rahmen von Wartungsprojekten. Insgesamt habe ich also für den Betrieb inkl. Weiterentwicklung und Anpassung 5,5 Personen veranschlagt. Das sind 44% der 12,3 Personen, die für die Realisierung nötig waren.

Damit sieht die Kurve so aus wie in Abbildung 12.3.

Das heißt, dass nach kurzer Zeit nur noch 10% aller IT-Mitarbeiter für die Neuentwicklung von Applikationen eingesetzt werden können, während die übrigen 90% für den Betrieb benötigt werden.

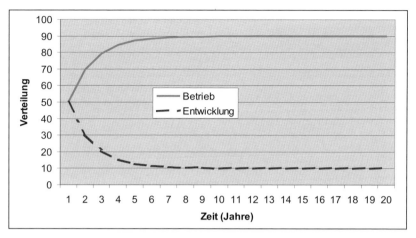

Abbildung 12.3: Mitarbeiterentwicklung bei 5% Optimierung und 44% Betrieb

12

Auch wenn ich den Anteil der jährlichen Betriebsoptimierung mutig auf 10% setze, ändert sich das Bild nur geringfügig und ich erhalte wieder die 80:20-Verteilung:

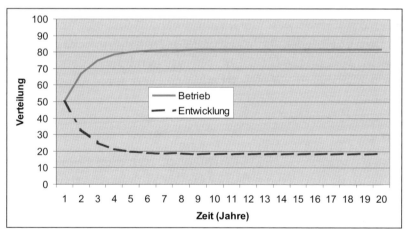

Abbildung 12.4: Mitarbeiterentwicklung bei 10% Optimierung und 44% Betrieb

Szenario 3

10% jährliche Optimierung des IT-Betriebs ist sehr anspruchsvoll und dürfte kaum über mehrere Jahre realisierbar sein. Ich setze deshalb den Optimierungsfaktor wieder auf 5% zurück.

Dafür nehme ich in diesem Szenario an, dass der Betrieb der neuen Applikationen nur 10% der für die Realisierung benötigter Personenkapazität veranschlagt.

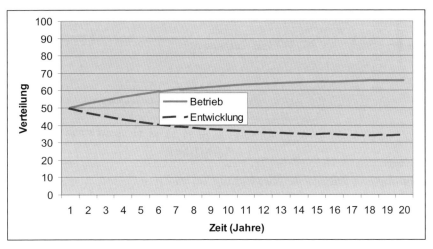

Abbildung 12.5: Mitarbeiterentwicklung bei 5% Optimierung und 10% Betrieb

Jetzt laufen die Kurven wesentlich langsamer auseinander und pendeln sich bei zwei Drittel Betriebsmitarbeiter und ein Drittel Entwickler ein. Trotz der sehr anspruchsvollen 10% für die Betriebsaufwendungen der neuen Applikationen lässt sich auch in diesem Szenario das Verhältnis von 50:50 nicht aufrechterhalten.

Szenario 4

Im nächsten Szenario, das ich betrachten will, setze ich sowohl die Optimierung des Betriebs als auch die Betriebsaufwendungen durch die Einführung neuer Applikationen auf 10%. Beide Werte sind sehr schwierig zu realisieren.

Nur in dieser anspruchsvollen Kombination der Werte gelingt es durch laufende Optimierungen des Betriebs, die durch die neuen Applikationen zusätzlich dazukommenden Aufwendungen wieder zu kompensieren, so dass das Verhältnis zwischen Betriebsmitarbeiter und Entwicklern aufrechterhalten werden kann.

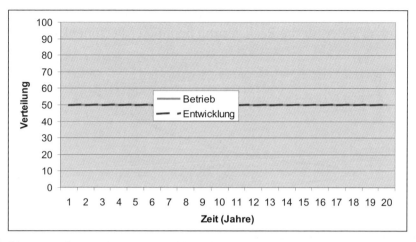

Abbildung 12.6: Mitarbeiterentwicklung bei 10% Optimierung und 10% Betrieb

12

Szenario 5

Bis jetzt bin ich immer davon ausgegangen, dass die Anzahl der IT-Mitarbeiter konstant ist und der Aufbau im Betrieb zulasten der Entwicklung geht. In diesem Szenario will ich diese Beschränkung aufheben und dafür als Bedingung einführen, dass das Verhältnis von 50:50 immer eingehalten werden muss.

Die Gleichung für die Betriebsmitarbeiter bleibt identisch mit

$$BMA\ [x+1] = BMA\ [x] * (1 - Optimierung) + EMA * (1 + Betrieb)$$

Während die Gleichung für die Entwicklungsmitarbeiter nun noch einfacher ausfällt, da die Mitarbeiter in der Entwicklung gleich gesetzt werden mit den Mitarbeitern im Betrieb:

$$EMA\ [x+1] = BMA\ [x+1]$$

Wenn ich von jährlichen Betrieboptimierungen von 5% und einer jährlichen Steigerung der Betriebsaufwendungen durch die Einführung neuer Applikationen von 20% ausgehe, ergibt sich ein Bild wie in Abbildung 12.7.

Nach dem Start mit je 50 Mitarbeitern für die Entwicklung und den Betrieb haben sich diese Werte nach fünf Jahren bereits verdoppelt. Nach 10 Jahren liegt die nächste Verdoppelung an und mit 15 Jahren sind es bereits je 400, insgesamt also 800 Mitarbeiter. Das heißt, dass sich der Bestand an IT-Mitarbeitern alle fünf Jahre verdoppelt.

Dass dies keine Firma verkraften kann, dürfte offensichtlich sein.

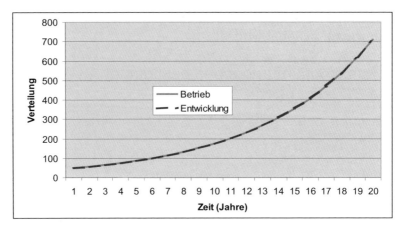

Abbildung 12.7: Entwicklung ohne Beschränkung der Anzahl der Mitarbeiter

12.1.2 Systemabschaltungen

Die Reduktion der Betriebskosten durch Systemabschaltungen habe ich in den vorhergehenden Szenarien in die Betriebsoptimierungen eingerechnet. Nun möchte ich mich jedoch noch gezielt dem Thema der Systemabschaltung zuwenden.

In praktisch allen Firmen lässt sich beobachten, dass für die Einführung neuer Applikationen, aber auch in ganz anderen Bereichen wie der Einführung von neuen Mitarbeitern oder neuer Produkte mehr oder weniger dokumentierte Vorgehen und Prozesse existieren. Für den gegenteiligen Prozess wie die Abschaltung von Applikationen, aber auch für den Austritt von Mitarbeitern aus der Firma oder die Abkündigung von Produkten existiert jedoch nur selten ein definierter Prozess.

Häufig ist dabei die Ablösung eines bestehenden Systems eine aufwändige Aufgabe, die nicht einfach zu bewältigen ist. Abbildung 12.8 soll dies illustrieren.

Wegen einer neu erforderlichen Funktionalität A wird entschieden, nicht mehr das bestehende System zu erweitern, sondern ein neues System zu entwickeln oder zu beschaffen. Dabei genügt es natürlich nicht, dass das neue System nur die zusätzliche Funktionalität A implementiert, es muss natürlich auch die bereits bestehenden Funktionalitäten B und C erfüllen können. Häufig können aber aus Kosten- oder Termingründen nicht sämtliche Funktionalitäten des alten Systems nachgebildet werden, so dass die Funktionalität D im neuen System nicht mehr enthalten ist. Genau deswegen kann jedoch das alte System nicht abgeschaltet werden, da es für einen Teil der Geschäftsvorgänge nach wie vor benötigt wird.

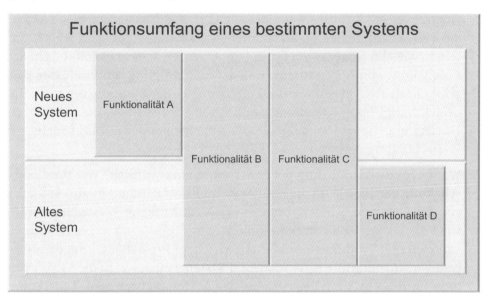

Abbildung 12.8: Systemablösung und Funktionsumfang

Der Denkzettel in Abbildung 12.9 kann das Manko der Systemabschaltungen zwar nicht beseitigen, er soll aber einige Denkanstöße dazu geben.

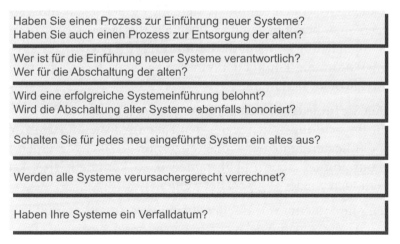

Abbildung 12.9: Denkzettel Systemabschaltungen

Einige Bemerkungen zu den Denkanstößen:

▷ **Haben Sie einen Prozess zur Einführung neuer Systeme? Haben Sie auch einen Prozess zur Entsorgung der alten?** In den meisten Firmen ist zwar die Einführung neuer Applikationen oder Produkte geregelt, jedoch nur selten, wie alte Systeme wieder entsorgt werden sollen. Es lohnt sich, der Abschaltung von Applikationen und der Abkündigung von Produkten dasselbe Gewicht zu geben wie der Einführung neuer Systeme, um nicht ungerechtfertigt hohe Kosten zu produzieren für Produkte, die kaum noch Umsatz und Gewinn erzeugen, oder Applikationen, die kaum mehr zur Wertschöpfung beitragen.

▷ **Wer ist für die Einführung neuer Systeme verantwortlich? Wer für die Abschaltung der alten?** Um die veralteten Applikationen und Produkte wieder aus der Firma zu bringen, braucht es verantwortliche Personen genauso wie Projektleiter und Projektmitarbeiter zur Einführung von neuen Applikationen und Produkten. Am besten wird dem Projektleiter und dem Projektteam zur Einführung eines neuen Systems auch gleich die Verantwortung für die Ablösung des bestehenden Systems übertragen. Dazu muss in jedem Projektvertrag auch gleich die Ablösung des bestehenden Systems inklusive der Ablösekosten enthalten sein.

▷ **Wird eine erfolgreiche Systemeinführung belohnt? Wird die Abschaltung alter Systeme ebenfalls honoriert?** Damit veraltete Applikationen und Produkte auch tatsächlich eliminiert werden, werden nicht nur verantwortliche Personen benötigt, sondern ebenfalls die Honorierung dieser Tätigkeiten. Allzu häufig wird nur die Einführung eines neuen Systems belohnt und anerkannt, die Elimination eines Altsystems jedoch kaum bemerkt, geschweige denn honoriert.

▷ **Schalten Sie für jedes neu eingeführte System ein altes aus?** Dieser Grundsatz dürfte sich nur in den wenigsten Fällen realisieren lassen. Wie aber sollen die Kosten reduziert – oder auch nur gehalten – werden können, wenn nur immer neue Applikationen dazu kommen, aber kaum alte Applikationen wieder abgeschaltet werden?

▷ **Werden alle Systeme verursachergerecht verrechnet?** Häufig werden die Kosten für die Altsysteme nicht transparent ausgewiesen. Die meisten Kunden oder Produkte wurden zwar auf das neue System migriert, einige wenige Elemente können jedoch vom neuen System nicht verarbeitet werden und bleiben deshalb auf dem bestehenden System. Mit dem alten System werden zwar nur noch wenige Kunden oder Produkte bewirtschaftet und es wird nur noch von wenigen Benutzern verwendet, die Kosten dafür fallen jedoch immer noch an. Ohne eine transparente Verrechnung des Altsystems werden die Kosten dafür nie sichtbar und damit drängt sich auch eine Ablösung kaum mehr auf.

➤ **Haben Ihre Systeme ein Verfalldatum?** Die Abschaltung eines Systems beginnt mit dessen Entwicklung und Einführung in den Betrieb. Bereits bei der Entwicklung des Systems soll dessen Lebensdauer (Verfalldatum) abgeschätzt werden und mindestens ein rudimentärer Plan erstellt werden, wie es nach Ablauf des Verfalldatums wieder außer Betrieb genommen werden kann. Während bei Autos bereits seit einiger Zeit bereits beim Bau auf deren spätere Entsorgung geachtet wird, herrscht bei Applikationen noch immer der Gedanke vor, dass diese für die Unendlichkeit gebaut werden (oder mindestens so lange im Betrieb sind, bis Programmierer nicht mehr in der Firma arbeiten).

12

Das Patentrezept für die Abschaltung alter Systeme wurde leider noch nicht gefunden. Wenn aber der obige Denkzettel zum Nachdenken animiert und etwas mehr Bewusstsein für dieses Thema geschaffen hat, ist bereits ein wichtiger Schritt getan.

12.1.3 Fazit

Die Forderung, dass mindestens die Hälfte aller IT-Mitarbeiter für die Realisierung von neuen Projekten tätig sein soll, lässt sich kaum realisieren. Voraussetzung dazu ist, dass sich die Betriebsaufwände im gleichen Maße reduzieren lassen, wie neue Betriebsaufgaben durch die Fertigstellung von zusätzlichen Applikationen dazukommen. Dies dürfte nur in den seltensten Fällen gelingen.

Die Auswertung der verschiedenen Szenarien zeigt, dass realistische Werte für die Größe der Entwicklungsabteilung zwischen 10% und 30% der gesamten IT liegen. Dabei ist zu berücksichtigen, dass diese Mitarbeiter ausschließlich Neuentwicklungen und keine Fehlerbehebungen oder Anpassungen von bestehenden Applikationen realisieren. Da diese Aufgaben üblicherweise ebenfalls durch die Entwicklungsabteilung wahrgenommen werden, dürfte ein Verhältnis von 50:50 Mitarbeiter zwischen der Entwicklungs- und Betriebsabteilung realistisch sein.

Dieses Verhältnis bezieht sich auf die Anzahl der Mitarbeiter und nicht auf die entsprechenden Budgets. Da der IT-Betrieb für die produktive Hardware und die laufenden Lizenzkosten aufkommen muss, tendiert das Verhältnis bezüglich Kosten zwischen dem IT-Betrieb und der IT-Entwicklung wesentlich stärker zu den Betriebskosten. So sind üblicherweise zwei Drittel bis drei Viertel der IT-Kosten im IT-Betrieb angesiedelt und nur etwa ein Viertel bis ein Drittel in der Entwicklung.

In den aufgeführten Szenarien habe ich nur den Fall betrachtet, dass Applikationen selbst entwickelt und gewartet werden. Immer mehr Unternehmen entwickeln jedoch Applikationen nicht mehr selbst, sondern kaufen diese ein, um sie an die Anforderungen des Unternehmens anzupassen (parametrieren) und sie in die bestehende Applikationslandschaft zu integrieren. Da dies in der Regel mit weniger Personalaufwand möglich ist, verschiebt sich das Verhältnis zwischen den Projektmitarbeitern und den Betriebsmitarbeitern noch stärker in Richtung Betrieb.

Bei eingekauften Applikationen kann zudem weniger stark auf die Plattform (Betriebssystem, Datenbanken usw.) Einfluss genommen werden, so dass die Heterogenität der zu betreibenden Systeme gewöhnlich ansteigt. Damit steigen die Betriebsaufwände zusätzlich an und das Verhältnis verschiebt sich noch stärker in Richtung Betrieb.

Die Kosten für den IT-Betrieb werden maßgeblich durch die Entwicklung bestimmt. Beim Design und der Implementation der neuen Lösung entscheidet sich, wie leistungsfähig die für den Betrieb benötigte Hardware sein muss, welche Software-Lizenzen für den Betrieb benötigt werden und wie aufwändig oder »pflegeleicht« die Applikation im täglichen Betrieb betreut werden muss resp. kann. Dies trifft sowohl auf selbst entwickelte als auch auf zugekaufte Applikationen zu.

Zu guter Letzt wird es einer IT kaum gelingen, ihre Kosten zu senken, wenn nur immer neue Systeme entwickelt oder eingekauft werden, jedoch nie alte Systeme außer Betrieb genommen werden.

12.2 Verfügbarkeit

Ein weiterer Kostentreiber im IT-Betrieb stellen die Anforderungen bezüglich der Verfügbarkeit der verschiedenen Systeme wie Server, Netzwerk, Datenbanken, Applikationen usw. dar.

Verfügbarkeiten einzelner Systeme (z.B. eines E-Mail-Servers) von rund 99,5% lassen sich in der Regel ohne speziellen Aufwand erreichen. 99,5% Verfügbarkeit entsprechen einer maximalen Ausfalldauer von 30 Tagen x 24 h/Tag x 0,5% = 3,6 Stunden pro Monat. Damit darf ein System knapp einen halben Tag pro Monat ausfallen.

Müssen höhere Verfügbarkeiten resp. geringere Ausfallzeiten garantiert werden, sind zusätzliche Maßnahmen notwendig:

12

▷ **Überwachung:** Die Systeme müssen in eine mehr oder weniger aufwändige Systems-Management-Lösung zur permanenten Überwachung eingebunden werden. Während einfache und pragmatische Überwachungslösungen mit verhältnismäßig wenig Geld realisiert werden können, stellen Gesamtlösungen mit einer zentralen Überwachungskonsole für sämtliche IT-Systeme eine signifikante Kostenkomponente dar.

▷ **Redundante Hardware:** Die Hardware muss redundant ausgelegt werden. Sei dies durch eine Cluster-Lösung oder durch ein Backup-System, das bei Ausfall des Hauptsystems zum Einsatz kommt. Damit verdoppeln sich die Hardware-Kosten schnell.

Bisher habe ich nur die Verfügbarkeit von Einzelsystemen betrachtet. Muss eine hohe Verfügbarkeit eines Gesamtsystems vom Server über die Datenbank über das Netzwerk bis zum Endgerät garantiert werden, steigen die Aufwände nochmals bedeutend an. Nun muss die Überwachungslösung nicht nur feststellen können, dass die ganze Kette von benötigten Komponenten korrekt arbeitet, sondern bei einem Ausfall auch Hinweise geben können, wo der Fehler zu suchen ist. Bei einer komplexen Applikation kann dies schnell zehn, 20 oder auch einmal 30 Komponenten umfassen. Solche Anforderungen lassen sich nur noch mit aufwändigen Systems-Management-Lösungen mit entsprechenden Kosten realisieren.

Soll ein Gesamtsystem eine Verfügbarkeit von 99,5% aufweisen und sind zehn Komponenten nötig, um den Service dieses Systems zur Verfügung zu stellen, reicht es nicht mehr, wenn jede einzelne Komponente ebenfalls eine Verfügbarkeit von 99,5% aufweist. Durch die Kaskadierung der Verfügbarkeiten darf nun nicht mehr jedes System mit 0,5% Wahrscheinlichkeit ausfallen, sondern nur noch mit einem Zehntel davon, also 0,05%. Damit muss jedes Einzelsystem eine Verfügbarkeit von 99,95% aufweisen resp. darf pro Monat nur noch 30 Tage x 24 h/Tag x 0,05% = 0,36 Stunden = 21,6 Minuten ausfallen.

Damit muss nicht nur entsprechend Geld in die Überwachungslösung, sondern vor allem auch in die Redundanz der Einzelsysteme investiert werden.

Die Kosten zur Gewährleistung einer bestimmten Verfügbarkeit verlaufen exponentiell und sind in der Abbildung 12.10 dargestellt.

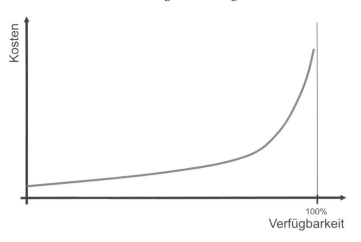

Abbildung 12.10: Kosten für die Verfügbarkeit

Natürlich stellt sich jede IT und jedes Unternehmen die Frage, wie viel Verfügbarkeit denn nötig ist und wie viel Geld dafür aufgewendet werden soll respektive muss. Dieser Frage möchte ich nun etwas vertiefter nachgehen.

Aus Benutzersicht ist in den meisten Fällen eine Verfügbarkeit von 100% gewünscht, obwohl dies nicht realisierbar ist und zudem die dazu notwendigen Kosten nur in den seltensten Fällen gerechtfertigt sind. Für die Führung der Diskussion zwischen IT und Benutzer bezüglich der geforderten Verfügbarkeit sind SLA – wie Sie in Kapitel 5 *Steuerung der Betriebsleistungen mittels SLA* gesehen haben – ein gutes Instrument. Damit können die zur Erreichung einer bestimmten Verfügbarkeit nötigen Kosten ausgewiesen und diskutiert werden.

Die Kosten zur Gewährleistung der geforderten Verfügbarkeit lassen sich in der Regel mit vertretbarem Aufwand kalkulieren. Viel schwieriger ist hingegen die Abschätzung der Ausfallkosten, die die Firma bei einer Unterbrechung des Systems zu tragen hat.

Diese haben die Form wie in Abbildung 12.11 gezeigt.

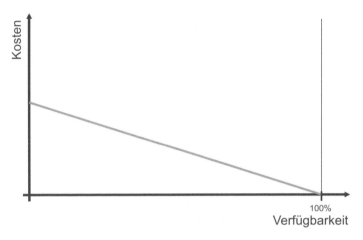

Abbildung 12.11: Ausfallkosten

Bei einer theoretischen Verfügbarkeit von 100% entfallen die Ausfallkosten, da dann die Systeme immer verfügbar sind. Je niedriger die Verfügbarkeit und damit je länger der Ausfall, desto höher werden die Ausfallkosten.

Wie Sie in den nachfolgenden Beispielen sehen werden, sind die Ausfallkosten nicht immer linear. So kann zum Beispiel ein zehnminütiger Ausfall des Personalsystems durchaus kein Problem darstellen und auch keine Ausfallkosten verursachen, während ein mehrtägiger Ausfall des Produktionsplanungssystems die Firma ruinieren kann.

Ich möchte deshalb die entsprechenden Überlegungen zu den Ausfallkosten für verschiedene Szenarien darstellen.

12.2.1 Szenario 1 Scanning-Lösung

Die Abschätzung der Ausfallkosten für das Beispiel mit der Scanning-Lösung einer Krankenversicherung sieht folgendermaßen aus. Ich gehe von einem Ausfall von einem halben Arbeitstag (vier Stunden) pro Monat aus. Dies ergibt eine Ausfallwahrscheinlichkeit von 4 / (22 Arbeitstage x 8 h/Tag) = 2,27%

und damit eine Verfügbarkeit von 100% - 2,27% = 97,73%. Dies mag auf den ersten Blick sehr niedrig erscheinen, resultiert jedoch daraus, dass ich nun nur von 22 Arbeitstagen pro Monat mit jeweils 8 Arbeitsstunden pro Tag ausgehe anstatt vom theoretischen Maximum von 30 Tagen à 24 Stunden in den ersten Betrachtungen zur Verfügbarkeit. Über 30 Tage à 24 Stunden ist die Verfügbarkeit wesentlich höher (99,45%), nützt dem Unternehmen jedoch nichts, da außerhalb der regulären Arbeitszeiten niemand – außer bei Sondereinsätzen – die Scanning-Lösung benutzt.

Was passiert nun bei einem Ausfall der Scanning-Lösung von vier Stunden? Da die Mitarbeiter im Scanning-Center ausschließlich Abrechnungen einscannen und daneben keine anderen Aufgaben haben, sind sie von einem Ausfall der Scanning-Lösung vollständig betroffen und können nicht weiterarbeiten. Damit müssen die ausgefallenen vier Stunden nachgeholt werden, sobald das System wieder verfügbar ist.

Die erste Überlegung ist nun sicherlich, diese vier Stunden Ausfallzeit in Geld auszudrücken. Effektiv werden jedoch wahrscheinlich nur etwa zwei Stunden in Form von Überstunden entschädigt werden müssen, da die Arbeit der beiden anderen Stunden nachgeholt wird, wenn der Arbeitsanfall durch die Abrechnungen etwas schwächer ausfällt. Dies ist möglich, da es nicht kritisch ist, ob die Abrechnung heute oder erst vier oder fünf Tage später eingelesen wird.

Damit werden die Ausfallkosten folgendermaßen kalkuliert:

2h x 25 Mitarbeiter x € 50/h = € 2 500 pro Monat oder € 30 000 pro Jahr.

Nicht darin enthalten sind die Überstundenzuschläge. In meiner Überschlagsrechnung vernachlässige ich diese, da wegen Urlaub, Krankheit oder anderen Abwesenheiten auch nicht alle in der obigen Rechnung einkalkulierten 25 Mitarbeiter gleichzeitig anwesend sind und sich dies in etwa kompensiert.

Wenn es nun gelingt, die Ausfallzeiten und damit die Ausfallkosten zu halbieren, können pro Jahr € 30 000 / 2 = € 15 000 an Ausfallkosten eingespart werden. Das heißt, dass jährlich maximal diese € 15 000 in die Erhöhung der Ausfallsicherheit der Scanning-Lösung investiert werden kann. Bei einer Lösung, bei der die Server € 600 000 und die Hochleistungsscanner € 700 000 gekostet haben und sich damit alleine die jährlichen Abschreibungen auf € 433 333 belaufen, ist nicht anzunehmen, dass mit € 15 000 die Verfügbarkeit signifikant erhöht werden kann.

Fazit: Obwohl die Verfügbarkeit mit 97,73% in dem Beispiel mit der Scanning-Lösung sehr niedrig erscheint, macht es aus finanzieller Sicht keinen Sinn, sie zu erhöhen.

12.2.2   Szenario 2 ERP-Lösung

Als zweites Szenario möchte ich ein produzierendes Unternehmen mit 500 Mitarbeitern betrachten, das eine ERP-Lösung sowohl für die Produktion (PPS, Produktions-Planungs-System) als auch für die Entwicklung, den Vertrieb sowie das Finanz- und Personalwesen einsetzt.

Auch hier gehe ich von einem Ausfall von vier Stunden pro Monat aus. Der erste Gedanke ist sicherlich auch hier, die vier Stunden Ausfallzeit für die 500 Mitarbeiter in Geld auszudrücken:

4h x 500 Mitarbeiter x € 50/h = € 100 000 pro Monat oder € 1 200 000 pro Jahr.

Bei diesem Betrag scheint es sich klar zu lohnen, mehr in die Verfügbarkeit der ERP-Lösung zu investieren. Doch leider ist die Rechnung falsch. Ein Ausfall von vier Stunden ist zwar sehr unangenehm, sorgt jedoch nur bei einem Teil der Mitarbeiter dafür, dass sie nicht mehr arbeiten können: Die Personen in der Finanz- und Personalabteilung können zwar im Moment keine Transaktionen und Änderungen vornehmen, weichen bei einem vierstündigen Ausfall in der Regel aber problemlos auf Arbeiten aus, die auch ohne Computer respektive ERP-System erledigt werden können.

Ähnlich sieht es im Vertrieb aus. Es ist alles andere als angenehm, während vier Stunden keine Angebote erstellen und keine Preisauskünfte geben zu können, ein direkter finanzieller Verlust ist jedoch eher unwahrscheinlich.

Da die Entwicklungsabteilung nur marginal mit dem ERP-System arbeitet, ist sie vom Ausfall ebenfalls nicht betroffen.

Bei der Produktion sieht es allerdings anders aus: Ein Teil der Produktion dürfte einen vierstündigen Ausfall verkraften, falls die Rüstpläne und Stücklisten bereits ausgedruckt worden sind, ein anderer Teil kann ohne ERP-System nicht mehr arbeiten. Vor allem das Lager kann unter einem Ausfall des ERP-Systems stark leiden, da sämtliche Positionen vom Computer geführt werden und je nach Größe des Lagers oder bei chaotischer Lagerhaltung, bei

12

der das ERP-Systems die Zuteilung der Lagerplätze selbst vornimmt, keine Lagerzugriffe mehr möglich sind.

Wenn wir annehmen, dass in der Produktion mit insgesamt 150 Mitarbeitern ein Drittel nicht vom Ausfall betroffen ist, das zweite Drittel vollständig durch den Ausfall betroffen ist und das letzte Drittel für zwei Stunden an der Arbeit gehindert ist, so ergeben sich die folgenden Ausfallkosten:

4h x 50 Mitarbeiter x € 50/h = € 10 000 pro Monat oder € 120 000 pro Jahr.

2h x 50 Mitarbeiter x € 50/h = € 5 000 pro Monat oder € 60 000 pro Jahr.

Insgesamt entstehen damit Ausfallkosten von € 180 000 pro Jahr.

Wenn auch hier die Ausfallzeit halbiert werden soll, um € 90 000 pro Jahr an Ausfallkosten einzusparen, darf demzufolge maximal € 90 000 pro Jahr zur Erhöhung der Verfügbarkeit ausgegeben werden. Dies dürfte bei einer ERP-Lösung für 500 Mitarbeiter eine vernünftige Größenordnung sein.

Dies trifft allerdings nur unter einer Voraussetzung zu: dass das System jeden Monat für vier Stunden ausfällt. Dies dürfte jedoch eher unrealistisch sein. Mehr als zwei bis drei solche Ausfälle im Jahr werden kaum auftreten (vielleicht auch gar kein Ausfall oder nur eine vierstündige Unterbrechung).

Gehen wir von einer großzügigen Auslegung von drei Ausfällen pro Jahr aus. Damit treten nur noch ein Viertel der vorhin angenommenen Ausfälle auf und die Ausfallkosten sinken ebenfalls auf einen Viertel, also auf € 45 000 pro Jahr.

Um unter diesen realistischeren Annahmen die Ausfallkosten zu halbieren, können nun noch jährlich € 22 500 in die Erhöhung der Verfügbarkeit ausgegeben werden.

Ob dieser Betrag für die Halbierung der Ausfallzeiten ausreicht, ist fraglich.

12.2.3 Szenario 3 Handelsarbeitsplätze einer Bank

Bis jetzt habe ich zwei Szenarien vorgestellt, bei denen der Ausfall des IT-Systems nur geringe finanzielle Auswirkungen auf die Firma hatte. Natürlich gibt es auch andere Gebiete wie z.B. Flugreservierungssysteme oder Handelsarbeitsplätze von Banken. Dem Letzteren möchte ich mich in diesem Szenario zuwenden.

Eine größere Bank ist stark im Handel von Wertpapieren tätig und erwirtschaftet durch die Einnahme von Courtagen von ihren Kunden sowie durch den Eigenhandel einen angenommenen Gewinn von € 1 Mio. pro Tag. Dies mag auf den ersten Blick sehr hoch erscheinen, ist bei einer auf Handel spezialisierten Bank einer gewissen Größe jedoch eine durchaus realistische Annahme.

Übrigens: Wichtig ist die Betrachtung des entgangenen Gewinns und nicht etwa des entgangenen Handelsvolumens resp. Umsatzes. Obwohl ein Ausfall selbstverständlich den Umsatz betrifft, ist in dieser Betrachtung relevant, wie sich ein Ausfall auf den Gewinn auswirkt. Nur Ausfallkosten, die gewinnwirksam werden, sind relevant.

Da die Handelssysteme schon von Grund auf eine höhere Redundanz aufweisen, gehe ich hier von einem Ausfall von zwei Stunden im Monat aus. Hier ist nun nicht mehr die verlorene Arbeitszeit der Händler von Bedeutung, sondern der entgangene Gewinn. Dieser berechnet sich einfach bei einer Handelszeit von acht Stunden pro Tag:

2h/8h x € 1 Mio. = € 250 000 pro Monat resp. € 3 Mio. pro Jahr.

Dies erscheint auf den ersten Eindruck eine hohe Summe zu sein. Wenn wir jedoch auch hier annehmen, dass nicht jeden Monat, sondern nur alle drei Monate ein zweistündiger Ausfall auftritt, beträgt der entgangene Gewinn immer noch € 750 000 pro Jahr. Damit stehen für die Halbierung der Ausfallzeiten jährlich € 375 000 zur Verfügung. Dies dürfte ausreichen, um die Verfügbarkeit des Handelssystems spürbar zu erhöhen.

Gemessen am Tagesgewinn von € 1 Mio. fällt die Summe jedoch erstaunlich gering aus.

Nicht berücksichtigt habe ich in diesem Beispiel eventuelle Forderungen, die durch die Nichteinhaltung von Handelsverträgen entstehen oder den Imageverlust der Bank, der durch den Ausfall entsteht, sich aber nur sehr schwer in Geld ausdrücken lässt.

12.2.4 Fazit

Die Kalkulation der Ausfallkosten ist keine einfache Angelegenheit. Die Rechnung selbst ist einfach, schwierig sind die zu treffenden Annahmen. So sind in den gezeigten Beispielen je nach Situation sicherlich Abweichungen von einem Faktor zwei nach oben oder unten möglich. Es lohnt sich jedoch immer, die möglichen Ausfallkosten – auch wenn sie auf verschiedenen Annahmen und nicht auf erhärteten Tatsachen beruhen – abzuschätzen. Vielfach werden bei einer sauberen Kalkulation die ersten Erwartungen stark relativiert.

Insbesondere erlaubt die Berechnung resp. Abschätzung der Ausfallkosten, die vielfach vorhandenen Forderungen der Benutzer und des Managements nach Verfügbarkeiten jenseits von 99% stark zu relativieren. Selbst in dem Beispiel mit dem Wertpapierhandel einer Bank mit einem Gewinn von € 1 Mio. pro Tag nehmen die für die Halbierung der Ausfallzeit verfügbaren Mittel von € 375 000 ein vergleichsmäßig bescheidenes Ausmaß an.

Bei der Gegenüberstellung der Ausfallkosten und der Kosten, die für die Erhöhung der Verfügbarkeit nötig sind, ergibt sich das in Abbildung 12.12 gezeigte Bild.

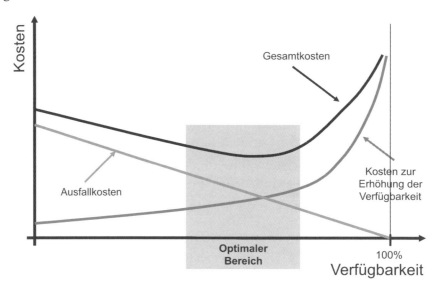

Abbildung 12.12: Gesamtkosten

Werden die Ausfallkosten und die Kosten für die Erhöhung der Verfügbarkeit addiert, erhält man die relevanten Gesamtkosten. Diese gilt es zu optimieren und nicht nur die Ausfallkosten oder die Verfügbarkeitskosten alleine. Dabei gilt es, das Minimum der Gesamtkosten zu ermitteln und die Verfügbarkeit der Systeme auf dieses Minimum der Gesamtkosten auszurichten.

Wie Sie gesehen haben, lohnt es sich lediglich da, eine hohe Verfügbarkeit anzustreben, wie sie nur durch redundante Systeme erreicht werden kann, wo sie auch tatsächlich benötigt wird. In solchen Fällen werden die Verfügbarkeitsanforderungen zu spürbaren Kostentreibern, da sie die Betriebskosten einer Lösung schnell mehr als verdoppeln können.

Dabei kommt erschwerend hinzu, dass die Erhöhung der Redundanz zwar immer Geld kostet, deren spätere Verminderung jedoch praktisch nie Geld einspart. Das für die Beschaffung einer redundanten Lösung ausgegebene Geld kann nicht wieder zurückgebracht werden, wenn die Anforderungen an die Redundanz sinken. Einzig eine Ersatzbeschaffung des Systems fällt bei Verzicht auf die Redundanz günstiger aus.

Häufig lohnt es sich zudem, die hohen Aufwände zur Erhöhung der Verfügbarkeit zu hinterfragen. Je komplexer ein System ist, desto komplexer und damit aufwändiger und schwieriger wird es auch, dessen Verfügbarkeit zu erhöhen. Hier spielt die Komplexität gleich doppelt mit. Gelingt es hingegen, ein einfaches System zu entwickeln und zu implementieren, lässt sich in der Regel auch mit wenig Aufwand eine hohe Verfügbarkeit erreichen. Damit wird eine hohe Qualität nicht mehr zwangsweise zur Kosten-, sondern vielmehr zur Design- und Implementierungsfrage.

12.3   Technologie

Ein weiterer wesentlicher Kostentreiber im IT-Betrieb ist die eingesetzte Technologie und deren Reife. Dies äußert sich zum Beispiel durch hohe Endgerätekosten, wenn TFT-Bildschirme gleich nach deren Markteinführung beschafft wurden und nicht erst einige Jahre danach, nachdem die Preise gesunken sind. Ein anderes Beispiel sind unausgereifte und teure CRM-Systeme (Customer Relation Management), die teilweise für viel Geld eingeführt wurden, aber den versprochenen Nutzen nicht halten konnten. Neben der teuren Einführung muss das System nun mit entsprechendem Aufwand und Kosten von der IT betrieben werden.

Deshalb kommt dem richtigen Zeitpunkt für den Einstieg in eine neue Technologie eine wichtige Bedeutung zu.

12.3.1   Technologiezyklus

Eine neue Technologie – zum Beispiel eine neue Betriebssystemgeneration, eine revolutionäre Datenbank oder ein bahnbrechendes ERP-System – durchläuft aus Kundensicht immer dieselben Phasen (siehe Abbildung 12.13).

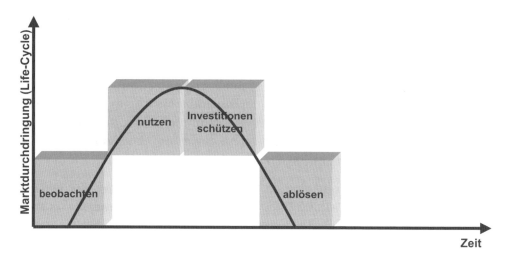

Abbildung 12.13: Technologiezyklus

Auf der X-Achse ist die Zeit aufgetragen und auf der Y-Achse ist die Markt-durchdringung einer neuen Technologie dargestellt. Der Life-Cycle eines Pro-duktes verläuft folgendermaßen:

▷ **Beobachten:** Zu Beginn, wenn eine neue Technologie vorgestellt wird, ist es noch unklar, ob sie sich durchsetzen kann. Innovative Unternehmen setzen bereits jetzt auf die neue Technologie (*First Mover*), obwohl es noch unklar ist, ob die neue Technologie sich am Markt erfolgreich behaupten kann oder ob sie wieder vom Markt verschwindet oder wegen technischer Probleme erst nach einigen Monaten oder sogar Jahren produktiv eingesetzt werden kann.

▷ **Nutzen:** Falls sich die neue Technologie am Markt durchsetzen konnte, kommt sie nun in die Nutzungsphase. Sie ist allgemein anerkannt und wird von verschiedenen Unternehmen eingesetzt. Wer nicht das Risiko des First Movers eingegangen ist, wird sie nun als *Fast Follower* einsetzen.

▷ **Investitionen schützen:** Während die neue Technologie in den bisherigen zwei Phasen kontinuierlich an Marktanteilen gewinnen konnte, befindet sie sich in der Phase des Investitionsschutzes auf dem absteigenden Ast. Für Unternehmen, die die Technologie bereits einsetzen, besteht kein Grund zur Beunruhigung. Vielmehr gilt es nun, die getätigten Investitio-nen auszunutzen und zu schützen. Vielfach wird die Technologie in dieser Phase als veraltet bezeichnet und Unternehmen wechseln voreilig auf die Nachfolgetechnologie. Hier gilt es also, die Nerven zu bewahren. Unternehmen, die jedoch erst jetzt in diese Technologie investieren wollen, sollten sich dies genau überlegen. Nur selten lohnt sich die Einführung einer Technologie noch, die sich bereits in dieser Phase befindet.

▷ **Ablösen**: Irgendwann erreicht die Technologie eine Phase, in der sie abgelöst werden muss. Es werden keine Fehlerkorrekturen mehr angeboten und der Hersteller bietet keine Unterstützung mehr an. Viele Unternehmen sind bereits auf eine neuere Technologie umgestiegen und wer die Technologie jetzt noch im Einsatz hat, gehört langsam zu den Exoten.

Bisher habe ich nur eine einzelne Technologie oder ein einzelnes Produkt betrachtet. Wenn ich den Blickwinkel jedoch auf eine ganze Klasse von Technologien oder Produkten (z.B. Betriebssysteme) erweitere, sehen Sie, dass sich die obige Kurve über die Zeit immer wieder wiederholt.

12

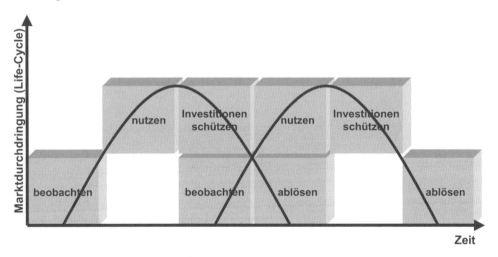

Abbildung 12.14: Technologiezyklus erweitert

Während sich die eine Technologie in der absteigenden Phase befindet, strebt bereits eine neue Technologie auf, um die alte abzulösen. Wer kennt sie nicht, die vielen guten alten Betriebssysteme wie CP/M, MS DOS oder DEC-VMS, die alle ihre Qualitäten hatten und zu gewissen Zeiten eine sehr hohe Marktdurchdringung aufweisen konnten? In der Zwischenzeit sind sie jedoch ganz in der Bedeutungslosigkeit verschwunden oder werden bald verschwinden.

Mit dem Verständnis des Technologiezyklus möchte ich die vier Phasen nochmals bezüglich IT-Kosten betrachten:

Beobachten

Wer eine neue Technologie oder ein neues Produkt gleich zu Beginn, noch in der Beobachtungsphase, einsetzen will, muss sich der folgenden Punkte bewusst sein:

1. **Reifegrad**: Die Technologie ist in der Anfangsphase noch nicht ausgereift und es ist davon auszugehen, dass sie noch Kinderkrankheiten aufweist. Die Funktionalität weist noch einen geringen Umfang auf und die Stabilität des Produktes ist noch zu wenig gewährleistet. Bei einem produktiven Einsatz leidet dadurch nicht nur die Verfügbarkeit, häufig treibt auch der höhere Betreuungsaufwand die Kosten in die Höhe.

2. **Markterfolg**: Es ist noch nicht klar, ob sich die Technologie am Markt durchsetzen wird. Tritt der Markterfolg nicht ein, sitzt man auf Produkten, die wegen des geringen Verbreitungsgrades unausgereift und teuer bleiben.

3. **Preis**: In der Anfangsphase kostet eine neue Technologie in der Regel wesentlich mehr als in der nächsten Phase, wenn sich die Technologie am Markt durchgesetzt und sich als Standard etabliert hat.

Wer in einer frühen Phase auf eine neue Technologie setzt, muss sich bewusst sein, dass er sich dies mit höheren Kosten und meist geringerer Stabilität erkauft. Dies mag für eine Applikation, von der sich das Unternehmen einen großen Wettbewerbsvorteil verspricht, gerechtfertigt sein. Für Infrastruktur-Komponenten wie Betriebssysteme, Server, Netzwerk, E-Mail usw., die dem Unternehmen keinen strategischen Vorteil am Markt bringen, kann das Verhalten als *First Mover* kaum gerechtfertigt werden. Es lohnt sich also, sowohl aus Kosten- als auch aus Stabilitätssicht, im Infrastrukturbereich konservativ zu entscheiden.

Diese Sicht der anwendenden Firmen steht natürlich im Widerspruch zu den Herstellern. Deren Ziel muss es sein, laufend neue Produkte zu entwickeln und diese im Markt zu etablieren. Deshalb kommt dieser Phase aus Herstellersicht eine große Bedeutung zu: Hier entscheidet sich, ob sich ein Produkt am Markt etablieren kann oder ob es wieder von der Bildfläche verschwindet.

Nutzen

Die Nutzenphase birgt kaum ein Risiko, da sich die Technologie bereits in vielen Unternehmen bewährt hat. Ebenfalls sind die Preise inzwischen stark gesunken, so dass auch aus Kostensicht praktisch kein Risiko besteht. In den allermeisten Fällen bewährt sich die Strategie des *Fast Followers*, eine neue Technologie erst in der Nutzenphase einzusetzen. Nur wenn zwingende Gründe vorliegen, lohnt es sich, das Risiko des *First Movers* einzugehen.

Investitionen schützen

Wenn die Marktdurchdringung der eingesetzten Technologie langsam wieder zu sinken beginnt, heißt es, die Nerven zu bewahren. Überall wird bereits von der nächsten Generation gesprochen und die bestehende Technologie wird als veraltet und rückständig dargestellt. Aber genau jetzt lassen sich die Kosten niedrig halten, indem die eingesetzten Produkte weiterhin genutzt werden und nicht voreilig auf die nächste – noch unausgereifte, teure und ungewisse – Technologie gewechselt wird. Unternehmen, die ihre Kosten niedrig halten, lassen mindestens eine Betriebssystem-Generation aus und schaffen es häufig, sogar zwei MS-Office-Releases zu überspringen.

Wer allerdings erst jetzt in eine bestehende Technologie einsteigt, muss mit höheren Kosten rechnen, da er die Technologie nur noch über eine beschränkte Zeit nutzen kann, bis sie in die Ablösungsphase eintritt.

Ablösen

In der Ablösungsphase steigt das Risiko wieder an. Der Support für das Produkt wird eingestellt und es gibt immer weniger Firmen, die diese Technologie einsetzen. Gleichzeitig hat sich in der Regel in dieser Phase die nachfolgende Technologie bereits bewährt und am Markt durchgesetzt, so dass ein Wechsel problemlos vorgenommen werden kann.

Wird zu lange in der Ablösephase verharrt, steigen die Kosten wieder an, indem viel Aufwand getrieben werden muss, um neuere Systeme noch mit der alten Technologie zusammen zum Laufen zu bringen oder durch höhere Supportaufwände, da der Hersteller keine oder nur noch ungenügende Unterstützung bietet.

12

12.3.2 Gartner Hype Cycle

Gartner hat schon früh die Beobachtungsphase analysiert und den so genannten »Hype Cycle« definiert. *Hype* kann am ehesten mit Rummel, Medienrummel, aber auch Schwindel übersetzt werden. Mit Hype Cycle ist damit der Zyklus des Medienrummels gemeint. Er sieht so aus, wie es in Abbildung 12.15 gezeigt wird.

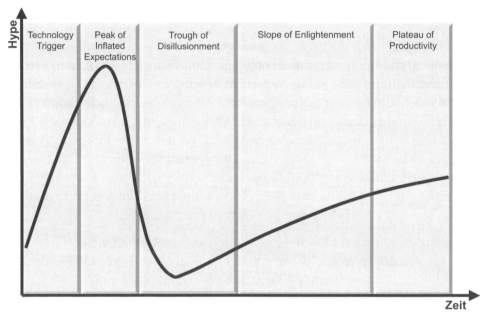

Abbildung 12.15: Gartner Hype Cycle

Im Gegensatz zur Grafik des Technologiezyklus ist nun auf der Y-Achse nicht mehr die Marktdurchdringung, sondern der »Hype«, also der (Medien-)Rummel um eine Technologie dargestellt. Der Hype Cycle weist fünf Phasen auf: Die ersten vier entsprechen der Beobachtungsphase im Technologiezyklus, die fünfte der Nutzungsphase.

1. **Technology Trigger (Technologie-Auslöser)**

   Der Hype Cycle wird durch eine neue Technologie oder ein neues Produkt ausgelöst, das genügend Aufmerksamkeit in der Presse und der IT-Branche erhält.

2. **Peak of Inflated Expectations (Spitze der aufgeblähten Erwartungen)**

In der nächsten Phase erzeugt die Publizität der Technologie oder des Produkts aufgeblähte und unrealistische Erwartungen. Das Thema ist in aller Munde und Unternehmen, die einen Einsatz der neuen Technologie nicht ernsthaft prüfen, werden als konservativ und rückständig empfunden. Dabei ist die Technologie zum jetzigen Zeitpunkt noch nicht ausgereift und die Probleme überwiegen noch die erfolgreichen Einsätze.

3. **Trough of Disillusionment (Tal der Desillusion)**

Nun befindet sich die neue Technologie oder das neue Produkt im Tal der Desillusion, weil es die in der vorherigen Phase hochgeschraubten Erwartungen nicht erfüllen kann. In der Presse wird von Misserfolgen berichtet und das Thema verliert schnell an Bedeutung in der Öffentlichkeit.

4. **Slope of Enlightenment (Anstieg der Aufklärung)**

Für die Presse ist die neue Technologie kein Thema mehr. Einige Unternehmen haben jedoch die Vorteile und Nutzen sowie den richtigen Einsatz der neuen Technologie und Produkte erkannt und setzen diese in der Zwischenzeit erfolgreich ein.

5. **Plateau of Productivity (Ebene der Produktivität)**

Durch die Firmen, die sich als Vorreiter hervorgetan haben, hat sich die Technologie im täglichen Einsatz bewährt und eine breite Akzeptanz gefunden. Die Technologie oder Produkte haben einen hohen Reifegrad erreicht und befinden sich in der Zwischenzeit in der zweiten oder dritten Generation. Damit wird sie von vielen anderen Unternehmen ebenfalls eingesetzt und tritt in die Nutzenphase ein.

12.3.3 Fazit

Der Technologiezyklus enthält zwei teure und risikoreiche Phasen (*beobachten* und *ablösen*) und zwei kostengünstige und risikoarme Phasen (*nutzen* und *Investitionen schützen*). Bei Applikationen, bei deren Einsatz sich ein Unternehmen einen Marktvorteil verspricht, kann es sich lohnen, das Risiko und die höheren Kosten einzugehen. Bei Infrastrukturkomponenten wie Betriebssysteme, Server, Netzwerk, E-Mail usw. lohnt sich ein Einstieg in eine neue Technologie in der Beobachtungsphase nur in den seltensten Fällen, da dies dem Unternehmen keine strategischen Marktvorteile bringt.

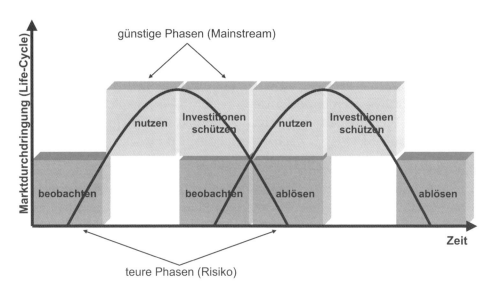

Abbildung 12.16: Technologiezyklus mit günstigeren und teuren Phasen

Um niedrige Kosten erreichen oder halten zu können, soll bei Infrastruktur-komponenten die konservative Strategie des *Fast Followers* verfolgt werden. Bei Applikationen kann es sich lohnen, *First Mover* zu sein. Aber auch in diesem Gebiet muss der Nutzen der *First Mover*-Strategie genau hinterfragt werden, da in den meisten Gebieten auch bei den Applikationen die Strategie des *Fast Followers* zu stabileren und kostengünstigeren Systemen führt.

Gartner positioniert regelmäßig neue Technologien anhand ihres Hype Cycles. Bei zu viel Euphorie im Unternehmen bezüglich einer neuen Technologie empfiehlt es sich, herauszufinden, in welcher Phase sich die neue Technologie befindet, und anhand dieser Erkenntnis über deren Einführung und die damit verbundenen Risiken und Kosten zu entscheiden. Unbewusst gefällte Entscheidungen über die Einführung noch unreifer Technologien und Produkte erhöhen die IT-Kosten auf ein Niveau, das später nur schwer wieder reduziert werden kann.

12.4 Komplexität

Der letzte Kostentreiber im IT-Betrieb, dem ich mich zuwenden möchte, ist die Komplexität. Unter Komplexität werden erhöhte Anforderungen bezüglich Servicezeiten, Verfügbarkeit, unterstützte Sprachen, Heterogenität usw. verstanden. Ich werde gleich noch darauf eingehen, was genau unter Komplexität verstanden wird und welche Faktoren die Komplexität erhöhen können.

Ein hoher Komplexitätsgrad stellt höhere Anforderungen und erhöht damit die Kosten. Dies illustriert Abbildung 12.17.

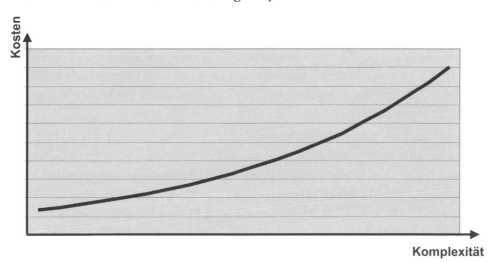

Abbildung 12.17: Abhängigkeiten zwischen Komplexität und Kosten

Dies lässt sich auch umkehren: Wenn es gelingt, die Komplexität zu verringern, lassen sich auch die Kosten senken (siehe Abbildung 12.18).

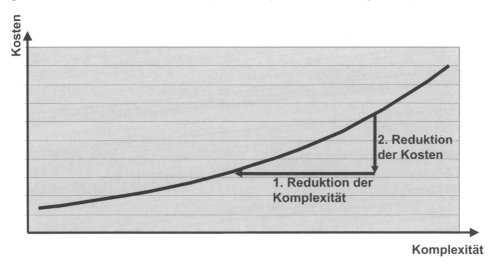

Abbildung 12.18: Reduktion der Kosten durch Reduktion der Komplexität

Was aber ist denn nun unter *Komplexität* zu verstehen? Ich möchte exemplarisch einige häufig anzutreffende Komplexitätsfaktoren zeigen:

> **Unterstützte Sprachen**: Internationale Unternehmen, die nicht eine einheitliche Konzernsprache pflegen, sondern in den IT-Systemen die jeweilige lokale Landessprache unterstützen müssen, weisen dadurch eine höhere Komplexität auf: Die Mehrsprachigkeit bedeutet höhere Aufwände im Helpdesk, bei den Applikationen, bei der Konfiguration des Grundclients sowie beim Testen all dieser Elemente.

> **Servicezeiten**: Servicezeiten von ca. acht bis zwölf Stunden pro Arbeitstag lassen sich ohne erhöhte Aufwände mit einer geschickten Einteilung der Arbeitszeit realisieren (die einen Mitarbeiter beginnen etwas früher und die anderen Mitarbeiter arbeiten länger). Servicezeiten von mehr als zwölf Stunden pro Arbeitstag oder Servicezeiten an den Wochenenden und Feiertagen erfordern einen Schichtbetrieb, der entsprechend aufwändig und teuer zu stehen kommt. Ein echter 7x24-Stunden-Service, bei dem eine Reaktionszeit von höchstens einer Stunde gewährleistet werden muss, erhöht die IT-Kosten in jedem Fall.

> **Anzahl Standorte**: Die Unterstützung Dutzender oder Hunderter Standorte bedeutet nicht nur höhere Netzwerkkosten, sondern auch entsprechende Reisezeiten. Sind alle Standorte im selben Land, ist dabei die Aufgabe einfacher zu lösen, als wenn viele kleinere internationale Standorte unterstützt werden müssen.

> **Hoher Anteil Notebooks**: Notebooks sind teurer in der Beschaffung und weisen zudem in der Regel eine kürzere Nutzungsdauer als Desktops auf. Dazu kommen die aufwändigere Konfiguration sowie Kommunikationskosten für Fernzugriff über Telefon- oder ISDN-Verbindungen.

> **Anzahl verschiedene PC-Modelle**: Eine große Anzahl verschiedener PC-Modelle erhöht die Komplexität ebenfalls, da der Grundclient mit den benötigten Treibern für jedes eingesetzte Modell erstellt, getestet und unterhalten werden muss. Je nach Wartungskonzept müssen zudem für jedes Modell entsprechende Ersatzteile vorrätig gehalten werden. Dasselbe gilt natürlich ebenfalls für Serversysteme.

> **Anzahl Betriebssysteme**: Jedes auf den Servern oder Clients eingesetzte Betriebssystem bedingt ein entsprechendes Know-how bezüglich Engineering, Konfiguration und Support und erhöht somit die Komplexität und damit die Betreuungskosten.

▶ **Hohe Verfügbarkeiten:** Wie Sie in Abschnitt 12.2 *Verfügbarkeit* gesehen haben, haben erhöhte Anforderungen bezüglich der Verfügbarkeit eine große Auswirkung auf die Kosten. Häufig erfordern zudem hohe Verfügbarkeitsanforderungen auch eine aufwändigere und komplexere Architektur der IT-Systeme.

▶ **Applikationsvielfalt:** Ein weiterer Komplexitätsfaktor ist die in manchen Firmen vorhandene Applikationsvielfalt. Vor allem bei der Fusion verschiedener Firmen entstehen gewöhnlich große Doppelspurigkeiten bei den Applikationen. Werden diese Doppelspurigkeiten nicht bereinigt, müssen die Kosten für die Weiterentwicklung, Anpassung, Fehlerkorrektur und Betrieb für zwei oder sogar noch mehr Applikationssysteme aufgebracht werden, die über vergleichbare Funktionalitäten verfügen.

▶ **Hohe Funktionalität:** Vor allem in großen Unternehmen weisen die Applikationen häufig eine hohe Funktionalität auf. Die Produkte und Prozesse sind komplexer und müssen mit entsprechendem Aufwand in den IT-Systemen abgebildet werden.

▶ **Vernetzte Applikationen und Systeme:** In einer integrierten IT-Landschaft sind alle relevanten Systeme miteinander vernetzt. Damit erhöht sich nicht nur die Komplexität für die Vernetzung und die entsprechenden Schnittstellen, sondern ebenfalls die Abhängigkeiten zwischen den Systemen. Eine Änderung am einen System kann ungewollte Auswirkungen an einem anderen System haben und entsprechende Anpassungsarbeiten nach sich ziehen.

▶ **Mehrere Entwicklungsumgebungen:** Werden die verschiedenen Applikationen auf mehreren Plattformen entwickelt, müssen auch mehrere Entwicklungsplattformen installiert und unterhalten werden. Damit muss in der IT das Know-how über die verschiedenen Entwicklungsplattformen und Entwicklungsumgebungen mehrfach vorhanden sein.

▶ **Alte Systeme:** Wie Sie in Abschnitt 12.1.2 *Systemabschaltungen* gesehen haben, werden üblicherweise mehr neue Systeme eingeführt, als alte Systeme abgeschaltet. Damit müssen auch die Kosten für die Anpassungen, die Fehlerkorrektur und der Betrieb der alten Systeme weiterhin getragen werden.

▶ **Gesetzliche Auflagen:** Firmen wie Banken, Versicherungen, Pharmaunternehmen usw. haben gesetzliche Auflagen, die sie erfüllen müssen. Dies erhöht die Komplexität für die IT, ohne dass die Firma, geschweige denn die IT, einen großen Einfluss darauf hat.

12

> **Komplizierte IT-Prozesse**: Vor allem größere IT-Abteilungen weisen eine starke Arbeitsteilung und damit häufig komplizierte IT-Prozesse auf. Wenn mehr als ein halbes Dutzend Personen für die Installation eines PC benötigt wird oder für die Inbetriebnahme eines neuen Servers verschiedene Abteilungen benötigt werden, ist dies ein sicheres Indiz für zu komplizierte Prozesse und damit für eine zu hohe Komplexität innerhalb der IT selbst.

Die Liste der Komplexitätsfaktoren ließe sich beinahe beliebig weiterführen. Dass jeder Komplexitätsfaktor die IT-Kosten und meistens auch die Risiken erhöht, dürfte ziemlich offensichtlich sein. Weniger offensichtlich ist allerdings häufig, wie die Komplexität verringert werden kann. Vor allem kurzfristig lässt sich die Komplexität kaum signifikant senken. Dazu sind meistens größere und länger laufende Projekte notwendig.

Einige Komplexitätsfaktoren wie z.B. unterstützte Sprachen, Servicezeiten oder auch Anzahl der Standorte lassen sich nicht oder nur sehr schwierig reduzieren. Wenn es zum Geschäft und zur Strategie eines Unternehmens gehört, an vielen Orten präsent zu sein (zum Beispiel Banken und Versicherungen), dann gehört der entsprechende Komplexitätsfaktor zu dieser Branche und kann nicht ignoriert werden (außer wenn eine Bank beschließt, ihre Leistungen nur noch über Internet oder nur an einem zentralen Standort anzubieten).

Im Benchmarking vieler Firmen konnte ich jedoch immer wieder beobachten, dass gerade Firmen aus Branchen mit hohen Komplexitätsfaktoren gelernt haben, mit diesen Erschwernissen umzugehen, und aus der Not eine Tugend gemacht haben. So habe ich Firmen untersucht, die eine große Anzahl von Standorten (mehrere Hundert bis über Tausend) aufweisen. Diese Unternehmen betreuen ihre vielen Standorte sehr effizient und erreichen teilweise ein niedrigeres Kostenniveau als am Hauptsitz. Ebenfalls bin ich auf Firmen gestoßen, die seit zehn Jahren Notebooks einsetzen und dank ihrer langjährigen Erfahrung keinen Mehraufwand im Vergleich zu Desktops betreiben – abgesehen natürlich von den höheren Beschaffungskosten.

Andere Komplexitätsfaktoren wie zum Beispiel Applikationsvielfalt, mehrere Entwicklungsumgebungen, alte Systeme oder komplizierte IT-Prozesse lassen sich sehr wohl reduzieren. Allerdings sind dies in der Regel keine einfachen Unterfangen und benötigen eine starke Persönlichkeit zur Umsetzung.

Ohne die notwendigen Bereinigungsarbeiten wird eine IT aber nicht nur laufend teurer, sondern mit der Zeit auch kaum mehr wart- und steuerbar.

Für das Thema Komplexität trifft ein altes Gebet aus dem Mittelalter gut zu:

Herr, gib uns die Kraft zu ändern, was zu ändern ist
Gib uns die Geduld, zu ertragen, was zu ertragen ist
Und die Weisheit, das eine vom anderen zu unterscheiden.

12.5   Fazit

Die Betriebskosten machen in den meisten IT-Einheiten den größten Anteil an den IT-Kosten aus. In größeren IT-Organisationen mit organisatorisch getrennten Einheiten für den IT-Betrieb und für die Entwicklung und Wartung der Applikationen lässt sich dies in der Regel rasch anhand der Budgets erkennen. Aber auch bei kleineren IT-Abteilungen ohne organisatorische Trennung zwischen Betrieb und Projekten machen die Aufwendungen für Betrieb und Fehlerkorrektur in der Regel den Löwenanteil am IT-Budget aus.

Trotz der meist geringeren Projektkosten beeinflussen diese die Betriebskosten stark. Das Ziel jedes IT-Projektes ist es, ein lauffähiges System zu erzeugen und zum Nutzen der Anwender zu betreiben. Damit steigen die Betriebskosten mit jedem abgeschlossenen IT-Projekt an, solange sie nicht durch Effizienzsteigerungen im Betrieb oder durch die Abschaltung alter Systeme kompensiert werden können. Ebenfalls werden die Betriebskosten der IT signifikant durch das Design und die Implementierung der Systeme beeinflusst. Ein von Anfang an auf niedrige Betriebsaufwände optimiertes System wird signifikant weniger Betriebsaufwände verursachen als ein System, bei dem der spätere Betrieb nicht oder nur am Rande berücksichtigt worden ist. All dies sind Gründe, wieso die Betriebskostentreppe häufiger ansteigt als abfällt.

Ein weiterer wichtiger Treiber für die IT-Betriebskosten sind die Anforderungen bezüglich Verfügbarkeit. Wird ein neues System von Beginn an auf eine hohe Verfügbarkeit ausgelegt, fällt in der Regel auch dessen Betrieb einfacher und stabiler aus. Wird hingegen probiert, Verfügbarkeit im Nachhinein einzubauen, lassen sich trotz großer Aufwände nur bescheidene Steigerungen der Verfügbarkeit erzielen. Häufig erreichen solche Lösungen nicht das gewünschte Ziel: Durch die redundante Auslegung verschiedener Komponenten steigt die Komplexität an und im Fehlerfall können nur noch wenige Per-

12

sonen das System wieder in einen funktionsfähigen Zustand bringen. Teilweise wird sogar genau das Gegenteil erreicht, indem das fehlerhafte System durch Fehlmanipulationen oder Fehlauslegungen die Daten des intakten Systems überschreibt oder auch noch zerstört.

In den verschiedenen Szenarien haben Sie jedoch auch gesehen, dass sich eine nähere Abschätzung der Ausfallkosten lohnt und die Resultate teilweise weniger extrem ausfallen als vielfach angenommen.

Ein weiterer wichtiger Faktor für die Betriebskosten ist die Technologie. Dabei kommt es weniger als vielfach geglaubt auf die Technologie selbst an, sondern auf den Einführungszeitpunkt einer neuen und den Ablösezeitpunkt einer alten Technologie. Wird zu früh auf eine neue Technologie gewechselt, ist noch nicht klar, ob sie sich durchsetzen wird, und es fehlt ihr häufig noch an Funktionalität und Stabilität. Hier lohnt sich aus Kostensicht – vor allem im Bereich IT-Infrastruktur – ein konservatives Verhalten.

Umgekehrt kommt dem Ablösezeitpunkt einer bestehenden Technologie ebenfalls eine große Bedeutung bezüglich Kosten und Risiko zu. Häufig kann eine Technologie oder ein Produkt länger eingesetzt werden als gemeinhin angenommen. Wird jedoch der optimale Zeitpunkt überschritten, steigen die Kosten und Risiken durch überproportional häufige und aufwändige Wartungsarbeiten und Inkompatibilitäten wieder an.

13 Kostenreduktion im IT-Betrieb

Im vorangegangenen Kapitel haben Sie die Kostentreiber im IT-Betrieb kennen gelernt und gesehen, durch welche Faktoren die IT-Kosten beeinflusst werden. Nun möchte ich mich der konkreten Kostenreduktion zuwenden. Dabei konzentriere ich mich in diesem Kapitel ausschließlich auf die IT-Betriebsleistungen.

Abbildung 13.1: Fokus auf die IT-Betriebsleistungen

In den folgenden Abschnitten will ich mich anschließend ebenfalls den Kostentreibern bei IT-Projekten sowie der dazugehörigen Kostenreduktion zuwenden.

13.1 Die beiden Möglichkeiten zur Senkung der IT-Betriebskosten

Die IT-Betriebskosten lassen sich prinzipiell durch zwei verschiedene Möglichkeiten senken:

1. Durch die Effizienzsteigerung der erbrachten Leistungen
2. Durch eine Reduktion der erbrachten Leistungen

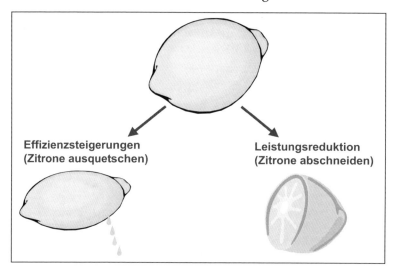

Abbildung 13.2: Die beiden Möglichkeiten zur Kostensenkung

Ich habe diese beiden Methoden anhand einer Zitrone illustriert. Die Zitrone lässt sich weiter ausquetschen (Effizienzsteigerung) oder aber auch abschneiden (Leistungsreduktion). In beiden Fällen wird sie kleiner bzw. die Kosten geringer.

13.1.1 Effizienzsteigerungen

Bei der Effizienzsteigerung wird davon ausgegangen, dass die heute erbrachten Leistungen im gleichen Umfang günstiger erbracht werden können. Dahinter steckt vielfach die Vermutung, dass noch »Luft« im Budget des IT-Betriebes ist, die reduziert bzw. entfernt werden kann. Damit wird gemeint, dass die vorhandenen Ressourcen (Personal, Rechner, Software, Kommunikation usw.) noch besser ausgenutzt werden können, da sie noch über entsprechende Reserven verfügen.

Mit Benchmarking (siehe Kapitel 9 *Benchmarking*) kann herausgefunden werden, ob die zu erbringenden Betriebsleistungen bereits mit den niedrigstmöglichen Kosten erbracht werden oder ob hier noch entsprechendes Optimierungspotenzial vorhanden ist. Nur durch eine objektive Analyse des Kostenniveaus und einen Vergleich mit anderen Firmen kann dies neutral beurteilt werden. Ohne eine saubere Vergleichsbasis kann über die optimale Höhe der Betriebskosten nur spekuliert werden.

Bei der Umsetzung des Optimierungspotenzials sind zwei Fälle zu unterscheiden:

1. Optimierungen ohne Investitionen wie z.B. das Aushandeln günstigerer Beschaffungskonditionen.

2. Optimierungen mit Investitionen wie z.B. die Konsolidierung von vielen kleineren Servern auf wenige zentrale und leistungsfähige Server.

Gerne wird bei der zweiten Kategorie zur Umsetzung des Optimierungspotenzials ignoriert, dass zuerst entsprechende Investitionen getätigt werden müssen, bevor die Kosten reduziert werden können. Bei einer bereits angespannten Kostensituation lassen sich deshalb solche Maßnahmen nicht oder nur schwierig begründen und umsetzen.

13.1.2 Leistungsreduktion

Bei der Leistungsreduktion wird davon ausgegangen, dass die Betriebsleistungen bereits mit der größtmöglichen Effizienz erbracht werden. Dies wird gewöhnlich durch Benchmarking nachgewiesen. Um weitere Kostensenkungen realisieren zu können, müssen deshalb die bestehenden Leistungen reduziert werden. Dies geschieht z.B. durch die Reduktion von Betriebszeiten, den Abbau redundanter Systeme und damit der Verschlechterung der Verfügbarkeit oder der Verlängerung von Lieferfristen (z.B. für neue PC).

Da die zu erbringenden Betriebsleistungen üblicherweise in einem SLA festgehalten und mit den Kunden der IT vereinbart sind, müssen diese nun neu ausgehandelt und entsprechend angepasst werden (siehe Kapitel 5 *Steuerung der Betriebsleistungen mittels SLA*). Dies ist in der Regel ein schwieriger Prozess, da kaum ein Kunde der IT zu einer Leistungsreduktion bereit ist. Bei einer entsprechend kritischen finanziellen Situation des Unternehmens wird die Diskussion über Leistungsreduktionen meist wesentlich einfacher, da allen Beteiligten klar ist, dass entsprechende Sparmaßnahmen nötig sind. Dies gilt sowohl für die Leistungsreduktion einer internen IT als auch bei einem Outsourcer.

13.2 Kostenblöcke im IT-Betrieb

Bevor ich mich der konkreten Umsetzung von Maßnahmen zur Effizienzsteigerung und Leistungsreduktion zuwende, möchte ich zuerst die wichtigsten Kostenblöcke im IT-Betrieb betrachten:

▶ **Interne Personalkosten**: Interne Personalkosten inkl. Monatslöhne, Stundenlöhne, Überstunden und Bereitschaftsdienst, Sozialleistungen, Boni, Spesen und Aus- und Weiterbildung.

▶ **Externe Mitarbeiter**: Externe Mitarbeiter im Stunden- oder Tagessatz zur Verstärkung der Kapazität oder zur Abdeckung von Know-how, das nicht vorhanden ist oder das sich nicht aufzubauen lohnt.

▶ **Software**: Direkte Belastung oder Abschreibungen bzw. Miete der Software wie ERP- oder CRM-Systeme, aber auch Windows- und MS-Office-Lizenzen. Ebenso sind in diesem Kostenblock die Kosten für die Software-Wartung enthalten.

▶ **Hardware**: Direkte Belastung oder Abschreibungen bzw. Miete oder Leasing von Hardware wie Server, Netzwerk-Komponenten, PC, Drucker usw. Ebenso sind in diesem Kostenblock die Kosten für Reparaturen und Wartung enthalten.

▶ **Kommunikation**: Aufwendungen für die Netzwerk-Verbindungen eines Carriers unabhängig von der eingesetzten Technologie (Mietleitung, ADSL, Dark Fibre, Frame Relay usw.) sowohl für Daten- als auch für Sprachkommunikation.

▶ **Outsourcing**: Outsourcing-Kosten für Betriebsleistungen, die von einem Outsourcer bezogen werden wie der Betrieb eines Teils oder der gesamten IT-Infrastruktur (Helpdesk, Support, Server, Netzwerk, Rechenzentrum usw.).

▶ **Raum, Klima, Strom**: Infrastrukturkosten für Gebäude (Raum), Klima, Strom usw.

Einige Kosten lassen sich z.B. durch Neuverhandlung der Verträge relativ kurzfristig senken, andere Kostenblöcke wie diejenigen für Gebäude und Räume lassen sich nur längerfristig beeinflussen und können nicht innerhalb weniger Wochen gesenkt werden.

Diese Kostenblöcke möchte ich nun in den folgenden Abschnitten näher betrachten. Dabei behandele ich für jeden Kostenblock die folgenden Gebiete:

▶ **Charakteristik**: Als Erstes wird beschrieben, wie sich die Kosten im entsprechenden Gebiet verhalten und welche charakteristischen Eigenschaften sie aufweisen.

▶ **Effizienzsteigerungen**: In dieser Kategorie wird beschrieben, wie die Kosten durch Effizienzsteigerungen gesenkt werden können.

▶ **Leistungsreduktion**: Die zweite Methode zur Kostenreduktion – die Leistungsreduktion – wird in dieser Kategorie beschrieben.

▶ **Zusammenfassung**: Am Schluss jedes Kapitels werden die obigen Punkte in einer übersichtlichen Grafik dargestellt und zusammengefasst.

13.3 Senkung der internen Personalkosten

Die internen Personalkosten beinhalten sämtliche Kosten für die eigenen Mitarbeiter wie Monatslöhne, Stundenlöhne, Überstunden und Bereitschaftsdienst, Sozialleistungen, Boni, Spesen und Aus- und Weiterbildung.

13.3.1 Charakteristik

Die internen Personalkosten machen je nach Gebiet zwischen 30% (Rechenzentrum) und 90% (Entwicklung/Support) der IT-Kosten aus.

In einem Rechenzentrum spielen vor allem die Kosten für Gebäude, Klima, Strom, Hardware, Software und Kommunikation eine große Rolle. Die Personalkosten machen hier nur einen Bruchteil der Gesamtkosten aus und betragen etwa 30%. Damit liegt der Hauptfaktor bei einer Kostenreduktion nicht bei den Personal-, sondern bei den Sachkosten.

Anders präsentiert sich die Situation in der Entwicklungsabteilung. Hier bestehen die Kosten fast ausschließlich aus Personalkosten (rund 90%). Die restlichen Kosten werden durch die PC für die Entwicklung sowie die Entwicklungs- und Testumgebung bestimmt.

Die Reduktion der Personalkosten erfolgt fast ausschließlich über Personalabbau oder über die Verlagerung der Entwicklungsaktivitäten in Billiglohnländer. Ein geringerer Abbau kann über die natürliche Fluktuationsrate und

13

Pensionierungen erreicht werden. Ein größerer Abbau lässt sich nicht ohne Entlassungen realisieren. Je nach Umfeld (starke Gewerkschaften, öffentliche Verwaltungen usw.) gestaltet sich ein Personalabbau alles andere als einfach und benötigt sowohl entsprechende Zeit als auch finanzielle Mittel für den Sozialplan.

Geringe Reduktionen lassen sich auch durch eine Reduktion der Spesen, Ausbildung und Sonderzahlungen erzielen. Meistens ist die Einbuße der Produktivität durch die dadurch entstehende Unruhe und Demotivation jedoch größer als die daraus resultierenden Einsparungen.

Es ist auch denkbar, die Gehälter der Mitarbeiter zu senken. Dies dürfte jedoch nur dann sinnvoll und umsetzbar sein, wenn die Löhne deutlich über dem Branchendurchschnitt liegen und in der Vergangenheit zu großzügig mit den Gehältern umgegangen worden ist. In allen anderen Fällen ist die demotivierende Wirkung einer solchen Maßnahme nicht zu unterschätzen – abgesehen von den Auseinandersetzungen mit den Gewerkschaften und dem Imageverlust durch die Presseberichte.

13.3.2 Effizienzsteigerungen

Effizienzsteigerungen im Bereich der internen Personalkosten lassen sich folgendermaßen realisieren:

▷ **Benchmarking und Anpassung der Ressourcen an die Referenzwerte**: Durch Benchmarking findet man heraus, wo die Spitzenverhältnisse (z.B. Anzahl Serverbetreuer pro Server oder Benutzer, Anzahl Benutzer pro Supporter usw.) liegen, und passt die personellen Ressourcen entsprechend an. Dort, wo die IT-Spezialisten zu wenig ausgelastet waren, lässt sich die Situation ohne Probleme (abgesehen von der Problematik eines Personalabbaus) den Benchmarking-Werten anpassen. Häufig sind die Mitarbeiter jedoch bereits entsprechend ausgelastet, so dass mit einer der folgenden Maßnahmen zuerst die Voraussetzungen für eine Reduktion des Personalbestandes geschaffen werden müssen.

▷ **Reduktion der Aufwände durch Konzentration auf das Wesentliche**: Es gibt kaum IT-Spezialisten, die nicht ausgelastet bzw. häufig sogar überlastet wären. Dauernd sind neue Anforderungen zu realisieren oder eigene Verbesserungen umzusetzen. Dies ist ein wichtiges Element zum Erhalt und Ausbau des eigenen Wissens, kann jedoch auch ein ungesundes Ausmaß annehmen. Dann gilt es, das Wesentliche vom Unwichtigen zu unterscheiden. Jede IT-Abteilung hat die Tendenz, nach kurzer Zeit sämtliche personellen Ressourcen auszulasten. Ohne eine klare Führung und gelegentliches Hinterfragen der anstehenden Arbeiten nimmt die Arbeitslast bereits nach kurzer Zeit überhand.

▶ **Reduktion der Aufwände durch Optimierung der Prozesse**: Vielfach laufen die Support- und Betriebsprozesse unstrukturiert und ad hoc ab. Auch die Erstellungsprozesse wie z.B. die Bestellung, Auslieferung und Installation eines PC laufen in vielen Firmen ineffizient und langsam ab. Um die Personalkosten reduzieren zu können, müssen deshalb zuerst die relevanten Prozesse optimiert bzw. zuerst überhaupt einmal definiert werden. Erst durch ein optimales Zusammenspiel zwischen Helpdesk, Support und Betrieb lassen sich die Betriebskosten senken.

13

▶ **Reduktion der Aufwände durch Standardisierung**: Der zweite Punkt, der eine Reduktion der personellen Aufwände häufig verhindert, ist eine geringe Standardisierung: Es sind unterschiedliche PC-Modelle von verschiedenen Herstellern mit verschiedenen Betriebssystemen im Einsatz. Darauf wird eine Vielzahl von unterschiedlichen Applikationen installiert und betrieben. Was für die Endgeräte gilt, kann auch für die Server (und Netzwerk-Komponenten) gelten, wenn auch hier die verschiedensten Hardware-Hersteller mit den unterschiedlichsten Betriebssystemen und Applikationen kombiniert werden. Die Support- und Betriebskosten lassen sich nur durch eine konsequente Standardisierung sowohl der eingesetzten Hard- als auch Software senken. Dies benötigt allerdings seine Zeit und dauert häufig mehrere Monate und Jahre, bis der dazu notwendige Kulturwandel in der IT sowie auch der gesamten Firma umgesetzt werden kann.

Bis dahin bin ich davon ausgegangen, dass die heute erbrachten Leistungen in der gleichen Ausprägung, jedoch mit weniger Mitarbeitern erbracht werden können. Sind alle Maßnahmen zur Effizienzsteigerung ausgeschöpft, bleibt nur noch die Leistungsreduktion zur weiteren Kostensenkung.

13.3.3   Leistungsreduktion

Verlangen die Kunden der IT im Rahmen der SLA-Vereinbarung längere Betriebszeiten oder höhere Verfügbarkeiten, entstehen höhere Kosten, die die IT kalkuliert und ihren Kunden bei der SLA-Diskussion präsentiert. Umgekehrt lassen sich die Kosten durch kürzere Betriebszeiten, längere Lieferfristen oder niedrigere Verfügbarkeiten reduzieren. Dazu gehören die folgenden Maßnahmen:

- **Reduktion der bedienten Betriebszeiten der Systeme**: Betriebszeiten, die ungefähr den täglichen Arbeitszeiten entsprechen, verursachen kaum höhere Kosten. Anders sieht es bei Systemen aus, die bis in den Abend hinein, an Wochenenden oder sogar rund um die Uhr aktiv betrieben werden müssen. Ist es möglich, den besetzten Betrieb z.B. anstatt bis 23.00 Uhr nur bis 18.00 Uhr aufrechtzuerhalten, muss nicht mehr ein Zweischichtbetrieb eingesetzt werden. Durch den dadurch möglichen Einschichtbetrieb können die Kosten spürbar reduziert werden. Häufig ist es allerdings nicht einfach, die Betriebszeiten ohne spürbaren Einfluss auf die Geschäftstätigkeit der Firma zu reduzieren.

- **Reduktion der Bereitschaftszeiten und Bereitschaftseinsätze**: Außerhalb der bedienten Betriebszeiten werden die Systeme in der Regel überwacht. Bei einer Störung werden die diensthabenden Mitarbeiter bei sich zu Hause vorgehalten, um diese zu beheben. Häufig fällt dabei sowohl eine Entschädigung für den Bereitschaftsdienst an (auch ohne einen entsprechenden Einsatz) als auch für den eigentlichen Einsatz. Gelingt es nun, die Bereitschaftszeiten zu reduzieren oder sogar zu streichen, entfallen die entsprechenden Entschädigungen. Auf der anderen Seite lassen sich die Entschädigungen für die geleisteten Bereitschaftseinsätze durch eine hohe Systemstabilität und Verfügbarkeit gering halten.

- **Reduktion der Servicezeiten im Helpdesk und im Support**: Ähnlich wie im Betrieb lassen sich auch im Support Kosten durch reduzierte Servicezeiten im Helpdesk und im Support sparen. Dabei gilt das Gleiche wie im Betrieb: Servicezeiten, die ungefähr den täglichen Arbeitszeiten entsprechen, bieten kaum Potenzial. Immer dort, wo von einem Zwei- oder sogar Dreischichtbetrieb eine Schicht reduziert werden kann, können auch die entsprechenden personellen Ressourcen und damit die Kosten reduziert werden.

▶ **Erhöhung der Wartezeit im Helpdesk**: Die Gewährleistung einer kurzen Wartezeit bei Anrufen an das Helpdesk, aber auch bei der Reaktion auf Betriebsstörungen erfordert entsprechende personelle Ressourcen. Durch die Erhöhung der Wartezeiten sinkt zwar die Kundenzufriedenheit etwas, gleichzeitig lässt sich aber auch Personal und damit Kosten einsparen. Da das Einsparpotenzial jedoch nur gering und die Auswirkung auf die Wahrnehmung der IT-Leistungen durch die Kunden hoch ist, müssen die Vor- und Nachteile dieser Maßnahme genau gegeneinander abgewogen werden.

▶ **Erhöhung der Durchlaufzeiten (z.B. für PC-Bestellungen)**: Das Gleiche wie für die Wartezeiten im Helpdesk gilt auch für die Erhöhung der Durchlaufzeiten wie z.B. PC-Bestellungen, die Installation und Inbetriebnahme neuer Server oder die Erteilung und Änderung von Berechtigungen für den Zugang zu den Systemen und Applikationen. Auch hier bedingen kurze Durchlaufzeiten nicht nur optimierte Prozesse, sondern auch eine gewisse Personalkapazität. Auch hier gelten die gleichen Überlegungen bezüglich der Abwägung der Vor- und Nachteile.

Daneben existieren natürlich noch viel effektivere Maßnahmen wie die Reduktion der Anzahl Systeme und Applikationen, die in der Regel jedoch nicht vom IT-Betrieb, sondern von den Applikationsteams realisiert werden müssen.

Die oben aufgezeigten Maßnahmen haben alle eine Auswirkung auf die Kunden der IT. Sie sind deshalb häufig nicht einfach zu realisieren und bedingen eine gute Zusammenarbeit und Kooperation zwischen der IT und deren Kunden.

In einigen Fällen erbringt die IT jedoch auch Leistungen, die weit über die in den Service Level Agreements vereinbarten Standards hinausgehen. Wenn eine Reaktionszeit des Supports von einer Stunde vereinbart ist, gehört es zum Stolz der Supporter, die Reaktionszeit möglichst unter 15 Minuten zu halten. In diesen Fällen gilt es, die Leistungen so zu reduzieren, dass die SLA nicht regelmäßig übertroffen, sondern in der Regel erreicht werden.

13.3.4 Zusammenfassung

Abbildung 13.3 fasst die Charakteristik der internen Personalkosten sowie die möglichen Effizienzsteigerungen und Leistungsreduktionen zusammen:

13

Charakteristik

- Die internen Personalkosten machen je nach Gebiet zwischen 30% (Rechenzentrum) und 90% (Applikationen) der IT-Kosten aus
- Die Reduktion der Personalkosten erfolgt fast ausschließlich über Personalabbau
- Geringe Reduktionen lassen sich durch eine Reduktion der Spesen, Ausbildung und Boni erzielen
- Theoretisch sind auch Gehaltsreduktionen möglich

Effizienzsteigerungen

- Benchmarking und Anpassung der Ressourcen an die Referenzwerte
- Reduktion der Aufwände durch Konzentration auf das Wesentliche
- Reduktion der Aufwände durch Optimierung der Prozesse
- Reduktion der Aufwände durch Standardisierung

Leistungsreduktion

- Reduktion der bedienten Betriebszeiten der Systeme
- Reduktion der Bereitschaftszeiten und Bereitschaftseinsätze
- Reduktion der Servicezeiten im Helpdesk und im Support
- Erhöhung der Wartezeit im Helpdesk
- Erhöhung der Durchlaufzeiten (z.B. für PC-Bestellungen)

Abbildung 13.3: Senkung der internen Personalkosten

13.4 Senkung der Kosten für externe Mitarbeiter

Externe Mitarbeiter werden als zusätzliche Arbeitskraft hinzugezogen oder zur Abdeckung von Know-how, das nicht vorhanden ist oder das sich nicht aufzubauen lohnt. Sie werden im Stunden- oder Tagessatz bezahlt und belegen häufig genauso wie interne Mitarbeiter einen Arbeitsplatz.

13.4.1 Charakteristik

Externe Mitarbeiter werden häufig bei Personalengpässen und bei fehlendem Know-how herangezogen.

Werden diese mit einem klar formulierten Auftrag verpflichtet, können sie mit vertretbaren Kosten nicht vorhandenes Know-how in die Firma bringen und zu einer erfolgreichen Projektrealisierung beitragen. Im IT-Betrieb ist dies jedoch seltener der Fall. Hier werden externe Mitarbeiter in der Regel zur Verstärkung der eigenen personellen Ressourcen herangezogen. Wenn externe Mitarbeiter genau wie interne Mitarbeiter eingesetzt werden, entstehen üblicherweise wesentlich höhere Kosten, dafür können diese flexibel hinzugeholt und auch wieder abgebaut werden.

13.4.2 Effizienzsteigerungen

Effizienzsteigerungen zur Senkung der Kosten von externen Mitarbeiter lassen sich vor allem in zwei Bereichen realisieren.

▸ **Aushandlung günstigerer Konditionen**: Der erste Ansatzpunkt bei externen Mitarbeitern ist gewöhnlich die Reduktion der Stunden- bzw. Tagessätze. Die einfachste Variante besteht darin, einfach die Sätze um einen bestimmten Prozentsatz zu reduzieren. So verlockend dies aussieht, so heimtückisch ist dieser Ansatz auch. Nur allzu gerne wird der reduzierte Stunden- bzw. Tagessatz durch eine ineffizientere Arbeitsweise oder durch eine »optimierte« Notierung der geleisteten Stunden kompensiert. Die Reduktion der Sätze bedingt eine genaue Überprüfung und Verfolgung der Leistungen der externen Mitarbeiter.

▸ **Umwandlung von externen Mitarbeitern in interne Mitarbeiter**: Eine andere Methode ist die Überprüfung aller externen Mitarbeiter. Dort, wo für die Leistungserbringung auf einen externen Mitarbeiter verzichtet werden kann oder wo die Arbeit auch von einem internen Mitarbeiter übernommen werden kann, wird das Vertragsverhältnis aufgelöst. Denjenigen externen Mitarbeitern, die permanent für die Erbringung der Leistungen benötigt werden, wird ein Angebot für eine interne Anstellung gemacht. Damit steigt zwar der Personalbestand der internen Mitarbeiter, dafür sinken die Gesamtkosten.

Vielfach ist der interne Personalbestand limitiert. Um trotzdem den gestiegenen Anforderungen gerecht zu werden, wurden in der Vergangenheit immer mehr externe Mitarbeiter beschäftigt. Damit sind zwar die Kosten überproportional angestiegen, dafür konnte ohne Erhöhung der internen Stellenzahl trotzdem der Personalbestand erhöht werden. In Zeiten von finanzieller Knappheit muss dies nun wieder rückgängig gemacht werden, indem die Verträge mit den externen Mitarbeitern neu ausgehandelt oder aufgelöst werden oder indem sie zu internen und damit in der Regel günstigeren Mitarbeitern umgewandelt werden.

13.4.3 Leistungsreduktion

Im Bereich der Leistungsreduktion steht nur eine Maßnahme zur Verfügung: der Abbau von externen Mitarbeitern. Die Arbeiten und Leistungen aller externen Mitarbeiter werden überprüft und dort, wo auf eine entsprechende Leistung verzichtet werden kann oder die Leistung nicht den Anforderungen genügt, wird das Vertragsverhältnis aufgelöst.

13

13.4.4 Zusammenfassung

Bevor interne Mitarbeiter entlassen werden, wird in der Regel die Zusammenarbeit mit den externen Mitarbeitern aufgelöst. Dabei ist es wichtig, darauf zu achten, dass die Verträge eine entsprechend kurze Kündigungsfrist aufweisen und dass keine festen Abnahmemengen von Stunden vereinbart werden.

In Ländern oder Branchen, bei denen der Abbau von internen Mitarbeitern nur sehr schwierig zu realisieren ist, wird ein Kapazitätsaufbau häufig mit externen Mitarbeitern realisiert, die dann in wirtschaftliche schwächeren Zeiten besser wieder abgebaut werden können.

Zusammenfassend präsentiert sich die Kostenreduktion bei externen Mitarbeitern wie in Abbildung 13.4 gezeigt.

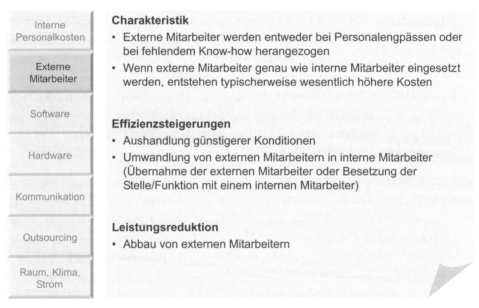

Abbildung 13.4: Senkung der Kosten für externe Mitarbeiter

13.5 Senkung der Software-Kosten

Unter Software-Kosten werden sowohl die direkten Belastungen bei Software-Beschaffung als auch die Abschreibungen bzw. Miete der Software wie ERP- oder CRM-Systeme, aber auch Windows- und MS-Office-Lizenzen verstanden. Ebenso sind in diesem Kostenblock die Kosten für die Software-Wartung enthalten.

13.5.1 Charakteristik

Die im Einsatz stehende Software ist bereits beschafft und das Geld dafür schon ausgegeben. Wenn diese sofort belastet wird, sind in den Folgejahren – außer für die Wartung – keine finanziellen Belastungen mehr spürbar. Wird die Software jedoch abgeschrieben oder in seltenen Fällen auch gemietet, fallen die Abschreibungen bzw. Mietgebühren während der Abschreibe- bzw. Nutzungsdauer an. Damit lassen sich diese Kosten nur schwer beeinflussen. Die Software kann mit Sonderabschreibungen vollständig abgeschrieben werden, um in den Folgejahren keine Belastungen mehr tragen zu müssen, oder die Abschreibungsdauer kann verlängert werden, um die jährliche Belastung zu vermindern. Dabei ist jedoch immer zu prüfen, ob dies im Rahmen der Buchhaltungsrichtlinien verantwortet werden kann.

Neben der Beschaffung von Software und der damit verbundenen Kosten dürfen aber auch die jährlichen Wartungsgebühren nicht vernachlässigt werden, die in der Regel zwischen 12 und 18% der Lizenzkosten ausmachen.

13

13.5.2 Effizienzsteigerungen

Unter den obigen Rahmenbedingungen konzentrieren sich die Effizienzsteigerungen vor allem auf die Aushandlung günstigerer Konditionen für die Beschaffung und Wartung von Software:

▷ **Aushandlung günstigerer Konditionen bei der Beschaffung von Software**: Im Gegensatz zu Hardware weist Software praktisch keine Produktionskosten auf. Die Kosten für die Entwicklung der Software müssen durch die verkaufte Menge finanziert werden. Alle Lizenzen, die darüber hinaus verkauft werden, gehen zu einem Großteil in den Deckungsbeitrag des Software-Herstellers. Damit ist der Verhandlungsspielraum eines Software-Herstellers wesentlich größer als derjenige eines Hardware-Herstellers. Dies bedeutet, dass bei Software häufig auch die größeren Rabatte ausgehandelt werden können. Vor allem bei einer Evaluation, bei der verschiedene Produkte miteinander verglichen werden, lassen sich durch die direkte Konkurrenz der Produkte gute Rabatte erzielen. Ist dem Lieferanten jedoch klar, dass sich die Firma bereits für sein Produkt entschieden hat oder dass für den Kunden gar keine Alternativen in diesem Gebiet zur Verfügung stehen, wird er sich nur marginal oder im Extremfall sogar gar nicht auf eine Gewährung eines Rabattes einlassen.

▷ **Aushandlung günstigerer Konditionen bei den Wartungsverträgen**: Die jährlichen Wartungskosten sind für die Weiterentwicklung der beschafften Software wichtig und stellen sicher, dass der Lieferant über genügend Mittel für verbesserte oder erweiterte Versionen verfügt. In der Regel werden die Konditionen der jährlichen Wartungsgebühren gleich bei der Beschaffung der Software mitdefiniert. Da sich die Diskussionen bei der Beschaffung jedoch vor allem um den Beschaffungspreis und nicht um die Wartungsgebühren drehen, wird die Verhandlung über die Wartungskosten häufig vernachlässigt oder sogar ganz vergessen. Damit muss der Software-Lieferant zwar Einbußen beim Lizenzverkauf hinnehmen, kann diese jedoch zum Teil wieder durch die langjährigen Wartungskosten kompensieren. Dies umso mehr, wenn sich der Prozentsatz der Wartungskosten auf den Listenpreis und nicht auf den ausgehandelten Preis der Software bezieht.

▷ **Konsolidierung von gleicher oder ähnlicher Software**: Vielfach werden für das gleiche oder ein ähnliches Gebiet verschiedene Software-Produkte eingesetzt. So gibt es kaum eine Firma, die nicht mehrere vergleichbare Grafikprogramme einsetzt. Dies ist jedoch meist der geringere Kostenaspekt. Kommen auch auf der Seite der Geschäftsapplikationen mehrere Programme mit ähnlichem Funktionsumfang (zum Beispiel durch die Fusion zweier Firmen) zum Einsatz, entstehen fast unweigerlich auch entsprechend höhere Software- und Lizenzkosten. Die Vereinheitlichung der Systeme ist jedoch in den meisten Fällen ein sehr aufwändiger und zeitraubender Prozess. Um die Betriebskosten zu senken, führt häufig jedoch kein Weg an dieser Maßnahme vorbei.

13.5.3 Leistungsreduktion

Ist die Software einmal beschafft und sind die Preise für die Wartung ausgehandelt, bestehen nur wenige Möglichkeiten für weitere Kostensenkungen. Eventuell lassen sich die Wartungskosten durch die Deinstallation von selten oder nicht gebrauchten Modulen verringern; häufig dürfte dies jedoch eher eine theoretische Möglichkeit darstellen.

Durch eine geschickte Politik lassen sich jedoch die Kosten für Windows und das Office-Paket gering halten:

▷ **Keine Software-Wartungsverträge für MS Office**: Falls es gelingt, im Unternehmen eine konservative Politik bezüglich der Upgrades von MS Office zu verfolgen und dasselbe Release während drei oder sogar fünf Jahren einzusetzen (die günstigsten Firmen im Benchmarking erreichen teilweise mehr als fünf Jahre), so kann auf einen Wartungsvertrag verzichtet werden und es kommt günstiger zu stehen, die Lizenzen des aktuellen MS-Office-Releases alle drei bis fünf Jahre neu zu beschaffen.

▷ **Keine Software-Wartungsverträge für Windows**: Eine ähnliche Philosophie wird bei den Betriebssystem-Lizenzen der PC angewendet. Wenn es möglich ist, die eingesetzte Windows-Version während drei bis fünf Jahren einzusetzen und erst dann wieder abzulösen, kann auf einen Wartungsvertrag verzichtet und die damit verbundenen Kosten können eingespart werden.

▷ **Keine separaten Windows-Lizenzen für PC**: Praktisch sämtliche PC werden bereits mit einer Windows-Lizenz ausgeliefert. Trotzdem beschaffen einige Unternehmen nochmals separate Lizenzen und schließen noch einen Wartungsvertrag ab. Solange das Windows-Release nicht auf eine neue Version angehoben werden soll, müssen weder separate Lizenzen beschafft noch ein Wartungsvertrag abgeschlossen werden. Damit wird der PC während seiner gesamten Lebensdauer mit der gleichen Betriebssystem-Version betrieben und ein Upgrade von Windows findet erst mit dem Ersatz des PC statt.

Bei den Geschäftsapplikationen sind Einsparungen im Bereich der Leistungsreduktion in der Regel schwierig zu realisieren. Im Bereich Windows und MS Office hingegen lässt sich in der Regel durch eine konservative Upgradepolitik (Einsatzdauer von mindestens drei bis fünf Jahren des gleichen Releases) spürbar Geld sparen.

Im Bereich Software-Kosten spielt sicher Linux und Open Source eine wichtige Rolle. Durch den Einsatz von Open-Source-Software lassen sich die Lizenzkosten für Betriebssystem und Office-Paket sicherlich senken oder sogar ganz eliminieren. Da jedoch die verschiedenen Kostenblöcke nicht unabhängig voneinander sind, muss im jeweiligen Fall genau geprüft werden, ob die Einsparungen bei der Software nicht an einem anderen Ort (bei den Personal- und Ausbildungskosten) wieder kompensiert oder sogar überkompensiert werden.

13

Wie Sie im vorangegangenen Kapitel bei den Kostentreibern im Abschnitt 12.3 *Technologie* mit der Kurve des Technologiezyklus gesehen haben, lohnt es sich, zu prüfen, in welchem Zyklus sich eine neue Technologie befindet. Zur Zeit der Drucklegung dieses Buches hat Linux und Open Source sicherlich bereits eine signifikante Beachtung gefunden. Gemessen an der Anzahl der Firmen, die Linux und Open Source produktiv auf den Arbeitsplatz-PC (nicht auf den Servern – hier hat sich Linux längst etabliert) einsetzen, befindet sich Linux jedoch nach wie vor in der »Beobachten«-Phase. Das heißt, dass jede Firma die jeweiligen Vor- und Nachteile genau gegeneinander abwägen muss, um die für sie richtige Entscheidung zu fällen.

Der Markt und damit sämtliche IT-Abteilungen und dessen Anwender werden jedoch entscheiden, ob sich Linux auch auf dem Desktop flächendeckend durchsetzen kann und damit von der Phase »Beobachten« in die Phase »Nutzen« wechselt.

Um nicht zurückblättern zu müssen, anbei nochmals die Kurve mit dem Technologiezyklus:

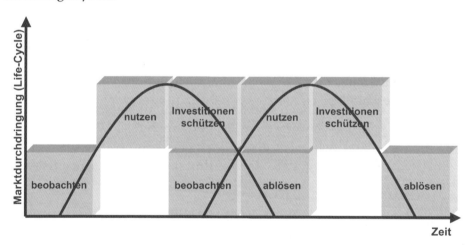

Abbildung 13.5: Technologiezyklus

13.5.4 Zusammenfassung

Im Gebiet Software können die Kosten sowohl durch die Aushandlung günstigerer Konditionen für die Lizenzen und die Wartung als auch durch eine konservative Upgradepolitik bei der Client-Software wie Windows und MS Office niedrig gehalten werden.

Charakteristik
- Die im Einsatz stehende Standard-Software ist entweder bereits bezahlt oder wird abgeschrieben. Teilweise wird Software auch gemietet
- Die Software-Wartung macht in der Regel einen nicht zu vernachlässigenden Anteil aus

Effizienzsteigerungen
- Aushandlung günstigerer Konditionen bei der Beschaffung von SW
- Aushandlung günstigerer Konditionen bei den Wartungsverträgen
- Konsolidierung von gleicher oder ähnlicher Software

Leistungsreduktion
- Keine SW-Wartungsverträge für MS Office. Upgrade von MS Office nur ca. alle fünf Jahre inkl. Neubeschaffung der Lizenzen
- Keine separaten Windows-Lizenzen für PC, sondern Verwendung der mit dem PC gelieferten Lizenz
- Keine SW-Wartungsverträge für Windows. Upgrade von Windows nur ca. alle fünf Jahre. Neue Windows-Lizenzen durch Beschaffung neuer PC

13

Abbildung 13.6: Senkung der Kosten bei Software

13.6 Senkung der Hardware-Kosten

In der Regel werden kleinere Hardware-Beschaffungen wie PC-Zubehör und in einigen Firmen auch noch die PC selbst direkt der laufenden Rechnung belastet und nicht abgeschrieben. Größere Investitionen für Server und Netzwerk oder auch für einen PC-Rollout werden in den meisten Firmen über einen Zeitraum von drei, teilweise auch vier oder fünf Jahren abgeschrieben. Auch hier gilt es, die entsprechenden Buchhaltungs- und Abschreibungsrichtlinien zu beachten.

13.6.1 Charakteristik

Ähnlich wie bei der Software ist der größte Teil der Hardware bereits beschafft und das entsprechende Geld damit bereits ausgegeben. Analog lassen sich die Abschreibungen – falls überhaupt – nur geringfügig beeinflussen, indem die Abschreibungsdauer erhöht und damit die jährlichen Belastungen gesenkt werden oder indem die bestehende Hardware mit Sonderabschreibungen einmalig abgeschrieben wird, um in den Folgejahren keine Abschreibungen tragen zu müssen.

Trotz der auf den ersten Blick ähnlichen Charakteristik wie bei der Software bestehen auf der Hardware-Seite wesentlich mehr Möglichkeiten zur Kostenreduktion.

13.6.2 Effizienzsteigerungen

Vielfach wird im Gebiet Hardware nur an eine günstigere Beschaffung gedacht, dabei existieren verschiedene andere Maßnahmen, um die Kosten zu senken:

> **Aushandlung günstigerer Beschaffungskonditionen**: Die offensichtlichste Maßnahme im Gebiet Hardware ist sicherlich die Aushandlung günstigerer Beschaffungskonditionen. Dabei nützt es nicht nur, bei Einzelbeschaffungen gut zu verhandeln. Vielmehr lohnt es sich, die nächste Generation von PC, Druckern, Servern oder auch Netzwerk-Komponenten auszuschreiben und dem bisherigen Lieferanten damit klar zu signalisieren, dass man bereit ist, den Lieferanten zu wechseln. Natürlich verursacht ein Lieferantenwechsel vor allem in den Gebieten Server und Netzwerk recht hohe Aufwände und damit auch Kosten. Ohne die Bereitschaft zum Wechseln lässt sich jedoch nur ein Teil der möglichen Beschaffungskonditionen erzielen. Allgemein wird jedoch den Beschaffungskonditionen und dem Preis häufig eine zu große Bedeutung beigemessen. Wie wir bei den folgenden Maßnahmen sehen werden, lassen sich auch hier durch eine geschickte Strategie in der Regel die größeren Potenziale einsparen.

> **Reduktion der Anzahl PC pro Mitarbeiter**: In einigen Firmen beträgt das Verhältnis zwischen der Anzahl der PC und der Anzahl der Benutzer mehr als 1,5. Das heißt, dass im Durchschnitt auf jeden Benutzer 1,5 PC kommen. Damit sind natürlich auch die Hardware-Kosten für die PC um diesen Faktor zu hoch. Dies ist aber noch nicht alles. Falls ein Hardware-Wartungsvertrag besteht, ist dieser meistens auf die Anzahl der Geräte und nicht die Anzahl der Benutzer ausgelegt. Bei Software-Verträgen für Windows und MS Office werden zudem in der Regel ebenfalls die Anzahl der Geräte und nicht die Anzahl der Benutzer lizenziert. Damit hat eine höhere Anzahl von PC als Benutzer weitreichendere finanzielle Konsequenzen als auf den ersten Blick angenommen.

> **Standardisierung der Hardware**: Eine hohe Standardisierung der Hardware ist sowohl Voraussetzung für eine günstige Beschaffung als auch für einen günstigen Betrieb. Nur wenn größere Tranchen vom gleichen Modell beschafft werden, lassen sich auch niedrige Preise erzielen. Eine Beschaffung von häufig wechselnden Modellen bringt nicht nur höhere Beschaffungs-, sondern vor allem auch höhere Betriebskosten. Es müssen Ersatzteile für verschiedene Typen vorrätig gehalten werden (entweder selbst oder

durch einen Wartungspartner) und die darauf laufende Software wie Betriebssystem, Systems Management Tools und Anwendungen müssen je nach Situation auf die verschiedenen Hardware-Modelle angepasst werden.

> **Server-Konsolidierung**: Die Kosten können häufig nicht nur durch günstigere Beschaffungskonditionen, sondern auch durch die Reduktion der Anzahl der Server reduziert werden. File- oder E-Mail-Server mit 1.000 und mehr Benutzern sind in der Zwischenzeit kein Problem mehr und lassen sich mit Standard-Hardware erreichen. Bei den Applikationen ist eine Konsolidierung häufig schwieriger und der Betrieb von verschiedenen Applikationen auf einem Server muss immer noch genau geprüft und abgeklärt werden.

> **Verkauf der Hardware an eine Leasingfirma und Rückmiete**: In einer finanziell sehr angespannten Lage kann es sich lohnen, die Hardware an eine Leasingfirma zu verkaufen und sie von dieser wieder zurückzumieten. Natürlich werden dadurch die Kosten nicht niedriger – im Gegenteil, durch den Leasing-Zins sogar höher –, dafür werden in einer kritischen Finanzsituation flüssige Mittel frei.

13

> **Verkauf der Hardware an einen Outsourcer und Rückmiete über die Servicekosten**: Dasselbe lässt sich natürlich mit einer Outsourcing-Firma machen. Diese wird jedoch kaum nur das Leasing der Hardware übernehmen wollen, sondern gleich den ganzen Service für den Betrieb erbringen. Je nach Situation eines Unternehmens kann dies eine interessante Lösung sein, da es dem Outsourcer evtl. gleichzeitig gelingt, die Servicekosten zu reduzieren.

13.6.3 Leistungsreduktion

Im Bereich der Leistungsreduktion existieren ebenfalls verschiedene Möglichkeiten, die Hardware-Kosten zu reduzieren:

> **Verschiebung oder Streichung von Investitionen**: Eine der einfachsten Maßnahmen ist immer noch, geplante Investitionen in Hardware zu verschieben oder sogar ganz zu streichen. Die Frage ist natürlich immer, wie lange die bestehende Hardware noch zuverlässig eingesetzt werden kann und ob die Leistung den für gewöhnlich steigenden Anforderungen noch genügt. Häufig lässt sich die Hardware jedoch länger einsetzen als gemeinhin angenommen. Steigen jedoch die Ausfall- und Antwortzeiten spürbar an, bewirkt ein weiteres Hinausschieben des Investitionsentscheides einen Effizienzverlust für diejenigen Mitarbeiter, die mit dem ungenügenden System arbeiten müssen.

▷ **Beschaffung von leistungsschwächerer und damit günstigerer Hardware**: In der Vergangenheit haben viele – vor allem größere Firmen – spezielle Business-PC mit entsprechender Leistung und Ausstattung beschafft. Durch die großen Beschaffungsmengen konnte zwar ein ansehnlicher Rabatt ausgehandelt werden, der Preis lag jedoch häufig über demjenigen eines kleineren Unternehmens, das einfache Consumergeräte beschafft hat. Deshalb lohnt es sich genau zu prüfen, ob auch einfacher ausgestattete Geräte den Anforderungen genügen. Diese Anforderung steht etwas im Widerspruch zu einer langen Einsatzdauer der Geräte. Werden z.B. PC mit gerade so viel Hauptspeicher beschafft, dass die heutigen Anforderungen erfüllt werden, ist die Wahrscheinlichkeit groß, dass der Hauptspeicher nach drei bis vier Jahren nicht mehr genügt. Da eine Erweiterung des Hauptspeichers bei mehreren Hundert oder sogar Tausend PC eine recht aufwändige Angelegenheit ist, lohnt sich dieser in der Regel nicht und die Geräte müssen früher als eigentlich nötig ersetzt werden.

▷ **Verlängerung der Einsatzdauer der verwendeten Hardware**: Viele Firmen schreiben Hardware auf drei Jahre ab. Dadurch entsteht häufig die Haltung, dass die Hardware nach drei Jahren auch wieder ersetzt werden muss. Bei geschickter Gerätewahl und Ausstattung lassen sich jedoch PC bis zu fünf und teilweise sogar mehr Jahren einsetzen. Server, denen nicht durch steigende Applikationsanforderungen immer mehr Leistung abverlangt wird, können sogar auch länger als fünf Jahre im Einsatz sein.

▷ **Reduktion des Speicherbedarfs**: Der Speicherbedarf der File- und E-Mail-Server wächst kontinuierlich an, wenn er nicht aktiv überwacht und gesteuert wird. Dies kann auf verschiedene Arten erfolgen. Eine Variante ist die konsequente Verrechnung des Speicherplatzes: Eine gewisse Grundkapazität ist im Basispreis inbegriffen, die darüber hinausgehende Kapazität wird verursachergerecht verrechnet. Eine andere Variante ist das Setzen von Diskquotas sowohl auf den File- als auch auf den Mail-Servern. Damit können nicht mehr Daten abgespeichert werden, als die Quote zulässt. Praktisch alle Firmen ohne Steuerung des Speicherkonsums weisen deutlich höhere Diskkapazitäten und damit Kosten auf als Firmen mit Verrechnung oder Limitierung des Speicherplatzes.

▷ **Reduktion der Ausfallsicherheit und Redundanz**: Die Erhöhung der Ausfallsicherheit kostet Geld. Umgekehrt kann mit einer Reduktion der Ausfallsicherheit und Redundanz auch Geld eingespart werden. Da dieses

Geld jedoch bereits ausgegeben ist, lassen sich damit nur schwer kurzfristige und unmittelbare Einsparungen erzielen. Falls die durch die Reduktion der Redundanz frei gewordenen Server nicht anderweitig eingesetzt und damit anstehende Investitionen vermieden werden können, wird eine Reduktion der Redundanz erst bei der Ersatzbeschaffung des Systems spürbar. Ebenfalls kann die Ausfallsicherheit und Redundanz durch die Auflösung eines (eigenen oder vertraglich zugesicherten) Backup-Rechenzentrums reduziert werden (siehe Abschnitt 13.9 *Senkung der Kosten für Raum, Klima und Strom*).

▶ **Reduktion oder Kündigung der Hardware-Wartungsverträge**: Je nach System können die Kosten für die Hardware-Wartung einen signifikanten Betrag ausmachen. Viele Firmen mit niedrigem Kostenniveau beschaffen PC mit drei Jahren Garantie. Zudem halten sie immer einige Geräte auf Lager. Bei einem Defekt oder Ausfall eines PC tauschen sie diesen gegen ein Lagergerät aus und übergeben ihrem Lieferanten das defekte Gerät zur Reparatur. Damit ist kein teurer Onsite-Garantie-Vertrag nötig und die Ausfallzeit für den Benutzer fällt trotzdem kurz aus. Nach Ablauf der Garantie werden die Geräte weiterhin eingesetzt. Bei einem Defekt wird das Gerät jedoch nicht mehr repariert, sondern durch ein neues ersetzt. Sind viele Server oder Netzwerk-Komponenten vorhanden, kann sich auch hier die Haltung von Ersatzgeräten anstelle eines Hardware-Wartungsvertrages lohnen. Bei der Vorhaltung eigener Ersatzgeräte sinken nicht nur die Austausch- und damit Ausfallzeiten, sondern je nachdem auch die Wartungskosten. Voraussetzung dafür ist allerdings eine hohe Standardisierung, da sonst zu viele verschiedene Geräte vorrätig gehalten werden müssen.

13.6.4 Zusammenfassung

Vielfach konzentriert sich eine Firma bei der Optimierung ihrer Hardware-Kosten primär auf die Aushandlung günstiger Beschaffungskonditionen. Dabei liegen in der richtigen Modellwahl (genügend Speicher für eine lange Einsatzdauer, nicht zu leistungsfähig und üppig ausgestattet für einen niedrigen Preis), in der Standardisierung und vor allem in der genügend langen Einsatzdauer der Hardware wesentlich größere Kostenhebel. Wenn es gelingt, die PC statt drei fünf Jahre einzusetzen, können dadurch die Kosten um 40% gesenkt werden. Dies dürfte sich mit noch so guten Beschaffungskonditionen kaum erreichen lassen.

13

Charakteristik
- Der größte Teil dieser Kosten steckt in Form von Abschreibungen in der bestehenden Hardware (Server, Netzwerk, PC, Drucker usw.) und wurde bereits ausgegeben

Effizienzsteigerungen
- Aushandlung günstigerer Beschaffungskonditionen
- Reduktion der Anzahl PC pro Mitarbeiter
- Standardisierung der Hardware (günstigere Beschaffung&Betrieb)
- Server-Konsolidierung
- Verkauf der Hardware an eine Leasingfirma und Rückmiete
- Verkauf der Hardware an einen Outsourcer und Rückmiete über die Servicekosten

Leistungsreduktion
- Verschiebung oder Streichung von Investitionen
- Beschaffung von leistungsschwächerer und damit günstigerer HW
- Verlängerung der Einsatzdauer der verwendeten Hardware
- Reduktion des Speicherbedarfs
- Reduktion der Ausfallsicherheit und Redundanz
- Reduktion oder Kündigung der HW-Wartungsverträge

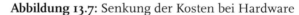

Abbildung 13.7: Senkung der Kosten bei Hardware

Wie bei den Personalkosten tritt auch bei den Hardware-Kosten in gewissen Fällen ein ähnlicher Effekt auf. Die IT strebt eine möglichst hohe Verfügbarkeit oder möglichst kurze Antwortzeiten an, die wesentlich über den in den SLA vereinbarten Werten liegen. Die dadurch erbrachte »Überqualität« hat natürlich ihren Preis. In diesem Fall gilt es, die Leistungen auf die in den Service Level Agreements festgehaltenen Werte zu senken.

13.7 Senkung der Kommunikationskosten

Zu den Kommunikationskosten zählen sowohl Daten- als auch Sprachverbindungen innerhalb der Firma als auch vom und zum Internet.

13.7.1 Charakteristik

Die Kosten für Kommunikationsverbindungen (Carrierkosten) sind durch die Privatisierung und Öffnung der Kommunikationsmonopole stark gesunken und sinken noch weiter. Gleichzeitig wächst der Bedarf nach mehr Bandbreite. Dadurch sinken zwar die Kosten pro Bandbreite, insgesamt bleiben die Kommunikationskosten jedoch konstant oder steigen sogar an. Vor allem der Bandbreitenbedarf vom und zum Internet steigt konstant an.

13.7.2 Effizienzsteigerungen

Im Bereich der Kommunikationskosten liegen die Effizienzsteigerungen vor allem bei der Aushandlung von günstigeren Konditionen.

- **Aushandlung günstigerer Konditionen beim aktuellen Provider**: Die Konditionen mit dem aktuellen Provider sollen auf jährlicher Basis neu ausgehandelt und mit anderen Providern verglichen werden. Dadurch kann sichergestellt werden, dass vom Preisverfall profitiert werden kann und dass die Konditionen den allgemeinen Marktpreisen entsprechen.

- **Wechsel der Kommunikationstechnologie**: Eine bestimmte Kommunikationstechnologie wie Framerelay, ATM oder eine konventionelle Mietleitung weist einen bestimmten Lebenszyklus auf. Gegen Ende des Lebenszyklus wird die verwendete Technologie im Vergleich zu neueren Kommunikationsmitteln immer teurer. Deshalb kann es sich lohnen, zum richtigen Zeitpunkt auf eine neue Technologie zu wechseln.

- **Optimierung des Kommunikationsbedarfes**: Vor allem, wenn eine Firma räumlich sehr verteilt ist, spielt der Kommunikationsbedarf eine große Rolle. Werden zum Beispiel Client-/Server-Applikationen über ein WAN betrieben, bei dem der Server an einem zentralen Standort steht und die Clients an verschiedenen Stellen verteilt sind, werden gewöhnlich eine relativ hohe Bandbreite und kurze Durchlaufzeiten (roundtrip-delays) benötigt. Gelingt es hingegen, die Applikation über eine Terminalemulation (als klassisches Hostterminal oder über Windows-Terminalserver) zu betreiben, wird in der Regel nur ein Bruchteil der Kommunikationsleistung benötigt. Eine andere Methode ist der periodische Datenabgleich (z.B. durch das periodische Herunterladen neuer Mails auf den Client) im Gegensatz zur Haltung sämtlicher Mails auf dem Server mit Online-Zugriff der Clients.

- **Ausschreibung der Kommunikationsverbindungen**: Falls der aktuelle Provider keine konkurrenzfähigen Konditionen mehr anbieten kann oder will, lohnt sich eine Ausschreibung der Kommunikationsverbindungen. Die Ausschreibung und vor allem ein eventueller Wechsel des Providers ist ein nicht zu unterschätzender Aufwand, der jedoch die Kosten signifikant senken kann.

13

13.7.3 Leistungsreduktion

Mehr Möglichkeiten als bei den Effizienzsteigerungen bestehen bei der Leistungsreduktion. Allerdings sind diese Maßnahmen nicht immer einfach umzusetzen.

▸ **Verbindungen über Internet mit VPN anstatt dedizierte Verbindungen über einen Carrier**: Anstatt die verschiedenen Niederlassungen über dedizierte Verbindungen eines Providers untereinander zu verbinden, wird das Internet dazu verwendet. Mit VPN-Technologie (Virtual Private Network) wird die Sicherheit gewährleistet. Was mit dieser Technologie wegen des Internets weniger gewährleistet werden kann, ist die Verfügbarkeit sowie die Antwortzeiten. Für Applikationen, die weniger kritisch bezüglich dieser Aspekte sind, kann dies jedoch eine kostengünstige und optimale Lösung sein.

▸ **Reduktion der Bandbreite**: Vielfach geht mit einer Reduktion der Bandbreite auch eine Reduktion der Kosten einher. In vielen Fällen hat dies jedoch Auswirkungen auf die Antwortzeiten für die Benutzer, so dass dieser Schritt genau geprüft und die entsprechenden Konsequenzen abgeklärt werden sollen.

▸ **Reduktion der vernetzten Niederlassungen**: Eine weitere Möglichkeit zur Senkung der Kommunikationskosten ist die Reduktion der vernetzten Niederlassungen. Da die Anzahl und Standorte der Niederlassungen jedoch nicht durch die Informatik bestimmt oder beeinflusst werden, dürfte dies eine sehr schwierig zu realisierende Maßnahme sein.

▸ **Reduktion der Verfügbarkeit**: Dort, wo die Außenstellen redundant angeschlossen sind, besteht die Möglichkeit, die Kosten durch den Abbau der Redundanz zu senken. Entweder wird ganz auf eine redundante Anbindung verzichtet oder die Redundanz kommt nur dann zum Einsatz, wenn die Verbindung auch tatsächlich ausgefallen ist, indem eine Verbindung über ISDN, UMTS oder Satellit aufgebaut wird.

Alle Maßnahmen im Bereich der Leistungsreduktion haben eine direkte und spürbare Auswirkung auf die Benutzer und deren Arbeit. Deshalb sind die Maßnahmen in diesem Bereich genau zu prüfen, bevor sie realisiert werden.

13.7.4 Zusammenfassung

Gelingt es, den Bandbreitenbedarf langsamer ansteigen zu lassen als der Preisverfall in diesem Gebiet stattfindet, können die Kommunikationskosten gesenkt werden. Die Maßnahmen im Bereich der Leistungsreduktion haben in den meisten Fällen eine spürbare Auswirkung auf die Benutzer und deren Arbeit und sind genau zu prüfen.

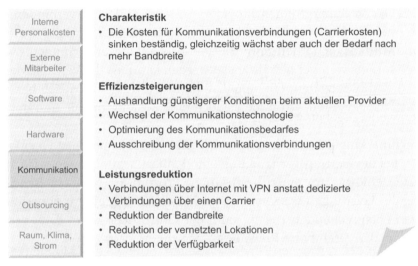

Abbildung 13.8: Senkung der Kommunikationskosten

13.8 Senkung der Outsourcing-Kosten

Wird die IT-Infrastruktur (Helpdesk, Support, Server, Netzwerk, Rechenzentrum usw.) teilweise oder gesamt von einer Outsourcing-Firma betrieben, müssen die Effizienzsteigerungen durch diese realisiert werden. Maßnahmen im Bereich der Leistungsreduktion hingegen bedeuten eine Anpassung des Outsourcing-Vertrages bzw. der im SLA enthaltenen Leistungen und müssen zwischen Outsourcer und Auftraggeber abgesprochen werden.

13.8.1 Charakteristik

Die Outsourcing-Kosten werden in der Regel in einem mehrjährigen Vertrag festgelegt. Falls im Vertrag keine jährlichen Kostensenkungen vereinbart sind, wird es schwierig, den Outsourcer unter zusätzlichen Kostendruck zu setzen, und ein niedrigeres Kostenniveau lässt sich erst bei Vertragsende durch eine Neuausschreibung der Leistungen erzielen.

Nebst den vertraglich vereinbarten Outsourcing-Kosten fallen häufig weitere Kosten an für Leistungen, die nicht im Vertrag und damit auch nicht in den vereinbarten Kosten enthalten sind. Dazu gehören z.B. über das SLA hinausgehende Betriebs- oder Reaktionszeiten, die Installation von zusätzlicher Software, Erweiterungen an vorhandener Software usw. In gewissen Fällen machen diese Kosten beinahe gleich viel oder sogar mehr aus als die im Vertrag vereinbarten Leistungen. Dort, wo dies der Fall ist, besteht auch ein entsprechendes Optimierungspotenzial.

13.8.2 Effizienzsteigerungen

Die Effizientsteigerungen müssen primär durch den Outsourcer realisiert und die daraus resultierenden Einsparungen (mindestens teilweise) an den Kunden weitergegeben werden:

▶ **Benchmarking der Leistungen und Kosten des Outsourcers**: Es empfiehlt sich, bei der Vertragsverhandlung eine Klausel bezüglich einer jährlichen Kostensenkung um einen bestimmten Prozentsatz oder ein Benchmarking der Leistungen des Outsourcers in den Vertrag aufzunehmen. Ohne einen entsprechenden Passus kann der Outsourcer kaum dazu gebracht werden, das vereinbarte Preisniveau zu senken.

▶ **Neuausschreibung der Outsourcing-Leistungen bei Vertragsende**: Nach Ablauf der Vertragsdauer kann der Outsourcing-Vertrag neu ausgeschrieben werden. Dies ist allerdings ein ähnlich aufwändiger Prozess wie die erstmalige Ausschreibung der Leistungen, die outgesourct werden sollen. Dafür profitiert man von den aus der erstmaligen Ausschreibung gemachten Erfahrungen. Wenn das Preisniveau sowie die Leistungen des heutigen Outsourcers bereits gute Werte erreichen und die Zusammenarbeit zwischen beiden Parteien gut funktioniert, wird eventuell auf eine Neuausschreibung verzichtet und der bestehende Vertrag neu ausgehandelt. Dies kann vor allem bei einer gut funktionierenden Partnerschaft ein gangbarer Weg sein, da der Wechsel zu einem anderen Outsourcer mit beträchtlichem Aufwand und auch einigen Risiken verbunden ist.

13.8.3 Leistungsreduktion

Bei der Leistungsreduktion geht es im Gebiet Outsourcing einerseits darum, durch eine Reduktion der Komplexität und der Anforderungen dem Outsourcer zu ermöglichen, ein niedrigeres Kosten- und damit Preisniveau zu erreichen. Andererseits müssen die über den Outsourcing-Vertrag hinausgehenden Leistungen genau geprüft und hinterfragt werden.

➤ **Reduktion der Komplexität und Anforderungen, um dem Outsourcing-Partner ein niedrigeres Kostenniveau zu ermöglichen**: Die Leistungsreduktion mit einem Outsourcer verhält sich ähnlich wie innerhalb einer internen IT. Es gilt, Leistungen zu identifizieren, die reduziert werden können, so dass es dem Outsourcing-Partner möglich wird, ein niedrigeres Kostenniveau zu erreichen (kürzere Betriebs- und Servicezeiten, längere Reaktionszeiten, geringere Verfügbarkeiten usw.). Dies kann übrigens häufig auch bei einem laufenden Vertrag gemacht werden, so dass nicht mit der Kostenreduktion bis Vertragsende gewartet werden muss.

➤ **Reduktion der über den Outsourcing-Vertrag hinausgehenden Leistungen und Kosten**: Einige Outsourcing-Verträge sind so knapp kalkuliert, dass die Kosten für die Erbringung der vereinbarten Leistungen nur knapp oder sogar gar nicht gedeckt sind. Hier hat der Outsourcer ein großes Interesse, möglichst viele Leistungen zu erbringen, die nicht im Vertrag enthalten sind und deshalb separat in Rechnung gestellt werden können. Um die Kosten auch in diesem Bereich im Griff haben zu können, müssen sämtliche über den Vertrag hinausgehenden Leistungen durch eine Person (oder eine definierte Gruppe von Personen bei großen Firmen) auf Kundenseite freigegeben und beim Outsourcer in Auftrag gegeben werden. Sobald mehrere unkoordinierte Stellen Aufträge an den Outsourcing-Partner erteilen können, ist die Gefahr von unkontrollierten Kosten hoch.

13.8.4 Zusammenfassung

Die Outsourcing-Kosten hängen einerseits von der Effizienz des Outsourcers für die Erbringung der vereinbarten Leistungen und andererseits von der Komplexität der Anforderungen der zu betreibenden Systeme ab. Daneben dürfen jedoch auch die Kosten für nicht im Outsourcing-Vertrag enthaltene Leistungen nicht aus den Augen verloren werden.

13

Charakteristik

- Die Outsourcing-Kosten werden in der Regel in einem mehrjährigen Vertrag festgelegt (teilweise mit vereinbarten jährlichen Kostensenkungen)
- Nebst den vertraglich vereinbarten Outsourcing-Kosten fallen häufig weitere Kosten an für Leistungen, die nicht im Vertrag enthalten sind

Effizienzsteigerungen

- Benchmarking der Leistungen und Kosten des Outsourcers
- Neuausschreibung der Outsourcing-Leistungen bei Vertragsende

Leistungsreduktion

- Reduktion der Komplexität und Anforderungen, um dem Outsourcing-Partner ein niedrigeres Kostenniveau zu ermöglichen
- Reduktion der über den Outsourcing-Vertrag hinausgehenden Leistungen und Kosten

Abbildung 13.9: Senkung der Outsourcing-Kosten

13.9 Senkung der Kosten für Raum, Klima und Strom

Vor allem bei Rechenzentren spielen die Infrastrukturkosten für Gebäude, Klima, Strom usw. eine signifikante Rolle. Je nach Sicherheits- und Redundanzanforderungen (zwei getrennte Rechenzentren, Auslagerung der Daten, redundante Netzwerk- und Stromanbindung, unabhängige Stromversorgung (Batterien, Dieselgeneratoren usw.)) fallen die Infrastrukturkosten unterschiedlich aus.

13.9.1 Charakteristik

Die Kosten für Raum (Rechenzentrum), Klima und Strom zeichnen sich vor allem dadurch aus, dass sie gebunden sind und kaum beeinflusst werden können. Die Raumkosten bestehen praktisch ausschließlich aus Abschreibungen der für den Bau notwendigen Investitionen und können dadurch nur sehr beschränkt beeinflusst werden.

Die Kosten für Klima und Strom sind im Vergleich zu den Gebäude- oder Raumkosten vernachlässigbar und werden deshalb an dieser Stelle nicht weiterverfolgt.

13.9.2 Effizienzsteigerungen

Da das Geld für den Bau der Gebäude bereits ausgegeben ist und die heutige Rechnung durch Abschreibungen belastet wird, kann nur entweder die Abschreibungsdauer erhöht und damit die Belastungen durch Abschreibungen verringert werden oder die Gebäude werden an eine andere Firma verkauft und wieder zurückgemietet:

➤ **Verkauf des Rechenzentrums an eine Immobiliengesellschaft und Rückmiete des Gebäudes**: Durch den Verkauf des Rechenzentrums und anschließender Rückmiete steigt die Liquidität kurzfristig an. Verglichen mit den gesamten IT-Kosten kann dies ein signifikanter Betrag sein, der allerdings nur im ersten Jahr aktiv wird. Danach fallen anstatt der Gebäude-Abschreibungen entsprechende Mietkosten an.

➤ **Verkauf des Rechenzentrums an einen Outsourcer und Rückmiete über die Servicekosten**: Anstatt das Rechenzentrum an eine Immobiliengesellschaft zu verkaufen, kann es auch gleich zusammen mit den entsprechenden IT-Services einem Outsourcer übergeben werden. Diese Lösung kann sehr interessant sein, da mit dem Verkauf des Rechenzentrums einerseits Geld in die Firma zurückfließt und andererseits der Outsourcer eventuell die Rechenzentrumsleistungen günstiger als die eigene IT erbringen kann. Damit kann mit einer Maßnahme gleich in zwei Bereichen Geld gespart werden.

Natürlich entstehen durch den Verkauf und die Rückmietung der Gebäude längerfristig betrachtet keine Kostenvorteile. Für einen momentanen Finanzengpass kann mit dieser Maßnahme jedoch die Liquidität signifikant erhöht und damit eine kritische Situation überwunden werden. Durch die Konzentration auf das Kerngeschäft und den Verkauf der Gebäude können die damit frei gewordenen finanziellen Mittel gegebenenfalls besser eingesetzt werden, so dass insgesamt ein nicht zu vernachlässigender Kostenvorteil resultiert.

13.9.3 Leistungsreduktion

Im Bereich Leistungsreduktion drängt sich vor allem eine Maßnahme auf:

➤ **Reduktion der Contingency**: Um auch bei Ausfall des Rechenzentrums den Betrieb weiter aufrechterhalten zu können, verfügen einige Firmen über ein Backup-Rechenzentrum. Alle wichtigen Rechner sowie Speicher- und Netzwerk-Komponenten sind redundant in beiden Rechenzentren vorhanden und können bei Ausfall des anderen Rechenzentrums mindestens einen Teil der Verarbeitungsleistung übernehmen. Alternativ kann auch ein Vertrag mit einer Firma für ein Ausweichrechenzentrum abgeschlossen werden, das im Katastrophenfall den Betrieb übernimmt. In jedem Fall kosten solche Contingency-Maßnahmen entsprechend Geld, das eingespart werden kann, falls das entsprechend höhere Risiko von der Firma getragen werden kann.

➢ **Verkleinerung des Rechenzentrums und Nutzung als Büroraum**: Ist ein Teil des Rechenzentrums ungenutzt oder lässt sich das Rechenzentrum durch neue und kompaktere Hardware verkleinern, kann der neu gewonnene Platz als Büroraum genutzt werden. Diese Maßnahme ist allerdings häufig schwierig umzusetzen, da der Umbau des Rechenzentrums zuerst einiges an Geld verschlingt und zudem für die dadurch neu geschaffene Bürofläche auch tatsächlich ein Bedarf vorhanden sein muss. Befindet sich das Rechenzentrum zudem in einem Untergeschoss, entstehen fensterlose Büroflächen, die kaum genutzt werden können.

13.9.4 Zusammenfassung

Bei den Kosten für Raum, Klima und Strom dominieren vor allem die Raumkosten. Da die entsprechenden Investitionen bereits getätigt sind, ist der Spielraum für Kostensenkungen gering und beschränkt sich im Wesentlichen auf den Verkauf und die Rückmiete der Gebäude an eine andere Firma.

Charakteristik
- Die Kosten für Raum (Rechenzentrum), Klima und Strom zeichnen sich vor allem dadurch aus, dass sie gebunden sind und kaum beeinflusst werden können
- Die Raumkosten bestehen praktisch ausschließlich aus Abschreibungen der für den Bau notwendigen Investitionen und können dadurch nicht beeinflusst werden (außer durch eine Erhöhung der Abschreibungsdauer)

Effizienzsteigerungen
- Verkauf des Rechenzentrums an eine Immobiliengesellschaft und Rückmiete des Gebäudes
- Verkauf des Rechenzentrums an einen Outsourcer und Rückmiete über die Servicekosten

Leistungsreduktion
- Reduktion der Contingency
- Verkleinerung des Rechenzentrums und Nutzung als Büroraum

Abbildung 13.10: Senkung der Kosten für Raum, Klima und Strom

13.10 Steuerung der Betriebsleistungen

Bisher habe ich ausschließlich Maßnahmen zur Reduktion der IT-Kosten aus der Sicht der IT behandelt. Ein wesentlicher Bestandteil ist jedoch nicht nur die innere Effizienz und das Leistungsangebot der IT, sondern ebenfalls der Konsum von IT-Leistungen durch die Anwender und das Management der Firma.

Die Entwicklung oder der Ausbau einer Applikation wird nicht nur alleine durch die IT teuer, sondern auch durch die Anforderungen der Benutzer. Gelingt es, schlanke und trotzdem leistungsfähige Applikationen und Infrastrukturen zu entwickeln und zu betreiben, lassen sich die IT-Kosten auf einem niedrigen Niveau halten. Dies ist jedoch maßgeblich von den Anforderungen und dem Anspruchsverhalten der Benutzer und dem Management der Firma abhängig.

13

13.10.1 Charakteristik

Solange weder die erbrachten IT-Leistungen noch die dazu gehörenden Kosten pro Kostenstelle transparent ausgewiesen werden, entsteht eine erhöhte Konsumhaltung. Da die IT-Leistungen entweder »umsonst« sind oder über eine pauschale Umlage, die kaum beeinflusst werden kann, den Kostenstellen belastet wird, entsteht kein Anreiz, den eigenen Konsum an IT-Leistungen zu hinterfragen und gegebenenfalls zu reduzieren. Ohne eine verursachergerechte Verrechnung der bezogenen Betriebsleistungen findet ein unkontrollierter Konsum statt.

13.10.2 Effizienzsteigerungen

Voraussetzung für die Senkung des Konsums an IT-Leistungen ist die transparente Darstellung und Verrechnung aller Betriebsleistungen:

▶ **Benutzte Applikationen:** Mit dem Nachweis und der Verrechnung der installierten und benutzten Applikationen kann sichergestellt werden, dass keine unnötigen Applikationen installiert sind, für die Lizenzkosten bezahlt werden müssen. Umgekehrt darf in diesem Gebiet nicht übertrieben werden, damit sich nicht verschiedene Benutzer denselben PC oder Benutzernamen teilen, um vermeintlich Kosten zu sparen, durch ihre ineffiziente Arbeitsweise jedoch genau das Gegenteil bewirken und die Kosten erhöhen.

13

▷ **PC und Drucker pro Abteilung**: Nur selten ist in einer Firma das Verhältnis zwischen der Anzahl der Benutzer und der Anzahl der PC identisch. Vielfach verfügen Benutzer über mehr als einen PC und erhöhen dadurch nicht nur die Kosten für Hardware, sondern ebenfalls die Support- und teilweise auch die Lizenzkosten. Ein ähnliches Phänomen wird bei den Druckern beobachtet. Nur selten weist eine Firma ein höheres Verhältnis als vier Mitarbeiter pro Drucker aus.

▷ **Diskplatz für Mail- und Fileserver**: Ohne eine Beschränkung oder Verrechnung des beanspruchten Diskplatzes für E-Mails und für die Ablage von Dateien steigt dieser mit zum Teil rasanten Wachstumsraten unaufhörlich an. Durch die niedrigen Diskpreise sind die Hardware-Kosten häufig noch zu verantworten. Hingegen erreichen die Kosten für Backup und Recovery sowie auch die Wiederherstellungszeiten schnell ein hohes Niveau.

▷ **Kosten für Remote Access**: Firmen, die ihren Mitarbeitern den Zugriff auf das Firmennetzwerk über eine gesicherte Verbindung von außen erlauben, sind ebenfalls mit entsprechenden Kommunikationskosten konfrontiert. Deshalb ist auch hier der transparente Nachweis ein wichtiges Element zur Kostenkontrolle.

▷ **Installation und Umzüge von PC und Druckern**: Die IT kann das Volumen von Umzügen und Installationen von PC und Druckern praktisch nicht beeinflussen. Für ein niedriges Kostenniveau hilft deshalb eine konservative Umzugspolitik.

▷ **Individualaufwendungen (»Regiearbeiten«)**: Die IT strebt in der Regel möglichst identische Informatik-Mittel für alle Anwender an. Ein gewisser Anteil an Individualaufwendungen gehört zu jeder Firma, damit sie ihre IT-Mittel auch für jede Funktion in der Firma nutzbringend einsetzen kann. Der Grad an Individualaufwendungen und damit die IT-Kosten können jedoch rasch zunehmen, sofern diese nicht ebenfalls transparent ausgewiesen und verrechnet werden.

13.10.3 Leistungsreduktion

Im Bereich der Leistungsreduktion finden sich die gleichen Maßnahmen zur Reduktion der Servicelevels wie

▷ Schlechtere Verfügbarkeiten

▷ Längere Durchlaufzeiten

▷ Geringere Servicezeiten

▷ Weniger Funktionalität

Diesmal kommt die Initiative zur Reduktion der Leistungen jedoch von Benutzerseite und nicht aus der IT. Dieser Fall tritt eher selten auf, ist jedoch ein gutes Zeichen dafür, dass die Verantwortung über die IT-Kosten nicht alleine von der IT getragen wird, sondern dass die Benutzer ihre IT-Kosten genau kennen und auch beeinflussen können.

13.10.4 Zusammenfassung

Allzu gerne wird die Verantwortung über die IT-Kosten alleine der IT zugeschoben. Dabei tragen die Anforderungen der Firma mit deren Mitarbeitern und Management einen häufig unterschätzten Anteil an der Höhe der IT-Kosten bei.

13

Charakteristik
- Ohne eine verursachergerechte Verrechnung der bezogenen Betriebsleistungen findet ein unkontrollierter Konsum statt. Damit entstehen unnötig hohe Kosten

Effizienzsteigerungen
- Transparente Darstellung und Verrechnung aller Betriebsleistungen
  - Benutzte Applikationen
  - PC und Drucker pro Abteilung
  - Diskplatz für Mail- und Fileserver
  - Kosten für Remote Access
  - Installation und Umzüge von PC und Druckern
  - Individualaufwendungen („Regiearbeiten")

Leistungsreduktion
- Reduktion der Servicelevels
  - Schlechtere Verfügbarkeiten
  - Längere Durchlaufzeiten
  - Geringere Servicezeiten
  - Weniger Funktionalität

Abbildung 13.11: Steuerung der Betriebsleistungen

13.11 Fazit

Die IT-Betriebsleistungen bestehen aus den in Abbildung 13.12 gezeigten Kostenblöcken.

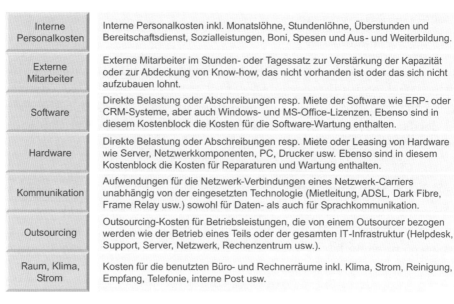

Interne Personalkosten	Interne Personalkosten inkl. Monatslöhne, Stundenlöhne, Überstunden und Bereitschaftsdienst, Sozialleistungen, Boni, Spesen und Aus- und Weiterbildung.
Externe Mitarbeiter	Externe Mitarbeiter im Stunden- oder Tagessatz zur Verstärkung der Kapazität oder zur Abdeckung von Know-how, das nicht vorhanden ist oder das sich nicht aufzubauen lohnt.
Software	Direkte Belastung oder Abschreibungen resp. Miete der Software wie ERP- oder CRM-Systeme, aber auch Windows- und MS-Office-Lizenzen. Ebenso sind in diesem Kostenblock die Kosten für die Software-Wartung enthalten.
Hardware	Direkte Belastung oder Abschreibungen resp. Miete oder Leasing von Hardware wie Server, Netzwerkkomponenten, PC, Drucker usw. Ebenso sind in diesem Kostenblock die Kosten für Reparaturen und Wartung enthalten.
Kommunikation	Aufwendungen für die Netzwerk-Verbindungen eines Netzwerk-Carriers unabhängig von der eingesetzten Technologie (Mietleitung, ADSL, Dark Fibre, Frame Relay usw.) sowohl für Daten- als auch für Sprachkommunikation.
Outsourcing	Outsourcing-Kosten für Betriebsleistungen, die von einem Outsourcer bezogen werden wie der Betrieb eines Teils oder der gesamten IT-Infrastruktur (Helpdesk, Support, Server, Netzwerk, Rechenzentrum usw.).
Raum, Klima, Strom	Kosten für die benutzten Büro- und Rechnerräume inkl. Klima, Strom, Reinigung, Empfang, Telefonie, interne Post usw.

Abbildung 13.12: Kostenblöcke bei den Betriebsleistungen

Ein Teil des Geldes ist bereits ausgegeben (Raum, Hardware, Software) und belastet die laufende Rechnung in Form von Abschreibungen. Damit kann über Einsparungen in diesen Gebieten nicht diskutiert werden. Hier stehen nur zwei Möglichkeiten zur Verfügung:

▷ Verlängerung der Abschreibungsdauer, falls dies realistisch ist und die gesetzlichen Vorschriften nicht verletzt werden.

▷ Verkauf der Gebäude und Hardware (Software kann in der Regel nicht weiterverkauft werden) an eine andere Firma mit anschließender Rückmiete. Langfristig lassen sich die Kosten damit natürlich nicht senken, hingegen steigt die Liquidität durch den Verkauf der Güter kurzfristig an.

Je nach Konstellation können die fixen Kosten für Gebäude, Hard- und Software über die Hälfte der Betriebskosten (nicht der Projektkosten) ausmachen. Damit können Einsparungen nur bei etwa der Hälfte der Betriebskosten effektiv realisiert werden. Das heißt, dass bei einer Einsparvorgabe von 10% der Betriebskosten effektiv 20% bei den direkt beeinflussbaren Kosten wie internes und externes Personal, Kommunikation und Outsourcing reduziert werden müssen. Sehen die 10% Einsparvorgabe auf den ersten Blick noch machbar aus, sind effektiv zu realisierende 20% bei den tatsächlich beeinflussbaren Kosten eine sehr anspruchsvolle Vorgabe.

Bei jeder Kostenreduktion muss unterschieden werden zwischen Maßnahmen, die ohne Investitionen (z.B. die Aushandlung von günstigeren Konditionen oder die Reduktion von Servicezeiten) realisiert werden können, und solchen, die zuerst entsprechende Investitionen benötigen (z.B. die Konsolidierung von Servern), bevor die entsprechenden Einsparungen wirksam werden.

Die Übersicht in Abbildung 13.13 fasst alle vorgestellten Maßnahmen zur Effizienzsteigerung zusammen.

Interne Personalkosten
- Benchmarking und Anpassung der Ressourcen an die Referenzwerte
- Reduktion der Aufwände durch Konzentration auf das Wesentliche
- Reduktion der Aufwände durch Optimierung der Prozesse
- Reduktion der Aufwände durch Standardisierung

Externe Mitarbeiter
- Aushandlung günstigerer Konditionen
- Umwandlung von externen Mitarbeitern in interne Mitarbeiter (Übernahme der externen Mitarbeitern oder Besetzung der Stelle/Funktion mit einem internen Mitarbeitern)

Software
- Aushandlung günstigerer Konditionen bei der Beschaffung von SW
- Aushandlung günstigerer Konditionen bei den Wartungsverträgen
- Konsolidierung von gleicher oder ähnlicher Software

Hardware
- Aushandlung günstigerer Beschaffungskonditionen
- Reduktion der Anzahl PC pro Mitarbeiter
- Standardisierung der Hardware (günstigere Beschaffung&Betrieb)
- Server-Konsolidierung
- Verkauf der Hardware an eine Leasingfirma und Rückmiete
- Verkauf der Hardware an einen Outsourcer und Rückmiete über die Servicekosten

Kommunikation
- Aushandlung günstigerer Konditionen beim aktuellen Provider
- Wechsel der Kommunikationstechnologie
- Optimierung des Kommunikationsbedarfes
- Ausschreibung der Kommunikationsverbindungen

Outsourcing
- Benchmarking der Leistungen und Kosten des Outsourcers
- Neuausschreibung der Outsourcing-Leistungen bei Vertragsende

Raum, Klima, Strom
- Verkauf des Rechenzentrums an eine Immobiliengesellschaft und Rückmiete des Gebäudes
- Verkauf des Rechenzentrums an einen Outsourcer und Rückmiete über die Servicekosten

Abbildung 13.13: Zusammenfassung der Maßnahmen zur Effizienzsteigerung

Und in Abbildung 13.14 noch sämtliche Maßnahmen zur Leistungsreduktion.

Interne Personalkosten
- Reduktion der bedienten Betriebszeiten der Systeme
- Reduktion der Bereitschaftszeiten und Bereitschaftseinsätze
- Reduktion der Servicezeiten im Helpdesk und im Support
- Erhöhung der Wartezeit im Helpdesk
- Erhöhung der Durchlaufzeiten (z.B. für PC-Bestellungen)

Externe Mitarbeiter
- Abbau von externen Mitarbeitern

Software
- Keine SW-Wartungsverträge für MS Office. Upgrade von MS Office nur ca. alle fünf Jahre inkl. Neubeschaffung der Lizenzen
- Keine separaten Windows-Lizenzen für PC, sondern Verwendung der mit dem PC gelieferten Lizenz
- Keine SW-Wartungsverträge für Windows. Upgrade von Windows nur ca. alle fünf Jahre. Neue Windows-Lizenzen durch Beschaffung neuer PC

Hardware
- Verschiebung oder Streichung von Investitionen
- Beschaffung von leistungsschwächerer und damit günstigerer HW
- Verlängerung der Einsatzdauer der verwendeten Hardware
- Reduktion des Speicherbedarfs
- Reduktion der Ausfallsicherheit und Redundanz
- Reduktion oder Kündigung der HW-Wartungsverträge

Kommunikation
- Verbindungen über Internet mit VPN anstatt dedizierte Verbindungen über einen Carrier
- Reduktion der Bandbreite
- Reduktion der vernetzten Niederlassungen
- Reduktion der Verfügbarkeit

Outsourcing
- Reduktion der Komplexität und Anforderungen, um dem Outsourcing-Partner ein niedrigeres Kostenniveau zu ermöglichen
- Reduktion der über den Outsourcing-Vertrag hinausgehenden Leistungen und Kosten

Raum, Klima, Strom
- Reduktion der Contingency
- Verkleinerung des Rechenzentrums und Nutzung als Büroraum
- Verkauf des Rechenzentrums an einen Outsourcer und Rückmiete über die Servicekosten

Abbildung 13.14: Zusammenfassung der Maßnahmen zur Leistungsreduktion

Bisher habe ich mich ausschließlich den Betriebskosten zugewendet und keine Aussagen bezüglich der Kostentreiber sowie der Reduktion der Projektkosten gemacht. Diese Themen will ich in den folgenden beiden Kapiteln behandeln. Nicht zuletzt geht es auch darum, die Auswirkungen, die die Projektkosten auf die Betriebsaufwendungen haben, aufzuzeigen, zu analysieren und Möglichkeiten zur Gesamtkostenoptimierung vorzustellen.

14 Kostentreiber bei IT-Projekten

Die Kostentreiber bei IT-Projekten unterscheiden sich komplett von denjenigen im IT-Betrieb, die Sie in Kapitel 12 kennen gelernt haben. Während die Betriebsleistungen mehrheitlich aus wiederkehrenden Aufwendungen bestehen, weisen Projekte einen klaren Beginn und ein (hoffentlich) ebenso klares Ende auf. Mit dem Abschluss des Projektes fallen keine weiteren Projektkosten mehr an, vielfach jedoch Betriebskosten, da nun die im Projekt erstellten Systeme betrieben werden müssen.

Ein IT-Projekt weist per se in der Regel keinen Nutzen auf. Erst durch die im Projekt erstellten Systeme und Applikationen, die nach Projektabschluss vom IT-Betrieb übernommen und für die Anwender betrieben werden, entsteht der eigentliche Nutzen eines Projektes. Damit wird klar, dass die Projektleistungen einen Einfluss auf die Betriebskosten haben werden und eine hohe Anzahl von Projekten die IT-Betriebskosten üblicherweise signifikant beeinflussen.

Die Projektkosten selbst können jedoch ebenfalls stark variieren, je nachdem wie effizient das Projekt realisiert wird. Ein klares Vorgehen mit von vornherein definierten Lieferergebnissen, einem realistischen Zeitplan und klar zugewiesenen Verantwortungen wird ziemlich sicher kostengünstiger realisiert als ein Projekt, bei dem die Ziele unklar sind und sich laufend ändern, bei dem die Verantwortungen nicht klar geregelt sind und bei dem der Zeitplan entweder nicht vorhanden, unrealistisch oder für alle Beteiligten belanglos ist.

Eine weitere Kategorie stellen die Projekte dar, die vorzeitig abgebrochen, verschoben oder redimensioniert werden. Hier wurde Geld in ein laufendes Projekt investiert, das mit dessen Abbruch oder Neuorientierung wertlos geworden ist, da das Projekt nicht die gewünschten Resultate erarbeitet hat. Während in den vorherigen Fällen durch eine ineffiziente Projektführung oder zu hohe Betriebskosten ein schlechtes Preis-Leistungs-Verhältnis geschaffen wurde, ist hier gar keine Leistung entstanden, dafür jedoch Geld verbraucht worden.

Dies führt zur allerersten Frage, die sich bei einem Projekt stellt. Welche Projekte sollen überhaupt realisiert werden? Welches sind die »richtigen« Projekte und welches die »falschen«? Es nützt nichts, Projekte erfolgreich, mit niedrigen Projektkosten und Betriebskosten zu realisieren, wenn diese Projekte der Firma gar keinen oder einen zu geringen Nutzen bringen. Während ich in den vorherigen Abschnitten die Effizienz erwähnt habe, sind wir nun plötzlich bei der Effektivität zum Sinn oder Unsinn von Projekten gekommen.

Ich möchte die bis hier gemachten Überlegungen in Abbildung 14.1 zusammenfassen.

14

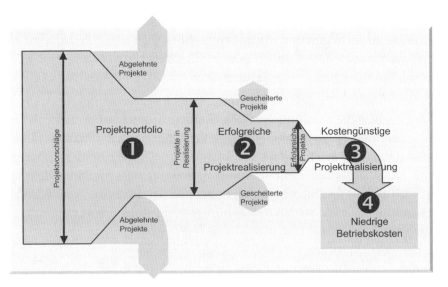

Abbildung 14.1: Kostentreiber bei IT-Projekten

Wenn wir ein Projekt von dessen Entstehung über seine Realisierung bis zum Betrieb der im Projekt entstandenen IT-Systeme betrachten, finden wir vier wichtige Phasen, die die Projektkosten signifikant beeinflussen:

1. **Projektportfolio**: Im Projektportfolio sind sämtliche geplanten, laufenden und auch abgeschlossenen Projekte enthalten (siehe auch Abschnitt 6.3 *Projektportfolio*). Mit dem Projektportfolio wird gesteuert, wie groß das Projektvolumen ist und welche Projekte realisiert werden sollen. Damit kommen dem Projektportfolio gleich zwei wichtige Funktionen bezüglich der Kostentreiber von IT-Projekten zu: Es bestimmt die für die Projekte vorhandenen Mittel und legt damit eine sehr wichtige Kostengröße fest. Andererseits ist der Entscheidungsprozess, welche Projekte realisiert und welche verschoben oder nicht realisiert werden sollen, eng an das Projektportfolio geknüpft.

2. **Erfolgreiche Projektrealisierung**: Nachdem bestimmt ist, welche Projekte realisiert werden sollen, geht es in der zweiten Phase darum, diese Projekte möglichst erfolgreich umzusetzen. Hier sind vor allem ein gutes Projekt- und Risikomanagement gefragt (siehe Abschnitt 6.5 *Projektdurchführung*), um die Quote der gescheiterten Projekte möglichst niedrig halten zu können. Jedes gescheiterte Projekt hat nicht nur entsprechende finanzielle und personelle Ressourcen beansprucht, ohne ein entsprechendes Projekt- resultat zu erbringen, sondern hinterlässt häufig auch frustrierte Mitarbei- ter. Das Projektportfolio ist auch hier das primäre Mittel, um alle laufenden Projekte zu verfolgen und um auf einen Blick diejenigen Projekte zu erken- nen, die finanziell, terminlich oder bezüglich ihrer zu erarbeitenden Liefe- robjekte Abweichungen gegenüber dem jeweiligen Projektplan aufweisen.

3. **Kostengünstige Projektrealisierung**: Nach der Auswahl der »richtigen« Projekte und der erfolgreichen Realisierung dieser Vorhaben folgt der drit- te Schwerpunkt: die kostengünstige Realisierung der Projekte. Hier geht es darum, die Projektziele durch klare Vorgaben, ein geplantes Vorgehen und durch einen effizienten Ressourceneinsatz möglichst kostengünstig zu erreichen. Dies mag trivial klingen, stellt in der Regel jedoch hohe An- forderungen, da zu wenig Projektmittel den Projekterfolg gefährden kön- nen (siehe Punkt 2). Daher haben viele Projektleiter das Bestreben, mög- lichst viele Mittel für ihr Projekt zu erhalten, damit sie großzügig planen und auf sämtliche Eventualitäten sicher reagieren können. Dies verhindert jedoch wiederum eine kostengünstige Realisierung.

4. **Niedrige Betriebskosten**: Last but not least kommt ein Punkt, der in der Regel nur von sehr reifen Projektorganisationen realisiert werden kann und nur allzu gerne vergessen wird. Neben der Gewährleistung des Pro- jekterfolges und der günstigen Projektabwicklung achtet das Projektteam von Anfang an darauf, dass die zu entwickelnde oder zu integrierende Lösung mit möglichst geringem Aufwand betrieben werden kann. Dazu gehört auf der einen Seite eine gute Performance der Lösung, um die Hardware-Kosten nicht unnötig in die Höhe zu treiben. Auf der anderen Seite muss die Lösung so gestaltet sein, dass sie möglichst wenig Be- triebsaufwand verlangt. Dazu gehören z.B. eine hohe Qualität für wenig Fehlerkorrekturen, ein hoher Automatisierungsgrad für wenig manuelle Eingriffe oder eine effiziente Überwachung, um Ausfälle sofort feststellen und entsprechend reagieren zu können.

14

Zusammengefasst ergeben sich die folgenden vier Kostenhebel bei IT-Projekten:

1. Die richtigen Projekte realisieren
2. Die Projekte richtig realisieren
3. Die Projekte günstig realisieren
4. Die Betriebskosten minimieren

14

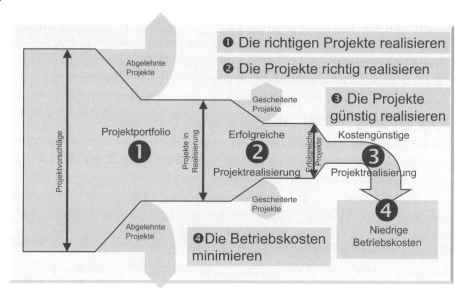

Abbildung 14.2: Die vier Kostenhebel bei IT-Projekten

Diesen vier Punkten möchte ich mich nun im Folgenden detaillierter zuwenden.

14.1 Die richtigen Projekte realisieren

Ich orientiere mich anhand der vier Phasen und möchte als Erstes herausfinden, wie die »richtigen« Projekte realisiert werden können.

Dabei ist nicht die erste Frage, welche Projekte die »richtigen« sind, sondern wie viele Projekte bzw. welche finanziellen und personellen Mittel zur Verfügung stehen. Nach dieser Frage wende ich mich dann den »richtigen« Projekten zu.

14.1.1 Bestimmung des Projektvolumens

Die erste Frage, die sich jede Firma bezüglich IT-Projekten stellen muss, ist die Frage nach dem Projektvolumen:

- **Innovation**: Welches Projektvolumen ist im Minimum nötig, damit sich die Firma weiterentwickeln kann?

- **Erhaltung der heutigen Systeme**: Wie lange können Projektvorhaben aufgeschoben werden, ohne dass der Geschäftserfolg der Firma negativ beeinflusst wird?

- **Risikomanagement**: Was geschieht, wenn kritische Projekte nicht oder mit Verzögerung realisiert werden?

- **Finanzierung**: Welches Projektvolumen ist finanzierbar?

Wie groß soll nun das Projektvolumen sein? Beginnen wir mit einer Top-Down-Betrachtung. Aus dieser Perspektive gibt es verschiedene Möglichkeiten, das jährliche Projektvolumen festzulegen:

14

Fester Betrag

Es wird jährlich ein fester Betrag für IT-Projekte aufgewendet, dessen Höhe sich über die Zeit eingebürgert hat. Dies erleichtert nicht nur die Finanzplanung des Unternehmens, sondern – was mindestens ebenso wichtig sein kann – ebenfalls die Ressourcenplanung der IT (vor allem die Planung der personellen Ressourcen). Beide Seiten – die IT als auch die Fachbereiche – können sich auf ein konstantes Projektvolumen einstellen, was die Planung und auch die Abwicklung der Projekte wesentlich vereinfacht.

Voraussetzung für dieses Modell ist eine relativ konstante Geschäftsentwicklung, da sonst je nach Geschäftsanforderungen einmal zu viele und ein anderes Mal zu wenige Mittel für die Realisierung der Projekte zur Verfügung stehen. Damit besteht die Gefahr, dass im einen Fall wegen der beschränkten Projektmittel nicht alle notwendigen Projekte realisiert werden können und im anderen Fall unsinnige Projekte durchgeführt werden, weil mehr Mittel als Anforderungen vorhanden sind.

So konservativ und simpel diese Methode klingen mag, so einfach und bestechend ist sie. In einer sehr dynamischen Firma mit schnell wechselnden Anforderungen wird dieses Modell jedoch kaum Erfolg verzeichnen können.

Abhängig vom Umsatz

Eine Verfeinerung des obigen Modells ist die Koppelung des Projektvolumens an den Umsatz der Firma. Die Finanzplanung gestaltet sich dadurch immer noch relativ einfach, die Planung der IT-Ressourcen wird nun jedoch anspruchsvoller, ist aber immer noch bewältigbar: Bei steigendem Umsatz wird der Personalbestand in der IT erhöht oder es werden externe Kräfte herangezogen, um das gestiegene Projektvolumen bewältigen zu können. Bei sinkendem Umsatz werden entsprechend externe und ab einem gewissen Zeitpunkt auch interne Mitarbeiter abgebaut, um auf das geringere Projektvolumen reagieren und die notwendigen Kostensenkungen realisieren zu können.

Der große Vorteil dieses Modells sind die klaren Spielregeln: Bei steigendem Umsatz können mehr Projekte realisiert werden und bei sinkendem Umsatz wird die Situation entsprechend nach unten korrigiert.

Der Nachteil ist, dass das notwendige und sinnvolle Projektvolumen nicht unbedingt vom Umsatz anhängig ist. So kann es durchaus sein, dass gerade bei sinkendem Umsatz mehr in die IT investiert werden muss, um neue Produkte auf den Markt bringen zu können und damit den Umsatz wieder zu erhöhen. Umgekehrt kann es in umsatzstarken Phasen der Fall sein, dass weniger in die IT investiert werden muss, weil die vorhandenen Produkte gute Umsätze generieren.

Wer etwas vorausschaut, wird jedoch hoffentlich rechtzeitig erkennen, wann eine neue Geschäftsphase eingeleitet werden muss. Diesem Umstand wird im nachfolgenden Modell Rechnung getragen.

Abhängig von der Geschäftsstrategie

Sie haben im Kapitel 3 *Wirtschaftlichkeitsrechnungen* gesehen, dass zwei wichtige Faktoren für IT-Projekte die Umsetzung der Geschäftsstrategie sowie die Realisierung von Effizienzsteigerungen sind. Damit wird das Projektvolumen von der Geschäftsstrategie abhängig gemacht.

Bedingt die Umsetzung der Geschäftsstrategie eine entsprechende Investition in die IT-Systeme oder sollen auf der Geschäftsseite signifikante Effizienzsteigerungen realisiert werden, muss das Projektvolumen entsprechend vergrößert werden. Dies stellt höhere, aber immer noch bewältigbare Anforderungen an die Finanzplanung der Firma. Ebenfalls steigen die Anforderungen an die Planung der IT-Ressourcen signifikant an, da nun die IT-Ressourcen wesentlich flexibler an die sich ändernden Geschäftsanforderungen angepasst werden müssen.

Der Vorteil ist die enge Kopplung der IT-Strategie an die Geschäftsstrategie und damit die gute Unterstützung der Geschäftsziele. Der Nachteil sind die schwierigere Planung und größere Schwankungen der IT-Ressourcen. Diese Methode der Bestimmung des Projektvolumens setzt eine vorhandene und greifbare Geschäftsstrategie inkl. deren Umsetzung und Auswirkung auf die IT-Systeme voraus. Was selbstverständlich klingt, ist in der Praxis und damit in vielen Firmen ein nicht zu unterschätzender Prozess, der eine große Erfahrung und Reife sowohl der Geschäftsleitung als auch der IT-Leitung bedingt.

Abhängig vom Geschäftserfolg

Eine ganz andere Betrachtungsweise ist, das Projektvolumen vom Geschäftserfolg abhängig zu machen: In guten Zeiten sind die Mittel vorhanden, um in die IT zu investieren und sich so ein gewisses »Polster« zu verschaffen, auf das dann in finanziell schlechteren Zeiten zurückgegriffen werden kann.

14

Dieses Modell hilft, den Gewinn etwas zu glätten, da ein hoher anstehender Gewinn durch entsprechende IT-Investitionen etwas reduziert werden kann. Umgekehrt kann ein niedrig erwarteter Gewinn etwas aufgebessert werden, indem die Investitionsvolumen in die IT auf niedrigem Niveau gehalten werden. Aus finanzieller Sicht kann dieses Modell sehr interessant sein, aus Sicht der Unternehmensplanung und auch aus Sicht der IT kann dies jedoch einige Probleme aufwerfen:

In finanziell guten Zeiten wird viel Geld in IT-Projekte investiert, unabhängig davon, ob diese Sinn machen oder nicht. Umgekehrt steht in finanziell schlechteren Zeit kein Geld für die Umsetzung von eventuell dringend benötigten IT-Projekten zur Verfügung.

Auf der Seite der IT ist es schwierig, die Projektressourcen laufend an geänderte Anforderungen anzupassen. Insbesondere gibt es nur wenige Firmenkulturen und Mitarbeiter, die damit umgehen können, dass einmal viel Geld zur Verfügung steht, das ausgegeben werden muss, und ein andermal kaum die notwendigsten Vorhaben realisiert werden können.

Abhängig von den verschiedenen Geschäftseinheiten

Die letzte Variante zur Steuerung des Projektvolumens ist die Steuerung durch die verschiedenen Geschäftseinheiten. Dabei plant jede Geschäftseinheit für sich, wie viel sie im laufenden Jahr in IT-Projekte investieren will und kann, und verhält sich damit wie eine eigenständig agierende Firma. Für Geschäftseinheiten, die als autonomes Profit Center geführt werden, kann dies ein sinnvolles Modell sein. Innerhalb der verschiedenen Geschäftseinheiten können dann wiederum die unterschiedlichen vorhin vorgestellten Modelle (fester Betrag, abhängig vom Umsatz, abhängig von der Geschäftsstrategie, abhängig vom Geschäftserfolg) zum Einsatz kommen.

Für die IT hingegen stellt dieses Modell sehr große Herausforderungen und bringt die größte Dynamik in die Planung der Ressourcen. Da es häufig nicht einfach oder sogar unmöglich ist, IT-Spezialisten des Systems A kurzfristig für die Weiterentwicklung des Systems B einzusetzen, muss sich die IT praktisch wie ein am Markt agierender IT-Anbieter verhalten. Dies bedingt einen sehr großen Reifegrad der IT, der nur selten anzutreffen ist und häufig mit einem höheren Personalbestand in der IT erkauft werden muss.

Der Vorteil, den die verschiedenen Geschäftseinheiten durch ihre Autonomie gewinnen, wird damit häufig durch die Komplexität in der Planung der IT-Ressourcen wieder aufgewogen.

14.1.2 Planung des Projektvolumens

In den vorangegangenen Betrachtungen habe ich stillschweigend angenommen, dass über das gesamte Projektvolumen verfügt werden kann. Dies ist aber praktisch nie der Fall, wie die Grafik in Abbildung 14.3 zeigt.

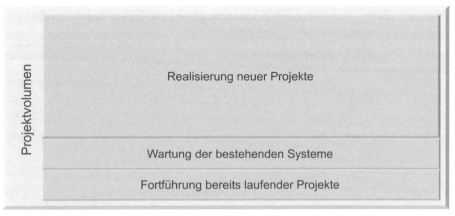

Abbildung 14.3: Effektiv zur Verfügung stehendes Projektvolumen

- **Fortführung bereits laufender Projekte**: Nur allzu oft wird bei der Planung neuer Projekte vergessen, dass sich bereits verschiedene Projekte in der Umsetzung befinden. Diese kosten einerseits ebenfalls Geld und benötigen andererseits häufig die gleichen (vorwiegend personellen) Ressourcen wie die neuen Projekte.

- **Wartung der bestehenden Systeme**: Praktisch jedes IT-System bedingt einen gewissen Aufwand für seine Wartung. Hier finden die Weiterentwicklungen statt, die dafür sorgen, dass das System immer up to date ist und die Arbeitsabläufe der Fachbereiche möglicht optimal unterstützt. Umgekehrt besteht hier aber auch die Gefahr, dass das System »vergoldet« wird und ohne geschäftsrelevante Anforderungen ständig angepasst und weiterentwickelt wird, ohne dass ein wirklicher Nutzen für die Firma entsteht.

- **Realisierung neuer Projekte**: Der verbleibende Teil des Projektvolumens (nach Abzug der bereits laufenden Projekte und der Wartung der bestehenden Systeme) kann für die tatsächliche Realisierung neuer Projekte eingesetzt werden. Häufig ist dies eine ernüchternd kleine Zahl und die Einführung eines neuen und größeren Systems ist nur möglich, indem die anderen beiden Kategorien auf das absolute Minimum reduziert werden.

14

Es wird wohl kaum eine Firma geben, die mit dem vorhandenen Projektvolumen zufrieden ist. Deshalb möchte ich betrachten, was bei einer Vergrößerung, aber auch bei einer Verkleinerung des Projektvolumens geschieht.

Vergrößerung des Projektvolumens

Auf den ersten Blick mag eine Vergrößerung des Projektvolumens sowohl von den Geschäftseinheiten als auch von der IT sehr begrüßt werden. Solange die Zunahme des Volumens nur etwa 5 bis 10% beträgt, ist dies sicherlich auch problemlos zu bewältigen. Eine größere Zunahme kann die IT jedoch vor ernsthafte Probleme stellen. Der erste Gedanken wird sein, mehr Personen einzustellen, um das gewachsene Projektvolumen bewältigen zu können. Dies dauert jedoch in der Regel ein halbes Jahr und bei den Projekten sollte bereits heute mit der Realisierung begonnen werden.

Also werden zur Überbrückung externe Mitarbeiter verpflichtet. Diese müssen jedoch auch eingearbeitet werden und müssen ihr erlangtes Know-how zudem später an die internen Mitarbeiter weitergeben. Leider funktioniert die Know-how-Weitergabe nur allzu häufig nicht so wie gewünscht und es ist schwierig, das Know-how im Verlaufe des Projektes an andere Personen weiterzugeben.

Apropos Know-how: Vielfach benötigen neue Projekte noch nicht oder noch nicht genügend vorhandenes Know-how zur Realisierung. Eine Verstärkung von außen drängt sich also regelrecht auf. Dies kostet jedoch zwangsläufig Geld und benötigt einen gut geführten Prozess, damit das neue Wissen nach Projektabschluss auch tatsächlich in der Firma vorhanden ist und nicht mit dem Weggang der externen Mitarbeiter die Firma wieder verlässt.

Nachdem es mit externer Unterstützung gelungen ist, den Ressourcen- und Know-how-Engpass zu überwinden, stellt sich als Nächstes die Frage nach Projektleitern. Die meisten IT-Abteilungen leiden an einem Mangel an guten und erfahrenen Projektleitern und verfügen nur selten über Spezialisten mit genügend Potenzial für die Leitung von anspruchsvollen Projekten. Hier gilt es also, laufend Mitarbeiter nachzuziehen und mit der Leitung von immer größeren und anspruchsvolleren Projekten auszubilden. Verfügt die IT nicht über genügend gut ausgebildete und erfahrene Projektleiter zur Bewältigung des gestiegenen Projektvolumens, stehen nur die beiden Varianten des Hinzuziehens von externen Projektleitern oder der Übertragung der Projektleitung an noch wenig erfahrene eigene Spezialisten zur Verfügung.

Beide Varianten kosten Geld. Die erste durch die höheren Kosten eines externen Projektleiters, die zweite durch das größere Risiko, das Projekt nicht erfolgreich oder über dem bewilligten Budget abschließen zu müssen.

Das gleiche Problem wie auf der Seite der IT stellt sich auch auf der Fachbereichsseite. Auch hier sind entsprechend erfahrene Mitarbeiter nötig, um die geschäftlichen Anforderungen einzubringen, die Spezifikationen zusammen mit der IT zu erstellen und die erstellten Systeme testen und abnehmen zu können. Weist die Spezifikation nicht die erforderliche Qualität und den Detaillierungsgrad auf oder werden die erstellten oder angepassten Systeme nicht genügend gut getestet, werden die Projektkosten durch entsprechende Nacharbeiten schnell über das bewilligte Budget hinaus anwachsen. Die Verstärkung der Fachbereichsseite lässt sich übrigens wesentlich schwieriger über externe Mitarbeiter realisieren und muss meistens aus den eigenen Reihen geschehen.

Last but not least benötigen mehr IT-Projekte auch mehr Management-Kapazität. Die Verankerung der wichtigen Projekte im Management mitsamt dessen Unterstützung ist ein wichtiger Faktor für eine erfolgreiche Projektrealisierung. Alle größeren Projekte brauchen einen Paten in der Geschäftsleitung, der auf Management-Ebene dafür sorgt, dass die nötigen Rahmenbedingungen für den Projekterfolg geschaffen werden, und der das Projektteam bei Schwierigkeiten unterstützt, die es nicht mehr selber bewältigen kann.

Damit muss eine Firma, die ihr Projektvolumen signifikant erhöhen will, die folgenden Punkte beachten und lösen:

- Ausbau der internen oder externen Projektmitarbeiter
- Ausbau des benötigten Know-hows durch interne Mitarbeiter oder durch Beizug von externen Spezialisten
- Ausbau der Kapazität der Projektleiter durch interne oder externe Personen mit entsprechender Erfahrung
- Ausbau der Fachbereichsseite
- Ausbau der Management-Kapazität für die Unterstützung der Projekte

14

Dies stellt hohe Anforderungen an die Managementfähigkeiten der IT, aber auch der Fachbereichsseite und der Geschäftsleitung. Einige der Punkte lassen sich dabei elegant lösen, indem man ein gesamtes Projekt im Rahmen eines Werkvertrages an eine darauf spezialisierte Firma vergibt. Jetzt ist diese Firma für die Lösung der Kapazitäts- und Know-how-Engpässe verantwortlich und muss einen entsprechend qualifizierten IT-Projektleiter stellen. Unter der Voraussetzung, dass die beauftragte Firma tatsächlich über die benötigte Qualifikation verfügt, können damit fast alle Problemstellungen der IT durch diese Firma gelöst werden.

Was nach wie vor bleibt, ist die Mitarbeit der Fachbereichsseite und der Geschäftsleitung. Neu dazu kommt hingegen die klare Führung des Outsourcing-Partners zur Erbringung der vereinbarten Projektleistungen. Dieser Punkt darf nicht vernachlässigt werden und ist für manche Firma schwieriger zu realisieren als gemeinhin angenommen, da die meisten Firmen über zu wenig Erfahrung in der Führung eines externen Partners verfügen.

Mit diesem Ansatz ist zwar nur noch das Know-how der Fachbereichsseite in der Firma. Das IT-Know-how ist mit dieser Methode beim Outsourcing-Partner. Solange dieser jedoch auch für die notwendigen Erweiterungen und Anpassungen der entsprechenden Systeme verantwortlich ist und klar beauftragt und geführt wird, muss dies überhaupt keinen Nachteil darstellen. Im Gegenteil: Bei einer entsprechend breiten Abstützung des Outsourcing-Partners im Markt ist dieser für verschiedene andere Kunden in vergleichbaren Gebieten tätig und kann damit sein Know-how wesentlich breiter abstützen als eine interne IT.

Verkleinerung des Projektvolumens

Nach der Vergrößerung will ich mich nun der Verkleinerung des Projektvolumens zuwenden. So wie die Vergrößerung eigene Problemstellungen mit sich bringt, so weist auch eine Verkleinerung entsprechende Herausforderungen auf.

Eine Verkleinerung des Projektvolumens wird in der Regel vorgenommen, um die IT-Kosten zu senken. Dies hat einerseits Auswirkungen auf die Sachkosten, vor allem aber auf die Personalkosten. Falls vorhanden, werden meist zuerst die externen Mitarbeiter reduziert, da dies einfacher und ohne Kündigung von Arbeitsverträgen, sondern nur mit der Beendigung des Einsatzverhältnisses mit der entsprechenden Firma realisiert werden kann.

Müssen noch mehr IT-Spezialisten abgebaut werden, müssen irgendwann auch Kündigungen von internen Mitarbeitern ausgesprochen werden. Je nach Land und der entsprechenden Gesetzeslage kann dies ein sehr aufwändiger und schwieriger Prozess sein. In jedem Fall entsteht jedoch ein Imageschaden und eine wenig motivierende Stimmung bei den übrigen Mitarbeitern.

Aus diesem Grund decken viele Unternehmen nur den Grundbedarf mit eigenen internen Mitarbeitern ab und beschäftigen für alle darüber hinausgehenden Leistungen externe Mitarbeiter, wie in Abbildung 14.4 dargestellt.

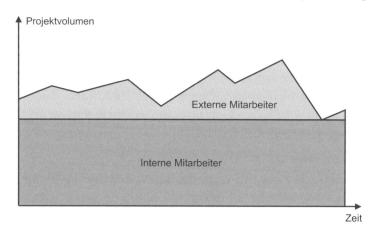

Abbildung 14.4: Abdeckung der Grundlast durch interne Mitarbeiter

Durch den relativ hohen Anteil an externen Mitarbeitern entstehen gewöhnlich auch relativ hohe Kosten. Deshalb setzen andere Firmen externe Mitarbeiter nur ein, um nicht vorhandenes Know-how oder Spitzen in der Arbeitsbelastung abzudecken (siehe Abbildung 14.5).

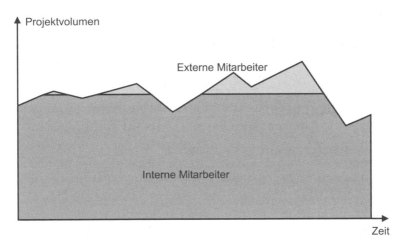

Abbildung 14.5: Abdeckung von Spitzen durch externe Mitarbeiter

14

Jetzt lassen sich durch den sparsamen Einsatz von externen Mitarbeitern zwar die Projektkosten etwas niedriger halten, dafür muss aber ein Teil der Schwankungen auch über interne Mitarbeiter abgefangen werden. Besteht nur während einer kurzen Zeit eine Überkapazität, werden die Kosten dadurch lediglich geringfügig beeinflusst. Ist die Kapazität der internen Mitarbeiter jedoch über längere Zeit zu hoch, muss der Personalbestand reduziert werden, um nicht in ein Kostenproblem zu geraten.

Nebst allen Schwierigkeiten, die ein Personalabbau mit sich bringt, darf nie außer Acht gelassen werden, dass mit einem Personalabbau ebenfalls ein Know-how-Abbau verbunden ist. Dies trifft sowohl auf den Abbau von internen als auch von externen Mitarbeitern zu und ist ein nicht zu vernachlässigender Aspekt.

Ein weiterer wichtiger Aspekt, der nicht unterschätzt werden darf, ist, dass nach einem Personalabbau mit anschließendem Anstieg des Projektvolumens zuerst wieder eine Kapazitätserhöhung vorgenommen werden muss. Jede Anpassung der Projektressourcen kostet Geld und – was ebenfalls nicht zu unterschätzen ist – Zeit. Externe Mitarbeiter können in der Regel in kurzer Zeit gefunden werden, die Suche nach internen Mitarbeitern dauert schnell einmal sechs Monate von der Bewilligung der Stelle bis zum Arbeitsantritt. Damit lohnt es sich – wo immer möglich –, ein möglichst ausgeglichenes Projektvolumen anzustreben.

Wie bei der Vergrößerung des Projektvolumens kann auch bei einer Verkleinerung die Vergabe der Projektrealisierungen an eine oder mehrere externe, darauf spezialisierte Firmen einen Großteil der damit verbundenen Probleme lösen bzw. der externen Firma übertragen werden. Aber auch hier gilt, dass die Führung des oder der Outsourcing-Partner das A und O jeder erfolgreichen Projektrealisierung ist.

14.1.3 Auswahl der »richtigen« Projekte

Nachdem ich in den vorangegangenen Kapiteln die »richtige« Größe des Projektvolumens behandelt habe, will ich nun betrachten, wie die Auswahl der »richtigen« Projekte erfolgt. Meistens übertreffen die Wünsche und Anforderungen der zu realisierenden Projekte das effektiv realisierbare Projektvolumen um einen Faktor zwei bis drei. Daher lohnt es sich, etwas Zeit in die Auswahl der für die Firma am meisten nützlichen Projekte zu investieren.

Erinnern Sie sich nochmals an die Wirtschaftlichkeitsrechnungen aus Kapitel 3. Sie haben dort gesehen, dass es vier Gründe für die Realisierung eines IT-Projektes gibt:

1. **Umsetzung der Geschäftsstrategie**: Das Umfeld eines Unternehmens ändert sich beständig und so wird auch die Geschäftsstrategie laufend weiterentwickelt. Die Unternehmensleitung beschließt, neue Produkte zu entwickeln, neue Märkte zu erschließen oder Allianzen mit anderen Unternehmen einzugehen. Dazu werden entsprechende Projekte gestartet, die häufig eine Anpassung oder Erweiterung der IT-Systeme bedingen.

2. **Effizienzsteigerungen**: Bei Projekten zur Effizienzsteigerung geht es nicht darum, neue Produkte zu schaffen, sondern die bestehenden Abläufe und Prozesse effizienter zu gestalten. Dazu sind Erweiterungen oder Anpassungen an den bestehenden IT-Systemen oder aber die Einführung neuer Systeme nötig.

3. **Ersatzinvestitionen**: Ersatzinvestitionen von bereits bestehenden Systemen wie z.B. der Ersatz von Servern oder Endgeräten am Ende ihres Lebenszyklus. Ersatzinvestitionen werden am besten über den laufenden Betrieb abgedeckt, da über Ersatzinvestitionen in der Regel nicht entschieden werden kann. Die Investition kann höchstens hinausgeschoben werden, eine Nichtrealisierung bedeutet, dass das entsprechende System nicht mehr zur Verfügung steht.

4. **Erfüllung von Auflagen**: Umsetzung von gesetzlichen oder anderen (z.B. revisionstechnischen) Auflagen wie Maßnahmen und Systeme gegen Geldwäscherei, Revisionstauglichkeit von Finanzsystemen, Nachverfolgbarkeit der Produktion von Medikamenten, Sicherstellung der Vertraulichkeit von Bankdaten usw.

Diese Gründe gelten für neue Projekte oder Projekte, die erweitert werden. Daneben existieren jedoch bereits laufende Systeme und Projekte, die ebenfalls berücksichtigt werden müssen (siehe Abschnitt 14.1.2 *Planung des Projektvolumens*):

5. **Wartung der bestehenden Systeme**: Aufwände für die Wartung der bereits bestehenden Systeme, so dass diese up to date sind und die Arbeitsabläufe der Fachbereiche möglichst optimal unterstützen.

6. **Fortführung bereits laufender Projekte**: Fortführung und Fertigstellung derjenigen Projekte, die sich bereits in der Umsetzung befinden und im Vorjahr (oder noch früher) freigegeben und gestartet wurden. Dazu sind einerseits die finanziellen Mittel einzuplanen als auch die Abhängigkeiten der Projektleiter und Projektmitarbeiter in Abhängigkeit mit den neu zu realisierenden Projekten zu klären.

14

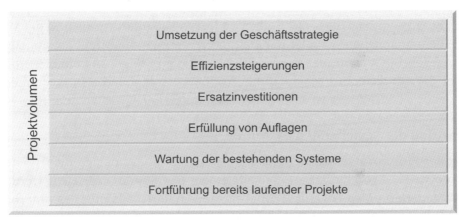

Abbildung 14.6: Gründe für die Realisierung von Projekten

Genau diese sechs Kriterien können nun für die Beurteilung der zu realisierenden Projekte herangezogen werden.

Beginnen wir mit den letztgenannten Kriterien zuerst:

Fortführung bereits laufender Projekte

Bei den bereits laufenden Projekten ist das Augenmerk auf drei Dinge zu richten:

1. Sind die nötigen Voraussetzungen für eine erfolgreiche Projektrealisierung nach wie vor gegeben?

2. Erfolgt die Projektrealisierung kostengünstig?

3. Wird der beim Projektstart propagierte Nutzen im beschriebenen Maße erreicht?

Mit der Planung neuer Projekte ist häufig auch ein Kampf um die besten Projektleiter und die besten Projektmitarbeiter verbunden. Dabei ist darauf zu achten, dass durch den Start neuer Projekte keine kritischen Mitarbeiter von den bestehenden Projekten abgezogen werden, so dass die erfolgreiche Realisierung der bereits laufenden Projekte gefährdet würde.

Die Planungsrunde neuer Projekte ist gleichzeitig eine gute Gelegenheit, die Budgetsituation der laufenden Projekte zu überprüfen und gegebenenfalls anzupassen. Sowohl nach oben als auch nach unten. Hat sich bei einem Teil der Projekte gezeigt, dass das Budget zu knapp kalkuliert wurde und die Mittel nicht ausreichen, ist jetzt der richtige Zeitpunkt, die Mittel anzupassen. Umgekehrt gibt es immer wieder Projekte, die großzügig kalkuliert wurden oder die mit weniger Problemen konfrontiert worden sind als ursprünglich angenommen. Hier kann das Budget nach unten korrigiert werden.

Wartung der bestehenden Systeme

Mit der Einführung einer neuen oder erweiterten Software sind die Arbeiten keineswegs abgeschlossen. Einerseits muss das System betrieben werden und generiert entsprechende Betriebskosten, andererseits muss es unterhalten und weiterentwickelt werden. Erst bei der Abschaltung eines Systems entstehen keine Aufwände mehr für Wartung.

Genau hier liegt aber auch das Problem: Viele Systeme benötigen während ihrer Laufzeit noch mal so viele oder mehr Aufwendungen für die Wartung, wie ihre Erstellung benötigt hat. Solange ein entsprechender Geschäftsnutzen daraus resultiert, ist dies ein positiver Effekt. Bei Aufwendungen ohne und nur mit beschränktem Nutzen für die Firma werden jedoch unnötige Ressourcen gebunden. Dies geschieht meistens unbewusst und häufig ungesteuert, indem immer neue Anforderungen an die IT gestellt werden, die von der IT ohne große Hinterfragung realisiert werden. In einigen Fällen generiert die IT sogar selbst Anforderungen und setzt diese um.

Solche »Vergoldungen« müssen erkannt und verhindert werden. Dazu wird üblicherweise das Budget für Wartungsaufwendungen beschränkt oder sämtliche Änderungen müssen vor ihrer Realisierung vom Management genehmigt werden. Ohne solche Maßnahmen ist die Gefahr groß, dass die IT-Ressourcen falsch eingesetzt werden.

Der zweite wichtige Punkt bei der Wartung der bestehenden Systeme ist die kostengünstige Realisierung der Weiterentwicklungen. Diejenigen Erweiterungen, die für die Realisierung freigegeben worden sind, sollen möglichst effizient und mit wenig Aufwand implementiert werden. Dabei ist nicht nur darauf zu achten, dass die momentanen Aufwände gering gehalten werden, sondern auch, dass die Systeme so erweitert werden, dass sie auch in Zukunft mit wenig Aufwand gepflegt werden können und nicht eine größere »Renovierung« notwendig wird.

Erfüllung von Auflagen

Über Projekte zur Erfüllung von Auflagen kann in der Regel wenig diskutiert werden. Sie sind nötig, damit die Firma die sie betreffenden gesetzlichen oder anderen Auflagen und Richtlinien einhalten und erfüllen kann. Dies trifft vor allem auf Banken und Versicherungen, aber auch auf Pharmaunternehmen und andere Industriezweige und natürlich auch auf öffentliche Verwaltungen zu.

Wie Sie in Kapitel 3 gesehen haben, weisen solche Projekte keine direkte Wirtschaftlichkeit auf, sondern sind nötig, um als Firma oder Verwaltung weiter bestehen zu können. Es gibt aber sehr wohl zwei Größen, die auch bei diesen Projekten diskutiert werden können:

1. Der Zeitpunkt
2. Der Umfang

Beim richtigen Zeitpunkt geht es darum, das Projekt nicht zu früh zu realisieren, wenn noch keine Erfahrungen von anderen Firmen vorliegen und damit wegen des zu betretenden Neulands die Projektkosten höher ausfallen werden. Andererseits kann eine zu späte Realisierung ebenfalls erhöhte Projektkosten mit sich bringen, wenn unter hohem Termindruck das Einführungs-

14

datum eingehalten werden muss. Vielleicht lässt sich zudem das Projekt mit einem anderen Vorhaben kombinieren, so dass die Aufwände für beide Projekte niedriger als bei jeweils separater Durchführung ausfallen.

Die zweite Stellschraube ist der Projektumfang. Allzu gerne wird die Erfüllung von Auflagen nur sehr rudimentär oder aber mit übertriebenem Umfang realisiert. Im ersten Fall besteht die Gefahr, dass die notwendigen Auflagen nicht mit der nötigen Sicherheit eingehalten werden können, im zweiten Fall wird zu viel Geld für dessen Erfüllung ausgegeben. Gerade bei größeren Unternehmen ist bei der Erfüllung von Auflagen die Gefahr groß, dass ein überdimensioniertes Projekt gestartet wird, das sämtliche Eventualitäten abzudecken plant. Hier ist gesunder Menschenverstand und ein gewisser Pragmatismus gefragt, um die nötige Sicherheit mit bezahlbaren Mitteln gewährleisten zu können.

Ersatzinvestitionen

Wie Sie in Kapitel 3 *Wirtschaftlichkeitsrechnungen* gesehen haben, werden die Abschreibungen für Hard- und Software vorzugsweise von den Betriebskosten getragen. Damit können die Systeme im Rahmen der Betriebskosten erneuert werden und es fallen erst Projektkosten an, wenn die Systeme erweitert und mit neuer Funktionalität versehen werden sollen. Mit dieser Umsetzung der Kostenrechnung fallen gar keine Ersatzinvestitionen im Rahmen von Projekten an.

Werden die im Rahmen von Projekten beschaffte Hard- und Software jedoch nicht in Form von Abschreibungen den Betriebskosten zugewiesen, muss bei einer Erneuerung der Hard- oder Software ein neues Projekt gestartet werden. Das Projekt selbst bringt keine neue Funktionalität, sondern gewährleistet nur, dass z.B. nach Erreichen des Lebenszyklus der eingesetzten Hardware das entsprechende System weiterhin zur Verfügung steht.

Auf den ersten Blick erscheint es deshalb, dass über Ersatzinvestitionen nicht diskutiert werden kann, sondern dass diese absolut erforderlich sind, um den laufenden Betrieb nicht zu gefährden. Dabei existieren auch hier zwei relevante Steuergrößen:

1. Der Zeitpunkt der Ersatzinvestition
2. Der Umfang der Ersatzinvestition

Bei guter Finanzlage des Unternehmens kann es aus steuerlicher Sicht interessant sein, Investitionen vorzuziehen und eine Ersatzinvestition frühzeitig zu tätigen. Bei einer eher knappen Finanzsituation werden Ersatzinvestitionen hingegen möglichst lange aufgeschoben, um das Investitionsvolumen klein zu halten. Die Erfahrungen zeigen, dass Ersatzinvestitionen nicht nur aus finanzieller, sondern vielfach auch aus technischer Sicht hinausgeschoben werden können. Irgendwann ist jedoch der Zeitpunkt gekommen, wo die Leistung des Systems den laufend gestiegenen Anforderungen nicht mehr genügt und die Antwort- und Verarbeitungszeiten ein Maß annehmen, das kein effizientes Arbeiten mehr erlaubt. Ebenso steigen mit der Zeit die Hardware-Ausfälle an, so dass nicht nur die Ausfall-, sondern ebenfalls die Reparaturkosten die notwendigen Ersatzinvestitionen übersteigen.

Die zweite Stellgröße liegt im Umfang der Ersatzinvestitionen. Häufig wird davon ausgegangen, dass bei einer Erneuerung der Hardware nach drei bis fünf Jahren wieder im gleichen Rahmen wie bei der Erstbeschaffung investiert werden muss. Durch den Preisverfall und die gleichzeitige Leistungssteigerung gelingt es jedoch in der Regel, für einen Bruchteil der Erstinvestition wesentlich leistungsfähigere Hardware zu beschaffen, die gerade noch die in der Zwischenzeit gestiegenen Anforderungen bezüglich Leistungsfähigkeit erfüllen kann. Damit bietet jede Ersatzinvestition das Potenzial, die Abschreibungen gegenüber der damaligen Erstbeschaffung zu verringern.

Effizienzsteigerungen

Projekte zur Effizienzsteigerung weisen eine positive Wirtschaftlichkeitsrechnung auf und bringen einen direkten Return. Hier ist es wichtig, die Wirtschaftlichkeitsrechnung genau zu prüfen und die getroffenen Annahmen zu hinterfragen. Die wichtigste Fragestellung ist, wie die Einsparungen kapitalisiert werden können, so dass sie gewinnwirksam sind. Wie Sie früher gesehen haben, bringen Rechnungen in der Form x Mitarbeiter sparen y Minuten ihrer Arbeitszeit pro Tag ein, nichts, solange nicht aufgezeigt werden kann, wie diese virtuellen Einsparungen gewinnwirksam werden.

Es empfiehlt sich, mit der Freigabe der Projektmittel gleichzeitig das Budget derjenigen Einheiten zu reduzieren, wo die Effizienzsteigerungen realisiert werden sollen; natürlich erst nach Abschluss des Projektes, wenn die prognostizierten Einsparungen möglich sind. Ist es nicht möglich, diejenigen Kostenstellen zu bestimmen, deren Budget nach Projektabschluss um die geplanten Einsparungen reduziert werden sollen, liegt kein Projekt mit effektiver Effizienzsteigerung vor.

14

Als Nächstes ist das Payback zu betrachten. Ein Projekt zur Effizienzsteigerung mit einem Payback von mehr als drei Jahren sollten Sie hinterfragen. Das Projekt kann sehr sinnvoll sein, ist aber mit einem Payback von über drei Jahren nur in Ausnahmefällen noch als Steigerung der Effizienz zu betrachten. Erfüllt das Projekt dieses Kriterium nicht, kann es eventuell aus anderen Gründen wichtig sein, es zu realisieren. Es gehört dann jedoch nicht mehr zur Kategorie der Effizienzsteigerung.

Projekte mit einem hieb- und stichfesten Nachweis der Wirtschaftlichkeit, die aufzeigen können, wie die Einsparungen gewinnwirksam realisiert werden, lohnen sich immer umzusetzen – theoretisch sogar auch bei einem Überschreiten des vorgegebenen Projektvolumens. Die Realisierung hängt jedoch von zwei Faktoren ab:

1. Den vorhandenen finanziellen Mitteln (Liquidität)

2. Den zur Verfügung stehenden personellen Ressourcen

Damit kann es möglich sein, dass trotz gutem Payback und Nachweis der Realisierbarkeit der Einsparungen ein Projekt zur Effizienzsteigerung (vorerst) nicht realisiert wird, weil entweder die finanziellen oder personellen Mittel im Moment fehlen bzw. anders eingesetzt werden sollen.

Umsetzung der Geschäftsstrategie

Projekte zur Umsetzung der Geschäftsstrategie erhalten oder erhöhen die Innovationskraft und Marktstellung des Unternehmens. Sie sind die Energie der Firma, die dafür sorgt, dass sie sich weiterentwickeln und ausbauen kann. Auch hier gibt es jedoch zwei wichtige Punkte, die bei entsprechenden IT-Projekten beachtet werden müssen:

1. Überprüfung der Strategieunterstützung

2. Überprüfung des Mitteleinsatzes

Nur allzu gerne wird ein IT-Projekt als strategisch deklariert. Um eine solche Aussage machen zu können, muss die Geschäftsstrategie und daraus abgeleitet die IT-Strategie erarbeitet worden sein und vorliegen. Der Umsetzungsplan der Geschäftsstrategie definiert die Firmenprojekte, die zur Strategieumsetzung realisiert werden müssen. Mit der hohen IT-Durchdringung gibt es in der Zwischenzeit nur noch wenige Projekte, die ohne die Unterstützung der IT realisiert werden können. Alle diese IT-Projekte gehören sicherlich in die Kategorie *Umsetzung der Geschäftsstrategie*. Die Zuordnung zu dieser Kategorie erfolgt Top-Down, das heißt durch die Geschäftsleitung.

Nur allzu gerne werden wegen des Hinweises auf die Unterstützung der Geschäftsstrategie die Projektkosten weniger scharf betrachtet. Auch diese Projekte müssen kostenmäßig gut durchleuchtet werden und die Projektkosten müssen in Relation zu den entsprechenden Strategiezielen gesetzt werden. Nur wenn in dieser Betrachtung ein sinnvolles Resultat herauskommt, lohnt es sich auch tatsächlich, das Projekt zu realisieren. Im anderen Fall muss das Projekt nochmals überarbeitet und redimensioniert werden.

14.1.4 Strategien zur Bestimmung des Projektportfolios

Nachdem Sie nun die insgesamt sechs Kategorien des Projektportfolios kennen, stellt sich die Frage, wie das bewilligte Projektvolumen möglichst optimal auf diese Kategorien aufgeteilt wird.

14

Prinzipiell sind zwei Ansätze möglich:

1. Top-Down
2. Bottom-Up

Top-Down

Beim Top-Down-Ansatz werden sowohl das Projektvolumen als auch die zu realisierenden Projekte in jeder Kategorie bestimmt. Bei einer kleinen oder mittleren Firma mit einigen Hundert Mitarbeitern und einem kompetenten IT-Vertreter in der Geschäftsleitung ist dies meistens ein zielführender Ansatz. Bei einer großen Firma mit mehreren Dutzend Projekten, die zudem noch Abhängigkeiten untereinander aufweisen, wird dieser Ansatz wegen seiner Komplexität scheitern. Dies heißt jedoch nicht, dass der Top-Down-Ansatz hier nicht auch angewendet werden kann. Dazu gleich mehr.

Bottom-Up

Beim Bottom-Up-Ansatz erstellt die IT oder die verschiedenen Projektleiter innerhalb der IT anhand der bekannten Projekte das Projektportfolio und präsentiert dieses der Geschäftsleitung, die es – gegebenenfalls mit entsprechenden Anpassungen – verabschiedet. Die Herausforderung bei diesem Ansatz ist die Sicht von »unten« anhand der verschiedenen Projekte, die eine effektive Steuerung und Setzung von Prioritäten erschweren oder teilweise sogar unmöglich machen (man sieht den Wald vor lauter Bäumen nicht mehr).

Gemischter Ansatz

Die verschiedenen Projektkategorien sind für einen gemischten Top-Down- und Bottom-Up-Ansatz wie geschaffen (siehe Abbildung 14.7).

Abbildung 14.7: Top-Down- und Bottom-Up-Planung

Die Projekte in den Kategorien *Umsetzung der Geschäftsstrategie*, *Effizienzsteigerungen* und *Erfüllung von Auflagen* werden durch die Geschäftsleitung Top-Down bestimmt:

▷ **Umsetzung der Geschäftsstrategie**: Die Geschäftsstrategie wurde von der Geschäftsleitung erarbeitet. Daraus können die zu deren Umsetzung notwendigen Projekte abgeleitet und geplant werden.

▷ **Effizienzsteigerungen**: Die Geschäftsleitung bestimmt – auf Vorschlag der verschiedenen Geschäftseinheiten –, in welchen Gebieten Effizienzsteigerungen dank IT-Systemen erzielt werden sollen.

▷ **Erfüllung von Auflagen**: Die Geschäftsleitung ist für die Erfüllung der gesetzlichen und anderen Auflagen verantwortlich. Sie tritt deshalb auch als Auftraggeber für die entsprechenden Umsetzungsprojekte zu deren Erreichung auf.

Natürlich kann dabei nicht die Geschäftsleitung die entsprechenden IT-Aufwände abschätzen. Vielmehr erstellt die IT für jedes von der Geschäftsleitung geforderte Projekt eine Projektofferte, die dann besprochen und in die Planung aufgenommen werden kann.

Auf der anderen Seite werden die Kategorien *Ersatzinvestitionen* und *Wartung der bestehenden Systeme* und *Fortführung bereits laufender Projekte* durch die IT vorgeschlagen:

▷ **Ersatzinvestitionen**: Die IT kennt den Lebenszyklus der von ihr betreuten Systeme und weiß, wann ein System abgelöst bzw. die entsprechende Hardware ersetzt werden muss. Deshalb liegt die Verantwortung für die entsprechenden Ersatzinvestitionen bei der IT.

▷ **Wartung der bestehenden Systeme**: Hier weiß der Fachbereich zusammen mit der IT am besten, welche Erweiterungen anstehen. Diese werden im Rahmen der vorhandenen Projektmittel für diese Kategorie eingeplant.

▷ **Fortführung bereits laufender Projekte**: Die IT kennt sämtliche laufenden Projekte und kann die für das kommende Jahr notwendigen Aufwände bestimmen und einplanen.

Mit diesem gemischten Vorgehen kann die Geschäftsleitung genügend Einfluss auf das Projektportfolio nehmen und gleichzeitig die Bottom-Up-Planung der IT überlassen. In den meisten Fällen dürfte allerdings mit dieser Methode das Projektvolumen überschritten werden, da durch das Zusammentragen sämtlicher Anforderungen und Wünsche das vorgegebene Projektvolumen gesprengt wird. Diesem Punkt möchte ich mich im Folgenden zuwenden.

14.1.5 Priorisierung

Überall, wo nur beschränkte Ressourcen vorhanden sind (es gibt kaum ein Gebiet, wo dies nicht der Fall ist), muss eine Priorisierung vorgenommen werden. Dazu existiert kein Pauschalrezept, es lassen sich aber die Möglichkeiten und Auswirkungen für jede Projektkategorie aufzeigen. Ich beginne zuerst mit denjenigen Kategorien, die am schwierigsten beeinflusst werden können, und wende mich dann immer mehr den stärker beeinflussbaren Kategorien zu. Dieses Vorgehen empfiehlt sich auch für die Erstellung des Projektportfolios.

Erfüllung von Auflagen

Die Erfüllung von Auflagen wird von außen bestimmt und die Firma hat wenig Einflussmöglichkeiten auf diese. Damit drängt sich auch dessen Umsetzung auf. Je nach Situation kann über den Zeitpunkt und den Umfang der Realisierung bestimmt werden. Gewisse Auflagen bringen aber einen klaren Terminplan mit sich und lassen wenig Spielraum in der Ausgestaltung.

Damit gehört diese Kategorie von Projekten zu denjenigen, die am wenigsten beeinflusst werden können.

Fortführung bereits laufender Projekte

Die Projekte in dieser Kategorie wurden bereits zur Umsetzung freigegeben und befinden sich mitten in der Realisierung. Damit stehen diese Mittel nicht mehr zur Verfügung.

Natürlich ist es möglich, ein laufendes Projekt zu stoppen. Die erwarteten Projektresultate können dadurch jedoch nicht erreicht werden. Damit wurde Geld in ein Projekt investiert, ohne den entsprechenden Nutzen erlangen zu können.

Eine weitere Möglichkeit ist die Unterbrechung eines Projektes, um es nach einigen Monaten wieder fortzusetzen. Die funktioniert in den wenigsten Fällen, da sich das Projekt zuerst wieder neu formieren muss, die ehemaligen Projektmitarbeiter wieder zusammengebracht werden müssen und das Projekt – nach einer Standortbestimmung – wieder aufgenommen werden muss. Neben der rapide absinkenden Motivation der Projektmitarbeiter in einer solchen Situation kostet eine Projektunterbrechung mit anschließendem Wiederanlauf in der Regel viel Geld, das eine Unterbrechung nur in den seltensten Fällen rechtfertigt.

Ohne das Eintreten einer neuen Situation, unter der das eine oder andere Projekt keinen Sinn mehr macht, ist deshalb von einer Redimensionierung der bereits laufenden Projekte nur in Notfällen Gebrauch zu machen.

Ersatzinvestitionen

Ersatzinvestitionen drängen sich insofern auf, da ohne deren Realisierung ein bestehendes System nicht mehr oder nur noch in ungenügender Funktionalität oder Qualität zur Verfügung steht. Damit weist auch diese Kategorie wenig Spielraum auf. Allerdings kann meistens über den Zeitpunkt der Ersatzinvestitionen bestimmt werden, da Ersatzinvestitionen nur in den seltensten Fällen einen harten Umsetzungstermin aufweisen. Damit kann im Rahmen der Priorisierung eine Ersatzinvestition eventuell auf das Folgejahr verschoben werden, falls damit das entsprechende System nicht ernsthaft gefährdet wird.

Wartung der bestehenden Systeme

Mit der Wartung der bestehenden Systeme wird gewährleistet, dass sie nach wie vor die Geschäftsanforderungen erfüllen und betriebsfähig sind. Ganz streichen lässt sich diese Kategorie in der Regel nicht. Hingegen kann sie im Rahmen einer Priorisierung stark redimensioniert werden, wenn ein wichtiger Schwerpunkt im Projektportfolio gesetzt werden muss (in der Regel auf die Erfüllung von Auflagen oder der Umsetzung der Geschäftsstrategie).

Umsetzung der Geschäftsstrategie

Vielleicht mag es etwas seltsam erscheinen, dass die Umsetzung der Geschäftsstrategie erst an zweitletzter Stelle kommt. Dies bedeutet nicht, dass diesem Punkt keine Bedeutung zukommt. Im Gegenteil: Hier entwickelt sich die Firma weiter und sichert sich ihr Fortbestehen. Mindestens kurz- und mittelfristig kann jedoch häufig (sicherlich jedoch nicht in allen Branchen) mit nur einem geringen Projektanteil in dieser Kategorie überlebt werden.

In strategisch eher konstanten Zeiten wird diese Projektkategorie eher schwach ausgeprägt sein. Gilt es hingegen, eine neue oder angepasste Geschäftsstrategie umzusetzen, dominiert diese Kategorie das gesamte Projektportfolio. Die übrigen Projektkategorien können kaum ignoriert werden, sie werden aber auf das absolute Minimum reduziert, um den größten Teil der Kräfte auf die Strategieumsetzung zu konzentrieren. Dies wird jedoch kaum über mehrere Jahre möglich sein, da neu geschaffene Systeme automatisch wieder Wartung sowie Ersatzinvestitionen nach sich ziehen.

Effizienzsteigerungen

Vielleicht ebenfalls etwas überraschend stehen die Effizienzsteigerungen der Geschäftsfunktionen an letzter Stelle. Viele Firmen verlangen zu jedem Projekt eine Wirtschaftlichkeitsrechnung, bei der die entsprechenden Effizienzsteigerungen nachgewiesen werden müssen.

Der Grund für die Positionierung am Schluss liegt darin, dass Projekte zur Effizienzsteigerung die meisten Freiheitsgrade aufweisen. Während die vorangegangenen Projektkategorien vielfach zwingende Gründe für die Projektrealisierung aufweisen, werden hier keine Auflagen verletzt, die Betriebsfähigkeit der laufenden Systeme gefährdet oder die Umsetzung der Geschäftsstrategie verzögert. Es können nur keine Einsparungen realisiert werden.

14

Dies mag in einem Buch über Kostenmanagement etwas zynisch klingen und soll keinesfalls bedeuten, dass Effizienzsteigerungen nicht wichtig sind. Im Gegenteil: Mit solchen Projekten wird gewährleistet, dass die Firma über eine gesunde Kostenbasis verfügt und keine möglichen Kostenpotenziale verschenkt.

Im Rahmen einer Priorisierung (z.B. zur Umsetzung einer neuen Geschäftsstrategie) kann jedoch bewusst entschieden werden, Projekte zur Effizienzsteigerung zugunsten der Geschäftsstrategie zurückzustellen. Umgekehrt kann es jedoch auch sein, dass in einer finanziell angespannten Situation die Projekte zur Effizienzsteigerung priorisiert werden und sich alle anderen Projekte diesem Ziel unterordnen müssen.

Die Aufstellung der verschiedenen Projektkategorien mit ihrer Priorisierung erweckt den Anschein, dass über dessen Realisierung mehr oder weniger unabhängig voneinander entschieden werden kann. Dies stimmt natürlich nur teilweise. Häufig bestehen Abhängigkeiten zwischen den verschiedenen Projekten, so dass bei der vorgenommenen Priorisierung geprüft werden muss, ob diese auch tatsächlich Sinn macht und in der vorliegenden Form umsetzbar ist.

14.1.6 Fazit

Wie Sie gesehen haben, kommt der Dimensionierung des Projektvolumens und noch mehr der Auswahl der »richtigen« Projekte eine große Bedeutung zu. Die Projektmethodik und die Projektleiter können noch so gut sein; wenn nicht diejenigen Projekte realisiert werden, die der Firma einen echten Nutzen bringen, nützt eine gute Vorgehensplanung nichts.

Dabei gelten für jede Projektkategorie andere Entscheidungskriterien, ob diese in das Projektportfolio aufgenommen werden sollen, ob sie erst später realisiert werden sollen oder ob sie gestrichen und nicht realisiert werden sollen. In Abbildung 14.8 deshalb nochmals die wichtigsten Fragestellungen für jede Kategorie von Projekten.

Realisierungsgrund	Fragestellungen
Umsetzung der Geschäftsstrategie	Beitrag zur Geschäftsstrategie? Mitteleinsatz gerechtfertigt?
Effizienzsteigerungen	Wirtschaftlichkeitsrechnung hieb- und stichfest? Payback OK? Einsparungen umsetzbar?
Ersatzinvestitionen	Zeitpunkt der Ersatzinvestition nicht zu früh? Umfang nicht zu groß?
Erfüllung von Auflagen	Realisierungszeitpunkt optimal? Umfang nicht zu groß?
Wartung der bestehenden Systeme	Anpassungen auf das Notwendigste beschränkt? Realisierung kostengünstig?
Fortführung bereits laufender Projekte	Erfolgreiche Projektrealisierung gewährleistet? Realisierung kostengünstig?

(Projektvolumen)

Abbildung 14.8: Fragestellungen für die verschiedenen Projektkategorien

14

Mit dem vorgestellten Vorgehen ist es möglich, die schwierige Aufgabe der Projektpriorisierung mit vernünftigem Aufwand und guter Genauigkeit vorzunehmen. Ein Risiko, das ich bis jetzt noch nicht erwähnt habe, besteht allerdings noch:

In verschiedenen Firmen werden kleinere und teilweise auch mittlere Vorhaben nicht als Projekte deklariert und abgewickelt, sondern einfach im Rahmen der vorhandenen personellen und finanziellen Mittel durchgeführt. Damit ersparen sich die Initiatoren die formelle Beantragung und Bewilligung des Projektes, allerdings fehlen damit auch die entsprechenden Instrumente und Mittel für eine saubere Projektführung und -überwachung. Dies hat meistens unangenehme Konsequenzen:

▷ **Geringe Chancen für eine erfolgreiche Realisierung**: Da solche Vorhaben in Eigenregie in der Regel im »Untergrund« durchgeführt werden müssen, existieren nur selten die für eine erfolgreiche Realisierung notwendigen Elemente wie Risikomanagement, Projektausschuss, Projektcontrolling, Kostenüberwachung usw.

▷ **Kein Handeln im Interesse der Firma**: Durch das autonome Vorgehen hat die Firmenleitung keine Möglichkeit, zu entscheiden, ob das Projekt für die Firma sinnvoll und hilfreich ist oder ob es keinen oder sogar einen negativen Nutzen für die Firma erbringt. Damit sind die Ausgaben für Untergrundvorhaben weder plan- noch steuerbar.

▶ **Intransparente und hohe Kosten**: Irgendwoher müssen die Mittel für die Realisierung der versteckten Vorhaben kommen. Sei es die Arbeitskapazität der Mitarbeiter oder direkte finanzielle Mittel, die zur Realisierung des Vorhabens notwendig sind. In jedem Fall belasten diese Mittel ein Budget, das entsprechend höher dimensioniert sein muss. Häufig werden solche Aufwendungen den Betriebskosten zugerechnet, so dass diese unnötig hoch erscheinen, ohne einen direkten Bezug zum oder einen Nutzen für den Betrieb zu haben.

Untergrundprojekte fristen deshalb ein gefährliches Dasein und es lohnt sich, solche Projekte aufzuspüren und an die Oberfläche zu bringen. Dadurch kann das Projekt entweder ordentlich weitergeführt oder aber gestoppt werden.

14.2 Die Projekte richtig realisieren

Nachdem Sie nun die »richtigen« Projekte in das Projektportfolio aufgenommen haben, geht es im nächsten Schritt darum, die Projekte erfolgreich zu realisieren.

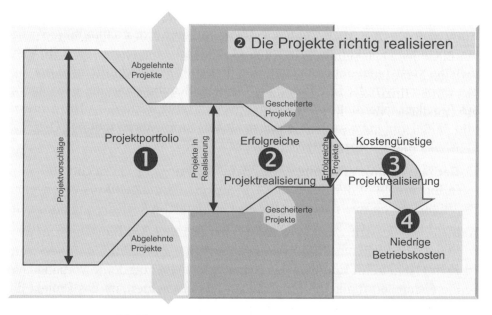

Abbildung 14.9: Die Projekte richtig realisieren

Es kommt immer wieder vor, dass Projekte abgebrochen werden, nicht die gewünschten Resultate liefern, das Projektbudget überschreiten, den Zeitplan nicht einhalten oder eine ungenügende Qualität abliefern. Dies kann die folgenden Gründe haben:

1. Unklare Ziele und undefinierter Auftraggeber
2. Ungenügende Zusammenarbeit zwischen IT und Auftraggeber
3. Ungenügende Managementunterstützung
4. Unrealistische Terminvorgaben
5. Sich ändernde Anforderungen
6. Unrealistische Erwartungen
7. Kein Projektende

Deshalb will ich mich im Folgenden den möglichen Ursachen zuwenden, die zu einem gescheiterten Projekt führen.

14.2.1 Unklare Ziele und undefinierte Auftraggeber

An unklaren Zielvorgaben sowie fehlendem oder unklarem Auftraggeber ist schon so manches Projekt gescheitert.

Auch wenn die Ziele, die mit dem Projekt erreicht werden sollen, auf den ersten Blick noch klar sein mögen, stellt sich nur allzu oft während des Projektverlaufs heraus, dass die Ziele den Beteiligten nur ungenügend bekannt und klar sind. Hinzu kommt, dass alle am Projekt beteiligten Personen eine unterschiedliche Vorstellung über die zu erreichenden Ziele haben. Deshalb lohnt es sich in jedem Fall, entsprechend Zeit zu Beginn des Projektes zu investieren, um die Ziele sämtlicher am Projekt beteiligter Personen abzustimmen und zu vereinbaren. Dieser Punkt zieht sich durch sämtliche Schritte eines Projektes durch und wird deshalb auch an verschiedenen Stellen in den nachfolgenden Abschnitten behandelt.

Ähnlich wie bei den Zielen verhält es sich in manchen Projekten mit dem Auftraggeber. Allzu oft existiert kein klarer Auftraggeber für ein Projekt. Auftraggeber sein heißt nämlich nicht nur, Nutznießer der Projektresultate zu sein, sondern ebenfalls die Finanzierung des Projektes sicherzustellen, die Anforderungen und Ziele an das Projekt zu stellen, die Projektresultate abzunehmen sowie dafür verantwortlich zu sein, dass der prognostizierte Nutzen realisiert werden kann.

14

Einige Projekte meinen, einen Auftraggeber zu haben. Fragt man diesen jedoch, ob er sich seiner Rolle und seiner Verantwortung bewusst ist, sieht man häufig nur ein erstauntes Gesicht.

14.2.2 Ungenügende Zusammenarbeit zwischen IT und Auftraggeber

Der Kauf bzw. Verkauf von mehr oder weniger klar definierten Gütern wie zum Beispiel ein Anzug oder ein Auto können ohne intensive Zusammenarbeit zwischen Auftraggeber (Käufer) und Lieferant (Verkäufer) abgewickelt werden. Der Anzug kann anprobiert werden und das Auto kann Probe gefahren werden. Der Preis für das Auto selbst sowie für die dazu bestellbaren Optionen ist bekannt und kann verglichen werden. Damit verfügt sowohl der Verkäufer als auch der Käufer über alle notwendigen Informationen, um den Kauf abschließen zu können: Sowohl die Leistungen als auch der Preis sind klar.

Ganz anders sieht die Situation beim Bau eines Hauses oder eben bei einem IT-Projekt aus. Hier ist die Spezifikation des zu erstellenden Objektes wesentlich komplexer als beim Kauf eines »Standardproduktes« wie einem Auto. Zudem können Projekte nicht oder – mittels Prototypen – nur unvollständig Probe gefahren werden. Damit kauft der Auftraggeber die Katze zu einem gewissen Teil im Sack.

Umgekehrt ist die Situation jedoch auch für den Auftragnehmer nicht ganz einfach: Er muss ein Werk erstellen, für das zwar eine umfangreiche, jedoch nicht in jedem Fall vollständige Spezifikation vorliegt, die auch noch unterschiedlich interpretiert werden kann. Basierend darauf muss er eine Kosten- und Terminschätzung abgeben und mit dem Entscheid zur Realisierung dann auch einhalten.

Hier liegt der Grund, wieso IT-Projekte nicht einfach von der Stange gekauft werden können, sondern in enger Zusammenarbeit zwischen dem Fachbereich als Auftraggeber und der IT als Auftragnehmer erarbeitet werden müssen. Dabei ist die folgende klassische Situation immer wieder anzutreffen:

Die entsprechenden Benutzervertreter der Fachseite haben ein rudimentäres Pflichtenheft geschrieben oder der IT sogar nur mündlich mitgeteilt, was sie vom neuen Projekt erwarten. Damit ist für sie das Thema weitgehendst abgeschlossen, da nun der Ball bei der IT liegt. Die IT reklamiert zwar vielleicht das zu unpräzise oder nicht vorhandene Pflichtenheft, bildet sich aber ein, die Anforderungen der Benutzer durch die lange Zusammenarbeit zu kennen und realisieren zu können. Deshalb ergänzen sie die fehlenden oder nicht vorhandenen Elemente anhand ihrer mehrjährigen Erfahrung in der Zusammenarbeit mit der Fachseite und erstellen ein System, das nach ihrer Meinung die Anforderungen der Benutzer erfüllen sollte.

Hinzu kommt noch die oft unterschiedliche Sprache zwischen dem Auftraggeber bzw. den Benutzern und der IT. Während die IT in ihrem »Fachchinesisch« die Benutzer verwirrt, wird ebenso häufig die Sprache und deren Bedeutung in der Fachseite von den IT-Spezialisten zu wenig verstanden.

Wenn die Benutzer eine erste Version des neuen Systems zu Gesicht bekommen, wundern sie sich, dass verschiedene Elemente nicht so realisiert sind, wie sie sich dies vorgestellt – jedoch nicht beschrieben – hatten. Sie teilen dies der IT mit und verlangen verschiedene Anpassungen. Die IT kommentiert die verlangten Anpassungen damit, dass die Benutzer nie wüssten, was sie wollten. Nach der Realisierung der Anpassungen wird die Applikation mit weitgehend gleichem Resultat wieder den Benutzern vorgeführt: Es kommen weitere Änderungswünsche, die von der IT murrend zur Kenntnis genommen und umgesetzt werden.

Mit diesem Vorgehen ist die Gefahr groß, dass nicht nur die Anforderungen der Firma nicht optimal umgesetzt werden, sondern auch, dass die vereinbarten Termine nicht gehalten werden können und die Projektkosten signifikant überschritten werden.

Folgende Maßnahmen helfen, diese Risiken zu minimieren:

Möglichst vollständige Spezifikation

Auch wenn für ein komplexeres Projekt kaum eine komplette Spezifikation angefertigt werden kann, lohnt es sich, die Spezifikation möglichst präzise und vollständig zu erstellen. Dies muss nicht zwangsläufig viel Papier bedeuten: Weniger ist manchmal mehr.

Die Fachseite alleine wird kaum fähig sein, eine genügend präzise Spezifikation der Anforderungen zu erstellen. Hier liegt die Verantwortung bei der IT, dass die richtigen Fragen gestellt werden und dass bei unvollständig oder unklar formulierten Punkten die nötigen Ergänzungen und Präzisierungen eingefordert werden. Vielfach lohnt es sich, unklare Punkte selbst zu formu-

14

lieren und dem Auftraggeber als Vorschlag vorzulegen. Eine Spezifikation auf einem leeren Blatt Papier zu beginnen, ist ungemein viel schwieriger, als auf einer rudimentären Spezifikation oder einem bereits bestehenden Raster aufbauen zu können.

Iterative Systementwicklung

Das Resultat eines IT-Projektes kann wegen seiner Komplexität kaum vollständig im Voraus definiert werden. Deshalb ist es wichtig, dass ein System schrittweise realisiert werden kann. Durch die iterative Entwicklung können bereits nach kurzer Zeit erste Resultate begutachtet werden. Anhand dieser Resultate können Korrekturen vorgenommen und die weitere Ausgestaltung des Systems bestimmt werden.

Dieses Vorgehen erleichtert sowohl die Arbeit der Fachseite, da sie die Entwicklung des Systems laufend mitverfolgen kann und ihr Feedback zum bereits realisierten System sowie die Ausrichtung des noch zu bauenden Systems laufend einbringen kann. Andererseits hilft dieses Vorgehen auch der IT, da sie am Schluss der Projektes nicht feststellen muss, dass durch ein Missverständnis ein System entstanden ist, das die (schriftlich vorhandenen oder auch nur erwarteten) Anforderungen der Benutzer nicht erfüllt.

Intensive Zusammenarbeit

Eine enge und intensive Zusammenarbeit zwischen der Fachseite als Auftraggeber und der IT als Auftragnehmer ist die Voraussetzung für ein erfolgreiches Projekt. Dabei helfen sowohl formale als auch informelle Meetings.

Bei den formalen Projektsitzungen geht es darum, die erreichten Resultate zu besprechen und abzunehmen, die Planung der nächsten Schritte vorzunehmen und die aktuelle Projektsituation bezüglich Kosten, Terminen, Qualität und Risiken zu besprechen. Dazu dienen einerseits der Projektsteuerungsausschuss und vor allem aber auch die Projektmeetings des Projektteams.

Die informellen Treffen beim Kaffee oder zum Mittagessen helfen der guten zwischenmenschlichen Beziehung zwischen Auftraggeber und Auftragnehmer, aber auch innerhalb des Projektteams. Diesen informellen Kontakten kommt eine wesentliche Bedeutung zu. Helfen sie doch mit, dass Probleme gar nicht erst entstehen oder rasch und unbürokratisch beseitigt werden können. Sie ersetzen jedoch niemals die formalen Projektsitzungen.

14.2.3 Ungenügende Managementunterstützung

Immer wieder wird betont, wie wichtig die Unterstützung des Managements für die erfolgreiche Realisierung eines Projektes ist. Doch was heißt denn Managementunterstützung? Betrachten wir einige Punkte:

Auftraggeber

Am besten kommt der Auftraggeber für ein Projekt aus der Geschäftsleitung. Dies dürfte für einen Teil der Projekte wie zum Beispiel Projekte zur Umsetzung der Geschäftsstrategie oder Projekte zur Erfüllung von Auflagen auch meistens der Fall sein. Bei Projekten aus den Bereichen Effizienzsteigerung oder Ersatzinvestitionen sitzt der Auftraggeber – je nach Firma – häufig jedoch nicht in der Geschäftsleitung. Hier ist es wichtig, dass die Geschäftsleitung das Projekt mindestens kennt und regelmäßig über seinen Status informiert wird.

Vor allem in einer größeren Firma ist es der Geschäftsleitung in der Regel nicht mehr möglich, über jedes Projekt informiert zu sein und den Überblick über mehrere Dutzend oder sogar Hunderte von Projekten zu haben. Hier ist ein gutes Reporting (zum Beispiel über Ampeln) nötig, um in kurzer Zeit erkennen zu können, welche Projekte im Plan sind und wo Abweichungen vorhanden sind.

Bei Projekten, die nicht mehr im Plan sind, heißt Managementunterstützung nicht, dass diese Projektleiter zur Rechenschaft gezogen werden, sondern dass zusammen mit ihnen geprüft wird, wie dank der Unterstützung der Geschäftsleitung das Projekt wieder auf den Erfolgspfad zurückgebracht werden kann. Bei einer starken Identifikation der Geschäftsleitung mit den entsprechenden Projekten ist dies in der Regel auch möglich. Schwieriger wird die Situation hingegen, wenn die Geschäftsleitung sich nur oberflächlich mit den in Auftrag gegebenen Projekten identifiziert.

Schwierig wird es, Managementunterstützung zu Projekten einzufordern, die von der IT selbst gestartet worden sind und bei denen kein Auftraggeber außerhalb der IT existiert. Hier kann – außer durch den Leiter der IT – schwerlich eine gute Managementunterstützung erwartet werden. Bei solchen Projekten ist es wichtig, dass sie der IT-Leiter in der Geschäftsleitung vertritt und deren Nutzen aufzeigen kann. Projekte, die von der IT selbst gestartet werden, sind in der Regel Projekte zur Aktualisierung und Erneuerung der IT-Infrastruktur und betreffen keine Funktionalitäten in den Applikationen. Solche Projekte müssen immer vom Fachbereich in Auftrag gegeben und vertreten werden.

14

Ein wichtiger Grund für fehlende Managementunterstützung kann auch die Verschiebung von Prioritäten sein: Ein Projekt, dem in der Vergangenheit eine große Wichtigkeit beigemessen wurde, gelangt durch ein noch wichtigeres Projekt in den Hintergrund und damit etwas in Vergessenheit.

Projektentscheidungen

Die täglichen Entscheidungen in einem Projekt werden durch das Projektteam und den Projektleiter getroffen. Stehen größere Entscheidungen an, werden diese im Projektsteuerungsausschuss (PSA) besprochen und geklärt. Da vor allem in größeren Firmen in der Regel verschiedene Entscheidungsgremien existieren, passiert es jedoch häufig, dass die Entscheidungen des PSA von einem anderen Gremium in Frage gestellt werden, um die Interessen des entsprechenden Gremiums durchsetzen zu können.

Damit sind vor allem in großen Unternehmen die Entscheidungswege meist intransparent und es ist teilweise durch die verschiedenen Interessenlagen schwierig, einen überall akzeptierten Entscheid zu erreichen. In solchen Situation hilft natürlich die direkte Vertretung der Geschäftsleitung im Projektsteuerungsausschuss, da so wesentlich tragfähigere Entscheidungen zustande kommen.

Vielfach bemängeln Projektmitarbeiter, dass das Management nicht entscheide. Meistens vergessen diese Personen jedoch, dass es für eine gute Entscheidung auch einer soliden Entscheidungsgrundlage bedarf. Die Konsequenzen und Auswirkungen der verschiedenen Varianten müssen vom Projektleiter zusammen mit seinem Projektteam aufgezeigt und dem Projektsteuerungsausschuss inklusive der vorgeschlagenen Variante präsentiert werden. Nur so kann das Management, das in der Regel nicht über die nötige Zeit verfügt, um sich mit allen Details vertraut zu machen, in kurzer Zeit eine fundierte Entscheidung treffen.

In einigen Firmen kann aber immer wieder beobachtet werden, dass aus Angst vor Fehlentscheidungen am liebsten gar keine Entscheidungen gefällt werden. Solche Effekte lassen sich daran erkennen, dass immer noch weitere Abklärungen getätigt werden müssen oder dass anstatt über die eigentlichen Inhalte des Projektes über die Form, Darstellung und das Vorgehen diskutiert wird. Damit wird in einer Meta-Ebene diskutiert, um sich nicht mit dem eigentlichen Inhalt auseinander setzen zu müssen.

In solchen entscheidungsunfreudigen Firmenkulturen ist es entsprechend schwierig (und meist auch risikoreich), ein Projekt erfolgreich realisieren zu können.

14.2.4 Unrealistische Terminvorgaben

Wer kennt es nicht: Vielfach ist der Endtermin des Projektes bereits vorgegeben, bevor die Spezifikation des zu realisierenden Systems vorliegt. Dies kann ein sehr sinnvolles Vorgehen sein bei Projekten, die zu einem bestimmten Termin abgeschlossen sein müssen. Dazu gehören zum Beispiel die Erfüllung von (gesetzlichen) Auflagen, Abhängigkeiten mit dem Geschäftsjahr oder die Einführung von neuen Produkten zu einem optimalen Zeitpunkt für den Markt.

Andererseits wird aber häufig auch bei Projekten ohne effektive Notwendigkeit der Endtermin durch das Management bereits im Voraus gesetzt. Dies resultiert häufig aus mangelndem Vertrauen in die IT, da angenommen wird, dass ohne harte Terminvorgabe das Projekt mit zu geringer Priorität behandelt wird.

14

Erinnern Sie sich an die Projektschaukel aus Abschnitt 6.5.2 (siehe Abbildung 14.10).

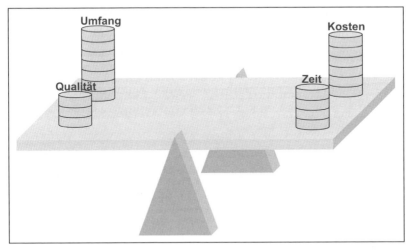

Abbildung 14.10: Projektschaukel

Dort haben Sie erfahren, dass die vier Parameter Zeit, Kosten, Umfang und Qualität in Balance gehalten werden müssen. Wird nun der Termin (die Zeit) vorgegeben, hat dies Auswirkungen auf die anderen drei Parameter. Damit ist die Vorgabe des Endtermins (theoretisch) kein Problem, solange die Parameter Kosten, Umfang und Qualität nicht auch bereits vorgegeben sind.

Sind allerdings die Projektkosten und der Projektumfang auch bereits vorgegeben, bleibt einzig noch der Parameter Qualität, der – meist unkontrolliert – noch verändert werden kann. Damit besteht bei unrealistischen Terminvorgaben die Gefahr, dass ein qualitativ ungenügendes System mit entsprechenden Aufwendungen der Anwender und ebenfalls hohen Betriebskosten realisiert wird.

Beliebige Termine lassen sich auch mit entsprechenden finanziellen Mitteln nicht realisieren. Deshalb ist es wichtig, dass die IT unrealistische Terminvorgaben thematisiert und Projektrealisierungen im schlimmsten Fall auch ablehnt, wenn sie von Anfang an weiß, dass sie den vorgegebenen Termin nicht halten kann. Solche Situationen müssen bei Projektbeginn erkannt und diskutiert werden, damit nicht erst beim Endtermin ein böses Erwachen stattfindet.

Ein effizientes und meist erfolgreiches Mittel bei (zu) knappen Terminvorgaben ist die Realisierung der Anforderungen in mehreren Releases: Auf den verlangten Termin werden nur die bis dahin absolut notwendigen Funktionalitäten implementiert, um die übrigen Anforderungen dann in einem zweiten und gegebenenfalls in weiteren Releases zu realisieren. Dies erfordert eine anspruchsvolle Diskussion zwischen dem Auftraggeber und der IT mit anschließender Dokumentation darüber, welche Elemente im ersten Release und welche in den späteren Releases realisiert werden können.

14.2.5 Sich ändernde Anforderungen

»Wer nicht weiß, wo er hin will, braucht sich nicht zu wundern, wenn er woanders ankommt« (Mark Twain). Diese schon ältere Erkenntnis gilt auch für viele Projekte. Die Erarbeitung und Vereinbarung der Projektziele ist einer der wichtigsten Schritte in einem Projekt überhaupt. Sich darüber klar zu werden, welches das Problem ist, das mit dem Projekt gelöst werden soll, und wie die Situation genau aussieht, wenn das Projekt erfolgreich durchgeführt worden ist, gehört zu den wichtigsten Arbeiten in der Definitionsphase eines Projektes.

Dies klingt banaler, als es häufig ist. Viele Projekte können die Frage nicht oder nur ungenügend beantworten, welches Problem denn gelöst ist nach dessen Fertigstellung und wie die Welt (bzw. die Firma) denn aussieht, wenn das Projekt erfolgreich abgeschlossen ist.

So weit zur Startphase eines Projektes. Wesentlich komplexer wird es, wenn die Anforderungen oder Ziele im Verlaufe des Projektes angepasst und geändert werden. Gerade bei größeren und länger dauernden Projekten ist die Wahrscheinlichkeit hoch, dass während des Projektverlaufs neue Anforderungen dazukommen oder die bestehenden Anforderungen angepasst werden müssen. Jeder Software-Entwickler kennt das. Sobald die Benutzer den ersten Prototyp gesehen haben, merken sie, was ihnen noch fehlt oder was anders sein müsste. Gerade darum werden häufig Prototypen erstellt oder ein iteratives Entwicklungsvorgehen gewählt.

14

Auf der anderen Seite geht es aber auch darum, die Benutzer bei der Spezifikation für das zu erstellende oder anzupassende System möglichst gut zu unterstützen, damit von Beginn an möglichst alle Anforderungen bekannt sind und berücksichtigt werden können. Dies bedingt eine klare Führung des Spezifikationsprozesses durch die IT sowie einen verbindlichen Endtermin, bis zu dem neue Spezifikationen noch berücksichtigt werden können. Anforderungen, die nach diesem Termin eintreffen, werden im darauf folgenden Release implementiert.

Alle Änderungen der Anforderungen (Funktionalität) haben in der Regel einen direkten Einfluss auf die Kosten und auf die Terminplanung (siehe Projektschaukel). Das heißt, dass die IT den Änderungsprozess (Change- bzw. Request-Management) klar führen muss und mit dem Auftraggeber das Gespräch sucht, um zu vereinbaren, welche Anforderungen neu priorisiert werden müssen sowie was die finanziellen und terminlichen Auswirkungen sind.

14.2.6 Unrealistische Erwartungen

Erinnern Sie sich nochmals an das Dilemma der IT aus Abschnitt 5.1: Die Erwartungshaltung der Benutzer an die IT-Leistungen ist üblicherweise höher als die von der IT effektiv erbrachten Leistungen (siehe Abbildung 14.11).

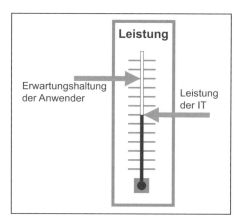

Abbildung 14.11: Beurteilung der IT-Leistungen und Erwartungshaltung der Anwender

Umgekehrt haben Sie gesehen, dass sich die Erwartungen bezüglich der Kosten genau umgekehrt verhalten (vergleiche Abbildung 14.12).

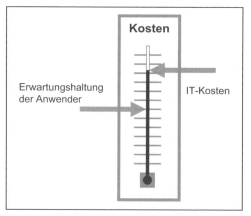

Abbildung 14.12: Beurteilung der IT-Kosten und Erwartungshaltung der Anwender

Was Sie im Zusammenhang mit IT-Betriebsleistungen beobachtet haben, gilt für IT-Projektleistungen sehr häufig ebenso. Deshalb will ich im Folgenden erläutern, wie unrealistische Erwartungen entstehen können:

Erwartungen nicht definiert

Die Darstellung der ungleichen Erwartungshaltungen resultiert häufig daraus, dass die gegenseitigen Erwartungen nie definiert wurden. Die Benutzer erwarten, dass das System so funktioniert, wie sie es sich vorstellen (aber vielleicht nie explizit formuliert haben), und die IT geht davon aus, dass gewisse

Punkte nicht wichtig sind, da sie nie explizit erwähnt wurden oder nach der Beurteilung der IT nicht relevant sind.

Damit nicht jede Seite auf Interpretationen und Annahmen angewiesen ist, empfiehlt es sich, die Erwartungen und Anforderungen explizit zwischen Auftraggeber und Auftragnehmer zu vereinbaren und im Projektvertrag festzuhalten. Damit können die Erwartungshaltungen der Fachseite und der IT zu Beginn des Projektes abgeglichen werden und es kommt nicht im Verlaufe oder am Ende des Projektes zu immer größeren Missverständnissen und Unstimmigkeiten, weil die beiden Parteien nicht das Gleiche verstanden haben.

Zu große Versprechungen der IT

Vor allem dann, wenn die IT selbst ein Projekt realisieren will, ist die Gefahr groß, dass sie zu große Versprechungen bezüglich des umzusetzenden Projektes macht. Um die Bewilligung und Freigabe des Projektes zu erreichen, wird dessen Nutzen in den schönsten Farben geschildert. Dabei wird sowohl der zu erwartende finanzielle Nutzen als auch der direkte Nutzen, der bei den Anwendern entsteht, sehr positiv beschrieben.

Daraus leitet sich natürlich eine Erwartungshaltung des Managements sowie der Benutzer ab, die dann bei der Projektrealisierung häufig nicht erfüllt werden kann.

Zu hohe Erwartungen der Benutzer

Umgekehrt kann der gleiche Effekt natürlich auch von den Benutzern der Fachseite ausgelöst werden. Auch hier werden hohe Versprechungen bezüglich des Projektnutzens gemacht, die dann in der Realität nicht oder nur teilweise umgesetzt werden können.

Ebenfalls kann der Effekt der zu hohen Erwartungen auch durch einen weltweiten Marketing-Hype für eine gewisse Kategorie von Systemen ausgelöst werden. Erinnern wir uns nur zurück an die damalige Euphorie des Webs und der Internetpräsenz oder an die weltweite CRM-Welle (Customer Relationship Management). Der Umgang mit weltweit erzeugten (zu hohen) Erwartungshaltungen ist sehr schwierig, da er – im Gegensatz zu den von der IT oder den Benutzern selbst erzeugten Erwartungshaltungen – so gut wie nicht beeinflusst werden kann.

Analog wie die Erwartungen bei den Betriebsleistungen zwischen der IT und den Benutzern mit Service Level Agreements abgestimmt und festgehalten

14

werden, empfiehlt es sich, die gegenseitigen Erwartungen auch bei Projekten explizit auszusprechen und im Projektvertrag festzuhalten.

14.2.7 Kein Projektende

Ein weiterer wichtiger Punkt bei den nicht erfolgreichen Vorhaben sind Projekte ohne Ende. Da noch nicht alle Anforderungen realisiert sind und die Implementation immer noch Fehler aufweist, kann das Projekt nicht abgeschlossen werden. Damit kann jedoch auch nicht der Projekterfolg gemessen und den Projektmitgliedern ein Bonus ausbezahlt werden.

Solche ewig laufenden Projekte helfen weder dem Projektteam noch der Firma. Viel besser wird das Projekt nach dem Erreichen der vorgegebenen Ziele abgeschlossen und in den Betrieb überführt, inklusive Abgabe der Betriebsverantwortung von der Projektorganisation an den IT-Betrieb und der Übertragung des notwendigen Betriebsbudgets. Weitere Anpassungen und Erweiterungen des Systems werden je nach Umfang entweder in einem Folgeprojekt oder im Rahmen von entsprechenden Wartungsaufträgen realisiert.

Dieses Vorgehen ist vor allem für große und sehr große Projekte wichtig: Mindestens auf Jahresbasis müssen sicht- und verwertbare Projektresultate erarbeitet werden, so dass der Auftraggeber und die Benutzer die Projektresultate erkennen und beurteilen können. Bei großen Projekten mit einer Laufzeit von mehreren Jahren empfiehlt es sich, diese in entsprechende Etappen von maximal einem Jahr Dauer einzuteilen. Gelingt es einem Projekt nicht, innerhalb von einem Jahr produktive Resultate zu erarbeiten, soll dieses Projekt hinterfragt und gegebenenfalls neu aufgestellt werden.

14.2.8 Fazit

Die häufigsten Gründe für das Scheitern eines Projektes sind

▷ Unklare Ziele und undefinierter Auftraggeber

▷ Ungenügende Zusammenarbeit zwischen IT und Auftraggeber

▷ Ungenügende Managementunterstützung

▷ Unrealistische Terminvorgaben

▷ Sich ändernde Anforderungen

▷ Unrealistische Erwartungen

▷ Kein Projektende

Auf Punkte wie Technologie oder den großen Einsatz der Mitarbeiter bin ich bisher nicht eingegangen. Diese dürfen sicherlich nicht vernachlässigt werden, haben jedoch meistens eine geringere Bedeutung als gemeinhin angenommen.

Einige Projekte scheitern an einer zu komplexen oder noch nicht ausgereiften Technologie. Dies ist jedoch eher selten der Fall und tritt kaum auf, wenn den obigen Kriterien genügend Beachtung geschenkt wird. Die meisten Probleme bei den Projekten liegen nicht im Bereich der Technik, sondern bei der Zusammenarbeit und der Kommunikation zwischen der IT und den Auftraggebern sowie innerhalb des Projektteams.

Auch am Einsatz der Projektmitarbeiter scheitern Projekte seltener als erwartet. Es gibt wohl kaum ein Projekt, das nicht einen Sondereinsatz der beteiligten Personen für dessen erfolgreiche Realisierung verlangt. Als Grund für das Scheitern eines Projektes kommt ein mangelnder Einsatz der Projektmitarbeiter jedoch nur sehr selten in Frage. Durch eine gute Planung und saubere Strukturierung des Projektes kann am Projektende aufkommende Hektik und damit die Belastung der am Projekt beteiligten Personen reduziert werden.

14.3 Die Projekte günstig realisieren

Wenn in den beiden vorangegangenen Phasen alles richtig gelaufen ist, befinden sich die richtigen Projekte im Projektportfolio und die relevanten Projekte sind in der Umsetzung. Ebenfalls wird sichergestellt, dass die Projekte erfolgreich realisiert werden und kein Geld durch gescheiterte Vorhaben verloren geht. Damit ist aber noch nicht gewährleistet, dass die laufenden Projekte auch kostengünstig realisiert werden. Diesem Thema will ich mich in diesem Abschnitt zuwenden.

Dabei geht es um die folgenden Punkte und damit Kostentreiber:

1. Klare Zielvorgaben
2. Präzise Spezifikation
3. Formalisiertes Projektvorgehen
4. Erfahrene Projektleiter
5. Bewährte Entwicklungsumgebung
6. Richtiges Verhältnis zwischen internen und externen Mitarbeitern

In den folgenden Abschnitten will ich diese Kostentreiber in der Projektrealisierung etwas genauer vorstellen und erläutern.

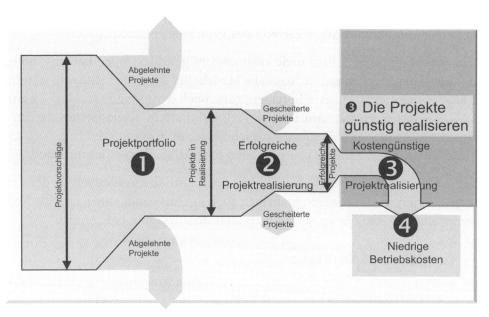

Abbildung 14.13: Die Projekte günstig realisieren

14.3.1   Klare Zielvorgaben

Mit diesem Punkt schlage ich eine Brücke zum vorherigen Abschnitt: Präzise, klare Zielvorgaben und die genaue Vorstellung, welche Probleme dank des Projektes gelöst werden und wie die Situation nach der Projektrealisierung aussieht, sind nicht nur Voraussetzung für eine erfolgreiche, sondern ebenfalls für eine kostengünstige Projektrealisierung.

Jeder Umweg, der im Projekt gemacht werden muss, kostet nicht nur Zeit, sondern auch Geld. Nebst diesen beiden Faktoren kostet jede Neuausrichtung des Projektes zudem auch einiges an Motivation der Projektmitarbeiter. Damit geht ebenfalls ein Teil der Produktivität verloren.

Die meisten Leser werden denken, dass dies offensichtlich ist. Aber wer kennt die Situation nicht, dass der Endtermin bereits bestimmt wurde, das Projektteam ebenfalls zusammengestellt ist, aber das eigentliche Projektziel erst vage formuliert ist? Dies kann in der Startphase durchaus vorkommen. Die erste Aufgabe des Projektleiters ist es in dieser Situation, zusammen mit dem Auftraggeber und dem Projektteam die Projektziele zu erarbeiten und zu vereinbaren. Bei kleineren Projekten kann dies in einer bis zwei Stunden erledigt werden, bei großen und komplexen Projekten kann es durchaus mehrere

Stunden oder gar Tage in Anspruch nehmen, bis alle am Projekt beteiligten Personen ein gemeinsames Zielbild des Projektes erarbeitet haben.

Projekte, die diesen Schritt nicht oder ungenügend vollzogen haben, sind in der Regel daran zu erkennen, dass alle Mitarbeiter überlastet sind und ständig hinter verpassten Terminen herjagen; ganz nach dem Motto von Mark Twain: »Als sie das Ziel aus den Augen verloren hatten, verdoppelten sie ihre Anstrengungen.« Sobald diese Anzeichen sichtbar werden, lohnt es sich zu klären, ob die Projektziele klar und allen Projektbeteiligten bekannt sind.

Interpretiert man die Aussage von Mark Twain mit der Verdoppelung der Anstrengungen wörtlich, verdoppeln sich auch die Aufwände und damit die Kosten, wenn das Ziel des Projektes nicht klar definiert und bekannt ist.

14.3.2 Präzise Spezifikation

14

Nachdem die Projektziele festgelegt und mit allen Beteiligten vereinbart sind, folgt die nächste Stufe: die Erstellung der Spezifikation. Während die Ziele noch in vertretbarer Zeit erarbeitet werden können, ist die Erstellung einer vollständigen Spezifikation um Faktoren schwieriger und komplexer. Letztendlich ist es bereits für ein kleineres Projekt nicht mehr möglich, eine zu 100% vollständige Dokumentation zu erstellen. Wäre dies realisierbar, könnte die Programmier- bzw. Umsetzungsphase komplett entfallen, da der Code automatisch aus der Spezifikation generiert werden könnte. Da dies jedoch nicht möglich ist, muss jede Spezifikation zwangsläufig unvollständig sein und kann nie alle Fragen beantworten.

Wenn man sich dieser Tatsache einmal bewusst geworden ist, stellt sich die Frage, wie trotzdem eine möglichst präzise Spezifikation erstellt werden kann. Es gibt verschiedene Antworten darauf. Eine ist ein Vorgehen anhand eines Prototyps, eine andere Antwort liegt in der gemeinsamen Erarbeitung der Dokumentation zwischen dem Auftraggeber (dem Fachbereich) und dem Auftragnehmer (der IT). Eigentlich ist auch Prototyping nichts anderes, da der Prototyp der Spezifikation entspricht, die Schritt für Schritt gemeinsam entwickelt und verfeinert wird.

Was hat dies nun aber mit Projektkosten zu tun?

Jedes Missverständnis in der Spezifikation führt zu Mehraufwänden. Dabei sind die folgenden Varianten möglich:

1. **Nicht in der Spezifikation vorhanden**: Die IT nimmt stillschweigend an, dass verschiedene Punkte zu realisieren sind, obwohl diese nicht in der Spezifikation enthalten sind, und realisiert diese. Damit wird Arbeit geleistet und Geld verbraucht, was eigentlich nicht nötig gewesen wäre.

2. **Vergessene Punkte der Spezifikation**: Die IT hat Punkte übersehen oder vergessen zu realisieren, obwohl diese in der Spezifikation enthalten sind. Damit müssen die vergessenen Punkte im Nachhinein mit entsprechendem Aufwand noch nachgeholt werden.

3. **Falsch realisierte Spezifikation**: Punkte aus der Spezifikation wurden falsch realisiert und müssen entsprechend korrigiert werden.

In jedem Fall entstehen zusätzliche Aufwände, die eigentlich nicht nötig gewesen wären. Ähnlich wie bei den fehlenden Zielvorgaben äußert sich dieser Effekt auch hier: Die Projektmitarbeiter sind ausgelastet oder sogar überlastet, jedoch mit den falschen Themen, die nicht zum Projekterfolg beitragen.

14.3.3 Formalisiertes Projektvorgehen

In vielen Organisationen wird Projektmanagement mit Heldentum gleichgesetzt: Dank des unermüdlichen Einsatzes sowie von Schweiß, Tränen und Blut des Projektleiters und seines Projektteams konnte der Endtermin gerade noch gehalten werden. Das Durcharbeiten während der letzten Nächte sowie der letzten drei Wochenenden wird von der Geschäftsleitung unter großer Anerkennung der geleisteten Einsätze gelobt.

Solche Situationen spielen sich in vielen Unternehmen ab und werden noch belohnt. Anstelle einer sauberen Projektplanung, die überwacht und durchgezogen wird, kommt in den meisten Projekten gegen Projektende immer wieder Hektik auf. Solche Effekte sind häufig ein sicheres Anzeichen für fehlendes Projektmanagement. Wird diese Vorgehensweise wegen ihres großen Einsatzes auch noch gelobt, ist dies ein sicheres Zeichen dafür, dass auch das Management der Firma sich nicht mit einem sauberen und geplanten Projektvorgehen auskennt.

Natürlich gibt es immer wieder Situationen, wo ein Sondereinsatz wegen unerwartet aufgetretener Schwierigkeiten nötig ist. Wenn Wochenend- und Nachtarbeit in Projekten aber schon bald zum Normalfall wird und die Projektplanung entweder nicht existiert oder sogar die Wochenenden oder Nächte einkalkuliert, dann zeugt dies nicht gerade von einem etablierten Projektmanagement.

Dabei ist Projektmanagement ein grundsolides Handwerk, das erlernt, geübt und ständig verbessert werden muss. Die Carnegie Mellon University (*www.sei.cmu.edu/cmm*) hat bereits vor Jahren ein Modell für den Reifegrad einer Projektorganisation im Software-Entwicklungsumfeld erarbeitet (CMM = Capability Maturity Model for Software) und im Jahr 2000 zum Capability Maturity Model Integration CMMI für die Beurteilung und Optimierung von Prozessen und Projekten weiterentwickelt.

Das Modell unterscheidet die folgenden fünf Stufen (Maturity Levels):

1. **Initial**: Das Projektmanagement läuft meist ad hoc und wenig organisiert und strukturiert ab. Die Projektresultate sind nicht vorhersagbar und der Projektfortschritt ist ungenügend oder gar nicht überwacht und kontrolliert. Die Projektführung ist mehrheitlich reaktiv und nur wenig proaktiv. Der Erfolg eines Projektes wird durch einzelne Personen (Helden) und nicht durch eine reproduzierbare Projektmanagement-Methodik erreicht. Organisationen in dieser Maturitätsstufe zeichnen sich dadurch aus, dass sie die Projektresultate in der Regel erreichen, jedoch häufig mehr versprechen, als sie halten können, und die Kosten sowie den Zeitplan überschreiten oder nur mit großen Anstrengungen einhalten können.

2. **Managed**: Die Projekte laufen gemäß Projektvorgehen ab. Die Anforderungen werden geführt und die Projekte sind geplant und werden gemessen und überwacht. Das Projektvorgehen wird auch in kritischen Projektsituationen eingehalten und es findet auch in Krisensituationen kein Rückschritt in den Level 1 (Initial) statt. Die Projektresultate werden regelmäßig gegenüber dem Auftraggeber und dem Management ausgewiesen. Sie erfüllen die spezifizierten Anforderungen, werden einem Review unterzogen und vom Auftraggeber abgenommen.

3. **Defined**: Das Projektmanagement ist definiert, von allen Projektmitarbeitern verstanden und gelebt sowie dokumentiert und in entsprechenden Tools abgebildet. Die Methodik für das Projektmanagement wird kontinuierlich weiterentwickelt und verbessert. Es wird sichergestellt, dass die Methodik in der gesamten Organisation identisch und durchgängig angewendet wird. Das Projektmanagement erfolgt mehrheitlich proaktiv.

14

4. **Quantitatively Managed**: Zusätzlich zu den bisherigen Stufen wird im Maturity Level 4 der Projektmanagement-Prozess quantitativ über Kennzahlen geführt. Damit wird der Projekterfolg nicht nur voraussagbar, sondern ebenfalls quantitativ steuerbar. Parameter wie Zeit und Kosten lassen sich anhand von statistischen Daten aus bereits realisierten Projekten mit guter Genauigkeit berechnen und voraussagen.

5. **Optimizing**: Die aus dem Maturity Level 4 vorhandenen statistischen Kennzahlen werden genutzt, um einerseits die Projektmanagement-Methodik weiterzuentwickeln und zu optimieren und andererseits um genügend präzise Vorhersagen für Kategorien von Projekten machen zu können, die bis dahin noch nicht in dieser Art realisiert wurden.

Die meisten Organisationen befinden sich im Maturity Level 1 (Initial). Einige wenige erreichen Level 2 (Managed) und nur ganz wenige Organisationen Level 3 (Defined). Gelingt es einer eingespielten Organisation, den Maturity Level 4 oder sogar 5 zu erreichen, verfügt sie über sehr ausgedehnte Projekterfahrung. Je nach Größe einer Organisation werden ein bis zwei Jahre für die Steigerung um einen Maturity Level benötigt.

Was hat dies nun mit einer kostengünstigen Realisierung von Projekten zu tun? Durch die Wiederholbarkeit von Projekterfolgen, der geringeren Abhängigkeit von einigen wenigen Personen sowie der Vorhersagbarkeit nicht nur der Projektresultate, sondern ebenfalls der Projektaufwände und Projektkosten werden die Projekte planbarer und damit zwangsläufig kostengünstiger. Dies betrifft sowohl die eigentliche Durchführung der Projekte und damit die Projektkosten als auch den Nutzen, der durch die Projekte realisiert wird.

14.3.4 Erfahrene Projektleiter

Die meisten Projektleiter verfügen über keine Erfahrung in der Leitung von solch großen Projekten, wie sie sie gerade leiten. Sie haben in der Vergangenheit zwar einige Erfahrung in der Leitung von kleineren Projekten gesammelt, die Herausforderung beim jetzigen Projekt liegt aber darin, dass es größer und komplexer ist als die bis dahin geleiteten Projekte. Gerade hier liegt ja der Reiz für den Projektleiter.

Allerdings nicht für die Firma, die damit einen für diese Größe und Komplexität unerfahrenen Projektleiter engagiert hat. Eine gute Methode besteht darin, den Projektleiter zu bitten, nochmals ein Projekt mit ähnlicher Größe und

Komplexität zu leiten wie das letzte erfolgreich realisierte Vorhaben, bevor er seine Fähigkeiten an einem anspruchsvolleren Projekt erprobt.

Eine effiziente Methode, die Projektkosten niedrig zu halten, ist, von der Erfahrung eines Projektleiters zu profitieren, der bereits ein ähnliches Projekt realisiert hat. Dies mag auf den ersten Blick als wenig attraktiv für den Projektleiter erscheinen, steigert jedoch auch seine Erfahrung und seinen Projekterfolg. Zudem ist dies eine gute Methode, um ein formalisiertes Projektvorgehen weiterzuentwickeln, da die Erfahrungen der vorherigen Projekte voll in das aktuelle Projekt einfließen.

14.3.5 Bewährte Entwicklungsumgebung

Öfters setzen Software-Projekte neue Programmiersprachen, Entwicklungsumgebungen, Datenbanken, Middleware oder Betriebssysteme ein. Es ist ein signifikanter Unterschied, ob ein Software-Projekt mit im Unternehmen bewährter Technologie und bewährten Hilfsmitteln realisiert wird oder ob zuerst Entwicklungsumgebungen aufgebaut werden müssen und die Entwickler Erfahrungen in der neuen Umgebung sammeln müssen.

Mit einer noch unbekannten Umgebung steigen nicht nur die Projektkosten an. Ebenfalls steigen im ersten Projekt mit neuen Tools die Entwicklungszeiten sowie die Fehlerraten und Risiken an. Durch die fehlenden Erfahrungen mit den eingesetzten Werkzeugen können zudem auch die zu erwartenden Probleme und Aufwände nur sehr ungenau abgeschätzt werden. Damit sinkt auch ein hoher Maturity Level auf Stufe 2 (Managed).

Dies ist jedoch nur der eine Teil der Risiken. Mit der in der Firma noch unbekannten Technologie steigen zwangsweise auch die Betriebskosten für die neuen Systeme an. Es muss neue Hard- und Software beschafft werden und die Betriebsspezialisten müssen in der neuen Technologie ausgebildet werden und Erfahrungen sammeln können. Erfahrung hat jedoch immer mit Zeit zu tun, so dass nicht erwartet werden kann, dass ein neues System von Beginn an bereits stabil und kosteneffizient betrieben werden kann.

14

14.3.6 Richtiges Verhältnis zwischen internen und externen Mitarbeitern

Erst zum Schluss komme ich zu einer Maßnahme, die direkt mit Geldausgeben verknüpft ist: dem richtigen Verhältnis zwischen internen und externen Mitarbeitern. Externe Mitarbeiter weisen üblicherweise zwei Vorteile auf:

1. Sie können Kapazitätsspitzen brechen, die die IT nicht mit eigenen, fest angestellten Mitarbeitern abdecken kann.

2. Sie verfügen über Know-how, das in der IT nicht oder nicht genügend vorhanden ist.

Beide Fälle machen sehr viel Sinn und können wesentlich zum Projekterfolg beitragen. Es gibt jedoch immer wieder Projekte, bei denen weder der eine noch der andere Vorteil zutrifft und externe Mitarbeiter aus reiner »Gewohnheit« eingesetzt werden.

14

Einige Firmen bilden externe Mitarbeiter sogar auf ihre Kosten aus, anstatt Personen zu suchen, die bereits über die entsprechende Erfahrungen verfügen. Andere Firmen besetzen über die Hälfte aller Projektpositionen mit externen Mitarbeitern. Hier kann kaum mehr von der Abdeckung von Spitzen gesprochen werden, sondern vielmehr von der Abdeckung der Grundlast.

Sobald externe Mitarbeiter in dieser Art eingesetzt werden, entstehen unnötig hohe Projektkosten. Zudem entsteht die Projekterfahrung nicht in der Firma selbst, sondern bei den externen Contractors. Firmen, die diese Erfahrung noch nicht gemacht haben, müssen zuerst ein Projekt mit mehrheitlich externen Arbeitskräften umsetzen, bevor sie realisieren, dass der Know-how-Transfer nach Abschluss des Projektes von den externen zu den internen Mitarbeitern nicht stattfindet.

Die extremste Form eines Fehleinsatzes von externen Mitarbeitern ist jedoch die Erstellung der Projektvorgaben wie Business Case, Projektangebot oder Spezifikation durch die gleichen externen Mitarbeiter, die das Projekt später dann auch realisieren sollen. Dies mag skurril klingen, geschieht jedoch häufiger als angenommen. Aus Bequemlichkeitsgründen werden dieselben externen Mitarbeiter auch gleich mit der Ausarbeitung der Projektgrundlagen beauftragt. Damit sind Interessenskonflikte vorprogrammiert und es gibt kaum eine externe Firma, die nicht darauf schaut, dass sie sich mit diesem Vorgehen ein möglichst großes Auftragsvolumen generiert. Die Projektvorgaben müssen von der Firma selbst erarbeitet werden und können höchstens an eine externe Firma vergeben werden, die bei der späteren Projektrealisierung bewusst nicht berücksichtigt wird. Die Ausschreibungsrichtlinien von öffentlichen Verwaltungen schreiben diese Trennung zum Teil sogar explizit vor.

Natürlich kann auch der Einsatz von ausschließlich externen Mitarbeitern sehr sinnvoll sein. In diesem Fall sollen jedoch keine Contractors angestellt werden, sondern das gesamte Projekt an eine darauf spezialisierte Firma zur Umsetzung in einer Art »Projektoutsourcing« übergeben werden.

14.3.7 Fazit

Die folgenden Elemente spielen eine wichtige Rolle, um die Projektkosten niedrig zu halten:

1. Klare Zielvorgaben
2. Präzise Spezifikation
3. Formalisiertes Projektvorgehen
4. Erfahrene Projektleiter
5. Bewährte Entwicklungsumgebung
6. Richtiges Verhältnis zwischen internen und externen Mitarbeitern

Auf den ersten Blick sieht dies vielleicht nicht sehr nach Möglichkeiten aus, um die Projektkosten senken zu können. Viele Firmen denken eher daran, die Stunden- und Tagessätze von externen Mitarbeiter neu zu verhandeln und zu reduzieren oder günstigere Hard- und Software zu beschaffen.

Viel größere Kostenhebel liegen jedoch bei den obigen Maßnahmen zur Steigerung der Effektivität anstatt bei der Suche, wie die einzelnen Kostenblöcke eines Projektes noch etwas reduziert werden können.

14.4 Die Betriebskosten minimieren

Zum Schluss wende ich mich der wohl schwierigsten Disziplin zu: der Realisierung der Projekte, so dass möglichst geringe Betriebskosten entstehen. Dies mag auf den ersten Blick vielleicht überraschen, die meisten Projektleiter sind sich jedoch nicht einmal bewusst, dass in dieser Kategorie ein Großteil der Kosten für das neu geschaffene System liegen. Während die Projektkosten einmalig anfallen, fallen die Betriebskosten während der gesamten

14

Lebensdauer des Systems – üblicherweise fünf bis zehn Jahre oder in einigen Fällen auch deutlich mehr – Jahr für Jahr an.

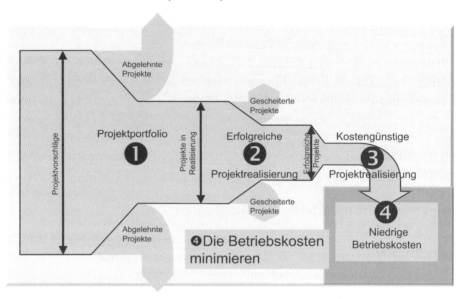

Abbildung 14.14: Die Betriebskosten minimieren

Ich möchte die Betriebskosten anhand der Darstellung aus Abschnitt 2.3.1 *Abhängigkeit der Betriebs- von den Projektkosten* an dieser Stelle etwas genauer analysieren.

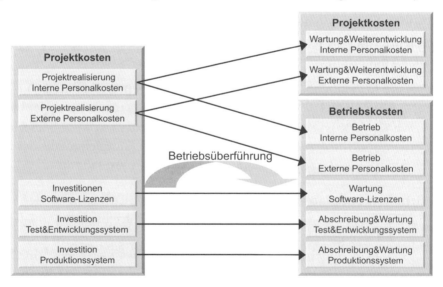

Abbildung 14.15: Abhängigkeiten zwischen Projekt- und Betriebskosten

Betrachten wir als Erstes ein Projekt, das eine neue Applikation entwickelt und einführt, und gehen von folgender Kostenaufteilung aus:

Projektrealisierung interne Personalkosten	€	70 000
Projektrealisierung externe Personalkosten	€	10 000
Investitionen Software-Lizenzen	€	5 000
Investition Test- & Entwicklungssystem	€	5 000
Investition Produktionssystem	€	10 000
Total	**€**	**100 000**

Betrachten wir nun, was aus den verschiedenen Kostenkomponenten bei der Überführung der Applikation in den Betrieb geschieht.

Projektrealisierung interne Personalkosten

Die internen Software-Entwickler werden nach Abschluss des Projektes einerseits für die Wartung und Weiterentwicklung der Applikation und andererseits für den Betrieb (Überwachung, Tagesendverarbeitung, Fehlerbehebung usw.) eingesetzt. Optimalerweise werden die Betriebsaufgaben dem bereits vorhandenen Betriebsteam übergeben, das gegebenenfalls personell entsprechend aufgestockt werden muss. Während bei einer verhältnismäßig kleinen Applikation wie in dem Beispiel die Betriebsaufwände vielleicht noch 10% ausmachen, wird für die Wartung und Weiterentwicklung gut und gerne ein Viertel der Entwicklerkapazität weiterhin benötigt.

Damit fallen pro Jahr € 7 000 für den Betrieb sowie € 17 500 für die Wartung und Weiterentwicklung an.

Projektrealisierung externe Personalkosten

Gehen wir davon aus, dass für den Betrieb keine externen Mitarbeiter benötigt werden und für die Wartung und Weiterentwicklung ebenfalls 25% wie bei den internen Mitarbeitern, so macht dies € 2 500 pro Jahr aus.

Investitionen Software-Lizenzen

In dem Beispiel machen die Software-Lizenzen nur einen kleinen Betrag aus. Mit üblichen 15% Wartungsgebühren ergibt dies jährlich € 750.

14

Investition Test- & Entwicklungssystem

Bei einer Abschreibungsdauer von drei Jahren für das Test- & Entwicklungssystem fallen jährlich € 1 666 an. Dazu kommen Wartungskosten (Wartungsvertrag, Reparaturen, Ersatzteile usw.) von geschätzten 10% des Kaufpreises dazu (€ 500 pro Jahr). Insgesamt also € 2 166.

Investition Wartung Produktionssystem

Dieselbe Rechnung wie beim Test- & Entwicklungssystem wird auf das Produktionssystem angewendet und so kommen jährlich € 3 333 und € 1 000, insgesamt also € 4 333 zusammen.

Jährliche Betriebskosten

Zählen wir zusammen:

Wartung und Entwicklung interne Personalkosten	€	17 500
Wartung und Entwicklung externe Personalkosten	€	2 500
Betrieb interne Personalkosten	€	7 000
Betrieb externe Personalkosten	€	0
Wartung Software-Lizenzen	€	750
Abschreibung und Wartung Test- & Entwicklungssystem	€	2 166
Abschreibung und Wartung Produktionssystem	€	4 333
Total	€	**34 249**

Insgesamt fallen demzufolge gut 34% der Projektkosten jährlich für die Weiterentwicklung sowie den Betrieb und Abschreibungen der Systeme an. Bei einer angenommenen Lebensdauer der Applikation von zehn Jahren machen damit die Betriebskosten den dreifachen Betrag der Projektkosten aus!

Nach der Betrachtung dieses Software-Projektes mit einem verhältnismäßig hohen Personalkostenanteil möchte ich die Betrachtungen auf ein Infrastruktur-Projekt mit einem hohen Hardware-Anteil ausweiten, wie z.B. der Ersatz aller PC inkl. Migration auf die neueste Version des Betriebssystems.

Durch den hohen Hardware-Anteil fällt die Rechnung in diesem Beispiel einfach aus: Bei einer Abschreibungsdauer von drei Jahren fallen jährlich 33% der Hardware-Investitionen in Form von Abschreibungen an. Dazu kommt je nach Situation noch ein geringer Anteil für Wartung und Reparaturen der Endgeräte, falls die Geräte nicht mit einem Wartungsvertrag über drei Jahre beschafft worden sind. Wenn wir 5% für die Wartung der Endgeräte rechnen, erhalten wir insgesamt 38% der Projektkosten als laufende jährliche Betriebskosten.

Durch die starke Dominanz der Hardware-Kosten habe ich in diesem Beispiel die Personalkosten vernachlässigt. Da diese auch etwa ein Drittel für den laufenden Betrieb ausmachen und zudem kaum ins Gewicht fallen, wird das Resultat dadurch höchstens geringfügig beeinflusst.

Einen größeren Einfluss hat jedoch die Abschreibungsdauer. Wird diese auf vier Jahre erhöht, entstehen jährlich Betriebskosten von 30% (25% für Abschreibungen und 5% für Wartung). Damit gilt die Faustregel auch bei Infrastrukturprojekten:

Etwa ein Drittel der Projektkosten werden für den jährlichen Betrieb benötigt.

Um die Abhängigkeiten zwischen den Projekt- und den Betriebskosten noch besser zu verstehen, möchte ich im Folgenden die verschiedenen Kostenblöcke genauer untersuchen.

14.4.1 Interne Personalkosten

14

Ein Teil der internen Mitarbeiter, die das System entwickelt haben, wird auch nach dem Projektabschluss weiterhin benötigt. Dies wird von vielen Organisationen gerne ignoriert. Diese gehen davon aus, dass sich alle am Projekt beteiligten Personen nach Abschluss des Projektes wieder anderen Tätigkeiten zuwenden können.

In Tat und Wahrheit wird jedoch ein Teil der internen Projektmitarbeiter für die Weiterentwicklung sowie für den Betrieb des neu geschaffenen Systems benötigt.

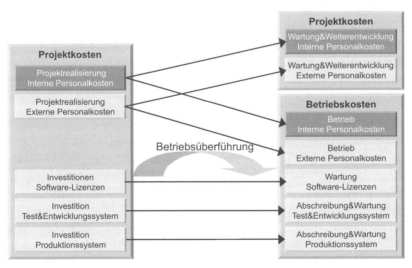

Abbildung 14.16: Interne Personalkosten

Wartung & Weiterentwicklung

Mit dem Abschluss des Projektes ist in der Regel eine erste Version der Applikation fertig gestellt und dem Betrieb übergeben. Jede Software, die im Einsatz steht, muss jedoch auch gewartet und weiterentwickelt werden. Sei dies durch Anforderungen, die im Projekt noch nicht realisiert werden konnten, durch neue Anforderungen, die im Laufe der Zeit dazukommen, oder durch Anforderungen aus (gesetzlichen) Auflagen.

Dazu kommen Wartungsaufgaben wie die Korrektur von bekannten Fehlern in der Applikation oder die Anpassung an eine neue Datenbank- oder Betriebssystem-Version. Diese Aufwände erzeugen keine neuen Funktionalitäten, sondern gewährleisten die laufende Betriebsfähigkeit der Applikation.

Vielfach stehen die Wartungsaufwände in der Kritik des Managements. Dies hat im Wesentlichen drei Gründe:

1. Die notwendigen Leistungen in diesem Gebiet werden nicht ausgewiesen und dadurch nicht vom Management wahrgenommen. Da die Fehlerkorrekturen und die Erhaltung der Betriebsfähigkeit keine neuen Funktionalitäten erzeugen, ist dies auch sehr schwierig bis beinahe unmöglich auszuweisen.

2. Über die Wartungsaufwendungen werden keine oder nur noch wenige neue Funktionalitäten entwickelt, die die Firma in der Abwicklung ihrer Geschäftsfälle effizient unterstützen. Vielmehr werden nur noch »Verschönerungen« realisiert, die zwar die Ressourcen der IT auslasten, jedoch für die Firma keinen eigentlichen Nutzen erzeugen. Dazu gehören ab einem bestimmten Punkt die optische Gestaltung der Applikation sowie die Abbildung von immer mehr Spezialfällen, die kaum je zum Tragen kommen und nur von wenigen Benutzern – wenn überhaupt – eingesetzt werden.

3. Die Applikation wurde schon in Betrieb genommen, obwohl sie noch nicht fertig entwickelt und getestet ist. Nun fallen die Aufwände für die Fertigstellung der Applikation bei den Betriebs- und nicht mehr bei den Projektkosten an. Die daraus resultierenden Kostenverzerrungen fallen umso höher aus, wenn bei der Entwicklung der Applikation kein Augenmerk auf deren Betreibbarkeit gelegt wurde und sie nun entsprechend hohe Betriebsaufwände verursacht.

14

Die Kritikpunkte des Managements sind häufig nicht unbegründet und es ist wichtig, die Wartungsaufwände sowie die daraus resultierenden Folgen regelmäßig zu hinterfragen. Die Wartungsaufwände unüberlegt und stark zu reduzieren, kann jedoch auch Gefahren in sich bergen, wenn dadurch die Betriebsfähigkeit der Applikationen verloren geht und jede Anpassung nur noch mit großem Aufwand realisiert werden kann oder die Stabilität und Verfügbarkeit des Systems sinkt.

Betrieb

Nur allzu gerne wird vergessen, dass eine Applikation nach ihrer Fertigstellung auch betrieben werden muss. Dazu gehören unter anderem die folgenden Aktivitäten:

- **Helpdesk**: Die Benutzer müssen sich bei Fragen und Problemen an eine klar definierte Stelle wenden können. Dazu werden entweder die Mitarbeiter des Helpdesks als Single Point of Contact ausgebildet und geschult oder es wird eine eigene Telefonhotline aufgebaut.

- **Support vor Ort**: Wird die Applikation nicht nur auf einem Hostsystem oder Terminalserver betrieben, sondern enthält sie ebenfalls Komponenten, die lokal auf den PC der Benutzer installiert sind, muss im Problemfall der Support vor Ort durch entsprechende Ausbildung die mit der Applikation auftretenden Probleme und Störungen beheben können.

- **Betrieb**: Jede Applikation mit einer Serverkomponente muss auch betrieben werden. Dazu gehören Aufgaben wie Datensicherung und Wiederherstellung von Daten, Überwachung der Verfügbarkeit, Messung der Antwortzeiten, Überwachung der Datenbanken und der Middleware, Überwachung und Erweiterung des benötigten Diskplatzes sowie des Bedarfs an Hauptspeicher, Durchführung und Überprüfung von Tages-, Wochen, Monats- und Jahresendverarbeitungen usw.

- **Fehlerkorrekturen**: Zeigt eine Applikation ein fehlerhaftes Verhalten und liefert falsche Ergebnisse oder funktioniert nicht so wie vorgesehen und spezifiziert, müssen die entsprechenden Fehler korrigiert werden. Dabei werden keine neuen Funktionen zur Verfügung gestellt, sondern die bereits bestehenden Funktionen korrekt zum Laufen gebracht.

14

▷ **Behebung von Störungen**: Funktioniert die Applikation einmal nicht so wie vorgesehen wegen eines Hardware- oder Datenbankproblems, weil eine Verarbeitung nicht korrekt abgelaufen ist oder weil ein Fehler in der Applikation aufgetreten ist, muss dies durch die Überwachung festgestellt und durch den Betrieb und die Applikationsbetreuer behoben werden.

▷ **Einspielung neuer Releases**: Neue Versionen der Applikation, aber auch Patches und Updates des Betriebssystems, der Datenbank und der Middleware müssen bei Bedarf getestet und auf den Systemen installiert werden. Je nach Instabilität und Updatehäufigkeit der Software entstehen hier geringere oder höhere Betriebsaufwände.

Für eine größere und komplexere Applikation können damit Aufwände entstehen, die für deren Betrieb mehrere Personen notwendig machen und damit die Betriebskosten signifikant beeinflussen. Einfachere Applikationen, die keine Überwachung oder Endverarbeitung erfordern, benötigen wesentlich weniger Betriebsaufwände und können im Extremfall sogar ganz ohne Betrieb auskommen. In diesem Fall nehmen die Applikationsentwickler auch gleich die Betriebsfunktionen wahr.

Einen wesentlichen Faktor habe ich bis dahin noch nicht behandelt: Es spielt eine große Rolle, ob die neue Applikation auf einer bestehenden Plattform betrieben werden kann oder ob wegen der Applikation ebenfalls eine neue Plattform (Hardware, Betriebssystem, Datenbank, Middleware) eingeführt werden muss.

Während im ersten Fall nur mit einem Ausbau der Systeme und des Personals (im Glücksfall reichen sogar die vorhandenen Kapazitäten auch noch für den Betrieb der neuen Applikation) gerechnet werden kann, muss im zweiten Fall neue Hardware, ein neues Betriebssystem, eine neue Datenbank und neue Middleware beschafft werden. Dazu kommt das fehlende Know-how im Betrieb dieser Systeme, so dass zusätzliche Mitarbeiter angestellt werden müssen, der Betrieb an eine externe Firma vergeben wird (als Outsourcing oder durch die Anstellung von externen Mitarbeitern) oder die bestehenden Mitarbeiter auf die neuen Systeme ausgebildet werden müssen. Dies verursacht nicht nur entsprechende Kosten, sondern führt zumindest in der Anfangsphase auch zu einem instabileren Betrieb, da die nötige Erfahrung noch nicht vorhanden ist.

14.4.2 Externe Personalkosten

Bei den externen Personalkosten präsentiert sich ein ähnliches Bild wie bei den internen Personalkosten (siehe Abbildung 14.17).

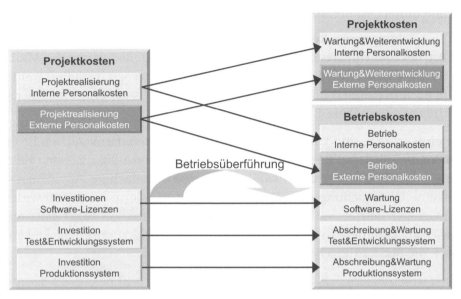

Abbildung 14.17: Externe Personalkosten

Die externen Projektmitarbeiter werden ebenfalls für die Wartung und Weiterentwicklung sowie den Betrieb der Applikation weiter benötigt. Allerdings empfiehlt es sich hier, die Situation zu überdenken: Mit der Aufnahme des Betriebs sollte genügend Know-how vorhanden sein, um die Betriebsaufgaben durch interne Mitarbeiter wahrnehmen zu können. Da Betriebsaufgaben kontinuierlich anfallen, gilt es auch nicht, Spitzenbelastungen durch externe Mitarbeiter abzudecken. Damit sollte das Ziel eines jeden Projektes sein, den Betrieb vorwiegend oder sogar ausschließlich durch interne Mitarbeiter wahrzunehmen.

Anders sieht die Situation bei der Wartung und Weiterentwicklung der Applikation aus. Durch externe Mitarbeiter entwickelte Module bedingen häufig auch die Wartung durch die gleichen externen Spezialisten, da diese die entsprechenden Software-Komponenten am besten kennen. Auch hier lohnt es sich jedoch, das Know-how der externen auf die internen Mitarbeiter zu übertragen. Dies ist allerdings ein schwieriger Prozess und gelingt häufig nur durch entsprechenden Druck, der entsteht, wenn die externen Mitarbeiter nicht mehr zur Verfügung stehen.

14

Bei der Weiterentwicklung der Applikation durch externe Mitarbeiter gilt das Gleiche wie bereits in der Projektrealisierung: Hier kann der Einsatz von externen (und in der Regel teureren Mitarbeitern) Sinn machen, wenn sie entweder fehlendes Know-how in die Firma bringen oder zur Abdeckung von Spitzen eingesetzt werden.

14.4.3 Software-Lizenzen

Bis hierhin bin ich davon ausgegangen, dass die Applikation selber entwickelt wird. Immer häufiger sind jedoch Standard-Applikationen für die verschiedensten Branchen am Markt erhältlich, die nur noch an die Anforderungen der Firma angepasst (customized) werden müssen. In einem solchen Projekt dominieren nicht mehr die Personalkosten, sondern die Lizenzkosten für die zu beschaffende Software.

14

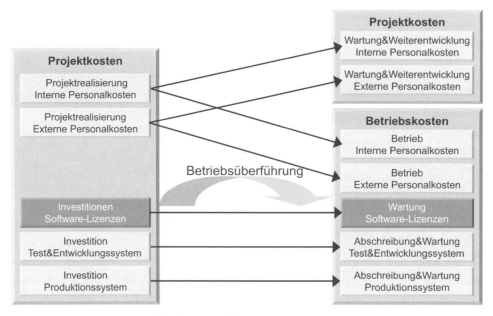

Abbildung 14.18: Software-Lizenzen

Aber auch Applikationen, die selber entwickelt werden, benötigen häufig Software-Lizenzen. Sei es für die Entwicklungsumgebung oder die anhand der Entwicklungsumgebung benötigten Runtime-Lizenzen oder die Lizenzen für Betriebssysteme, Datenbanken und Middleware.

Obwohl der größte Teil der Lizenzkosten mit deren Beschaffung anfällt, entstehen auch im laufenden Betrieb Kosten. Einerseits durch den Wartungsvertrag, der die Unterstützung des Herstellers bei Fehlern und Problemen gewährleistet, aber auch durch das Recht, Updates der Software einsetzen zu können. Als Richtgröße fallen rund 15 bis 20% der Lizenzkosten als jährliche Wartung an. Je nach Firma und Software kann dieser Wert jedoch auch um einiges abweichen (meistens nach oben).

Nebst den Wartungskosten können noch zwei weitere Kostenfaktoren dazukommen:

- **Neue Versionen**: In den Wartungskosten sind häufig kleinere Updates enthalten, nicht jedoch neue Versionen der Software. Diese können zu einem Upgradepreis erworben werden, der zwar deutlich unter der Neubeschaffung der Software, jedoch ebenfalls deutlich über den jährlichen Wartungskosten liegt.

- **Neue Funktionalität**: Mit dem Einsatz der Software steigt auch das Bedürfnis, diese um weitere Funktionalitäten (Module) zu erweitern, um deren Einsatzgebiet ausdehnen zu können. Zusätzliche Module verursachen damit nicht nur zusätzliche Lizenz-, sondern ebenfalls zusätzliche Wartungskosten.

Für neue Versionen der Software wie auch für neue Funktionalitäten wird üblicherweise ein neues Projekt gestartet. Damit fallen diese Kosten nicht im Rahmen des Betriebes an, sondern werden im Rahmen eines neuen Projektes beantragt und abgewickelt.

14.4.4 Test- & Entwicklungssystem

Wie Sie bei den internen Personalkosten gesehen haben, spielt es eine große Rolle, ob die neue Applikation auf den bestehenden Plattformen betrieben werden kann oder ob mit der neuen Applikation gleichzeitig eine neue Betriebsplattform eingeführt wird. Bei den Entwicklungs- und Testsystemen kommt dieser Effekt ebenso stark zum Tragen (siehe Abbildung 14.19).

Wird die neue Applikation mit der bereits bestehenden Entwicklungs- und Testumgebung erstellt und getestet, fallen nicht nur die Projektkosten signifikant niedriger aus, sondern auch die späteren Betriebskosten für die Entwicklungs- und Testsysteme.

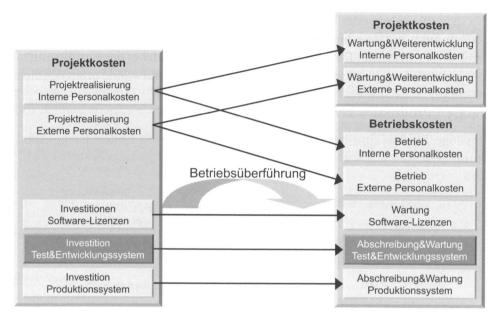

Abbildung 14.19: Test- & Entwicklungssystem

Im ersten Fall wird ein in der IT bereits bekanntes und vorhandenes Entwicklungssystem verwendet. Damit fallen nicht nur die Entwicklungszeiten kürzer aus. Sie können dank der langjährigen Erfahrung ebenfalls mit guter Genauigkeit vorausgesagt werden, während mit einer neuen Entwicklungsumgebung zuerst entsprechende Erfahrungen gesammelt werden müssen.

Ähnlich verhält es sich mit der Testumgebung. Hier besteht sie bereits und kann im optimalen Fall einfach von der neuen Applikation mitbenutzt werden, ohne dass ein Ausbau notwendig ist. Damit fallen nicht nur die Projektkosten, sondern ebenfalls die Betriebskosten entsprechend niedrig aus, da weder für den Aufbau noch für den Unterhalt der Testsysteme zusätzliche Mittel benötigt werden.

Anders präsentiert sich die Situation im zweiten Fall, wo sowohl ein neues Entwicklungs- als auch ein neues Testsystem beschafft und unterhalten werden muss. Ein zusätzliches Entwicklungs- und Testsystem benötigt zusätzliche Hardware, die beschafft, betrieben und am Ende ihres Lebenszyklus wieder ersetzt werden muss. Dazu kommen die Software- sowie die für die Betreuung und den Betrieb notwendigen Personalkosten.

So viel zur Kostenseite. Eine neue Entwicklungs- und Testumgebung bedingt jedoch auch entsprechendes Know-how sowohl im Projekt als auch im Betrieb dieser Systeme. Damit werden die Konsequenzen bei der Einführung einer zusätzlichen Plattform schnell klar und die Mehraufwände offensichtlich.

14.4.5 Produktionssystem

Analoge Effekte sind bei den Produktionssystemen zu finden (siehe Abbildung 14.20).

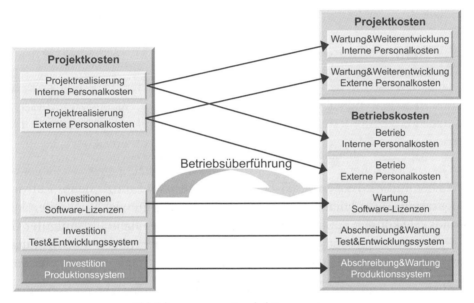

Abbildung 14.20: Produktionssysteme

Wird das neue System auf einer bereits bestehenden Entwicklungs-, Test- und Produktionsumgebung entwickelt, getestet und betrieben, fallen die entsprechenden Betriebsaufwände in der Regel in vertretbarem Rahmen aus. Wird hingegen mit dem Projekt eine neue Plattform eingeführt, steigen die Betriebskosten spürbar an.

14.4.6 Fazit

Sie haben gesehen, dass die jährlichen Betriebskosten etwa ein Drittel der Projektkosten ausmachen können. Mit einer angenommenen Lebensdauer einer Applikation von zehn Jahren fallen damit während dieser Zeit mehr als die dreifachen Projektkosten an. Zusammen mit den eigentlichen Projektkosten verursacht das Projekt während der Lebensdauer insgesamt die vierfachen Kosten als im Projektantrag ausgewiesen.

Dies bedeutet, dass die voraussichtlichen Betriebskosten in jedem Projektantrag ausgewiesen werden müssen. Zugegeben, dies ist alles andere als einfach. Bevor das System entwickelt worden ist, soll bereits vorausgesagt werden, was der spätere Betrieb kosten wird. Eine ungefähre Schätzung ist jedoch allemal besser als gar keine Angaben. Und zur Not kann auch die Faustregel herangezogen werden, dass die jährlichen Betriebskosten ein Drittel der Projektkosten betragen.

14.5 Schlussfolgerungen

Je nach Branche werden für Projektleistungen zwischen 10% und 50% der IT-Kosten aufgewendet. Dies erlaubt dem Unternehmen, Abläufe zu verbessern, auf neue Marktanforderungen zu reagieren, neue Produkte am Markt einzuführen oder auch auf das aktuellste Release eines Betriebssystems zu wechseln.

Im Gegensatz zu Betriebsleistungen können Projektleistungen in der Regel wesentlich schneller erhöht oder gesenkt werden. Müssen zusätzliche Projekte realisiert werden, wird Unterstützung von einer externen Firma angefordert. Müssen die Kosten gesenkt werden, werden Projekte aufgeschoben oder gleich ganz gestrichen. Dies ist prinzipiell auch gut möglich, hat aber gewisse Konsequenzen:

▷ Die vorübergehende Verschiebung oder gar Streichung von Projekten ist in der Regel zwar nicht problemlos, kann aber ohne die Gefährdung des Unternehmens realisiert werden.

▷ Werden Projekte über einen längeren Zeitraum (mehr als ein Jahr) verschoben, leidet üblicherweise die Innovationsrate des Unternehmens. Je nach Branche hat dies nur wenig Auswirkung auf das Geschäft oder kann im Extremfall sogar das Unternehmen gefährden.

▷ Wird nur das Projektvolumen reduziert, die internen und externen Mitarbeiter jedoch nicht ebenfalls entsprechend abgebaut, sinkt zwar die Innovationsrate des Unternehmens, nicht jedoch die entsprechenden Kosten.

▷ Durch eine starke Reduktion von internen und/oder externen Mitarbeitern sinkt nicht nur die Kapazität zur Realisierung von Projekten, sondern ebenfalls das Know-how der Firma. Beides wirkt sich negativ auf eine darauf folgende Aufschwungphase aus.

▷ Mit weniger Projekten, die realisiert werden, sinkt auch die Anzahl der eingeführten Applikationen und damit die dazugehörigen Betriebskosten. Ein Abbau der Projektleistungen senkt also nicht nur die Projektkosten, sondern muss sich mittelfristig ebenfalls auf die Betriebskosten auswirken.

Das richtige Maß zu finden und die entsprechenden Konsequenzen abzuschätzen, ist keine einfache Aufgabe und erfordert viel Erfahrung. Wird zu viel in Projektleistungen investiert, steigen die Kosten – wegen der ebenfalls ansteigenden Betriebskosten – überproportional an. Wird zu wenig oder gar nicht in Projektleistungen investiert,

▷ können die bestehenden Applikationen nicht weiterentwickelt werden,

▷ kann auf gesetzliche Änderungen nicht reagiert werden,

▷ können keine zusätzliche Funktionalitäten in die Applikationen eingebaut werden,

▷ können keine neuen Applikationen entwickelt oder eingekauft werden,

▷ können keine weiteren Standorte erschlossen werden,

▷ können keine Releasewechsel auf ein aktuelleres Betriebssystem durchgeführt werden,

kurzum: bleibt die IT und damit auch die Funktionalität der Anwendungen, wie sie heute ist. Dies bedeutet Stillstand und Stillstand heißt in den meisten Fällen Rückschritt.

14

15 Kostenreduktion bei IT-Projekten

Nachdem ich in Kapitel 14 die Kostentreiber bei IT-Projekten vorgestellt und erläutert habe, geht es in diesem Kapitel nun darum, die Kosten für Projektleistungen mit konkreten Maßnahmen zu senken. Dabei gehe ich nicht davon aus, die Projektkosten marginal zu reduzieren, sondern diese signifikant zu senken.

Erinnern Sie sich nochmals an die Übersicht aus Kapitel 14 (siehe auch Abbildung 15.1).

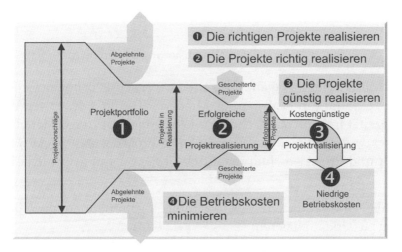

Abbildung 15.1: Die vier Kostenhebel bei IT-Projekten

Bei der Reduktion der Projektkosten möchte ich mich an die gleiche Struktur halten:

1. Reduktion des Projektvolumens (die richtigen Projekte realisieren)
2. Erfolgreiche Projektrealisierung (die Projekte richtig realisieren)
3. Reduktion der Projektkosten (die Projekte günstig realisieren)
4. Senkung der Betriebskosten (niedrige Betriebskosten)

Entlang dieser Kategorien möchte ich nun die verschiedenen Möglichkeiten zur Senkung der Projektkosten betrachten.

15.1 Reduktion des Projektvolumens

Ich verwende die Darstellung in Abbildung 15.2 zur Visualisierung des Projektvolumens.

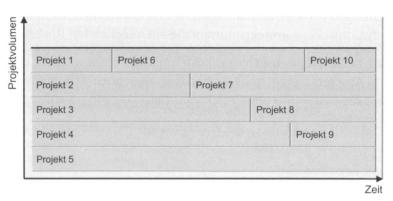

Abbildung 15.2: Modell zur Visualisierung des Projektvolumens

Zum aktuellen Zeitpunkt (ganz links auf der Zeitachse) befinden sich die Projekte 1, 2, 3, 4 und 5 in Realisierung. Mit dem Abschluss des ersten Projektes wird Kapazität frei, um das nächste Projekt (Projekt 6) zu realisieren. Ebenso löst Projekt 7 Projekt 2 ab und Projekt 8 löst Projekt 3 ab. Projekt 9 folgt auf Projekt 4 und Projekt 10 füllt die durch Projekt 6 frei gewordene Realisierungskapazität.

Dabei habe ich verschiedene Vereinfachungen getroffen, um die Überlegungen nicht zu verkomplizieren:

▷ Jedes Projekt weist (pro Zeiteinheit betrachtet) gleich hohe Projektressourcen auf (alle Projektbalken sind gleich hoch).

▷ Die Projekte unterscheiden sich nur in der unterschiedlichen Projektdauer (Länge der Projektbalken).

▷ Es wird davon ausgegangen, dass das gleiche Projektteam nach der Fertigstellung eines Projektes mit den gleichen Ressourcen das nächste Projekt in Angriff nimmt.

Dank dieser Vereinfachungen weist das Projektvolumen eine konstant gleich bleibende Höhe auf. Dies trifft für viele IT-Organisationen auch tatsächlich zu, da sie mit mehr oder weniger konstanten personellen und finanziellen Mitteln ein ebenso konstantes Projektvolumen bewältigen.

Für einige IT-Organisationen gelten die obigen Vereinfachungen nicht oder nur beschränkt, da sie sich in einem sehr dynamischen Umfeld befinden und sich das Projektvolumen laufend ändert. Für die Betrachtung der verschiedenen Möglichkeiten zur Reduktion der Projektkosten sind die vorgenommenen Vereinfachungen jedoch durchaus zulässig und lassen auch in Organisationen mit sehr dynamischem Projektvolumen die entsprechenden Rückschlüsse zu.

Anstatt die verschiedenen Projekte kostenmäßig zu optimieren, möchte ich in diesem Abschnitt eine radikalere, dafür aber auch effektivere Methode betrachten: die Reduktion des Projektvolumens. Dies kann auf verschiedene Arten erfolgen:

1. Keine neuen Projekte mehr

2. Weniger neue Projekte

3. Redimensionierung laufender Projekte

4. Streckung laufender Projekte

5. Unterbrechung laufender Projekte

6. Stoppen von laufenden Projekten

Bei den ersten beiden Maßnahmen geht es dabei um neue (zukünftige) Projekte, die übrigen Maßnahmen betreffen bereits laufende Projekte. Allen diesen Maßnahmen sowie deren Nebeneffekten möchte ich mich im Folgenden vertiefter widmen.

15.1.1 Keine neuen Projekte mehr

Eine einfache und offensichtliche Methode zur Senkung des Projektvolumens besteht darin, dass keine neuen Projekte mehr bewilligt und gestartet werden.

Kurzfristig ändert sich damit das Projektvolumen und damit die Projektkosten nicht. Mit jedem abgeschlossenen Projekt werden jedoch entsprechende personelle und finanzielle Ressourcen frei, die für andere Aufgaben eingesetzt werden können oder – bei Fehlen solcher Alternativen – abgebaut werden müssen.

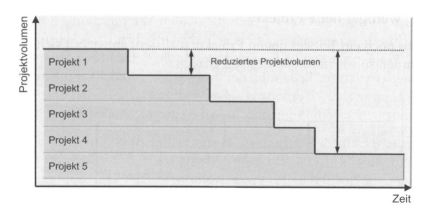

Abbildung 15.3: Keine neuen Projekte mehr

Diese Methode ist zugegebenermaßen radikal und wird über einen längeren Zeitraum auch nicht funktionieren. Wie Sie in Abschnitt 14.1.3 *Auswahl der »richtigen« Projekte* bereits gesehen haben, werden Projekte aus den folgenden Gründen benötigt:

1. Umsetzung der Geschäftsstrategie
2. Realisierung von Effizienzsteigerungen
3. Tätigung von Ersatzinvestitionen
4. Erfüllung von Auflagen
5. Wartung der bestehenden Systeme
6. Fortführung bereits laufender Projekte

Damit wird offensichtlich, dass es nur über einen kürzeren Zeitraum möglich ist, keine neuen Projekte mehr zu starten. Längerfristig wird es jedoch zum Ruin einer Firma führen, wenn keine neuen Projekte und damit keine neuen Produkte mehr realisiert werden. Gar so dramatisch wird die Situation jedoch kaum aussehen. Ähnlich wie sich die Betriebsleistungen die dazu notwendigen Aufwände herausnehmen, werden auch bei einer Blockierung aller neuen Projekte einige Vorhaben trotzdem umgesetzt. Nun jedoch einfach im »Untergrund« und finanziert von anderen Budgets.

Gleich so radikal muss diese Methode jedoch nicht angewendet werden. Anstatt gar keine neuen Projekte mehr zu starten, können auch einfach weniger neue Projekte umgesetzt werden.

15.1.2 Weniger neue Projekte

Wird nur noch ein Teil der neuen Projekte realisiert, entwickelt sich das Projektvolumen so wie in Abbildung 15.4 gezeigt.

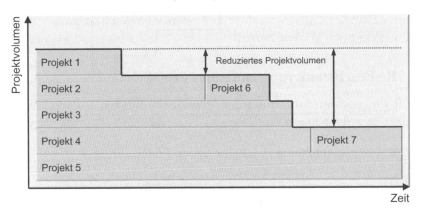

Abbildung 15.4: Weniger neue Projekte

Dabei lässt sich das Projektvolumen auf zwei Arten reduzieren:

1. Einige Projekte werden gestrichen.
2. Einige Projekte werden verzögert und erst nach einiger Zeit gestartet.

Das Projektvolumen sinkt ebenfalls, nun aber nicht mehr so dramatisch, als wenn gar keine neuen Projekte mehr realisiert werden. In einer finanziell kritischen Situation kann dies ein gangbarer Weg sein, um die Projektkosten nicht nur kurz-, sondern ebenfalls längerfristig und nachhaltig zu senken. Dabei dürfen natürlich die im Abschnitt 14.1.1 *Bestimmung des Projektvolumens* vorgenommenen Überlegungen nicht vergessen werden:

▷ **Innovation**: Welches Projektvolumen ist im Minimum nötig, damit sich die Firma weiterentwickeln kann?

▷ **Erhaltung der heutigen Systeme**: Wie lange können Projektvorhaben aufgeschoben werden, ohne dass der Geschäftserfolg der Firma negativ beeinflusst wird?

▷ **Risikomanagement**: Was geschieht, wenn kritische Projekte nicht oder mit Verzögerung realisiert werden?

▷ **Finanzierung**: Welches Projektvolumen ist finanzierbar?

15

Nachdem ich mich bisher mit der Reduktion des Projektvolumens durch keine oder verringerte Freigabe von neuen Projekten beschäftigt hatte, möchte ich mich im Folgenden nun der Reduktion des Projektvolumens von bereits laufenden Projekten zuwenden. Sind die Maßnahmen bei neuen Projekten häufig nicht immer einfach umzusetzen, werden Sie sehen, dass dies auf laufende Projekte noch stärker zutrifft.

15.1.3 Redimensionierung laufender Projekte

Bei der Redimensionierung laufender Projekte wird durch »Abspecken« einzelner Projekte versucht, deren Umfang und damit die Projektkosten zu reduzieren.

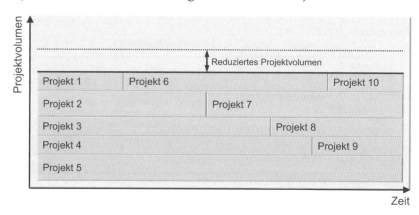

Abbildung 15.5: Redimensionierung laufender Projekte

Dabei geht es darum, die Anforderungen bezüglich Umfang und Funktionalität der Projekte zu hinterfragen und – wo möglich und sinnvoll – zu reduzieren. Bei dieser Betrachtung geht es nicht darum, die Projekte effizienter durchzuführen (dazu später mehr), sondern durch eine Reduktion der Anforderungen die Projektkosten und damit das Projektvolumen zu senken.

Was auf den ersten Blick einfach klingen mag, ist in der Praxis eine sehr anspruchsvolle Aufgabe, die nur mit entsprechender Managementunterstützung realisiert werden kann. Es wird nämlich kaum eine Person, die Anforderungen an das Projekt gestellt hat, bereit sein, einen Teil ihrer Wünsche und Anforderungen aufzugeben, ohne dass aus dem Management ein entsprechender Druck vorhanden ist.

Ist die finanzielle Situation jedoch entsprechend angespannt und jedem Mitarbeiter bewusst, so kann eine Redimensionierung eines Projektes dieses vor seiner Streichung bewahren. So kann wenigstens ein Teil der Anforderungen umgesetzt werden, anstatt gleich das ganze Projekt zu Grabe zu tragen.

15.1.4   Streckung laufender Projekte

Eine weitere Alternative zur Reduktion des Projektvolumens besteht in der Streckung laufender Projekte (in dem Beispiel der Projekte 1, 6, 3, 8 und 4). Die Projekte 9 und 10 sind nicht mehr im Betrachtungszeitraum zu sehen, da sie durch die Streckung der Projekte 1 und 6 bzw. 4 weiter nach hinten verschoben worden sind (siehe Abbildung 15.6).

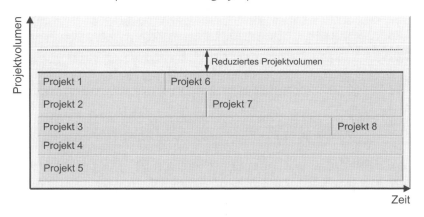

Abbildung 15.6: Streckung laufender Projekte

Bei der Streckung von Projekten wird vom selben Projektumfang ausgegangen und auch die Effizienz der Projektarbeit wird nicht in Frage gestellt. Vielmehr wird derselbe Projektumfang mit weniger Personen realisiert und damit eine Verschiebung des Endtermins in Kauf genommen.

Was theoretisch einfach klingt, ist in der Praxis häufig anspruchsvoll in der Umsetzung und der Abzug von wichtigen Personen aus einem laufenden Projekt muss genau geplant und gut überlegt sein. Falls diese Personen einfach in einem anderen Projekt eingesetzt werden, ändert sich das Projektvolumen mit dieser Maßnahme natürlich nicht, sondern wird nur auf ein anderes Projekt verlagert. Um das Projektvolumen effektiv zu senken, müssen die abgezogenen Personen in einem anderen Teil der Firma beschäftigt oder im Extremfall entlassen werden. Hier wird man sich üblicherweise zuerst auf den Abbau von externen Mitarbeitern konzentrieren, bevor interne Personen die Firma verlassen müssen.

15.1.5   Unterbrechung laufender Projekte

Bei dieser Variante zur Senkung des Projektvolumens wird ein Projekt (in dem Beispiel in Abbildung 15.7 Projekt 2) unterbrochen, um ein neues Projekt (Projekt 6) trotz reduziertem Projektvolumen realisieren zu können.

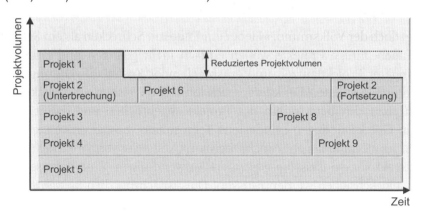

Abbildung 15.7: Unterbrechung laufender Projekte

Die Unterbrechung eines laufenden Projektes ist eine der kostspieligsten Varianten, das Projektvolumen zu reduzieren. Die Projektressourcen können zwar in der Regel innerhalb angemessener Frist einem anderen Projekt zugewiesen werden. Der Wiederanlauf des unterbrochenen Projektes kostet jedoch häufig ein Mehrfaches an Zeit und Geld als der Gewinn, der aus der Unterbrechung eines Projektes resultiert.

Eine Wiederaufnahme der Projektarbeiten bedingt zuerst eine Standortbestimmung, um zu überprüfen, welche der bereits erarbeiteten Projektresultate weiterverwendet werden können und welcher Teil in der Zwischenzeit überholt und obsolet geworden ist. Erst danach können die Arbeiten wieder aufgenommen werden. In den meisten Fällen stehen allerdings nicht mehr alle Projektmitarbeiter aus der ersten Phase zur Verfügung, so dass sich zuerst die neuen Mitarbeiter mit dem Projekt und den bisher erarbeiteten Resultaten vertraut machen müssen.

Vielfach verlassen auch Projektmitarbeiter aus der ersten Phase wegen der Projektunterbrechung das Unternehmen oder verwenden ihre Arbeitsenergie nicht für neue Projekte, sondern für das Nachtrauern des unterbrochenen Projektes.

Insgesamt ist die Unterbrechung eines Projektes nur in den seltensten Fällen eine praktikable Variante zur Kostenreduktion. Viel eher empfiehlt es sich, ein Projekt gleich zu stoppen, als es nur zu unterbrechen.

15.1.6 Stoppen von laufenden Projekten

Wie sagt doch der Volksmund: »Lieber ein Ende mit Schrecken als ein Schrecken ohne Ende.« Einige Projekte wollen einfach nicht gelingen und zeigen auch nach längerer Projektlaufzeit und entsprechender Kostenaufwendungen nicht die erhofften Resultate. Hier kann es sich lohnen, die bisherigen Projektaufwendungen abzuschreiben, indem das Projekt abgebrochen und damit gestoppt wird. Im Glücksfall liegen mindestens Teilresultate vor, die verwendet werden können. Im Pechfall liegen jedoch überhaupt keine verwertbaren Resultate aus dem Projekt vor, so dass die gesamten Aufwendungen ohne entsprechenden Nutzen abgeschrieben werden müssen. Dies ist schmerzlich, bewahrt aber davor, noch mehr Geld in ein Projekt zu investieren, dessen Erfolgsaussichten zu gering sind.

In dem Beispiel in Abbildung 15.8 wurden die Projekte 2 und 3 abgebrochen und die entsprechenden Projektressourcen den Folgeprojekten 7 bzw. 8 zugewiesen. Die Reduktion des Projektvolumens tritt damit entsprechend spät ein.

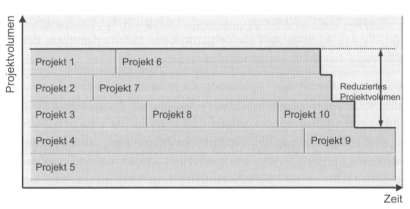

Abbildung 15.8: Stoppen von laufenden Projekten, Variante 1

Natürlich hätte der Projektstopp auch dazu verwendet werden können, keine Nachfolgeprojekte (Projekte 7, 8 und 10) mehr mit den entsprechenden Projektressourcen durchzuführen und damit das Projektvolumen signifikant und in kurzer Zeit zu senken (siehe Abbildung 15.9).

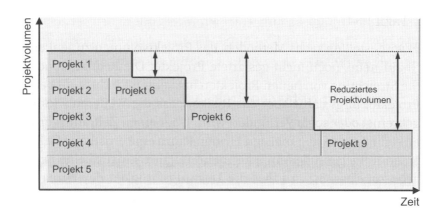

Abbildung 15.9: Stoppen von laufenden Projekten, Variante 2

Projekt 6 ist in Abbildung 15.9 auf zwei Blöcke aufgeteilt. Dies wurde gemacht, um das reduzierte Projektvolumen darstellen zu können. Selbstverständlich wird es als homogenes Projekt weitergeführt und nicht etwa aufgeteilt.

Das Stoppen von Projekten ist eine Methode, um in kurzer Zeit effektiv das Projektvolumen zu senken. Dabei muss die Firma sich jedoch der folgenden zwei Punkte bewusst sein:

1. Mit dem Stoppen des Projektes werden zwar die entsprechenden Projektressourcen (Personen, Geld) frei, allerdings können die geplanten Projektresultate auch nicht (vollständig) erzielt werden. Ohne Geld auch keine Leistung. Daraus resultiert dann auch die zweite Frage.

2. Wieso wurde das Projekt gestartet, wenn auf seine Resultate verzichtet werden kann? Entweder erfolgte die damalige Projektfreigabe ohne genaue Hinterfragung der Resultate, das Umfeld hat sich seit dem Projektstart so stark verändert, dass Rahmenbedingungen nur noch bedingt für das Projekt zutreffen, oder die finanzielle Lage der Firma ist inzwischen so angespannt, dass eine Projektweiterführung aus finanziellen Überlegungen nicht mehr möglich ist.

Häufig ist jedoch ein Projektstopp die bessere Alternative als die Unterbrechung eines laufenden Projektes.

15.1.7 Fazit

Zwei der vorgestellten sechs Methoden, das Projektvolumen zu senken, beziehen sich auf neue, noch nicht gestartete Projekte: Die Reduktion oder sogar gänzliche Streichung von neuen Projekten hat keinen Einfluss auf bereits laufende Projekte, birgt dafür aber das Risiko, dass die Weiterentwicklung der Firma gebremst oder sogar verhindert wird. Über einen Zeitraum von einigen Monaten stellt dies bei den meisten Firmen kaum eine ernsthafte Gefährdung dar. Werden hingegen über ein oder mehrere Jahre hinaus keine neuen Projekte mehr zugelassen, wird dies die Leistungsfähigkeit der Firma entsprechend schwächen und letztendlich das Weiterbestehen des Unternehmens im Laufe der Zeit immer mehr gefährden.

Anders verhält es sich bei den bereits laufenden Projekten. Hier müssen die möglichen Optionen wie Redimensionierung, Streckung oder Unterbrechung laufender Projekte genau geprüft und sorgfältig durchgeführt werden, um den Projekterfolg – trotz der geänderten Rahmenbedingungen – nicht zu gefährden. Die klarste (und damit vielleicht risikoärmste) Methode ist jedoch, ein laufendes Projekt zu stoppen. Dadurch können zwar die vereinbarten Projektresultate nicht mehr erbracht werden, dafür entfallen die entsprechenden Projektkosten in kurzer Zeit. In jedem Fall ist jedoch die Veränderung eines laufenden Projektes immer mit entsprechenden Risiken verbunden.

In vielen Firmen fühlt sich die IT verpflichtet, die Projekte bezüglich ihres Nutzens und ihrer Sinnhaftigkeit für die Firma zu beurteilen. Dies führt automatisch zu Konflikten, sobald die IT für deren Kunden bzw. die gesamte Firma bestimmen will, welche Projekte durchgeführt werden sollen und welche nicht. Die Entscheidung, welche Projekte durchgeführt werden sollen, ist Aufgabe der Geschäftsleitung und nicht der IT. Vor allem in finanziell angespannten Zeiten muss die Geschäftsleitung eine aktive Rolle einnehmen und entsprechende Prioritäten setzen.

Die IT ist dabei keineswegs nur Zuschauer. Ihr obliegt es, das Projektportfolio aufzubereiten sowie die Abhängigkeiten zwischen den verschiedenen Projekten transparent darzustellen. Ohne entsprechend aufbereitete Entscheidungsgrundlagen ist die Geschäftsleitung nicht handlungs- und damit auch nicht entscheidungsfähig.

15

15.2 Erfolgreiche Projektrealisierung

Die schlechte Nachricht gleich vorweg: In dieser Kategorie lassen sich keine kurzfristigen Erfolge erzielen. Die Maßnahmen sind zwar alle sehr wirksam und helfen, die Projektkosten nachhaltig zu senken. Sie wirken jedoch alle längerfristig und haben keine Kurzfristwirkung.

Aus Kostensicht wird eine erfolgreiche Projektrealisierung durch die folgenden Elemente erreicht:

1. **Klare Rahmenbedingungen:** Einige Projekte sind geradezu zum Scheitern verurteilt, weil sie nicht über die für eine erfolgreiche Projektrealisierung notwendigen Rahmenbedingungen verfügen. Verfügt das Projekt nicht über klare Zielsetzungen sowie Unterstützung durch den Auftraggeber und das Management der Firma, ändern sich die Anforderungen dauernd oder sind die Terminvorgaben und Erwartungen unrealistisch, darf man sich nicht wundern, wenn das Projekt scheitert. Scheitern bedeutet in diesem Fall, dass die Projektkosten überzogen werden, die vereinbarten Termine nicht gehalten werden können oder dass die durch das Projekt zu realisierenden Resultate nicht erreicht werden. Im Extremfall muss das Projekt abgebrochen und die bisherigen Aufwände müssen abgeschrieben werden.

2. **Projektmanagement:** Sind die äußeren Rahmenbedingungen eines Projektes gegeben, kommt es auf ein erfolgreiches Projektmanagement an, um das Projekt erfolgreich realisieren und die Kosten niedrig halten zu können. Bei vielen Firmen wird Projektmanagement immer noch mit Heldentum gleichgesetzt, indem in der Endphase des Projektes heroische Einsätze der Projektmitarbeiter mehr honoriert werden als eine saubere Planung mit termingerechter Umsetzung.

3. **Projektcontrolling:** Ein gutes Projektcontrolling verursacht kaum Mehraufwände für den Projektleiter und unterstützt diesen effizient bei der Überwachung der Termine, Lieferobjekte sowie der Einhaltung der Kosten. Während das Projektmanagement die erfolgreiche Projektrealisierung innerhalb des Projektes sicherstellt, betrachtet das Projektcontrolling das Projekt von außen und hat zum Ziel, sich abzeichnende Abweichungen rechtzeitig zu erkennen, damit frühzeitig Gegenmaßnahmen eingeleitet werden können.

4. **Risikomanagement:** Risikomanagement ist eigentlich ein Bestandteil des Projektmanagements sowie des Projektcontrollings. Ich möchte es aber an dieser Stelle dediziert betrachten, da ihm eine große Bedeutung für den Projekterfolg und damit für die Einhaltung der prognostizierten Kosten zukommt. Mittels Risikomanagement werden mögliche Probleme frühzeitig erkannt und gemindert bzw. abgewendet.

Ich habe die obigen Punkte alle bereits in vorherigen Kapiteln behandelt und möchte deshalb in den folgenden Abschnitten nur noch einmal die wichtigsten Erkenntnisse zusammenfassen.

15.2.1 Klare Rahmenbedingungen

Im Abschnitt 14.2 *Die Projekte richtig realisieren* habe ich die folgenden Rahmenbedingungen für eine erfolgreiche Projektrealisierung festgehalten:

1. Klare Ziele und klarer Auftraggeber
2. Enge Zusammenarbeit zwischen der IT und deren Auftraggeber
3. Gute Managementunterstützung
4. Realistische Terminvorgaben
5. Keine sich dauernd ändernden Anforderungen bzw. ein professionelles Change Management der Anforderungen
6. Realistische Erwartungshaltung
7. Klarer Projektabschluss

Was auf den ersten Blick selbstverständlich erscheinen mag, ist leider häufiger als gewünscht der Grund, wieso ein Projekt die entsprechenden Projektkosten zum Teil um Faktoren überzieht. Mit einem mangelhaften Projektmanagement werden die Kosten üblicherweise vielleicht um 20 oder 50 Prozent überschritten. Lassen hingegen die Rahmenbedingungen keine erfolgreiche Projektrealisierung zu, kann ein Projekt rasch das Doppelte oder Dreifache der geplanten Kosten verursachen und erbringt im schlechtesten Fall noch nicht einmal die gewünschten Projektresultate.

Wann haben Sie das letzte Mal Ihre Projekte auf die obigen sieben Punkte überprüft?

15

15.2.2 Projektmanagement

Im Abschnitt 14.3.3 *Formalisiertes Projektvorgehen* sind Sie bereits auf CMMI (Capability Maturity Model Integration) der Carnegie Mellon University (*www.sei.cmu.edu*) gestoßen. Sie haben dort gesehen, dass die Projektmanagementfähigkeiten laufend weiter entwickelt werden müssen und im CMMI-Modell in fünf Stufen (Maturity Level) gemessen werden (siehe Abbildung 15.10).

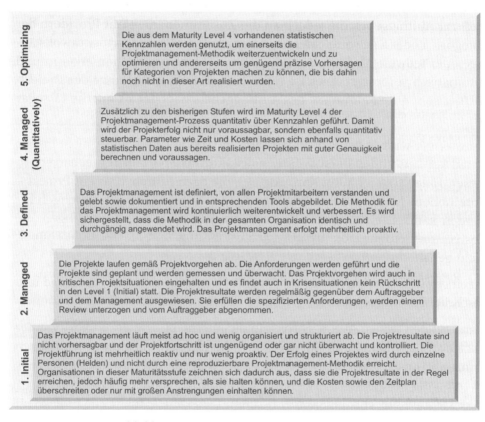

Abbildung 15.10: Maturity Level nach CMMI

Das Projektmanagement der meisten Firmen befindet sich auf Level 1 und zeichnet sich dadurch aus, dass der Großteil der Projekte zwar realisiert werden kann, dies jedoch häufig nur mit großen Anstrengungen und mit Überschreitung der Kosten und Termine.

Einige IT-Anbieter – vor allem aus Indien – haben ihre Projektmanagement-fähigkeiten in den vergangenen Jahren enorm entwickelt und einen CMMI-Maturity-Level 4 oder sogar 5 erreicht. Dies mag auf den ersten Blick als großer Wettbewerbsvorteil erscheinen, kann jedoch auch zu entsprechenden Problemen führen:

Viele Auftraggeber sind es nicht gewohnt, mit einem so hoch entwickelten Projektpartner zusammenzuarbeiten. Eine Organisation mit Maturity Level 4 oder 5 wird von seinem Auftraggeber genaue und präzise Spezifikationen einfordern. Auftraggeber, die jedoch an die Zusammenarbeit mit Providern der Kategorie 1 oder 2 gewohnt sind, erwarten, dass ihr Projektpartner unvollständige oder teilweise sogar falsche Angaben in der Spezifikation erkennt und automatisch verbessert. Dies ist vielfach auch möglich, solange der Projektpartner sehr gute Kenntnisse des Auftraggebers hat oder als interne IT sogar zur gleichen Firma gehört.

Schwieriger wird es bei Projektpartnern, die ihren Auftraggeber nicht bis ins Detail kennen und daher auf einer vollständigen Spezifikation beharren. In diesen Fällen treten häufig Konflikte auf, die dazu führen, dass ein Projekt – trotz hohem Maturity Level des Providers – nicht erfolgreich durchgeführt werden kann. Die Projektresultate entsprechen nicht den Erwartungen, die Kosten überschreiten die ursprüngliche Planung und die Termine können nicht gehalten werden.

Zu einem weit entwickelten Provider gehört immer auch ein entsprechend fortgeschrittener Auftraggeber, um ein optimales Projektresultat erzielen zu können.

Harmonieren jedoch Auftraggeber und die interne IT bzw. der Projektprovider gut zusammen, können ab einem Maturity Level 2 die Projekte und damit deren Erfolg und Kosten aktiv gesteuert und zu einem guten Teil vorausgesagt werden.

Wie eingangs erwähnt, lassen sich dadurch keine kurzfristigen Budgetkürzungen erzielen. Vielmehr kann mit professionellem Projektmanagement längerfristig sichergestellt werden, dass die Projekterfolge gewährleistet und das Projektbudget eingehalten werden kann.

15.2.3 Projektcontrolling

Dem Projektcontrolling kommt eine wichtige Bedeutung bei der Überwachung und Einhaltung der budgetierten Projektkosten zu. Es ist nicht nur verantwortlich für den reibungslosen Ablauf des Projektmanagement-Prozesses, sondern führt auch das Projektportfolio und fordert die Projektleiter zur Einreichung der Statusberichte auf.

In Abschnitt 6.3 *Projektportfolio* habe ich das Projektportfolio vorgestellt. An dieser Stelle will ich etwas näher auf den Teil der laufenden Projekte und deren Projektcontrolling eingehen.

Laufende Projekte						
Projektbezeichnung		Ist	Budget	Erwartung	Status	Bemerkungen
Projekt 4 Kosten Termine Lieferobjekte	Projektbeschreibung	240'000 €	320'000 €	Gesamtstatus 305'000 €	Gelb Grün Gelb Grün	
Projekt 5 Kosten Termine Lieferobjekte	Projektbeschreibung	780'000 €	880'000 €	Gesamtstatus 880'000 €	Grün Grün Grün Grün	
Projekt 6 Kosten Termine Lieferobjekte	Projektbeschreibung	80'000 €	120'000 €	Gesamtstatus 120'000 €	Grün Grün Grün Grün	
Projekt 7 Kosten Termine Lieferobjekte	Projektbeschreibung	60'000 €	420'000 €	Gesamtstatus 420'000 €	Grün Grün Grün Gelb	
Projekt 8 Kosten Termine Lieferobjekte	Projektbeschreibung	470'000 €	550'000 €	Gesamtstatus 600'000 €	Gelb Gelb Grün Grün	
Projekt 9 Kosten Termine Lieferobjekte	Projektbeschreibung	210'000 €	280'000 €	Gesamtstatus 270'000 €	Grün Grün Grün Grün	
Projekt 10 Kosten Termine Lieferobjekte	Projektbeschreibung	330'000 €	660'000 €	Gesamtstatus 660'000 €	Rot Grün Rot Rot	
Total		2'170'000 €	3'230'000 €	3'255'000 €		

Abbildung 15.11: Projektstatus

Für jedes Projekt wird – in der Regel monatlich – der Projektstatus für die drei Disziplinen Kosten, Termine und Lieferobjekte eingefordert. Dazu versendet das Projektcontrolling an alle Projektleiter die Aufforderung, über den Stand ihrer Projekte in einem vorgegebenen Raster zu berichten.

Wie ein solcher Statusbericht aussehen kann, haben Sie in Abschnitt 6.5.3 *Statusbericht* kennen gelernt. Damit Sie nicht zurückblättern müssen, zeige ich den Statusbericht in Abbildung 15.12 nochmals.

Statusbericht

Scanning-Lösung für Leistungserbringungsprozess

| Projekt Nummer | 27 | Projektvertrag Version | 1.0 |

Kurzbeschreibung

Heute werden 50 Mitarbeiter eingesetzt, um die eingehenden Abrechnungen der Ärzte und Krankenhäuser zu erfassen und im zentralen System der Krankenversicherung einzugeben.

Durch automatisches Einscannen von 80% aller eingehenden Abrechnungen sowie der automatischen Erkennung und Zuordnung der in Rechnung gestellten Leistungen soll der Aufwand zur Erfassung der Rechnungen im zentralen System mindestens halbiert werden können. Das heißt, es werden nur noch 25 anstatt 50 Mitarbeiter für diese Aufgaben benötigt.

Realisierungsgrund für das Projekt

Das Projekt "Scanning-Lösung für Leistungserbringungsprozess" soll die Aufwände für die Erfassung und Bearbeitung der Abrechnungen der Ärzte und Krankenhäuser siginifikant reduzieren. In erster Linie sollen die entsprechenden Kosten gesenkt werden, in zweiter Priorität soll gleichzeitig der Prozess zur Leistungsabrechnung beschleunigt werden sowie die Fehlerrate bei der Erfassung der Abrechnungen gesenkt werden.

Projektstatus

	Ist	Budget	Erwartung	Status	Bemerkungen
Gesamtstatus				Grün	
Kosten	890'000 €	2'330'000 €	2'330'000 €	Grün	
Termine				Grün	
Lieferobjekte				Grün	

Meilensteine

Meilenstein	Plan	Ist (✓) resp. erwartet (□)
Detailkonzept erstellt	1. März 2004	✓ 25. Februar 2004
Anforderungen an Hardware definiert	1. März 2004	✓ 26. Februar 2004
Software beschafft	1. April 2004	✓ 6. April 2004
Hardware beschafft	1. April 2004	✓ 12. April 2004
Scanning-Lösung angepasst und parametrisiert	1. September 2004	□ 1. September 2004
Integration in Krankensystem abgeschlossen	31. Dezember 2004	□ 31. Dezember 2004
Systemtest abgeschlossen	1. Januar 2005	□ 1. Januar 2005
Benutzertest abgeschlossen	1. Februar 2005	□ 1. Februar 2005
Pilotphase abgeschlossen	1. März 2005	□ 1. März 2005
Projekt abgeschlossen und in Betrieb überführt	1. März 2005	□ 1. März 2005

Risiken

Tragweite	Eintretenswahrscheinlichkeit		
Hoch	Relevantes Risiko	Großes Risiko	Maximales Risiko
Mittel	Geringes Risiko	Relevantes Risiko / Mangelnde Akzeptanz Scanning-Lösung	Großes Risiko
Tief	Niedriges Risiko	Geringes Risiko	Relevantes Risiko
	Tief	Mittel	Hoch

Probleme und Maßnahmen

Wegen verpäteter Bestellung wurde die Software mit geringer Verzögerung geliefert.
Die Hardware ist wegen Lieferproblemen des Hersteller mit knapp vierzehn Tagen Verspätung eingetroffen.
Beide Verzögerungen haben keinen Einfluss auf das Gesamtprojekt, da die übrigen Projektarbeiten unabhängig davon weitergeführt werden konnten und sich innerhalb des Terminplanes befinden.

Projektbeginn	1. Januar 2004	Projektende	1. März 2005
Auftraggeber Geschäftsbereich	Hans Muster	IT-Projektleiter	Thomas Moser
Datum	30. Juli 2004		

Abbildung 15.12: Projektstatusbericht

15

Unter der Voraussetzung, dass der Projektleiter seine Projekte sauber plant und führt, ist das Ausfüllen bzw. das Aktualisieren des Statusberichtes in kurzer Zeit erledigt. Es ist nämlich nur das Übertragen der Daten und Ergebnisse aus den Projektunterlagen, die für die Führung des Projektes sowieso erstellt und unterhalten werden müssen.

Klagen die Projektleiter, dass das Ausfüllen des Statusberichtes aufwändig und zeitraubend sei, ist dies ein Hinweis darauf, dass der Projektleiter seine Projekte nicht sauber führt und dokumentiert. Dies kann bereits darauf hindeuten, dass das Projekt und damit dessen Kosten nicht im Griff sind. Allerdings gibt es auch Firmen, die einen Projektstatusreport aufgebaut haben, der auch von erfahrenen Projektleitern nur in mehrstündiger Arbeit ausgefüllt werden kann. In diesem Fall hat der Statusbericht sein Ziel klar verfehlt und muss entsprechend vereinfacht werden.

Im Folgenden betrachte ich die drei Elemente Kosten, Termine und Lieferobjekte im Hinblick auf die Projektkosten:

Kosten

Dies ist auf den ersten Blick der offensichtlichste Parameter zur Beeinflussung und Senkung der Kosten. Es ist aber naiv, nur die Kosten alleine betrachten zu wollen. Ein typisches Muster ist, dass sich die Kosten wie im Projektvertrag vereinbart entwickeln, aber der Projektfortschritt nicht dem Projektplan entspricht. In diesen Fällen vermittelt die reine Kostensicht ein falsches Bild, wenn nicht gleichzeitig die beiden anderen Parameter Termine und Lieferobjekte im Kontext betrachtet werden.

Zudem muss es nicht sein, dass sich die Kosten über die Zeit linear entwickeln. Einige Projekte geben gleich zu Beginn einen überproportionalen Anteil Geld aus, um ein neues Entwicklungssystem oder Entwicklungshardware zu beschaffen. Danach fallen für eine längere Zeit nur noch Personalkosten an, da nun das neue System entwickelt wird. Zum Schluss des Projektes steigen die Projektkosten dann nochmals an durch die Beschaffung der Test- und Produktionssysteme.

Das Controlling der Projektkosten muss immer sowohl im Kontext der beiden anderen Parameter Termine und Lieferobjekte als auch mit dem geplanten Kostenverlauf über die Zeit verglichen werden. Damit gestaltet sich die Überwachung der Projektkosten wesentlich anspruchsvoller, als vielleicht auf den ersten Blick angenommen.

Termine

Die Überwachung der Termine (Meilensteine) hilft, den Projektfortschritt zu verfolgen. Wenn die vereinbarten Meilensteine eingehalten werden können, ist dies ein gutes Indiz für ein funktionierendes Projektmanagement – oder aber für einen zu großzügig ausgelegten Projektplan.

Wenn die effektiven Kosten und die Termine bzw. Meilensteine mit der ursprünglichen Projektplanung übereinstimmen, ist dies bereits ein gutes Indiz, dass der Projektleiter die Projektkosten im Griff hat und das Projekt wie geplant abgeschlossen werden kann.

Lieferobjekte

In einigen Projekten treten Probleme schon gleich zu Beginn auf. Die Mehrzahl der Projekte beginnt jedoch Erfolg versprechend und kommt erst gegen Projektende in die kritische Phase. Hier entscheidet es sich, ob alle Lieferobjekte den Anforderungen des Auftraggebers genügen und ob die an das System gestellten Anforderungen erfüllt werden können.

Deshalb ist es wichtig, nicht nur die Kosten und Termine, sondern ebenfalls die Lieferobjekte (Deliverables) in jeder Projektphase zu prüfen. Erfüllen die bis dahin erstellten Lieferobjekte (Programme, Module, Infrastrukturkomponenten usw.) die an sie gestellten Anforderungen, so dass am Schluss das Gesamtsystem erfolgreich in Betrieb genommen werden kann?

Häufig stellen sich grundlegende Fehler des Systems und dessen Implementation erst beim Zusammenbau im Integrationstest heraus. Müssen in dieser Abschlussphase noch größere Anpassungen und Änderungen vorgenommen werden, steigen nicht nur die Projektkosten signifikant an. Häufig muss auch der Endtermin verschoben werden.

Während mit den Parametern Kosten und Termine gemessen werden kann, ob der Projektfortschritt gemäß Plan verläuft, soll mit dem Controlling der Lieferobjekte sichergestellt werden, dass zum Projektende hin keine Überraschungen auftreten und das Gesamtsystem als Einheit auch korrekt funktioniert.

Damit trägt das Projektcontrolling nur indirekt einen Beitrag zur Kostensenkung bei: Es sorgt nicht primär dafür, dass die Projektkosten gesenkt werden können, sondern stellt sicher, dass die im Projektvertrag prognostizierten Kosten, Termine und Lieferobjekte auch tatsächlich eingehalten werden können und die Kosten und Termine nicht überschritten werden.

15

15.2.4 Risikomanagement

Auch das Thema Risikomanagement habe ich bereits im Kapitel 6 im Abschnitt 6.5.1 *Risikomanagement* behandelt. Ich möchte die Zusammenhänge mit dem Projektablauf nochmals in Erinnerung rufen (siehe Abbildung 15.13).

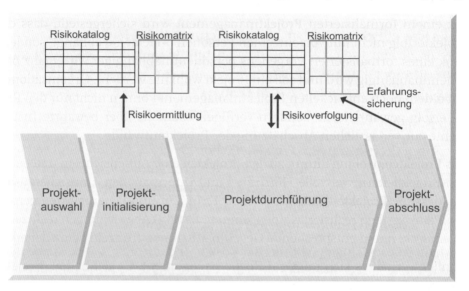

Abbildung 15.13: Risikoverfolgung

Ähnlich wie beim Projektcontrolling geht es beim Risikomanagement in der Regel nicht darum, die Projektkosten zu senken, sondern dafür zu sorgen, dass sie auch tatsächlich eingehalten werden können. Dazu werden mögliche Risiken bei der Projektinitialisierung im Risikokatalog erfasst und in der Risikomatrix dargestellt. Während der Projektdurchführung werden diese Risiken regelmäßig (üblicherweise monatlich) überprüft, ergänzt und entsprechende Maßnahmen zur Früherkennung und Risikominderung oder Abwehr erarbeitet und umgesetzt.

15.2.5 Fazit

Ich hatte es eingangs in diesem Abschnitt erwähnt: Mit einer erfolgreichen Projektrealisierung können die Projektkosten in der Regel nicht direkt gesenkt werden. Vielmehr soll mit den vorgestellten Methoden sichergestellt werden, dass keine Überraschungen auftreten und dass die prognostizierten Projektkosten eingehalten oder unterschritten werden können.

Durch **klare Rahmenbedingungen** wird sichergestellt, dass die notwendigen Voraussetzungen für eine erfolgreiche Projektrealisierung vorhanden sind. Solange ein Projekt nicht über die notwendigen Rahmenbedingungen verfügt, wird weder Projekt- und Risikomanagement noch Projektcontrolling helfen, es erfolgreich und damit im vorgegebenen Budget realisieren zu können.

Mit einem formalisierten **Projektmanagement** wird sichergestellt, dass der Projekterfolg nicht nur von einzelnen Personen (»Helden«) abhängt, sondern dank eines formalisierten Vorgehens personenunabhängiger wird (ganz personenunabhängig wird und soll ein Projekt wohl nie werden). Organisationen mit einem hoch entwickelten Projektmanagement können nicht nur den Projekterfolg gewährleisten, sondern verfügen ebenfalls über bewährte Instrumente zur verlässlichen Abschätzung der Projektaufwände.

Das **Projektcontrolling** nimmt zu den Projekten eine Außensicht ein und liefert den Projektleitern wertvolle Hilfsmittel und Informationen, um sicherzustellen, dass die Projekte bezüglich Kosten, Terminen und Lieferobjekten gemäß den Planvorgaben realisiert werden können. Es hilft, Abweichungen rechtzeitig zu entdecken und entsprechende Gegenmaßnahmen frühzeitig einzuleiten.

15

Ähnlich verhält es sich mit dem **Risikomanagement**. Es soll helfen, Projektrisiken frühzeitig zu erkennen, Gegenmaßnahmen einzuleiten und deren Wirkung zu kontrollieren. Damit stellt es analog dem Projektcontrolling ein wichtiges Instrument zur Sicherstellung des Projekterfolges und damit der Einhaltung der Projektkosten dar.

Alle diese Methoden helfen nicht, die Projektkosten kurzfristig senken zu können. Sie sind vielmehr Disziplinen, die über mehrere Jahre aufgebaut, verfeinert und trainiert werden müssen, um die Erfolgsrate der Projekte kontinuierlich zu steigern und die Planvorgaben mit immer höherer Sicherheit einhalten zu können.

15.3 Reduktion der Projektkosten

In diesem Abschnitt wende ich mich verschiedenen Möglichkeiten zu, die Projektkosten zu reduzieren. Natürlich haben die meisten Vorschläge einen entsprechenden Einfluss auf die Projekte. Es gibt jedoch nur wenige Fälle, bei denen eine Kostenreduktion ohne entsprechende Konsequenzen durchgeführt werden kann.

Selbstverständlich gelten die im vorangegangenen Abschnitt vorgestellten Überlegungen zur erfolgreichen Projektrealisierung auch bei der Reduktion der Projektkosten. Insbesondere die Aussagen bezüglich CMMI aus Abschnitt 15.2 gelten auch hier. Im vorliegenden Abschnitt setze ich jedoch den Schwerpunkt auf konkrete Maßnahmen zur – teilweise auch kurzfristigen – Reduktion der Projektkosten.

Dabei werden die folgenden drei Kategorien unterschieden:

1. Reduktion der internen Personalkosten
2. Reduktion der externen Personalkosten
3. Reduktion der Sachkosten

Die folgenden Abschnitte behandeln jede dieser Kategorien im Detail.

15.3.1 Reduktion der internen Personalkosten

Eine Reduktion der internen Personalkosten bedeutet entweder eine Reduktion des Mitarbeiterbestandes (Personalabbau) oder eine Reduktion der Löhne. Falls die Firma in anderen Gebieten offene Stellen hat, bietet sich natürlich auch die Verschiebung der frei gewordenen Mitarbeiter auf diese offenen Stellen an.

Allein durch eine effizientere Projektabwicklung sinken die Personalkosten noch nicht. Deshalb muss jede Maßnahme zur Steigerung der Effizienz die Frage beantworten, was mit den frei werdenden Mitarbeitern geschieht, damit die prognostizierten Einsparungen auch tatsächlich realisiert werden können.

Maßnahmen zur Senkung der internen Personalkosten sind häufig nicht einfach umzusetzen und verlangen nicht nur den Mitarbeitern, sondern auch dem Management einer Firma einiges ab.

Die folgenden Abschnitte zeigen verschiedene Möglichkeiten und Ideen zur Reduktion der internen Personalkosten auf.

Kleinere Projektteams

Viele Projekte kranken an (zu) großen Projektteams. Es sollen sich möglichst alle Abteilungen im Projekt einbringen können und einen Abteilungsvertreter in das Projekt delegieren. Dies mag zwar für die Akzeptanz des Projektes möglicherweise eine gute Vorgehensweise sein, der Effizienz des Projektes, aber auch derjenigen der Mitarbeiter der Firma ist sie sicherlich nicht dienlich.

Je größer das Projektteam wird, desto größer wird auch der Abstimmungsaufwand und damit der Zeitbedarf der einzelnen Mitglieder. Der erste Ansatz zur Kostenreduktion in einem Projekt ist es deshalb, jede einzelne Person im Projektteam auf ihren Nutzen im Projekt zu hinterfragen und gegebenenfalls aus dem Projektteam zu streichen. Damit sinken nicht nur die Projektaufwände. Gleichzeitig bekommen die entlasteten Personen wieder mehr Zeit, um sich ihren anderen Aufgaben zu widmen.

Häufig gewinnt das Projekt sogar an Geschwindigkeit, da die Abstimmung und Einigung im Projektteam durch die Verkleinerung wesentlich schneller und häufig sogar noch qualitativ hochwertiger stattfindet.

Bei einer weiteren Verkleinerung des Projektteams wird die Leistungsfähigkeit irgendwann eine kritische Grenze erreichen, so dass die verlangten Termine oder der zu realisierende Projektumfang nicht mehr gewährleistet werden können. Falls die Terminsituation dies zulässt, kann eine weitere Verkleinerung des Projektteams nochmals eine Steigerung der Effizienz bringen, da diese mit jeder Verkleinerung weitgehend zunimmt.

15

Selbstverständlich gibt es Projekte, die einen solch großen Umfang aufweisen, dass eine Verkleinerung des Projektteams das Projekt gefährden könnte. Es ist jedoch auch hier genau zu überlegen, ob tatsächlich alle am Projekt beteiligten Personen zur Erzielung der Projektresultate notwendig sind.

Umgekehrt steigert eine Vergrößerung des Projektteams in der Regel den Koordinationsaufwand und die Komplexität spürbar, so dass ein Teil der neu hinzugekommenen Kapazität teilweise (oder in einigen Projekten sogar gänzlich) wieder von diesen Effekten zunichte gemacht wird. Hier gilt vielfach »weniger ist mehr«.

Konzentration der Projektarbeiten

Eine weitere Möglichkeit für eine ineffiziente Projektdurchführung ist die Verteilung der Projektarbeiten auf verschiedene Personen mit nur einem kleinen Projektpensum von zehn bis 30 Prozent. Diese sind in irgendeiner Art im Projekt involviert, leisten aber nur während eines geringen Teils ihrer Arbeitszeit einen Beitrag zum Projektresultat.

Ähnlich wie bei der Reduktion des Projektteams bringt auch hier eine Verzettelung der Kräfte nur in den seltensten Fällen etwas. Arbeitet eine Person an zwei bis drei Projekten mit und hat daneben noch ihre operative Tätigkeit, die sie erledigen muss, ist eine ineffiziente Arbeitsweise vorprogrammiert. Zudem wird es sehr schwierig, die Terminvorgaben aus den verschiedenen Projekten sowie aus dem Tagesgeschäft zu koordinieren und einzuhalten. In vielen Fällen bremsen solche Konstellationen daher ein Projekt.

Auch hier ist weniger in der Regel mehr, und weniger Mitarbeiter, dafür mit einem jeweils höheren Anteil ihrer Arbeitszeit, bringen ein Projekt weiter als viele Mitarbeiter, die jeweils nur einen geringen Anteil ihrer Arbeitszeit für das Projekt aufwenden können.

Selbstverständlich muss auch dieser Punkt mit der notwendigen Sorgfalt angegangen werden. Die Anzahl der Projektmitarbeiter lässt sich nicht beliebig reduzieren, ohne dass die Qualität irgendwann einmal leidet. Zudem besteht die Gefahr bei sehr kleinen Projektteams, dass nur noch ein Teil der Aspekte berücksichtigt wird, da das Spektrum der Meinungen und Erfahrungen bei kleineren Teams zwangsweise geringer wird.

Erhöhung des Auslastungsgrades

Es gibt kaum einen Mitarbeiter, der sich nicht über ein zu großes Arbeitspensum beklagt. Aber tragen alle Tätigkeiten auch tatsächlich etwas zum Erfolg der Firma bei?

Die einzige Möglichkeit, diese Frage zu beantworten, ist das Festhalten aller geleisteten Stunden für jedes Projekt sowie für alle operativen Tätigkeiten. Häufig ist die Überraschung groß, wenn dabei herauskommt, dass nur 50 bis 70 Prozent der gesamten Arbeitsleistung einer Person für produktive Projektarbeiten zur Verfügung steht. Die übrige Zeit wird für Teamsitzungen, Schulung, Krankheit sowie für Tätigkeiten aufgewendet, die keinen direkten Zusammenhang mit den vorhandenen Projekten aufweisen.

Jede Firma, die ihren Kunden die effektive Zeit ihrer Mitarbeiter in Rechnung stellt, kennt das Problem zur Genüge: Der Auslastungsgrad bezüglich der verrechenbaren Stunden ist eine kritische Größe. Häufig ist zu beobachten, dass die Mitarbeiter auch bei einer schlechten Auftragslage und damit einem schlechten Auslastungsgrad intensiv arbeiten und teilweise sogar Überstunden leisten. Dies leitet zur vielleicht etwas gewagten These, dass die Arbeitslast der Mitarbeiter in der IT weitgehend konstant ist und nur der verrechenbare Auslastungsgrad schwankt.

Was auf den ersten Blick etwas unlogisch erscheinen mag, ist in vielen IT-Abteilungen zu beobachten: Alle IT-Spezialisten stehen konstant unter hohem Arbeitsdruck und sind dauernd überlastet. Die Arbeitslast der Mitarbeiter schwankt aber nur geringfügig mit der tatsächlichen Last, die sich aus den Projekten sowie dem operativen Betrieb ergibt. Sobald die Projektlast etwas zurückgeht, nehmen andere, bis dahin vernachlässigte Tätigkeiten diese Zeit ein.

In diesem Fall lohnt sich eine systematische Erfassung aller geleisteten Stunden auf die entsprechenden Projekte und operativen Tätigkeiten, um Aussagen machen zu können, wie hoch der Anteil der Projektarbeit ist und welche Arbeiten nicht zum Erfolg der Projekte benötigt werden.

Der typische Nebeneffekt bei der Erfassung und Beurteilung der geleisteten Stunden ist häufig, dass unproduktive Zeiten nicht direkt ausgewiesen werden, sondern dass ein Projekt oder eine Tätigkeit gesucht wird, auf die solche Stunden gebucht werden, um einen hohen verrechenbaren Auslastungsgrad vorweisen zu können. Vor allem hohe Zielvorgaben bezüglich des Auslastungsgrades führen zu diesem Effekt, der das Bild verzerrt, wenn er nicht genügend beachtet wird.

15

Reduktion des Overheads

Bisher habe ich mich auf die Mitarbeiter bezogen, die direkt an den Projekten arbeiten. In allen Organisationen gibt es aber auch Stabsfunktionen, die keinen direkten Beitrag an die Projektarbeiten leisten. Dazu gehören zum Beispiel die Sekretariate und Assistenzen, Stabsabteilungen und Stabsfunktionen, die Personalabteilung, die Finanzabteilung inklusive Controlling und Projektcontrolling und auch ein Teil des Managements.

Bei einer Kostenreduktion gilt es daher nicht nur, die Effizienz in den Projekten selbst zu steigern, sondern ebenfalls die Effizienz aller anderen Abteilungen und Personen in der IT-Abteilung bzw. Firma zu betrachten und zu optimieren. Auch hier soll jede Funktion und jede Tätigkeit hinterfragt werden, ob und was sie zum Erfolg der Projekte und damit zum Erfolg der Firma beitragen.

Häufig ist auch hier das gleiche Phänomen wie in der IT zu beobachten: Es sind alle Mitarbeiter überlastet und leisten einen großen Arbeitseinsatz. Ob jedoch auch alle ihrer Tätigkeiten tatsächlich für die Firma notwendig sind und einen entsprechenden Nutzen bringen, wird häufig nicht hinterfragt.

Auch hier heißt die Devise, nicht mehr zu arbeiten, sondern die Tätigkeiten auf das notwendige Minimum zu reduzieren.

Blinder Aktivismus und eine unüberlegte Reduktion der Tätigkeiten der Mitarbeiter birgt aber auch Gefahren in sich. Vor allem dann, wenn wichtige Tätigkeiten nicht als solche erkannt werden und dem Rotstift unüberlegt zum Opfer fallen. Einstein hat dies schon vor langer Zeit erkannt und das folgende Sprichwort geprägt: »So einfach wie möglich – aber nicht einfacher.«

Gerne wird bei der Reduktion des Overheads das Management vergessen. Einige Organisationen leisten sich den Luxus, für jeweils drei bis vier Mitarbeiter eine Führungskraft zu beschäftigen. Falls diese Führungskraft nicht selbst noch einen wesentlichen Anteil an der Projektarbeit leistet, entstehen unnötig hohe Managementkosten. Zudem steigt der Koordinationsaufwand durch die vielen Führungsstufen und Manager zusätzlich an und verschlechtert damit die Effizienz zusätzlich.

15

Die »richtigen« Mitarbeiter

Projekte werden in einigen Fällen auch durch die »falschen« Mitarbeiter zu teuer.

Eine häufige Erscheinung in Projekten ist, dass die wenigsten Mitarbeiter bereits über entsprechende Erfahrungen aus vergleichbaren Projekten verfügen. Für viele Mitarbeiter liegt der Reiz ja gerade darin, ihre Fähigkeiten in einem größeren und anspruchsvolleren Projekt auszuprobieren und unter Beweis zu stellen. Dies ist auch verständlich und trägt wesentlich zur Weiterentwicklung der Mitarbeiter und damit auch der Firma bei. Der Preis dafür sind jedoch höhere Projektkosten, da vieles zum ersten Mal realisiert wird und nur wenig von bereits bestehendem Know-how profitiert werden kann.

Aber auch der umgekehrte Fall ist manchmal anzutreffen. Erfahrene Projektspezialisten arbeiten in einfachen Projekten mit, die nur einen Bruchteil ihres Wissens und ihrer Erfahrungen erfordern. Dies leistet zwar einen wichtigen Beitrag zum Projekterfolg, hat jedoch in der Regel auch seinen Preis, da die erfahrenen Projektspezialisten in der Regel deutlich mehr verdienen.

Ein gut organisiertes Projekt verfügt deshalb über beide Kategorien von Mitarbeitern: erfahrene Spezialisten für die Projektplanung sowie das Design der Lösung und noch weniger erfahrene Personen für die Implementierung sowie die Mitarbeit bei spezifischen Themen. Damit wird das Know-how der

Projektspezialisten optimal ausgenutzt und gleichzeitig den weniger erfahrenen Personen die Möglichkeit gegeben, sich auch in anspruchsvollen Projekten einzubringen und von den Erfahrungen der übrigen Mitarbeitern zu profitieren.

Reduktion der Projektaufwände

Natürlich können die Projektkosten nicht nur durch eine effizientere Projektarbeit gesenkt werden, sondern ebenfalls durch die Reduktion der Projektaufwände, indem der Umfang des Projektes reduziert wird, oder durch eine Verlagerung der Projektaufwände, indem der Endtermin nach hinten verschoben wird. Da ich auf diesen Punkt bereits in den Abschnitten 15.1.3 *Redimensionierung laufender Projekte* und 15.1.4 *Streckung laufender Projekte* eingegangen bin, will ich das Thema an dieser Stelle nicht wiederholen.

Gehaltsreduktion

Ebenfalls eine Möglichkeit zur Senkung der Projektkosten ist natürlich die Senkung der Gehälter der Projektmitarbeiter. Sie haben diesen Punkt bereits bei der Reduktion der Betriebskosten im Abschnitt 13.3 *Senkung der internen Personalkosten* kennen gelernt und festgestellt, dass dies nur dann sinnvoll und umsetzbar sein kann, wenn die Löhne deutlich über dem Branchendurchschnitt liegen und in der Vergangenheit zu großzügig mit den Gehältern umgegangen worden ist. In allen anderen Fällen ist die demotivierende Wirkung einer solchen Maßnahme nicht zu unterschätzen – abgesehen von den Auseinandersetzungen mit den Gewerkschaften und dem Imageverlust durch die Presseberichte.

15.3.2   Reduktion der externen Personalkosten

Externe Mitarbeiter werden als zusätzliche Arbeitskraft hinzugezogen oder zur Abdeckung von Know-how, das nicht vorhanden ist oder das sich nicht aufzubauen lohnt. Sie werden im Stunden- oder Tagessatz bezahlt und belegen häufig genauso wie interne Mitarbeiter einen Arbeitsplatz. Wenn externe Mitarbeiter genau wie interne Mitarbeiter eingesetzt werden, entstehen üblicherweise wesentlich höhere Kosten, dafür können diese flexibel hinzugeholt und auch wieder abgebaut werden.

Praktisch alle Maßnahmen zur Reduktion der internen Personalkosten gelten auch bei der Reduktion der externen Personalkosten. Zusätzlich kommen jedoch noch einige weitere Aspekte hinzu. Die ersten beiden Maßnahmen kennen Sie bereits aus Kapitel 13 *Kostenreduktion im IT-Betrieb* aus dem Abschnitt 13.4 *Senkung der Kosten für externe Mitarbeiter*.

Aushandlung günstigerer Konditionen

Der erste Ansatzpunkt bei externen Mitarbeitern ist gewöhnlich die Reduktion der Stunden- bzw. Tagessätze. Die einfachste Variante besteht darin, einfach die Sätze um einen bestimmten Prozentsatz zu reduzieren. So verlockend dies aussieht, so heimtückisch ist dieser Ansatz auch. Nur allzu gerne wird der reduzierte Stunden- bzw. Tagessatz durch eine ineffizientere Arbeitsweise oder durch eine »optimierte« Notierung der geleisteten Stunden kompensiert. Die Reduktion der Sätze bedingt eine genaue Überprüfung und Verfolgung der Leistungen der externen Mitarbeiter.

Umwandlung von externen Mitarbeitern in interne Mitarbeiter

Eine andere Methode ist die Überprüfung aller externen Mitarbeiter. Dort, wo für die Leistungserbringung auf einen externen Mitarbeiter verzichtet werden oder wo die Arbeit auch von einem internen Mitarbeiter übernommen werden kann, wird das Vertragsverhältnis aufgelöst. Denjenigen externen Mitarbeitern, die permanent für die Erbringung der Leistungen benötigt werden, wird ein Angebot für eine interne Anstellung gemacht. Damit steigt zwar der Personalbestand der internen Mitarbeiter, dafür sinken die Gesamtkosten.

Neuausschreibung der externen Stelle

In vielen Fällen besteht das Vertragsverhältnis mit den externen Mitarbeitern bereits seit mehreren Monaten oder Jahren. Die externen Mitarbeiter nehmen an den Firmenschulungen teil und werden vielfach behandelt wie interne Mitarbeiter. Die Firma hat gelernt, mit ihren Stärken und Schwächen zu leben und hat sie integriert wie interne Mitarbeiter.

Anstatt nun für die bestehenden externen Mitarbeiter neue Konditionen auszuhandeln und deren Stunden- bzw. Tagessatz zu reduzieren, kann es sich durchaus lohnen, die Position der externen Mitarbeiter neu auszuschreiben und verschiedene Firmen sich darum bewerben zu lassen. Selbstverständlich bekommen auch die heutigen externen Mitarbeiter die Möglichkeit, ein neues Angebot einzureichen.

Mit diesem Vorgehen signalisiert die Firma nicht nur, dass sie es ernst meint mit der Aushandlung neuer Konditionen, sondern prüft den Markt, ob in der Zwischenzeit Personen mit besserem Know-how und mehr Erfahrung verfügbar sind, die eventuell zu besseren Konditionen verpflichtet werden können.

Natürlich hat diese Methode auch ihre Nachteile. Einerseits ist sie aufwändiger als die einfache Verhandlung von reduzierten Stunden- oder Tagessätzen. Andererseits verfügen vor allem langjährige externe Mitarbeiter über ein Wissen, das bei einem Wechsel der Person berücksichtigt werden muss. Vor allem bei einem Wechsel der externen Mitarbeiter in einem laufenden Projekt ist dies ein Faktor, der nicht unterschätzt werden darf.

Projekte zum Fixpreis

Die Thematik mit den Stunden- und Tagessätzen lässt sich umgehen, indem keine externen Mitarbeiter selbst verpflichtet werden, sondern indem das Projekt als Gesamtes zum Fixpreis an eine externe Firma vergeben wird.

15

Das Kunststück in diesem Fall ist die Erstellung einer genügend genauen Spezifikation, anhand der die verschiedenen Anbieter ihre Angebote erstellen können. Dies bedingt einen hohen Reifegrad der Firma und erfordert Fähigkeiten, die in der Vergangenheit häufig nicht oder nur sehr rudimentär vorhanden waren.

Da die interne IT in der Regel über entsprechendes Firmen-Know-how verfügt, kann sie auch bei einer unvollständigen oder sogar widersprüchlichen Spezifikation die entsprechenden Anforderungen herleiten oder einfach Rücksprache mit der entsprechenden Fachabteilung nehmen. Eine externe Firma, die ein Applikationsprojekt zum Fixpreis anbietet und realisiert, kennt in der Regel jedoch den Auftraggeber nie so gut wie die interne IT und ist deshalb wesentlich stärker auf eine qualitativ hochwertige Spezifikation der Anforderungen angewiesen. Umso mehr, wenn das Projekt zu einem Fixpreis erstellt werden soll und alle Mehraufwände zu Lasten des Anbieters gehen.

Die Problematik mit der unvollständigen Spezifikation spitzt sich beim Offshoring von Applikationsprojekten nach Indien, China oder anderen Billiglohnländern, die sich auf die Erbringung von IT-Leistungen spezialisiert haben, weiter zu. Hier kommen noch kulturelle Unterschiede sowie die Sprachbarrieren hinzu. Solche Projekte stellen zwar die höchsten Anforderungen bezüglich der Qualität der Spezifikation, versprechen dafür jedoch auch die größten Einsparungen. Umgekehrt stellen sie jedoch auch das größte Risiko dar, wenn die Firma über keine Erfahrung in der Durchführung solcher Projekte verfügt.

Keine überqualifizierten externen Mitarbeiter

Ich habe bereits bei den internen Mitarbeitern erwähnt, dass die »richtigen« und keine überqualifizierten Mitarbeiter zum Einsatz gelangen sollen. Bei den externen Mitarbeitern kommt hier noch eine weitere Komponente hinzu: Häufig wird der Tages- und Stundensatz nicht anhand der geforderten Kenntnisse und Erfahrungen festgelegt, sondern auf Grund der Erfahrungen und Kenntnisse, die der externe Mitarbeiter mitbringt. Dies ist zwar eine faire Lösung für den Anbieter. Der Auftraggeber kauft aber Leistungen (Know-how) ein, die er gar nicht benötigt und damit auch nicht bezahlen sollte.

15.3.3   Reduktion der Sachkosten

Nachdem ich mich in den beiden vorangegangenen Abschnitten der Reduktion der internen und externen Personalkosten gewidmet habe, will ich in diesem Abschnitt verschiedene Möglichkeiten zur Reduktion der Sachkosten aufzeigen. Sie werden auch hier sehen, dass die großen Kostenhebel nicht in der Verhandlung möglichst günstiger Konditionen liegen, sondern bei schwieriger durchzuführenden Maßnahmen wie der besseren Nutzung bereits vorhandener Soft- und Hardware oder einer möglichst optimalen Dimensionierung der zu realisierenden Lösung.

Nutzung der bestehenden Entwicklungs- und Testumgebung

Nur allzu häufig führt ein neues Projekt auch gleich eine neue Programmiersprache samt Entwicklungs- und damit auch Testumgebung ein. Vielfach wird die Argumentation für die neue Entwicklungsplattform darüber geführt, dass damit die Zeit für die Entwicklung der zu erstellenden Software gesenkt werden könne. Dies mag bei einigen Projekten auch tatsächlich der Fall sein, wird aber kaum gleich beim ersten Projekt bereits eintreffen, bei dem die Erfahrung mit der neuen Entwicklungsplattform zuerst noch aufgebaut werden muss. Vielmehr ist anzunehmen, dass das erste Projekt mit der neuen Plattform einiges länger dauern wird als die Entwicklung auf einer bereits bestehenden und bekannten Plattform.

Die Erhöhung der Projektkosten durch die anfänglich geringere Effizienz auf der neuen Plattform ist aber nur der eine Teil. Dazu kommen die Kosten für die Entwicklungsplattform selbst (Software-Lizenzen) sowie für die Hardware, auf der die Entwicklungsumgebung betrieben wird. Häufig ist dies jedoch noch nicht das Ende der Mehraufwendungen. Die Testsysteme müssen in vielen Fällen ebenfalls erweitert werden, so dass Applikationen, die mit der neuen Umgebung erstellt worden sind, auch entsprechend getestet werden können.

Damit verursacht eine neue Entwicklungsplattform (mindestens bei ihrer Einführung) Kosten auf drei verschiedenen Ebenen:

1. Absinken der Effizienz, bis entsprechende Erfahrungen und Know-how mit der neuen Plattform aufgebaut werden konnten

2. Kosten für die Soft- und Hardware zum Betrieb der Entwicklungsumgebung

3. Kosten für die zusätzlichen Testsysteme

Die Einführung einer neuen Entwicklungsplattform im Rahmen eines Applikationsprojektes ist nur in den seltensten Fällen zu empfehlen. Viel eher soll der Wechsel auf eine neue Entwicklungsumgebung seinen Ursprung in der IT-Strategie haben und der Wechsel sauber vorbereitet werden. Die Plattform selbst wird dann in einem eigenen Projekt eingeführt und erst danach wird sie in einem ersten Software-Entwicklungsprojekt eingesetzt.

15

Nutzung der bestehenden Produktionsplattformen

Der nächste Kostentreiber, den ich etwas näher betrachten will, ist die Einführung einer neuen Produktionsplattform. Gelingt es, das neu entwickelte System auf derselben Produktionsplattform (Hardware, Betriebssystem, Datenbanken, Middleware usw.) zu betreiben, auf der auch die bestehenden Systeme bereits betrieben werden, kann dies in der Regel ohne größere Kostenfolgen realisiert werden.

Ganz anders sieht die Situation allerdings aus, wenn eine neue Applikation auch noch gleich eine neue Produktionsplattform voraussetzt. Anstatt die bestehenden Systeme auszubauen, muss nun im Rahmen des Projektes eine zusätzliche Plattform beschafft und in Betrieb genommen werden. Dies erhöht auf der einen Seite die Projektkosten und auf der anderen Seite ebenfalls die Betriebskosten. Zudem erhöht es das Projektrisiko, da noch keine oder nur erste wenige Erfahrungen mit der neuen Produktionsplattform bestehen. Insgesamt kann die Einführung einer neuen Produktionsplattform zu einem ähnlich aufwändigen und teuren Unterfangen wie der Einführung einer neuen Entwicklungsplattform werden.

Auf den Aspekt der Betriebskosten werde ich im Abschnitt 15.4 *Senkung der Betriebskosten* näher eingehen.

Richtige Dimensionierung der Produktionsplattform

Vielfach ist es zum Zeitpunkt der Projektarbeiten schwierig, den zukünftigen Ressourcenbedarf des neuen Systems bezüglich Prozessorleistung, Speicherbedarf (Memory), Diskkapazität, Kommunikationsdurchsatz, Druckvolumen usw. abzuschätzen. Deshalb gehen viele Projektleiter auf Nummer sicher und nehmen eher eine großzügige Ressourcenplanung vor. Dies hat natürlich entsprechende Kostenfolgen, wenn die Ressourcen teuer beschafft, aber nicht oder nur ungenügend genutzt werden. Nicht wenige Projekte haben Hardware beschafft, die dann in der Produktion weitgehend brachliegt.

Umgekehrt bringt eine zu geringe Dimensionierung des neuen Systems nicht nur verschiedene Unannehmlichkeiten durch Performance-Engpässe mit. Ein zu gering dimensioniertes System kann auch höhere Kosten verursachen, indem die fehlende Kapazität teuer zugekauft oder zugemietet werden muss. Wie immer besteht auch hier die Kunst, eine möglichst optimale Dimensionierung des Systems vornehmen zu können, die es zudem erlaubt, die Ressourcen einfach und kostengünstig an geänderte Rahmenbedingungen anpassen zu können.

Bessere Beschaffungskonditionen

Bewusst erst am Schluss will ich das Thema der Beschaffungskonditionen behandeln. Selbstverständlich kommt der Beschaffung zu möglichst günstigen und vorteilhaften Konditionen eine große Bedeutung zu und es gibt viele Firmen, die durch ungenügende Verhandlungen und eine unprofessionelle Beschaffung regelrecht Geld verschenken.

Häufig wird die Wichtigkeit der Beschaffungskonditionen jedoch überschätzt. In der Regel können die Kosten stärker beeinflusst werden, indem hinterfragt wird, ob das zu beschaffende System tatsächlich wie spezifiziert eingekauft werden muss oder ob dieselbe Leistung nicht auch mit weniger leistungsfähiger Hardware, weniger Software-Lizenzen, Concurrent- anstatt Named-Lizenzen, reduziertem Funktionsumfang oder längerer Lebensdauer erbracht werden können. Erst wenn alle diese Punkte hinterfragt worden sind, geht es um eine möglichst kostengünstige Beschaffung.

Während die Industrieunternehmen schon seit langer Zeit über eine eigene Beschaffungsabteilung verfügen, die sich darauf spezialisiert hat, möglichst vorteilhafte Beschaffungskonditionen auszuhandeln sowie die Lieferanten zu bewerten und bei Bedarf zu wechseln, ist diese Disziplin bei vielen Dienstleistungsunternehmen noch wenig ausgeprägt. Teilweise beschaffen unterschiedliche Abteilungen die gleichen Waren, Preisverhandlungen finden nicht statt und Lieferantenbeurteilungen sind nicht etabliert.

Was für die gesamte Firma gilt, hat natürlich ebenfalls Gültigkeit für die IT-Abteilung. Auch hier lohnt sich ein professioneller Einkauf. Bei einer größeren IT kann dieser organisatorisch direkt in der IT eingebunden sein, eine kleinere IT-Abteilung macht Gebrauch von der firmeninternen Einkaufsabteilung. Einige Finanzdienstleister haben ihr Einkaufspotenzial erkannt und den Einkaufsleiter von namhaften Industrieunternehmen abgeworben. Andere Firmen haben sich in einem Beschaffungspool zusammengeschlossen, um gemeinsam von besseren Konditionen durch das höhere Beschaffungsvolumen zu profitieren.

15

15.3.4 Fazit

Die Reduktion der Projektkosten erfolgt in drei Ebenen:

Bei der **Reduktion der internen Personalkosten** geht es primär darum, die Effizienz zu steigern, indem die Projektteams in ihrer Größe reduziert und die Projektarbeiten auf wenige Mitarbeiter konzentriert werden. Daneben muss der Auslastungsgrad gemessen und verbessert sowie der Overhead abgebaut werden. Weiteres Optimierungspotenzial liegt in der Wahl der »richtigen« Mitarbeiter: nicht zu hoch, aber auch nicht zu niedrig qualifiziert. Eine Gehaltsreduktion ist erst als letzte Möglichkeit ins Auge zu fassen, da sie nicht nur aufwändig in der Durchführung ist, sondern die gesunkene Motivation und damit die Produktivität der Mitarbeiter schnell die Einsparungen der Gehaltsreduktion wieder wettmachen können.

Die Maßnahmen zur Effizienzsteigerung bei den internen Personalkosten gelten zum größten Teil ebenfalls bei der **Reduktion der externen Personalkosten**. Dazu kommen noch Optimierungen durch die Aushandlung günstigerer Konditionen, der Umwandlung von externen in interne Mitarbeiter, keine Überqualifikation der Mitarbeiter sowie die Neuausschreibung der externen Stellen. Eine Alternative zu externen Mitarbeitern stellt die Projektrealisierung zu einem Fixpreis durch eine darauf spezialisierte Firma dar. Voraussetzung dazu ist jedoch eine genügend präzise und detaillierte Spezifikation.

Bei der Reduktion der Sachkosten liegen große Kostenhebel bei der Nutzung der bestehenden Entwicklungs-, Test- und Produktionsplattformen. Jede zusätzliche Plattform kostet Geld sowohl bei der Einführung als auch bei deren Unterhalt und Betrieb. Weitere Optimierungsmöglichkeiten liegen bei der richtigen Dimensionierung der Produktionsplattform sowie bei der Verbesserung der Beschaffungskonditionen und damit letztendlich bei der Aushandlung niedrigerer Preise.

15.4 Senkung der Betriebskosten

Bisher habe ich mich ausschließlich auf die Senkung der eigentlichen Projektkosten konzentriert. Nach erfolgreicher Realisierung des neuen oder erweiterten Systems wird dieses dem Betrieb übergeben und verursacht dort entsprechende (Zusatz-) Aufwände. Ein erfahrener Projektleiter und ein erfahrenes Projektteam sorgen deshalb schon während des Projekts durch eine entsprechende Systemauslegung dafür, dass die Betriebskosten möglichst niedrig gehalten werden können. Wie dies vor sich geht, stelle ich in den folgenden Abschnitten vor.

Im Abschnitt 14.4 *Die Betriebskosten minimieren* habe ich anhand der Abhängigkeit zwischen den Projekt- und Betriebskosten aufgezeigt, wie sich eine Betriebsüberführung eines Systems kostenmäßig auswirkt und dass es kaum ein System gibt, das keine entsprechenden Betriebskosten verursacht.

An dieser Stelle will ich auf einige weitere Aspekte eingehen, die bereits während der Projektrealisierung helfen, die Betriebskosten niedrig zu halten.

Bestehende Produktionsplattformen nutzen

Sie haben bereits gesehen, dass eine zusätzliche Produktionsplattform die Projektkosten spürbar erhöht. Das Gleiche geschieht mit den Betriebskosten. Auf der einen Seite fallen die Abschreibungen und Lizenzkosten für die zusätzliche Plattform an (Hardware, Betriebssystem-Lizenzen, Datenbanken, Middleware usw.). Auf der anderen Seite steigen die Personalkosten, da die zusätzliche Produktionsplattform auch zusätzliche Mitarbeiter benötigt.

Ein kostengünstiger Betrieb lässt sich nur mit einem Minimum an Plattformen gewährleisten. Das bedeutet, dass möglichst für alle Systeme die gleiche Technologie (Hardware, Betriebssystem, Datenbank, Middleware usw.) eingesetzt wird und dass die gleichen Betriebsprozesse zur Anwendung gelangen. Jede Abweichung davon zerstört die Skaleneffekte und lässt die Kosten ansteigen.

Diese Philosophie steht häufig im Widerspruch zu Standardapplikationen, die ihre optimale Hardwareplattform, das Betriebssystem und die Datenbank mitbringen. Es wird wohl kaum ein größeres Unternehmen geben, das mit nur einem Datenbankhersteller auskommt. Häufig ist in einer größeren IT ein guter Teil des aktuellen Marktangebotes vertreten. Hier gilt es, das Optimum zwischen minimalen Betriebskosten und den Anforderungen der Applikationen zu finden. Dabei muss jedoch allen Beteiligten klar sein, dass sich mit einer heterogenen IT-Infrastruktur unmöglich niedrige Betriebskosten erreichen lassen.

Im gleichen Kontext ist die Betriebsqualität zu sehen. Eine sehr heterogene Betriebsumgebung bedingt nicht nur hohe Kosten, sondern häufig auch eine ungenügende Betriebsqualität, da es kaum noch möglich ist, die Vielzahl an unterschiedlichen Systemen ausgiebig zu kennen und professionell zu betreiben. In vielen Fällen lassen niedrige Betriebskosten deshalb nicht unbedingt auf eine ungenügende Betriebsqualität schließen. Ganz im Gegenteil: Niedrige Betriebskosten resultieren häufig aus einer homogenen IT-Infrastruktur, was wiederum Voraussetzung für eine hohe Qualität ist. Hier heißt also häufig günstiger gleich besser.

15

Am Schluss von Kapitel 10 *Skaleneffekte* habe ich das Modell der Shared Infrastructure vorgestellt (siehe Abbildung 15.14).

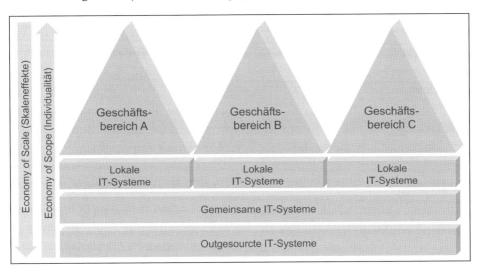

Abbildung 15.14: Shared Infrastructure

Dabei haben Sie gesehen, dass sich Skaleneffekte nur im Bereich der outgesourcten sowie der gemeinsamen IT-Systeme ergeben. Dies gilt es, bei den Betriebskosten ebenfalls zu berücksichtigen: Wird ein System auf einer eigenen Plattform aufgebaut, gehört es in die Kategorie *lokales IT-System* und weist entsprechend kein oder nur ein geringes Skalenpotenzial auf. Wird hingegen bereits im Projekt darauf geachtet, dass die Betriebsplattform vorhanden ist und das System in die Kategorie *gemeinsames IT-System* oder *outgesourctes IT-System* gehört, kann vom entsprechenden Skalenpotenzial profitiert und die Betriebskosten entsprechend gesenkt werden.

Betriebsvertreter in Projektorganisation einbinden

Um in einem Projekt sicherstellen zu können, dass die bestehenden Plattformen im späteren Betrieb der Applikation auch möglichst optimal und kostengünstig genutzt werden können, empfiehlt es sich, von Anfang an einen Betriebsvertreter in die Projektorganisation aufzunehmen. Dieser kann entweder Mitglied des Projektteams sein oder aber im Projektsteuerungsausschuss (PSA) Einsicht nehmen.

Mit dieser Maßnahme kann der Betrieb bereits während des Projektes Einfluss auf die betriebsrelevanten Kriterien nehmen und die Chancen stehen gut, dass nicht nur die Übergabe des Systems in den Betrieb reibungslos verläuft, sondern dass ebenfalls die Betriebsaufwände und damit die Betriebskosten niedrig gehalten werden können.

Die produktive Hardware soll dabei nicht vom Projekt selbst bestimmt und beschafft werden. Vielmehr ist es die Aufgabe des Betriebsvertreters, die Anforderungen des Projektes aufzunehmen und eine entsprechende Hardwarelösung zu bestimmen und zu beschaffen. Damit kann der Betrieb seine Verantwortung bereits während des Projektes wahrnehmen und nicht erst, wenn das System fertig gestellt und ihm übergeben worden ist.

Voraussichtliche Betriebskosten in Projektantrag ausweisen

Der nächste Schritt ist die Planung der Betriebskosten bereits bei der Erstellung des Projektantrages. In diesem frühen Stadium ist es sicherlich sehr anspruchsvoll, die Betriebskosten, die bei Abschluss des Projektes anfallen werden, schon bestimmen zu müssen. Eine erste grobe Abschätzung sollte jedoch möglich sein. Die aus dem Projekt resultierenden Betriebskosten sind eine wesentliche Entscheidungsgrundlage bei der Bewilligung des Projektes, da nicht nur die Projektkosten, sondern gleichzeitig auch die späteren Betriebskosten bekannt sein müssen, um über die Wirtschaftlichkeit eines Projektes entscheiden zu können. Allzu viele Firmen ignorieren die Betriebskosten blauäugig und werden dann bei Inbetriebnahme der Applikation überrascht, dass das laufende IT-Budget entsprechend erhöht werden muss.

Performance-Optimierungen bereits im Design der Applikation

Um die Betriebskosten niedrig halten zu können, ist eine gute Performance der Applikationen ein wichtiger Punkt. Allzu häufig wird die Applikation unter hohem Termindruck entwickelt und alle am Projekt Beteiligten sind froh, wenn die spezifizierte Funktionalität rechtzeitig und mit geringer Fehlerrate implementiert werden konnte. Nur allzu häufig wird jedoch die Performance der Applikation nicht in die Spezifikationen aufgenommen. Dann darf man sich nicht wundern, wenn die Applikation zwar die geforderte Funktionalität implementiert hat, aber über ungenügende Antwortzeiten verfügt und entsprechend leistungsfähige Hardware für einen performanten Betrieb benötigt.

15

Performance muss ein Designziel einer Applikation oder auch einer Infrastruktur-Komponente sein und lässt sich nur schlecht im Nachhinein implementieren. Die Performance kann sicherlich in gewissen Grenzen verbessert und optimiert werden. Designfehler lassen sich jedoch im Nachhinein nur sehr schwer oder sogar überhaupt nicht mehr beheben. Zum Glück wird die Hardware immer leistungsfähiger, so dass die anfänglichen Performanceprobleme mit der Zeit automatisch entschärft werden. Dass dies jedoch entsprechend Geld kostet, dürfte einleuchtend sein.

Am besten wird ein Prototyp entwickelt, anhand dessen nicht nur die geforderte Funktionalität und das Userinterface, sondern ebenfalls die Performance unter simulierten – oder falls möglich unter realen – Lastbedingungen überprüft werden können.

Hohe Qualität der Applikationen

Der letzte Punkt, dem ich mich zuwenden will, ist die Qualität der Applikationen und Infrastruktur-Komponenten. In einigen Fällen ist es nicht möglich, die gesamte Funktionalität bis zum vereinbarten Endterm zu implementieren. Kann der Endtermin nicht verschoben werden, gibt es keine andere Möglichkeit, als mit den bereits implementieren Funktionen zu starten und die fehlenden Teile im laufenden Betrieb nachzuentwickeln. Damit werden die Projektaufwände zu den Betriebskosten verlagert.

Ein weiterer Effekt von unreifen Applikationen und Systemen ist ihr hoher Betreuungsaufwand für die Pflege und Wartung, aber auch für die Behebung von Problemen und Fehlern. Damit einher geht häufig ein niedriger Automatisierungsgrad, so dass viele Verarbeitungsschritte von Hand durchgeführt werden müssen, da sie noch nicht durch die Applikation automatisiert sind.

Kehren Sie die Liste der Negativ-Merkmale um, erhalten Sie die Anforderungen an eine Applikation mit niedrigen Betriebskosten:

▷ Fertig entwickelte Funktionalität gemäß Spezifikation

▷ Geringe Fehlerrate und damit geringer Betreuungsaufwand

▷ Hoher Automatisierungsgrad

Indem die Applikation in verschiedenen Releases weiterentwickelt wird, die in sich jeweils sauber getestet und dem Betrieb übergeben werden, kann die Funktionalität nach und nach ausgebaut werden, ohne die Betriebskosten negativ zu beeinflussen.

15.4.1 Fazit

Ob die Betriebskosten eines Systems niedrig oder hoch ausfallen, entscheidet in der Regel nicht der IT-Betrieb, sondern das Projekt, das die entsprechende Lösung entwickelt und implementiert. Deshalb soll mit einem Betriebsvertreter im Projektteam oder im Projektsteuerungsausschuss von Anfang an sichergestellt werden, dass die späteren Betriebsaufwendungen und damit die Betriebskosten möglichst niedrig ausfallen. Dazu gehört auch, dass die bestehenden Produktionsplattformen genutzt und die voraussichtlichen Betriebskosten bereits im Projektantrag ausgewiesen werden.

Weitere wichtige Kostenfaktoren sind die Performance-Optimierung der Applikationen bereits in der Designphase sowie die Sicherstellung einer hohen Qualität sowie eines hohen Automatisierungsgrades.

15.5 Schlussfolgerungen

Die Reduktion der Projektkosten gliedert sich in die folgenden vier Kategorien:

1. Reduktion des Projektvolumens
2. Erfolgreiche Projektrealisierung
3. Reduktion der Projektkosten
4. Senkung der Betriebskosten

Mit einem Teil der Maßnahmen können die Projektkosten in relativ kurzer Zeit reduziert werden, einige Maßnahmen benötigen hingegen mehr Zeit, bis sie sich in niedrigeren Kosten niederschlagen. Auch hier gilt, dass nachhaltige Kostenreduktionen entsprechend Zeit benötigen und nicht nur einfach eine Frage des Anziehens der Sparschraube sind.

Abbildung 15.15 fasst nochmals alle in diesem Kapitel behandelten Maßnahmen zusammen.

Reduktion des Projektvolumens
- Keine neuen Projekte mehr
- Weniger neue Projekte
- Redimensionierung laufender Projekte
- Streckung laufender Projekte
- Unterbrechung laufender Projekte
- Stoppen von laufenden Projekten

Erfolgreiche Projektrealisierung
- Klare Rahmenbedingungen
- Projektmanagement
- Projektcontrolling
- Risikomanagement

Reduktion der Projektkosten
- Reduktion der internen Personalkosten
  - Kleinere Projektteams
  - Konzentration der Projektarbeiten
  - Erhöhung des Auslastungsgrades
  - Reduktion des Overhead
  - Die «richtigen» Mitarbeiter
  - Reduktion der Projektaufwände
  - Gehaltsreduktion
- Reduktion der externen Projektkosten
  - Aushandlung günstigerer Konditionen
  - Umwandlung von externen Mitarbeitern in interne Mitarbeiter
  - Neuausschreibung der Stelle
  - Projekte zum Fixpreis
  - Keine überqualifizierten externen Mitarbeiter
- Reduktion der Sachkosten
  - Nutzung der bestehenden Entwicklungs- und Testumgebung
  - Nutzung der bestehenden Produktionsplattformen
  - Richtige Dimensionierung der Produktionsplattformen
  - Bessere Beschaffungskonditionen

Senkung der Betriebskosten
- Bestehende Produktionsplattformen nutzen
- Betriebsvertreter in Projektorganisation einbinden
- Voraussichtliche Betriebskosten in Projektantrag ausweisen
- Performanceoptimierungen bereits im Design der Applikation
- Hohe Qualität der Applikationen

Abbildung 15.15: Übersicht der Kostensenkungsmaßnahmen

15

16 Umsetzung in der Praxis

Über Kostenmanagement und Kostenreduzierung zu lesen ist das Eine, Kostensenkungsmaßnahmen konsequent umzusetzen, das Andere. Was in der Theorie nachvollziehbar und einleuchtend klingt, ist in der Praxis nicht immer ganz einfach umzusetzen. Dabei liegt es selten an den theoretischen Grundlagen, sondern mehr an der Praxistauglichkeit der Maßnahmen und noch viel mehr an der Konsequenz in der Umsetzung. Es braucht einiges an Durchhaltewillen, um den einmal eingeschlagenen Weg der Kostensenkung und Kostenoptimierung konsequent weiter zu gehen, so lange, bis die Kostenziele erreicht sind.

16.1 Themenlandkarte

16

Um diesen Prozess etwas zu erleichtern, will ich in diesem Kapitel die in den vorangegangenen Kapiteln behandelten Themen in einer Art Landkarte aufzeichnen und darstellen, welche Maßnahmen in welchem Zeitraum umgesetzt werden können. Dabei unterscheide ich die folgenden vier Kategorien:

1. **Grundlagen**: Grundlagen, die die Basis bilden für alle anderen, darauf aufbauenden Maßnahmen. Die übrigen Maßnahmen können prinzipiell auch ohne die entsprechenden Grundlagen realisiert werden. Häufig erleichtern die Grundlagen jedoch die Umsetzung der übrigen Maßnahmen oder sind so elementar, dass sie zum Fundament jeder IT gehören.

2. **Kurzfristige Maßnahmen**: Kostensenkungsmaßnahmen in dieser Kategorie lassen sich typischerweise innerhalb weniger Wochen oder Monate realisieren und bedingen keine aufwändigen Projekte zu deren Umsetzung. Häufig werden solche Maßnahmen als *Quick Wins*, *Low Hanging Fruits* oder *Sofortmaßnahmen* bezeichnet.

3. **Mittelfristige Maßnahmen**: Die Kostensenkungsmaßnahmen in dieser Kategorie erfordern in der Regel ein kleineres bis mittleres Projekt zu ihrer Realisierung. Dies bedeutet, dass üblicherweise zuerst eine Investition

notwendig ist – und sei es auch nur in der Form von Zeit der Projektmitglieder –, bevor die angestrebten Einsparungen realisiert werden können. Die typische Zeit bis zum Eintreten des Nutzens liegt in der Größenordnung von sechs bis zwölf Monaten.

4. **Langfristige Maßnahmen:** Häufig lassen sich die größten Einsparungen nicht kurzfristig, sondern nur durch die Umsetzung von nachhaltigen und damit zumeist aufwändigeren Maßnahmen realisieren. Die Senkung der IT-Kosten sind häufig nur ein Nebenprodukt dieser Projekte, bei denen es z.B. durch eine Steigerung der Projektmanagementfähigkeiten der gesamten IT darum geht, Projekte nicht nur günstiger, sondern auch voraussagbarer zu realisieren.

Die folgende Themenlandkarte zeigt die in den vorangegangenen Kapiteln behandelten Gebiete inkl. deren Zuordnung in die entsprechende Kategorie auf.

16

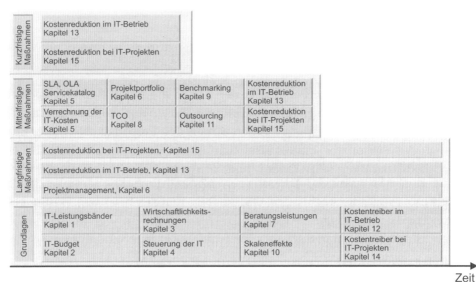

Abbildung 16.1: Themenlandkarte

16.2 Szenarien zur Kostenreduktion

Es gibt ganz unterschiedliche Motivationen und Gründe, um die IT-Kosten zu reduzieren. Einige davon will ich in den folgenden Abschnitten erläutern und aufzeigen, wie am besten vorgegangen wird.

16.2.1   Kurzfristige Budgetkürzung

Die nächste Budgetrunde steht bevor und nun geht es darum, mit einem gleich bleibenden (bei mehr Leistung) oder einem reduzierten IT-Budget auszukommen. Für mittelfristig oder langfristig wirksame Maßnahmen wie Benchmarking, Verrechnung der IT-Kosten oder der Einführung von Service Level Agreements zur Steuerung der IT-Leistungen reicht die Zeit nicht mehr, da das Budget in wenigen Wochen oder sogar wenigen Tagen erstellt und abgegeben werden muss.

In dieser Konstellation bleiben nur kurzfristige Maßnahmen zur Reduktion der IT-Kosten im Bereich Kostenreduktion im IT-Betrieb (Kapitel 13) und Kostenreduktion bei IT-Projekten (Kapitel 15) übrig. In beiden Kategorien existieren sowohl kurz-, mittel- als auch langfristige Maßnahmen. An dieser Stelle seien deshalb die wichtigsten kurzfristigen Maßnahmen erwähnt.

Kurzfristige Kostenreduktion im IT-Betrieb

16

Im IT-Betrieb lassen sich die Kosten kurzfristig durch die folgenden Maßnahmen senken:

- **Reduktion der internen Personalkosten** durch die Reduktion von Spesen und geplanten Aus- und Weiterbildungen. Dieser Kostenblock macht zugegebenermaßen nur einen kleinen Anteil der Personalkosten aus. Ein Abbau des Personalbestandes lässt sich jedoch kaum kurzfristig realisieren, da die daraus resultierenden Einsparungen üblicherweise frühestens nach sechs bis zwölf Monaten wirksam werden. Hingegen ist es eventuell möglich, IT-Spezialisten, die durch entsprechende Effizienzsteigerungen oder eine Reduktion der IT-Leistungen nicht mehr benötigt werden, kurzfristig in anderen Abteilungen der Firma zu beschäftigen und so das IT-Budget zu entlasten.

- **Reduktion der externen Personalkosten.** In diesem Gebiet können kurzfristige Kostensenkungsmaßnahmen relativ einfach umgesetzt werden. Externe Mitarbeiter können üblicherweise mit einer Kündigungsfrist von wenigen Wochen oder Monaten abgebaut werden. Ebenfalls lassen sich häufig auch günstigere Konditionen aushandeln oder mit einer Neuausschreibung der Stelle günstigere Tages- bzw. Stundensätze erzielen. Je nach Situation kann ein Teil der externen Mitarbeitern auch zu günstigeren Konditionen intern angestellt werden.

▷ **Reduktion der Software-Kosten**: Auch hier lassen sich viele der in Abschnitt 13.5 *Senkung der Software-Kosten* aufgezeigte Maßnahmen kurzfristig umsetzen:

▷ Aushandlung günstigerer Konditionen bei der Beschaffung von Software

▷ Aushandlung günstigerer Konditionen bei den Wartungsverträgen

▷ Keine Software-Wartungsverträge für MS Office. Upgrade von MS Office nur ca. alle fünf Jahre inkl. Neubeschaffung der Lizenzen

▷ Keine separaten Windows-Lizenzen für PC, sondern Verwendung der mit dem PC gelieferten Lizenz

▷ Keine Software-Wartungsverträge für Windows. Upgrade von Windows nur ca. alle fünf Jahre. Neue Windows-Lizenzen durch Beschaffung neuer PC

▷ **Reduktion der Hardware-Kosten**: Ein Teil der Reduktion der Hardware-Kosten lässt sich nur durch Projekte mit entsprechenden Investitionen und Aufwänden realisieren. Dazu gehören z.B. die Konsolidierung der Server oder die konsequente Standardisierung aller eingesetzter Hardware. Es bieten sich aus Abschnitt 13.6 *Senkung der Hardware-Kosten* aber auch verschiedene kurzfristige Maßnahmen an:

▷ Aushandlung günstigerer Beschaffungskonditionen

▷ Reduktion der Anzahl PC und Drucker pro Mitarbeiter

▷ Verkauf der Hardware an eine Leasingfirma und Rückmiete

▷ Verkauf der Hardware an einen Outsourcer und Rückmiete über die Servicekosten

▷ Verschiebung oder Streichung von Investitionen

▷ Beschaffung von leistungsschwächerer und damit günstigerer Hardware

▷ Verlängerung der Einsatzdauer der verwendeten Hardware

▷ Reduktion des Speicherbedarfs

▷ Reduktion oder Kündigung der Hardware-Wartungsverträge

▷ **Reduktion der Kommunikationskosten**: Auch in diesem Gebiet existieren sowohl kurzfristig wie auch mittel- und langfristig umsetzbare Maßnahmen. Zu den kurzfristigen Möglichkeiten zählen die folgenden (siehe Abschnitt 13.7 *Senkung der Kommunikationskosten*):

▷ Aushandlung günstigerer Konditionen beim aktuellen Provider

▷ Reduktion der Bandbreite

▷ Reduktion der Verfügbarkeit

In den verbleibenden Gebieten **Outsourcing**, bei der **Steuerung der Betriebs-leistungen** sowie bei den Aufwendungen für **Raum, Klima & Strom** lassen sich die IT-Kosten üblicherweise nicht kurzfristig, sondern nur mittel- und langfristig senken.

Kurzfristige Kostenreduktion bei IT-Projekten

Im Kapitel 15 *Kostenreduktion bei IT-Projekten* habe ich die folgenden vier Kategorien zur Kostenreduktion vorgestellt:

1. Reduktion des Projektvolumens (die richtigen Projekte realisieren)
2. Erfolgreiche Projektrealisierung (die Projekte richtig realisieren)
3. Reduktion der Projektkosten (die Projekte günstig realisieren)
4. Senkung der Betriebskosten (niedrige Betriebskosten)

Die Punkte 2 und 4, *erfolgreiche Projektrealisierung* und *Senkung der Betriebskosten*, lassen sich nur durch entsprechende mittel- und langfristige Maßnahmen realisieren. Damit verbleiben für eine kurzfristige Budgetreduktion die Punkte 1 und 3, *Reduktion des Projektvolumens* und *Reduktion der Projektkosten*. Diese will ich kurz erläutern:

Reduktion des Projektvolumens

In diesem Gebiet liegen die offensichtlichsten Maßnahmen, indem nur ein geringer Anteil oder sogar überhaupt keine neuen Projekte realisiert werden. In Abschnitt 15.1 *Reduktion des Projektvolumens* haben Sie die folgenden Maßnahmen kennen gelernt:

1. Keine neuen Projekte mehr
2. Weniger neue Projekte
3. Redimensionierung laufender Projekte
4. Streckung laufender Projekte
5. Unterbrechung laufender Projekte
6. Stoppen von laufenden Projekten

Prinzipiell kommen alle sechs Varianten für eine kurzfristige Reduktion der Projektkosten in Frage. Sobald jedoch interne Mitarbeiter abgebaut werden müssen, werden die Kosteneinsparungen kaum mehr kurzfristig realisierbar sein. Bei den anderen Optimierungsmaßnahmen lassen sich die Kosten je-

16

doch in vielen Fällen auch kurzfristig reduzieren, allerdings häufig mit entsprechenden Auswirkungen auf die Projekte, deren Realisierungstermin und Umfang.

Reduktion der Projektkosten

In Abschnitt 15.3 *Reduktion der Projektkosten* haben Sie gesehen, dass die Projektkosten in drei Kategorien beeinflusst werden können:

1. Reduktion der internen Personalkosten
2. Reduktion der externen Personalkosten
3. Reduktion der Sachkosten

Auch hier gilt, dass die internen Personalkosten in der Regel nur selten kurzfristig beeinflusst werden können, die externen Personalkosten sowie die Sachkosten jedoch sehr wohl.

16.2.2 Mittelfristige Budgetreduktion

Anders als im vorhergehenden Fall präsentiert sich die Situation, wenn die Budgetreduktion nicht kurzfristig, sondern in einem Zeitraum von ca. sechs bis zwölf Monaten erfolgen soll. Nun können die IT-Kosten in einer Reihe von Projekten mit den folgenden Methoden nachhaltig gesenkt werden:

▷ **Benchmarking**: Um die aktuelle Kostensituation der IT zu bestimmen und mit anderen Firmen vergleichen zu können, empfiehlt sich als Erstes ein Benchmarking. Nach der Umsetzung der aus dem Benchmarking resultierenden Kostenoptimierungsmaßnahmen kann dann das Benchmarking wiederholt werden, um die Wirksamkeit der umgesetzten Optimierungen nachweisen und belegen zu können. Ein Benchmarking empfiehlt sich zudem ebenfalls für einen IT-Leiter, der soeben in eine neue Firma gewechselt oder der befördert worden ist. Damit legt er die Nulllinie fest, bei der er die Verantwortung über die IT übernommen hat. Nach zwölf bis 24 Monaten wiederholt er dann das Benchmarking, um die Erfolge in der Optimierung der IT-Kosten nachweisen zu können.

▷ **TCO**: Die Erhebung der Total Cost of Ownership ist häufig ein Bestandteil des Benchmarkings. Die TCO hilft, sich ein Gesamtbild über die IT-Kosten zu schaffen und daraus entsprechende Optimierungsmaßnahmen abzuleiten.

▷ **Service Level Agreement**: Neben den IT-Kosten müssen ebenfalls die IT-Leistungen betrachtet werden. Der Servicekatalog der IT sowie die dazugehörenden Service Level Agreements sind ein gutes Instrument, um die IT-Leistungen strukturiert festzuhalten und zu beschreiben. Zudem ist es ein sehr gutes Kommunikationsmittel, um die von der IT angebotenen und erbrachten Leistungen gegenüber dem Management der Firma und den Anwendern darstellen zu können. Alleine dadurch werden die IT-Kosten jedoch noch nicht sinken. Dazu ist der nachfolgende Schritt nötig.

▷ **Verrechnung der IT-Kosten**: Der für die Kostenoptimierung wichtige Schritt findet mit der Verrechnung sämtlicher von der IT erbrachten Leistungen statt. Damit verhält sich die IT wie ein Outsourcer und durch die verursachergerechte Verrechnung der IT-Leistungen müssen die Kostenstellenleiter ihre IT-Kosten rechtfertigen und nicht mehr die IT. Bei einer gut eingeführten und verursachergerechten Verrechnung der IT-Kosten lassen sich die Kosten nicht selten um bis zu zehn Prozent senken, indem der Konsum an IT-Leistungen entsprechend reduziert wird.

16

▷ **Outsourcing**: Outsourcing kann ein effizientes Mittel sein, um die IT-Kosten zu reduzieren. Dazu werden alle von der IT erbrachten Leistungen hinterfragt und es wird geprüft, ob ein Teil oder sogar alle Leistungen von einem Outsourcer effizienter und damit kostengünstiger erbracht werden können. In der Sourcing-Strategie werden die Grundsätze und Kriterien festgehalten, um zu beurteilen, welche IT-Leistungen selber erbracht und welche zugekauft werden sollen. Outsourcing ist jedoch kein generelles Mittel, um die IT-Kosten zu senken. Deshalb sollen die eigenen Kosten in jedem Fall genau mit denjenigen des Outsourcers und den bei einem Outsourcing nach wie vor in der IT verbleibenden Aufwänden verglichen werden.

▷ **Projektportfolio**: Falls die IT noch über kein Projektportfolio verfügt, ist jetzt der richtige Zeitpunkt gekommen, um ein sauberes Projektportfolio samt Projektmanagement und Projektcontrolling aufzubauen. Während das Projektportfolio und das Projektcontrolling in einigen Monaten aufgebaut werden können, dauert die Implementierung bzw. Verbesserung der Projektmanagement-Methodik häufig mehr als ein Jahr, bis sie von allen Projektleitern und Projektmitarbeitern umgesetzt und gelebt wird.

▷ **Kostenreduktion im IT-Betrieb**: In Abschnitt 16.1 haben Sie die Maßnahmen zur kurzfristigen Budgetreduktion kennen gelernt. Die verbleibenden mittelfristigen Maßnahmen konzentrieren sich vor allem auf die folgenden Gebiete:

▷ Reduktion der internen Personalkosten

▷ Konsolidierung der Server

▷ Konsequente Standardisierung aller eingesetzter Hardware

▷ Konsolidierung von gleicher oder ähnlicher Software

▷ Reduktion der Ausfallsicherheit und Redundanz

▷ Wechsel der Kommunikationstechnologie

▷ Optimierung des Kommunikationsbedarfs

▷ Ausschreibung der Kommunikationsverbindungen

▷ Verbindungen über Internet mit VPN statt dedizierter Verbindungen über einen Carrier

▷ Reduktion der vernetzten Standorte

▷ **Kostenreduktion bei IT-Projekten:** In das Gebiet der mittel- und langfristigen Maßnahmen gehören vor allem die beiden Punkte *erfolgreiche Projektrealisierung* sowie *Senkung der Betriebskosten*. Hier liegt der Fokus auf den folgenden Gebieten:

▷ Klare Rahmenbedingungen für die Projekte

▷ Institutionalisiertes Projektmanagement (CMMI)

▷ Projektcontrolling

▷ Risikomanagement

▷ Nutzung der bestehenden Entwicklungs-, Test- und Betriebsplattformen

▷ Einbindung eines Betriebsvertreters in die Projektorganisation

▷ Aufzeigen der voraussichtlichen Betriebskosten im Projektantrag

▷ Performance-Optimierung bereits im Design der Applikation

▷ Hohe Qualität der Applikationen

Die Realisierung der mittelfristigen Maßnahmen bedeutet vielfach einen signifikanten Aufwand, sowohl an Zeit als auch an Geld. Ohne entsprechende Investitionen in Kostensenkungsprojekte werden sich die IT-Kosten nur in geringem Rahmen reduzieren lassen. Ganz nach dem Motto *Wer nicht sät, kann auch nicht ernten.*

16.2.3 Druck auf die IT-Kosten durch das Management

Es gibt kaum eine IT-Abteilung, die nicht unter Kostendruck steht und die Aussage »Unsere IT ist zu teuer« nicht kennt. Ohne einen Leistungs- und Kostenvergleich mit anderen IT-Abteilungen kann kaum beurteilt werden, ob die IT-Kosten tatsächlich zu hoch sind oder ob nur ein entsprechender Eindruck in der Firma herrscht. Der erste Schritt in einer solchen Situation ist deshalb immer ein Benchmarking zur Bestimmung und Positionierung der eigenen IT-Kosten.

Häufig entsteht die Aussage, dass die IT zu teuer sei, jedoch dann, wenn die IT-Leistungen ungenügend oder zu wenig bekannt sind. Hinter »zu teuer« steht meistens die Aussage »zu schlecht«. Deshalb ist es wichtig, die IT-Leistungen samt der Kosten transparent darzustellen. Dazu werden alle IT-Leistungen in einem Servicekatalog festgehalten und in Service Level Agreements beschrieben. Zusätzlich werden alle IT-Leistungen mit einem Preis versehen und die konsumierten Leistungen verursachergerecht auf die entsprechenden Kostenstellen verrechnet. Nur so können die IT-Leistungen samt den dazugehörigen Kosten transparent ausgewiesen und letztendlich auch gesteuert werden.

16

Während mit Benchmarking nachgewiesen werden kann, dass sich die IT-Kosten auf niedrigem Niveau befinden, helfen Service Level Agreements, die Leistungen der IT transparent darzustellen. Sind jedoch die Kosten zu hoch und die Leistungen zu schlecht, helfen weder Benchmarking noch Service Level Agreements. In diesem Fall müssen zuerst die IT-Leistungen auf ein akzeptables Niveau gebracht werden. In einer Analyse der Ist-Situation werden alle Schwachstellen festgehalten und entsprechende Verbesserungsmaßnahmen definiert und umgesetzt. Erst nach einer deutlichen und messbaren Verbesserung der IT-Leistungen lohnt es sich, die IT-Kosten einem Benchmarking zu unterziehen und die erbrachten Services in Service Level Agreements festzuhalten.

Ein Beschönigen der ungenügenden Situation durch ein Benchmarking, bei dem probiert wird, die Situation positiver darzustellen als sie tatsächlich ist, wird vom Management und den Benutzern sehr schnell durchschaut und schwächt die Glaubwürdigkeit der IT und des IT-Leiters weiter. Nicht selten beendet der IT-Leiter mit diesem Schritt seine Karriere vorzeitig.

16.2.4 Best Practices und Continuous Improvement

In dieser Kategorie sind die Spitzensportler der IT-Manager zu finden. Hier geht es nicht um den Hundert-Meter-Lauf, sondern um den Marathon. Wer hier angekommen ist, hat bereits die meisten oder sogar alle der kurz- und mittelfristigen Maßnahmen umgesetzt. Mit Best Practices und Continuous Improvement geht es nun darum, die bereits sehr guten IT-Leistungen und niedrigen IT-Kosten weiter zu optimieren.

Auf der Projektseite bedeutet dies eine kontinuierliche Steigerung der Projektmanagement-Methodik und vor allem deren Implementierung und Umsetzung in der IT-Organisation. Sobald der nächsthöhere Maturity-Level im CMMI-Modell erreicht worden ist, geht es bereits wieder an die Planung des nächsten Levels.

Auf der Betriebsseite sind SLA und die verursachergerechte Verrechnung der IT-Kosten bereits seit längerer Zeit eingeführt und dienen zur effizienten Lenkung der Betriebsleistungen. Mit Benchmarking stellt die IT sicher, dass sie ihr Kostenniveau kontinuierlich senken kann und weist den Erfolg der umgesetzten Optimierungsmaßnahmen nach. Outsourcing ist weder ein Schlagwort noch ein Schreckgespenst. Vielmehr dient es dazu, die selbst erbrachten IT-Leistungen regelmäßig mit den stärksten Outsourcern zu vergleichen und Gebiete an einen externen Provider zu übertragen, falls es nicht möglich ist, das niedrige Kostenniveau des Outsourcers selbst zu erreichen.

Es dürfte klar sein, dass nur ganz wenige IT-Organisationen diesen Reifegrad erreichen und sowohl hohe Leistungen zu gleichzeitig niedrigen Kosten realisieren können. Als Ziel sollte diesen Zustand jedoch jede IT-Organisation im Visier haben, um sich Tag für Tag einen Schritt näher hinzuarbeiten.

16.3 Beratungsleistungen

Bisher habe ich nichts über Beratungsleistungen geschrieben. In Kapitel 7 *Steuerung der Beratungsleistungen* haben Sie gesehen, dass die Beratungsleistungen typischerweise zwischen fünf und zehn Prozent der gesamten IT-Kosten ausmachen. Damit trägt das Einsparpotenzial in diesem Gebiet nur wenig zu einer Reduktion der IT-Kosten bei.

Bei den Beratungsleistungen geht es üblicherweise nicht darum, diese zu kürzen, sondern sie so einzusetzen, dass die Betriebs- und Projektkosten gesenkt werden können. Dies geschieht zum Beispiel, indem die IT bereits bei der Kreierung einer Projektidee von der Geschäftsseite einbezogen wird und Einfluss nehmen kann, so dass eine IT-Lösung realisiert werden kann, die die Anforderungen mit möglichst wenig Aufwand abdeckt. Anstatt ein neues System zu bauen bzw. einzukaufen, kann eventuell ein bereits bestehendes System mit wenig Aufwand ausgebaut und erweitert werden. Dies bedingt jedoch, dass die IT Gelegenheit hat, die Anforderungen mitzugestalten und so zu lenken, dass sie durch die bereits vorhandenen Applikationen möglichst gut abgedeckt werden können.

Auf der anderen Seite muss die IT aber auch durch professionelle Beratungsleistungen das Anspruchsverhalten der Anwender mitgestalten und die Lücke zwischen Wünschbarem und Machbarem überbrücken und schließen können. Nur durch ein enges Zusammenspiel zwischen der IT und den Fachbereichen können optimale und kostengünstige Lösungen entstehen. Dies ist übrigens eine der größten Stärken einer internen IT, die ein Outsourcer nur sehr schwer oder sogar gar nicht ausspielen kann.

Häufig lohnt es sich sogar, in die Beratung zu investieren, um damit die übrigen IT-Kosten senken zu können. Dabei ist jedoch bei einem Fall besondere Vorsicht geboten: Nur allzu gerne werden Projekte als Beratungsleistungen auf Stundenbasis und ohne klare Projektstruktur durchgeführt, um die Bewilligung für ein Firmenprojekt zu umgehen und das Vorhaben nicht formal gemäß Projektmanagement-Methodik führen und darüber berichten zu müssen. Damit entstehen schnell unkontrollierbare Vorhaben, die nicht nur den Interessen der Firma zuwiderlaufen können, sondern auch unkontrollierte Kosten erzeugen.

16

16.4 Fazit

Obwohl verschiedene kurzfristige Maßnahmen zur Senkung der IT-Kosten existieren, ist eine nachhaltige Reduktion der IT-Kosten nur mit entsprechenden Projekten und Umsetzungskonsequenz erreichbar. Damit wird Kostenmanagement in der IT zu einer ähnlich wichtigen Disziplin wie Projektmanagement oder die Erbringung von professionellen Betriebsleistungen. Ein effektives Kostenmanagement bedingt eine entsprechende Erfahrung und Übung wie alle anderen Gebiete auch. Nur durch das ständige Optimieren der IT-Leistungen und deren Kosten lässt sich ein niedriges Kostenniveau erreichen und auch längerfristig halten.

Dabei hilft es, die IT-Leistungen klar einer der drei Kategorien *Betrieb*, *Projekte* und *Beratung* zuzuweisen. Insbesondere lohnt sich die klare Unterscheidung von Betriebs- und Projektleistungen. Je klarer die Zuweisung erfolgt, desto einfacher und deutlicher lassen sich die entsprechenden Kosten darstellen und beeinflussen. Jede Kategorie verfügt dabei über eigene Spielregeln, um möglichst optimale Leistungen zu minimalen Kosten erbringen zu können.

Um als interne IT konkurrenzfähig mit anderen Firmen und Outsourcern zu sein, ist es wichtig, sich wie ein externer Service-Provider zu verhalten und sich dieselben Fragen zu stellen:

▷ Wer sind unsere Kunden?

▷ Wer benötigt unsere Leistungen?

▷ Wer bezahlt für die Leistungen?

▷ Sind die Kunden zufrieden mit den erbrachten Leistungen?

▷ Gibt es andere Firmen, die diese Leistungen besser und/oder günstiger erbringen?

Die Ausgliederung der IT in eine eigene Firma schafft häufig mehr Probleme, als sie löst. Hingegen hilft es ungemein, sich jeden Tag zu fragen, wie ein externer Service-Provider auf die an das IT-Management herangetragenen Fragestellungen und Probleme reagieren würden.

Ob aus all den vorgeschlagenen Maßnahmen die IT-Kosten tatsächlich gesenkt werden können, hängt jedoch von einem ganz anderen Faktor ab. Nämlich, ob Sie heute noch damit beginnen, die ersten Optimierungsmaßnahmen in die Wege zu leiten und umzusetzen, oder ob es nur beim Lesen dieses Buches bleibt.

Index

Manfred Bundschuh
Axel Fabry

Aufwandschätzung von IT-Projekten

- ■ Zeit und Kosten im Griff
- ■ Planungsicherheit durch zuverlässige Schätzung
- ■ Function Point und andere Methoden

Manfred Bundschuh
Axel Fabry

Aufwandschätzung von IT-Projekten

2. Auflage

■ Zeit und Kosten im Griff
■ Planungsicherheit durch zuverlässige Schätzung
■ Function Point und andere Methoden

2. Auflage

Nur wer Aufwand, Zeit, Kosten und Qualität seiner IT-Projekte auf Basis einer fundierten Aufwandschätzung von Anfang an solide plant, kann sie erfolgreich ins Ziel steuern.

Wer die IT-Managementaufgabe »Aufwandschätzung« nicht wahrnimmt, riskiert leichtfertig das Scheitern seiner IT-Projekte. Das heißt teures Lehrgeld zahlen; denn ein einziges abgebrochenes Projekt kommt teurer als die Einführung einer professionellen Aufwandschätzung, die oft wegen Zeitknappheit und angeblich zu hohem Aufwand sträflich vernachlässigt werden.

Manfred Bundschuh und Axel Fabry stellen in ihrem Buch ihre Erfahrungen bei Einführung und Durchführung der Aufwandschätzung sowie unterschiedliche Aufwandschätzmethoden, Software-Metriken und Tools zur Aufwandschätzung vor.

Die wichtigste Voraussetzung für professionelle Aufwandschätzung sind Messungen des funktionalen Umfangs der zu entwickelnden Software. Die Autoren informieren über die dazu in der Praxis eingesetzten Methoden und ISO Normen, insbesondere die Function-Point-Methode und deren

Varianten. Dem Anfänger werden viele praktische Erfahrungen vermittelt. Der Profi wird vieles aus der eigenen Praxis wiedererkennen und von den Kennzahlen im Kapitel »Benchmarking von IT-Projekten« sowie von den Hinweisen zur Vertiefung in das Thema profitieren. Dieses Buch überzeugt durch seine Praxisnähe und versucht mit möglichst wenig Theorie auszukommen.

Aus dem Inhalt:

- Positive und negative Aspekte des Schätzens
- Aufwandschätzung bei Software-Wartung
- Die Einführung der Aufwandschätzung, häufig gestellte Fragen
- Typische Fehler, To-Dos und Not-To-Dos
- Software-Metriken, Benchmarking-Kennzahlen
- Metriken im objektorientierten, Data Warehouse- und Web-Umfeld
- IT-Metrik-Organisationen, Tools zur Aufwandschätzung
- Die Function-Point-Methode und ihre Varianten sowie deren Anwendung in der Praxis
- Fallbeispiele, Checklisten, Internetadressen

Ihr direkter Draht zum Verlag:
Internet: http://www.mitp.de

ISBN 3-8266-0864-X